태평광기 20

이 책은 2001년도 한국학술진흥재단의 지원에 의하여 연구되었음.
(KRF-2001-045-A11005)

태평광기 20

(宋) 李昉 등 모음
김장환·이민숙 外 옮김

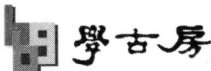

【일러두기】

1. 본서는 총 21책으로 구성되어 있는데, 제 1책부터 제 20책까지는 각 책마다 원서의 25권 분량을 수록했으며, 마지막 제 21책에는 「총목」·「편목색인」·「인명색인」·「인용서목색인」과 기타 참고자료를 수록했다.
2. 본서는 汪紹楹 點校本(北京中華書局, 1961) 10책을 저본으로 했다. 이 판본은 台灣 文史哲出版社(1981)에서 5책으로 覆印한 바 있다.
3. 清代 黃晟의 「重刻太平廣記序」는 본래 저본에는 없지만 보충하여 수록했다.
4. 본서의 번역은 가능한 한 직역을 위주로 하되 직역으로 문맥이 통하지 않을 경우에는 본래 뜻을 벗어나지 않는 범위 내에서 의역을 했다. 그리고 원문에는 없지만 내용 전개상 부연 설명이 필요하다고 판단되는 부분은 [ ] 안에 넣어 보충했다.
5. 본서의 역주는 의미의 전달이 어렵다고 판단되는 경우에 한해 간략하게 달았다.
6. 본서에서 언급되는 인명과 지명·서명 등 고유명사는 모두 우리말 발음으로 표기하고, 각 고사마다 처음에만 ( ) 안에 원문을 넣었다.
7. 본서의 각 고사 처음에 표기되어 있는 숫자는 차례대로 각 권의 순서, 각 권에서의 고사 순서, 전체 고사의 순서를 나타낸다. 예) 5·2(0023) : 제 5권의 2번째 고사로서 『태평광기』 전체로는 제 23조에 해당하는 고사.

차례

권제476 곤충4
적요의(赤腰蟻) · 15
소담(蘇澹) · 15
석헌(石憲) · 17
왕수(王叟) · 19
보인(步蚓) · 20
수궁(守宮) · 21
염단(冉端) · 24
인치(蚓齒) · 26
위군(韋君) · 26
육옹(陸顒) · 28

권제477 곤충5
장경(張景) · 39
사의(蛇醫) · 41
산지주(山蜘蛛) · 42
충변(蟲變) · 43
갈화(蝎化) · 44
슬건초(虱建草) · 45
법통(法通) · 45

등봉사인(登封士人) · 47
슬징(虱徵) · 48
벽경(壁鏡) · 48
대갈(大蝎) · 49
홍편복(紅蝙蝠) · 50
청부(青蚨) · 50
등왕도(滕王圖) · 51
이봉(異蜂) · 52
기거(寄居) · 52
이충(異蟲) · 53
승(蠅) · 54
벽어(壁魚) · 55
천우충(天牛蟲) · 55
백봉과(白蜂窠) · 56
독봉(毒蜂) · 57
죽봉(竹蜂) · 57
수저(水蛆) · 58
수충(水蟲) · 58
포창(抱搶) · 59
피역(避役) · 59

돈구(虫敦蚼) · 60
조마(竈馬) · 60
사표(謝豹) · 61
쇄거충(碎車蟲) · 61
탁고(度古) · 62
뇌기(雷蜞) · 63
복육(腹育) · 63
협접(蛺蝶) · 64
의(蟻) · 65
의루(蟻樓) · 66

권제478 곤충6
반화(飯化) · 69
오송기(蜈蚣氣) · 69
열옹(蠮螉) · 70
전당(顚當) · 70
과라(蜾蠃) · 71
사슬(沙虱) · 72
수노(水弩) · 73
서현지(徐玄之) · 74
단호(短狐) · 87
지주원(蜘蛛怨) · 87
석척(蜥蜴) · 88
은랑(殷琅) · 89
예장민비(豫章民婢) · 89
남해독충(南海毒蟲) · 90
낙룡(諾龍) · 91

권제479 곤충7
의자(蟻子) · 95

와합(蛙蛤) · 95
금귀자(金龜子) · 96
해산(海山) · 96
오공(蜈蚣) · 97
문익(蚊翼) · 98
벽슬(壁蝨) · 99
백충(白蟲) · 101
잠녀(蠶女) · 102
사부효(砂俘效) · 104
사독(舍毒) · 106
노주(老蛛) · 107
이선(李禪) · 108
황화(蝗化) · 109
수와(水蛙) · 110
인창(蚓瘡) · 110
봉여(蜂餘) · 111
웅내(熊酒) · 112
종사(螽斯) · 114
남화(蛹化) · 116

권제480 만이(蠻夷)1
사방만이(四方蠻夷) · 119
무계민(無啓民) · 119
제녀자택(帝女子澤) · 120
모인(毛人) · 121
헌원국(軒轅國) · 121
백민국(白民國) · 122
구사(歐絲) · 122
해목국(䮪沐國) · 123
이잡국(泥雜國) · 124

연구(然丘)·125
노부국(盧扶國)·126
부절국(浮折國)·127
빈사(頻斯)·128
오명국(吳明國)·131
여만국(女蠻國)·133
도파(都播)·134
골리(骨利)·135
돌궐(突厥)·135
토번(吐蕃)·138
서북황(西北荒)·139
학민(鶴民)·140
거란(契丹)·142
옥저(沃沮)·143
초요(僬僥)·144

권제481 만이2
신라(新羅)·147
동녀국(東女國)·156
늠군(廩君)·158
대식국(大食國)·161
사아수국(私阿修國)·162
구진제국(俱振提國)·162
장가(牂牁)·163
구자(龜玆)·163
건타국(乾陀國)·167

권제482 만이3
묘민(苗民)·173
기굉(奇肱)·174

서북황소인(西北荒小人)·174
우전(于闐)·175
오장(烏萇)·176
한반타국(漢槃陀國)·177
소도식닉국(蘇都識匿國)·178
마류(馬留)·178
무녕만(武寧蠻)·179
현도국(懸渡國)·180
비두료(飛頭獠)·181
제강(踶羌)·183
부루(扶樓)·183
교지(交趾)·184
남월(南越)·185
척곽(尺郭)·186
돈손(頓遜)·186
타파등국(墮婆登國)·187
애뢰이(哀牢夷)·188
가릉국(訶陵國)·189
진랍국(眞臘國)·190
유구국(留仇國)·190
목객(木客)·192
격복국(繳濮國)·192
목음주(木飮州)·193
아살부(阿薩部)·193
효억국(孝憶國)·194
파미란국(婆彌爛國)·195
발발력국(撥拔力國)·196
곤오(昆吾)·197
수면료자(繡面獠子)·198
오계만(五溪蠻)·199

타우아(墮雨兒) · 200

권제483 만이4
　구국(狗國) · 203
　남만(南蠻) · 206
　박부민(縛婦民) · 206
　남해인(南海人) · 207
　일남(日南) · 209
　구미국(拘彌國) · 209
　남조(南詔) · 212
　요부(獠婦) · 214
　남중승(南中僧) · 215
　번우(番禺) · 216
　영남여공(嶺南女工) · 218
　우갱(芋羹) · 219
　밀즐(蜜唧) · 220
　남주(南州) · 220

권제484 잡전기(雜傳記)1
　이와전(李娃傳) · 225

권제485 잡전기2
　동성노부전(東城老父傳)) · 253
　유씨전(柳氏傳) · 265

권제486 잡전기3
　장한전(長恨傳) · 277
　무쌍전(無雙傳) · 292

권제487 잡전기4
　곽소옥전(霍小玉傳) · 311

권제488 잡전기5
　앵앵전(鶯鶯傳) · 335

권제489 잡전기6
　주진행기(周秦行記) · 359
　명음록(冥音錄) · 373

권제490 잡전기7
　동양야괴록(東陽夜怪錄) · 381

권제491 잡전기8
　사소아전(謝小娥傳) · 417
　양창전(楊娼傳) · 426
　비연전(非煙傳) · 429

권제492 잡전기9
　영응전(靈應傳) · 445

권제493 잡록(雜錄)1
　하후단(夏侯亶) · 473
　왕숙(王肅) · 473
　이연식(李延寔) · 475
　이의침(李義琛) · 478
　유룡(劉龍) · 480

배현지(裵玄智)·480
　　탁지랑(度支郎)·482
　　우세남(虞世南)·483
　　울지경덕(尉遲敬德)·484
　　우세기(虞世基)·485
　　내항(來恒)·486
　　구양순(歐陽詢)·487
　　허경종(許敬宗)·487
　　원만경(元萬頃)·488
　　곽무정(郭務靜)·489
　　당림(唐臨)·490
　　소괴·이교자(蘇瓌·李嶠子)·491
　　누사덕(婁師德)·492
　　이회(李晦)·494
　　송지문(宋之問)·495
　　육원방(陸元方)·496
　　진희민(陳希閔)·497
　　이상(李詳)·498

권제494 잡록2
　　방광정(房光庭)·503
　　최사긍(崔思兢)·504
　　최식(崔湜)·507
　　여태일(呂太一)·508
　　허계언(許誡言)·509
　　두풍(杜豐)·510
　　수무현민(修武縣民)·512
　　이원효(李元晶)·514
　　왕거(王琚)·515
　　이적지(李適之)·517

　　백리충(白履忠)·517
　　야명렴(夜明簾)·519
　　반경천(班景倩)·522
　　설령지(薛令之)·524

권제495 잡록3
　　우문융(宇文融)·529
　　가서한(歌舒翰)·530
　　최은보(崔隱甫)·531
　　소숭(蕭嵩)·532
　　진회경(陳懷卿)·534
　　추봉치(鄒鳳熾)·535
　　고력사(高力士)·538
　　왕유(王維)·539
　　사사명(史思明)·540
　　두곡(豆穀)·542
　　윤주루(潤州樓)·543
　　구위(丘爲)·544
　　배길(裴佶)·545
　　이포정(李抱貞)·545
　　양지견(楊志堅)·547

권제496 잡록4
　　조존(趙存)·553
　　엄진(嚴震)·558
　　노기(盧杞)·559
　　위고(韋皐)·560
　　육창(陸暢)·561
　　마창(馬暢)·563
　　오주(吳湊)·563

원참(袁參)·564
이면(李勉)·565
우공이(于公異)·566
형군아(邢君牙)·567
장조(張造)·569
여원응(呂元膺)·570
이장무(李章武)·571
원진(元稹)·572
우적(于頔)·574
설상연(薛尙衍)·576

권제497 잡록5
고령(高逞)·579
여원응(呂元膺)·579
왕악(王鍔)·581
강서역관(江西驛官)·582
왕중서(王仲舒)·584
주원(周愿)·585
장천(張薦)·585
연화루(蓮花漏)·586
당구(唐衢)·587
지분전(脂粉錢)·587
위집의(韋執誼)·588
이광안(李光顔)·589
이익(李益)·590
오무릉(吳武陵)·591
위건도(韋乾度)·594
조종유(趙宗儒)·595
석기(席夔)·596
유우석(劉禹錫)·597

등매(滕邁)·600

권제498 잡록6
이종민(李宗閔)·605
풍숙(馮宿)·608
이회(李回)·610
주복(周復)·613
양희고(楊希古)·614
유우석(劉禹錫)·616
최진사(催陣使)·618
이군옥(李群玉)·621
온정균(溫庭筠)·624
묘탐(苗耽)·626
배훈(裴勛)·628
등창(鄧敞)·629

권제499 잡록7
최현(崔鉉)·635
왕탁(王鐸)·636
이빈(李蠙)·638
위보형(韋保衡)·639
납의도인(衲衣道人)·640
노군(路羣)·노홍정(盧弘正)·641
필함(畢諴)·643
이사망(李師望)·645
고병(高騈)·646
위주(韋宙)·648
왕씨자(王氏子)·649
유태(劉蛻)·650
피일휴(皮日休)·651

곽사군(郭使君) · 653
이덕권(李德權) · 656

권제500 잡록8
공위(孔緯) · 661
이극조(李克助) · 662
경도유사(京都儒士) · 664
맹을(孟乙) · 667
진무각저인(振武角抵人) · 669
조숭(趙崇) · 671

한악(韓偓) · 671
설창서(薛昌緒) · 674
강태사(姜太師) · 675
강의성(康義誠) · 678
고계창(高季昌) · 678
심상서처(沈尙書妻) · 680
양거(楊蘧) · 682
원계겸(袁繼謙) · 683
제파(帝豝) · 684

태평광기 권제 476 곤충 4

1. 적요의(赤腰蟻)
2. 소담(蘇湛)
3. 석헌(石憲)
4. 왕수(王叟)
5. 보인(步蚓)
6. 수궁(守宮)
7. 염단(冉端)
8. 인치(蚓齒)
9. 위군(韋君)
10. 육옹(陸顒)

476 · 1(6660)
적요의(赤腰蟻)

 단성식(段成式)은 [당나라] 원화연간(元和年間: 806~820)에 장흥리(長興里)에 임시로 살고 있었다. 집 정원에 개미굴이 있었는데, 그 개미의 모습은 붉은 개미 중의 큰 것과 비슷했고 새까만 색에 허리부분만 옅은 붉은 색을 띠고 있었다. 머리는 뾰족하고 다리는 길어 매우 민첩하게 다녔다. 그 개미는 매번 산채로 자벌레와 작은 벌레를 개미굴로 끌고 간 다음 반드시 굴을 무너뜨려 막았는데, 그것은 잡은 벌레들이 도망가는 것을 막기 위해서였다. 그 후로 단성식은 여러 곳으로 이사 다녔지만 다시는 그런 개미를 보지 못했다.

 段成式, 元和中, 假居在長興里. 庭有一穴蟻, 形狀竊赤蟻之大者, 而色正黑, 腰節微赤, 首銳足高, 走最輕迅. 每生致蠖及小蟲入穴, 輒壞垤窒穴, 蓋防其逸也. 自後徙居數處, 更不復見.

476 · 2(6661)
소 담(蘇 湛)

 당(唐)나라 원화연간(元和年間: 806~820)에 소담이 봉작산(蓬鵲

山)에 놀러갔는데, 양식을 싸 가지고 나무를 비벼 불을 피워가면서 남겨둔 곳 없이 다 돌아다녔다. 그가 갑자기 아내에게 말했다.

"내가 산 속에서 거울처럼 빛나는 물체가 벼랑에 걸려있는 것을 보았는데, 반드시 신령한 곳일 것이오. 내일 내가 그곳으로 들어가려 하니 오늘 당신과 이별해야겠소."

처자식들이 통곡하며 그를 말렸지만 그는 듣지 않고 날이 밝자 길을 떠났다. 처자식들은 하인들을 데리고 몰래 그를 따라갔는데, 산으로 수십 리 들어가 멀리 바라보았더니 직경이 1장(丈)이나 되는 둥글고 밝은 흰 빛이 벼랑에 걸려 있었다. 소담은 그곳으로 다가가 그 빛에 닿자마자 길게 비명을 질렀다. 처자식들이 급히 앞으로 달려가서 그를 구하려 했지만 그의 몸은 누에고치처럼 감겨 있었다. 솥만한 크기의 시커먼 거미가 벼랑으로 달려들자 하인이 날카로운 칼로 거미줄을 끊었는데, 다 끊고 났더니 소담은 이미 머리가 물려 죽은 상태였다. 이에 아내가 땔감을 쌓아 그 벼랑을 불태워버렸더니 악취가 온 산에 가득했다. (이상 모두 『유양잡조』)

唐元和中, 蘇湛遊蓬鵲山, 裹糧鑽火, 境無遺趾. 忽謂妻曰: "我行山中, 覩('覩'原作'都', 據『酉陽雜俎』改)倒巖有光如鏡, 必靈境也. 明日將投之, 今與卿訣." 妻子號泣, 止之不得, 及明遂行. 妻子領奴婢潛隨之, 入山數十里, 遙望巖有白光, 圓明徑丈. 蘇遂逼之, 纔及其光, 長叫一聲. 妻兒遽前救之, 身如繭矣. 有黑蜘蛛, 大如鈷䥯, 走集巖上, 奴以利刀決其網, 方斷, 蘇已腦陷而死. 妻乃積柴燒其巖, 臭滿一山. (並出『酉陽雜俎』)

476 · 3(6662)
석헌(石 憲)

석헌은 호적이 태원(太原)에 속해 있었는데, 장사를 생업으로 삼아 항상 대주(代州: 太原) 북쪽에서 물건을 팔았다. [唐나라] 장경(長慶) 2년(822) 여름에 그는 안문관(鴈門關)을 지나다가 날이 너무 더워서 큰 나무 밑에 누웠다.

그때 갑자기 꿈속에서 벌 같이 튀어나온 눈에 갈색 장삼을 입은 스님을 보았는데, 그 모습이 기이했다. 스님이 석헌에게 다가와 말했다.

"나는 오대산(五臺山) 남쪽에 살고 있는데, 그곳은 숲이 우거지고 물이 흐르는 곳으로 세속과는 아주 멀리 떨어져 있소. 사실 그곳은 스님들이 더위를 피하는 곳이오. 시주께서는 나와 함께 그곳으로 놀러가길 바라고 계시지요? 만약 그렇게 할 수 없다면 내가 보기에 시주께서는 열병으로 죽을 것 같은데, 마음속으로 후회하지 않겠소?"

석헌은 당시에 날씨가 너무 덥고 게다가 스님이 화복의 말로 그를 설득시키자 스님에게 말했다.

"스님과 함께 가길 바랍니다."

이에 스님은 석헌을 데리고 서쪽으로 갔는데, 몇 리를 가자 과연 숲이 우거지고 물이 흐르는 곳이 나왔다. 석헌은 스님들이 물 속에 있는 것을 보고 괴이하게 생각하여 스님에게 물었더니 스님이 대답했다.

"이곳은 현음지(玄陰池)여서 나의 무리들이 그 속에서 목욕을 하며 더위를 식히고 있는 것이오."

그리고는 석헌을 데리고 연못을 빙 돌아서 갔다. 석헌은 스님들이 물

속에 있고 또 그들의 모양이 조금도 다르지 않은 것을 혼자 괴이하게 여겼다. 날이 저물자 한 스님이 말했다.

"시주께서는 우리들이 염불하는 소리를 들어보시오."

이에 석헌이 연못가에 서자 스님들은 물 속에서 소리를 모아 염불했다. 한 식경쯤 지나자 한 스님이 석헌의 손을 잡아끌며 말했다.

"시주께서도 우리와 함께 현음지에서 목욕하시지요. 삼가 두려워하지 마십시오."

석헌은 스님을 따라 연못으로 들어갔는데, 갑자기 온몸에 냉기가 전해져 벌벌 떨렸다. 그는 이로 인해 깜짝 놀라 깨어났다.

석헌이 깨어나서 보았더니 자신은 큰 나무 아래 누워 있고 옷은 모두 젖어 있었으며 매우 추워서 벌벌 떨고 있었다. 그는 이미 날이 저물었기에 곧장 마을의 객점으로 갔다. 다음날 석헌은 병이 조금 나아지자 다시 길을 나섰는데, 길가에서 개구리 울음소리를 듣고 스님들의 염불소리와 매우 비슷하다고 여겼다. 이에 곧장 찾아 나서 몇 리를 갔더니 숲이 우거지고 물이 흐르는 곳에 개구리가 아주 많았다. 그 물은 과연 현음지라고 불렸고 그 스님들은 바로 개구리들이었다. 이에 석헌이 말했다.

"이 개구리는 모습을 바꾸어 사람을 사귈 수 있으니 혹시 요괴가 아닐까?"

그리고는 개구리들을 모두 죽여 버렸다. (『선실지』)

有石憲者, 其籍編太原, 以商爲業, 常貨於代北. 長慶二年夏中, 鴈門關行道中, 時暑方盛, 因偃大木下.

忽夢一僧, 蜂目披褐衲, 其狀奇異. 來憲前, 謂憲曰: "我廬於五臺山之南, 有窮林積水, 出塵俗甚遠. 實群僧淸暑之地. 檀越幸偕我而遊乎? 卽不能, 吾見檀越病熱且死, 得無悔其心耶?" 憲以時暑方盛, 僧且以禍福語相動, 因謂僧曰: "願與師偕去." 於是其僧引憲西去, 且數里, 果有窮林積水. 見群僧在水中, 憲怪而問之, 僧曰: "此玄陰池, 故我徒浴於中, 且以蕩炎燠." 於是引憲環池行. 憲獨怪群僧在水中, 又其狀貌無一異者. 已而天暮, 有一僧曰: "檀越可聽吾徒之梵音也." 於是憲立池上, 群僧卽於水中合聲而噪. 僅食頃, 有一僧挈手曰: "檀越與吾偕浴於玄陰池. 愼無畏." 憲卽隨僧入池中, 忽覺一身盡冷噤而戰. 由是驚悟.

見已臥於大木下, 衣盡濕, 而寒慄且甚. 時已日暮, 卽抵村舍中. 至明日, 病稍愈, 因行於道, 聞道中有蛙鳴, 甚類群僧之梵音. 於是徑往尋之, 行數里, 窮林積水, 有蛙甚多. 其水果謂玄陰池者, 其僧乃群蛙. 而憲曰: "此蛙能易形以感於人, 豈非怪尤者乎?" 於是盡殺之. (出『宣室志』)

476 · 4(6663)
왕 수(王 叟)

[唐나라] 보력연간(寶曆年間: 825~826) 초에 장사(長沙)에 왕수라는 백성이 있었는데, 집이 가난하여 밭을 경작하며 살았다. 어느 날 그가 들에서 밭을 갈고 있었는데, 지렁이가 그의 팔을 물어 매우 아프기에 집으로 달려 돌아왔다. 그 통증은 참을 수 없을 만큼 더욱 심해져 밤부터 새벽까지 끙끙 앓고 낮부터 저녁까지 신음했다. 이렇게 90여 일이 지났다. 의사가 말했다.

"이 독은 아주 심한 것이오. 물렸을 초기에 약을 썼으면 나을 수도 있었으나 이제는 병세가 심해져 나도 어떻게 치료해야 할지 모르겠소."

며칠 후에 병은 더욱 심해졌다. 갑자기 왕수의 팔에서 작고 가느다란 소리가 들렸는데, 마치 지렁이가 내는 것 같았다. 또 며칠 후 그 소리가 점점 커져 마치 천만 개의 소리를 합쳐놓은 것 같았다. 그의 통증도 소리를 따라 심해지더니 그날 밤에 죽고 말았다. (『선실지』)

寶曆初, 長沙有民王叟者, 家貧, 力田爲業. 一日耕於野, 爲蚯蚓螫其臂, 痛楚甚, 遂馳以歸. 其痛益不可忍, 夜呻而曉, 晝吟而夕. 如是者九旬餘. 有醫者云: "此毒之甚者也. 病之始, 庶藥有及, 狀且深矣, 則吾不得而知也." 後數日, 病益甚. 忽聞臂有聲, 幽然而微, 若蚯蚓者. 又數日, 其聲益大, 如合千萬音. 其痛亦隨而多焉, 是夕乃卒. (出『宣室志』)

476・5(6664)
보 인(步 蚓)

단성식(段成式)의 삼종방백부(三從房伯父: 高宗四寸伯父)는 당(唐)나라 태화(太和) 3년(829)에 여주(廬州)에서 관직을 맡고 있었다. 그의 정원에 갑자기 지렁이가 나타났는데, 집게손가락만한 굵기에 길이가 2~3장(丈)이나 되었다. 지렁이는 목이 희었고 목 아래는 참새 다리 같은 두 발이 있었는데, 담장 아래를 걸어 다니다가 며칠 후에 죽었다. (『유양잡조』)

段成式三從房伯父, 唐太和三年, 任廬州某官. 庭前忽有蚓出, 大如食指, 長大

('大'字原空闕, 據黃本補)二三丈. 白項, 當項下有兩足, 正如雀脚, 步於垣下, 經數日方死. (出『酉陽雜俎』)

476 · 6(6665)
수 궁(守 宮)

[唐나라] 태화연간(太和年間: 827~835) 말에 송자현(松滋縣) 남쪽에 한 선비가 살았는데, 그는 친척의 장원에서 기거하며 학업에 열중했다. 처음 도착한 날 저녁 이경(二更)이 지나서 그가 등불을 켜고 책상에 앉아 있었는데, 갑자기 반 촌(寸)쯤 되는 난쟁이가 갈포 두건을 쓰고 지팡이를 짚고 문으로 들어와서 선비에게 말했다.

"막 도착했는데 주인도 없으니 적막하시겠군요."

그 소리는 파리소리만 했다. 선비는 평소에 담력이 세서 처음에는 보지 못한 척했다. 그러자 난쟁이는 침상으로 올라와 꾸짖으며 말했다.

"어찌 주객의 예의도 알지 못하시오?"

그리고는 다시 책상에 올라 책을 보면서 계속해서 욕을 해댔다. 난쟁이가 책 위에 벼루를 엎어놓자 선비는 참지 못하고 붓으로 쳐서 그를 땅에 떨어뜨렸다. 난쟁이는 몇 마디 비명을 지르더니 문을 나가 사라졌다.

잠시 후에 4~5명의 부인들이 왔는데, 늙은 사람도 있었고 젊은 사람도 있었으며 키는 모두 1촌이었다. 그녀들이 크게 소리쳤다.

"정관(貞官: 眞官. 仙官)은 그대가 혼자 공부하고 있기 때문에 일부러 그대와 이야기를 나누면서 오묘한 진리를 토론하고자 했는데, 어찌하여 그대는 어리석고 경솔하게도 그를 다치게 했소! 지금 정관을 보러 가시오."

그녀들은 개미처럼 줄지어 왔는데, 그 모습이 일꾼 같았으며 선비의 몸을 덮치고 기어 올라왔다. 선비는 꿈을 꾸는 것처럼 몽롱했다. 선비는 사지를 물려 몹시 아팠다. 그녀들이 다시 말했다.

"그대가 가지 않겠다면 그대의 눈을 뽑아버리겠소."

4~5명의 부인들이 선비의 얼굴 위로 올라가자 그는 놀랍고도 두려워 그녀들을 따라 문을 나섰다. 당의 동쪽에 이르자 멀리 문 하나가 보였는데, 매우 작았으나 절도사(節度使)의 관문 같았다. 이에 선비가 소리쳤다.

"무슨 요괴이기에 감히 이처럼 사람을 능멸하느냐!"

선비는 다시 부인들에게 물렸다.

몽롱한 사이 그는 이미 작은 문 안에 들어와 있었다. 보았더니 한 사람이 높은 관을 쓰고 대전에 앉아 있었고 계단 아래에는 수천 명의 시위들이 있었는데, 모두 키가 1촌 남짓이었다. 대전에 앉아 있던 사람이 선비를 꾸짖으며 말했다.

"나는 네가 혼자 있는 것이 가여워 내 아들을 보냈는데, 어찌해서 그에게 상처를 입혔느냐? 허리를 베어 네 죄를 다스리겠다."

그러자 수십 명의 사람들이 모두 칼을 들고 소매를 걷어붙이고서 그에게 다가왔다. 선비는 매우 두려워 사죄하며 말했다.

"제가 어리석어 두 눈으로 정관을 알아보지 못했습니다. 목숨만 살려주십시오."

한참 후에 대전에 앉아 있던 사람이 말했다.

"후회할 줄도 아는구나."

그리고는 꾸짖으며 그를 끌고 나가게 했다. 선비는 자기도 모르는 사이에 이미 작은 문 밖에 있었다.

그가 서재로 돌아왔을 때는 이미 오경(五更)이었으며 남은 등불이 여전히 타고 있었다. 날이 밝자 선비가 흔적을 찾아보았더니 동쪽 벽의 낡은 계단 아래에 알밤만한 작은 구멍이 있었는데, 그 구멍으로 도마뱀이 출입하고 있었다. 선비가 인부 몇 명을 사서 몇 장(丈) 깊이까지 파 들어갔더니 도마뱀 10여 섬이 있었다. 큰 것은 붉은 색에 길이가 1척쯤 되었는데, 아마도 그들의 왕인 것 같았다. 그리고 누대 모양으로 흙이 쌓여 있었다. 선비가 마른풀을 모아서 태워버렸더니 그 후로는 다른 일이 발생하지 않았다. (『유양잡조』)

太和末, 松滋縣南有士人, 寄居親故莊中肄業. 初到之夕, 二更後, 方張燈臨案, 忽有小人牛寸, 葛巾, 策杖入門, 謂士人曰: "乍到無主人, 當寂寞." 其聲大如蒼蠅. 士人素有膽氣, 初若不見. 乃登牀責曰: "遽不存主客禮乎?" 復升案窺書, 詁詈不已. 因覆硯於書上, 士人不耐, 以筆擊之墮地. 叫數聲, 出門而滅.

有頃, 有婦人四五, 或老或少, 皆長一寸. 大呼曰: "貞官以君獨學, 故令郎君言展, 且論精奧, 何癡頑狂率, 輒致損害! 今可見貞官." 其來絡繹如蟻, 狀如騶卒, 撲緣士人. 士人恍然若夢. 因嚙四支, 疾苦甚. 復曰: "汝不去, 將損汝眼." 四五頭遂上其面, 士人驚懼, 隨出門. 至堂東, 遙望見一門, 絶小, 如節使牙門. 士人乃叫: "何物怪魅, 敢凌人如此!" 復被衆嚙之.

恍惚間, 已入小門內. 見一人, 峩冠當殿, 階下侍衛千數, 悉長寸餘. 叱士人曰:

"吾憐汝獨處, 俾小兒往, 何苦致害? 罪當腰斬." 乃見數十人悉持刃攘臂逼之. 士人大懼, 謝曰: "某愚駭, 肉眼不識貞官. 乞賜餘生. 久之曰: "且解知悔." 叱令曳出. 不覺已在小門外.

及歸書堂, 已五更矣. 殘燈猶在. 及明, 尋其蹤跡, 東壁古階下, 有小穴如栗, 守宮出入焉. 士人卽雇數夫發之, 深數丈, 有守宮十餘石. 大者色赤, 長尺許, 蓋其王也. 壤土如樓狀. 士人聚蘇焚之, 後亦無他. (出『酉陽雜俎』)

476·7(6666)
염 단(冉 端)

충주(忠州) 점강현리(墊江縣吏) 염단의 부친이 당(唐)나라 개성연간(開成年間: 836~840) 초에 죽었다. 풍수지리에 뛰어난 엄사(嚴師)라는 사람이 그를 위해 묘지를 골라 주며 말했다.

"이곳에 틀림없이 왕의 기운이 뭉쳐 있는 어떤 물체가 있을 것이오."

그래서 1장(丈) 남짓 파 들어갔더니 사방 몇 장이나 되는 개미성이 나왔다. 성 바깥으로는 이중으로 된 성가퀴가 모두 갖추어져 있었고 자성(子城: 큰 성에 속한 작은 성)과 초로(譙櫓: 수비성)가 조각해 놓은 듯 정교했다. 성 안에는 길이 나누어져 있고 작은 둑이 차례대로 배열되어 있었는데, 눅마다 수천 마리의 개미들이 끊임없이 왕래했고 길은 매우 깨끗하게 정돈되어 있었다. 누대 안에는 개미 두 마리가 있었는데, 그 중 한 마리는 자색에 길이가 1촌 남짓 되었고 발이 황금색이었다. 또 한 마리는 날개가 있고 가는 허리에 조금 작았으며 흰 날개에 그물 무늬가 있는 것이 아마도 수컷 같았다. 개미들은 대략 몇 곡(斛: 1斛은 10말)은 되어 보였다. 성 모퉁이가 조금 무너졌는데, 그 위에 단단한 흙으로 덮개를 씌워서 중간에 있는 누대는 무너지지 않았다. 이미 파 들어가자 개미들이 매우 어지럽게 돌아다녔는데, 마치 구해달라는 것 같았다. 현리가 급히 현령(縣令) 이현지(李玄之)에게 그 일을 아뢰자 이현지가 와서 보고 현리에게 다른 땅을 고르게 했다. 엄사가 그곳 대신에 다른 묘지를 골랐지만 현리는 그 땅이 좋다고 하면서 개미들을 바위 옆으로 옮기고 개미성의 원래 모양대로 돌과 곡식을 배치한 다음 판자로 덮어주자고 청했다. 10일이 지났을 때 엄사가 갑자기 병에 걸려 미친 사람처럼 어떤 때는 스스로 때리고 부딪치기도 하고 거칠게 욕하며 큰 소리를 쳤는데, 며칠이 지나도록 그치지 않았다. 이현지는 평소에 엄사를 후대하고 있던 터라 그를 위해 개미에게 제사를 지내고 웅황환(雄黃丸)으로 치료했더니 비로소 병이 나았다. (『유양잡조』)

忠州墊江縣吏冉端, 唐開成初, 父死. 有嚴師者善山岡, 爲卜地, 云: "合有王氣群聚之物." 掘深丈餘, 遇蟻城, 方數丈. 外重雉堞皆具, 子城譙櫓, 工若彫刻. 城內分徑街, 小堁相次, 每堁有蟻數千, 憧憧不絶, 徑甚淨滑. 樓中有二蟻, 一紫色, 長寸餘, 足作金色. 一有羽, 細腰稍小, 白翅, 翅有經脈, 疑是雌者. 衆蟻約有數斛. 城隅小壞, 上以堅土爲蓋, 故中樓不損. 既掘露, 蟻大擾, 若求救狀. 縣吏遽白縣令李玄之, 既覩, 勸吏改卜. 嚴師代其卜驗, 爲其地吉('吉'原作'告', 據許本改), 縣吏請遷蟻於巖側, 狀其所爲, 仍布石粟, 覆之以板. 經旬, 嚴師忽得病若狂, 或自批觸, 穢詈大呼, 數日不已. 玄之素厚嚴師, 因爲祝蟻, 療以雄黃丸方愈. (出 『酉陽雜俎』)

476・8(6667)
인 치(蚓 齒)

　단성식(段成式)의 조카딸에게는 아사(阿史)라는 유모가 있었는데, 본래 형주(荊州) 사람이었다. 그녀가 한번은 다음과 같이 말했다.

　"제가 어렸을 적에 이웃에 공겸(孔謙)이라는 조카가 살았습니다. 그가 울타리 아래에서 입에 이빨 두 개를 드러내고 노래기처럼 배 아래에 발이 달린 1척 5촌 길이의 지렁이를 보았는데, 보통 지렁이보다 빨리 기었습니다. 공겸은 그것을 싫어해서 곧 죽여 버렸습니다. 그해에 공겸은 어머니와 형, 숙부를 잃었고 그도 살아날 수 없었습니다."

(『유양잡조』)

　段成式姪女乳母阿史, 本荊州人. 嘗言: "小時見隣居有姪孔謙. 籬下有蚓, 口露雙齒, 肚下足如蚿, 長尺五, 行疾於常蚓. 謙惡, 遽殺之. 其年, 謙喪母及兄叔, 因不得活." (出『酉陽雜俎』)

476・9(6668)
위 군(韋 君)

　어사(御史) 위군은 일찍이 강하(江夏)에서 종사(從事) 벼슬을 했는데, 나중에 명령을 받고 도성으로 가게 되었다. 그는 도성에서 돌아오는 길에 상오(商於)의 한 정자에서 머물었는데, 갑자기 정자의 기둥에서 크기가 아주 작은 흰 거미가 줄을 늘어뜨리며 내려오는 것을 보았다. 위군이 말했다.

"이는 사람들에게 해를 끼치는 거미다. 내가 듣기에 이놈은 비록 작지만 사람을 물면 좋은 약으로도 고칠 수 없다고 한다."

그리고는 손가락으로 거미를 죽여 버렸다. 잠시 후에 또 흰 거미 한 마리가 내려오자 그는 이전처럼 죽여 버렸다. 그리고 기둥 위를 보았더니 거미줄로 만든 거미집이 있기에 즉시 좌우사람들에게 명해 빗자루를 들고 와서 치워버리게 해 전부 없애버리고 말했다.

"나는 사람들에게 해가 되는 것을 이미 없애버렸으니 내일 떠나야겠다."

그리고는 손으로 기둥을 만졌는데, 갑자기 손가락이 참을 수 없을 만큼 아파서 보았더니 바로 흰 거미 한 마리가 그의 손가락을 문 것이었다. 위군은 놀라며 거미를 털어 버렸다. 잠시 후 손가락이 부어오르더니 며칠 지나지 않아 팔 전체가 부어올랐다. 이에 위군은 팔을 둘러맨 채 강하에 도착하여 약을 쓰고 치료를 해보았지만 소용이 없었다. 결국 왼쪽 팔이 곪아터져 피가 흘렀고 피를 다 쏟고 난 뒤 죽었다.

이에 앞서 위군의 모친이 강하에 있을 때 꿈속에 흰 옷을 입은 사람이 나타나 말했다.

"나의 형제 세 명 중에 두 명이 너의 아들에게 죽었다. 내가 상제께 아뢰었더니 상제께서 그들의 억울함을 불쌍히 여기시어 결국 나의 간청을 들어주셨다."

그 사람이 말을 마치자 모친은 놀라 깨어났다. 모친은 이상한 일도 다 있다고 생각했으나 꺼림칙하게 여겨 말하지 않았다. 10여 일 후에 위군이 왔는데, 그의 상황을 모두 듣고서야 비로소 꿈속의 일을 깨달았다. 모친이 꿈을 꾼 날은 과연 위군이 정자에 머물렀던 날이었다. 모친이 울며 말했다.

"내 아들이 오래 살 수 있을까?"

며칠 후에 위군이 죽었다. (『선실지』)

有御史韋君嘗從事江夏, 後以奉使至京. 旣還, 道次商於, 館亭中, 忽見亭柱有白蜘蛛曳而下, 狀甚微. 韋君曰: "是人之患也. 吾聞雖小, 螫人, 良藥無及." 因以指殺焉. 俄又有一白者下, 如前所殺之. 且觀其上, 有網爲窟, 韋乃命左右挈帚, 盡掃去, 且曰: "爲人患者, 吾已除矣, 明日將去." 因以手撫其柱, 忽覺指痛, 不可忍之, 乃是有一白蜘蛛螫其上. 韋君驚, 卽拂去, 俄遂腫延, 不數日而盡一臂. 由是肩昇至江夏, 醫藥無及. 竟以左臂潰爲血, 血盡而終.

先是韋君先夫人在江夏, 夢一白衣人謂曰: "我弟兄三人, 其二人爲汝子所殺. 吾告上帝, 帝用憫其寃, 且遂吾請." 言畢, 夫人驚寤. 甚異之, 惡不能言. 後旬餘而韋君至, 具得其狀, 方寤所夢. 覺爲夢日, 果其館亭時也. 夫人泣曰: "其能久乎?" 數日而韋君終矣. (出『宣室志』)

476 · 10(6669)
육 옹(陸 顒)

오군(吳郡) 사람 육옹은 장성(長城)에서 살았는데, 그의 집안은 대대로 명경과(明經科) 출신으로 벼슬했다. 육옹은 어려서부터 면(麵)을 좋아했는데, 많이 먹을수록 몸이 더욱 야위었다. 장성해서는 본군(本郡)에서 [鄕試에 합격하여] 예부(禮部)로 천거되었지만, 과거에 낙방하여 결국 태학생(太學生)이 되었다. 몇 달 후에 어떤 호인(胡人) 몇 명이 술과 음식을 가지고 그의 거처로 찾아왔다. 그들은 자리에 앉은 뒤 육옹을 돌아보며 말했다.

"우리는 남월(南越) 사람으로 오랑캐 땅에서 자랐소. 듣자하니 당(唐)나라 천자의 학교에서 천하의 영재를 두루 모으고 또 문물로 사방의 오랑캐를 교화시키고자 한다기에, 우리는 바다를 건너고 산을 넘어 중원에 와서 빛나는 태학의 문물을 구경하려 하오. 오직 그대만이 높다란 관을 쓰고 옷자락을 휘날리며 용모가 장중하고 태도가 엄숙하여 진정한 당나라의 유생이므로, 우리는 그대와 즐겁게 교제하고 싶소."

육옹이 감사하며 말했다.

"나는 운 좋게도 태학에 적을 두게 되었을 뿐 다른 재능이 없으니, 어찌 그대들의 깊은 아낌을 받을 수 있겠소!"

그리하여 그들은 흥겹게 술을 마시며 아주 즐거워하다가 떠났다. 육옹은 미더운 선비였으므로, 호인들이 자기를 속이지 않을 것이라고 생각했다. 열흘 남짓 후에 호인들이 또 오더니 황금과 비단을 육옹에게 선물했다. 육옹은 그들이 다른 뜻을 가지고 있을 것이라고 의심하여 한사코 거절하자, 호인들이 말했다.

"그대가 장안(長安)에 머무는 동안 불안에 떨며 굶주리고 추위에 떠는 기색이 있기 때문에 황금과 비단을 가져와서 그대의 노복과 말의 하루 비용으로 쓰라고 하는 것이오. 이렇게 하는 것은 그대와 즐겁게 교제하기 위함이지 어찌 다른 뜻이 있겠소? 부디 우리를 의심하지 마시오."

육옹은 하는 수 없이 [그들이 주는] 황금과 비단을 받았다.

호인들이 떠난 뒤에 태학의 제생(諸生: 과거를 준비하는 秀才를 말함)들이 그 일에 대해 듣고 모두 와서 육옹에게 말했다.

"저 호인들은 대부분 이득을 탐하여 자신의 몸도 돌보지 않은 채 소금과 쌀 같은 사소한 물건을 놓고 다투다가 심지어 서로 살해하기까지 하는 자들인데, 어찌 기꺼이 황금과 비단을 그냥 주면서 친구 삼자고 하겠소? 또한 태학에는 제생이 아주 많은데 하필이면 유독 그대만 후대하겠소? 그대는 교외로 몸을 숨겨서 그들이 다시 오는 것을 피하시오."

육옹은 마침내 위수(渭水) 가에 살면서 두문불출했다. 그런데 겨우 한 달 남짓 지났을 때 호인들이 육옹의 집을 또 찾아오자 육옹은 너무 놀랐다. 호인들이 기뻐하며 말했다.

"이전에 그대가 태학에 머물고 있을 때는 우리가 할 말을 다할 수 없었는데, 지금은 그대가 교외로 물러나 살고 있으니 우리의 마음에 딱 들어맞소."

호인들은 자리에 앉고 나서 육옹의 손을 잡아끌며 말했다.

"우리가 온 것은 우연이 아니라 그대에게 부탁할 것이 있어서이니 부디 허락해주길 바라오. 또한 우리가 얻길 바라는 것은 그대에게는 전혀 해가 되지 않지만 우리에게는 대단한 은혜가 될 것이오."

육옹이 말했다.

"삼가 분부를 받겠소."

호인이 말했다.

"그대는 면 먹기를 좋아하시오?"

육옹이 말했다.

"그렇소."

호인이 또 말했다.

"면을 먹는 것은 그대가 아니라 바로 그대의 뱃속에 있는 한 벌레요. 지금 우리가 그대에게 알약 하나를 드릴 테니, 그대가 그것을 먹고 벌레를 토해내면 우리가 좋은 값으로 그대에게서 벌레를 사가겠소. 괜찮겠소?"

육옹이 말했다.

"만약 정말로 벌레가 있다면 또 안 될 게 뭐 있겠소?"

이윽고 호인은 색깔이 자줏빛으로 빛나는 알약 하나를 꺼내 육옹에게 먹게 했다. 잠시 후 육옹은 마침내 벌레 하나를 토해냈는데, 길이는 2촌쯤 되고 푸른색이었으며 개구리 같은 모양이었다. 호인이 말했다.

"이것은 이름이 '소면충(消麵蟲)'인데 진실로 천하의 진기한 보물이오."

육옹이 말했다.

"어떻게 그걸 아시오?"

호인이 말했다.

"우리는 매일 새벽에 하늘까지 뻗은 보물의 기운이 태학에 있는 것을 보았기 때문에 특별히 찾아가서 얻으려 했소. 그런데 한 달 남짓 지나서 첫새벽에 바라보았더니 그 기운이 위수 가로 옮겨가 있었는데, 과연 그대가 이곳으로 거처를 옮겨왔소. 또한 이 벌레는 천지의 중화(中和)의 기운을 부여받아 응결된 것이기 때문에 면 먹길 좋아하는 것이오. 대개 보리는 가을부터 파종을 시작하여 이듬해 늦여름에 이르러 비로소 열매를 맺기 시작하므로 천지의 사시의 온전한 기운을 받기 때문에 그 벌레가 그 맛을 좋아하는 것이오. [못 믿겠거든] 그대가 벌레에게 면을 먹여 보면 알게 될 것이오."

육옹이 즉시 한 말 남짓한 면을 그 벌레 앞에 가져다놓았더니 벌레가 순식간에 모두 먹어치웠다. 육옹이 또 물었다.

"이 벌레는 어디에 사용합니까?"

호인이 말했다.

"대저 천하의 진기한 보물은 모두 중화의 기운을 부여받은 것인데, 이 벌레는 바로 중화의 정수요. 그 근본[최고의 보물을 말함]을 가지고서 그 말류[하찮은 보물을 말함]를 취한다면 어찌 어려운 일이겠소!"

이윽고 호인은 그 벌레를 통에 담고 그것을 다시 황금 함에 넣어 잠근 다음 육옹에게 침실에 갖다놓으라고 한 뒤 말했다.

"내일 반드시 다시 오겠소."

다음날 아침에 호인들은 10대의 손수레에 수만 금에 달하는 황금과 옥, 비단을 싣고 와서 육옹에게 바치고 황금 함을 함께 들고 떠났다. 육옹은 그 후로 거부가 되어 장원과 저택을 짓고 생활에 필요한 기물을 마련했으며, 날마다 쌀밥과 고기를 먹고 고운 옷을 입고서 장안을 유람하여 부호로 불렸다. 겨우 1년 남짓 지났을 때 호인들이 또 찾아와서 육옹에게 말했다.

"그대는 우리와 함께 바닷속을 유람할 수 있겠소? 나는 바닷속의 진기한 보물을 얻어 천하에 자랑하고 싶은데, 그대는 기이한 것을 좋아하는 선비가 아니오?"

육옹은 이미 굉장한 부자가 되었고 또 평소에 실컷 한가하게 지내고 있던 터라 즉시 호인들과 함께 바닷가로 갔다. 호인들은 그곳에 집을 짓고 머물렀는데, 은 솥 안에 기름을 넣고 밑에서 불을 지피면서 은솥 안에 그 벌레를 던져 넣어 정련하며 7일 동안 불을 끄지 않았다. 그때 홀연히 한 동자가 머리를 양 갈래로 빗고 푸른 저고리를 입은 채 바닷물 속에서 나오더니, 직경 1촌 짜리 진주가 아주 많이 담겨 있는 둥근 쟁반을 받들고 와서 호인에게 바쳤다. 하지만 호인이 큰소리로 동자를 꾸짖자 그는 두려워하며 쟁반을 받들고 떠났다. 동자가 떠나고 나서 한 식경(食頃) 후에 용모가 기막히게 고운 한 옥녀(玉女: 仙女)가 안개처럼 얇은 비단옷을 입고 패옥과 진주 귀걸이를 찬 채 나풀거리며 바닷 속에서 나오더니, 수십 개의 진주가 담겨 있는 자주색 옥쟁반을 받들고 와서 호인에게 바쳤다. 하지만 호인이 또 옥녀를 나무라자 그녀는 쟁반을 받들고 떠났다. 잠시 후에 한 선인(仙人)이 벽옥으로 장식한 관을 쓰고 노을 문양의 옷을 걸친 채[원문은 "岥霞衣"라 되어 있지만, 문맥상 '岥'는 '披'의 誤記로 보임] 진주 하나가 담겨 있는 진홍색 수건 함을 받들고 나왔는데, 그 진주는 직경이 3촌쯤 되고 기이한 광채가 공중에 퍼져 수십 보까지 밝게 비추었다. 선인이 그 진주를 호인에게 바치자, 호인은 웃으며 그것을 받은 다음 기뻐하며 육옹에게 말했다.

"지극한 보물이 드디어 왔소이다!"

그리고는 즉시 불을 끄라고 명한 뒤에 솥 안에서 그 벌레를 거두어 황금 함 속에 다시 잘 넣어두었다. 그 벌레는 비록 오랫동안 정련되었지만 처음처럼 팔짝팔짝 뛰었다. 호인은 그 진주를 삼키며 육옹에게 말했다.

"그대는 우리를 따라 바닷속으로 들어가기만 하면 되니 걱정할 필요 없소."

육옹은 즉시 호인의 허리띠를 붙잡고 바닷속으로 따라 들어갔다. 그런데 바닷물이 수십 보 넓이로 활짝 열렸고 여러 물고기들이 모두 그들을 피하여 돌아갔다. 그들은 용궁을 유람하고 교룡의 집으로 들어가서 진주와 진기한 보물들을 마음대로 골라 하룻밤 만에 아주 많은 보물을 얻었다. 호인이 육옹에게 말했다.

"이것이면 억만 금의 재물을 손에 넣을 수 있소."

그리고는 잠시 후 또 육옹에게 진기한 보물 몇 가지를 주었다. 육옹은 그것들을 남월(南越)에서 팔아 황금 천 일(鎰: 1鎰은 20兩 또는 24兩)을 얻음으로써 더욱 부자가 되었다. 그 후로 육옹은 결국 벼슬하지 않고 민월(閩越) 지방에서 늙어 죽었다. (『선실지』)

吳郡陸顒, 家于長城, 其世以明經仕. 顒自幼嗜麵, 爲食愈多而質愈瘦. 及長, 從本郡('郡'原作'軍', 據明鈔本改)貢於禮部, 旣下第, 遂爲生太學中. 後數月, 有胡人數輩, 挈酒食詣其門. 旣坐, 顧謂顒曰: "吾南越人, 長蠻貊中. 聞唐天子庠, 羅天下英俊, 且欲以文物化動四夷, 故我航海梯山來中華, 將觀太學文物之光. 唯吾子芠焉其冠, 襜焉其裾, 莊然其容, 肅然其儀, 眞唐朝儒生也, 故我('我'字原空闕, 據明鈔本補)願與子交歡." 顒謝曰: "顒幸得籍於太學, 然無他才能, 何足下見愛之深也!" 於是相與酬宴, 極歡而去. 顒信士也, 以爲群胡不我欺. 旬餘, 群胡又至, 持金繒爲顒壽. 顒至疑其有他, 卽固拒之, 胡人曰: "吾子居長安中, 惶惶然有飢寒色, 故持金繒, 爲子僕馬一日之費. 所以交吾子歡耳, 豈('豈'原作'違', 據明鈔本改)有他哉('哉'原作'載', 據明鈔本改)? 幸勿疑我也." 顒不得已, 受金繒.

及胡人去, 太學中諸生聞之, 偕來謂顒曰: "彼胡率愛利不顧其身, 爭鹽米之微, 尙致相賊殺者, 寧肯棄金繒爲朋友壽乎? 且太學中諸生甚多, 何爲獨厚君耶? 君匿身郊野間, 以避再來也." 顗遂僑居於渭水上, 杜門不出. 僅月餘, 群胡又詣其門, 顗大驚. 胡人喜曰: "比君在太學中, 我未得盡言, 今君退居郊野, 果吾心也." 旣坐, 胡人挈顗手而言曰: "我之來, 非偶然也, 蓋有求於君耳('耳'原作'年', 據明鈔本改), 幸望許之. 且我所祈, 於君固無害, 於我則大惠也." 顗曰: "謹受敎." 胡人曰: "吾子好食麵乎?" 曰: "然." 又曰: "食麵者, 非君也, 乃君肚中一蟲耳. 今我欲以一粒藥進君, 君餌之, 當吐出蟲, 則我以厚價從君易之. 其可乎?" 顗曰: "若誠有之, 又安有不可耶?" 已而胡人出一粒藥, 其色光紫, 命餌之. 有頃, 遂吐出一蟲, 長二寸許, 色靑, 狀如蛙. 胡人曰: "此名'消麵蟲', 實天下之奇寶也." 顗曰: "何以識之?" 胡人曰: "吾每旦見寶氣亘天, 在太學中, 故我特訪('特訪'原作'爲君', 據明鈔本改)而取之('之'字原闕, 據明鈔本補). 然自一月餘, 淸旦望之, 見其氣移於渭水上, 果君遷居焉. 又此蟲禀天地中和之氣而結, 故好食麵. 蓋以麥自秋始種, 至來年夏季, 方始成實, 受天地四時之全氣, 故嗜其味焉. 君宜以麵食之, 可見矣." 顗卽以麵斗餘, 致其前, 蟲乃食之立盡. 顗又問曰: "此蟲安使用也?" 胡人曰: "夫天下之奇寶, 俱禀中和之氣, 此蟲乃中和之粹也. 執其本而取其末, 其遠乎哉!" 旣而以筒盛其蟲, 又金函扃之, 命顗致于寢室, 謂顗曰: "明日當再來." 及明旦, 胡人以十兩重輦, 金玉繒帛約數萬, 獻於顗, 共持金函而去.

顗自此大富, 致園屋, 爲治生具, 日食粱肉, 衣鮮衣, 遊於長安中, 號豪士. 僅歲餘, 群胡又來, 謂顗曰: "吾子能與我偕遊海中乎? 我欲探海中之奇寶, 以耀天下, 而吾子豈非好奇之士耶?" 顗旣以甚富, 又素用閑逸自逸, 卽與群胡俱至海上. 胡人結宇而居, 於是置油膏於銀鼎中, 搆火其下, 投蟲於鼎中鍊之, 七日不絶燎. 忽有一童, 分髮衣靑襦, 自海水中出, 捧月盤, 盤中有徑寸珠甚多, 來獻胡人.

胡人大聲叱之, 其童色懼, 捧盤而去. 僅去('去'字原闕, 據明鈔本補)食頃, 又有一玉女, 貌極冶, 衣霧綃之衣, 佩玉珥珠, 翩翩自海中而出, 捧紫玉盤, 中有珠數十, 來獻胡人. 胡人罵之, 玉女捧盤而去. 俄有一仙('仙'字原空闕, 據明鈔本補)人, 戴瑤碧冠, 岐霞衣, 捧絳帕籍, 籍中有一珠, 徑三('三'原作'上', 據明鈔本改)寸許, 奇光泛空, 照數十步. 仙人以珠獻胡人, 胡人笑而授之, 喜謂顓曰: "至寶來矣!" 卽命絶燎, 自鼎中收蟲, 置金函中. 其蟲雖鍊之且久, 而跳躍如初. 胡人吞其珠, 謂顓曰: "子隨我入海中, 愼無懼." 顓卽執胡人佩帶, 從而入焉. 其海水皆豁開數十步, 鱗介之族, 俱辟易回去. 遊龍宮, 入蛟室, 珍珠怪寶, 惟意所擇, 纔一夕而獲甚多. 胡人謂顓曰: "此可以致億萬之貨矣." 已而又以珍貝數品遺於顓. 貨於南越, 獲金千鎰, 由是益富. 其後竟不仕, 老於閩越中也. (出『宣室志』)

태평광기

권제 477

곤충 5

1. 장　　경(張　　景)
2. 사　　의(蛇　　醫)
3. 산 지 주(山 蜘 蛛)
4. 충　　변(蟲　　變)
5. 갈　　화(蝎　　化)
6. 슬 건 초(虱 建 草)
7. 법　　통(法　　通)
8. 등봉사인(登封士人)
9. 슬　　징(虱　　徵)
10. 벽　　경(壁　　鏡)
11. 대　　갈(大　　蝎)
12. 홍 편 복(紅 蝙 蝠)
13. 청　　부(青　　蚨)
14. 등 왕 도(滕 王 圖)
15. 이　　봉(異　　蜂)
16. 기　　거(寄　　居)
17. 이　　충(異　　蟲)
18. 승　　　(蠅)
19. 벽　　어(壁　　魚)
20. 천 우 충(天 牛 蟲)
21. 백 봉 과(白 蜂 窠)
22. 독　　봉(毒　　蜂)
23. 죽　　봉(竹　　蜂)
24. 수　　저(水　　蛆)
25. 수　　충(水　　蟲)
26. 포　　창(抱　　搶)
27. 피　　역(避　　役)
28. 돈　　구(燉　　蛹)
29. 조　　마(竈　　馬)
30. 사　　표(謝　　豹)
31. 쇄 거 충(碎 車 蟲)
32. 탁　　고(度　　古)
33. 뇌　　기(雷　　蜞)
34. 복　　육(腹　　育)
35. 협　　접(蛺　　蝶)
36. 의　　　(蟻)
37. 의　　루(蟻　　樓)

477·1(6670)
장경(張景)

평양(平陽) 사람 장경은 활을 잘 쏘아서 본군(本郡)의 비장(裨將: 副將)이 되었다. 장경에게는 이제 갓 16~17살 된 딸이 있었는데 매우 총명했다. 그녀의 부모는 그녀를 사랑하여 옆방에 기거하게 했다. 어느 날 저녁에 장경의 딸이 혼자 방안에 있으면서 아직 깊이 잠들지 않고 있을 때, 갑자기 누군가가 방문을 달그락거리는 소리가 들렸다. 잠시 후 한 사람이 들어오는 것이 보였는데, 그는 흰 옷을 입고 모습이 통통했으며 스스로 그녀의 침상에 몸을 기대었다. 그녀는 도둑이라고 생각하여 두려워서 잠자코 있으면서 감히 돌아보지도 못했다. 흰 옷 입은 사람이 다시 앞으로 다가오며 웃자, 그녀는 더욱 두려워하면서 요괴일 것이라고 생각했다. 그래서 이렇게 꾸짖었다.

"그대는 혹시 도둑이 아니오? 그렇지 않다면 사람이 아닐 것이오!"

흰 옷 입은 사람이 웃으며 말했다.

"[이 집의] 사위가 되는 것이 나의 마음이오. 나를 도둑이라고 생각하는 것도 잘못인데, 나를 사람이 아니라고 생각하는 것은 너무 심하지 않소? 나는 본래 제(齊) 땅 사람 조씨(曹氏)의 아들로서 사람들은 나의 풍모를 훌륭하다고 생각하는데 그대만 어찌 그 사실을 모르시오? 그대가 비록 나를 거절하더라도 나는 그대의 방에 머물 것이오."

그 사람은 말을 마친 뒤 마침내 그녀의 침상에 누워서 잠을 잤다. 그녀는 그 사람이 징그러워서 감히 쳐다보지도 못했다. 날이 밝을 무렵에야 그 사람은 떠났다. 다음날 저녁에 그 사람이 또 오자 그녀는 두려움이 더욱 심해졌다.

그 다음날 그녀가 모든 사실을 아버지께 말씀드리자 아버지가 말했다.

"틀림없이 요괴일 것이다."

그리고는 즉시 [하인에게] 쇠 송곳을 가져오게 하여 그 끝에 실을 꿰고 날카롭게 간 다음 딸에게 주면서 이렇게 시켰다.

"요괴가 오거든 이것으로 꿰어라."

그날 저녁에 요괴가 또 오자, 그녀가 억지로 좋은 말로 비위를 맞추었더니 요괴는 과연 즐겁게 얘기했다. 한밤중이 될 무렵에 그녀가 은밀히 송곳으로 요괴의 목을 찔렀더니, 요괴는 펄쩍 뛰며 크게 소리치면서 실을 매단 채 도망쳤다. 다음날 그녀가 아버지께 알리자 아버지는 동복에게 그 종적을 추적하게 했는데, 그녀의 방을 나와 수십 걸음 가서 한 고목 아래에 이르렀더니 구멍 하나가 있었고 그 구멍 속으로 실이 들어가 있었다. 그래서 그곳을 조사하여 몇 척 파 들어가지 않았을 때 과연 1척 남짓 되는 제조(蠐螬: 굼벵이. '蠐'는 '齊'와 통하고 '螬'는 '曹'와 통함. 즉 '齊人曹氏'를 의미함) 한 마리가 그 속에 웅크리고 있었으며 그 목에 송곳이 꿰어 있었다. 그것은 아마도 이른바 '제 땅 사람 조씨의 아들'인 것 같았다. 장경이 즉시 그것을 죽였더니 그 후로는 괴이한 일이 더 이상 일어나지 않았다. (『선실지』)

平陽人張景者, 以善射, 爲本郡裨將. 景有女, 始十六七, 甚敏惠. 其父母愛之,居以側室. 一夕, 女獨處其中, 寢('寢'原作'寤', 據明鈔本改)未熟, 忽見軋其戶者. 俄見一人來, 被素衣, 貌充而肥, 自欹身於女之榻. 懼爲盜, 默不敢顧. 白衣人又前迫以笑, 女益懼, 且慮爲怪焉. 因叱曰: "君豈非盜乎? 不然, 是他類也!" 白衣者笑曰: "束遷吾心, 謂吾爲盜, 且亦誤矣, 謂吾爲他類, 不其甚乎? 且吾本齊人曹氏子也, 謂我美風儀, 子獨不知乎? 子雖拒我, 然猶寓子之舍耳." 言己, 遂偃于榻, 且寢('寢'原作'寤', 據明鈔本改)焉. 女惡之, 不敢竊視. 迨將曉方去. 明夕又來, 女懼益甚.

又明日, 其事白於父, 父曰: "必是怪也." 卽命一金錐, 貫縷於其末, 且利鋩, 以授女, 敎曰: "魅至, 以此表焉." 是夕又來, 女强以言洽之, 魅果善語. 夜將半, 女密以錐傳其項, 其魅躍然大呼, 曳縷而去. 明日, 女告父, 命僮逐其跡, 出舍數十步, 至古木下, 得一穴而繩貫其中. 乃窮之, 深不數尺, 果有一螪蟥, 約尺餘, 蹲其中焉. 錐表其項. 蓋所謂'齊人曹氏子'也. 景卽殺之, 自此遂絶. (出『宣室志』)

477 · 2(6671)
사 의(蛇 醫)

왕언위(王彦威: 唐 文宗 때의 文臣)가 변주(汴州)를 진수(鎭守)한지 2년 째 되는 해 여름에 가뭄이 들었는데, 당시 원왕(袁王: 李紳. 唐 順宗 李誦의 19번째 아들)의 사부 이기(李玘)가 변주에 들렀기에 그를 위해 연회를 열었다. 왕언위가 가뭄 때문에 걱정하자 이기가 취한 김에 이렇게 말했다.

"비를 내리게 하는 것은 아주 쉬운 일입니다. 사의(蛇醫: 도마뱀) 4

마리와 10섬 들이 항아리 2개를 준비하여 각 항아리에 물을 채우고 사의 2마리씩을 띄운 다음 나무 뚜껑을 덮고 빈틈없이 진흙으로 봉하여 시끄러운 곳에 따로 놓아두십시오. 그리고 항아리 앞에 자리를 깔고 향을 피운 다음 10살 이하의 어린아이 10여 명을 뽑아 작은 푸른 대나무를 들고 밤낮으로 그 항아리를 번갈아 두드리게 하되 잠시도 멈추어서는 안 됩니다."

왕언위가 그의 말대로 시험해보았더니 하루에 두 차례 큰비가 내려 수백 리에 걸쳐 물이 흘러넘쳤다. 옛말에 따르면 용과 사사(蛇師: 도마뱀)는 친척간이라고 한다. (『유양잡조』)

王彦威鎭汴之二年, 夏旱, 時表(明鈔本'表'作'袁')王傅李玘過汴, 因宴. 王以旱爲慮, 李醉曰: "欲雨甚易耳. 可求蛇醫四頭, 十石甕二, 每甕實以水, 浮二蛇醫, 覆以木蓋, 密泥之, 分置於鬧處. 甕前設席燒香, 選小兒十歲已下十餘, 令執小靑竹, 晝夜更擊其甕, 不得少輟." 王如其言試之, 一日兩度雨, 大注數百里. 舊說, 龍與蛇師爲親家. (出『酉陽雜俎』)

477·3(6672)
산지주(山蜘蛛)

전하는 말에 따르면, 배민(裴旻)이 산길을 가다가 보았더니 산거미가 한 필의 베처럼 널따란 거미줄을 드리워 거의 배민에게 닿으려 했다. 그때 배민이 활을 당겨 산거미를 쏘아 떨어뜨리고 보았더니 그 크기가 수레바퀴만 했다. 배민은 그 거미줄 몇 척을 잘라서 가져왔다. 부하 중에 병기에 상처가 난 자가 있을 때 그 거미줄을 사방 1촌으로 잘라서 상처에 붙이면 즉시 피가 멈추었다. (『유양잡조』)

相傳裴旻山行, 有山蜘蛛, 垂絲如匹布, 將及旻. 旻引弓射却之, 大如車輪. 因斷其絲數尺, 收之. 部下有金瘡者, 剪方寸貼之, 血立止. (出『酉陽雜俎』)

477・4(6673)
충 변(蟲 變)

하남소윤(河南少尹) 위현(韋絢)이 젊었을 때 한번은 기주(夔州)의 강 언덕에서 이상한 벌레 한 마리를 보았다. 처음에는 그것을 멧대추나무의 가시라고 생각했는데, 시종이 놀라며 말했다.

"이 벌레는 영험하여 함부로 건드려서는 안 되니, [잘못 건드렸다가는] 혹 비바람을 불러올 수도 있습니다."

위현이 시험 삼아 시종에게 땅을 발로 밟아 그 벌레를 놀라게 해보라고 했더니, 벌레가 날아올랐다가 다시 땅에 엎드렸는데 마치 순식간에 사라져버린 듯했다. 땅 위를 자세히 살펴보았더니 마치 돌의 무늬 결처럼 보였다. 한참 있다가 벌레가 점점 일어나 예전처럼 모습을 드러내는데, 가시 끝마다 발톱이 하나씩 있었으며, 순식간에 풀 속으로 들어가는 것이 화살처럼 빨랐다. 위현은 결국 그것이 어떤 벌레인지 알지 못했다. (『유양잡조』)

河南少尹韋絢, 少時, 嘗於夔州江岸見一異蟲. 初疑一棘刺, 從者驚曰: "此蟲有靈, 不可犯之, 或致風雨." 韋試令踏地驚之, 蟲飛, 伏地如滅. 細視地上, 若石脈焉. 良久漸起如舊, 每刺上有一爪, 忽入草, 疾走如箭. 竟不知何物. (出『酉陽雜俎』)

477 · 5(6674)
갈 화(蝎 化)

서부충(鼠負蟲: 쥐며느리. 원문은 '蝎負蟲'이라 되어 있지만 『酉陽雜俎』「前集」 권17 「蟲篇」에 의거하여 고침. '鼠負'는 '鼠婦'라고도 함) 중에 큰 것은 대부분 전갈로 변하는데, 전갈은 대부분 새끼를 등에 업고 다닌다. 단성식(段成式: 『酉陽雜俎』의 撰者)이 한번은 전갈 한 마리가 10여 마리의 새끼를 등에 업고 있는 것을 보았는데, 새끼들은 흰 색에 겨우 쌀알만 했다. 또 한번은 장희복(張希復)이 말하는 것을 들었는데, 진주(陳州)의 옛 창고에 있는 전갈은 모습이 돈처럼 생겼고 사람을 물면 반드시 죽는다고 했다. 강남에는 예전부터 그런 전갈이 없다. (『유양잡조』)

蝎負蟲巨者, 多化爲蝎, 蝎子多負於背. 段成式嘗見一蝎負十餘子, 子色猶白, 纔如稻粒. 又嘗見張希復言, 陳州古倉有蝎, 形如錢, 螫人必死. 江南舊無. (出『酉陽雜俎』)

477 · 6(6675)
슬건초(虱建草)

옛말에 따르면, 슬고증(蝨蠱症: 이의 독으로 인해 생긴 병증)에 걸렸을 때 적룡(赤龍)이 목욕한 물을 마시면 낫는다고 한다. 이는 수은을 싫어한다. 그래서 사람에게 이가 생겼을 경우 비록 옷을 향에 쐬고 목욕을 하더라도 막을 수 없는데 오직 수은이라야 없앨 수 있다. 도사 최백(崔白: 段成式의 친구)의 말에 따르면, 형주(荊州)의 수재(秀才) 장고(張告)가 한번은 머리 둘 달린 이를 잡았다고 한다. 또 어떤 풀은 산발치의 습한 곳에서 자라는데, 잎이 백합처럼 생겼고 하나의 줄기에 대칭으로 잎이 나며 줄기는 약간 붉고 높이가 1~2척쯤 된다. 그 풀은 '슬건초'라고 하는데 서캐와 이를 없앨 수 있다. (『유양잡조』)

舊說, 蝨蠱症('蠱症'原作'蟲', 據『酉陽雜俎』卷十七改), 飮赤龍所浴水則愈. 蝨惡水銀. 人有病蝨者, 雖香衣沐浴不能已, 惟水銀可去之. 道士崔白言, 荊州秀才張告, 嘗捫得兩頭蝨. 又有草生山足濕處, 葉如百合, 對葉獨莖, 莖微赤, 高一二尺. 名'蝨建草', 能去蟣蝨. (出『酉陽雜俎』)

477 · 7(6676)
법 통(法 通)

형주(荊州)에 '법통'이라 부르는 백사(帛師: 미상. 尊師의 오기가 아닐까 함)가 있었는데, 그는 본래 안서(安西) 사람으로 젊었을 때 동천축국(東天竺國)에서 출가했다. 그의 말에 따르면, 누리의 배 밑에 범문(梵文)이 있는 것은 아마도 하늘에서 내려온 것으로 도리천(忉利天: 欲界六天의 둘째 하늘)이나 범천(梵天: 色界의 初禪天. 欲界의 음욕을 떠난 고요하고 깨끗한 세계)에서 내려왔는데, 서역에서는 그 글자를 살펴서 [누리가 어떤 하늘에서 내려왔는지 알아낸 뒤] '본천단법(本天壇法)'을 행해 그것들을 제거한다고 한다. 지금 누리의 머리에 '왕(王)'자가 있는 것은 저절로 그 뜻을 알 수 있다. 어떤 사람은 물고기 알이 변하여 누리가 된다고 하는데 사실에 가까운 것으로 보인다. 옛말에 따르면, 누리가 곡식을 먹는 것은 관아의 관리로 인해 생겨난 일이라고 하는데, 관리가 백성을 수탈하면 누리가 곡식을 먹는다고 한다. 즉 몸통이 검고 머리가 붉은 누리는 무관(武官)이고 머리가 검고 몸통이 붉은 것은 문관(文官)이라는 것이다. (『유양잡조』)

荊州有帛師號'法通', 本安西人, 少於東天出家. 言蝗蟲腹下有'梵'字, 或自天下來者, 及忉利天·梵天來, 西域驗其字, 作'本天壇法'禳之. 今蝗蟲首有'王'字, 固自可曉. 或言魚子變, 近之矣. 舊言蟲食穀者, 部吏所致, 侵漁百姓, 則蟲食穀. 蟲身黑頭赤, 武官也, 頭黑身赤, 儒吏也. (出『酉陽雜俎』)

477・8(6677)
등봉사인(登封士人)

　당(唐)나라 때 어떤 선비가 10여 년 동안 객지를 떠돌다가 자기 장원으로 돌아왔는데, 그 장원은 등봉현에 있었다. 하루는 밤이 깊도록 선비가 아직 잠들지 않고 있을 때, 갑자기 담장 아래에서 불꽃이 피어났다. 선비는 처음에 반딧불이라고 생각했는데, 불꽃이 점점 일어나 탄환만한 크기가 되더니 사방 모퉁이를 날아다니며 비추다가 다시 점점 내려와 데굴데굴 구르며 왔다 갔다 하면서 선비의 얼굴과 겨우 1척 남짓 떨어져 있었다. 선비가 불꽃 속을 자세히 들여다보았더니 한 여자가 머리에 비녀를 꽂고 붉은 저고리에 푸른 치마를 입고서 머리와 팔을 흔들고 있었는데, 형체가 모두 갖추어져 있었고 아주 사랑스러웠다. 그래서 선비가 손을 벌려 그것을 덮쳐잡아 등불에 비춰보았더니, 다름 아닌 쥐똥이었으며 크기는 계서자(雞棲子: 皁莢[쥐엄나무] 열매)만 했다. 선비가 그것을 쪼개서 살펴보니 머리가 붉고 몸이 푸른 벌레가 있기에 죽여 버렸다. (『유양잡조』)

　唐嘗有士人客遊十餘年, 歸莊, 莊在登封縣. 夜久, 士人睡未著, 忽有星火發於牆堵下. 初爲螢, 稍稍芒起, 大如彈丸, 飛燭四隅, 漸低, 輪轉來往, 去士人面纔尺餘. 細視光中, 有一女子, 貫釵, 紅衫碧裙, 搖首擺臂('臂'原作'尾', 據明鈔本改), 具體可愛. 士人因張手掩獲, 燭之, 乃鼠糞也. 大如雞棲子. 破視, 有蟲首赤身靑, 殺之. (出 『酉陽雜俎』)

477 · 9(6678)
슬 징(虱 徵)

전하는 말에 따르면, 사람이 장차 죽게 되면 이가 그 사람의 몸에서 떠난다고 한다. 또 어떤 사람이 말하길, 병자의 [몸에 있는] 이를 잡아 침상 앞에 놓고 병세를 점칠 수 있는데, 병자가 장차 낫게 될 경우는 이가 병자를 향해 기어가고 이가 [병자에게] 등을 돌리면 병자가 죽는다고 한다. (『유양잡조』)

相傳人將死, 虱離身. 或云, 取病者虱於牀前, 可以卜病, 將差, 虱行向病者, 背則死. (出『酉陽雜俎』)

477 · 10(6679)
벽 경(壁 鏡)

하루는 사람들이 강풍정(江楓亭)에 모여 단방(單方: 민간에 전해 내려오는 약 처방)에 대해 얘기했는데, 그때 단성식(段成式: 『酉陽雜俎』의 撰者)은 벽경(壁鏡: 壁錢蟲. 납거미)의 독을 치료할 때 백반을 사용한다는 사실을 기억해두었다. [나중에 단성식은 그 처방에 대해] 허군(許君)에게 다시 물어보았는데, 뽕나무 잿물을 3번 끓인 다음 그 잿물에 백반을 넣어 고약을 만들어 물린 상처에 바르면 즉시 낫고 아울러 그것으로 뱀독까지 치료할 수 있다고 했다. 예로부터 상주(商州)·등주

(鄧州)・양주(襄州)에는 벽경이 많은데, 그것에 물려 중독된 사람은 반드시 죽었다. (몸통이 납작하고 발이 5개 달린 것이 그것이다.) 좌중의 손님 중에서 어떤 사람이 말하길, 뱀해[巳年]에는 뱀을 죽여서는 안 된다고 했다. (『유양잡조』)

一日, 江楓亭會, 衆說單方, 段成式記治壁鏡, 用白礬. 重訪許君, 用桑柴灰汁, 三度沸, 取汁, 白礬爲膏, 塗瘡口卽差, 兼治虺毒. 自商・鄧・襄州, 多壁鏡, 毒人必死. (身匾五足者是.) 坐客或云, 巳年不宜殺虺. (出『酉陽雜俎』)

477・11(6680)
대 갈(大 蝎)

안읍현(安邑縣)의 북문에 사는 어떤 사람이 말하길, 비파 크기만 한 전갈 한 마리가 늘 나오는데 그것이 사람을 물지는 않지만 사람들은 그것을 두려워하며, 그것이 영험함을 보인 지가 수년이나 된다고 했다. (『전재』)

安邑縣北門, 縣人云, 有一蝎如琵琶大, 每出來, 不毒人, 人猶是恐, 其靈積年矣. (出『傳載』)

477·12(6681)
홍편복(紅蝙蝠)

유군(劉君)이 말하길, 남방의 홍초(紅蕉: 美人蕉)가 꽃필 때 붉은 박쥐가 그 꽃 속으로 날아드는데 남방 사람들은 그것을 '홍편복'이라 부른다고 했다. (『유양잡조』)

劉君云, 南中紅蕉花時, 有紅蝙蝠集花中, 南人呼爲'紅蝙蝠'. (出『酉陽雜俎』)

477·13(6682)
청 부(靑 蚨)

청부(靑蚨: 파랑강충이. 흔히 돈의 별칭으로 쓰임)는 매미처럼 생겼지만 그보다 약간 크고 그 맛이 맵지만 먹을 수 있다. 청부는 알을 낳을 때면 반드시 풀잎 위에 낳는데 그 크기는 누에알만 하다. 사람이 그 새끼를 가지고 돌아가면 그 어미도 따라서 날아오는데, 새끼가 가까이 있건 멀리 있건 상관없이 어미는 반드시 새끼가 있는 곳을 알아낸다. [어미가 새끼에게 오고 난] 연후에 각각을 작은 동전과 함께 베에 싸서 동쪽의 응달진 담장 아래에 묻어놓았다가 3일 뒤에 꺼낸 다음 즉시 어미의 피[와 새끼의 피]를 동전에 바른다. 사람이 물건을 살 때 먼저 새끼의 피가 묻은 동전을 쓰면 즉시 그 동전이 어미의 피가 묻은 동전에게 돌아오고, 어미 동전을 쓰면 즉시 그 동전이 새끼 동전에게 돌아온다.

이렇게 돌고 돌아 계속 이어진다. 그런데 만약 [그 동전으로] 금은보화를 사면 그 동전은 돌아오지 않는다. 청부는 일명 '어백(魚伯)'이라고도 한다. (『궁신비원』)

靑蚨似蟬而狀稍大, 其味辛, 可食. 每生子, 必依草葉, 大如蠶子. 人將子歸, 其母亦飛來, 不以近遠, 其母必知處. 然後各致小錢('錢'字原空闕, 據黃本補)于巾, 埋東行陰牆下, 三日開之, 卽以母血塗之如前. 每市物, 先用子, 卽子歸母, 用母者, 卽母歸子. 如此輪還, 不知休息. 若買金銀珍寶, 卽錢不還. 靑蚨者, 一名'魚伯'. (出『窮神秘苑』)

477 · 14(6683)
등왕도(滕王圖)

하루는 사람들이 자극궁(紫極宮)에 모였을 때 수재(秀才) 유로봉(劉魯封)이 말하길, 일찍이 등왕(滕王: 李元嬰. 唐 高祖 李淵의 막내아들)의 「봉접도(蜂蝶圖)」를 본 적이 있는데 [그 그림 속에] 강하반(江夏斑)·대해안(大海眼)·소해안(小海眼)·촌리래(村裏來)·채화자(菜花子)라는 이름의 벌과 나비가 있었다고 했다. (『유양잡조』)

一日, 紫極宮會, 秀才劉魯封云, 嘗見滕王「蜂蝶圖」, 有名江夏斑·大海眼·小海眼·村裏來·菜花子. (出『酉陽雜俎』)

477 · 15(6684)
이 봉(異 蜂)

이봉은 그 모습이 꿀벌처럼 생겼으나 그보다 약간 크고, 나는 것이 힘차고 빠르며, 나뭇잎을 둥글게 잘라 말아가지고 나무구멍이나 벽 틈 속으로 들어가서 집을 짓길 좋아한다. 단성식(段成式: 『酉陽雜俎』의 撰者)이 한번은 벽을 파내고 그 벌을 찾았는데, 말아진 잎 속마다 더러운 것으로 가득 차 있었다. 어떤 사람이 말하길, 그 더러운 것이 장차 꿀로 변한다고 했다. (『유양잡조』)

異蜂, 有蜂狀如蠟蜂, 稍大, 飛勁疾, 好圓裁樹葉, 卷入木竅及壁磚中作窠. 段成式嘗發壁尋之, 每葉卷中, 實以不潔. 或云, 將化爲蜜. (出『酉陽雜俎』)

477 · 16(6685)
기 거(寄 居)

기거충(寄居蟲: 소라게)은 [겉모습은] 소라처럼 생겼지만 다리가 있고 [속] 모습은 거미와 비슷하다. 본래 껍질이 없지만 빈 소라껍질 속으로 들어가 그것을 쓰고 다닌다. 건드리면 발을 오므리[고 껍질 속으로 들어가]는 것이 마치 소라가 입을 닫는 것과 같다. 껍질을 불에 구우면 기거충이 곧장 밖으로 나오는데 그제야 그것이 소라껍질에 얹혀사는 것임을 알게 된다. (『유양잡조』)

寄居之蟲, 如螺而有脚, 形似蜘蛛, 本無殼, 入空螺殼中, 載以行. 觸之縮足('足'原作'定', 據明鈔本改), 如螺閉戶也. 火炙之, 乃出走, 始知其寄居也. (出『酉陽雜俎』)

477 · 17(6686)
이 충(異 蟲)

온회(溫會)가 강주(江州)에 있을 때 빈객들과 함께 물고기 잡는 것을 구경했는데, 어부 한 명이 갑자기 언덕으로 올라가더니 미친 듯이 달려 다녔다. 온회가 [무슨 영문인지] 물었지만 그 어부는 손을 뒤로 하여 자기 등을 가리킬 뿐 말을 하지 못했다. 어부는 피부가 검었는데 자세히 살펴보았더니 누런 잎사귀 같은 물체가 붙어 있었다. 그 물체는 크기가 1척 남짓 되었고 그 위에 눈이 다닥다닥 달려 있었는데 [어부의 등을] 꽉 깨물고 있어서 떼어낼 수 없었다. 온회가 그것을 불로 지지게 했더니 그제야 그것이 떨어졌다. 그것의 각 눈 밑에는 모두 못처럼 생긴 입이 있었다. 어부는 몇 되의 피를 흘리고서 죽었다. 아무도 그것이 어떤 벌레인지 알지 못했다. (『유양잡조』)

溫會在江州, 與賓客看打魚, 漁子一人忽上岸狂走. 溫問之, 但反手指背, 不能語. 漁者色黑, 細視之, 有物如黃葉. 大尺餘, 眼遍其上, 嚙不可取. 溫令燒之, 方落. 每對一眼底, 有觜如釘. 漁子出血數升而死. 莫有識者. (出『酉陽雜俎』)

승(蠅)

    장안(長安)은 가을에 파리가 많다. 단성식(段成式: 『酉陽雜俎』의 撰者)이 일찍이 날마다 제자백가서를 5권씩 읽을 때, 파리가 그의 눈썹에 부딪히고 [읽고 있는 책의] 글자를 가리는 바람에 몹시 귀찮았는데, 아무리 쫓아도 떨쳐버릴 수 없었다. 그러다가 우연히 파리 한 마리를 후려쳐 죽인 다음 자세히 살펴보았더니, 날개는 꼭 매미 같았고 머리는 꼭 벌 같았다. 그것은 본래 썩은 것을 잘 찾아내고 술과 고기를 좋아하며 [다리로] 늘 머리와 날개를 쓰다듬어 정리했다. 그 무리 중에 푸른 것은 소리가 웅장하고 등에 금빛을 띠고 있는 것은 소리가 맑았는데, 들어보니 그 소리가 날개에서 났다. 검푸른 것은 음식을 쉬게 만들 수 있고 커다란 것은 머리가 불처럼 붉었다. 어떤 사람이 말하길, 대마승(大麻蠅: 쉬파리)은 토란뿌리가 변한 것이라고 했다. (『유양잡조』)

    長安秋多蠅. 段成式嘗日讀百家五卷, 頗爲所擾, 觸睫隱字, 敺不能已. 偶拂殺一焉, 細視之, 翼甚似蜩, 冠甚似蜂. 性察於腐, 嗜於酒肉, 按理首翼. 其類有蒼者聲雄壯, 負金者聲淸, 聽其聲在翼也. 靑者能敗物, 巨者首如火. 或曰, 大麻蠅, 芋根所化. (出『酉陽雜俎』)

477 · 19(6688)
벽어(壁魚)

벽어(壁魚: 좀벌레)에 대해 보궐(補闕) 장주봉(張周封)이 말하길, 일찍이 벽 위의 백과자(白瓜子: 호박씨)가 백어(白魚: 반대좀)로 변하는 것을 보았다고 했다. 그래서 『열자(列子)』에서 "후과위어(朽瓜爲魚)"[『列子』 「天瑞」편에 나옴]라고 한 뜻을 알게 되었다. (『유양잡조』)

壁魚, 補闕張周封言, 嘗見壁上白瓜子化爲白魚. 因知『列子』言"朽瓜爲魚"之義. (出『酉陽雜俎』)

477 · 20(6689)
천우충(天牛蟲)

천우충(天牛蟲: 뽕나무하늘소의 유충으로 蠰蟜라고 함)은 검은색의 갑충(甲蟲)이다. 장안(長安)에서는 여름에 이 벌레가 간혹 울타리 사이에서 나오면 반드시 비가 온다. 단성식(段成式: 『酉陽雜俎』의 撰者)이 [정말 그런지] 7번 시험해보았는데 모두 들어맞았다. (『유양잡조』)

天牛蟲, 黑甲蟲也. 長安夏中, 此蟲或出於籬壁間, 必雨. 段成式七度驗之, 皆應. (出『酉陽雜俎』)

477・21(6690) 백봉과(白蜂窠)

　　백봉과. 수행리(修行里)에 있는 단성식(段成式: 『酉陽雜俎』의 撰者)의 사저에는 몇 이랑의 과수원이 있다. 임술년(壬戌年: 唐 武宗 會昌 2년(842))에 삼 열매처럼 생긴 어떤 벌이 흙을 이겨서 정원 앞의 처마에 집을 지었는데, 크기가 계란만 하고 색깔이 새하얘서 보기 좋았다. 하지만 단성식의 동생은 그 벌집을 싫어하여 부숴버렸는데, 그해 겨울에 과연 자주 그의 손과 발이 부어올랐다. 『남사(南史)』[「宋本紀」]에서는 송(宋)나라 명제(明帝: 劉彧)가 백문(白門: 南朝 建康宮의 門인 宣陽門을 말함)을 말하길 꺼려했다고 했다. 또 [梁나라 元帝가 지은] 『금루자(金樓子)』에서는 아들이 결혼하는 날에 매서운 눈보라가 몰아쳐 휘장과 장막이 흰색으로 변하자 불길하다고 생각했다고 했다. 그러니 세속에서 흰색을 꺼려한 지가 오래되었음을 알 수 있다. (『유양잡조』)

　　白蜂窠. 段成式修行里私第, 果園數畝. 壬戌年, 有蜂如麻子, 蜂膠土爲巢於庭前簷, 大如雞卵, 色正白可愛. 家弟惡而壞之, 其冬, 果疊(明鈔本'疊'作'孹')腫手足. 『南史』言, 宋明帝惡言白問(明鈔本'問'作'門). 『金樓子』言, 子婚日, 疾風雪下, 帷幕變白, 以爲不祥. 抑知俗忌白久矣. (出『酉陽雜俎』)

477・22(6691)
독 봉(毒 蜂)

　독봉. 영남(嶺南)에 있는 어떤 독버섯은 밤에 빛을 내는데 비를 맞고 난 후에 썩어서 커다란 벌로 변한다. 그 벌은 검은색에 주둥이가 톱처럼 생겼고 3푼 남짓한 길이다. 그것은 밤에 사람의 귓속과 콧속으로 들어가서 사람의 심계(心繫: 심장을 달아맨 힘줄)를 끊어놓는다. (『유양잡조』)

　毒蜂. 嶺南有毒菌, 夜明, 經雨而腐, 化爲巨蜂. 黑色, 喙若鋸, 長三分餘. 夜入人耳鼻中, 斷人心繫. (出『酉陽雜俎』)

477・23(6692)
죽 봉(竹 蜂)

　촉(蜀) 지방에 있는 죽밀봉(竹蜜蜂: 뿔가위벌의 일종)은 들녘의 대나무 위에 집을 짓길 좋아한다. 벌집은 크기가 계란만 하고 꼭지가 있으며 길이가 1척정도 된다. 벌집과 꿀은 모두 감색으로 보기 좋은데 보통 꿀보다 배나 달다. (『유양잡조』)

　蜀中有竹蜜蜂, 好於野竹上結窠. 窠大如雞卵, 有蒂, 長尺許. 窠與蜜並紺色可愛, 甘倍於常蜜. (出『酉陽雜俎』)

477 · 24(6693)
수 저(水 蛆)

수저(水蛆: 장구애벌레). 남방의 시내 골짜기에 이 벌레가 많은데 길이는 1촌 남짓 되고 검은색이다. 여름이 깊어지면 등에로 변하는데 사람을 쏘면 독성이 강하다. (『유양잡조』)

水蛆. 南中水溪澗中多此蟲, 長寸餘, 色黑. 夏深, 變爲虻, 螫人甚毒. (出『酉陽雜俎』)

477 · 25(6694)
수 충(水 蟲)

상포(象浦: 지금의 浙江省 樂淸縣 서쪽)의 냇가에 어떤 수충이 있는데 나무배를 갉아먹어 수십 일 만에 배를 부서뜨린다. 그 벌레는 매우 작고 가늘다. (『유양잡조』)

象浦. 其川渚有水蟲, 攢木食船, 數十日船壞. 蟲甚細微. (出『酉陽雜俎』)

477·26(6695)
포 창(抱 搶)

[포창은] 물벌레로 모습은 길강(蛣蜣: 쇠[말]똥구리)과 비슷하지만 그보다 크고 배 아래에 멧대추나무 가시처럼 생긴 가시가 있는데, 사람을 물면 독성이 있다. ([『유양잡조』])

水蟲形似蛣蜣大, 腹下有刺, 有棘針, 螫人有毒. (原闕出處. 明鈔本·陳校本作'出『酉陽雜俎』')

477·27(6696)
피 역(避 役)

남방에 '피역(避役: 카멜레온)'이라는 이름의 파충류가 있는데, 하루에 12띠의 모습으로 변한다. 그 모습은 사의(蛇醫: 도마뱀)처럼 생겼지만 다리가 길고 몸의 색깔이 푸르고 붉으며 살로 된 갈기가 있다. 더운 여름철에 종종 울타리 사이에서 보이는데, 민간에서는 그것을 본 사람은 대부분 일이 뜻대로 이루어진다고 한다. 그 머리는 순식간에 변하여 12띠의 모습이 된다. 단성식(段成式: 『酉陽雜俎』의 撰者)의 재종형(再從兄)이 늘 그것을 보았다. (『유양잡조』)

南中有蟲名'避役', 應一日十二辰. 其蟲狀如蛇醫, 脚長, 色靑赤, 肉鬣. 暑月時見於籬壁間. 俗見者多稱意事. 其首倏忽更變. 爲十二辰狀. 段成式再從兄尋常覩之. (出『酉陽雜俎』)

477 · 28(6697)
돈 구(蠟蛖)

돈구(蠟蛖: 靑蚨의 별칭)는 모습이 매미처럼 생겼으며, 그 유충은 풀잎에 붙어산다. 유충을 잡아가면 그 어미가 날아서 따라온다. 그것은 졸여서 먹는데 매우면서도 맛이 좋다. (『유양잡조』)

蠟蛖形如蟬. 其子如蟲. 著('著'原作'者'. 據明鈔本改)草葉. 得其子則母飛來就之. 煎食. 辛而美. (出『酉陽雜俎』)

477 · 29(6698)
조 마(竈 馬)

조마(竈馬: 왕풍이. 꼽등이)는 모습이 촉직(促織: 귀뚜라미)처럼 생겼지만 그보다 약간 크고 다리가 길며 부뚜막 옆에 구멍을 파고 살길 좋아한다. 민간에 떠도는 말에 따르면, '부뚜막에 말이 있으면[竈有馬]' 식량이 풍족하게 될 징조라고 한다. (『유양잡조』)

竈馬狀如促織. 稍大. 脚長. 好穴於竈側. 俗言. 竈有馬. 足食之兆. (出『酉陽雜俎』)

477·30(6699)
사 표(謝 豹)

괵주(虢州)에 '사표'라는 이름의 벌레가 있는데 그것은 늘 깊은 땅 속에서 산다. 사마(司馬) 배심(裵沈)의 아들이 일찍이 구멍을 파서 그것을 잡은 적이 있다. 작은 것은 두꺼비와 비슷하지만 공처럼 둥글다. 그것은 사람을 보면 앞 두 다리로 번갈아 머리를 감싸는데 그 모습이 마치 부끄러워하는 것처럼 보인다. 또 두더지처럼 땅에 구멍을 잘 파는데 순식간에 몇 척 깊이까지 판다. 그것은 간혹 땅 위로 나왔을 때 사표조(謝豹鳥: 두견새의 별칭)의 울음소리를 들으면 머리가 터져 죽어버리기 때문에 민간에서 그런 이름을 붙였다. (『유양잡조』)

虢州有蟲名'謝豹', 常在深土中. 司馬裵沈子嘗掘穴獲之. 小類蝦蟆, 而圓如毬. 見人, 以前兩脚交覆首, 如羞狀. 能穴地如鼢鼠, 頃刻深數尺. 或出地, 聽謝豹鳥聲, 則腦裂而死, 俗因名之. (出『酉陽雜俎』)

477·31(6700)
쇄거충(碎車蟲)

쇄거충은 즐료(喞聊: 知了라고도 함. 매미의 일종)처럼 생겼고 푸른 색이며 높은 나무위에서 서식하길 좋아한다. 그 소리는 사람이 휘파람을 부는 것 같다. 종남산(終南山)에 이 곤충이 있다. (『유양잡조』)

碎車(赤卽反)蟲. 狀如啁聊. 蒼色. 好棲高樹上. 其聲如人吟嘯. 終南有之. (出『酉陽雜俎』)

477 · 32(6701)
탁 고(度 古)

탁고는 책 끈처럼 생겼는데 색깔은 지렁이와 비슷하고 길이는 2척 정도 되며 머리는 삽 같다. 또 등 위에는 흑황색의 난삼(襴衫)처럼 생긴 것이 있는데 그것은 약간만 건들어도 끊어진다. 탁고는 늘 지렁이를 쫓아다니는데 [탁고에게 따라잡힌] 지렁이가 더 이상 움직이지 않으면 곧장 지렁이 위로 올라가 덮친다. 그렇게 한참 지나면 지렁이의 형체는 없어지고 침 같은 뱃속의 진흙만 남는다. 탁고는 독이 있어서 닭이 그것을 먹으면 곧바로 죽는다. 민간에서는 탁고를 '토고(土蠱)'라고 부른다. (『유양잡조』)

度古, 似書帶, 色類蚓, 長二尺許, 首如鏟. 背上有黑黃襴, 稍觸則斷. 常趁蚓, 蚓不復動, 乃上蚓掩之. 良久蚓化, 唯腹泥如涎. 有毒, 雞食輒死. 俗呼'土蠱'. (出『酉陽雜俎』)

477 · 33(6702)
뇌 기(雷 蜞)

뇌기(雷蜞: 돼지벌레붙이의 일종. 福建 지방 바닷가 논의 벼 뿌리에 붙어사는 지렁이 비슷하게 생긴 벌레)는 크기가 지렁이만 하다. 다른 것으로 그것을 건드리면 곧장[원문은 '及'이라 되어 있지만 『酉陽雜俎』 권17 「蟲篇」에 의거하여 '乃'로 고쳐 번역함] 몸을 움츠려 공처럼 둥글게 만들었다가, 한참 후에 머리를 내밀고 공 모양의 몸을 점점 작게 하여 다시 지렁이처럼 된다. 어떤 사람은 그것이 사람을 깨물면 독성이 아주 강하다고 한다. (『유양잡조』)

雷蜞, 大如蚓. 以物觸之, 及蹙縮, 圓轉若鞠, 良久引首, 鞠形漸小, 復如蚓焉. 或云, 齧人毒甚. (出『酉陽雜俎』)

477 · 34(6703)
복 육(腹 育)

아직 허물을 벗기 전의 매미를 '복육'이라 부르는데, 전하는 말에 따르면 길강(蛣蜣: 말[쇠]똥구리)이 변화한 것이라고 한다. 수재(秀才) 위현(韋翾)의 장원이 두곡(杜曲)에 있었는데, 어느 해 겨울에 그가 나무뿌리를 파다가 복육이 썩은 나무뿌리에 붙어 있는 것을 보고 괴이하게 여겼다. 마을사람의 말에 따르면, 매미는 본래 썩은 나무가 변화한 것이라고 했다. 그래서 위현이 복육 한 마리를 갈라 살펴보았더니 그 뱃속에 썩은 나무가 채워져 있었다. (『유양잡조』)

蟬未脫時名'腹育', 相傳言蛣蜣所化. 秀才韋翾莊在杜曲, 嘗冬中掘樹根, 見腹育附於朽處, 怪之. 村人言, 蟬固朽木所化也. 翾因剖一視之, 腹中猶實爛木. (出『酉陽雜俎』)

477 · 35(6704)
협 접(蛺 蝶)

협접(蛺蝶: 호랑나비)은 척확(尺蠖: 자벌레)의 고치가 변화한 것이다. 수재(秀才) 고비웅(顧非熊: 唐代의 詩人으로 段成式의 친구)이 젊었을 때 한번은 두엄더미 속에서 찢어진 녹색 치마폭이 금세 나비로 변화하는 것을 보았다. 공부원외랑(工部員外郞) 장주봉(張周封)이 말하길, 백합꽃을 함에 넣고 그 틈을 진흙으로 바른 다음 하룻밤이 지나면 [백합꽃이] 커다란 나비로 변화한다고 했다. (『유양잡조』)

蛺蝶, 尺蠖繭所化也. 秀才顧非熊少時, 嘗見鬱棲中壞綠裙幅, 旋化爲蝶. 工部員外郎張周封言, 百合花合之, 泥其隙, 經宿, 化爲大蝴蝶. (出『酉陽雜俎』)

477 · 36(6705)
의(螘)

  의(螘: 말개미). 진(秦) 지방에는 몸이 크고 검은색의 개미가 많은데 그것은 싸움을 잘한다. 민간에서는 그것을 '마의(馬蟻)'라고 부른다. 다음으로 색깔이 약간 붉은 것은 '세의(細蟻)'이다. 그 중에서 검은색에 느리고 둔한 것은 자기 몸과 같은 크기의 쇳조각을 들 수 있을 정도로 힘이 세다. 또 약간 누런색의 것은 다른 보통 개미 몇 마리를 능가하는 지혜를 갖춘 뛰어난 것도 있다. 단성식(段成式: 『酉陽雜俎』의 撰者)이 어려서 놀 때 늘 멧대추나무 가시로 파리를 찔러 개미가 다니는 길목을 막아두면, 그 개미가 파리를 건드리고 돌아가 개미굴에서 1척이나 몇 촌 떨어졌을 때 굴속으로 들어갔던 개미들이 새끼줄처럼 줄줄이 나왔는데, 마치 소리쳐서 그들을 불러오는 것 같았다. 그 행렬은 6~7마리마다 머리 큰 개미가 사이에 끼어 있었는데 마치 군대의 대오처럼 질서정연했다. 파리를 옮겨갈 때는 머리 큰 개미가 행렬의 양옆이나 맨 뒤에 있었는데 마치 다른 개미를 방비하는 모습 같았다. (『유양잡조』)

  螘. 秦中多巨黑蟻, 好鬪, 俗呼爲'馬蟻'. 次有色竊赤者'細蟻'. 中有黑遲鈍, 力擧等身鐵. 有竊黃者, 最有兼弱之智. 段成式兒戲時, 常以棘刺摽蠅, 直其來路, 此蟻觸之而返, 或去穴一尺或數寸, 入穴中者, 如索而出, 疑有聲而相召也. 其行每六七, 有大首者間之, 整若隊伍. 至徙蠅時, 大首者或翼或殿, 如備異蟻狀也. (出『酉陽雜俎』)

477 · 37(6706)
의 루(蟻 樓)

정집공(程執恭: 程權)은 역주(易州)와 정주(定州)의 들녘에서 개밋둑을 보았는데, 그 높이가 2척도 넘었다. (『유양잡조』)

程執恭在易·定野中, 見('見'字原闕, 據明鈔本補)蟻樓, 高二尺餘. (出『酉陽雜俎』)

태평광기

권제 478

곤충 6

1. 반 화(飯 化)
2. 오 송 기(蜈 蚣 氣)
3. 열 옹(蠮 螉)
4. 전 당(顚 當)
5. 과 라(蜾 蠃)
6. 사 슬(沙 虱)
7. 수 노(水 弩)
8. 서 현 지(徐 玄 之)
9. 단 호(短 狐)
10. 지 주 원(蜘 蛛 怨)
11. 석 척(蜥 蜴)
12. 은 낭(殷 琅)
13. 예장민비(豫章民婢)
14. 남해독충(南海毒蟲)
15. 낙 룡(諾 龍)

478 · 1(6707)
반 화(飯 化)

도사 허상지(許象之)가 말하기를, 한식날에 지은 밥을 그릇으로 덮어 암실에 두면 여름에 밥이 모두 붉은 거미로 변한다고 한다. (『유양잡조』)

道士許象之言, 以盆覆寒食飯於闇室地, 入夏, 悉化爲赤蜘蛛. (出『酉陽雜俎』)

478 · 2(6708)
오송기(蜈蚣氣)

수현(綏縣)에는 지네가 많다. 그 가운데 기가 센 지네는 그 기를 이용해 토끼를 빨아들일 수 있고, 기가 약한 지네는 도마뱀을 빨아들일 수 있는데, 지네와 3~4척 떨어져 있는 토끼와 도마뱀도 그 뼈와 살이 저절로 녹아 없어진다. (『유양잡조』)

綏縣多蜈蚣, 氣大者, 能以氣吸兎, 小者吸蜥蜴, 相去三四尺, 骨肉自消. (出『酉陽雜俎』)

478 · 3(6709)
열 옹(蠮 螉)

열옹(蠮螉: 나나니벌). 단성식(段成式:『酉陽雜俎』의 撰者)의 서재에는 이 벌레가 많은데, 아마도 책 속에 집짓기를 좋아하는 듯하다. 간혹 붓대 안에서 나나니벌이 주문 외는 소리를 들을 수 있다. 가끔 책을 펼치다 보면 온통 승호(蠅虎: 깡충거미)만한 크기의 작은 거미가 들어 있는데, 그 주변에 서로 진흙으로 막을 쳐놓고 있다. 그리하여 단성식은 비로소 나나니벌이 상충(桑蟲: 배추벌레)만을 부화시키는 것이 아님을 알게 되었다. (『유양잡조』)

蠮螉. 段成式書齋多此蟲, 盖好窠於書卷也. 或在筆管中, 祝聲可聽. 有時開卷視之, 悉是小蜘蛛, 大如蠅虎, 旋以泥隔之. 方知不獨負桑蟲也. (出『酉陽雜俎』)

478 · 4(6710)
전 당(顚 當)

전당(顚當: 땅거미). 단성식(段成式:『酉陽雜俎』의 撰者)의 서재 앞에서는 매번 비가 온 뒤에 많은 전당(진나라 사람들이 부르는 말이다)을 볼 수 있는데 집의 깊이가 지렁이 구멍만 하다. 땅거미 집 안에 거미줄이 쳐져 있는데, 그 흙 덮개는 지면처럼 평평하며 크기가 느릅나무 열매만 하다. 땅거미는 늘 그 덮개를 열고 파리나 자벌레가 지나가기를 기다렸다가 곧바로 덮개를 휘둘러서 사로잡는데, 그런 뒤에 바로 집안으로 들어가 덮개를 닫으면 흙과 같은 색깔이라 전혀 틈이라곤 찾을 수 없다. 땅거미는 그 모습이 거미와 비슷한데(담장 모퉁이에서 거미줄을 지고 있는 것을 말한다), 『이아(爾雅)』에서는 '왕주척(王蛛蜴)'이라고 하고 『귀곡자(鬼谷子)』에서는 '질모(跌母)'라고 한다. 진(秦) 땅의 아이들은 장난삼아 이렇게 말한다.

전당아! 전당아! 문을 잘 지켜라,
나나니벌이 쳐들어오면 너희들은 도망갈 곳이 없을 테니.

(『유양잡조』)

顚當. 段成式書齋前, 每雨後多顚當, 窠(秦人所呼)深如蚓穴. 網絲其中, 吐('吐'原作'土', 據明鈔本改)蓋與地平, 大如楡莢. 常仰捭其蓋, 伺蠅蠖過, 輒飜蓋捕之, 纔入復閉, 與地一色, 並無絲隙可尋也. 其形似蜘蛛(如牆角負網中者), 『爾雅』謂之'王蛛蜴', 『鬼谷子』謂之'跌母'. 秦中兒童戲曰: "顚當牢守門, 蠮螉寇汝無處奔." (出『酉陽雜俎』)

478 · 5(6711)
과 라(蜾 蠃)

과라는 지금의 열옹(蠮螉: 나나니벌)을 말한다. 이 벌레는 오로지 수컷만 있고 암컷이 없기 때문에 교배도 하지 않고 새끼도 낳지 않는다.

그래서 상충(桑蟲: 배추벌레)의 유충을 가져와 그 앞에서 비는데, 그러면 모두 자기의 새끼가 된다. 벌도 이와 같이 할 수 있다. (『유양잡조』)

蜾蠃, 今謂之蠮螉也. 其爲物純雄無雌, 不交不産. 取桑蟲之子祝之, 則皆化爲己子. 蜂亦如此耳. (出『酉陽雜俎』)

478 · 6(6712)
사슬(沙虱)

담주(潭州)·원주(袁州)·처주(處州)·길주(吉州) 등지에는 사슬이 있는데, 바로 독사의 비늘 속에 사는 이를 말한다. 이 이는 너무 작아서 볼 수가 없다. 여름에 독사는 이 때문에 고통을 당하는데, 이때 물살이 센 여울에 거꾸로 매달려 있으면 이가 물에 쓸려 내려가고, 또 모래에 누워 뒹굴면 이가 모래 속으로 들어간다. 길 가던 사람이 이에게 물리면 그 자리가 좁쌀만한 바늘구멍만 해지는데, 그 주위로 오색 무늬가 생겨나면 바로 중독된 것이다. 다행히 술사(術士)가 주문을 건 뒤에 이에게 물린 곳을 조금 베어내고 생기고(生肌膏: 새살을 돋게 하는 고약)로 치료해주면 즉시 낫지만 그렇게 하지 않으면 2~3일 내로 죽는다. (『녹이기』)

潭·袁·處·吉等州有沙虱, 卽毒蛇鱗中虱也. 細不可見. 夏月, 蛇爲虱所苦, 倒掛身於江灘急流處, 水刷其虱, 或臥沙中, 碾虱入沙. 行人中之, 所咬處如針孔粟粒, 四面有五色文, 卽其毒也. 得術士禁之, 乃剜其少許, 因以生肌膏救治之,卽愈. 不爾, 三兩日內死矣. (出『錄異記』)

478 · 7(6713)
수 노(水 弩)

　수노(水弩: 물여우)는 강랑(蜣蜋: 쇠똥구리)처럼 생겼고 검은 색을 띠고 있으며 발이 여덟 개이고 집게 모양의 꼬리를 늘어뜨리고 있는데, 그 길이가 3~4촌 정도 된다. 그 꼬리를 노(弩)라고 하는데, 통상 4월 1일부터는 꼬리를 들어올렸다가 8월이 되면 다시 꼬리를 내린다. 수노는 가끔 꼬리를 구부려 등에서부터 머리 앞까지 걸쳐놓은 뒤에 집게발로 잡고 있다. 그러다 사람의 그림자를 보면 바로 모래를 내뿜는데, 그러면 모래에 맞은 그림자에 해당하는 몸의 부위가 퉁퉁 부어오른다. 부어오른 부위의 크기는 사슬(沙虱)에게 쏘였을 때와 같은데, 속히 주술을 사용하여 독이 퍼지는 것을 막고 물린 곳을 잘라내야만 비로소 목숨을 건질 수 있다. 그렇게 하지 않으면 하루 이틀 내에 죽는다. 또한 독충이 많기 때문에 행인들은 특히 조심해야 한다. 무릇 독충을 기르는 집에 들어갈 때는 삼가 주인에게 이렇게 알려야 한다.

　"당신 집에 독충이 있으니, 함부로 나에게 해를 입히게 해서는 안 됩니다."

　이렇게 하면 독충의 해를 입지 않는다. (『녹이기』)

　水弩之蟲, 狀如蜣蜋, 黑色, 八足, 鉗曳其尾, 長三四寸. 尾卽弩也, 常自四月一日上弩, 至八月卸之. 時彎其尾, 自背而上於頭前, 以鉗執之. 見人影則射, 中影之處, 人身隨有瘭腫. 大小與沙虱之毒同矣, 速須禁氣制之, 剜去毒肉, 固保其命. 不爾, 一兩日死矣. 復多蠱毒, 行者尤宜愼之. 凡入蠱家, 愼告主人曰:"汝家有蠱毒, 不得容易害我." 如此則毒不行矣. (出『錄異記』)

478・8(6714)
서현지(徐玄之)

서현지라는 사람이 절동(浙東)에서 오(吳) 땅으로 옮겨와 입의리(立義里)에서 살게 되었다. 그가 살게 된 집은 이전부터 불길한 일이 일어나곤 했지만, 그는 진기한 꽃과 나무들이 탐나서 그것을 가꿔보기로 했다. 한 달 남짓 지나서 서현지가 밤에 책을 읽고 있다가 보았더니, 말 탄 무사 수백 명이 침상 서남쪽 모퉁이에서 올라와 꽃무늬 양탄자 위에서 주살을 준비한 다음 병사를 풀어 대대적으로 사냥을 했는데, 날짐승과 길짐승을 셀 수 없을 정도로 많이 잡았다. 사냥이 끝나자, 표범꼬리 달린 깃발과 함께 길을 인도하는 기병 수백 명이 또 밖에서 들어와 서북쪽 모퉁이에 이르렀다. 또 검과 도끼를 차고 칼과 몽둥이를 손에 든 사람 수백 명, 휘장・장막・주렴・평상・쟁반・접시・세발솥・가마솥을 든 사람 수백 명, 산해진미가 가득 담긴 그릇을 짊어진 사람 수백 명, 그리고 길을 오가며 분주히 달리면서 정찰하는 사람 수백 명이 있었다. 서현지가 자세히 살펴보니 모든 것이 뚜렷하게 보이기 시작했다. 중군 (中軍: 全軍 중에서 가운데에 위치한 군대)이 도착했는데, 그 가운데 여러 색깔의 비단 신호 깃발에 둘러싸인 채 붉은 두건과 자주색 옷을 입은 어떤 사람이 시종 수천 명을 거느리고 서현지의 책상 오른쪽에 이르렀다. 그러자 철관(鐵冠: 고대 御史나 法官들이 머리에 썼던 法冠으로, 獬豸冠이라고도 함)을 쓰고 철간(鐵簡: 쇠로 만든 笏)을 든 사람이 선포했다.

"전하께서 장차 자석담(紫石潭)에서 고기 잡는 것을 구경하고자 하시니, 선봉 부대와 후군(後軍) 및 창을 든 병사들은 따르지 말라."

이윽고 붉은 두건 쓴 사람이 말에서 내려 좌우 수백 명과 함께 서현지의 돌벼루 위로 올라갔다. 북쪽에 붉은 휘장을 친 장막을 설치하자, 잠시 후에 음식 탁자와 휘장 및 노래하고 춤추는 자리가 모두 준비되었다. 빈객 수십 명은 주홍색·자색·홍색·녹색 옷을 입고 있었다. 생(笙)·우(竽)·소(簫)·적(笛)을 든 사람이 또 수십 명이었고, 번갈아 노래하고 춤추는 사람과 배우들의 무리는 모두 기록할 수 없을 정도로 많았다. 술이 몇 잔 돌자 상객(上客) 중에 얼굴이 벌개진 사람도 있었다. 그때 붉은 두건 쓴 사람이 좌우를 돌아보며 말했다.

"고기 잡는 도구를 가져오너라."

오래된 그물·어롱(魚籠)·통발과 같은 도구 수백 가지를 가져오자 일제히 벼루 속으로 던져 넣었는데, 얼마 되지 않아 수백 수천 마리의 작은 물고기를 잡아 올렸다. 붉은 두건 쓴 사람이 상객들에게 말했다.

"내가 임공(任公: 『莊子』 「外物篇」에 나오는 인물로, 任公子라고도 함. 任公은 엄청나게 크고 굵은 낚싯바늘과 낚싯줄에 황소 50마리를 미끼로 삼아 어마어마하게 큰 물고기를 낚았다고 함)의 술법을 깊이 터득하고 있으니, 빈객들을 한 번 즐겁게 해드리겠소."

그리고는 벼루의 남쪽 기슭에 낚싯대를 드리웠다. 악대가 「춘파인(春波引)」이란 곡을 연주하여 곡이 채 끝나기도 전에 그 사람은 방어·잉어·농어·쏘가리 등 100여 마리를 잡았다. 그 사람이 어서 잡은 물고기로 회를 뜨고 음식을 만들라고 명하자 모두 수십 가지의 음식이 차려졌는데, 그 향기는 말로 표현할 수 없을 정도였다. 다시 종과 경쇠 및 관현악기가 쟁강거리면서 일제히 연주되었다. 붉은 두건 쓴 사람에게 술이 오자 그는 술잔을 들고 서현지를 돌아보며 빈객들에게 말했다.

"나는 주공(周公: 文王의 아들이자 武王의 동생으로, 조카 成王을 도와 周 왕실의 예법과 기틀을 다졌음)의 예법도 익히지 않았고 공씨(孔氏: 孔子)의 서책도 공부하지 않았지만 존귀하게 왕위에 올라 있소. 지금 이 유생은 머리카락과 귀밑털이 다 빠지고 굶주린 기색이 역력하니 비록 부지런히 애써 공부한들 또 무슨 소용이 있겠소? 기꺼이 절조를 꺾고 나의 신하가 되겠다면 오늘의 연회에 참석시켜 주겠소."

서현지가 읽고 있던 책으로 그들을 덮고 나서 촛불을 들고 와 [책을 치우고] 살펴보았더니 아무 것도 보이지 않았다.

서현지는 책을 놓고 잠자리에 들었는데, 막 잠들려는 순간에 보았더니 단단한 갑옷을 입고 날카로운 무기를 든 기병 수천 명이 서쪽 창 아래에서 행렬을 나누고 대오를 갖추어 호령에 따라 다가오고 있었다. 서현지는 깜짝 놀라 종복을 불렀지만, 기병 몇 명이 이미 그의 침상 앞에 이르러 선포했다.

"비부국(蚍蜉國: 蚍蜉는 왕개미를 뜻함)의 왕자께서 양림(羊林: 徐玄之의 양털로 짠 양탄자를 말함)의 초원에서 사냥하고 자석담에서 낚시하고 계실 때, 서현지란 용렬한 놈이 느닷없이 협박하여 군졸들이 뿔

뿔이 흩어지고 왕자의 수레가 놀라 흔들렸다. 이미 고공(高共: 戰國時代 趙나라 襄子의 신하로, 高赫이라고도 함. 일찍이 襄子가 晉陽에서 다른 나라의 공격을 받아 위험에 처했을 때, 다른 신하들은 모두 딴 마음을 품었지만 고공만은 끝까지 신하의 예를 지켰다고 함)이 위기에 직면했을 때 지녔던 충심이 없으니, 모름지기 진(晉) 문공(文公: 春秋時代 晉나라의 군주로, 이름은 重耳임. 아버지 獻公이 幼子를 후계자로 세우자 19년 동안 국외에서 망명생활을 하다가 秦으로부터 돌아와 즉위한 이래 내정을 정비하고 군대를 증강하여 국력을 강성하게 했으며, 周의 내란을 평정하고 周 襄王을 복위시켜 '尊王'의 기치를 내세웠음. 城濮의 전쟁에서 楚軍을 대파하고 踐土에서 제후들과 대회합하여 霸主가 되었음)이 귀국 후에 실시한 토벌을 행하겠노라. [서현지를 체포하여] 대장군 농정(蠬虹: 개미를 뜻함)에게 회부하고 죄과를 추궁토록 하라."

선포를 마치고 흰 명주로 서현지의 목을 묶자, 병사 수십 명이 그를 끌고 갔다. 그들은 굉장히 빨리 가서 순식간에 한 성문으로 들어갔는데, 구경꾼들이 서로 어깨를 밀치고 발을 포갠 채 빽빽이 5~6리까지 늘어서 있었다. 다시 몇 리를 갔더니 자성(子城: 本城에 부속되어 있는 작은 성. 外城에 에워싸여 있는 內城이나 성문 밖에 딸려 있는 月城 등을 말함)이 보였는데, 붉은 색 의관을 착용한 사람이 소리쳐 말했다.

"비부국왕께서 대노하여 말씀하시길, '저 자는 유생의 옷을 걸치고 유가의 책을 읽으면서 이전의 언행은 반성하지 않은 채 만용을 부려 윗사람을 능멸했으니, 삼사(三事: 三公) 이하의 관원에게 회부하여 [그 죄를] 논의토록 하라'고 하셨다."

그리고는 서현지의 포박을 풀어준 뒤 그를 데리고 의당(議堂)으로 들어갔다. 서현지가 자주색 의관을 착용한 10명을 보고 두루 절을 올리자 그들은 모두 눈을 부릅뜨고서 거만하게 절을 받았다. 이어서 [서현지의 죄를] 탄핵하는 말이 들렸는데, 인간세상의 언사보다 훨씬 현란했다. 그때 왕자는 놀람과 두려움이 심장에 깊이 박혀 병이 더욱 심해졌다. 삼사 이하의 관원들은 논의를 하고 나서 서현지를 육형(肉刑: 肉辟. 體刑. 이마에 먹으로 글자를 새겨 넣는 墨刑, 코를 베는 劓刑, 발을 자르는 剕刑, 거세하는 宮刑 등이 있음)에 처해야 한다고 주청했다.

논의문에 대한 비답(批答)이 아직 내려오지 않았을 때, 태사령(太史令) 마지현(馬知玄)이 상소문을 올려 논했다.

"삼가 생각건대, 왕자는 법도를 준수하지 않고 과도하게 유람하면서 위험한 곳을 평지처럼 여기다가 두려움에 놀라는 병을 자초했사옵니다. 서현지는 성품과 기질이 편벽되지 않고 박식하며, 천박하지 않은 데다가 천작(天爵: 하늘이 내려준 벼슬이라는 뜻으로, 사람에게 갖추어진 선천적인 美德을 말함)을 함양하고 있으니 요망하다고 무고하기 어렵사옵니다. 지금 대왕께서는 자신을 헤아려보지도 않고 오히려 마음 내키는 대로 하면서, 저 많은 관원들의 말만 믿고 명철한 사람을 해치려 하시옵니다. 신이 삼가 보건대, 구름들이 빈번히 변화하고 괴이한 일들이 자주 일어나며, 저자거리에는 그릇된 참언(讖言)이 떠돌아 백성들의 마음이 놀라고 의심하고 있습니다. 옛날에 진(秦)나라 시황(始皇)은 거대한 물고기를 쏘아 죽였다가 쇠망했고, 은(殷)나라 주왕(紂王)은 맹수를 때려죽였다가 멸망했사옵니다. 지금 대왕께서 우리와 다른 인간을 해치려는 것은 망한 은나라와 진나라의 전철을 밟는 것이오니, 신은 그저 말세의 조짐이 여기에서 시작될까 두렵사옵니다."

비부국왕은 상소문을 보고 대노하여 태사령 마지현을 국문에서 참수함으로써 요망한 말을 퍼뜨리는 자를 경계시켰다.

그때 폭우가 갑자기 쏟아지자 초야의 신하 위비(蝛飛: 흰개미를 뜻함)가 상소문을 올렸다.

"신이 듣자오니, 방종하게 유람하면서 마음 내키는 대로 고기잡고 사냥하는 자는 반드시 그 작위를 잃게 되고, 어진 신하에게 죄를 씌우고 충직한 사람을 살육하는 자는 반드시 그 나라를 잃게 된다고 하옵니다. 삼가 생각건대, 왕자는 멀리 떨어진 곳에서 사냥하다 환난을 만났고 으슥한 연못에서 낚시하다 재난을 만났으며, 허무맹랑한 무리들을 신임하고 유생들을 미혹했으니, 신발을 잃어버리는 슬픔은 스스로 불러들인 것이라 할 수 있사옵니다. 지금 대왕께서는 왕자가 유람에만 힘쓰는 잘못에 대해서는 헤아리지 않고 오히려 기만하고 아첨하는 자들의 논의만 듣고 있사옵니다. 하물며 마지현은 한 나라의 원로로서 진실로 우리 조정의 훈구대신이니, 그의 계책을 받아들여 이 쓰러져가는 난국을 바로잡아야 마땅하옵니다. 그가 몸을 보전하려 했다면 3번만 간하고 그만두었을 것이며, 대왕의 심기를 거슬렸지만 한 마디도 잘못된 것이 없었사옵니다. 바야흐로 간담(肝膽: 충성심)을 모두 드러내길 바랐지만 급기야 몸과 머리가 따로 떨어지는 참담한 지경에 처하고 말았습니다. 신이 삼가 병서(兵書)를 살펴보니, '구름도 없는데 비가 오는 것은 하늘이 우는 것이다'고 했사옵니다. 지금 충직한 신하를 살육했기 때문에 하늘이 우는 것이옵니다. 삼가 생각건대, 아마도 비간(比干: 殷나라 紂王의 숙부. 紂王의 무도함을 계속 간하다가 살해당했음)은 당시에 한을 품고 죽지 않았겠지만 마지현은 오늘 한을 품고 죽었사옵니다. 대왕께서는 또 서현지를 용서하지 않고 엄준한 형법을 시행하여 육형으로 바른 명분을 세우고자 하시니, 이는 내 눈을 도려내 [성문에 높이] 매달아놓으면 월(越)나라 병사가 쳐들어오는 것을 지켜보겠다던 [伍子胥의] 유언[伍子胥는 春秋時代 吳나라 大夫로 이름은 員, 字는 子胥임. 부친 伍奢와 형 伍尙이 楚 平王에게 살해당하자 吳로 망명했다가 吳王 闔廬를 도와서 초를 공략하여 초의 수도 郢으로 쳐들어갔는데 당시에 평왕은 이미 죽은 후였지만 오자서는 그의 묘를 파내 시체에 채찍질하여 父兄의 원수를 갚았음. 그 후 吳王 夫差 때 오왕에게 越國의 화친 요청을 거절하고 齊國 침략을 그만 두라고 諫言하다가 점점 소원해져서 나중에 오왕의 명을 받고 자살했는데, 그때 위와 같은 유언을 남겼다고 함]이 오늘 다시 재연되는 것과 같사옵니다. 옛날에 우(虞)나라는 궁지기(宮之奇: 春秋時代 虞나라의 名臣으로 宮奇라고도 함. 晉 獻公이 虞에 길을 빌려 虢을 치려고 했는데, 虞君이 허락하자 宮之奇가 '輔車相依, 脣亡齒寒'이라는 비유를 들어 간했지만, 우군은 끝내 그의 말을 듣지 않았다. 결국 晉은 虢을 멸하고 虞까지 멸망시켰음)의 말을 그릇되다고 여겼다가 결국 진(晉)나라 헌공(獻公)에게 병탄되었고, 오(吳)나라는 오자서(伍子胥)의 주장을 잘못되었다고 여겼다가 과연 [越나라] 구천(句踐)에게 멸망했사옵니다. 신은 감히 주(周)나라와 진(秦)나라의 잘못을 모두 열거하여 총명하신 대왕을 거듭 모독하려는 것이 아니오라, 삼가 티끌처럼 비천한 이 몸으로 숭악(嵩岳: 嵩山)처럼 높으신 대왕께 조금이나마 보탬이 되고자 하는 것일 뿐이옵니다."

비부국왕은 상소문을 보고 즉시 위비를 간의대부(諫議大夫)에 임명하고 태사령 마지현을 안국대장군(安國大將軍)에 추증했으며, 그의 아들 마지(馬蚳: 개미 알을 뜻함)를 태사령으로 삼고 [부친의 장례를 위해] 베와 비단 500단(段)과 쌀 300석(石)을 조의금으로 하사했다. 그리고 서현지에 대해서는 기다렸다가 나중에 의견을 듣고 처리하기로 했다.

그러자 마지가 큰 시장의 문에 나아가 관직에 대한 표문(表文)을 올렸다.

"삼가 엎드려 은혜로우신 조서를 받잡고 보니, '마지현은 은나라 왕자 비간처럼 충정(忠貞)함을 지녔고 위(魏)나라 시중(侍中) 신비(辛毗: 三國時代 魏나라 文帝 때의 名臣으로 字는 佐治. 直諫을 잘했음. 문제가 冀州의 10만 戶를 河南으로 이주시키려 하자 신비가 강하게 간언했는데, 문제가 더 이상 논의하지 않고 들어가 버리자 문제의 옷자락을 붙잡고 계속 간언하여 그 절반만 이주시키게 만들었음)처럼 극간(極諫)을 했지만, 나는 내 고집만 부리며 사람을 알아보는 데 어두웠노라. 그래서 장차 큰집을 지을 때 용마루와 들보를 불태우고, 바야흐로 큰 강을 건널 때 배를 부숴 버리는 꼴이 되었노라. 나의 부덕으로 인해 그가 무고하게 죽었으니, 그의 죽음을 기려 관직을 추증하고 그의 후손에게 상을 내리는 것이 마땅하도다'라고 하셨사옵니다. 신한(宸翰: 임금의 親筆로, 宸筆·宸墨·宸藻라고도 함)이 갑자기 당도하니 신은 놀랍고도 두려워서 머리를 조아리다 숨이 멎고 호곡(號哭)을 멈춘 채 피눈물만 흘리옵니다. 삼가 생각건대, 신의 선친인 신 마지현은 학문으로는 천도(天道)와 인사(人事)를 연구하고 기예로는 역법(曆法)과 술수(術數)를 궁구하여, 심오한 식견으로 성조(聖朝)에 머물 수 있었사옵니다. 대왕께서 초야의 보잘것없는 사람들의 의견을 채납하신 때는 바로 신의 선친이 훌륭한 계책을 펼친 날이었사옵니다. 귀에 거슬리는 말은 듣기에 껄끄럽고 마음을 놀라게 하는 말은 주살당하기 쉽사옵니다. 지금 성은이 두루 미쳐 신의 부친에게 죄 없음이 밝혀졌지만, 크나큰 성은에 흠뻑 젖더라도 여전히 이미 흩어진 혼백은 놀라고 있으며, 좋은 작위로 과오를 메우더라도 잘려나간 허리와 목을 잇기는 어렵사옵니다. 하오니 지금 신이 어찌 주살당해 죽은 아비로 인해 국가의 총애와 영광을 받겠사옵니까? 또 신은 [오자서처럼 초나라] 평왕(平王)에게 보복할 수도 없는데 백우(伯禹: 夏나라의 개국 군주로 홍수를 다스리는 데 공을 세워 舜임금을 이어 천자가 되었음. 『山海經』「海內經」에 따르면, 禹의 부친 鯀이 天帝의 명을 기다리지 않고 하늘의 息壤을 훔쳐 홍수를 막자, 천제는 祝融을 시켜 곤을 살해했으며 다시 그의 아들 우에게 九州의 구획을 정하게 했음)를 본받는 것을 어찌 차마 할 수 있겠사옵니까? 하물며 지금은 천문이 장차 변하려 하여 역수(曆數: 王位나 朝代가 바뀌는 순서로, 옛날에는 그 순서가 天象의 운행과 맞아떨어진다고 생각했음)가 근심스러우니, 엎드려 청하건대 신을 먼 곳으로 내쳐서 상란(喪亂)을 만나지 않게 해주시옵소서!"

비부국왕은 상소문을 보고 기분이 좋지 않아 후우전(候雨殿)으로 돌아가 잠자리에 들었다.

비부국왕은 깨어난 후에 능운대(陵雲臺)에서 백관에게 연회를 베풀며 말했다.

"방금 전에 길몽을 꾸었는데, 그것을 잘 해몽하여 내 마음을 씻은 듯이 시원하게 할 수 있는 자에게는 상으로 작위 한 등급을 올려주겠소."

신하들과 담당 관리들이 모두 머리를 조아리며 경청했다. 비부국왕이 말했다.

"나의 꿈에 상제(上帝)께서 나타나 '너에게 금을 보태주고[助爾金] 너의 나라를 열어주고[開爾國] 너의 강토를 넓혀줄 것이며[展爾疆土], 남쪽에서 북쪽에서 옥과 돌을 붉게 만들어[赤玉洎石] 너의 덕에 보답하겠노라'고 하셨소. 경들은 어떻게 생각하시오?"

신하들이 모두 절하고 춤추면서 경하 드리며 말했다.

"이는 이웃 나라를 보답으로 주겠다는 축복이옵니다."

그러자 위비가 말했다.

"아주 불길한 꿈인데 무슨 축하를 한단 말이오?"

비부국왕이 말했다.

"어째서 그렇게 생각하오?"

위비가 말했다.

"대왕께서 산 사람을 협박하여 어두운 굴에 붙잡아놓으셨기 때문에 하늘이 노하여 이런 흉몽을 내리신 것이옵니다. 대저 '금을 보태준다[助金]'는 것은 호미로 파헤친다[鋤]는 뜻이고, '나라를 연다[開國]'는 것은 제거한다[闢]는 뜻이며, '강토를 넓혀준다[展疆土]'는 것은 쪼갠다는 뜻이고, '옥과 돌을 붉게 만든다[赤玉洎石]'는 것은 불에 옥석이 모두 타버린다는 뜻이옵니다. 이는 서현지가 우리 땅을 호미로 파헤쳐 우리나라를 공격하고 남북으로 불을 놓아 자신을 묶어 끌고 간 치욕에 보복한다는 것이 아니겠사옵니까?"

그러자 비부국왕은 서현지의 죄를 사면하고 방술사(方術士)의 무리를 죽였으며 스스로 궁전을 허물어서 그 꿈에 대한 액막이를 했다. 그리고는 편안한 수레에 서현지를 태워 돌려보냈다. 서현지는 평상에 이르자마자 잠에서 깨어났다.

날이 밝은 후에 서현지가 가동을 불러 서쪽 창 아래의 땅을 5척 남짓 파게 했더니, 그곳에 3섬들이 장군만한 개미굴이 있었다. 그래서 불을 놓아 개미 한 마리도 남김없이 모두 태워버렸다. 그 후로는 그 집에 더 이상 불길한 일이 일어나지 않았다. (『찬이기』)

有徐玄之者, 自浙東遷于吳, 於立義里居. 其宅素有凶藉, 玄之利以花木珍異, 乃營之. 月餘, 夜讀書, 見武士數百騎升自牀之西南隅, 於花氈上置繒繳, 縱兵大獵, 飛禽走獸, 不可勝計. 獵訖('訖'原作'託', 據明鈔本改), 有旌旗豹纛, 并導騎數百, 又自外入, 至西北隅. 有戴劒操斧, 手執弓槌, 凡數百, 挈幄幙簾榻, 盤楪鼎鑊者, 又數百, 負器盛陸海之珍味者, 又數百, 道路往返, 奔走探偵者, 又數百. 玄之熟視轉分明. 至中軍, 有錯綵信旗, 擁赤幘紫衣者, 侍從數千, 至案之右. 有大(明鈔本'大'作'載', 當作'戴')鐵冠, 執鐵簡('鐵簡'原作'鉞前', 據明鈔本改), 宣言曰: "殿下將欲觀漁於紫石潭, 其先鋒後軍并甲士執戈戟者, 勿從." 於是赤幘者下馬, 與左右數百, 升玄之石硯之上. 北設紅拂盧帳, 俄爾盤榻幄幙, 歌筵舞席畢備. 賓旅數十, 緋紫紅綠. 執笙竽簫管者, 又數十輩, 更歌迭舞, 俳優之類('類'原作'伺', 據明鈔本改), 不可盡記. 酒數巡, 上客有酒容者. 赤幘顧左右曰: "索漁具." 復有舊網籠罩之類凡數百, 齊入硯中, 未頃, 獲小魚數百千頭. 赤幘謂上客曰: "予深得任公之術, 請以樂賓." 乃持釣於硯中之南灘. 樂徒奏「春波引」, 曲未終, 獲魴鯉鱸鱖百餘. 遽命操膾促膳, 凡數十味, 皆馨香不可言. 金石絲竹, 鏗鞫齊奏. 酒至赤幘者, 持盃顧玄之而謂衆賓曰: "吾不習周公禮, 不習孔氏書, 而貴居王位. 今此儒, 髮鬢焦禿, 肌色可掬, 雖孜孜矻矻, 而又奚爲? 肯折節爲吾下卿, 亦得陪今日之宴." 玄之乃以書卷蒙之, 執燭以觀, 一無所見.

玄之捨卷而寢, 方寐間, 見被堅執銳者數千騎, 自西牖下分行布伍, 號令而至. 玄之驚呼僕夫, 數騎已至牀前, 乃宣言曰: "蚍蜉王子獵於羊林之茸, 釣於紫石之潭, 玄之牖奴, 遽有迫脅, 士卒潰亂, 宮車振驚. 旣無高共臨危之心, 須有晉文還國之伐. 付大將軍蠱虹追過." 宣訖, 以白練繫玄之頸, 甲士數十, 羅曳而去. 其行迅疾, 倏忽如入一城門, 觀者架肩疊足, 逗五六里. 又行數里, 見子城, 有赤衣冠者唱言: "蚍蜉王大怒曰: '披儒服, 讀儒書, 不脩前言往行, 而肆勇敢凌上, 付三事已下議.'" 乃釋縛, 引入議堂. 見紫衣冠者十人, 玄之遍拜, 皆瞋目踞受. 聽陳劾之詞('聽陳劾之詞'五字原作'所陳設之類', 據明鈔本改), 尤炳煥於人間. 是時王子以驚恐入心, 厥疾彌甚. 三事已下議, 請寘肉刑.

議狀未下, 太史令馬知玄進狀論曰: "伏以王子曰不遵典('典'原作'曲', 據陳校本·許本改)法, 遊觀失度, 視險如砥, 自貽震驚. 徐玄之性氣不回, 博識非淺, 況脩天爵, 難以妖誣. 今大王不能度己, 返恣胸臆, 信彼多士, 欲害哲人, 竊見雲物頻興, 珍怪屢作, 市言訛讖, 衆情驚疑. 昔者秦射巨魚而衰, 殷格猛獸而滅. 今大王欲害非類, 是躡殷秦, 但恐季世之端, 自此而起." 王覽疏大怒, 斬太史馬知玄於國門, 以令妖言者.

是時大雨暴至, 草澤臣蠆飛上疏曰: "臣聞縱盤遊, 恣漁獵者, 位必亡, 罪賢臣, 戮忠讜者, 國必喪. 伏以王子獵患於絶境, 釣禍於幽泉, 信任幻徒, 熒惑儒士, 喪履之戚, 所謂自貽. 今大王不究遊務之非, 返聽詭隨之議. 況知玄是一國之元老, 實大朝之世臣, 是宜採其謀猷, 匡此顚仆, 全身或止於三諫, 犯上未傷於一言. 肝膽方期於畢呈, 身首俄驚於異處. 臣竊見兵書云'無雲而雨者天泣'. 今直臣就戮, 而天爲泣焉. 伏恐比干不恨死於當時, 知玄恨死於今日. 大王又不貸玄之峻法, 欲正名於肉刑, 是抉吾眼而觀越兵, 又在今日. 昔者虞以宮之奇言爲謬, 卒併於晉公, 吳以伍子胥見爲非, 果滅於句踐. 非敢自周秦悉數, 累黷聰明, 竊敢以塵埃之卑, 少益嵩岳('岳'原作'華', 據明鈔本改)." 王覽疏, 卽拜蟅飛爲諫議大夫, 追贈太史馬知玄爲安國大將軍, 以其子蚔爲太史令, 賻布帛五百段, 米各三百石. 其徐玄之, 待後進旨.

於是蚔詣('詣'原作'言', 據明鈔本改)移市門進官表曰: "伏奉恩制云: '馬知玄有殷王子比干之忠貞, 有魏侍中辛毗之諫諍, 而我亟以用己, 昧於知人. 蕪棟梁於將爲大廈之晨, 碎舟艦於方濟巨川之日. 由我不德, 致爾非辜. 是宜褒贈其亡, 賞延于後者.' 宸翰忽臨, 載驚載懼, 叩頭氣竭, 號斷血零. 伏以臣先父臣知玄, 學究天人, 藝窮曆數, 因玄鑒得居聖朝. 當大王採葛蒭之晨, 是臣父展嘉謨之日. 逆耳之言難聽, 驚心之說易誅. 今蒙聖澤旁臨, 照此非罪, 鴻恩霈洒, 猶驚已散之精魂, 好爵彌縫, 難續不全之腰領. 今臣豈可因亡父之誅戮, 要('要'原作'定', 據明鈔本改)國家之寵榮? 報平王而不能, 效伯禹而安忍? 況今天圖將變, 曆數堪憂, 伏乞斥臣遐方, 免逢喪亂!" 王覽疏不悅, 乃返寢於候雨殿.

旣寤, 宴百執事於陵雲臺曰: "適有嘉夢, 能曉之, 使我心洗然而亮者, 賜爵一級." 群臣有司, 皆頓首敬聽. 曰: "吾夢上帝云: '助爾金, 開爾國, 展爾疆土, 自南自北, 赤玉洎石, 以答爾德.' 卿等以爲如何?" 群臣皆拜舞稱賀曰: "答隣國之慶也." 蟅飛曰: "大不祥, 何慶之有?" 王曰: "何謂其然?" 蟅飛曰: "大王逼脇生人, 滯留幽穴, 錫茲咎夢, 由天怒焉. 夫'助金'者鋤也, '開國'者闢也, '展疆土'者分裂也, '赤玉洎石', 與火俱焚也. 得非玄之鋤吾土, 攻吾國, 縱火南北, 以答繫頷之辱乎?" 王於是赦玄之之罪, 戮方術之徒, 自壞其宮, 以禳厥夢. 乃以安車送玄之歸. 纔及榻, 玄之寤.

旣明, 乃召家僮, 於西牖掘地五尺餘, 得蟻穴如三石缶. 因縱火以焚之, 靡有孑遺. 自此宅不復凶矣. (出『纂異記』)

478・9(6715)
단호(短狐)

『수신기(搜神記)』와『홍범오행전(鴻範五行傳)』에 다음과 같은 이야기가 있다.

"역사(蜮射: 모래를 머금고 있다가 사람에게 내뿜어 해를 입히는 벌레)는 남방(南方)에서 사는데, 단호라고 부르기도 한다."

남쪽 월(越) 땅에 사는 오랑캐들은 남녀가 같은 냇가에서 목욕하는데, 음란한 일은 주로 여자들에 의해 이루어진다. 그래서 그곳에는 역(蜮: 물여우)이 많다고 하는데, 역은 음탕한 여자들의 음란한 기운에 의해서 생겨나기 때문이다. (『감응경』)

『搜神記』及『鴻範五行傳』曰: "蜮射生於南方, 謂之短狐者也." 南越夷狄, 男女同川而浴, 淫以女爲主. 故曰多蜮, 蜮者淫女惑亂之氣所生. (出『感應經』)

478・10(6716)
지주원(蜘蛛怨)

얼마 전에 한 스님의 승방 앞에 아주 커다란 거미가 거미줄을 쳤다. 스님은 거미를 보고는 곧바로 물건을 집어 장난삼아 때렸기에 거미는 스님만 나타나면 바로 달아나 숨었다. 이렇게 하기를 몇 년 동안 했다. 어느 무더운 날에 스님 혼자서 승방에서 낮잠을 자고 있을 때 거미가 내려와 침상에 올라가더니 스님의 목을 깨물어 상처를 냈는데, 얼마 지나지 않아 스님은 죽고 말았다. 벌과 전갈은 독을 가지고 있다고 하더니 허튼소리가 아니구나! (『원화기』)

頃有寺僧所住房前, 有蜘蛛爲網, 其形絶大. 此僧見蜘蛛, 卽以物戱打之, 蜘蛛見僧來, 卽避隱. 如此數年. 一日, 忽盛熱, 僧獨於房, 因晝寢, 蜘蛛乃下在牀, 齧斷僧喉成瘡, 少頃而卒. 蜂蠆有毒, 非虛言哉! (出『原化記』)

478・11(6717)
석 척(蜥 蜴)

조숙아(曹叔雅)의 『이물지(異物志)』에서 말하기를, 물고기가 물위로 뛰어올라오면 도마뱀이 풀 속에서 나오는데, 점점 서로 가까이 다가가서 물 위에 떠서 교합한다. 일이 끝나면 물고기는 다시 물밑으로 돌아가고 도마뱀은 다시 풀 속으로 돌아간다. (『삼교주영』)

曹叔雅『異物志』曰: "魚跳跳, 則蜥蜴從草中下, 稍相依近, 便共浮水上而相合. 事竟, 魚還水底, 蜥蜴還草中." (出『三敎珠英』)

478 · 12(6718)
은 랑(殷 琅)

  진군(陳郡)의 은씨(殷氏) 집안에 은랑이라는 아들이 있었는데, 몇 해 동안이나 집의 계집종과 정분을 나누어 왔다. 계집종이 죽은 뒤에도 은랑은 계속 그녀와 왕래 하더니, 결국 정신이 오락가락했다. 은랑의 어머니는 어찌된 영문인지 깊이 관찰해보았다. 어느 날 밤에 됫박처럼 생긴 커다란 거미 한 마리가 침상을 타고 은랑에게 다가가서는 곧바로 즐겁게 사랑을 나누는 것이었다. 은랑의 어머니가 거미를 잡아 죽이자 은랑은 정신이 돌아왔다. (『이원』)

  陳郡殷家養子名琅, 與一婢結好經年. 婢死後, 猶往來不絶, 心緖昏錯. 其母深察焉. 後夕見大蜘蛛, 形如斗樣, 緣牀就琅, 便燕爾怡悅. 母取而殺之, 琅性理遂復. (出『異苑』)

478 · 13(6719)
예장민비(豫章民婢)

  예장군(豫章郡)의 어느 집 계집종이 부엌에서 일을 하고 있을 때였다. 갑자기 키가 몇 촌 밖에 되지 않은 어떤 사람이 부엌에 나타났는데, 계집종이 그만 잘못하여 그 사람을 밟아 죽이고 말았다. 그러자 [같은 모습의] 사람 수백 명이 거친 베로 짠 상복을 입은 채 관을 가지고 와서 장례를 치르는데, 장례의식을 모두 갖추고 있었다. 그들이 동쪽 문을 나가 뜰 안의 엎어놓은 배 아래로 들어가기에 계집종이 가서 살펴보았더니 모두 쥐며느리였다. 계집종이 끓인 물을 부어 그들을 죽였더니 그 이후로 그런 일이 일어나지 않았다. (『수신기』)

豫章有一家, 婢在竈下. 忽有人長數寸, 來竈間, 婢誤以履踐殺一人. 遂有數百人, 着縗麻, 持棺迎喪, 凶儀皆備. 出東門, 入園中覆船下, 就視皆是鼠婦. 作湯澆殺, 遂絶. (出『搜神記』)

478 · 14(6720)
남해독충(南海毒蟲)

남해에 독충이 있는데, 큰 도마뱀처럼 생겼으며 눈동자가 특히 밝게 빛난다. 그곳 사람들은 그것을 '십이시충(十二時蟲: 카멜레온)'이라 부르는데, 하루 12시각에 따라 몸의 색깔이 변하며 갑자기 붉은 색으로 변했다가 갑자기 누런색으로 변하기 때문이다. 그곳 사람들은 이 독충을 '이두충(籬頭蟲)'이라고도 부른다. 전하는 말에 따르면 이 독충에게 물린 사람은 곧바로 죽는데, 독충은 사람을 몰래 물고 난 뒤에 급히 울타리 위로 달아나 죽은 사람들의 가족들이 울고 있는 것을 바라본다고 한다. 신주(新州)의 서남쪽에 있는 여러 군(郡)에서는 결코 뱀이나 모기, 파리가 살지 않는다. 나는 남방에서 떠돌던 10년 동안 한번도 뱀을 본 적이 없으며 한여름에 노천에 누워있어도 물릴 걱정이 없었다. 남방에

뱀이 적은 것은 이료(夷獠)들이 뱀을 잡아먹기 때문이라고 생각한다. 남방의 다른 곳에는 물뱀이 있는데, 일반 뱀에 비해서 길이가 약간 짧고 뭍에 살지 않으며 독을 뿜어 사람을 무는 독사와는 다르다. (『투황잡록』)

南海有毒蟲者, 若大蜥蜴, 眸子尤精朗. 土人呼爲'十二時蟲', 一日一夜, 隨十二時變其色, 乍赤乍黃. 亦呼爲'籬頭蟲'. 傳云, 傷人立死, 旣潛噬人, 急走於藩籬之上, 望其死者親族之哭. 新州西南諸郡, 絶不産蛇及蚊蠅. 余竄南方十年, 竟不覩蛇, 盛夏露臥, 無嚙膚之苦. 此人謂南方少蛇, 以爲夷獠所食. 別有水蛇, 形狀稍短, 不居陸地, 非噴毒齧人者. (出『投荒雜錄』)

478 · 15(6721)
낙 룡(諾 龍)

남해군(南海郡)에 벌이 있는데 감람나무 위에서 산다. 벌은 손과 발을 가지고 있지만 나뭇잎과 아주 비슷하게 생겼다. 이 벌은 나뭇가지에 달라붙어 살기 때문에 나뭇잎과 구별이 되지 않는다. 남쪽 사람들은 벌을 잡을 때 먼저 나무를 베어 넘긴 뒤에 나뭇잎이 떨어지기를 기다렸다가 잡는다. 낙룡이라는 수중벌레가 있는데, 도마뱀처럼 생겼으며 용과 약간 비슷하다. 민간의 말에 따르면, 이 벌레는 무엇인가를 먹고 싶을 때 바로 물 속에서 나와 돌 위에 엎드려 있다가 헤엄쳐가던 수중동물이 돌로 다가오면 곧장 뛰어올라 그 앞으로 가서 잡아먹는다고 한다. 이 벌레를 잡으면 반드시 두 마리를 동시에 잡을 수 있는데, 수컷이 죽으면 암컷이 곧장 달려오고 암컷이 죽어도 마찬가지이기 때문이다. 민간에 전해오는 말에 따르면 암컷과 수컷을 함께 대나무 마디로 막아 대나무 속에 넣어두면 대나무 마디가 저절로 뚫려 있다고 한다. 마을 사람들은 말린 낙룡을 내다 팔 때 벌로 사람들을 꼬여내는데, 이 두 가지는 모두 여자들이 남자를 유혹할 때 사용하는 물건이다. (『투황잡록』)

南海郡有蜂, 生橄欖樹上. 雖有手足, 頗類木葉. 抱枝自附, 與木葉無別. 南人取者, 先伐仆樹, 候葉凋落, 然後取之. 有水蟲名諾龍, 狀如蜥蜴, 微有龍狀. 俗云, 此蟲欲食, 卽出水據石上, 凡水族游泳過者, 至所據之石, 卽跳躍自置其前, 因取食之. 有得者必雙, 雄者旣死, 雌者卽至, 雌者死亦然. 俗傳以雌雄俱置竹中, 以節間之, 少頃, 竹節自通. 里人貨其殭者, 幻人以蜂, 俱用爲婦人惑男子術. (出『投荒雜錄』)

태평광기

권제 479

곤충 7

1. 의 자(蟻 子)
2. 와 합(蛙 蛤)
3. 금귀 자(金龜子)
4. 해 산(海 山)
5. 오 공(蜈 蚣)
6. 문 익(蚊 翼)
7. 벽 슬(壁 虱)
8. 백 충(白 蟲)
9. 잠 녀(蠶 女)
10. 사 부효(砂 俘效)
11. 사 독(舍 毒)
12. 노 주(老 蛛)
13. 이 선(李 禪)
14. 황 화(蝗 化)
15. 수 와(水 蛙)
16. 인 창(蚓 瘡)
17. 봉 여(蜂 餘)
18. 웅 내(熊 酒)
19. 종 사(螽 斯)

479·1(6722)
의 자(蟻 子)

남방에는 개미가 특히 많아서 기둥이나 문미(門楣: 문 위에 올려놓은 橫木), 문이나 창문 할 것 없이 온통 기어 다니는 개미 투성이다. 개미들은 길을 따라 분주히 기어 다닌다. 사람들이 모여 사는 곳에는 마을과 집들이 서로 붙어있기 때문에 개미들이 끝도 없이 왔다 갔다 한다. (『투황잡록』)

南方尤多蟻子, 凡柱楣戶牖悉遊蟻. 循途奔走. 居有所營, 里棟相接, 莫窮其往來. (出『投荒雜錄』)

479·2(6723)
와 합(蛙 蛤)

남방에 수중동물이 있는데 그 모양은 개구리와 비슷하나 생김새가 더욱 흉측하다. 그곳 사람들은 그것을 '합(蛤: 큰 두꺼비)'이라고 부른다. 그것으로 국을 끓여 먹으면 메추라기처럼 맛있다. 그것은 남자들의 피로와 허약함을 치료하는 데 쓰인다. (『투황잡록』)

南方又有水族, 狀如蛙, 其形尤惡. 土人呼爲'蛤'. 爲臊('臊'原作'蛙', 據明鈔本改)食之, 味美如鷗鴿. 及治男子勞虛. (出『投荒雜錄』)

479·3(6724)
금귀자(金龜子)

금귀자는 갑충(甲蟲)이다. 봄과 여름 사이에 초목 위에서 태어나며 크기는 작은 손톱만 한데, 날 때는 모습이 그렇지 않다. 넝쿨풀 위에 머물러 있을 때 자세히 관찰해보면 진짜 황금색 거북 새끼 같다. 다닐 때는 반드시 짝을 지어 다닌다. 남쪽 사람들은 그것을 잡아다가 그늘에 말리고 황금과 비취로 장식한 다음 머리 장식물로 사용한다. 이것은 검중(黔中: 지금의 貴州省)에서 나는 청충자(青蟲子)와 비슷하다. (『영표록이』)

金龜子, 甲蟲也. 春夏間生於草木上, 大如小指甲, 飛時卽不類. 泊草蔓上, 細視之, 眞金色龜兒也. 行必成雙. 南人採之陰乾, 裝以金翠, 爲首飾之物. 亦類黔中所産青蟲子也. (出『嶺表錄異』)

479·4(6725)
해 산(海 山)

주애(珠崖) 사람들은 청명한 날이면 바다 저 멀리에 산이 줄지어 나오는 것을 보게 되는데, 산들은 모두 마치 비취색 병풍을 둘러놓은 듯하며 어떤 때는 동쪽에 있다 또 어떤 때는 서쪽에 있다 한다. 이것은 모두 지네들로 새우처럼 생긴 수염이 40~50척 가량 자라있다. 이것은 괴상하게 여길 만한 것이 아니다. (『영남이물지』)

又珠崖人, 每晴明, 見海中遠山羅列, 皆如翠屛, 而東西不定. 悉蜈蚣也, 蝦鬚長四五十尺. 此物不足怪也. (出『嶺南異物志』)

479・5(6726)
오공(蜈 蚣)

오공[지네]에 대해 『남월지(南越志)』에서는 이렇게 말하고 있다.

"큰 것의 껍질은 북에 씌울 수 있다. 그 고기를 가져다 말려 포로 만들면 소고기보다 맛있다."

또 이렇게 말하고 있다.

"큰 놈은 소를 잡아먹을 수도 있다."

마을 사람들은 지네를 만나면 북을 울리고 횃불을 지펴 그것들을 몰아낸다. (『영표록이』)

蜈蚣, 『南越志』云: "大者其皮可以鞔鼓. 取其肉, 曝爲脯, 美於牛肉." 又云: "大者能噉牛." 里人或遇之, 則鳴鼓然火炬, 以驅逐之. (出『嶺表錄異』)

479 · 6(6727)
문 익(蚊 翼)

남방에 사는 모기의 날개 아래에는 작은 날벌레가 사는데, 눈이 좋은 사람은 볼 수 있다. 그것은 매번 아홉 개의 알을 낳는데, 알에서 부화되기도 전에 아홉 마리의 새끼가 되었다가 다시 날벌레가 되어 함께 날아간다. 그런데도 모기는 그 사실을 알지 못한다. 그 벌레가 사람과 온갖 짐승을 물면 물린 쪽에서는 [자기가 물렸음을] 알 수 있다. 이 벌레는 비록 작기는 하지만 사람을 한번 물었다하면 떠나지 않는다고 한다. 이 벌레는 가늘고 작아서 '세멸(細蠛)'(발음은 蔑이다)이라 불린다. 진장(陳章)이 제(齊)나라 환공(桓公)에서 대답했던 그 작은 벌레가 바로 이것이다. 이 벌레는 늘 봄에 태어났다가 늦여름에서 겨울까지는 사슴 귓속에 숨어 지낸다. 그것은 '영예(嬰婗)'라고도 하는데, 영예 역시 가늘고 작다는 뜻이다. (『신이경』)

南方蚊翼下有小蜚蟲焉, 目明者見之. 每生九卵, 復未嘗曾有䘉(徒亂反), 復成九子, 蜚而俱去. 蚊遂不知. 亦食人及百獸, 食者知. 言蟲小食人不去也. 此蟲旣細且小, 因曰'細蠛'(音蔑). 陳章對齊桓公小蟲是也. 此蟲常春生, 而以季夏冬藏於鹿耳中. 名'嬰婗', 嬰婗亦細小也. (出『神異經』)

479 · 7(6728)
벽슬(壁蝨)

벽슬[빈대]은 토충(土蟲)의 일종으로 벽 사이에서 부화되어 태어난다. 여름이면 사람을 무는데, 그 상처가 다 나아도 이듬해 그맘때가 되면 다시 도지며 몇 년이 지나야 그 독이 완전히 없어진다. 그 모습은 소의 이[牛蝨]와 다름없다.

북도(北都: 太原)에서는 마구간의 말들이 갑자기 차례대로 야위어가다가 이내 죽어버리는 통에 그 손해가 날로 심각해졌다. 주장(主將)이 비록 꼴과 약을 부지런히 먹이라고 독촉하고 감시했으나 그 이유를 끝내 밝혀낼 수 없었다. 죽은 말들은 모습이 서로 비슷했는데, 왜 그런 병이 생겨났는지는 알 수 없었다. 그로 인해 마구간을 책임지던 사람 중에 벌을 받은 자가 이미 몇이나 되었는데, 그들은 가산을 모두 털어 말을 사다가 손해를 메운 다음에 다시 형벌을 받아야 했다. 한 능력 있고 영민한 비장(裨將: 副將)이 있었는데, 아는 것이 많아 자기가 맡아 주관하는 일마다 공을 세웠다. 그래서 모든 사람의 추천으로 마구간의 말을 관리하게 되었다. 그 사람은 매우 부지런히 말을 먹이며 아침저녁으로 직접 돌보았으나 한 달이 지난 뒤에 말이 죽어나가기는 예전과 마찬가지였다. 이에 그는 다른 이유가 있을 것이라 의심하고 촛불을 밝힌 채 말들을 지켰다. 그러자 이경(二更: 밤 9시에서 11시 사이)이 지난 뒤에 말들이 모두 일어서서 꼴을 먹지 못했고 검던 말은 흰색으로 변하고 희던 말은 검은 색으로 변했다. 그가 불을 들고 살펴보니 말들 위에 이루 셀 수 없이 많은 어떤 물체가 붙어있었는데, 그것은 바로 빈대가 [말 피를] 빨아먹고 있는 광경이었다. 오경(五更: 새벽 3시에서 5시 사이)이 지난 뒤에 빈대들은 모두 떠나갔는데, 새끼줄처럼 한 줄로 늘어서서 담까지 끊임없이 이어졌다.

이튿날 그는 그와 같은 사실을 절도사(節度使)에게 고하고 그 종적을 찾아 나섰다. 그가 누각에서 커다란 구멍 하나를 발견하고서 뜨거운 물을 부었더니 무너진 누각 문에 있는 구멍에서 죽은 빈대 수십 곡(斛)이 나왔다. 구멍 속에는 아주 큰 놈이 한 마리 남아있었는데, 길이가 몇 척이나 되었고 생김새는 비파 같았으며 황금색을 띠고 있었다. 그가 빈대들을 태워 죽이고 그 곳을 흙으로 막아버리자 피해가 사라졌다. (『녹이기』)

壁蝨者, 土蟲之類, 化生壁間. 暑月嚙人, 其瘡雖愈, 每年及期必發, 數年之後, 其毒方盡. 其狀與牛蝨無異.

北都廄中之馬, 忽相次瘦劣致斃, 所損日甚. 主將雖督審錫藥勤至, 終莫能究. 而斃者狀類相似, 亦莫知其疾之由. 掌廄獲罪者, 已數人矣, 皆傾家破産, 市馬以陪納, 然後伏刑. 有一裨將幹敏多識, 凡所主掌, 皆能立功. 衆所推擧, 俾其掌廄馬. 此人勤心養膳, 旦夕躬親, 旬月之後, 馬之殞('殞'原作'殯', 據明鈔本改)斃如舊. 疑其有他, 乃明燭以守之. 二鼓之後, 馬皆立不食, 黑者變白, 白者變黑. 秉炬以視, 諸馬之上, 有物附之, 不可勝數, 乃壁蝨所嚙也. 五鼓之後, 壁蝨皆去, 一道如繩, 連亘不絶.

翌日, 而以其事白於帥臣, 尋其去蹤. 於樓中得巨穴焉, 以湯灌之, 壞樓('樓'原作'城', 據明鈔本改)門穴, 得壁蝨死者數十斛. 穴中大者一枚('枚'原作'所', 據明鈔本改), 長數尺, 形如琵琶, 金色. 焚而殺之, 築塞其處, 其害乃絶. (出『錄異記』)

백 충(白 蟲)

어떤 사람이 갑자기 얼굴에 상처가 났는데, 여름이 되자 더욱 심해져 성한 피부가 거의 없는 지경이 되었다. 그는 너무도 고통스러워 약을 바르기도 해보고 먹기도 해 보았으나 아무런 효험도 없었다. 그러던 어느 날 그는 이미 잠자리에 들었는데, 남은 등촉이 아직 채 꺼지지 않았을 때 같이 잠자던 사람이 보았더니 활시위 같기도 하고 실 같기도 한 어떤 물체가 그의 얼굴에 붙어있었다. 이에 불을 들고 살펴보니 이처럼 생긴 흰 벌레가 자기로 된 베게 구멍 속에서 나와 그의 얼굴을 빨아먹고 있었다. 날이 밝은 뒤 그 사람이 그 일을 말해주어 상처 난 사람이 베게를 가르고 보았더니 무수히 많은 흰 벌레가 그 안에 들어있었다. 그 벌레들을 모조리 죽이자 얼굴의 상처도 나았다. (『녹이기』)

有人忽面上生瘡, 暑月卽甚, 略無完皮. 異常楚痛, 塗嘗餌藥, 不能致效. 忽一日, 旣臥, 餘燭未滅, 同寢者見有物如絃如線, 以著其面. 因執燭視之, 白蟲如蚕, 自瓷枕穴中出, 以嚼其面. 旣明, 遂道其事, 剖枕以視之, 白蟲無數. 因盡殺之, 面瘡乃愈. (出『錄異記』)

479 · 9(6730)
잠 녀(蠶 女)

다음은 잠녀에 대한 이야기이다. 고신제(高辛帝: 고대의 황제인 帝嚳) 때 촉(蜀) 땅에 아직 군장(君長)이 없어 백성을 통솔할 방법이 없었다. 그곳 사람들은 부족끼리 모여 살면서 서로 침략하고 잡아먹었다. 잠녀의 옛 자취는 지금 광한(廣漢)에 남아있으나 그녀의 성씨(姓氏)는 알 수 없다. 그녀의 아버지는 이웃 나라에 잡혀간 지 1년도 넘었고 집에는 아버지가 타던 말만이 남아 있었다. 딸이 아버지와 소식이 두절된 것이 안타까워 가끔 식음까지 전폐하자 어머니는 그녀를 위로해 주기 위해 많은 사람들 앞에서 맹세하며 말했다.

"애 아버지를 돌아오게 해 주는 사람에게는 딸을 시집보내겠소."

부족 사람들이 그 맹세를 듣기는 했으나 그 아버지를 돌아오게 할 수 있는 사람은 아무도 없었다. 그런데 말이 그 소리를 듣고는 놀라 펄쩍펄쩍 뛰며 급히 요동을 치더니 묶어 놓은 줄을 끊고 뛰쳐나갔다. 그리고 며칠 뒤 아버지가 그 말을 타고 돌아왔다.

그날부터 그 말은 히잉! 하고 울기만 할 뿐 먹고 마시려하지 않았다. 아버지가 그 이유를 묻자 어머니는 사람들 앞에서 맹세했던 말을 들려주었다. 그러자 아버지가 말했다.

"그건 사람에게 맹세한 것이지 말에게 맹세한 것이 아니오. 사람을 다른 짐승과 짝으로 맺어주는 법이 어디 있소? 나를 환난에서 구해준 것은 그 공이 실로 크다 할 수 있으나 당신이 한 맹세만은 시행할 수 없소."

말이 더욱 심하게 뛰어오르자 아버지는 화를 내며 활로 쏘아 죽여 버리고 가죽을 [벗겨] 마당에 널어놓았는데, 딸이 그 옆을 지나가자 말가죽이 갑자기 벌떡 일어나 딸을 말아가지고 날아가 버렸다. 열흘 뒤에 말가죽이 다시 뽕나무 위에 걸쳐져 있었다. 딸은 이미 누에가 되어있었는데, 뽕잎을 먹고 토해낸 실로 고치를 만들어 세상 사람들의 옷이 되어 입혀졌다.

그녀의 부모는 후회스러워하며 딸 그리워하는 마음을 그치지 못했는데, 어느 날 갑자기 보았더니 잠녀가 흘러가는 구름을 타고 그 말에 올라 탄 채 수십 명의 시위를 거느리고서 하늘에서 내려와 부모에게 말했다.

"태상(太上: 옥황상제)께서 저의 효심이 능히 몸을 바칠 수도 있을 정도니, 마음속에 의로움을 잊지 않고 있다면서 구궁선빈(九宮仙嬪)의 자리를 맡겨주셨습니다. 저는 이제 오래도록 하늘에서 살게 되었으니 더 이상 그리워하지 마세요."

그리고는 다시 하늘로 솟구쳐 떠나갔다.

그 집은 십방(什邡)·면죽(綿竹)·덕양(德陽) 세 현의 경계 부근에 있다. 매년 잠녀에게 제사지내려는 사람들이 사방에서 구름처럼 몰려드는데, 그들은 모두 영험함을 보았다. 도관과 불사에서도 여자의 형상을 빚어놓고 말가죽을 입혀 놓은 뒤 그것을 '마두낭(馬頭娘)'이라 부르면서 양잠이 잘 되게 해달라고 기원한다. 「계성부(稽聖賦)」에 다음과 같은 구절이 있다.

"여기 여자가 있는데, 저 죽은 말에게 감응되어 누에벌레로 변하고 세상 사람들의 옷이 되어 입혀졌다는 이야기가 바로 그녀 이야기라네."

(『원화전습유』)

蠶女者. 當高辛帝時, 蜀地未立君長, 無所統攝. 其人聚族而居, 遞相侵噬. 蠶女舊跡, 今在廣漢, 不知其姓氏. 其父爲隣邦掠('邦掠'原作'所操', 據明鈔本改)去, 已逾年, 唯所乘之馬猶在. 女念父隔絶, 或廢飮食, 其母慰撫之, 因告誓於衆曰: "有得父還者, 以此女嫁之." 部下之人, 唯聞其誓, 無能致父歸者. 馬聞其言, 驚躍振迅, 絶其拘絆而去. 數日, 父乃乘馬歸.

自此馬嘶鳴, 不肯飮齕. 父問其故, 母以誓衆之言白之. 父曰: "誓於人, 不誓於馬. 安有配人而偶非類乎? 能脫我於難, 功亦大矣, 所誓之言, 不可行也." 馬愈跑, 父怒, 射殺之, 曝其皮於庭, 女行過其側, 馬皮蹶然而起, 卷女飛去. 旬日, 皮復栖於桑樹之上. 女化爲蠶, 食桑葉, 吐絲成繭, 以衣被於人間.

父母悔恨, 念之不已, 忽見蠶女, 乘流雲, 駕此馬, 侍衛數十人, 自天而下, 謂父母曰: "太上以我孝能致身, 心不忘義, 授以九宮仙殯之任. 長生于天矣, 無復憶念也." 乃冲虛而去.

今家在什邡・綿竹・德陽三縣界. 每歲祈蠶者, 四方雲集, 皆獲靈應. 宮觀諸化, 塑女子之像, 披馬皮, 謂之'馬頭娘', 以祈蠶桑焉.「稽聖賦」曰: "安有女(『集仙錄』六, '安有女'作爰有女人'), 感彼死馬, 化爲蠶蟲, 衣被天下是也." (出『原化傳拾遺』)

479・10(6731)
사부효(砂俘效)

진장기(陳藏器)의 『본초(本草)』에 다음과 같은 구절이 있다.

"'사부'는 '도행구자(倒行拘子)'라고 부르기도 하는데, 촉(蜀) 땅 사람들은 그것을 '부울(俘鬱)'이라고 부른다. 이 벌레는 마른 흙을 빙 둘려가며 구멍을 판다. 그것들은 늘 잠만 자며 꿈쩍도 하지 않는데, 잡아다가 베게 속에 넣으면 부부 금슬을 좋게 한다."

나[『北夢瑣言』의 撰者 孫光憲]의 친사촌이 일찍이 이 벌레를 얻은 적이 있었으나 시험해보지는 않았다. 나는 처음으로 성도(成都)에 놀러 갔다가 여관에 머물면서 약초 파는 사람 이산인(李山人)과 서로 친해졌다. 그때 촉성(蜀城)의 소년들이 종종 벙실벙실 웃으며 이생(李生: 李山人)을 찾아와서는 많은 돈을 지불하고 사가는 것을 보았다. 내가 [그것이 무엇이냐고] 캐묻자 이생이 대답했다.

"미약(媚藥: 최음제)입니다."

그 쓰임새에 대해 물어보았더니, 그것은 바로 사부였다. 그러니 진씨(陳氏: 陳藏器)가 한 말과 더불어 정말로 허튼 소리가 아니었다. 이생이 전수받은 비법을 비밀로 간직했기 때문에 사람들은 알 도리가 없었다.

무릉(武陵)의 산천에는 미초(媚草: 催淫草)가 많다. 무뢰한들이 은을 가져와 [미초와] 바꾸어 갔는데, 그 방술로 인해 남녀가 발광해서 적잖은 화를 입었다. (『북몽쇄언』)

陳藏器『本草』云: "'砂俘', 又云'倒行拘(明鈔本'拘'作'狗')子', 蜀人號曰'俘鬱'. 旋乾土爲孔. 常睡不動, 取致枕中, 令夫妻相悅."

愚有親表, 曾得此物, 未嘗試驗. 愚始遊成都, 止於逆旅, 與賣草藥李山人相熟. 見蜀城少年, 往往欣然而訪李生, 仍以善價酬. 因詰之, 曰: "媚藥." 徵其所用, 乃砂俘. 與陳氏所說, 信不虛語. 李生亦秘其所傳之法, 人不可得也.

武陵山川媚草. 無賴者以銀換之, 有因其術而男女發狂, 罹禍非細也. (出『北夢瑣言』)

사 독(舍 毒)

사독이라는 것은 모기나 파리의 일종으로 장강(長江)과 오령(五嶺) 사이에서 나며 침주(郴州)와 연주(連州) 경계에 특히 많다. 사독에 물린 사람은 절대 손으로 긁지 말고 소금을 그 위에 뿌린 다음 물건으로 싸매야 하는데, 그러면 반나절 만에 독이 제거된다. 그러나 만일 손으로 긁으면 끊임없이 가려워지며 살가죽이 뚫리고 살에 구멍이 나게 될 뿐 아니라 독 또한 더욱 심해진다. 상주(湘州)와 형주(衡州) 북쪽 일대에서도 그것이 사는데, 그 독은 조금 나은 편이다.

협강(峽江: 瞿塘峽)에서 촉(蜀) 땅에 이르는 사이에 마자(蟆子: 검은색의 작은 모기)라는 것이 있는데, 검은 색이며 역시 사람을 물 수도 있으나 독은 그다지 심하지 않다. 그것이 자라는 곳을 살펴보니 바로 부염수(麩鹽樹: 鹽麩樹를 말하는 것으로 보임. 鹽麩樹는 붉나무) 잎 뒷면이었다. 그것은 봄에 생겨나며 잎을 말아 복숭아나 오얏 정도 크기의 집을 만든다. 또 '오배자(五倍子: 한약재로 쓰이는 벌레 이름)'라는 것이 있는데, 그것은 독으로 인해 생긴 상처를 고칠 수 있다. 오배자를 잡은 사람은 반드시 그것을 햇볕에 말려 죽여야 변화되어 떠나가지 않는다. 그렇지 않으면 반드시 사람 몸에 구멍을 뚫고 밖으로 나가 날아간 다음 마자로 변한다.

검남(黔南) 경계에 미진(微塵: 微塵子. 물벼룩)이라는 것이 있는데 흰색을 띠고 있는데다가 몸집도 아주 작아 봐도 보이지 않는다. 이것은 낮이고 저녁이고 사람을 해할 수 있으며 아무리 촘촘한 장막이라도 그것을 막을 도리가 없다. 굵은 찻잎을 태워 연기가 마치 향불 모양으로 피어오르면 그것이 오는 것을 막을 수 있다. 또 자리에 기름 먹인 천을 깔아서 그것을 막으면 조금 없앨 수도 있다. (『녹이기』)

舍毒者, 蚊蚋之屬, 江嶺間有之, 郴・連界尤甚. 爲客中者, 愼勿以手搔之, 但布鹽於上, 以物封裹, 半日間, 毒則解矣. 若以手搔, 癢不可止, 皮穿肉穴, 其毒彌甚. 湘・衡北間有之, 其毒稍可.

峽江至蜀, 有'蟆子', 色黑, 亦能咬人, 毒亦不甚. 視其生處, 卽麩鹽樹葉背上. 春間生之, 葉卷成窠, 大如桃李. 名爲'五倍子', 治一切瘡毒. 收者曬而殺之, 卽不化去. 不然者, 必竅穴而出, 飛爲蟆子矣.

黔南界有微塵, 色白甚小, 視之不見. 能晝夜害人, 雖帳深密, 亦不可斷. 以麤茶燒之, 煙如焚香狀, 卽可斷之. 又如席鋪油帔隔之, 稍可滅. (出『錄異記』)

479・12(6833)
노 주(老 蛛)

태악(泰嶽)의 기슭에 대악관(岱嶽觀)이 있었는데 그곳의 누대와 전각들은 모두 옛날에 지어진 것으로 연대가 퍽 오래되었다. 어느 날 저녁 큰 바람이 일더니 우르르 쾅쾅하는 굉음이 산골짜기를 뒤흔들었다. 아침이 되어 나가보니 장경루(藏經樓)가 무너져 있었다. [무너진] 누각의 지붕 주변을 둘러보았더니 한 수레 가득될 정도의 잡다한 뼈가 거기 있었다. 또 거미도 있었는데, 그 모습은 불룩한 배가 마치 닷 되를 담을 수 있는 차정(茶鼎: 차 끓이는 세발솥)과도 같았으며 손과 발을 펼쳐보았더니 사방 몇 척이나 되는 너비였다. 그 전부터 그 근처에 있는 절이나 도관, 혹은 민가에서 어린아이를 잃어버린 것이 부지기수였는데, 모두 이 거미에게 잡아먹힌 것 같았다. 많은 거미줄이 그 위에 쳐져 있었는데, 아이들이 그 끈적거리는 점액에 칭칭 감긴 채 풀고 빠져나오지 못하고서 해를 입은 것이 분명했다. 이에 도관의 주인이 땔나무로 거미를 불살라 버리게 했더니 그 악취가 10여 리 밖까지 진동했다. (『옥당한화』)

泰('泰'原作'秦', 據明鈔本改)嶽之麓有岱嶽觀, 樓殿咸古制, 年代寢遠. 一夕大風, 有聲轟然, 響震山谷. 及旦視, 卽經樓之陝也. 樓屋徘徊之中, 雜骨盈車. 有老蛛在焉, 形如矮腹五升之茶鼎, 展手足則周數尺之地矣. 先是側近寺觀, 或民家, 亡失幼兒, 不計其數, 蓋悉罹其啗食也. 多有網於其上, 或遭其黏然縻絆, 而不能自解而脫走, 則必遭其害矣. 於是觀主命薪以焚之, 臭聞十餘里. (出『玉堂閒話』)

479 · 13(6734)
이 선(李 禪)

이선은 초주자사(楚州刺史) 이승사(李承嗣)의 막내아들이었다. 그는 광릉(廣陵) 선평리(宣平里)에 있는 대저택에 살았다. 어느 날 그가 뜰 앞에서 낮잠을 자고 있을 때 갑자기 흰 박쥐가 뜰을 맴돌며 날아다녔다. 가동들이 빗자루를 휘둘러보았으나 모두 맞히지 못했다. 한참 뒤에 박쥐가 정원 문밖으로 나가는데도 여전히 때려 맞히지 못했다. 박쥐는 다시 대문 밖으로 날아나가 외문(外門) 밖에 이르더니 더 이상 보이지 않았다. 그 해 이선의 아내가 죽었는데, 상여를 들여오고 내보냈던 길이 바로 흰 박쥐가 날아다니던 곳이었다.(『계신록』)

李禪, 楚州刺史承嗣少子也. 居廣陵宣平里大第. 晝日寢庭前, 忽有白蝙蝠, 繞庭而飛. 家僮輩競以箒撲, 皆不能中. 久之, 飛去院門, 撲之亦不中. 又飛出門, 至外門之外, 遂不見. 其年, 禪妻卒, 輀車出入之路, 卽白蝙蝠飛翔之所也.(出『稽神錄』)

479 · 14(6735)
황 화(蝗 化)

당(唐)나라 천우연간(天祐年間: 904~907) 말에 누리애벌레가 흙구덩이에서 생겨나기 시작했는데, 다 성장한 다음 서로의 다리와 날개를 물고 [줄줄이] 밖으로 기어 나왔다. 천자가 누리에게 말했다.
"내게 무슨 죄가 있다고 나의 볏싹을 먹느냐?"
그러자 누리들은 모두 잠자리로 변했다. 낙중(洛中) 일대에서도 이와 같은 징험이 있었다. 그 해에 까치 떼가 제비로 변했다.

唐天祐末歲, 蝗蟲生地穴中, 生訖, 卽衆蝗銜其足翅而拽出. 帝謂蝗曰: "予何罪, 食予苗?" 遂化爲蜻蜓. 洛中皆驗之. 是歲, 羣雀化燕.

479 · 15(6736)
수 와(水 蛙)

서주(徐州)의 동쪽 경계는 기천(沂川)과 인접해있었다. 그곳에 '반거(盤車)'라는 이름의 도랑이 있는데, 전하는 말에 따르면 그곳은 해중(奚仲: 夏나라 사람으로 禹王의 신하. 처음으로 수레를 만들었다고 함)이 수레를 시험해 본 곳이라 한다(서주에는 해중의 무덤이 있다. 산 위에도 수레를 시험해 보았다는 곳이 있는데 돌 위가 몇 척이나 깊이 파여 있다). 도랑에 물이 있고 그 물 속에 개구리가 산다. 개구리는 다섯 섬을 담을 수 있는 독 정도의 크기이고 눈은 주발처럼 생겼다. 옛날에 어떤 사람이 개구리 목에서 약을 얻은 다음 복용하여 득선(得仙)했다고 한다. (『옥당한화』)

徐之東界, 接沂川. 有溝名('名'原作'多', 據明鈔本·陳校本改)'盤車', 相傳是奚仲試車之所(徐有奚仲墓. 山上亦有試車處, 石上輒深數尺). 溝有水, 水有蛙. 可大如五石甕, 目如盌. 昔嘗有人, 於其項上得藥, 服之度世. (出『玉堂閒話』)

479 · 16(6737)
인 창(蚓 瘡)

[唐나라] 천우연간(天祐年間: 904~907)에 절서(浙西)의 자화사(慈和寺)를 재건하려고 땅을 이미 다 닦아 놓았는데, 매번 지렁이가 구멍

을 뚫어놓는 바람에 그 일을 맡아보던 사람이 늘 골머리를 앓았다. 그때 어떤 스님이 석회를 가져다 엎으라고 가르쳐주었는데, 그 방법으로 땅을 평평하게 다질 수 있었으나 그로 인해 무수히 많은 지렁이를 죽이게 되었다. 얼마 뒤에 그 스님은 병으로 시달렸는데, 온 몸이 가려워 손톱이 긴 사람을 데려와 긁게 해야만 했기 때문에 스님은 결국 몸에 상처가 나게 되었다. 한 군데의 상처마다 죽은 지렁이 한 마리가 나왔으니 [온 몸에는] 거의 수백 수천 마리가 있었던 셈이다. 그 스님은 살이 다 문드러져 뼈가 드러난 채 죽었다. (『계신록』)

天祐中, 浙西重造慈和寺, 治地旣畢, 每爲蚯蚓穿穴, 執事者患之. 有一僧敎以石灰覆之, 由是得定, 而殺蚯蚓無數. 頃之, 其僧病苦, 擧身皆癢, 恒('恒'字原空闕, 據明鈔本補)須得長指爪者搔之, 以至成瘡. 瘡中輒得死蚯蚓一條, 殆數百千條. 肉盡至骨而卒. (出『稽神錄』)

479·17(6738)
봉 여(蜂 餘)

여릉(廬陵)에 사는 어떤 사람이 과거에 응시하려고 길을 가다가 밤이 되자 한 시골집을 찾아가 투숙할 것을 청했다. 한 노인이 나와 객을 보며 말했다.

"우리 집은 너무 좁고 사람이 너무 많습니다. 하지만 평상 하나를 더 내는 것이라면 괜찮습니다."

그래서 그는 노인의 집에 묵기로 했다. 그 집은 방이 100여 칸이나 되었으며 매우 협소했다. 한참 뒤에 그가 배가 고프다고 하자 노인이 말했다.

"집이 가난하여 먹을 것이라고는 야채밖에 없습니다."

그렇게 말하고 밥상을 차려왔는데, 객이 먹어보았더니 맛이 아주 달콤하고 향긋한 것이 보통 야채들과 달랐다. 그가 잠자리에 들자 웽웽 하는 소리만 들릴 뿐이었다. 그는 날이 밝은 후에 잠에서 깨어났는데, 자신은 밭 한 가운데 누워있었으며 옆에는 커다란 벌집이 있었다. 객은 본디 풍질(風疾: 風濕病)을 앓고 있었으나 그 일로 인해 말끔히 치유되었으니, 이는 아마도 벌이 먹다 남은 것을 먹었기 때문인 것 같았다. (『계신록』)

廬陵有人應擧, 行遇夜, 詣一村舍求宿. 有老翁出見客曰: "吾舍窄人多, 容一榻可矣." 因止其家. 屋室百餘間, 但窄小甚. 久之告飢, 翁曰: "居家貧, 所食唯野菜耳." 卽以設, 客食之, 甚甘美, 與常菜殊. 及就寢, 唯聞訌訌之聲. 旣曙而寤, 身臥田中, 旁有大蜂窠. 客嘗患風, 因爾遂愈, 蓋食蜂之餘爾. (出『稽神錄』)

479 · 18(6739)
웅 내(熊 迺)

신주(信州)에 판산(版山)이 있다. 그곳은 내와 계곡이 깊고 으슥해서 목판을 채벌하던 곳이었기에 그렇게 이름 지어졌다. 신주 사람 웅내는 일찍이 무리들과 함께 나무를 베러 판산에 들어간 적이 있었다. 그의 동생이 형을 뒤쫓아 따라갔으나 날이 저물도록 형을 따라잡을 수 없었다. 그때 갑자기 갑옷 입은 병사들이 나타나 길을 정리하고 행인을 물리쳤다. 그들은 동쪽에서 오고 있었는데, [길을 비키라] 호령하는 소리가 매우 위엄 있었다. 옹내의 동생은 두려워 벌벌 떨며 풀숲에 엎드렸다. 잠시 후 깃발과 창을 손에 들고 갑옷을 입은 사람들이 줄줄이 도착했으며 길옆에 행인들도 보이기 시작했다. 행인 중에 병사들이 길을 정리하는 데 방해되는 사람이 있으면 바로 죽임을 당했다. 군대 한 가운데에서 병사들이 마치 대장처럼 생긴 어떤 사람을 에워싸고 서쪽으로 쏜살같이 떠나갔다. 동생은 이제 멀리 갔으려니 싶어 몸을 일으켜 길을 떠났다.

새벽이 되어서야 그는 비로소 형을 찾았는데, 길에서 보았던 일을 이야기해 주자 사람들이 말했다.

"여기는 순찰 도는 곳도 아니며 서쪽으로 가면 험난하고 가파른 계곡 물뿐이어서 그곳엔 찾아갈 것이라곤 없는데, 어떻게 그런 사람이 있을 수 있단 말이오?"

그리고는 다 같이 그 병사들을 찾아 나섰다. 한 10여 리쯤 갔을 때 계곡물을 사이에 두고 저 편에 깃발이 어지럽게 보였는데, 그것은 마치 포위하고 사냥을 하고 있는 듯한 모습 같았다. 무리들 중에 용감한 자가 멀리서 크게 소리를 지르자 갑자기 모든 것이 사라졌다. 이에 다가가서 보았더니 사람들은 모두 나뭇잎이었으며 말들은 커다란 개미였다. 그것을 잡아서 으깼더니 모두 피가 나왔다. (『계신록』)

信州有版山. 川谷深遠, 采版之所, 因以名之. 州人熊酒, 嘗與其徒入山伐木. 其弟從而追之, 日暮, 不及其兄. 忽見甲士淸道, 自東來, 傳呼甚厲. 酒弟懼恐, 伏於草間. 俄而旗幟戈甲, 絡繹而至, 道傍亦有行人. 其犯淸道者, 輒爲所戮. 至軍中, 擁一人若大將者, 西馳而去. 度其遠, 乃敢起行.

迨曉, 方見其兄, 其道所見, 衆皆曰: "非巡邏之所, 而西去谿灘險絶, 往無所詣, 安得有此人?" 卽共尋之. 可十餘里, 隔谿灘, 猶見旌旗紛若, 布圍畋獵之狀. 其徒有勇者, 遙呼叱之, 忽無所見. 就視之, 人皆樹葉, 馬皆大蟶. 取而碎之, 皆有血云. (出『稽神錄』)

479 · 19(6740)
종 사(螽 斯)

누리가 해악을 끼치는 이유는 악기(惡氣)에서 태어났기 때문이다. 누리는 비린내가 지독한데, 혹자는 말하길 물고기 알에서 변화되었기 때문이라고 한다. 누리는 매년 세 번 혹은 네 번 새끼를 치며, 한번 알을 날 때마다 백 개가 가득 들어있다. 알의 상태에서 날개가 돋아날 때까지, 대략 한 달 정도가 지나면 날 수 있다. 그래서 『시경(詩經)』에서 '종사[여치]의 자손이 매우 많다'라고 했던 것이다. 종사는 즉 누리의 일종이다. 누리는 날개가 아직 돋아나기 전에 펄쩍펄쩍 뛰어다니는데, 그 때의 이름은 '남(蝻: 곡식벌레, 누리)'이다.

진(晉: 後晉) 천복연간(天福年間: 936~944) 말에 나라 안에 누리 떼가 잔뜩 생겨났으나 몇 년이고 계속해서 그 누리 떼를 처치하지 못했다. 누리 떼가 걸어 다니면 땅을 온통 뒤덮고, 일어나 날면 하늘을 가렸으며 벼와 초목 등[을 모두 갉아먹어] 땅이 벌겋게 드러난 채 남은 것이라곤 없었다. 누리는 극성을 부리며 엄청난 숫자가 몰려다녔는데, 심지어는 강을 건너고 언덕을 넘고, 못을 건너고 구덩이를 뛰어넘으면서도 마치 평지를 밟고 다니듯 했다. 그것은 또 인가에까지 들어갔으나 도무지 막을 도리가 없었다. 문을 뚫거나 창문으로 들어가서 우물과 변소를 꽉꽉 메우고, 침상과 휘장을 더러운 비린내로 물들이며 또 책과 옷을 물어뜯어 망가뜨리기도 했다. 낮이건 밤이건 며칠 동안 그치지 않아 그 고통을 감당하기 어려웠다. 운성현(鄆城縣)의 한 농가에서 10여 마리의 돼지를 기르고 있었다. 그때 못가 주변에서 누리 떼가 잔뜩 나타나자 돼지들은 뛰어올라 그것들을 잡아서는 먹어 치웠다. [배가 너무 부른] 돼지는 그리고 나서 다시 먹으려 했으나 몸을 움직일 수 없었다. 그러자 굶주려 있던 누리 떼가 돼지들을 물어뜯기 시작했는데, 산더미처럼 쌓여있는 누리 떼에 돼지들은 그만 지쳐버리고 말아 막지 못하고서 모두 누리에게 죽임을 당하고 말았다. 계묘년(癸卯年: 943)에 누리들은 모두 초목을 끌어안은 채 말라 죽었으니, 이는 하늘이 살리고 또 하늘이 죽인 것이다. (『옥당한화』)

蝗之爲孽也, 蓋沴氣所生. 斯臭腥, 或曰, 魚卵所化. 每歲生育, 或三或四, 每一生, 其卵盈百. 自卵及翼, 凡一月而飛. 故『詩』稱螽斯子孫衆多. 螽斯卽蝗屬也. 羽翼未成, 跳躍而行, 其名'蝻'.

晉天福之末, 天下大蝗, 連歲不解. 行則蔽地, 起則蔽天, 禾稼草木, 赤地無遺. 其蝻之盛也, 流引無數, 甚至浮河越嶺, 踰池渡塹, 如履平地. 入人家舍, 莫能制禦. 穿戶入牖, 井溷塡咽, 腥穢牀帳, 損齧書衣. 積日連宵, 不勝其苦. 鄆城縣有一農家, 豢豕十餘頭. 時于陂澤間, 値蝻大至, 羣豢豕躍而啗食之. 斯須復飫, 不能運動. 其蝻又飢, 喽齧羣豕, 有若堆積, 豕竟困頓, 不能禦之, 皆爲蝻所殺. 癸卯年, 其蝗皆抱草木而枯死, 所爲天生殺也. (出 『玉堂閒話』)

479 · 20(6741)
남 화(蝻 化)

기유년(己酉年: 949)에 장군(將軍) 허경천(許敬遷)은 명을 받들고 동주(東洲)로 가서 하묘(夏苗: 여름철에 농작물을 해치는 곤충을 잡아 죽이는 일)를 조사했다. 그리고는 다음과 같이 상주했다.

"못과 들판 사이에 누리가 수십 리에 걸쳐 생겨났는데, 막 때려 잡으려하면 벌레가 흰 나비로 변하여 날아가 버렸습니다."

(『옥당한화』)

己酉年, 將軍許敬遷奉命於東洲按夏苗. 上言稱: "於陂野間, 見有蝻生十數里, 纔欲打捕, 其蟲化爲白蛺蝶, 飛去." (出 『玉堂閒話』)

태평광기 권제 480

만이(蠻夷) 1

1. 사방만이(四方蠻夷)
2. 무계민(無啓民)
3. 제녀자택(帝女子澤)
4. 모　인(毛　人)
5. 헌원국(軒轅國)
6. 백민국(白民國)
7. 구　사(歐　絲)
8. 해목국(䫘沐國)
9. 이잡국(泥雜國)
10. 연　구(然　丘)
11. 노부국(盧扶國)
12. 부절국(浮折國)
13. 빈　사(頻　斯)
14. 오명국(吳明國)
15. 여만국(女蠻國)
16. 도　파(都　播)
17. 골　리(骨　利)
18. 돌　궐(突　厥)
19. 토　번(吐　蕃)
20. 서북황(西北荒)
21. 학　민(鶴　民)
22. 거　란(契　丹)
23. 옥　저(沃　沮)
24. 초　요(僬　僥)

480·1(6742)
사방만이(四方蠻夷)

동방의 사람들은 코가 크고 기혈이 눈과 통해 있으며 기력이 그곳에서 나온다. 남방의 사람들은 입이 크고 기혈이 귀와 통해 있다. 서방의 사람들은 얼굴이 크고 기혈이 코와 통해 있다. 북방의 사람들은 기혈이 음부와 통해 있고 키가 작다. 중앙의 사람들은 기혈이 입과 통해 있다. (『유양잡조』)

東方之人鼻大, 竅通於目, 筋力屬焉. 南方之人口大, 竅通於耳. 西方之人面大, 竅通於鼻. 北方之人, 竅通於陰, 短. 中央之人, 竅通於口. (出『酉陽雜俎』)

480·2(6743)
무계민(無啓民)

무계국(無啓國) 사람들은 동굴에 살면서 흙을 먹는다. 그 사람들은 죽어서 묻어도 그 심장이 썩지 않으며 100년 후에 다시 사람으로 변한다. 녹국(錄國) 사람들은 무릎이 썩지 않으며 묻으면 120년 후에 다시 사람으로 변한다. 세국(細國) 사람들은 간이 썩지 않으며 8년 후에 다시 사람으로 변한다. (『유양잡조』[『박물지』])

　無啓民居穴食土. 其人死, 埋之, 其心不朽, 百年化爲人. 錄民膝不朽, 埋之百二十年化爲人. 細民肝不朽, 八年化爲人. (出『酉陽雜俎』, 明鈔本作'出『博物志』', 文亦全同『博物志』)

480 · 3(6744)
제녀자택(帝女子澤)

　상제의 부인 택은 질투가 심해 따르던 하녀들을 사방의 산으로 쫓아냈다. 그녀들은 의지할 곳이 없었는데, 동쪽으로 쫓겨난 하녀는 여우와 짝을 지어 '앙(䀮)'이라는 아들을 낳았고, 남쪽으로 쫓겨난 하녀는 원숭이와 교접하여 '계(溪)'라는 아들을 낳았으며, 북쪽으로 쫓겨난 하녀는 확가(玃猳: 큰 원숭이)와 통정하여 '창(傖)'이라는 아들을 낳았다. (『유양잡조』)

　帝女子澤性妬, 有從婢散逐四山. 無所依託, 東偶狐狸, 生子曰'䀮', 南交猴, 有子曰'溪', 北通玃猳, 所育爲'傖'. (出『酉陽雜俎』)

480 · 4(6745)
모 인(毛 人)

 팔방(八方)의 변방에는 모인이 사는데, 키가 7~8척이고 모두 사람의 형상을 하고 있으나 몸과 머리가 모두 털로 덮여 있어 원숭이 같다. 털의 길이는 1척 남짓으로 짧고 더부룩하다. 사람을 보면 눈을 감고 입을 벌려 혀를 내밀며 윗입술로 얼굴을 덮고 아랫입술로 가슴을 덮는다. 모인은 사람 잡아먹기를 좋아한다. 또 사람의 혀와 코를 잡아당기며 함께 노는데, 상대해 주지 않으면 즉시 떠난다. 염공(髯公)이라고 부르는데, 민간에서는 염려(髯麗)라고도 하고 염압(髯狎)이라고도 한다. 어린 염공도 두려워할 만하다.

 八荒之中, 有毛人焉, 長七八尺, 皆如('如'原作'於', 據明鈔本改)人形, 身及頭上皆有毛, 如獼猴. 毛長尺餘, 短牲氄(上音生, 下音管). 見人則眴(古陌反)目('目'原作'自', 據明鈔本改), 開口吐舌, 上脣覆面, 下脣覆胸. 憙(許記反)食人. 舌鼻牽引共戲, 不與卽去. 名曰髯公, 俗曰髯麗, 一名髯狎. 小兒髯可畏也.

480 · 5(6746)
헌원국(軒轅國)

 헌원국은 궁산(窮山)의 끝에 있는데 그곳에서는 오래 살지 못하는 사람도 800세까지 산다. 제천야(諸天野)에서는 난새와 봉황[원문에는

'鸞鳥'라 되어 있으나 『博物志』 권2에 의거하여 '鸞鳳'으로 고쳐 번역함] 이 어울려 춤춘다. 그곳 백성들은 봉황의 알을 먹고 감로(甘露)를 마신다. (『박물지』)

軒轅之國, 在窮山之際, 其不壽者八百歲. 諸夭之野, 和鸞鳥舞. 民食鳳卵, 飮甘露. (出『博物志』)

480・6(6747)
백민국(白民國)

백민국에는 승황(乘黃: 전설상의 짐승)이 있는데, 그 생김새가 여우와 같으며 등 위에 뿔이 있다. 그것을 타면 3천 년을 살 수 있다. (『박물지』)

白民之國, 有乘黃, 狀若狐, 背上有角. 乘之, 壽三千年. (出『博物志』)

480・7(6748)
구 사(歐 絲)

구사야(歐絲野)에서는 여자가 무릎을 꿇고 나무에 기댄 채 실을 토해낸다. (『박물지』)

歐絲之野, 女子乃跪, 據樹歐絲. (出『博物志』)

480・8(6749)
해목국(軹沐國)

조(趙)나라 동쪽에 해목국이 있다. 그 나라에서는 맏아들이 태어나면 배를 갈라 먹는데, 그것을 의제(宜弟: 아들을 많이 낳을 수 있다는 뜻)라고 부른다. 또 아버지가 죽으면 어머니를 업고 가서 버리면서 귀신의 아내와 함께 살 수 없다고 말한다.

초(楚)나라 남쪽에는 염인국(炎人國)이 있다. 그 나라에서는 친척이 죽으면 그 살을 발라내 버린 뒤 그 뼈를 묻어야 효자가 된다고 한다.

진(秦)나라 서쪽에는 의거국(義渠國)이 있다. 그 나라에서는 친척이 죽으면 땔감을 쌓아 놓고 그 시체를 불태워 위로 올라오는 연기를 쐬게 하는데, 이것을 '등연하(登煙霞: 승천하여 神仙이 된다는 뜻)'라고 부른다. 그런 연후에야 효자가 된다고 한다. 이것은 윗사람들이 나라를 다스리는 것이고 아랫사람들이 풍속으로 여기는 바이니 그릇되었다고 할 수는 없다. 이 일은 『묵자(墨子)』에 보인다. (『박물지』)

越東有軹沐之國(音善愛反). 其長子生, 則解而食之, 謂之宜弟. 父死, 則負其母而棄之, 言鬼妻不可與共居.

楚之南, 炎人之國. 其親戚死, 刳其肉而棄之, 然後埋其骨, 乃成孝子也.

秦之西有義渠之國. 其親戚死, 聚柴而焚之, 薰其煙上, 謂之'登煙霞.' 然後成爲孝. 此上以爲政, 下以爲俗, 而未足爲非也. 見『墨子』. (出『博物志』)

480 · 9(6750)
이잡국(泥雜國)

　[周나라] 성왕(成王) 즉위 3년(기원전 1061)에 이잡국에서 알현하러 왔는데, 그 사람이 말했다.

　"저는 나라를 출발한 후 항상 구름 속을 걸었는데, 천둥벼락이 치는 소리가 아래에서 들렸습니다. 어떤 때는 물에 잠겨 있는 동굴 속으로 들어갔는데, 또 파도치는 소리가 위에서 들렸습니다. 어떤 때는 거대한 물 위를 떠다니기도 했는데, 해와 달을 보면서 가야할 방향을 알았습니다. 또한 춥고 더운 것을 헤아려 연월(年月)을 알았습니다."

　중국의 역법으로 확인해 보았더니 역법이 서로 부합되었기에 성왕은 그를 외빈(外賓)의 예로 접대했다. (『습유록』)

　成王卽位三年, 有泥雜(明鈔本'雜'作'離')之國來朝, 其人稱: "自發其國, 常從雲裏而行, 聞雷震之擊在下. 或入潛穴, 又聞波瀾之聲在上. 或泛巨水, 視日月, 以知方面所向. 計寒暑, 以知年月." 考以中國正朔, 則序曆相符, 王接以外賓之禮也. (出『拾遺錄』)

연 구(然 丘)

[周나라] 성왕(成王) 6년(기원전 1059)에 연구국에서 비익조(比翼鳥) 암수 각 한 마리씩을 바치자 옥으로 새장을 만들었다. 그 나라의 사신들은 모두 곱슬머리에 큰 코를 가졌고 지금의 하포(霞布: 노을 무늬 베) 같은 운하포(雲霞布)로 된 옷을 입고 있었다. 그들은 100여 나라를 거쳐 도성에 도착했다. 도중에 철예산(鐵峴山)을 넘고 비해(沸海)를 건넜으며 사주(虵州)와 봉잠(蜂岑)을 지났다. 철예산은 가파르고 험하여 수레바퀴의 바퀴 테를 금강석(金剛石)으로 만들었지만 도성에 거의 다 다랐을 때는 거의 다 닳아서 없어졌다. 비해는 모두 물고기를 지지는 것처럼 끓어올랐으며 그곳에 사는 물고기와 자라의 껍질과 뼈는 돌처럼 단단하여 갑옷을 만들 수 있었다. 비해를 건널 때는 구리로 배 바닥을 감쌌기 때문에 용이나 뱀, 교룡이 접근할 수 없었다. 사주를 건널 때는 표범가죽으로 집을 만들고 사람들이 집안에서 수레를 밀었다. 봉잠을 지날 때는 호소목(胡蘇木)의 끝을 태웠는데, 그 나무의 연기는 온갖 벌레를 죽일 수 있었다.

그들은 50여 년이 지나 낙읍(洛邑)에 도착했다. 성왕은 태산(太山)과 사수산(社首山)에 봉선(封禪)했다. 사신들이 연구국을 출발했을 때는 모두 어린아이들이었으나 도성에 도착했을 때는 머리카락이 모두 하얘졌다. 그러나 그들이 다시 연구국으로 돌아갔더니 용모가 다시 건장해졌다. 비익조는 힘이 세고 고니처럼 생겼으며 남해(南海)의 붉은 진흙을 물어다가 곤잠(崑岑: 崑崙山)의 현목(玄木)에 둥지를 틀고 그 속에서 산다. 비익조는 성인(聖人)을 만나면 날아드는데, 이는 성군(聖君)을 돕는 주공(周公)의 비범한 능력을 드러내고자 한 것이었다. (왕자년『습유기』)

成王六年, 然丘之國, 獻比翅鳥, 雌雄各一, 以玉爲樊. 其國使者, 皆拏頭荽鼻, 衣雲霞之布, 如今霞布也. 經歷百餘國, 方至京師. 越鐵峴, 泛沸海, 有蚍州・蜂岑. 鐵峴峭厲, 車輪各金剛爲輞, 比至京師, 皆訛說(明鈔本'說'作'銳')幾盡. 沸海皆湧起, 如剪魚也, 魚鼈皮骨, 堅強如石, 可以爲鎧. 泛沸海之時, 以銅薄舟底, 龍虵蛟不得近也. 經蚍州度, 則豹皮爲屋, 於屋內推車. 經蜂岑, 燃胡蘇之木末, 以此木煙能殺百蟲.

經途五十餘年, 乃至洛邑. 成王封太山, 禪社首. 使發其國之時, 人並童稚, 乃至京師, 鬢髮皆白. 及還至然丘, 容貌還復壯. 比翼鳥多力, 狀似鵠, 銜('銜'原作'衝', 據明鈔本改)南海之丹('丹'原作'舟', 據明鈔本改)泥. 巢崑岑之玄木, 而至其中. 遇聖則來翔集, 以表周公輔聖之神力也. (出王子年『拾遺記』)

480 · 11(6752)
노부국(盧扶國)

연(燕)나라 소왕(昭王) 때 노부국에서 알현하러 왔다. 중국에서는 옥하(玉河)를 건너 만 리를 가야만 비로소 그 나라에 도착할 수 있다. 그 나라에는 해로운 짐승이 없고 물도 물결을 일으키지 않으며 바람도 나뭇가지를 부러뜨리지 않는다. 사람들은 모두 300세까지 살고 풀을 엮어 옷을 만들어 입는데, 그 옷을 '훼복(卉服)'이라고 한다. 사람들은 죽을 때까지 늙지 않고 모두 효도와 겸양의 미덕을 지니고 있는데, 수명이 100세 이상 되면 [사람들이 그를 대하는 것이] 가까운 친척을 대하듯이 공경한다. 사람이 죽으면 들밖에 묻은 뒤 향기로운 나무와 신비한 풀로 시체를 덮는다. 마을사람들이 조문을 가면 통곡하는 소리가 산과 계곡을 울려 계곡물이 이로 인해 흐름을 멈추고 봄 나무가 이로 인해 색깔을 바꾼다. 상(喪) 중에는 물도 입에 대지 않고 죽은 사람의 뼈가 먼지가 된 후에야 비로소 밥을 먹는다. 옛날에 우(禹) 임금이 산세를 따라 물길을 틀 때 그 땅을 '무로순효지국(無老純孝之國: 사람들이 늙지 않고 효도를 다하는 나라)'이라고 표창했다. (왕자년『습유기』)

盧扶國, 燕昭王時來朝. 渡玉河萬里, 方至其國. 國無惡('國無惡'三字原作'人並', 據明鈔本改)禽獸, 水不揚波, 風不折枝. 人皆壽三百歲, 結草爲衣, 是謂之'卉服'. 至死不老, 咸和孝讓. 壽登百歲已上, 拜敬如至親之禮. 葬於野外, 以香木靈草, 翳撥於尸. 閭里弔送, 號泣之聲, 動於林谷, 溪原爲之止流, 春木爲之改色. 居喪, 水漿不入口, 至死者骨爲埃塵, 然後乃食. 昔大禹隨山導川, 乃表('表'字原空闕, 據明鈔本改)其地爲'無老純孝之國'. (出王子年『拾遺記』)

480・12(6753)
부절국(浮折國)

[漢나라 武帝] 원봉(元封) 원년(기원전 110)에 부절국에서 매년 난금니(蘭金泥)를 바쳤다. 그 금은 탕연(湯淵)에서 나는데, 그곳은 한여

름에는 불로 물을 끓이는 것처럼 항상 끓어올라 날아가는 새도 지나갈 수 없었다. 그곳을 지나가는 나라 사람들은 항상 물가에서 어떤 사람이 그 금으로 그릇을 만드는 것을 보았다. 그 금은 진흙처럼 혼탁하여 자마금(紫磨金) 같은 색깔을 띠지만 100번 녹이면 흰색으로 변하여 은(銀)처럼 빛나는데, 이를 '은촉(銀燭)'이라 부른다. 항상 그 금을 진흙처럼 만들어 여러 상자나 궁궐 문을 봉했는데, 그러면 귀신들이 감히 침범하지 못했다. 한(漢)나라 때는 상장군(上將軍)이 전쟁을 나가거나 사신을 먼 나라에 보낼 때 대부분 이 진흙으로 문서를 봉인했다. 위청(衛靑)·장건(張騫)·소무(蘇武)·부개자(傅介子)가 사신으로 나갈 때도 모두 난금니로 봉인한 문서를 받았다. 무제가 붕어한 후부터는 사용하지 않았다. (왕자년『습유기』)

元封元年, 浮折歲貢蘭金之泥. 此金湯淵, 盛夏之時, 水常沸湧, 有若湯火, 飛鳥不能過. 國人行者, 常見水邊有人, 治此金爲器. 混若泥, 如紫磨之色, 百鑄, 其色變白, 有光如銀, 名曰'銀燭.' 常以爲泥, 封諸函匣及諸宮門, 鬼魅不敢干. 當漢世, 上將出征, 及使絶國, 多以泥爲印封. 衛靑·張騫·蘇武·傅介子之使, 皆受金泥之璽封也. 帝崩後乃絶. (出王子年『拾遺記』)

480 · 13(6754)
빈 사(頻 斯)

위제(魏帝: 曹奐)가 진류왕(陳留王)이 되던 해에 빈사국에서 알현하러 왔는데, 그들은 지금의 갑옷처럼 생긴 오색 옥으로 만든 옷을 입고 있었다. 그들은 중국의 음식을 먹지 않고 직접 황금 호리병을 가지고 다녔는데, 그 안에는 기름처럼 응고된 신비스런 음료가 들어 있어 한 방울을 마시면 천 년을 살 수 있었다. 그 나라에는 대풍목(大風木: 상록교목. 열매는 공처럼 생겼고 씨는 알처럼 생겼음)이 숲을 이루고 있고 나무의 높이는 60~70리였는데, 셈을 잘 하는 사람이 리로 계산한 것이었다. 천둥과 번개가 항상 나무의 중간쯤에서 쳤고 나뭇가지가 교차하여 위를 덮었기 때문에 햇빛과 달빛이 보이지 않았다. 그 아래는 평평하고 깨끗했으며 비나 안개가 들어올 수 없었다.

나무의 동쪽에는 만 명이 앉을 수 있는 큰 석실이 있었다. 그 벽에는 삼황(三皇: 天皇·地皇·人皇)의 형상이 조각되어 12명의 천황(天皇), 11명의 지황(地皇), 9명의 인황(人皇)이 있었는데, 모두 용의 몸을 하고 있었다. 또한 등촉을 놓는 곳도 있었다. 돌을 모아 침상을 만들었는데, 침상 위에는 2~3촌쯤 되는 무릎 흔적이 있었다. 침상 앞에는 길이가 2촌인 죽간이 있었는데, 대전(大篆) 같은 글자로 씌어 있고 모두 천지가 개벽한 이래의 일들을 말하고 있었지만 사람들은 알 수 없었다. 어떤 사람은 복희(伏羲)가 괘(卦)를 그릴 때 그 책이 있었다고 하고 어떤 사람은 창힐(蒼頡)이 글자를 만든 곳이라고 말했다.

석실 옆에는 단석정(丹石井)이 있었는데, 사람의 힘으로 판 것이 아니었다. 단석정은 밑으로 샘과 통해 있어서 물이 항상 용솟음쳤다. 신선들이 물을 마실 때는 긴 밧줄로 물을 길었다. 빈사국 사람들은 모두 곱슬머리에 힘이 세고 오곡을 먹지 않았으며 달빛 아래서도 그림자가 생기지 않았고 계수나무즙을 마셨다. 그 나라 사람들의 머리카락은 잡아

당기면 길어지고 놓으면 소라처럼 줄어들었다. 사람들은 머리카락을 이어 밧줄을 만들어서 단석정의 물을 길었는데, 겨울에도 한 되 정도의 적은 물은 길어 올릴 수 있었다. 우물물 속에는 두 날개를 가진 흰 개구리가 살면서 항상 우물 위를 왔다 갔다 했는데, 신선[원문에는 '征者'로 되어 있으나 『拾遺記』 권9에 의거하여 '仙者'로 고쳐 번역함]이 그것을 잡아먹었다. 주(周)나라 왕자진(王子晉)이 우물가에서 살펴보고 있었는데, 푸른 참새가 국자를 토해내 그에게 주자 그는 그것을 받아 물을 떠 마셨다. 그러자 구름이 일고 눈발이 날렸는데, 왕자진이 옷소매로 눈을 휘저었더니 구름이 개고 눈이 그쳤다. 흰 개구리는 흰 기러기로 변하여 구름 속으로 들어가 오르락내리락 하더니 결국 사라졌다.

이 일은 빈사국 사람이 기록한 것으로 그 사람의 나이는 헤아릴 수 없었다. 그에게 빈사국의 산천과 괴이한 물건들을 그리게 하여 장화(張華)에게 보여주었더니 장화가 말했다.

"이렇게 신기한 나라는 정말 있는지 확인해 보기 어렵습니다."

그리고는 그들에게 수레와 말, 진귀한 옷을 주고 관(關)을 나설 때까지 배웅해주었다. (『습유록』)

魏帝爲陳留王之歲, 有頻斯國人來朝, 以五色玉爲衣, 如今之鎧. 不食中國滋味, 自有金壺, 中有神漿, 凝如脂, 嘗一滴則壽千年. 其國有大風木爲林, 高六七十里, 善算者以里計之. 雷電常出樹之半, 其枝交陰上蔽, 不見日月之光. 其下平淨掃灑, 雨霧不能入焉.

樹東有大石室, 可容萬人坐. 壁上刻有三皇之像, 天皇十二頭, 地皇十一頭, 人皇九頭, 皆龍身. 亦有膏燭之處. 緝石爲牀, 牀上有膝痕二三寸. 牀前有竹簡長二寸, 如大篆之文, 皆言開闢已來事, 人莫能識. 言是伏羲畫卦之時有此書, 或言蒼頡造書之處.

旁有丹石井, 非人工所鑿. 下及漏泉, 水常沸湧. 諸仙欲飮之時, 以長綆引汲頻斯國民皆多力卷髮('卷髮'原作'拳頭', 據明鈔本改), 不食五穀, 月中無影, 食桂漿. 其人髮, 引之則長, 置則自縮如螺. 續此人髮以爲繩, 以及丹井, 方冬得升合之水. 水中有白蛙, 兩翅, 常去來井上, 征者食之. 至周王子晉臨井而窺, 有靑雀吐杓, 以授子晉, 取而飮之. 乃有雲起雪飛, 子晉以衣袖搗雪, 則雲霽雪止. 白蛙化爲白鴈, 入雲搖搖遂滅.

此則頻斯人所記, 蓋其人年不可測也. 使圖其山川地勢瑰異之屬, 以示張華, 華云: "此神異之國, 難可驗信." 使車馬珍服, 送之出關. (出『拾遺錄』)

480 · 14(6755)
오명국(吳明國)

[唐나라] 정원(貞元) 8년(792)에 오명국에서 상연정(常燃鼎)과 난봉밀(鸞蜂蜜)을 바치면서 다음과 같이 아뢰었다.

"우리나라는 동해(東海)에서 수만 리나 떨어져 있어 읍루(挹婁)와 옥저(沃沮) 등의 나라를 거쳐야 합니다. 그 땅은 오곡을 재배하기에 적당하고 진귀한 옥이 많이 납니다. 우리나라 사람들은 인의예지(仁義禮智)를 숭상하여 도둑질 같은 일이 발생하지 않고 200세까지 삽니다. 민간에서는 신선술(神仙術)을 믿어 1년 안에 구름을 타고 학을 모는 사람[신선이 되는 사람]이 종종 있습니다. 한번은 수레 덮개 같은 황색 기운을 보고 중국에 토덕(土德)이 흥성한 것을 알고는 마침내 공물을 바치기를 바랐습니다."

상연정은 3말 용량에 옥처럼 빛이 나고 자색이었다. 매번 음식을 만들 때마다 불을 피우지 않아도 잠깐 사이에 절로 음식이 익었는데, 그 향기가 보통 방법으로 만든 음식과 달랐다. 오랫동안 그 음식을 먹으면 사람이 도로 젊어지고 온갖 질병이 생기지 않았다.

난봉밀에 대해서는 다음과 같이 말했다. 그 벌은 울음소리가 난새와 봉황의 소리와 비슷하고 몸이 오색으로 덮여 있었다. 큰 벌의 무게는 10여 근(斤)으로 깊고 높은 바위 사이에 벌집을 만드는데, 벌집 중에 큰 것은 2~3무(畝)나 차지했다. 나라사람들이 그 꿀을 딸 때는 2~3합(合)을 넘기면 안 되는데, 만약 넘기게 되면 바람이 불고 천둥이 쳤다. 만약 벌이 사람을 쏘아 부어오를 때 돌 위에 자라는 창포뿌리를 붙이면 즉시 나았다. 꿀은 푸른색인데 백옥 그릇에 넣어두면 겉과 속이 온통 투명한 것이 마치 푸른 유리 같았다. 사람이 이 꿀을 오랫동안 먹으면 장수하고 얼굴이 어린아이 같아졌으며 흰머리가 곧장 검어졌다. 눈이 멀거나 절름발이처럼 심한 병에 걸렸어도 치료하지 못하는 병이 없었다. (『두양잡편』)

貞元八年, 吳明國貢常燃鼎·鸞蜂蜜, 云: "其國去東海數萬里, 經揖婁·沃沮等國. 其土宜五穀, 多珍玉. 禮樂仁義, 無剽劫, 人壽二百歲. 俗尙神仙術, 一歲之內, 乘雲駕鶴者, 往往有之. 常望黃氣如車蓋, 知中國土德王, 遂願貢奉."

常燃鼎, 量容三斗, 光潔似玉, 其色紫. 每修飮饌, 不熾火而俄頃自熟. 香潔異於常等. 久而食之, 令人返老爲少, 百疾不生也.

鸞蜂蜜, 云: 其蜂之聲, 有如鸞鳳, 而身被五彩. 大者可重十餘斤, 爲窠於深巖峻嶺間, 大者占地二三畝. 國人採其蜜, 不逾三二合, 如過度, 即有風雷之異. 若螫人生瘡, 以石上菖蒲根傅之, 即愈. 其色碧, 貯之於白玉椀, 表裏瑩徹, 如碧琉璃. 久食令人長壽, 顔如童子, 髮白者應時而黑. 逮及沉痾眇跛, 無不療焉. (出『杜陽雜編』)

480 · 15(6756)
여만국(女蠻國)

［唐나라］ 대중연간(大中年間: 847~859) 초에 여만국에서 쌍룡서(雙龍犀)를 바쳤는데, 쌍룡서의 두 용은 비늘·갈기·발톱·뿔이 모두 갖추어져 있었다. 또 명하금(明霞錦)을 바쳤는데, 운련수향마(雲鍊水香麻)로 색을 내서 휘황찬란하게 빛이 나고 향기가 사람을 덮쳤으며 오색이 서로 교차하여 중국의 비단보다 아름다웠다. 그 나라 사람들은 상투를 높이 틀어 올리고 황금 관을 썼으며 몸에 구슬을 둘렀기 때문에 '보살만(菩薩蠻)'이라고 불렸다. 당시에 악관(樂官)들이 「보살만」이라는 악곡을 지었는데, 문인들도 종종 거기에 맞춰 사(詞)를 지었다.

또 여왕국(女王國)에서 용유릉(龍油綾)과 어유금(魚油錦)을 바쳤는데, 무늬가 매우 특이했다. 물 속에 넣어도 젖지 않는 것은 용유와 어유 때문이라고 말했다. 악관이 또 「여왕국」이라는 악곡을 지었는데, 음조가 부드럽고 유창하여 악부(樂部)에 전해졌다. (『두양잡편』)

大中初, 女蠻國貢雙龍犀, 有二龍, 鱗鬣爪角悉備. 明霞錦, 雲(明鈔本'雲'作

'云)鍊水香麻以爲色, 光輝映曜, 芬馥著人, 五色相間, 而美於中華錦. 其國人危髻金冠, 纓('纓'原作'頭', 據明鈔本改)絡被體, 故謂之'菩薩蠻.'當時倡優, 遂製「菩薩蠻」曲, 文士亦往往聲其詞.

更女王國貢龍油綾·魚油錦, 文彩多異. 入水不濡, 云有龍油魚油也. 優者更作「女王國」曲, 音調宛暢, 傳於樂部矣. (出『杜陽雜編』)

480·16(6757)
도 파(都 播)

도파국은 철륵족(鐵勒族: 지금의 위구르족)의 한 파로 세 부락으로 나누어 각자 통치한다. 그곳의 풍속은 풀을 엮어 집을 만들고 소나 양을 키우지 않으며 농사짓는 법을 모른다. 그 나라에는 백합(百合)이 많아 그것을 따다 양식으로 삼는다. 담비나 사슴의 가죽으로 옷을 해 입고 가난한 사람이라도 깃털을 엮어 옷을 해 입는다. 그 나라에는 형벌이 없으며 도둑질 한 사람에게는 훔친 물건의 곱절을 물게 한다. (『신이록』)

都播國, 鐵勒之別種也. 分爲三部, 自相統攝. 其俗結草爲廬, 無牛羊, 不知耕稼. 多百合, 取以爲糧. 衣貂鹿之皮, 貧者亦緝鳥羽爲服. 國無刑罰, 偸盜者倍徵其賊. (出『神異錄』)

480·17(6758)
골 리(骨 利)

골리국은 회흘(廻紇: 위구르족. 흉노족의 후예)의 북쪽이자 한해(瀚海: 고비사막의 옛 이름)의 북쪽에 위치하는데, 뛰어난 병사 4천 명이 있다. 그 나라에서는 준마(駿馬)가 난다. 낮은 길고 밤이 짧기 때문에 하늘에 황혼이 질 때 양의 어깨뼈 하나를 삶아서 익을 무렵이면 동쪽에서 이미 날이 밝아온다. 이는 아마도 태양이 지는 곳과 가깝기 때문일 것이다. (『신이록』)

骨利國居廻紇北方, 瀚海之北, 勝兵四千. 地出名馬. 晝長夜短, 天色正曛, 煮一羊胛才熟, 東方已曙. 蓋近日入之所也. (出『神異錄』)

480·18(6759)
돌 궐(突 厥)

돌궐에서는 요신(祆神: 조로아스터교)을 섬기는데 사당이 없다. 돌궐 사람들은 양탄자를 깎아 요신의 형상을 만들어 털주머니에 넣고 다니며 가는 곳마다 타락죽으로 문지르거나 장대 위에 묶어 놓고 사계절마다 제사를 지낸다.

견곤(堅昆: 新彊 哈密 서쪽에 있던 나라 이름)의 부족은 이리의 씨가 아니다. 그들의 선조가 태어난 동굴은 곡만산(曲漫山)의 북쪽에 있다.

그들이 말하길, 선대의 신과 암소가 그 동굴에서 교배했다고 한다. 그들의 머리는 황색이고 눈은 녹색이며 수염은 붉다. 수염이 모두 검은 사람들은 한(漢)나라 장군 이릉(李陵)과 그 병사들의 후손이다.

서도족(西屠族)에는 치아를 검게 물들이는 풍속이 있다. (『유양잡조』)

또 일설에 따르면, 돌궐의 선조는 '사마(射摩)'라고 한다. 사리해(舍利海)에는 해신(海神)이 있는데, 사리해는 아사득밀(阿史得蜜)의 서쪽에 있다. 사마에게는 신령하고 기이한 능력이 있어 해신의 딸이 매일 저녁이면 흰 사슴을 데리고 와 사마를 맞이해서 바다로 들어갔다가 날이 밝으면 보내주었는데, 이렇게 수십 년이 지났다. 후에 부락에서 대규모로 사냥을 하게 되자 밤중에 해신이 사마에게 말했다.

"내일 사냥 때에 너의 선조가 태어난 동굴에서 황금 뿔을 가진 흰 사슴이 나올 것이다. 네가 만약 그 사슴을 쏘아 맞춘다면 생이 다할 때까지 나와 왕래할 수 있을 것이고 만약 맞추지 못하면 우리의 인연은 끝날 것이다."

날이 밝자 사마가 포위망 쪽으로 들어갔더니 과연 선조가 태어난 동굴 속에서 황금 뿔을 가진 흰 사슴이 나왔다. 사마가 좌우의 사람들을 보내 사슴을 단단히 포위하게 했는데, 사슴이 포위를 뚫고 나오려하자 결국 죽여 버렸다. 사마는 화를 내며 직접 아이부족(阿뜸部族)의 수령을 베고 맹세하며 말했다.

"이후부터 반드시 사람으로 하늘에 제사를 지내되 항상 아이부족 사람을 쓰도록 하겠다!"

그리하여 아이부족 자손들을 베어 제사를 지내게 되었다. 지금까지도 돌궐에서는 사람으로 깃발에 제사를 지낼 때 아이부족 사람들을 쓴다.

사마는 아이부족의 수령을 베고 나서 저녁에 돌아왔는데, 해신의 딸이 사마를 잡고 말했다.

"당신의 손으로 사람을 베어서 비리고 더러운 피 냄새가 나니 이로써 우리의 인연은 끝났소!"

(『유양잡조』)

突厥事祆神, 無祠廟. 刻氈爲形, 盛於毛袋, 行動之處, 以脂蘇塗, 或繫之竿上, 四時祀之.

堅昆部落, 非狼種. 其先所生之窟, 在曲漫山北. 自謂上代有神, 與牸牛交於此窟. 其人髮黃目綠, 赤髭髥. 其髭髥俱黑者, 漢將李陵及兵衆之後也.

西屠, 俗染齒令黑. (出『酉陽雜俎』)

又突厥之先曰'射摩'. 舍利海有('有'原作'神', 據明鈔本改)神, 在阿史得蜜西. 射摩有神異, 海神女每日暮, 以白鹿迎射摩入海, 至明送出, 經數十年. 後部落將大獵, 至夜中, 海神謂射摩曰: "明日獵時, 爾上代所生之窟, 當有金角白鹿出. 爾若射中此鹿, 畢形與吾來往, 或射不中, 卽緣絶矣." 至明入圍, 果所生窟中, 有白鹿金角起. 射摩遣其左右固其圍, 將跳出圍, 遂殺之. 射摩怒, 遂手斬阿㕞首領, 仍誓之曰: "自此之後, 須以('以'字原闕, 據明鈔本補)人祭天(明鈔本'天'作'纛'), 常取阿㕞(明鈔本'常取阿㕞'四字作'如阿㕞例')!" 卽取部落子孫斬之以祭也. 至今突厥以人祭纛('纛'字原闕, 據明鈔本補), 部落用之. 射摩旣斬阿㕞, 至暮還, 海神女執射摩曰: "爾手斬人, 血氣腥穢, 因緣絶矣!" (出『酉陽雜俎』)

480 · 19(6760)
토 번(吐 蕃)

당(唐)나라 정원연간(貞元年間: 785~804)에 청해(靑海)에서 황제의 군대가 토번을 크게 무찔렀다. 전쟁에서 황제의 군대는 토번의 대병마사(大兵馬使) 걸장차차(乞藏遮遮)를 죽였는데, 그는 바로 청해의 대추(大酋)였다. 혹자가 말하길, 그는 바로 상결찬(尙結贊)의 부하라고 했다. 토번 사람들은 걸장차차의 시체를 거두어 군영으로 돌아왔는데, 100여 명의 사람들이 시체를 따라가며 통곡했다. 그들의 풍속은 매우 특이했는데, 한 사람을 시체 옆에 세워 시체 대신 말을 하게 하고 또 다른 한 사람을 시켜서 묻게 했다.

"상처가 아프오?"

그러면 대신 말하는 사람이 대답했다.

"아프오."

그러면 즉시 약을 발라주었다. 한 사람이 또 물었다.

"밥을 먹겠소?"

대신 말하는 사람이 대답했다.

"먹겠소."

그러면 즉시 음식을 차렸다. 한 사람이 또 물었다.

"옷을 입겠소?"

대신 말하는 사람이 대답했다.

"입겠소."

그러면 즉시 갖옷을 시체에 입혔다. 한 사람이 또 물었다.

"돌아가겠소?"

대신 말하는 사람이 대답했다.

"돌아가겠소."

그러면 즉시 수레와 말을 준비해 시체를 싣고 떠났다. 이러한 상황은 모두 통역한 사람이 전한 것이다. 이렇게 특이한 상례는 반드시 그 나라의 귀한 신하만이 누릴 수 있는 것이었다. (『함통록』[『함통전위록』])

唐貞元中, 王師大破吐蕃於靑海. 臨陣, 殺吐蕃大兵馬使乞藏遮遮, 及諸者(明鈔本'及'作'乃', '者'作'酋'), 或云, 是尙結贊男女. 吐蕃乃收尸歸營('營'字原空闕, 據明鈔本補), 有百餘人, 行哭隨尸. 威儀絶異, 使一人立尸旁代語, 使一人問: "瘡痛乎?" 代語者曰: "痛." 卽膏藥塗之. 又問曰: "食乎?" 代者曰: "食." 卽爲具食. 又問曰: "衣乎?" 代者曰: "衣." 卽命裘衣之. 又問: "歸乎?" 代者曰: "歸." 卽具輿馬, 載尸而去. 譯語者傳也. 若此異禮, 必其國之貴臣也. (出『咸通錄』, 明鈔本作'出『咸通甸圍錄』')

480 · 20(6761)
서북황(西北荒)

서북쪽 변방에는 옥궤주(玉饋酒)가 있는데, 주천(酒泉)에서 흘러 나온다. 주천의 넓이는 1장(丈)이고 깊이는 3장인데, 술이 고기처럼 맛있고 거울처럼 맑다. 주천 위에는 옥 술통과 옥 그릇이 있는데, 한 통을 뜨면 다시 한 통이 생긴다. 그 샘은 영원히 흘러 나와서 마를 때가 없다.

돌 옆에는 말린 고기가 있는데, 맛이 노루 포와 같다. 그 술을 마시면 사람은 태어나지도 죽지도 않는다. 이 우물[酒泉] 속의 사람들은 하늘과 함께 태어나는데, 비록 남녀라 해도 부부가 되지 않으므로 태어나지도 죽지도 않는다고 말한 것이다. (『신이기』)

西北荒中, 有玉饌之酒, 酒泉注焉. 廣一丈, 深三丈, 酒美如肉, 淸澄如鏡. 上有玉樽玉籩, 取一樽, 復生焉. 與天同休, 無乾時. 石邊有脯焉, 味如麞脯. 飮此酒, 人不生死. 此井間人, 與天同生, 雖男女不夫婦, 故言不生死. (出『神異記』)

480・21(6762)
학 민(鶴 民)

술해(戌亥) 방위에 해당하는 서북쪽 바다에 학민국이 있다. 그 나라 사람들은 키가 3촌이고 하루에 천 리를 가는데, 나는 것처럼 걸음이 빠르지만 매번 바다학에게 잡아먹힌다. 그 나라 사람들도 군자와 소인이 있다. 군자인 경우 기지(機智)를 발휘해 매번 학의 공격을 받을 때마다 항상 나무를 깎아 자신의 모습을 만드는데, 때론 수백 개의 모습을 만들어 거친 들판이나 물가에 모아 놓은 다음 소인처럼 보이게 한다. 학은 그것을 삼켰다가 해를 입는데, 수천 번 해를 당하고 나면 나중에는 진짜 사람이 지나가는 것을 보아도 잡아먹지 않는다. 그 나라 사람들은 대부분 계곡 옆에 동굴을 파서 나라를 만드는데, 어떤 때는 30~50보마다 나라 하나씩을 만들어 이러한 나라가 천만 개가 넘는다. 봄여름이면 길가의 풀열매를 먹고 가을겨울이면 풀뿌리를 먹는다. 더울 때면 옷을 벗고 다니고 추울 때면 가는 풀을 엮어서 옷을 만들어 입는다. 그 나라 사람들은 또한 복기술(服氣術)을 할 줄 안다. (『궁신비원』)

또 일설에 따르면 사해(四海) 밖에 혹국(鵠國)이 있는데, 그곳의 남녀들은 모두 키가 7촌이고 천성적으로 예의가 바르며 경전으로 비유하고 꿇어앉아 절하길 좋아한다. 그곳 사람들은 모두 300세까지 살고 [하루에] 천 리를 간다. 온갖 물체가 감히 그들을 해치지 못하지만 바다 고니[원문에는 '海鶴'이라 되어 있지만 『神異經』「西荒經」에 의거하여 '海鵠'으로 고쳐 번역함]만은 두려워한다. 진장(陳章)이 제(齊)나라 환공(桓公)에게 말했다.

"고니는 혹국 사람들을 보면 삼켜버리는데, 그러면 고니도 300년을 살게 됩니다. 그곳 사람들은 고니의 뱃속에서도 죽지 않습니다. 고니 또한 한 번 날면 천 리를 갑니다."

진장이 제나라 환공에게 말한 것은 소인(小人)이다. (『신이록』)

西北海戌亥之地('地'字原闕, 據陳校本補), 有鶴民國. 人長三寸, 日行千里, 而步疾如飛, 每爲海鶴所吞. 其人亦有君子小人. 如君子, 性能機巧, 每爲鶴患, 常刻木('木'原作'吐', 據明鈔本改)爲己狀, 或數百, 聚於荒野水際, 以爲小人. 吞之而有患, 凡百千度, 後見眞者過去, 亦不能食. 人多在山澗溪岸之旁, 穿穴爲國, 或三十步五十步爲一國, 如此不啻千萬. 春夏則食路草實, 秋冬食草根. 値暑則裸形, 遇寒則編細草爲衣. 亦解服氣. (出『窮神秘苑』)

又一說, 四海之外, 有鵠國焉, 男女皆長七寸, 爲人自然有禮, 好經謠跪拜. 其人皆壽三百歲, 行千里. 百物不敢犯之, 雖畏海鶴. 陳章與齊桓公言: "鵠遇呑之,亦壽三百歲. 此人鵠中不死. 而鵠亦一擧千里." 陳章與齊桓公所言小人也. (出『神異錄』)

480 · 22(6763)
거 란(契 丹)

노문진(盧文進)은 유주(幽州) 사람이다. 그는 남방에서 범양왕(范陽王)에 봉해졌는데, 한번은 다음과 같이 말했다.

"나는 거란에 있을 때 여러 번 변방에서 사냥을 하여 군량을 보충했소. 어느 날 정오에 사냥을 하고 있었는데, 갑자기 하늘이 어두워지더니 별들이 찬란하게 빛났소. 사람들이 모두 두려워하자 거란 사람을 붙잡아 물어보았더니, [그가 대답하길] 이른바 '단각일(笡却日: 일식)'[원문에는 '笡却日'로 되어 있으나 『稽神錄』「補遺」에 의거하여 '笡却日'로 고침]이 되었는데 그곳에서는 일상적인 일이므로 곧 원래대로 돌아갈 것이라고 했소. 잠시 후 밝아졌는데 날은 여전히 정오였소."

노문진이 또 말했다.

"한번은 무정하(無定河)에서 사람의 가슴뼈 하나를 보았는데, 크기가 기둥만 하고 길이가 7척이나 되었소."

(『계신록』)

盧文進, 幽州人也. 至南, 封范陽王. 嘗云: "陷契丹中, 屢又絶塞射獵, 以給軍食. 正晝方獵, 忽天色晦黑, 衆星粲然. 衆皆懼, 捕得蕃人問之, 至所謂'笡却日'也.

此地以爲常, 尋當復矣. 頃之乃明, 日猶午也."

又云: "常於無定河, 見人胸('胸'原作'腦', 據明鈔本改)骨一條, 大如柱, 長可七尺云." (出『稽神錄』)

480·23(6764)
옥 저(沃 沮)

무구검(毋丘儉)이 왕경(王頎)을 파견하여 고려(高麗: 高句麗를 말함)의 왕관(王官)을 쫓아가게 하자, 왕경이 옥저의 동쪽 경계 끝까지 가서 그곳 노인들에게 물었다.

"바다 동쪽에 사람이 있습니까?"

노인들이 말했다.

"나라 사람이 한번은 배를 타고 물고기를 잡다가 풍랑을 만나 수십 일간 휩쓸리다 동쪽의 한 섬에 도착한 적이 있었는데, 그 섬에는 사람이 살고 있었지만 말이 서로 통하지 않았소. 그곳 풍속은 7월이 되면 어린 소녀를 데려다 바다에 빠뜨린다고 하오."

또 노인들이 말했다.

"또 바다 가운데 한 나라가 있는데 여자만 있고 남자는 없다고 하오."

일설에는 바다에서 떠내려 오는 베옷 한 벌을 건졌는데, 몸집은 보통 체격 사람의 옷 같았으나 양 소매의 길이가 2장(丈)이나 되었다고 한다. 또 한 난파선이 파도 속에서 나와 해안가에 닿았는데, 목에 얼굴이 하나 더 있는 사람이 있었다. 그를 생포해서 말을 나누었으나 말이 통하지 않았고 그는 먹지 않다가 죽었다. 그들이 사는 곳은 모두 옥저 동쪽의 바다 가운데에 있다. (『박물지』)

母丘儉遣王頎追高麗王官(明鈔本無'官'字, 按『博物志』'官'作'宮'), 盡沃沮東東界, 問其耆老: "海東有人不?" 耆老言: "國人嘗乘船捕魚, 遭風, 見吹數十日, 東得一島, 上有人, 言語不相曉. 其俗嘗以七月, 取童女沉海." 又言: "有一國, 亦在海中, 純女無男."

又說, 得一布衣, 從海中浮出, 其身如中人衣, 其兩袖長二丈('丈'原作'尺', 據明鈔本改). 又得一破船, 隨浪出, 在海岸邊, 有一人, 項中復有面. 生得('得'原作'的', 據明鈔本改)之, 與語不相通, 不食而死. 其地皆在沃沮東大海中. (出『博物志』)

480 · 24(6765)
초 요(僬 僥)

이장무(李章武)에게는 3촌 남짓 되는 미라가 있었는데, 머리·넓적다리·갈비가 모두 갖추어져 있고 눈썹과 눈이 분명했다. 사람들이 말하길 초요국 사람이라고 했다. (『유양잡조』)

李章武有人臘三寸餘, 頭·髀·肋成就, 眉目分明. 言是僬僥國人. (出『酉陽雜俎』)

태평광기 권제481 만이 2

1. 신　라(新　　羅)
2. 동녀국(東女國)
3. 늠　군(廩　君)
4. 대식국(大食國)
5. 사아수국(私阿修國)
6. 구진제국(俱振提國)
7. 장　가(牂　舸)
8. 구　자(龜　玆)
9. 건타국(乾陀國)

신 라(新 羅)

    신라국은 동남쪽으로 일본(日本)과 가깝고 동쪽으로 장인국(長人國)과 인접해 있다. 장인국의 사람들은 키가 3장(丈)이나 되고 톱 같은 이에 갈고리 같은 손톱을 하고 있다. 또 불에 익힌 음식을 먹지 않고 짐승을 사냥하여 먹으며 때때로 사람도 먹는다. 그들은 벌거벗고 사는데 검은 털이 몸을 덮고 있다. 그 나라의 경계는 수천 리에 걸쳐 산이 이어져 있으며 중간에 있는 산골짜기는 철문으로 봉쇄했는데 그것을 '철관(鐵關)'이라 부른다. 항상 수천 명의 궁노수(弓弩手)로 하여금 그곳을 지키게 하기 때문에 그곳을 통과할 수 없다. (『기문』)

    신라국에는 제1품 귀족인 김가(金哥)가 있다. 그의 먼 조상인 방이(旁㐌)에게 재산이 아주 많은 동생이 한 명 있었다. 형인 방이는 동생과 분가해서 살았기 때문에 [가난해서] 입을 것과 먹을 것을 구걸했다. 그 나라의 어떤 사람이 방이에게 빈 땅 1무(畝: 1무는 100步. 1보는 사방 6척)를 주자 방이는 동생에게 누에알과 곡식 씨앗을 달라고 했다. 동생은 누에알과 곡식 씨앗을 쪄서 방이에게 주었지만 방이는 그 사실을 몰랐다. 누에알이 부화했을 때 단 하나만 살아 있었는데, 그것은 날마다 1촌 남짓씩 자라나 열흘 만에 소만큼 커졌으며 몇 그루의 뽕잎을 먹어도 부족했다. 동생은 그 사실을 알고 틈을 엿보아 그 누에를 죽였다. 그랬더니 하루 뒤에 사방 100리 안에 있던 누에들이 모두 방이의 집으로 날아와 모였다. 나라 사람들은 그 죽은 누에를 '거잠(巨蠶)'이라 부르면서 누에의 왕이라고 생각했다. 방이의 사방 이웃들이 함께 고치를 켰지만 일손이 부족했다. 방이가 심은 곡식 씨앗 중에서 단 한 줄기만 자라났는데 그 이삭의 길이는 1척도 넘었다. 방이는 늘 그 이삭을 지켰는데 어느 날 갑자기 새가 그것을 꺾어서 물고 가버렸다. 방이가 그 새를 뒤쫓아 산으로 올라가서 5~6리를 갔더니 새가 한 바위틈으로 들어갔다. 그때는 해가 져서 길이 어두웠으므로 방이는 그 바위 옆에서 머물렀다. 한밤중에 달이 밝게 빛날 때 보았더니 한 무리의 아이들이 모두 붉은 옷을 입고 함께 놀고 있었다. 그 중에서 한 아이가 말했다.

"너는 뭐가 필요하니?"

다른 한 아이가 말했다.

"술이 필요해."

그러자 그 아이가 금방망이 하나를 꺼내 바위를 두드렸더니 술과 술그릇이 모두 차려졌다. 또 다른 한 아이가 "음식이 필요해"라고 하자, 그 아이가 또 금방망이를 두드렸더니 떡과 국과 불고기 등이 바위 위에 차려졌다. 한참 후에 그들은 음식을 다 먹고 떠나면서 금방망이를 바위틈에 꽂아두었다. 방이는 크게 기뻐하며 그 방망이를 가지고 집으로 돌아왔다. 방망이를 두드리는 대로 원하는 것이 마련되었기 때문에 그로 인해 방이는 나라와 맞먹을 정도로 부자가 되었다. 방이는 늘 진주와 구슬을 동생에게 넉넉히 주었는데 동생이 말했다.

"나도 어쩌면 형처럼 금방망이를 얻을 수 있을 겁니다."

방이는 동생이 어리석다는 것을 알고 있었기에 그를 깨우쳐주었으나 듣지 않자 그의 말대로 하게 내버려두었다. 동생도 누에알을 부화시켜 단 하나의 누에에[원문은 '金'이라 되어 있지만 『酉陽雜俎』「續集」 권1 「支諾皋上」에 의거하여 '蠶'으로 고쳐 번역함]를 얻었지만 보통 누에와 같았다. 곡식 씨앗을 심었더니 역시 한 줄기가 자라났는데, 그것이 장차 익을 무렵에 또 새가 물어가 버렸다. 동생은 크게 기뻐하며 그 새를 따라 산으로 들어가서 새가 들어간 곳에 이르러 한 무리의 도깨비를 만났다. 그러자 도깨비가 화를 내며 말했다.

"이놈이 우리의 금방망이를 훔쳐간 자이다!"

그리고는 곧장 그를 붙잡고서 말했다.

"너는 우리를 위해 3판(版: 城牆의 높이와 길이를 재는 단위로, 1판은 2척 높이에 8척 길이를 말함)에 이르는[원문은 '糖'이라 되어 있지만 문맥상 '搗'의 오기로 보임] 담장을 쌓겠느냐? 아니면 네 코를 1장(丈)으로 길어지게 해주길 바라느냐?"

방이의 동생은 3판에 이르는 담장을 쌓겠다고 청했는데, 3일이 지나자 배고프고 피곤하여 담장을 쌓지 못했다. 그래서 도깨비에게 봐달라고 애원했더니, 도깨비가 그의 코를 잡아 뽑았다. 결국 동생은 코끼리 같은 코를 들쳐 메고 집으로 돌아왔다. 나라 사람들이 괴상해하면서 그를 구경하려고 몰려들자 그는 부끄럽고 분통터져서 죽고 말았다. 나중에 방이의 자손들이 장난삼아 금방망이를 두드려 이리 똥을 요구하자, 천둥과 번개가 치면서 금방망이가 어디론가 사라져버렸다. (『유양잡조』)

등주(登州)의 상인 마행여(馬行餘)가 바다를 항해하다가 곤산현(昆

山縣)의 해로를 통해서 동려현(桐廬縣)으로 갈 작정이었는데, 당시 서풍을 만나는 바람에 신라국으로 떠날려 갔다. 신라국의 임금은 마행여가 중국에서 왔다는 말을 듣고 빈객의 예를 갖춰 그를 접견하면서 이렇게 말했다.

"우리는 비록 이적(夷狄)의 나라이지만, 해마다 유학을 공부한 사람이 천자의 조정에 천거되어 과거에 급제한 뒤 영광스럽게 귀국하면, 나는 반드시 아주 후한 봉록을 주고 있소. 그래서 공자(孔子)의 도(道)가 화하(華夏: 中國) 전체에 널리 퍼져있다고 알고 있소."

그리고는 마행여와 함께 경적(經籍)에 대해 논하려고 하자, 마행여가 자리를 피하며 말했다.

"저는 용렬하고 비루한 장사꾼으로, 비록 중화(中華: 中國)에서 성장하기는 했지만 그저 각지의 특산물에 대해서만 들었을 뿐 시서(詩書)의 뜻은 알지 못합니다. 시서를 잘 알고 예의에 밝은 사람은 오직 사대부들뿐이며 그건 저 같은 소인들의 일이 아닙니다."

그리고는 사양하자 신라국의 임금이 의아해하며 말했다.

"나는 중국 사람이라면 모두 경전의 가르침을 받았을 것이라고 생각했는데, 오히려 이런 무지한 속된 사람이 있을 줄은 생각지도 못했다!"

마행여는 고향으로 돌아온 뒤, 입을 것과 먹을 것만 탐하고 아끼다가 우매하게도 도학을 배울 줄 몰라 이적에게 비웃음당한 것을 스스로 부끄러워했다. 그러니 하물며 총명한 영재임에랴! (『운계우의』)

[唐나라 玄宗] 천보연간(天寶年間: 742~756)에 [조정에서] 찬선대부(贊善大夫) 위요(魏曜)를 신라국에 사신으로 보내 어린 임금을 책립

(冊立)하게 했는데, 위요는 연로했기 때문에 그 일을 심히 꺼려했다. 당시 신라를 다녀온 적이 있는 빈객이 있었기에 위요가 그를 찾아가서 [신라로 가는] 여정에 대해 물었더니, 빈객이 다음과 같은 이야기를 해 주었다.

[高宗] 영휘연간(永徽年間: 650~655)에 당나라는 신라·일본과 모두 우호관계를 맺고 있었기에, [두 나라에서 사절을 보내오면 당나라 조정에서도] 사신을 보내 두 나라에 모두 보답했다. 사신이 신라에 도착한 후에 장차 일본으로 가려 했는데, 해상에서 풍랑을 만나 수십 일 동안 그치지 않고 파도가 크게 일었다. 사신은 파도를 따라 표류하면서 어디로 가는지도 몰랐는데, 갑자기 바람이 멈추고 파도가 잠잠해지더니 어떤 해안가에 도착했다. 그때는 해가 막 지려고 했으므로 몇 척의 배에 함께 타고 왔던 사람들이 곧장 배를 대고 해안으로 올라갔는데 약 100여 명이었다. 해안의 높이는 20~30장(丈) 가량 되었는데, 멀리 집들이 보이자 사람들은 그곳으로 다투어 달려갔다. 그 집에서 거인들이 나왔는데 키가 2장이나 되고 몸에 옷을 갖춰 입었으며 말이 통하지 않았다. 그들은 당나라 사람들이 온 것을 보고 크게 기뻐하며 당나라 사람들을 에워싸서 집안으로 몰아넣은 뒤 바위로 문을 막고 나서 모두 떠나갔다. 얼마 후 같은 거인 종족 100여 명이 서로 뒤따라 도착하더니 당나라 사람들 중에서 몸이 포동포동한 자를 검열하여 50여 명을 뽑은 뒤 모두 삶아서 함께 모여 먹었다. 아울러 진한 술을 꺼내와 함께 잔치를 즐기면서 밤 깊도록 모두 취했다. [아직 살아남은] 당나라 사람들은 그 틈에 여러 정원으로 빠져나갈 수 있었다. 후원(後院)에 30명의 부인이 있었는데, 그녀들은 모두 지금까지 풍랑에 표류하다가 사로잡혀온 사람들이

었다. 그녀들이 스스로 말했다.

"저들은 남자들은 모두 잡아먹고 부인들만 남겨놓아 옷을 만들게 했습니다. 당신들은 지금 저들이 취한 틈을 타서 도망가지 않고 뭐합니까? 우리가 길을 안내하겠습니다."

당나라 사람들은 [그 말을 듣고] 몹시 기뻤다. 부인들은 자신들이 누인 명주비단 수백 필을 꺼내 짊어지고 난 후에 칼을 가지고 가서 취해 있던 거인들의 목을 모두 베었다. 그리고는 도망쳐서 해안에 도착했는데 해안이 높은데다 날이 어두워서 내려갈 수 없었다. 그래서 모두 명주비단으로 몸을 묶어 매달린 채 내려오는 방법으로 서로를 매달아 내려주어 물가에 도착한 뒤 모두 배에 오를 수 있었다. 날이 밝을 무렵 배가 출발할 때 산꼭대기에서 고함치는 소리가 들리기에 내려왔던 곳을 뒤돌아보았더니, 이미 거인 천여 명이 쫓아오고 있었다. 거인들은 줄줄이 산을 내려와 순식간에 해안에 이르렀지만 이미 배를 따라잡을 수 없게 되자 호랑이처럼 울부짖으며 펄쩍펄쩍 뛰었다. 그리하여 사신 일행과 부인들은 모두 고향으로 돌아올 수 있었다. (『기문』)

근자에 어떤 해상(海商)이 신라로 가던 중에 한 섬에 잠시 정박했는데, 그곳은 온 땅이 모두 검은 칠한 숟가락과 젓가락으로 덮여 있었다. 그곳에는 커다란 나무가 많았는데, 그 사람이 나무를 올려다보았더니 숟가락과 젓가락은 바로 그 나무의 꽃잎과 꽃술이었다. 그래서 그는 숟가락과 젓가락 100여 쌍을 주워가지고 돌아와서 사용해보았는데 너무 투박해서 쓸 수가 없었다. 그러다가 우연히 그것으로 차를 저어보았더니 젓는 대로 녹아 없어졌다. (『유양잡조』)

육군사(六軍使: 六軍은 左右龍武軍・左右神武軍・左右神策軍으로 唐代 皇宮의 禁衛軍을 말함) 서문사공(西門思恭)이 한번은 어명을 받들고 신라에 사신으로 갔는데, 바람과 물살이 순조롭지 못하여 어디가 끝인지도 모를 망망대해에서 몇 달 동안 표류했다. 그러다가 어느 날 갑자기 남쪽의 한 해안에 도착했는데, 그곳에도 밭두둑과 경물이 보이자 마침내 육지로 올라가서 사방을 둘러보았다. 얼마 후 신장이 5~6장이나 되는 거인 한 명이 나타났는데, 옷차림이 특이하고 목소리가 천둥치는 것 같았다. 거인은 서문사공을 내려다보며 마치 경탄하는 듯하더니, 곧장 다섯 손가락으로 그를 집어 들고 100여 리를 가서 한 바위동굴 속으로 들어갔다. 그곳에는 늙고 어린 거인들이 모여 있다가 번갈아 서로를 불러 모아 다투어 와서 서문사공을 구경하며 가지고 놀았다. 그들이 하는 말은 알아들을 수 없었지만 모두들 기뻐하는 얼굴을 하며 마치 신기한 물건을 얻은 듯한 표정이었다. 마침내 그들은 구덩이 하나를 파고 서문사공을 그곳에 넣어두었으며, 또한 때때로 와서 그를 지켰다. 이틀 밤이 지난 후에 서문사공은 마침내 기어 올라가 구덩이를 뛰어나온 뒤에 곧장 이전에 왔던 길을 찾아 도망쳤다. 서문사공이 겨우 배로 뛰어 들어갔을 때, 거인이 이미 뒤쫓아 이르러서 곧장 거대한 손으로 뱃전을 붙잡았다. 이에 서문사공이 검을 휘둘러 거인의 손가락 3개를 잘랐는데 손가락이 지금의 다듬이방망이보다도 굵었다. 거인이 손가락을 잃고서 물러가자 서문사공은 마침내 닻줄을 풀고 배를 출발시켰다. 배 안에서 서문사공은 물과 식량이 다 떨어져 한 달 동안 아무 것도 먹지 못하다가 결국 몸에 걸치고 있던 옷을 씹어 먹었다. 나중에 그는 마침내 북쪽 해안에 도착하여 거인의 손가락 3개를 조정에 바쳤는데, 조정에서는 그것에 옻칠을 하여 궁중 창고에 보관했다. 서문사공은 주군(主軍: 六軍使)이 되고 나서부터 차라리 금옥(金玉)은 남에게 줄지언정 평생 음식은 손님에게 대접하지 않았는데, 그것은 지난날 식량이 떨어져서 당한 어려움을 잘 알고 있기 때문이었다. (『옥당한화』)

  新羅國, 東南與日本隣, 東與長人國接. 長人身三丈, 鋸牙鉤爪, 不火食, 逐禽獸而食之, 時亦食人. 裸其軀, 黑毛覆之. 其境限以連山數千里, 中有山峽, 固以鐵門, 謂之'鐵關'. 常使弓弩數千守之, 由是不過. (出『紀聞』)

  又新羅國有第一貴(明鈔本'貴'作'國')族金哥. 其遠祖名旁㐌, 有弟一人, 甚有家財. 其兄旁㐌, 因分居, 乞衣食. 國人有與其隙地一畝, 乃求蠶穀種于弟. 弟蒸而與之, 旁㐌不知也. 至蠶時, 止一生焉, 日長寸餘, 居旬大如牛, 食數樹葉不足. 其弟知之, 伺('寸餘居旬大如牛食數樹葉不足其弟知之伺'十八字原空闕, 據黃本補)間, 殺其蠶. 經日, 四方百里內蠶, 悉飛集其家. 國人謂之'巨蠶', 意其蠶之王也. 四隣共繰之, 不供. 穀唯一莖植焉, 其穗長尺餘. 旁㐌常守之, 忽爲鳥所折, 銜去. 旁㐌逐之, 上山五六里, 鳥入一石罅. 日沒徑黑, 旁㐌因止石側. 至夜半月明, 見群小兒, 赤衣共戲. 一小兒曰: "汝要何物?" 一曰: "要酒." 小兒出一金錐子, 擊石, 酒及罇悉具. 一曰: "要食." 又擊之, 餠餌羹炙, 羅于石上. 良久, 飮食而去('去'原作'久', 據明鈔本改), 以金錐揷于石罅. 旁㐌大喜, 取其錐而還. 所欲隨擊而辦, 因是富侔國力. 常以珠璣贍其弟, 弟云: "我或如兄得金錐也." 旁㐌知其愚, 諭之不及, 乃如其言. 弟蠶之, 止得一金如常者. 穀種之, 復一莖植焉, 將熟, 亦爲鳥所銜. 其弟大悅, 隨之入山, 至鳥入處, 遇群鬼. 怒曰: "是竊余錐者!" 乃執之, 謂曰: "爾欲爲我築糖三版乎? 爾欲鼻長一丈乎?" 其弟請築糖三版, 三日, 饑困不成. 求哀于鬼, 鬼乃拔其鼻. 鼻如象而歸. 國人怪而聚觀之, 慙恚而卒. 其後子孫戲錐求狼糞, 因雷震, 錐失所在. (出『酉陽雜俎』)

又登州賈者馬行餘轉海, 擬取昆山路適桐廬, 時遇西風, 而吹到新羅國. 新羅國君聞行餘中國而至, 接以賓禮, 乃曰: "吾雖夷狄之邦, 歲有習儒者, 舉于天闕, 登第榮歸, 吾必祿之甚厚. 乃知孔子之道, 被于華夏乎." 因與行餘論及經籍, 行餘避位曰: "庸陋賈竪, 長養雖在中華, 但聞土地所宜, 不讀詩書之義. 熟詩書, 明禮義者, 其唯士大夫乎, 非小人之事也." 乃辭之. 新羅君訝曰: "吾以中國之人, 盡聞典敎, 不謂尙有無知之俗歟!" 行餘還至鄕井, 自慙以貪饣衣食, 愚昧不知學道, 爲夷狄所嗤, 況哲英乎! (出『雲溪友議』)

又天寶初, 使贊善大夫魏曜使新羅, 策立幼主, 曜年老, 深憚之. 有客曾到新羅, 因訪其行路, 客曰: 永徽中, 新羅・日本皆通好, 遣使兼報之. 使人旣達新羅, 將赴日本國, 海中遇風, 波濤大起, 數十日不止. 隨波漂流, 不知所屆, 忽風止波靜, 至海岸邊. 日方欲暮, 時同志數船, 乃維舟登岸, 約百有餘人. 岸高二三十丈, 望見屋宇, 爭往趨之. 有長人出, 長二丈, 身具衣服, 言語不通. 見唐人至, 大喜, 于是遮擁令入宅中, 以石塡門, 而皆出去. 俄有種類百餘, 相隨而到, 乃簡閱唐人膚體肥充者, 得五十餘人, 盡烹之, 相與食噉. 兼出醇酒, 同爲宴樂, 夜深皆醉. 諸人因得至諸院. 後院有婦人三十人, 皆前後風漂, 爲所擄之. 自言: "男子盡被食之, 唯留婦人, 使造衣服. 汝等今乘其醉, 何爲不去? 吾請道焉." 衆悅. 婦人出其練縷數百匹負之, 然後取刀, 盡斷醉者首. 乃行至海岸, 岸高, 昏黑不可下. 皆以帛繫身, 自縋而下, 諸人更相縋下, 至水濱, 皆得入船. 及天曙船發, 聞山頭叫聲, 顧來處, 已有千餘矣. 絡繹下山, 須臾至岸, 旣不及船, 虓吼振騰. 使者及婦人並得還. (出『紀聞』)

又近有海客往新羅, 次至一島上, 滿地悉是黑漆匙筯. 其處多大木, 客仰窺, 匙筯乃木之花與鬚也. 因拾百餘雙還, 用之, 肥不能使. 偶取攪茶, 隨攪隨消焉. (出

『酉陽雜俎』)

　　又六軍使西門思恭, 常銜命使于新羅, 風水不便, 累月漂泛于滄溟, 罔知邊際. 忽南抵一岸, 亦有田疇物景, 遂登陸四望. 俄有一大人, 身長五六丈, 衣裾差異, 聲如震雷. 下顧西門, 有如驚歎, 于時以五指撮而提行百餘里, 入一巖洞間. 見其長幼群聚, 遞相呼集, 競來看玩. 言語莫能辨, 皆有歡喜之容, 如獲異物. 遂掘一坑而寘之, 亦來看守之. 信宿之後, 遂攀緣躍出其坑, 逕尋舊路而竄. 纔跳入船, 大人已逐而及之矣, 便以巨手攀其船舷. 于是揮劍, 斷下三指, 指粗于今槌帛棒. 大人失指而退, 遂解纜. 舟中水盡糧竭, 經月無食, 以身上衣服, 嚙而啗之, 後得達北岸, 遂進其三指, 漆而藏于內庫. 泊拜主軍, 寧以金玉遺人, 平生不以飲饌食客, 爲省其絶糧之難也. (出『玉堂閒話』)

481 · 2(6767)
동녀국(東女國)

　　동녀국은 서강족(西羌族)의 일파로 그곳 풍습에서는 여자를 왕으로 삼는다. 그 나라는 무주(茂州)와 인접해 있고 80여 개의 성이 있으며, 왕이 사는 곳은 '강연주(康延州)'라 부른다. 나라 안에는 약수(弱水)가 남쪽으로 흐르는데 사람들은 소가죽으로 배를 만들어 건넌다. 백성과 병사 만 명이 산골짜기에 흩어져 사는데 이들을 '빈취(賓就)'라고 부른다. 또 '고패(高霸)'라고 부르는 여관(女官)이 있는데 이들이 국사를 토의한다. 외지에 있는 관료는 모두 남자들이 맡는다. 왕은 5일에 한 번씩 정무를 처리하는데 수백 명의 여자들이 좌우에서 왕을 모신다. 왕이 죽으면 나라 백성들이 대부분 물건을 거두어 바치는데 수만 가지에 이른다. 다시 왕족 중에서 훌륭한 여자 두 명을 뽑아 왕으로 세우는데, 나이가 많은 자는 대왕이 되고 적은 자는 소왕이 된다. 대왕이 죽으면 소왕이 그 지위에 오르며, 간혹 시어머니가 죽으면 며느리가 그 지위를 계승한다. 사람이 죽더라도 무덤을 만들지 않는다. 사람들이 사는 곳은 모두 층옥(層屋)인데, 왕의 집은 9층에 이르고 백성의 집은 6층에 이른다. 왕은 푸른색 털 치마에 평평한 옷깃의 저고리를 입으며 소매가 땅에 끌릴 정도로 길다. 또한 무늬비단으로 머리를 묶어 작은 쪽을 지고 황금 귀걸이를 늘어뜨려 치장하며 발에는 흰 가죽신을 신는다. 그 나라에서는 여자를 중시하고 남자를 경시한다. 문자는 천축(天竺: 印度)의 것과 같다. 11월을 정월로 삼는데, 매년 10월마다 무당으로 하여금 술과 안주를 싸가지고 산속으로 들어가서 공중에 보리누룩을 뿌리며 큰소리로 빌면서 새를 부르게 한다. 그러면 잠시 후에 꿩처럼 생긴 새가 날아와 무당의 품으로 들어오는데, 그 새의 배를 갈라보았을 때 곡식이 들어 있으면 이듬해에 반드시 풍년이 들지만, 만약 서리와 눈이 들어 있으면 반드시 큰 재앙이 생긴다. 그 나라 풍속에서는 그렇게 하는 것을 '조복(鳥卜)'이라 부른다. 사람이 죽으면 뼈와 살을 황금 병에 넣고 금가루와 섞은 다음 땅속에 묻는다. (『신이기』)

東女國, 西羌別種, 俗以女爲王('王'原作'土', 據明鈔本改). 與茂州隣, 有八十餘城, 以所居名'康延州'. 中有弱水, 南流, 用牛皮爲船以渡. 戶口兵萬人, 散山谷, 號曰'賓就'. 有女官, 號曰'高霸', 平議國事. 在外官僚, 並男夫爲之. 五日一聽政, 王侍左右女數百人. 王死, 國中多飮物, 至數萬. 更於王族中, 求令女二人而立之,大者爲大王, 小者爲小王. 大王死, 則小王位之, 或姑死婦繼. 無墓. 所居皆重屋, 王至九重, 國人至六層. 其王服靑毛裙, 平('平'原作'下', 據明鈔本改)領衫, 其袖委地. 以文錦爲小幣, 飾以金耳垂璫, 足履素韡. 重婦人而輕丈夫. 文字同於天竺. 以十一月爲正, 每十月, 令巫者齋酒餚, 詣山中, 散糟麥於空, 大呪呼鳥. 俄有鳥如雉, 飛入巫者之懷, 因剖腹視之, 有穀, 來歲必登, 若有霜雪, 必有大災. 其俗名爲'鳥卜'('鳥卜'原作'鳥上', 據『新唐書』卷二二一上改). 人死則納骨肉金瓶中, 和金屑('屑'字原空闕, 據明鈔本補)而埋之. (出『神異記』)

481・3(6768)
늠 군(廩 君)

이시(李時)는 자(字)가 현휴(玄休)이며 늠군(廩君: 南蠻 君主의 이름)의 후손이다. 옛날 무락(武落)의 종리산(鍾離山)이 무너졌을 때 [두 개의] 바위동굴이 나왔는데, 하나는 단사(丹砂)처럼 붉고 하나는 옻칠처럼 검었다. 붉은 동굴에서 나온 사람은 이름이 무상(務相)이고 성이 파씨(巴氏)였으며, 검은 동굴에서 나온 사람은 고씨(嘩氏)・번씨(樊氏)・백씨(柏氏)・정씨(鄭氏)의 4성이었다. 그 5성은 동굴에서 나온 뒤로 서로 [우두머리가 되겠다고] 다투었다. 그래서 무상은 창을 동굴 벽에 찔러서 꽂을 수 있는 자가 늠군이 되자고 제안했다. 그 결과 4성은 모두 창을 꽂지 못했고 무상의 검만 꽂혀서 높이 걸렸다. 또 흙으로 배를 만들어 조각하고 그림을 그린 다음 물에 띄우며 말했다.

"만약 자기가 만든 배가 뜬다면 그 사람이 늠군이 되기로 합시다."

이번에도 무상의 배만 물에 떴다. 그리하여 무상은 마침내 '늠군'이라 칭했다.

무상은 흙으로 만든 배를 타고 그 무리들을 이끌고서 이수(夷水)를 따라 내려가 염양(鹽陽)에 이르렀다. 그때 여자 수신(水神)이 늠군을 붙잡으며 말했다.

"이곳은 물고기와 소금이 풍부하고 땅도 광대하므로 당신과 함께 살고자 하니 다른 곳으로 떠나지 마시오."

늠군이 말했다.

"나는 늠군이 되었으니 늠지(廩地: 비옥한 땅)를 찾아야 하므로 여기서 머물 수 없소."

하지만 염신(鹽神)은 늠군을 따라와 함께 잠을 잤으며 아침에 떠날 때는 날벌레로 변했는데, 여러 신들도 모두 염신을 따라와 날아다니면서 태양을 가렸다. 늠군은 염신을 죽이고자 했으나 [누가 염신인지] 구별할 수 없었으며, 게다가 천지와 동서남북도 알 수 없었다. 그렇게 10일이 지난 뒤 늠군은 푸른 실을 염신에게 주며 말했다.

"당신이 이것을 묶어서 어울리면 당신과 함께 살겠지만 어울리지 않으면 당신을 떠나겠소."

그러자 염신은 그것을 받아서 묶었다. 늠군은 무늬 바위 위에 이르러 가슴에 푸른 실을 묶고 있는 날벌레를 멀리서 보고는 무릎을 꿇고 활을 쏘아 염신을 맞혔다. 염신이 죽자 여러 신들과 함께 날던 벌레들도 모두 떠났고 그제야 하늘이 밝게 트였다.

늠군은 다시 흙으로 만든 배를 타고 내려가서 이성(夷城)에 당도했는데, 그곳의 바위언덕이 구불구불하고 샘물도 굽이져 흘러서 멀리서 바라보았더니 마치 동굴처럼 보였다. 늠군이 탄식하며 말했다.

"나는 이제 막 동굴 속에서 빠져나왔는데 지금 또 이곳으로 들어가게 되었으니 어쩌면 좋단 말인가?"

바로 그때 강 언덕이 무너져 넓이가 3장(丈) 남짓 되었는데 층층이 계단이 놓여 있었다. 늠군이 계단을 올라갔더니 언덕 위에 길이가 5척이고 사방 넓이가 1장 되는 평평한 바위가 있었다. 늠군은 그 위에서 쉬면서 점대를 던져 점을 쳐보았더니 모두 그 바위 있는 곳이 길하다는 점괘가 나왔다. 그래서 그 옆에 성을 세우고 그곳에 거주했다.

그 후로 늠군의 부족은 마침내 번성해졌다. 진(秦)나라가 천하를 겸병하고 나서 그곳에 검중군(黔中郡)을 설치했으며, 세금을 조금만 거두어 매년 40만 전을 내게 했다. 파(巴: 지금의 四川省 동부) 땅 사람들은 세금[또는 공물]을 종(賨)이라 하기 때문에 그들을 '종인(賨人)'이라 부른다. (『녹이기』)

李時, 字玄休, 廩君之後. 昔武落鍾離山崩, 有石穴, 一赤如丹, 一黑如漆. 有人出於丹穴者, 名務相, 姓巴('巴'原作'已', 據『錄異記』改)氏, 有出於黑穴者, 凡四姓, 嘩氏·樊氏·柏氏·鄭氏. 五姓出而爭焉. 於是務相以矛刺穴, 能著者爲廩君. 四姓莫著, 而務相之劍懸. 又以土爲船, 雕畫之, 而浮水中, 曰: "若其船浮者爲廩君." 務相船又獨浮. 於是遂稱'廩君'.

乘其土船, 將其徒卒, 當夷水而下, 至於鹽陽. 水神女子止廩君曰: "此魚鹽所有, 地又廣大, 與君俱生, 可無行." 廩君曰('曰'原作'君', 據明鈔本改): "我當爲君, 求廩地, 不能止也." 鹽神夜從廩君宿, 旦輒去爲飛虫, 諸神皆從, 其飛蔽日. 廩君欲殺之, 不可別, 又不知天地東西. 如此者十日, 廩君卽以靑縷遺鹽神曰:

"嬰此卽宜之, 與汝俱生, 不宜, 將去汝." 鹽神受而嬰之. 廩君至磝石上, 望膺有靑縷者, 跪而射之, 中鹽神. 鹽神死, 群神與俱飛者皆去, 天乃開朗.

廩君復乘土船, 下('下'原作'不', 據『錄異記』改)及夷城, 石岸曲, 泉水亦曲, 望之如穴狀. 廩君歎曰: "我新從穴中出, 今又入此, 奈何?" 岸卽爲崩, 廣三丈餘, 而階階相承. 廩君登之, 岸上有平石, 長五尺, 方一丈. 廩君休其上, 投策計算, 皆著石焉. 因立城其旁, 有而居之.

其後種類遂繁. 秦幷天下, 以爲黔中郡, 薄賦歛之, 歲出錢四十萬. 巴人以賦爲賨, 因謂之'賨人'焉. (出『錄異記』)

481·4(6769)
대식국(大食國)

대식국(大食國: 옛 사라센 제국)에서 서남쪽으로 2천 리 떨어진 곳에 나라가 하나 있다. 그곳의 산골짜기에서는 나뭇가지 위에서 사람 머리처럼 생긴 꽃이 피는데 말은 하지 않는다. 사람이 그 꽃에게 물으면 그저 웃기만 하는데 계속 웃다가 문득 떨어진다. (『유양잡조』)

大食西南二千里有國. 山谷間, 樹枝上生花如人首, 但不語. 人借問, 笑而已, 頻笑輒落. (出『酉陽雜俎』)

481・5(6770)
사아수국(私阿修國)

사아수국(私阿修國: 실론 섬, 즉 지금의 스리랑카)의 금료산사(金遼山寺)에 돌 악어가 있는데, 스님들은 음식이 거의 떨어져갈 때 그 돌 악어에게 절을 하면 음식이 모두 마련된다. (『유양잡조』)

私阿修國金遼山寺中, 有石鼉, 衆僧飮食將盡, 向石鼉作禮, 於是飮食悉具. (出『酉陽雜俎』)

481・6(6771)
구진제국(俱振提國)

구진제국(俱振提國: 지금의 타시켄트 남쪽에 있었던 서역의 나라)은 귀신을 숭상하는데, 성(城) 북쪽 너머 진주강(眞珠江)에서 20리 떨어진 곳에 신이 있다. 봄과 가을의 제사 때 국왕이 필요로 하는 물품과 금은 그릇이 신의 주방에서 저절로 나왔다가 제사가 끝나고 나면 또한 사라진다. 천후(天后: 則天武后)가 사람을 보내 검증해보게 했더니 거짓이 아니었다. (『유양잡조』)

俱振提國尙鬼神, 城北隔眞珠江二十里, 有神. 春秋之時, 國王所須什物金銀器, 神廚中自然而出, 祠畢亦滅. 天后使人驗之, 不妄. (出『酉陽雜俎』)

481 · 7(6772)
장가(牂 牁)

　요족(獠族: 중국 서남 변방에 거주하던 소수민족)은 장가(牂牁: 지금의 貴州省 德江縣)에 거주한다. 그 부족의 여인은 임신한지 7개월 만에 아이를 낳으며, 사람이 죽으면 관을 세워서 묻는다. 목이이족(木耳夷族)은 옛 뇌성(牢城: 지금의 福建城 尤溪縣 北崇嶺에 있는 關)의 서쪽에 거주한다. 그 부족은 사슴뿔로 그릇을 만들며, 사람이 죽으면 시체를 구부려서 태운 다음 그 뼈만 묻는다. 목이이족 사람은 피부가 옻칠한 것처럼 까만데, 약간만 추우면 불에 달군 모래 속에 몸을 파묻고 그 얼굴만 내놓는다. (『유양잡조』)

　獠在牂牁. 其婦人七月生子, 死則豎棺埋之. 木耳夷, 舊牢西. 以鹿角爲器, 其死則屈而燒, 而埋其骨. 木耳夷人, 黑如漆, 小寒則焙沙自處, 但出其面. (出『酉陽雜俎』)

481 · 8(6773)
구 자(龜 玆)

　옛 구자국(龜玆國: 지금의 新疆維吾爾自治區의 庫車縣 일대에 있었던 고대 西域의 나라. 屈支國이라고도 함)의 군주 아주아(阿主兒)는 신묘한 힘을 가지고 있어서 독사와 용을 항복시킬 수 있었다. 당시 어떤 사람이 시장사람에게서 금은보화를 샀는데 밤중이 되자 돈이 모두 숯으로 변했다. 또한 나라 안 수백 가구에서 모두 금은보화를 잃어버렸다. 구자국왕에게는 이전에 출가하여 아라한과(阿羅漢果: 아라한에 도달한 경지. 소승불교에서 불제자들이 도달하는 최고의 단계로 三界의 모든 번뇌를 완전히 끊은 성자의 과보를 말함)를 얻은 아들이 있었다. 국왕이 아들에게 [그 일에 대해] 물었더니 아들이 말했다.

"그 일은 용이 한 짓입니다. 그 용은 북산에 살고 있는데 그 머리가 호랑이처럼 생겼습니다. 지금은 아무 곳에서 잠자고 있습니다."

그러자 국왕은 곧장 옷을 갈아입고 검을 들고서 조용히 용이 있는 곳에 이르러 용이 누워 있는 것을 보고는 베어 죽이려다가 이렇게 생각했다.

"내가 자고 있는 용을 베어 죽인다면 누가 나에게 신묘한 힘이 있는 것을 알겠는가?"

그리고는 마침내 용에게 소리쳤더니, 용이 깜짝 놀라 일어나 사자로 변하자 국왕은 즉시 그 위에 올라탔다. 용은 노하여 천둥소리를 내면서 공중으로 솟구쳐 올라 성 북쪽으로 20리를 갔다. 국왕이 용에게 말했다.

"네가 항복하지 않으면 마땅히 너의 머리를 자르겠다!"

그러자 용이 왕의 신묘한 힘을 두려워하여 사람의 말로 이렇게 말했다.

"저를 죽이지 마십시오! 제가 마땅히 대왕님을 태워드릴 것이니, 가시고자 하는 곳이 어디든 마음으로 생각만 하시면 바로 그곳에 이를 것입니다."

국왕은 용의 말을 들어주었다. 그 후로 국왕은 용을 타고 다녔다.

(『유양잡조』)

　총령(葱嶺) 이동(以東) 지역에 사는 사람들은 음란함을 좋아한다. 그래서 구자국과 우전국(于闐國: 지금의 新疆 和田 일대에 있었던 西域의 나라 이름)에서는 기루(妓樓)를 설치하여 돈을 번다. (『십삼주지』)

　구자국에서는 정월 초하루에 양·말·낙타 싸움을 벌여 7일 동안 놀이로 삼는데, 그 승부를 지켜보고서 한 해 동안 양과 말의 감소와 번식을 점친다. 파라차국(婆邏遮國: 미상. 옛 西域의 나라 가운데 하나로 추정함)에서는 사람들이 모두 개 머리와 원숭이 가면을 쓰고 남녀가 밤낮도 없이 노래하고 춤춘다. 8월 15일에는 행상(行像: 불상을 수레에 태우고 성안을 순행하는 일)과 투삭(透索: 미상. 줄타기의 일종으로 추정함)으로 놀이를 삼는다. 언기국(焉耆國: 지금의 新疆維吾爾自治區 焉耆回族自治縣 일대에 있었던 고대 西域의 나라. 阿耆尼國이라고도 함)에서는 정월 초하루와 2월 8일에 파마차(婆摩遮: 미상. 지명으로 추정함)에서 3일 동안 들 제사를 지낸다. 4월 15일은 숲으로 나들이하는 날이고, 5월 5일은 미륵불(彌勒佛)이 탄생한 날이며, 7월 7일은 조상에게 제사지내는 날이고, 9월 9일은 마살(麻撒: 미상)하는 날이다. 10월 10일에는 국왕이 엽승법(厭勝法: 呪文이나 符籍 등으로 귀신을 굴복시키는 巫術)을 행하는데, 국왕이 가솔을 데리고 궁궐을 나가면 부락의 우두머리가 국왕을 대신하여 하루 동안 밤낮으로 국왕의 일을 처리한다. 10월 14일부터는 매일 풍악을 울리면서 연말까지 계속

한다. 발한나국(拔汗那國: 지금의 우즈벡 공화국과 키르키츠 공화국 사이에 있었던 서역의 나라. 鏺汗이라고도 함)에서는 12월과 정월 초하루에 국왕과 부락의 우두머리들이 두 패로 나뉘어 각각 한 사람을 내보내 갑옷을 입힌다. 그런 다음 양편의 사람들이 기와·돌·몽둥이를 들고 동쪽과 서쪽에서 서로 공격하여 [상대편의] 갑옷 입은 사람을 먼저 죽이면 즉시 멈추는데, 그렇게 함으로써 그 해의 풍년과 흉년을 점친다. (『유양잡조』)

　　古龜玆國主阿主兒者, 有神異力, 能降伏毒蛇龍. 時有人買市人金銀寶貨, 至夜中, 錢並化爲炭. 境內數百家, 皆失金寶. 王有男先出家, 成阿羅漢果. 王問之, 羅漢曰: "此龍所爲, 居北山, 其頭若虎. 今在某處眠耳." 王乃易衣持劒, 默至龍所, 見龍臥, 將斬之, 思曰: "吾斬寐龍, 誰知吾有神力?" 遂叱龍, 龍驚起, 化爲獅子, 王卽乘其上. 龍怒, 作雷聲, 騰空, 至城北二十里. 王謂龍曰: "爾不降, 當斷爾頭!" 龍懼王神力, 人語曰: "勿殺我! 我當與王爲乘, 欲有所向, 隨心卽至." 王許之. 後遂乘龍而行. (出『酉陽雜俎』)

　　葱嶺以東, 人好淫僻. 故龜玆·于闐置女市, 以收錢. (出『十三州志』)

　　龜玆, 元日鬪羊馬駞, 爲戲七日, 觀勝負, 以占一年羊馬減耗繁息也. 婆邏遮, 並服狗頭猴面, 男女無晝夜歌舞. 八月十五日, 行像及透索爲戲. 焉耆, 元日·二月八日婆摩遮, 三日野祀. 四月十五日遊林, 五月五日彌勒下生, 七月七日祀生祖, 九月九日麻撒. 十月十日, 王爲厭法, 王領家出宮, 首領代王焉, 一日一夜, 處分王事. 十月十四日, 每日作樂, 至歲窮. 拔汗那, 十二月及元日, 王及首領, 分爲兩朋, 各出一人, 著甲. 衆人執瓦石棒棍, 東西互擊, 甲人先死卽止, 以占當年豊儉. (出『酉陽雜俎』)

481·9(6774)
건타국(乾陀國)

　건타국(乾陀國: 간다라[gandhara]국. 고대 서북 인도에 있었던 나라)에는 옛날에 신묘한 용기와 많은 지략을 지닌 '가당(伽當)'이라고 부르는 국왕이 있었다. 가당왕은 여러 나라를 토벌했는데 진격하는 나라마다 모두 그에게 항복했다. 그는 오천축국(五天竺國: 고대 인도에 있었던 東·西·南·北·中의 다섯 나라)에 이르러 최상품의 세설의(細緤衣: 고운 생사로 짠 옷) 2벌을 얻어 한 벌은 자신이 갖고 다른 한 벌은 왕비에게 주었다. 그래서 왕비는 그 설의를 입고 가당왕을 배알했는데, 설의에서 왕비의 젖가슴 위 부분에 울금향(鬱金香) 빛깔의 손자국이 나 있었다. 가당왕은 그것을 보고 놀라 두려워하면서 왕비에게 말했다.

　"왕비는 난데없이 이런 손자국이 나 있는 옷을 입고 있다니 어찌된 일이오?"

　왕비가 말했다.

　"이것은 예전에 대왕께서 내려주신 설의이옵니다."

　가당왕이 노하여 장신(藏臣: 藏庫를 맡은 신하)에게 [어찌된 영문인지] 물었더니 장신이 말했다.

　"설의에는 본디 그런 손자국이 있으니 신의 잘못이 아니옵니다."

　가당왕이 상인을 붙잡아 와서 물었더니 상인이 말했다.

　"천축국의 사타파한왕(娑陀婆恨王)에게는 오래된 소원이 있사옵니다. 그는 매년 징수한 세설의를 포개서 쌓아놓고 손에 울금향을 묻혀 그 위에 찍는데, 세설의를 천만 겹으로 포개놓더라도 손자국이 맨 밑까지 투과하여 모두 찍힙니다. 남자가 그 옷을 입으면 손자국이 등에 나타나고 여자가 그 옷을 입으면 손자국이 젖가슴 부분에 나타나옵니다."

가당왕이 좌우 사람들에게 그 옷을 입어보게 했더니 모두 상인의 말과 같았다. 그러자 가당왕은 검을 두드리며 말했다.

"내가 만약 이 검으로 사타파한왕의 수족을 자르지 못한다면 침식을 폐하겠다."

그리고는 사신을 남천축국으로 보내 사타파한왕의 수족을 찾아오게 했다. 사신이 그 나라에 도착하자 사타파한왕과 그의 신하들이 사신을 속여 말했다.

"우리나라에 '사타파한'이라는 이름의 왕이 있긴 하지만, 실제로 그런 왕은 없으며 단지 황금으로 왕의 형상을 만들어 대전 위에 모셔놓았을 뿐입니다. 그리고 모든 통솔과 교령(敎令)은 모두 신하들이 내립니다."

가당왕은 마침내 코끼리 부대와 기마 부대를 일으켜 남쪽으로 그 나라를 토벌하러 갔다. 남천축국에서는 국왕을 땅굴 속에 숨겨놓고 황금상을 수조하여 가당왕을 영접했다. 가당왕은 그들이 속임수를 쓰고 있음을 알았고 또한 자신의 신묘한 힘을 자부하고 있었기에 황금 상의 수족을 잘랐다. 그랬더니 땅굴 속에 있던 사타파한왕의 수족이 모두 저절로 떨어졌다. (『유양잡조』)

건타국의 시비왕(尸毘王)의 창고가 불에 탔는데, 그 속에 있던 그슬린 멥쌀 알이 지금까지 남아 있다. 그것을 한 알만 먹으면 영원히 학질에 걸리지 않는다. (『유양잡조』)

乾陀國, 昔有王神勇多謀, 號'伽當'. 討襲諸國, 所向悉降. 至五天竺國, 得上細㲲二條, 自留一, 一與妃. 妃因衣其㲲謁王, 㲲當妃乳上, 有鬱金香手印跡. 王見驚恐, 謂妃曰: "爾忽衣此手跡衣服何也?" 妃言: "向王所賜之㲲." 王怒, 問藏臣, 藏臣曰: "㲲本有是, 非臣之咎." 王追商者問之, 商言: "天竺國娑陀婆恨王, 有宿願. 每年所賦細㲲, 並重疊積之, 手染鬱金, 柘於㲲上, 千萬重手印卽透. 丈夫衣之, 手印當背, 婦人衣之, 手印當乳." 王令左右披之, 皆如商者. 王因叩劍曰: "吾若不以此劍裁娑陀婆恨王手足, 無以寢食." 乃遣使就南天竺, 索娑陀婆恨王手足. 使至其國. 娑陀婆恨王與群臣紿報曰: "我國雖有王名'娑陀婆恨', 元無王也, 但以金爲王, 設於殿上. 凡統領敎習, 皆臣下耳." 王遂起象馬兵, 南討其國. 國隱其王於地窟中, 鑄金人, 來迎伽王. 伽王知其僞, 且自恃神力, 因斷金人手足. 娑陀婆恨王於窟中, 手足悉皆自落. (出『酉陽雜俎』)

乾陀國者, 尸毘王倉庫, 爲火所燒, 其中粳米燋者, 於今尚存. 服一粒, 永不患瘧. (出『酉陽雜俎』)

태평광기

권제 482

만이 3

1. 묘　　민(苗　民)
2. 기　　굉(奇　肱)
3. 서북황소인(西北荒小人)
4. 우　　전(于　闐)
5. 오　　장(烏　萇)
6. 한반타국(漢槃陀國)
7. 소도식닉국(蘇都識匿國)
8. 마　　류(馬　留)
9. 무 녕 만(武 寧 蠻)
10. 현 도 국(懸 渡 國)
11. 비 두 료(飛 頭 獠)
12. 제　　강(踶　羌)
13. 부　　류(扶　樓)
14. 교　　지(交　趾)
15. 남　　월(南　越)
16. 척　　곽(尺　郭)
17. 돈　　손(頓　遜)
18. 타파등국(陁婆登國)
19. 애 뢰 이(哀 牢 夷)
20. 가 릉 국(訶 陵 國)
21. 진 랍 국(眞 臘 國)
22. 유 구 국(留 仇 國)
23. 목　　객(木　客)
24. 격 복 국(緻 濮 國)
25. 목 음 주(木 飮 州)
26. 아 살 부(阿 薩 部)
27. 효 억 국(孝 憶 國)
28. 파미란국(婆彌爛國)
29. 발발력국(撥拔力國)
30. 곤　　오(昆　吾)
31. 수면료자(繡面獠子)
32. 오 계 만(五 溪 蠻)
33. 타 우 아(墮 雨 兒)

482 · 1(6775)
묘 민(苗 民)

서쪽 변방에 사람이 있는데, 얼굴과 눈, 손과 발이 모두 사람의 모습을 하고 있다. 또 겨드랑이 아래에 날개가 나 있지만 날지 못하는데, 이들을 일러 '묘민'이라고 한다.『서경(書經)』에 다음과 같은 말이 있다.

"삼묘(三苗: 나라 이름으로, 縉雲氏의 자손)를 삼위산(三危山: 고대 서쪽 변경지방에 있던 산 이름)과 서예(西裔: 서쪽 변경 지방)로 몰아냈다. 사람됨이 욕심이 많고 황음무도하여 순(舜)임금이 그곳으로 그들을 쫓아냈던 것이다."

(『신이경』)

西荒中有人焉, 面目手足皆人形. 而腋下有翼, 不能飛, 名曰'苗民'.『書』曰: "竄三苗于三危・四(『神異經』'四'作'西')裔. 爲人饕餮, 淫佚無理, 舜竄之於此."
(出『神異經』)

482・2(6776)
기 굉(奇 肱)

 기굉국(奇肱國: 신화 속에 나오는 나라이름)의 사람들은 기계장치를 잘 만들어 그것으로 온갖 짐승을 잡는다. 또한 날아다니는 수레를 만들 줄 알아 바람을 타고 멀리 다니기도 한다. 탕(湯) 임금 때 오랫동안 서풍(西風)이 불었는데, 그때 기굉국 사람이 날아다니는 수레를 타고 예주(豫州)의 경내로 들어왔다. 탕 임금은 그 수레를 부수어 버린 채 백성들에게 보여주지 않았다. 10년 뒤에 다시 동풍(東風)이 불어오자 비로소 그들에게 수레를 타고 기굉국으로 돌아가게 해주었다. 기굉국은 옥문관(玉門關)에서 서쪽으로 만 리나 떨어져 있다. (『박물지』)

 奇肱國, 其民善爲機巧, 以殺百禽. 能爲飛車, 從風遠行. 湯時, 西風久下, 奇肱人車至于豫州界中. 湯破其車, 不以示民. 後十年, 東風復至, 乃使乘車遣歸. 其國去玉門西萬里. (出『博物志』)

482・3(6777)
서북황소인(西北荒小人)

 서북쪽 변경에 키가 1촌인 소인이 살고 있다. 그들의 군주는 붉은 옷에 검은 관을 쓰고 말이 끄는 노거(輅車: 천자가 타는 수레)를 타고 다니며 의장대와 거처도 있었다. 사람들은 그 수레를 막아 세워서 그들을 잡아먹었는데 맛이 매웠다. [소인들을 잡아먹은] 사람들은 죽을 때까지 벌레에게 물리지 않았고 만물의 이름을 알 수 있었으며 뱃속의 삼충(三蟲: 사람의 몸속에 살고 있는 세 종류의 기생충)을 죽일 수 있었다. 삼충이 죽어야 바로 선약을 먹을 수 있다. (『박물지』)

西北荒中有小人長一寸. 其君朱衣玄冠, 乘輅車, 馬引, 爲威儀居處. 人遇其乘車, 抵而食之, 其味辛. 終年不爲物所咋('物'字'咋'字原空闕, 據許本·黃本補), 幷識萬物名字, 又殺腹中三蟲. 三蟲死, 便可食仙藥也. (出『博物志』)

482・4(6778)
우 전(于 闐)

후위(後魏: 北魏)의 송운(宋雲)은 서역(西域)에 사신으로 갔다가 우전국(于闐國: 지금의 신강 和田 일대에 있었던 서역의 나라이름)에 가게 되었다. 우전국의 국왕은 머리에 닭 볏과 같은[원문에는 '以'로 되어 있으나 『洛陽伽藍記』권5 「城北·聞義里」에 의거하여 '似'로 고쳐 번역함] 금관(金冠)을 쓰고 있었는데, 머리 뒤로 길이 2척, 폭 5촌의 명주비단을 늘어뜨려 장식했다. 의장대는 고각(鼓角: 북과 뿔피리로, 군대에서 행군할 때 출발신호로 사용했음), 징[鉦: 행군하다가 정을 치면 군사가 행군을 멈추었음], 활과 화살 한 벌, 창 두 자루, 긴 창 다섯 자루를 지니고 있었으며, 좌우에 칼을 지닌 사람은 100명을 넘지 않았다. 그곳 부인들은 바지와 적삼을 입고 허리띠를 졸라맨 채 말을 타고 빨리 내달리는 것이 남자와 다를 바 없었다. 죽은 자는 화장한 뒤에 뼈를 거두어 장사지내고 그 위에 탑을 세웠다. 상주들은 머리카락을 잘랐는데, 머리카락이 다시 4촌 자라면 일상생활로 돌아갔다. 오직 국왕이 죽었을 때만 화장하지 않고 관에 넣어 먼 들판에서 장사지냈다. (『낙양가람기』)

後魏, 宋云(明鈔本'云'作'雲')使西域, 行至于闐國. 國王頭著金冠, 以雞幘, 頭垂二尺生絹, 廣五寸, 以爲飾. 威儀有鼓角金鉦, 弓箭一具('其'原作'門', 據明鈔本改), 戟二枚, 槊五張, 左右帶刀, 不過百人. 其俗婦人袴衫束帶, 乘馬馳走, 與丈夫無異. 死者以火焚燒, 收骨葬之, 上起浮圖. 居喪者剪髮, 長四寸, 卽就平常. 唯王死不燒, 置之棺中, 遠葬于野. (出『洛陽伽藍記』)

482 · 5(6779)
오 장(烏 萇)

오장국은 사철 내내 벼가 익는데, 벼의 키가 낙타보다 높다. 쌀알의 크기는 어린아이 손가락만 하다. (『흡문기』)

또 오장국의 백성들은 죽을죄를 지어도 곧바로 사형에 처하지 않고 텅빈 산에 보내 혼자 힘으로 살아가게 한다. 사건이 의심스러울 때는 약을 먹이는데, 그러면 정황이 바로 드러난다. 또한 사건의 경중에 따라 바로 처리한다. (『낙양가람기』)

烏萇國, 四熟之稻, 苗高沒駱駝. 米大如小兒指. (出『洽聞記』)

又烏萇國民, 有死罪, 不立殺刑, 唯徙空山, 任其飮啄. 事涉疑似, 以藥服之, 淸濁則驗. 隨事輕重, 則當時卽決. (出『洛陽伽藍記』)

482 · 6(6780)
한반타국(漢槃陀國)

한반타국(漢槃陀國: 지금의 新疆 維吾爾自治區 塔什庫爾干 지역에 있던 고대 서역의 나라)은 산꼭대기에 있다. 총령(蔥嶺: 파미르 고원) 서쪽에서부터는 물이 모두 서쪽으로 흐른다. 세상 사람들의 말에 따르면 이곳이 천지의 중심이라고 한다. 이곳 사람들은 물길을 터서 곡식을 심는데, 중국에서는 비를 기다려 곡식을 심는다는 이야기를 듣고 웃으면서 말했다.

"어떻게 하늘만 기다릴 수 있겠는가?"

(『낙양가람기』)

漢槃陀國正在山頂('山頂'原作'須山', 據『洛陽伽藍記』改). 自蔥嶺已西, 水皆西流(明鈔本'流'下有'入西海'三字). 世人云, 是天地之中. 其土人民, 決水以種, 聞中國待雨而種, 笑曰: "天何由可期也?" (出『洛陽伽藍記』)

482 · 7(6781)
소도식닉국(蘇都識匿國)

소도식닉국(蘇都識匿國:『新書』「西域傳」에 따르면 曹國에 東曹·西曹·中曹가 있는데, 소도식닉국은 동조의 다른 이름으로 슈트리시나라고 함)에는 야차성(野叉城: 夜叉 또는 藥叉라고도 하는데 불교에서 惡鬼를 말함)이 있는데, 오래 전부터 성안에 야차가 살고 있으며 그 굴이 지금도 남아 있다. 굴 근처에 사는 사람만 해도 500여 가구가 넘는데, 사람들은 굴 입구에다 집을 지어놓고 자물쇠로 잠가두었다가 1년에 두 차례 제사를 올린다. 사람들이 굴 입구에 다가가면 굴 안에서 연기가 나왔는데, 먼저 연기를 쐰 사람이 죽는다. 그러면 사람들은 그 시신을 동굴 안으로 던져놓는다. 그 동굴이 깊은지 얕은지는 아무도 모른다. (『유양잡조』)

蘇都識匿國有野叉城, 城舊有野叉, 其窟見在. 人近窟住者五百餘家, 窟口作舍, 設關鑰, 一年再祭. 人有逼窟口, 煙氣出, 先觸者死. 因以尸擲窟中. 其窟不知深淺. (出『酉陽雜俎』)

482 · 8(6782)
마 류(馬 留)

마복파(馬伏波: 伏波將軍 馬援. 馬援은 東漢 茂陵 사람으로 光武帝

建武年間에 伏波將軍에 임명되어 交趾國을 정벌하고 구리기둥을 세워 漢의 경계지역을 표시하고 戰功을 기록했음)의 원정대 가운데 잔여 10여 가구는 고향으로 돌아가지 않았다. 그들은 수랭현(壽冷縣)에 살면서 서로 혼인하여 200가구가 되었다. 그들은 타향살이했기 때문에 '마류(馬留)'라고 불렸는데, 먹고 마시는 것이 중국 사람들과 똑같다. 산천이 바뀌고 구리기둥[원문에는 '銅柱'로 되어 있으나 『酉陽雜俎』권4에 근거하여 '銅柱'로 고쳐 번역함]이 바다로 들어간다 해도 이 사람들을 표식으로 삼으면 된다. (『유양잡조』)

馬伏波有餘兵十餘家, 不返. 居壽洽(據『水經注』三十六, '洽'當作'冷')縣, 自相婚姻, 有二百戶. 以其流寓, 號馬留, 飮食與華同. 山川移銅柱入海, 以此民爲識耳. (出『酉陽雜俎』)

482 · 9(6783)
무녕만(武寧蠻)

협중(峽中)의 풍속 가운데는 오랑캐의 풍속이 아직 바뀌지 않고 남아 있다. 무녕현(武寧縣)의 오랑캐들은 망심접리모(芒心接離帽: 갈대 심으로 만든 두건) 쓰기를 좋아하는데, 이를 '정수(亭綏)'라고 한다. 벼로 해와 달을 기록한다. 사람이 죽어 장사지낼 때는 비녀를 하늘로 향하게 두는데, 이를 '북두칠성을 찌른다'라고 한다. 전하는 말에 따르면 반호(磐瓠)가 죽자마자 그 시신을 나무 위에 두고 비녀를 찔렀더니 나중에 비녀가 코끼리로 변했다고 한다.(『유양잡조』)

峽('峽'字據『酉陽雜俎』卷四補)中俗, 夷風不改. 武寧蠻好著芒心接離, 名曰 '亭綏'. 以稻記年月. 葬時('稻記年'三字及'葬時'二字原空闕, 據黃本補), 以笄向天, 謂之'刺北斗'. 相傳磐瓠初死, 置於樹上('樹上'二字原空闕, 據黃本補), 以笄刺之, 其後化('其後化'三字原空闕, 據黃本補)爲象. 臨邑縣有鴈翅以禦者(按『酉陽雜俎』卷四'臨邑縣有鴈翅以禦者'九字係另條, 疑鈔纂時誤寫入). (出『酉陽雜俎』)

482 · 10(6784)
현도국(懸渡國)

오모국(烏耗國: 原文에는 '烏耗'라 되어 있으나, 『水經注』권1 「河水一」에 보면 '烏秅'라 되어 있음. 西域의 한 나라 이름임)의 서쪽에 있는 현노국은 계곡끼리 서로 통하지 않아 줄을 타고 건너가는데, 썩은 동아줄만 해도 2천리에 걸쳐 늘어져 있다. 그곳 사람들은 돌 사이에 밭을 갈고 돌을 쌓아 집을 만들었으며 손으로 물을 떠서 마셨는데, 이른바 '원음(猿飲: 원숭이가 손으로 물을 뜨서 마시는 것을 말함)'이 바로 이것이다.(『유양잡조』)

烏耗西有懸渡國, 山溪不通, 引繩而渡, 朽索相引二千里. 土人佃于石間, 壘石爲室, 接手而飲, 所謂'猿飲'也. (出『酉陽雜俎』)

482·11(6785)
비두료(飛頭獠)

업선(鄴鄯: 新疆 위구르 자치 지역의 鄴縣을 말함)의 동쪽, 용성(龍城: 龍庭이라고도 함. 흉노족들이 하늘에 제사를 올리거나 모임을 갖던 곳)의 서남쪽은 땅의 너비가 천리나 되는데, 모두 염전이다. 행인들이 지나가는 곳은 물론이려니와 소와 말도 모두 깔아놓은 양탄자 위에 눕는다.

영남(嶺南)의 산골짜기에 종종 머리를 떼어 날릴 수 있는 사람이 있기 때문에 '비두료자(飛頭獠子)'라는 호칭이 생겨났다. 머리를 날리기 하루 전에 목에 마치 붉은 실을 둘러놓은 듯 상처가 난다. 그러면 처와 자식들이 그 곁을 지키고 서 있다. 그 사람은 밤이 되면 마치 병을 앓는 사람처럼 있다가 머리가 갑자기 몸을 떠나 날아가는데, 물언덕 진흙으로 가 게나 지렁이 등을 찾아 잡아먹은 뒤 날이 밝을 무렵이면 다시 날아 돌아온다. 모든 것이 마치 꿈에서 깨어나는 듯 한데, 뱃속은 아주 든든하다.

서역의 스님 보살승(菩薩勝)이 또 다음과 같은 이야기를 해주었다.

"도파국(闍婆國)에 머리를 날릴 줄 아는 사람이 있는데, 그 사람은 눈동자가 없으며, 머리가 갑자기 떨어지려 할 때면 한 사람이 그 옆에 있어야 한다."

『지괴(志怪)』에 보면 또 다음과 같은 이야기가 있다.

"남방에 머리가 떨어지는 부족이 있었는데, 그들의 머리는 날아다닐 수 있었다. 그들이 모시는 신이 바로 '충락(蟲落: 전설 속에 나오는 奇

民)'이기 때문에 그들을 '낙민(落民)'이라 부르게 되었다. 옛날 주환(朱桓: 吳나라 孫權의 휘하에서 將軍·靑州牧 등을 역임했음)의 집에 한 계집종이 있었는데, 밤에 그녀의 머리가 날아다녔다."

왕자년(王子年)의 『습유기(拾遺記)』에 보면 다음과 같은 이야기가 있다.

"한(漢)나라 무제(武帝) 때 인지국(因墀國: 西域 북쪽에 있는 나라)의 남쪽에 몸을 분해할 수 있는 부족이 있었는데, 그들은 먼저 자신의 머리를 남해(南海)에서 날아다니게 하고 왼쪽 손은 동해(東海)에서, 오른쪽 손은 서해(西海)에서 날아다니게 했다. 밤이 되어 머리는 어깨 위로 돌아왔으나, 두 손은 태풍을 만나 해외에서 표류했다."

(『유양잡조』)

또 남쪽에 머리가 떨어지는 부족이 있었는데 그 머리는 날아다닐 수 있었다. 이때 두 귀를 날개 삼아 날아다니다가 동틀 무렵이면 다시 돌아와 몸에 붙었다. 오(吳)나라 때 종종 이런 사람을 볼 수 있었다. (『박물지』)

鄴鄀之東, 龍城之西南, 地廣千里, 皆爲鹽田. 行人所經, 牛馬皆布氈臥焉.

嶺南溪洞中, 往往有飛頭者, 故有'飛頭獠子'之號. 頭飛一日前, 頸有痕, 匝項如紅縷. 妻子遂看守之. 其人及夜, 狀如病, 頭忽離身而去, 乃于岸泥, 尋蟹蚓之類食之, 將曉飛還. 如夢覺, 其腹實矣.

梵僧菩薩勝又言: "闍婆國中有飛頭者, 其人無目瞳子, 聚落時, 有一人據于民."

『志怪』: "南方落民, 其頭能飛. 其俗所祠, 名曰'蟲落', 因號落民'. 昔朱桓有一婢, 其頭夜飛."

王子年『拾遺』言: "漢武時, 因墀國有南方有解形之民, 能先使頭飛南海, 左手飛東海, 右手飛西海. 至暮, 頭還肩上, 兩手遇疾風, 飄於海外." (出『酉陽雜俎』)

又南方有落頭民, 其頭能飛. 以耳爲翼, 將曉, 還復著體. 吳時往往得此人也. (出『博物志』)

482 · 12(6786)
제 강(蹄 羌)

제강국(蹄羌國) 사람들은 무릎 아래에 말발굽처럼 털이 나 있다. 그들은 늘 자신의 정강이를 채찍질해가며 하루에 100리를 간다. (『박물지』)

蹄羌之國, 其人自膝已下, 有毛, 如馬('馬'原作'水', 據明鈔本改)蹄. 常自鞭其脛, 日行百里. (出『博物志』)

482 · 13(6787)
부 루(扶 樓)

주(周)나라 성왕(成王) 7년(기원전 1057)에 남쪽 변방에 부루국(扶樓國)이 있었는데, 그 나라 백성들은 변신술에 뛰어나 쉽게 모습을 바꾸었다. 크게 변하면 구름을 일으키고 안개를 피울 수 있었으며 작게 변하면 가는 털 속으로도 들어갔다. 그들은 황금과 구슬, 털과 새 깃털로 옷을 만들었고 구름을 토해내고 불을 내뿜을 줄 알았으며 배를 두드리면 마치 천둥치는 소리가 났다. 그들은 큰 코끼리, 사자, 용, 뱀, 개, 말 등으로 변하기도 했고, 호랑이로 변하기도 했으며, 간혹 입 속에서 손바닥 위로 사람을 토해내기도 했는데, 그러면 사람들이 온갖 짐승의 소리를 흉내내면서 손가락 사이를 빙빙 돌았다. 그 사람들은 키가 몇 푼(分)으로 되었다가 다시 혹은 몇 촌(寸)으로 변하는데, 그 신기한 변화는 당시에도 현란한 것이어서 악부(樂府)에서 그 기예를 전해 대대로 끊어지지 않게 했다. 그러니 민간에서 말하는 '파후기(婆侯伎: 雜技의 이름)'는 부루(扶樓)의 음이 와전된 것이다. (왕자년 『습유기』)

周成王七年, 南垂有扶樓之國, 其人能機巧變化, 易形改服. 大則興雲起霧, 小則入於纖毫之裏. 綴金玉毛羽爲衣裳, 能吐雲噴火, 鼓腹則如雷霆之聲. 或化爲巨象獅子龍蛇犬馬之狀, 或變虎, 或口中吐人於掌中, 備百獸之樂, 旋轉屈曲于指間. 見人形, 或長數分, 或復數寸, 神怪欻忽, 衒于時, 樂府皆傳此伎, 代代不絶. 故俗謂婆侯伎, 則扶樓之音訛替也. (出王子年『拾遺記』)

482 · 14(6788)
교 지(交 趾)

교지국의 땅은 아주 비옥한데, 사람들이 그곳에 살면서부터 농사짓기 시작했다. 땅은 온통 검고 그 기세가 웅장하기 때문에 오늘날 그 밭을 일러 '웅전(雄田)'이라 부르고, 그 나라 백성들을 '웅민(雄民)'이라고 한다. 또 그곳 임금을 '웅왕(雄王)'이라고 하고 그 보좌관리를 '웅후(雄侯)'라고 하며, 봉읍(封邑)을 나누어 받은 사람을 '웅장(雄將)'이라고 한다. (『남월지』)

交趾之地, 頗爲膏腴, 從民居之, 始知播植. 厥土惟黑壤, 厥氣惟雄, 故今稱其田爲'雄田', 其民爲'雄民'. 有君長, 亦曰'雄王', 有輔佐焉, 亦曰'雄侯', 分其地以爲'雄將'. (出『南越志』)

482 · 15(6789)
남 월(南 越)

남월의 백성들은 도둑질하는 것을 부끄러워하지 않는다. 당시 위타(尉陀: 南越王 趙陀)는 번우(番禺) 지방을 다스리다가 군대를 일으켜 중국을 공격했다. 그때 한 신인(神人)이 하늘에서 내려와 중국을 도왔다. 신인이 쇠뇌 하나를 만들어 한발을 쏘자 남월의 병사 만 명이 죽었고, 세 발을 쏘자 3만 명이 죽었다. 위타는 비로소 그 이유를 알고 퇴각하여 병사들을 쉬게 했으며 군대를 돌려 무녕현(武寧縣)에서 항복하고 곧장 자신의 아들 위시(尉始)를 인질로 보내 우호관계 맺기를 청했다. (『남월지』)

南越民不恥寇盜. 其時尉陀治番禺, 乃興兵攻之. 有神人適下, 輔佐之. 家爲造弩一張, 一放, 殺越軍萬人, 三放, 三萬人. 陀知其故, 却壘息卒, 還戍武寧縣下, 乃遣其子始爲質, 請通好焉. (出『南越志』)

482 · 16(6790)
척곽(尺 郭)

남방에 어떤 사람이 있는데, 천하를 두루 돌아다닌다. 그는 키가 7장이고 배 둘레는 키와 같다. 그는 붉은 옷에 흰 허리띠를 차고 붉은 뱀을 목에 두르고 있다. 그는 먹고 마시지도 않으며 아침에는 악귀(惡鬼) 3천 마리를 삼키고 저녁에는 3백 마리를 삼킨다. 그 사람은 귀신을 밥으로 먹고, 안개를 물 삼아 마신다. 그 사람은 '척곽'이라 불리는데, 일명 '식사(食邪)', 혹은 '황보(黃父)'라고도 불린다. (『신이경』)

南有人焉, 周行天下. 其長七丈, 腹圍如其長. 朱衣縞帶, 以赤蛇繞其項('項原作頂', 據明鈔本改). 不飮不食, 朝吞惡鬼三千, 暮吞三百. 此人以鬼爲食, 以霧爲漿. 名曰'尺郭', 一名'食邪', 一名'黃父'. (出『神異經』)

482 · 17(6791)
돈 손(頓 遜)

돈손국(頓遜國: 고대의 南海에 위치한 나라 이름)에서 양(梁)나라 무제(武帝) 때 그 지방 토산품을 바쳐왔다. 그 나라는 바다 가운데의 섬에 있는데, 사방 천리나 되며 부남국(扶南國)에서 북쪽으로 삼천 리 떨어진 곳에 있다. 그곳 풍속에서는 사람이 죽으면 조장(鳥葬)을 한다. 사람이 죽을 때가 되면 친구와 친척들이 노래를 부르고 춤을 추며 성곽 밖까지 그를 전송하는데, 그러면 거위처럼 생긴 붉은 새 수만 마리가 날아든다. 가족들이 그 자리를 피하면 새들은 시신의 살점을 모두 쪼아 먹은 뒤에 떠나간다. 그러면 가족들은 남은 뼈를 태워 깊은 바다 속에 빠트린다. (『궁신비원』)

頓遜國, 梁武朝, 時貢方物. 其國在海島上, 地方千里, 屬扶南北三千里. 其俗, 人死後鳥葬. 將死, 親賓歌舞送于郭外, 有鳥如鵝而色紅, 飛來萬萬. 家人避之, 鳥啄('啄'原作'之', 據明鈔本改)肉盡, 乃去. 卽燒骨而沉海中也. (出『窮神秘苑』)

482 · 18(6792)
타파등국(墮婆登國)

타파등국(墮婆登國: 고대의 南海에 위치한 나라 이름)은 임읍(林邑)의 동쪽에 있는데, 남쪽으로는 가릉(訶陵)과 접해 있고 서쪽으로는 술려(述黎)와 접해 있다. 벼를 심으면 매달 한번씩 익는다. 그 나라에 문자가 있는데, 패다수(貝多樹: 椰子科에 속하는 상록 교목으로, 잎은 부채·모자·우산·종이 등을 만드는데 쓰며, 또 貝多羅葉이라 하여 인도 사람들이 여기에 바늘 같은 것으로 經文을 새기기도 했음) 잎에 쓴

다. 죽은 사람의 입에 금으로 된 등잔걸이를 넣고 사지를 관통시킨 뒤에 파률고(婆律膏)와 단향(檀香), 침향(沉香) 및 용뇌향(龍腦香)를 바르고 나서 땔나무를 쌓아 태운다. (『신이경』)

墮婆登國在林邑東, 南接訶陵, 西接述黎. 種稻, 每月一熟. 有文字, 書于貝多葉. 死者口實以金缸, 貫于四支, 然後加以婆律膏及檀沉龍腦, 積薪燔之. (出『神異經』)

482 · 19(6793)
애뢰이(哀牢夷)

애뢰이(哀牢夷: 고대 중국의 서남쪽에 살던 소수민족)의 조상 가운데 '사호(沙壺)'라는 여인이 뇌산(牢山)에서 살고 있었다. 그녀는 물에서 물고기를 잡다가 감응되어 아이를 가진 지 10개월 만에 10명의 아들을 낳았다. 오늘날 서남쪽에 사는 오랑캐가 바로 그들의 후손이다. (『독이지』)

哀牢夷, 其先有婦人名'沙壺', 居牢山. 捕魚水中, 若有所感('若有所感'四字原空闕, 據黃本補), 妊孕十月而生十子. 今西南夷其裔也. (出『獨異志』)

가릉국(訶陵國)

　가릉국(訶陵國: 廣州 동남쪽에 있다고 하는 나라)은 진랍국(眞臘國: 지금의 캄보디아 땅에 위치해 있었던 고대 국가명)의 남쪽에 있는데, 남해(南海)의 섬 가운데에 있으며 동쪽에는 파리(婆利), 서쪽에는 타파국(墮婆國), 북쪽에는 대해(大海)가 있다. 그들은 나무를 세워 성을 만들고 큰집과 중각(重閣)을 만든 뒤에 종려나무 껍질로 덮는다. 또 상아로 평상을 만든다. 그들은 버드나무 꽃으로 술을 담그는데 마시면 취한다. 그들은 손으로 음식을 집어먹는다. 가릉국 사람들은 독을 가지고 있기 때문에 보통 사람들과 같이 지내면 종기가 나게 하고 교합하면 바로 죽게 만든다. 그들의 오줌이 초목에 닿으면 초목은 곧장 말라죽는다. 그곳 사람들은 야자나무로 술을 담그는데 술맛이 달고 마시면 취한다. (『신이록』)

　訶陵在眞臘國之南, 南海洲中, 東婆利, 西墮婆, 北大海. 堅木爲城, 造大屋重閣, 以櫻皮覆之. 以象牙爲牀. 以柳花爲酒, 飮之亦醉. 以手撮食. 有毒, 與常人居止宿處, 卽令身上生瘡, 與之交會, 卽死. 若旋液, 沾著草木卽枯. 俗以椰樹爲酒, 味甘, 飮之亦醉. (出『神異錄』)

482 · 21(6795)
진랍국(眞臘國)

　진랍국(眞臘國: 지금의 캄보디아 땅에 위치해 있었던 고대 국가명)은 환주(驩州)의 남쪽 500리 떨어진 곳에 있다. 그곳 사람들은 손님이 찾아오면 빈랑(檳榔: 빈랑나무 열매)·용뇌향(龍腦香: 龍腦樹의 줄기에서 나오는 무색투명한 결정체로 훈향제로 쓰임)·합설(蛤屑: 조개껍질을 빻은 가루) 등을 차려 잔치를 벌인다. 술 마시는 것은 음란한 행동에 비유되어 침실에서 부인과 함께 술을 마시지만 어른 앞에서는 피한다. 또 남녀가 합방을 할 때 다른 사람이 보는 것을 원치 않는데, 이와 같은 풍속은 중국과 같다. 진랍국 사람들은 옷을 입지 않기 때문에 옷 입은 사람을 보면 모두 비웃는다. 그 나라에는 소금과 철이 없으며 대나무로 만든 활을 쏘아 짐승과 새를 잡는다. (『조야첨재』)

　眞臘國在驩州南五百里. 其俗, 有客設檳榔·龍腦香·蛤屑等, 以爲賞宴. 其酒比之淫穢, 私房與妻共飮, 對尊者避之. 又行房, 不欲令人見, 此俗與中國同. 國人不着衣服, 見衣服者, 共笑之. 俗無鹽鐵, 以竹弩射虫鳥. (出『朝野僉載』)

482 · 22(6796)
유구국(留仇國)

　[隋나라] 양제(煬帝)는 주관(朱寬)을 시켜 유구국을 정벌하게 했다.

주관은 귀국할 때 남녀 천명 남짓과 각종 물건을 포획하여 왔는데, 중국의 것과는 대부분 달랐다. 나무껍질을 이어서 천을 만들었는데, 아주 촘촘하고 희었으며 너비가 3척 2~3촌은 되었다. 또 세반포(細斑布: 고운무늬 비단)라는 것이 있었는데 너비가 1척 남짓 되었다. 또 금형(金荊) 나무 혹 수십 근을 얻었는데, 나무 색깔이 순금과 같고 아주 촘촘했으며 무늬와 주름은 아름다운 비단과 같았고, 향이 아주 짙어 베개나 탁자의 상판으로 만들면 침향(沉香)이나 단향(檀香)이라 해도 따라갈 수 없을 정도였다. 그곳에는 쇠가 나지 않는다. 주관은 돌아오는 길에 남해군(南海郡)에 도착했을 때 그들이 도중에 달아날까 걱정스러워 유구국의 장정들에게 쇠로 만든 칼과 쇠사슬을 채웠다. 강도군(江都郡)으로 와서 황제를 알현할 때 칼과 쇠사슬을 풀려고 하자 그들은 모두 손으로 칼을 잡고 머리를 조아리면서 칼과 쇠사슬을 푸는 것을 안타까워했는데, 중원에서 황금을 귀하게 여기는 것보다 더 심했다. 그들은 몸집이 작은 것이 곤륜(崑崙) 사람과 비슷했다. (『조야첨재』)

煬帝令朱寬征留仇國. 還, 獲男女口千餘人並雜物産, 與中國多不同. 緝木皮爲布, 甚細白, 幅闊三尺二三寸. 亦有細斑布, 幅闊一尺許. 又得金荊榴數十斤, 木色如眞金, 密緻, 而文彩盤蹙有如美錦, 甚香極精, 可以爲枕及案面, 雖沉檀不能及. 彼土無鐵. 朱寬還至南海郡, 留仇中男夫壯者, 多加以鐵鉗鏁, 恐其道逃叛. 還至江都, 將見, 爲解脫之, 皆手把鉗, 叩頭惜脫, 甚于中土貴金. 人形短小, 似崑崙. (出『朝野僉載』)

482・23(6797)
목 객(木 客)

곽중산(郭仲産)의 『상주기(湘州記)』에 다음과 같은 이야기가 있다.

"평락현(平樂縣)에서 서쪽으로 70리 떨어진 곳에 영산(榮山)이 있는데, 그 위에 목객(木客: 깊은 산 속에 사는 요괴)이 많이 산다. 목객은 모습이 어린 아이와 비슷하고, 노래하고 울고 옷 입는 것은 사람과 다르지 않지만, 모습을 숨기고 드러내는 것은 예측할 수 없다. 그들이 머무는 곳은 매우 작고 예쁘다. 서로 교역하고 기물을 만드는 것 또한 사람과 다르지 않다. 또한 사람들과 물건을 교환할 때도 그 값을 따지지 않는다. 오늘날의 소주(昭州) 평락현(平樂縣)이 바로 그곳이다."

(『흡문기』)

郭仲産『湘州記』云: "平樂縣西七十里, 有榮山, 上多有木客. 形似小兒, 歌哭衣裳, 不異于人, 而伏狀隱現不測('現不測'三字原空闕, 據黃本補). 宿至精巧. 時市易作器, 與人無別. 就人換物亦不計其值('物亦不計其值'六字原空闕, 據黃本補). 今昭州平樂縣." (出『洽聞記』)

482・24(6798)
격복국(緻濮國)

영창군(永昌郡)에서 서남쪽으로 1천 5백 리 떨어진 곳에 격복국이 있다. 그 나라 사람들은 꼬리가 달려 있는데, 자리에 앉을 때면 먼저 땅을 파서 구덩이를 만들고 그 안에 꼬리를 잘 넣은 다음 앉는다. 만약 실수로 꼬리를 부러뜨리면 곧 바로 죽는다. (『광주기』)

永昌郡西南一千五百里, 有緻濮國. 其人有尾. 欲坐, 輒先穿地作穴, 以安其尾. 若邂逅誤折其尾, 卽死也. (出『廣州記』)

482・25(6799)
목음주(木飮州)

목음주는 주애군(朱崖郡: 珠崖郡이라고도 함. 물기슭에서 眞珠가 많이 나서 붙여진 이름으로 오늘날의 海南島 東北府에 해당함)의 한 주(州)인데 그곳에는 샘도 없고 백성들은 우물도 파지 않으며 모두 수액을 받아서 사용하고 있다. (『유양잡조』)

木飮州, 朱崖一州, 其地無泉, 民不作井, 皆仰樹汁爲用. (出『酉陽雜俎』)

482・26(6800)
아살부(阿薩部)

아살부족 사람들은 주로 사슴 등의 짐승을 잡아 그 살을 발라내어 차

곡차곡 쌓은 다음 돌로 눌러 육수를 짠다. 그런 다음 파사국(波斯國: 페르시아)과 불림국(拂林國: 고대 동로마 제국) 등에서 나는 쌀과 풀의 씨를 육수 안에 넣어서 술을 빚는다. 며칠 지나면 육수가 모두 술로 변하는데, 마시면 취한다. (『유양잡조』)

阿薩部, 多獵虫鹿, 剖其肉, 重疊之, 以石壓瀝汁. 稅波斯·拂林等國米及草子釀于肉汁之中. 經數日, 卽變成酒, 飮之可醉. (出『酉陽雜俎』)

482·27(6801)
효억국(孝憶國)

효억국의 경계는 사방 3천 리가 넘는다. 그곳 사람들은 평원에서 살면서 나무로 사방 10리 남짓 되게 울타리를 만든다. 그 울타리 안에 2천 가구 남짓한 백성들이 살고 있는데, 나라를 빙 둘러서 그런 울타리가 500여 곳에 있다. 기후는 늘 따뜻하여 겨울에도 잎이 시들어 떨어지지 않는다. 양과 말이 살기에 적합하며 낙타와 소는 없다. 백성들은 모두 소박하고 손님을 좋아한다. 효억국 사람들은 몸이 크고 코가 들려 있으며 노랑머리에 푸른 눈동자를 하고 있고, 붉은 콧수염이 머리카락과 붙어 있으며 얼굴색은 붉다. 무기라고는 오직 창 한 종류밖에 없다. 토지는 오곡을 짓기에 적당하고 황금과 구리가 나며 삼베옷을 입는다. 전체 백성이 요괴를 섬기고 불법(佛法)은 모르는데, 요괴를 모셔 놓은 사당이 300여 곳에 있다. 기마병과 보병은 1만 명이다. 상업을 숭상하지 않는다. 자칭 효억인(孝憶人)이라고 하는 남자와 여자들은 모두 허리띠를 차고 있다. 그들은 하루 음식을 만들어 한 달 내내 먹기 때문에 늘 오래된 음식을 먹는다. 또한 나라 안에 샘이나 강이 없기 때문에 비가 내리기를 기다렸다가 씨 뿌리고 곡식을 심는다. 그들은 솜을 땅에 펼쳐놓고 비를 받아 물로 사용한다. 우물을 파면 물맛이 쓰고 바닷물은 짜. 민간에서는 썰물이 되기를 기다렸다가 [물이 빠지면] 평지에서 물고기를 주워 다 먹는다. (『유양잡조』)

孝憶國, 界周三千餘里. 在平川中, 以木爲柵, 周十餘里. 柵內百姓二千餘家, 周圍木柵五百餘所. 氣候常暖, 冬不凋落. 宜羊馬, 無駝牛. 俗性質直, 好客侶. 軀貌長大, 褰鼻, 黃髮綠睛, 赤髭被髮, 面如血色. 戰具唯矟一色. 宜五穀, 出金鐵, 衣麻布. 擧俗事妖, 不識佛法, 有妖祠三百餘所. 馬步兵一萬. 不尙商販. 自稱孝憶人, 丈夫婦人俱佩帶. 每一日造食, 一月食之, 常吃宿食. 仍通國無井及河澗, 所有種植, 待雨而生. 以纊鋪地, 承雨水用之. 穿井卽苦, 海水又鹹. 土俗伺海潮落之後, 平地收魚以爲食. (出『酉陽雜俎』)

482・28(6802)
파미란국(婆彌爛國)

파미란국은 도성에서부터 2만 5천 5백 50리 떨어진 곳에 있다. 그 나라의 서쪽에 아주 가파르고 험준한 산이 있는데 그 위에 원숭이가 많이 산다. 원숭이는 몸집이 아주 크며 늘 농사를 망쳐놓는다. 매년 원숭이의 수가 20~30만 마리나 된다. 파미란국에서는 봄이 되면 군사들을 모집하여 원숭이와 전쟁을 벌인다. 해마다 수만 마리의 원숭이를 잡아 죽이지만 그 소굴을 소탕하지는 못한다. (『유양잡조』)

婆彌爛國去京師二萬五千五百五十里. 此國西有山, 巉岩峻嶮, 上多猿. 猿形絶長大, 常暴田種. 每年有二三十萬. 國中起春已後, 屯集甲兵, 與猿戰. 雖歲殺數萬, 不能盡其巢穴. (出『酉陽雜俎』)

482 · 29(6803)
발발력국(撥拔力國)

발발력국(撥拔力國: 동아프리카 소말리아의 베르베라에 위치한 고대 국가 이름)은 서남쪽 바다 가운데에 있는데, 오곡이라는 것은 거의 알지 못한 채 육식만을 한다. 그들은 늘 소의 맥에 침을 놓아 피를 뽑은 뒤에 우유와 섞어서 생으로 마신다. 옷은 입지 않으며 허리 아래만 양가죽으로 가린다. 그곳의 여자들은 피부가 깨끗하고 단정하다. 그 나라 사람들은 직접 그 여자들을 납치하여 외국상인에게 파는데, 본국 사람들에게 파는 것 보다 값이 몇 배나 높다. 그 땅에서는 오직 상아(象牙)와 아말향(阿末香: 원문에는 '阿末香'이라 되어 있지만, 『酉陽雜俎』 권4에 의거하여 '阿末香'으로 고침. 열대바다에서 나는 물질로 龍涎香 또는 鯨糞이라고도 함)만 난다. 파사국(波斯國: 페르시아) 상인들이 이 나라에 들어오려고 할 때면 수천 명의 사람이 모여 고운 생사를 선물한 뒤에 어른 아이 할 것 없이 모두 피를 내어 맹세하고 나서야 그곳 물건들을 사갈 수 있다. 발발력국은 예로부터 외국에 예속되지 않았는데, 전쟁 때에는 상아(象牙)로 만든 풀무, 들소 뿔로 만든 창, 갑옷 및 활과 화살 등의 무기를 사용했으며, 보병(步兵)은 20만 명이나 된다. 대식국(大食國: 사라센 제국. 오늘날의 이란·이라크 지역에 해당함)은 자주 발발력국을 습격한다.(『유양잡조』)

撥拔力國在西南海中, 畧不識五穀, 食肉而已. 常針牛畜脈取血, 和乳生飮. 無衣, 唯腰下用羊皮掩之. 其婦人潔白端正. 國人自掠賣與外國商人, 其價數倍. 土地唯有象牙及阿末香('香'原作'看', 據『酉陽雜俎』改). 波斯商人欲入此國, 團集數千人, 齎縹布, 沒老幼共刺血立誓, 乃市其物. 自古不屬外國, 戰用象牙排, 野牛角䂎, 衣甲弓矢之器, 步兵二十萬. 大食頻討襲之. (出『酉陽雜俎』)

482·30(6804)
곤 오(昆 吾)

곤오국에는 육염(陸鹽: 육지에서 생산되는 소금)이 사방 10리도 남게 깔려 있다. 그곳에는 물이 없는데도 가루소금[원문에는 '朱鹽'이라 되어 있으나, 『酉陽雜俎』「物異」에는 '末鹽'이라 되어 있음]이 저절로 생겨난다. 달이 차면 소금은 마치 쌓인 눈처럼 생겨나는데 맛도 달다. 달이 기울면 소금은 마치 엷게 내린 서리처럼 적어지며 맛도 쓰다. 그믐날이 되면 소금도 없어진다. 또 곤오국에는 흙을 쌓아 무덤을 만들고 탑을 세우는데 그중에는 3층으로 된 것도 있다. 시신이 마르면 위에 두고 시신이 젖어 있으면 아래에 두는데, 가까운 곳에 장사지내는 것을 지극한 효라 생각한다. 사람들은 큰 전옥(毡屋: 파오. 천막으로 만든 이동가옥)에 모여 가운데에 옷과 비단을 걸어놓고 통곡하면서 시체를 화장한다. (『유양잡조』)

昆吾陸鹽, 周十餘里. 無水, 自生('生'原作'坐', 據明鈔本改)朱鹽. 月滿則如積雪, 味甘. 月虧則如薄霜, 味苦. 月盡, 鹽亦盡. 又其國累塹('塹'字原空闕, 據明鈔本改)爲丘, 象浮圖, 有三層('層'原作'僧', 據明鈔本改). 尸乾居上, 尸濕居下, 以近葬爲至孝. 集大毡屋, 中懸衣服綵繒, 哭化之. (出『酉陽雜俎』)

482 · 31(6805)
수면료자(繡面獠子)

월(越)땅 사람들은 물에 익숙한데, 반드시 몸에 문신을 새겨 교룡(蛟龍)의 해를 피한다. 오늘날 남방 지역에 얼굴에 문신을 새겨 넣는 오랑캐가 있는데, 아마도 조제(雕題: 이마에 문신을 새겨 넣는 것을 말하기도 하고, 이마에 문신을 새겨 넣는 남방의 소수민족을 가리키기도 함)의 유풍인 것 같다. (『유양잡조』)

越人習水, 必鏤身以避蛟龍之患. 今南中有繡面獠子, 蓋雕題之遺俗也. (出『酉陽雜俎』)

482・32(6806)
오계만(五溪蠻)

　오계만(五溪蠻: 五溪는 魏晋南北朝 시대 湖南 沅陵縣 서쪽에 있는 沅江의 다섯 지류를 가리키는데, 雄溪・樠溪・辰溪・酉溪・武溪 등 소수민족이 거주하던 지역을 말함. 五溪에 살던 사람들은 모두 盤瓠의 자손으로 五溪蠻이라 불렸음)은 부모가 죽으면 마을 밖에 시신을 놓아두었다가 3년 뒤에 장사지낸다. 북을 치고 길에서 노래하면서 친척들과 잔치를 벌이고 춤을 추며 즐겁게 놀다가 한 달 남짓 뒤에 모든 재산을 들여 관을 마련한다. 나중에 강가의 높은 산 중턱에 감실을 파고 그 안에다 관을 묻는데, 관을 묻을 때 산 위에 밧줄을 매달아 관을 내린다. 보다 높은 곳에 관을 묻는 것을 지극한 효라 생각한다. 그리고 나서는 죽을 때까지 더 이상 제사를 지내지 않는다. 처음 상을 당한 사람들은 3년 동안 소금을 먹지 않는다. (『조야첨재』)

　五溪蠻, 父母死, 于村外閣其尸, 三年而葬. 打鼓路歌, 親屬飮宴舞戱, 一月餘日, 盡産爲棺. 餘(黃本'餘'作'飮')臨江高山牛, 助(『朝野僉載』'助'作'肋')鑿龕以葬之, 山上懸索下柩. 彌高者以爲至孝. 卽終身不復祠祭. 初遭喪, 三年不食鹽. (出『朝野僉載』)

482 · 33(6807)
타우아(墮雨兒)

위(魏)나라 때 하간(河間) 사람 왕자충(王子充)의 집에 어린 아이 8~9명이 내리는 비와 함께 정원에 떨어졌는데, 키가 5~6촌 남짓 되었다. 그들은 스스로 이렇게 말했다.

"집은 바다의 동남쪽에 있는데, 비바람에 날려 이곳까지 오게 되었습니다."

그들과 이야기를 나누어보았더니 아주 많은 것을 알고 있었는데, 모두 역사책에 실린 내용과 같았다. (『술이기』)

魏時, 河間王子充家, 雨中有小兒八九枚, 墮于庭, 長五六寸許. 自云: "家在海東南, 因有風雨, 所飄至此." 與之言, 甚有所知, 皆如史傳所述. (出『述異記』)

태평광기

권제 483

만이 4

1. 구 국(狗 國)
2. 남 만(南 蠻)
3. 박 부 민(縛 婦 民)
4. 남 해 인(南 海 人)
5. 일 남(日 南)
6. 구 미 국(拘 彌 國)
7. 남 조(南 詔)
8. 요 부(獠 婦)
9. 남 중 승(南 中 僧)
10. 번 우(番 禺)
11. 영남여공(嶺南女工)
12. 우 갱(芋 羹)
13. 밀 즐(蜜 唧)
14. 남 주(南 州)

483 · 1(6808)
구 국(狗 國)

　능주자사(陵州刺史) 주우(周遇)는 육식을 하지 않았다. 그는 일찍이 유순(劉恂)에게 다음과 같은 이야기를 해주었다.

　"몇 해 전에 청사(青社: 青州) 바다에서 민(閩) 땅으로 돌아오는 길에 폭풍을 만나 닷새 밤낮을 표류했는데, 대체 몇 천 리를 다녔는지 알 수 없으나 대략 여섯 개의 나라를 지나갔다네. 첫 번째 나라는 구국이었네. 같은 배를 타고 있던 사람 중에 신라(新羅) 사람이 있었는데, 그 사람이 구국이라고 하더군. [그곳에 도착하고서] 얼마 있으려니 과연 벌거벗은 사람처럼 보이는 어떤 물체가 개를 안고서 밖으로 나왔다가 배를 보고는 놀라 달아났네. 또 모인국(毛人國)을 지나갔는데, 그곳 사람들은 몸집이 작고 모두 머리카락이 얼굴을 뒤덮고 있었으며 몸에는 검은 원숭이처럼 털이 나 있었네. 또 야차국(野叉國)에 당도했는데, 배 밑이 암석에 걸려 파손되는 바람에 사람이건 짐이건 모두 해안에 올린 다음 조수가 밀려가기를 기다렸다가 배를 뭍에 대놓고 수리했네. 처음엔 그런 나라에 와 있다는 사실도 몰랐는데, 몇 사람이 함께 깊은 숲에 들어가 나물을 캐다가 갑자기 야차에게 쫓기게 되어서 결국 한 사람은 잡히고 나머지는 놀라 도망쳤다네. [도망치던 사람들이] 고개를 돌려보니 몇 명의 야차 무리가 잡은 사람을 함께 먹고 있었다더군. 그래서 같은 배에 타고 있던 사람들은 놀라움과 두려움에 떨며 어찌할 줄 몰랐네. 잠시 후에 백여 명의 야차가 우리 쪽으로 왔는데, 그들은 모두 붉은 머리카락을 하고 있었으며 벌거벗은 채 입을 벌리고 눈을 부라리고 있었네. 그 중에는 나무창을 든 야차도 있었고 자식을 옆에 낀 여자야차도 있었네. 뱃사람과 상인 50여 명이 함께 활과 창, 검으로 그들과 대적한 끝에 결국 두 명의 야차를 화살로 맞혀 쓰러뜨리자 야차들은 즉시 [쓰러진] 야차를 끌고 가면서 우는 소리를 내며 도망쳤네. 그들이 떠나가자 우리는 나무를 베어 울짱을 만들어 놓고 그들이 다시 오는 것을 막았네. 야차들 또한 활이 두려워 더 이상은 나타나지 않았네. 그곳에서 이틀간 머물면서 배 수리가 끝나자 우리는 다시 바람을 따라 떠나갔네. 우리는 또 대인국(大人國)을 지나갔는데, 그곳 사람들은 모두 기골이 장대하고 거칠었으나 우리가 배 위에서 북을 두드리고 소리를 지르는 모습을 보더니 놀라 달아나 밖으로 나오지도 않았다네. 또 유규국(流虯國: 流求國. 일설에는 지금의 대만이라고도 하고 일본의 琉球라고도 함)을 지났다네. 그 나라 사람들은 몸집이 모두 작았는데, 하나같이 마와 베로 만든 옷을 입고 있었으며 예의가 발랐네. 그들은 앞 다투어 음식을 가져와서는 못과 쇠 등과 바꾸자고 했네. [우리 배에 타고 있던] 신라 사람은 그곳 사람들의 말을 반쯤 통역할 수 있었는데, 그들이 손님을 속히 떠나보내려 한다고 했네. 그 나라에서는 물에 떠내려 온 중국 사람을 만나면 재난이 생기게 될까봐 걱정한다고 하면서 말이네. 그래서 우리는 다시 길을 떠났다가 소인국(小人國)을 지나게 되었는데, 그 나라 사람들은 모두 벌거벗고 있었고 5~6세 가량의 어린아이만큼이나 몸집이 작았네. 그때 뱃사람들은 이미 음식이 동이 났었기에 서로 서로 소인들이 사는 집을 찾아 나섰는데, 잠시 후 과연 30~40 마리의 소인을 찾아내 가지고 온 다음 삶아 먹었네. 다시 이틀 동안 항해한 뒤에 우리는 섬 하나를 만나 물을 얻을 수 있었네. 거기에 갑자기 한 무리의 산양이 나타났는데, 사람을 보고도 귀를 쫑긋 세운 채 뚫어지게 바라만 볼 뿐 전혀 두려워하거나 피하려하지 않았네. 그 산양들은 살지고 몸집 또한 커서 처음에는 섬에 사는 사람이 기르는 것인가 보다 생각했으나 섬에 사람의 흔적이라곤 조금도 찾아볼 수 없었기에 산양을 잡았는데, 딱 백 마리만 잡아서 모두 먹어 치웠다네."

(『영표록이』)

陵州刺史周遇不茹葷血. 嘗語劉恂云: "頃年自靑杜(明鈔本'杜'作'社')之海, 歸閩, 遭惡風, 飄五日夜, 不知行幾千里也. 凡歷六國. 第一狗國. 同船有新羅, 云是狗國. 逡巡, 果見如人裸形, 抱狗而出, 見船驚走. 又經毛('毛'原作'七', 據許本改)人國, 形小, 皆被髮蔽('蔽'字原在'毛'字下, 據明鈔本移上)面, 身有毛如狨. 又到野叉國, 船抵暗石而損, 遂般人物上岸, 伺潮落, 閣船而修之. 初不知在此國, 有數人同入深林採野蔬, 忽爲野叉所逐, 一人被擒, 餘人驚走, 回顧, 見數輩野叉, 同食所得之人. 同舟者驚怖無計. 頃刻, 有百餘野叉, 皆赤髮裸形, 呀口怒目而至. 有執木鎗者, 有雌掖子者. 篙工賈客五十餘人, 遂齊將弓弩鎗劍以敵之, 果射倒二野叉, 卽昇拽明嘯而遁. 旣去, 遂伐木下寨, 以防再來. 野叉畏弩, 亦不復至. 駐兩日, 修船方畢, 隨風而逝. 又經大人國, 其人悉長大而野, 見船上鼓噪, 卽驚走不出. 又經流虯國. 其國人么麽, 一槪皆服麻布而有禮. 競將食物, 求易釘鐵. 新羅客亦半譯其語, 遣客速過. 言此國遇華人飄泛至者, 慮有災禍. 旣而又行, 經小人國, 其人裸形, 小如五六歲兒. 船人食盡, 遂相率尋其巢穴, 俄頃, 果見捕得三四十枚以歸, 烹而充食. 後行兩日, 遇一洲島而取水. 忽有羣山羊, 見人但聳視, 都不驚避. 旣肥且偉, 初疑島上有人牧養, 而又絕無人踪, 捕之, 僅獲百口, 皆食之."(出『嶺表錄異』)

483・2(6809)
남 만(南 蠻)

  남도(南道)의 추장들은 대부분 거위의 가는 털을 골라 베나 비단을 겉에 씌우고 그 속에 집어넣은 다음 이불을 만들고 다시 가로 세로로 누비는데, 그러면 그 부드러움은 솜을 집어넣은 것 못지않다. 민간에서 말하기를, 거위의 털은 부드럽고 따뜻하지만 그 기운은 냉하여서 갓난아기에게 덮어 주기에 두루두루 적당하며 또한 경기 일으키는 것을 막을 수 있다고 한다. (『영표록이』)

  南道之酋豪多選鵝之細毛, 夾以布帛, 絮而爲被, 復縱橫納之, 其溫柔不下于挾纊也. 俗云, 鵝毛柔暖而性冷, 偏宜覆嬰兒, 辟驚癇也. (出『嶺表錄異』)

483・3(6810)
박부민(縛婦民)

  박부의 백성들은 남의 집 아내가 마음에 들면 젊은이들을 이끌고 손에 흰 몽둥이를 들린 다음 길가로 가 기회를 엿보다가 여자가 지나가면 같이 여자를 붙잡는다. 그런 다음 한 두 달이 지나면 아내와 함께 [여자의 원래 집을] 찾아가 머리 숙여 사죄한다. 그래서 민간에서 그들을 '박부'라 부르는 것이다. (『남해이사』)

縛婦民喜他室女者, 率少年持白梃, 往趨墟路値之, 俟過, 卽共擒縛歸. 一二月, 與其妻首罪. 俗謂之'縛婦'也. (出『南海異事』)

483・4(6811)
남해인(南海人)

남해의 남자와 여자는 모두 머리카락이 검다. 그들은 머리를 감을 때마다 재를 흐르는 물 속에 넣고 물 속에 들어가 머리를 감은 다음 돼지기름을 머리에 바른다. 5~6월이 되어 벼가 익으면 사람들은 모두 자기의 머리카락을 잘라 시장으로 가져가 판다. 머리를 깎은 다음에 다시 돼지기름을 가져다 바르면 이듬해 5~6월에 다시 내다 팔 수 있다. (『남해이사』)

남해에서 소 잡는 일은 대부분 여자가 하는데, 그런 여자들을 '도파(屠婆)' 혹은 '도낭(屠娘)'이라고 부른다. 그들은 모두 소를 커다란 나무에 묶어둔 다음 칼을 손에 쥐고 소의 죄를 하나하나 열거하면서, '아무 때에 네가 밭을 갈 때 앞으로 가지 않았다'라던가 '아무개가 너를 타고 물을 건널 때 제때 가지 않았으니 지금 어찌 죽음을 면할 수 있겠느냐?'라고 말한다. 그런 다음 채찍으로 소의 고개를 치켜들고 칼을 휘둘러 목을 자른다. (『남해이사』)

　남해의 빈민들은 아내가 임신을 하면 부잣집을 찾아가 아내의 배를 가리키며 [뱃속의 자식을] 팔아버리는데, 민간에서는 그것을 일러 '지복매(指腹賣)'라고 한다. 혹은 자신의 아이가 아직 채 옷도 입을 수 없고 이웃집의 아이는 어느 정도 팔 만하면 가서 이웃 아이를 빌려온 다음 팔아버리는데, 막대기를 부러뜨려 키를 표시해 놓았다가 자기 아들이 막대기 길이만큼 자라면 [아들을 돌려주어] 빚을 갚는다. 딸이건 아들이건 마치 흙인 양 내다팔며 부자지간에 서로 슬퍼하지도 않는다. (『남해이사』)

　南海男子女人皆縝髮. 每沐, 以灰投流水中, 就水以沐, 以麂膏其髮. 至五六月, 稻禾熟, 民盡髡鬻於市. 旣髡, 復取麂膏塗, 來歲五六月, 又可鬻. (出『南海異事』)

　南海解牛, 多女人, 謂之'屠婆'·'屠娘'. 皆縛牛于大木, 執刀以數罪, '某時牽若耕, 不得前', '某時乘若渡水, 不時行, 今何免死耶?' 以策擧頸, 揮刀斬之. (出『南海異事』)

　南海貧民妻方孕, 則詣富室, 指腹以賣之, 俗謂指腹賣'. 或己子未勝衣, 隣之子稍可賣, 往貸取以鬻, 折杖以識其短長, 俟己子長與杖等, 卽償貸者. 鬻男女如糞壤, 父子兩不戚戚. (出『南海異事』)

483·5(6812)
일 남(日 南)

『천보실록(天寶實錄)』에 다음과 같이 적혀있다.

"일남군(日南郡)에 구산(廐山)이 있는데, 몇 천리에 걸쳐 이어져 있는지 알 수 없다. 그곳에 나인(裸人)들이 사는데, 그들은 백민(白民: 신화에 나오는 고대 國名. 『山海經』「海外西經」에 따르면 白民之國은 龍魚 북쪽에 있는데, 그들은 몸이 희고 머리카락을 풀어헤치고 있다고 함)의 후예이다. 그들은 자신의 앞가슴에 문신을 하여 문양을 새기고 분처럼 생긴 자주색 물건을 사용하여 두 눈 아래 그림을 그린다. 또 앞니 두 개를 뽑는 것을 아름다운 치장이라고 여긴다."

(『유양잡조』)

『天寶實錄』云: "日南廐山, 連接不知幾千里. 裸人所居, 白民之後也. 刺其胸前作花, 有物如粉而紫色, 畵其兩目下. 去前二齒, 以爲美飾."(出『酉陽雜俎』)

483·6(6813)
구미국(拘彌國)

[唐나라] 순종(順宗)이 즉위하던 해에 구미국[고대 서역에 있던 나라 이름. 지금의 新疆 위구르 자치구역에 위치했음]에서 각화작(却火雀) 암수 한 쌍을 바쳐왔다. 또 이수주(履水珠)·상견빙(常堅冰)·변

주초(變畫草)도 바쳐왔다. 각화작은 짙은 검은 색이었으며 크기가 제비만 했고 소리가 청량했다. 그 새는 보통 새들과 나란히 있지 않았으며 불 속에 집어넣으면 불이 저절로 흩어졌다. 순종은 그 새의 기이함을 훌륭하다 여기고 화정롱(火精籠: 봉황을 넣어두는 조롱) 안에 넣은 다음 침전에 매달아 두었는데, 밤이 되면 궁녀들이 나란히 촛불과 횃불을 들고 그 새를 태웠으나 털끝 하나 다치게 할 수 없었다.

이수주는 쇳덩이 같은 검은 빛을 띠고 있으며 크기는 계란만 했다. 그 위에는 비늘처럼 생긴 주름이 있고 가운데 구멍이 뚫려있다. [구미국 사신이] 말하길, 장차 강이나 바다로 들어가려 할 때 [이수주를 가지고 가면] 드넓은 파도를 오르락내리락하며 멀리 갈 수 있다고 했다. 그러나 순종은 처음에 사실이 아닐 것이라 생각하여 헤엄 잘 치는 사람에게 명해 오색실로 그 구슬을 꿴 다음 왼쪽 팔에 묶[고 물속으로 들어가]게 했다. 그러자 독룡(毒龍)도 그를 두려워하며 용지(龍池) 속으로 쫓겨 들어갔고 그 사람은 마치 평지를 걷듯 물결 위를 걸어 다녔으며, 물속으로 잠수해 들어간 뒤 한참 만에 밖으로 다시 나왔는데도 온 몸에 물 한 방울 묻어있지 않았다. 순종은 이를 기이하게 여기며 황제가 먹는 요리를 구미국 사자에게 내렸다. 장경연간(長慶年間: 821~824)에 한 지위 낮은 비빈(妃嬪)이 그 구슬을 가지고 해지(海池: 長安 太極宮 안에 있던 연못 이름)에서 시험 삼아 장난을 쳤는데, 그때 구슬이 기이한 용으로 변하더니 못 속으로 들어갔다. 잠시 후 구름과 연기[원문에는 '云烟'이라 되어있으나 '雲烟'의 오기로 보임]가 갑자기 일어나는 바람에 용이 어디로 갔는지 더 이상 따라가 볼 수 없었다.

구미국에 대응산(大凝山)이라는 산이 있고 그 산 속에 천년 동안 녹지 않는 얼음이 있는데, 그것이 바로 상견빙이라고 했다. 그것을 들고 도성까지 왔어도 처음과 마찬가지로 투명하게 얼어있었으며 한 여름 타는 듯한 태양 아래서도 절대 녹지 않았다. 그것을 깨물어보면 중국(中國)의 얼음과 다르지 않았다.

변주초는 파초(芭蕉)와 비슷하게 생겼고 족히 몇 척은 되었다. 한 줄기에서 천 개의 잎이 나는데, 그것을 세우면 사방 백 보 이내가 밤처럼 깜깜해졌다. 처음에 그것을 갖은 보물을 넣어두는 함속에다 감추어두고 그 위에 호인의 그림을 덮어두었더니 순종이 보고 화내며 말했다.

"밝음을 등지고 어두움을 향하고 있으니, 이 풀을 어찌 귀하다 여길 만하겠느냐?"

그리고는 함께로 구미국 사자 앞에서 불살라버리게 했다. 사자는 처음에 불쾌해했으나 물러나 나와서는 홍려경(鴻臚卿: 鴻臚寺의 正卿. 그들은 外賓의 접대와 朝禮 儀式의 집행 등을 맡아보았음)에게 이렇게 말했다.

"우리나라에서는 변주초를 기이하다 여겼는데, 지금 황제께서는 어둠을 향하고 있는 것은 옳지 않다고 하시니, 가히 그 덕이 밝다 하겠소."

(『두양편』)

順宗卽位年, 拘彌之國貢却火雀, 一雌一雄. 履水珠・常堅冰・變畫草. 其却火雀, 純黑, 大小類燕, 其聲淸亮. 不並尋常禽鳥, 置于烈火中, 而火自散. 上嘉其異, 遂盛于火精籠, 懸于寢殿, 夜則宮人倂蠟炬燒之, 終不能損其毛羽.

履水珠, 色黑類鐵, 大如雞卵. 其上鱗皴, 其中有竅. 云將入江海, 可長行洪波之上下. 上始不謂之實, 遂命善游者, 以五色絲貫之, 繫之於左臂. 毒龍畏之, 遣入龍池, 其人則步驟于波上, 若在平地, 亦潛于水中, 良久復出, 而遍體略無沾濕. 上奇之, 因以御饌賜使人. 至長慶中, 嬪御試弄于海池上, 遂化爲異龍, 入于池內. 俄而云烟暴起, 不復追討矣.

常堅冰, 云其國有大凝山, 其中有冰, 千年不釋. 及齎至京師, 潔冷如故, 雖盛暑赫日, 終不消. 嚼之, 卽與中國冰凍無異.

變畫草, 類芭蕉, 可長數尺. 而一莖千葉, 樹之則百步內昏黑如夜. 始藏于百寶匣, 其上緘以胡畫, 及上見而怒曰: "背明向暗, 此草何足貴也?" 命幷匣焚之于使前. 使初不爲樂, 及退, 謂鴻臚曰: "本國以變畫爲異, 今皇帝以向暗爲非, 可謂明德矣." (出『杜陽編』)

483・7(6814)
남 조(南 詔)

남조국(南詔國: 大理國. 지금의 雲南省에 위치했던 古代 國名)에서는 12월 16일을 '성회절(星回節)'이라 부르는데, 이날 피풍대(避風臺)를 노닐며 청평관(淸平官)에게 시를 짓게 한다. [남조국왕] 표신(驃信)이 지은 시는 다음과 같았다.

선천대(善闡臺)에서 바람을 피하며,
저 멀리 등월(藤越)(이웃 나라의 명칭이다)을 바라보네.
슬프다 옛날과 지금이여,
저 안개와 달빛은 여전하기만 한데.
내가 진단(震旦)(천자를 震旦이라 한다)이 되니,
나의 보좌들은 모두 기(夔: 舜임금 때의 樂官)나 설(契: 전설 중 商의 선조. 순임금 때에 禹가 치수하는 것을 보좌한 공로로 商 땅에 봉해짐)와 같네.
저 옛날 나라를 일으킬 때,
어려운 일 있을 때마다 모두 충렬(忠烈)들에게 의지했네.
어느새 한 해가 저물어 가는데,
성회절을 맞아 감개가 무량하구나.
원창(元昶)(朕을 元이라 하고, 卿을 昶이라 한다)이 한마음이니,
자손들에게 이 사업 물려줄 만 하리라.

청평관 조숙달(趙叔達)(詞臣을 일러 청평관이라 한다)이 다음과 같이 시를 지었다.

법가(法駕: 천자가 타는 수레)가 성회절에 바람을 피하러 오시니,
파라(波羅)와 비용(毗勇)이 두려워하네(波羅는 호랑이이고, 毗勇은 야생마이다. 驃信이 옛날에 이곳에 왔을 때 두 짐승을 쏘아 죽였다).
강물은 드넓어 좀처럼 얼음 얼지 않고,
땅은 온화하여 매화가 먼저 피어나네.
국왕이 명령을 내리면 이유(俚柔)(俚柔는 백성이다)들 화합하고,
농간(弄揀)(나라 이름이다)에서는 보배를 바쳐오네.
이 못난 재주로나마,
천년동안 천자 모시고 피풍대에서 노닐고 싶네.

(『옥계편사』)

南詔以十二月十六日, 謂之'星回節日', 遊于避風臺, 命淸平官賦詩. 驃信詩曰: "避風善闡臺, 極目見藤越(隣國之名也). 悲哉古與今, 依然烟與月. 自我居震旦(謂天子爲震旦), 翊衛類夔·契. 伊昔經皇運, 艱難仰忠烈. 不覺歲云暮, 感極星回節. 元昶(謂朕曰元, 謂卿曰昶)同一心, 子孫堪貽厥." 淸平官趙叔達曰(謂詞臣爲淸平官): "法駕避星回, 波羅毘勇猜(波羅虎也, 毘勇野馬也. 驃信昔年幸此, 魯射野馬幷虎). 河濶冰難合, 地暖梅先開. 下令俚柔洽(俚柔百姓也),

獻睬弄揀(國名)來. 願將不才質, 千載侍遊臺." (出『玉谿編事』)

483・8(6815)
요 부(獠 婦)

　남방(南方)에 사는 요족의 부인들은 아이를 낳자마자 바로 일어서고 그 남편들이 오히려 이부자리에 누워서 마치 산모처럼 음식을 먹는다. 산모들이란 조금만 돌봐주지 않아도 온갖 질병이 생기게 마련인데, 요족 부인들은 아무런 고통도 없이 아무렇지도 않은 듯 불 때고 밥 짓고 나무하고 풀을 벤다.

　또 이런 이야기도 있다. 월(越) 땅의 풍속에서는 아내가 아들을 낳으면 사흘이 지난 뒤 바로 냇가로 가 몸을 씻는다. 그런 다음 돌아와 죽을 쑤어 남편에게 바친다. 그 때 남편은 이불을 끌어안고 아이를 품은 채 평상에 앉아 있는데, 사람들은 그 남편들을 '산옹(産翁)'이라고 부른다. 일이 거꾸로 된 것이 이와 같다. (『남초신문』)

　南方有獠婦, 生子便起, 其夫臥牀褥, 飮食皆如乳婦. 稍不衛護, 其孕婦疾皆生焉, 其妻亦無所苦, 炊爨樵蘇自若.
　又云. 越俗, 其妻或誕子, 經三日, 便澡身于溪河. 返, 具糜以餉壻, 壻擁衾抱雛, 坐于寢榻, 稱爲'産翁'. 其顚倒有如此. (出『南楚新聞』)

남중승(南中僧)

　남방 사람들은 모두 불교를 믿지 않는다. 그래서 비록 한두 군데 절이 있긴 하지만 관리들이 중 된 자들에게 세금을 부과하고 사람들이 시주한 재물을 감독한다. 그 곳에 한 두 명의 중이 있는데, 여자를 품에 안고 고기 먹기를 즐기며 집에서 살면서 불교에 대한 일이라고는 전혀 알지 못한다. 그곳 사람들은 여자를 중에게 시집보내고서 중들을 '사랑(師郞)'이라고 부른다. 그들은 어쩌다 병이라도 나면 종이로 둥근 돈을 만들어서 불상 옆에 가져다 놓거나 혹은 스님들을 청해와 음식을 차려준다. 그리고 이튿날 양과 돼지를 잡아먹는데, 그것을 '제재(除齋)'라고 부른다. (『투황잡록』)

　또 남중(南中)의 작은 군(郡)에는 대부분 승려들이 없다. 그래서 황제의 조서를 선독(宣讀)할 때에는 가짜로 스님을 세워놓고 자리에 참석시킨다. 당(唐)나라 소종(昭宗)이 즉위했을 때 유도(柳韜)가 용주(容州)와 광주(廣州)의 선고사(宣告使)가 되었는데, 관할 주에 사면령이 도착했으나 애주(崖州)에는 옛날부터 스님이 없어서 그 때 그 때 사람을 파견해 일을 처리해왔다. 그런데 사면령을 선독할 때 한 가짜 중이 자기가 배정된 자리에 설 수 없다고 했다. 이에 태수(太守) 왕홍부(王弘夫)가 이상하게 여겨 이유를 묻자 중이 대답했다.

　"역할이 온당치 않고 맡겨진 일 역시 너무 불공평합니다. 작년에는 문선왕(文宣王: 孔子)을 맡기더니 올해는 중노릇 하라고 보내다니요."

　그 광경을 본 사람들은 모두 뒤로 나자빠졌다. (『영표록이』)

南人率不信釋氏. 雖有一二佛寺, 吏課其爲僧, 以督責釋之土田及施財. 間有一二僧, 喜擁婦食肉, 但居其家, 不能少解佛事. 土人以女配僧, 呼之爲'師郞'. 或有疾, 以紙爲圓錢, 置佛像旁, 或請僧設食. 翌日, 宰羊豕以啖之, 目曰'除齋'. (出『投荒雜錄』)

又南中小郡, 多無緇流. 每宣德音, 須假作僧道陪位. 唐昭宗卽位, 柳韜爲容‧廣宣告使, 赦文到下屬州, 崖州自來無僧, 皆('皆'原作'家', 據明鈔本改)臨事差攝. 宣時, 有一假僧不伏排位. 太守王弘夫怪而問之, 僧曰: "役次未當, 差遣編倂. 去歲已曾攝文宣王, 今年又差作和尙." 見者莫不絶倒. (出『嶺表錄異』)

483·10(6817)
번우(番禺)

광주(廣州) 번우현의 한 백성이 문서를 작성해와 고소하며 말했다.

"간밤에 채소밭이 털렸습니다. [그 밭이] 지금 어디 있는지 알고 있으니 현령(縣令)께서 판결을 내려주시고 가서 찾아다 주십시오."

북쪽에서 온 한 객이 그 말을 듣고 놀라하며 어찌된 영문인지 캐묻자 그 백성이 말했다.

"바다의 얕은 물에는 해조나 마름 같은 것들이 있는데, 바람이 불면 모래가 그것들과 서로 엉겨 그 뿌리가 물 위로 떠오릅니다. 모래밭 중에는 두께가 간혹 3~5척 정도 되는 곳도 있는데, 그런 곳은 개간하여 경작할 수도 있고 물을 주거나 밭으로도 만들 수 있기 때문입니다. 간밤에 마치 대나무 뗏목이 물에 휩쓸려 떠내려가듯 100여 리 밖까지 도둑맞았습니다. 그렇게 채소를 심는 사람들이 바닷가에는 종종 있지요."(『옥당한화』)

또 어떤 사람이 번우에서 단오절을 맞았는데, 온 거리가 시끌벅적하게 상사약(相思藥) 파는 소리가 들렸다. 그가 의아하게 생각하며 웃으면서 가보니 노파가 산속에서 나는 기이한 풀을 머리에 이고 와서 부잣집 여자들에게 팔고 있었다. 그것은 바로 남자를 유혹하는 약으로 그날 따온 것을 써야지만 신령하다고 했다. 또 까치집을 주워와 그 안에서 두 개의 작은 돌을 얻었는데, 그것은 '작침(鵲枕)'이라 불리는 것으로 그날 얻은 것이 좋다고 했다. 여자들은 그것을 보면 금비녀를 뽑고 귀걸이를 풀러 그 값을 치른다. (『투황록』)

廣州番禺縣常有部民諜訴云: "前夜亡失蔬圃. 今認得在于某處, 請縣宰判狀往取之." 有北客駭其說, 因詰之, 民云: "海之淺水中有藻荇之屬, 被風吹, 沙與藻荇相雜, 其根旣浮. 其沙或厚三五尺處, 可以耕墾, 或灌或圃故也. 夜則被盜者盜之百餘里外, 若桴筏之乘流也. 以是植蔬者, 海上往往有之."(出『玉堂閒話』)

有在番禺逢端午, 聞街中喧然, 賣相思藥聲. 訝笑觀之, 乃老媼荷('荷'原作'舊', 據明鈔本改)揭山中異草, 鬻于富婦人. 爲媚男藥, 用此日採取爲神. 又云, 採鵲巢中, 獲兩小石, 號'鵲枕', 此日得之者佳. 婦人遇之, 有抽金簪解耳璫而償其直者. (出『投荒錄』)

483 · 11(6818)
영남여공(嶺南女工)

    영남에서는 가난한 집이건 부잣집이건 상관없이 모두 딸들에게 바느질하기나 길쌈하는 일을 잘하라고 가르치지 않고 직접 주방에 들어가 칼이나 기구 다루는 법을 부지런히 가르칠 뿐이다. 초나 소금, 채소절임이나 생선젓갈을 잘 만들어야만 훌륭한 여자가 될 수 있다. 이 어찌 먼 곳에 사는 변방민족의 천성이 아니겠는가! 그래서 마을 사람들 중에 앞다투어 혼처를 구하고자 하는 사람들은 서로 이렇게 말하곤 한다.

    "내 딸은 저고리를 마름질하고 두루마기를 꿰매는 따위의 일은 전혀 못하지만 물뱀이나 두렁허리를 손질하는 일은 한 마리 한 마리 하면 할수록 더욱 잘한답니다."

(『투황록』)

    嶺南無問貧富之家, 敎女不以針縷績紡爲功, 但躬庖廚, 勤刀機而已. 善醯鹽葅鮓者, 得爲大好女矣. 斯豈遐裔之天性歟! 故俚('俚'原作'偶', 據明鈔本改)民爭婚聘者, 相與語曰: "我女裁袍補襖, 卽灼然不會, 若修治水蛇·黃鱔, 卽一條必勝一條矣." (出『投荒錄』)

483 · 12(6819)
오 갱(芋 羹)

　백월(百越: 고대의 江浙 혹은 閩越지방) 사람들은 두꺼비 먹기를 좋아해서 연회가 열릴 때마다 그것을 최고의 요리로 친다. [그것을 요리할 때] 우선 솥 안에 물을 넣은 다음 작은 토란을 집어넣고 끓이다가 물고기 눈알처럼 물이 부글부글 끓어오를 때 개구리를 집어넣는다. 그러면 개구리들이 토란을 하나씩 손에 든 채 푹 삶아지는데, 그렇게 해서 만들어진 음식을 '포우갱(抱芋羹)'이라 부른다. 어떤 때는 우선 끓는 물 안에 죽순을 집어넣은 다음 개구리를 넣기도 한다. 그러면 상에 올릴 때에 개구리들은 모두 죽순을 손에 쥐고 눈을 부릅뜬 채 입을 벌리고 있다. [그 모습을 보고] 자리에 있던 손님들은 놀리며 이렇게 말한다.

　"등심초(燈心草: 골풀)를 파는구먼."

　또 말하길 껍질이 울퉁불퉁한 것이 가장 맛이 좋다고 한다. 끓는 물에 두꺼비를 던져 넣으면 즉시 뛰쳐나오는데, 그러면 껍질이 저절로 벗겨진다. 껍질을 벗긴 다음에야 요리할 수가 있다. 당시 어떤 노인이 그 말을 듣더니 절대로 그래서는 안 된다고 하면서 말했다.

　"절대 금오자(錦襖子: 비단 마고자. 여기서는 개구리 껍질을 비유한 것임)를 제거해서는 안 되네. 그 맛이야말로 일품인걸."

　그 말을 들은 사람 중에 웃지 않은 자가 없었다. (『남초신문』)

　百越人好食蝦蟆, 凡有筵會, 斯爲上味. 先于釜中置水, 次下小芋烹之, 候湯沸如魚眼, 卽下其蛙. 乃一一捧芋而熟, 如此呼爲'抱芋羹'. 又或先于湯內安笋笋, 後投蛙. 及進于筵上, 皆執笋笴, 瞪目張口. 而座客有戲之曰: "賣燈心者." 又云, 疥皮者最佳. 擲于沸湯, 卽躍出, 其皮自脫矣. 皮旣脫, 乃可以修饌. 時有一叟聞玆語, 大以爲不可, 云: "切不得除此錦襖子. 其味絶珍." 聞之者莫不大笑. (出『南楚新聞』)

483 · 13(6820)
밀 즐(蜜 唧)

　영남(嶺南)의 요민(獠民: 소수민족의 凡稱)들은 밀즐 만들기를 좋아한다. 이는 즉, 아직 눈도 뜨지 못하여 새빨간 몸을 꿈틀대는 새끼 쥐에게 꿀을 먹인 다음 잔칫상 위에 못 박아 놓으면 쥐새끼가 움직이는데, 그때 젓가락으로 집어서 씹으면 지지! 하는 소리가 난다하여 '밀즐'이라 부른 것이다. (『조야첨재』)

　嶺南獠民好爲蜜唧. 卽鼠胎未瞬, 通身赤蠕者, 飼之以蜜, 釘之筵上, 囁囁而行, 以筯挾取, 咬之, 唧唧作聲, 故曰'蜜唧'. (出『朝野僉載』)

483 · 14(6821)
남 주(南 州)

　왕촉(王蜀: 前蜀) 때의 유은(劉隱)이라는 사람은 글을 잘 지었다. 그가 일찍이 다음과 같은 이야기를 해주었다.

그는 젊었을 적에 익주부감군사(益州部監軍使)의 편지를 들고 검중(黔中)과 무산(巫山) 남쪽 경계로 갔는데, 그 일대는 남주라고 불리는 곳이었다. 남주에는 험한 산이 많고 길이 좁아 말을 타고 지나다닐 수가 없었기 때문에 귀한 사람이건 천한 사람이건 모두 지팡이를 짚고서 걸어가야 했으며 보따리는 모두 [주에서 보낸] 일꾼들이 짊어 메야 했다. 그러나 일꾼들이 가지 않는 곳은 현령(縣令)이나 주부(主薄)를 보내 직접 짊어지게 해야 했다. 거의 남주에 다다를 즈음에 주목(州牧)이 사람을 보내 문서를 내보이며 그를 맞이해오게 했다. 또 갔더니 한 두 사람이 삼태기를 등에 메고 와 유은을 삼태기 안에 태우고서 손을 휘저으며 걸어갔다. 그들은 산을 오르고 골짜기 안으로 들어갔는데, 하나같이 높고 험준하고도 깊은 곳이었다. 그런 곳을 하루에 100여 군데나 지나야 했기 때문에 손톱으로 벼랑을 기어오르며 1촌 1촌 앞으로 나아갔다. 삼태기 안에 있는 사람은 반드시 자기를 짊어 진 사람과 등을 맞대고 앉아야 했는데, 이것이 바로 그곳의 거마(車馬)였던 것이다. 남주에 거의 도착할 즈음에 주목 역시 삼태기를 타고 교외로 나와 그를 마중했다. 그 군은 뽕나무 숲 사이에 있었으며 겨우 띠 집이 몇 칸 있을 뿐이었다. 목수(牧守)는 모두 중국 사람이었으며 도리에 밝았다. 이튿날 목수가 말했다.

"여러 대장(大將)들을 한번 만나 보셔야지요?"

그리고는 사람은 보내 그를 관아로 인도하게 했는데, 관아끼리 십여 리 정도 떨어져 있었으며 역시 수풀 속에 있었다. 띠로 엮은 한 서재에서 3~5명의 장교들이 극진한 예로 유은을 맞이해주었다. 그리고는 송아지 한 마리를 잡았는데, 우선 송아지 결장(結腸: 잘룩창자) 속에 있는 세분(細糞)을 꺼낸 다음 쟁반 위에 올려놓고 젓가락으로 초와 함께 버무려 먹은 연후에 송아지 고기를 먹었다. 그곳 사람들은 송아지의 세분을 '성제(聖虀)'라 부르며 만일 그것이 없다면 잔칫상이 되지 못한다고 말했다. 음식들이 절반 정도 없어진 뒤에 마충과증(麻蟲裹蒸)이라는 음식을 차려왔는데, 과증이란 지금 자유(刺猱)라고 부르는 것과 같은 것으로 삼이나 고사리 덩굴 위에 사는 벌레를 잡아다가 연잎으로 싼 다음 쪄낸 음식이다. 유은이 억지로 그것을 먹었더니 이튿날 그곳 대장들이 아주 많은 마충과증을 그에게 주었다. (『옥당한화』)

王蜀有劉隱者善于篇章. 嘗說: 少年賫益部監軍使書, 索('索'原作'案', 據明鈔本改)于黔巫之南, 謂之南州. 州多山險, 路細不通乘騎, 貴賤皆策杖而行, 其囊橐悉皆差夫背負. 夫役不到處, 便遣縣令·主薄自荷而行. 將至南州, 州牧差人致書迓之. 至則有一二人背籠而前, 將隱入籠內, 掉手而行. 凡登山入谷, 皆絶高絶深者. 日至百所, 皆用指爪攀緣, 寸寸而進. 在于籠中, 必與負荷者相背而坐, 此卽彼中車馬也. 洎至近州, 州牧亦坐籠而迓于郊. 其郡在桑林之間, 茅屋數間而已. 牧守皆華人, 甚有心義. 翌日牧曰: "須略謁諸大將乎?" 遂差人引之衙院, 衙各相去十餘里, 亦在林木之下. 一茅齋, 大校三五人, 逢迎極至. 于是烹一犢兒, 乃先取犢兒結腸中細糞, 置在盤筵, 以筯和('和'字原闕, 據黃本補)調在醋中, 方餐犢肉. 彼人謂細糞爲'聖虀', 若無此一味者, 卽不成局筵矣. 諸味將半, 然後下麻蟲裹蒸, 裹蒸乃取麻蕨蔓上蟲, 如今之刺猱者是也, 以荷葉裹而蒸之. 隱勉强餐之, 明日所遺甚多. (出『玉堂閒話』)

태평광기

권제 484

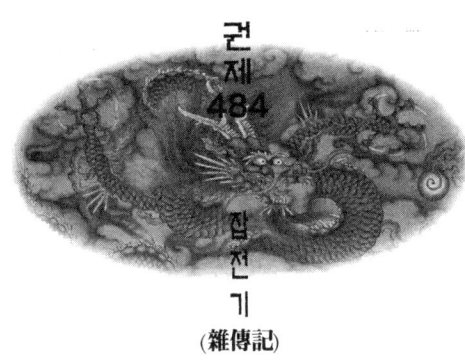

잡전기 (雜傳記) 1

1. 이 와 전(李 娃 傳)

484·1(6822)
이와전(李娃傳)

견국부인(汧國夫人) 이와는 장안(長安)의 기생이었다. 그녀는 절개와 품행이 고귀하고 뛰어나 칭찬할 만한 점이 있으므로 감찰어사(監察御使) 백행간(白行簡)이 전(傳)을 지어 서술한다.

[唐나라] 천보연간(天寶年間: 742~756)에 상주자사(常州刺史) 형양공(滎陽公)이 있었는데, 그의 이름은 생략하고 여기에 적지 않는다. 그는 당시 명망이 매우 높았을 뿐만 아니라 집안에서 부리는 노복들도 매우 많았다. 그는 나이 50에 아들 하나를 얻었는데, 이제 겨우 20세였다. 아들은 영준하고 문재(文才)가 남달리 뛰어나 당시 사람들에게 칭송과 탄복을 받았다. 그 아버지[滎陽公]는 그를 애지중지하며 말했다.

"이 아이는 우리 집안의 천리마이다."

아들이 주현(州縣)의 추천으로 과거시험에 응시하게 되어 떠나게 되자 아버지는 의복·노리개·수레·말 등의 물품을 성대하게 마련해주고 그가 도성에서 쓸 생활비를 계산해주며 말했다.

"내가 너의 재주를 보니 한 번에 붙겠구나. 지금 2년 동안의 비용을 너에게 넉넉히 주는 것은 장차 [과거에 급제하고자 하는] 너의 뜻을 위해서이다."

생(生: 아들)도 과거에 급제하는 일이 손바닥을 뒤집듯 쉬운 일이라고 자부했다.

생은 비릉(毘陵)에서 출발한 지 한 달여 만에 장안에 도착해서 포정리(布政里)에 묵었다. 생이 한번은 동시(東市)에 놀러갔다가 돌아오는 길에 평강리(平康里)의 동문으로 들어가 서남쪽으로 친구를 찾아가려고 했다. 명가곡(鳴珂曲)에 이르렀을 때 집 한 채가 보였는데, 대문과 정원은 그리 넓지 않았으나 집은 엄숙하고 깊었으며 문 한 짝만 닫혀 있었다. 이와가 두 갈래로 머리를 딴 하녀에 기대어 서 있었는데, 자태가 곱고 아름다워 여태껏 본 적 없는 절세미인이었다. 생은 갑자기 그녀를 보다가 자기도 모르게 한참 동안 말을 멈추고 배회하면서 떠나지 못했다. 이에 그는 일부러 땅에 채찍을 떨어뜨리고 하인에게 주워 오라고 했다. 그가 계속 이와에게 곁눈질을 하자 그녀도 눈을 돌려 응시했는데, 서로 사모하는 정이 가득했다. 그러나 그는 결국 감히 말을 건네지 못하고 돌아왔다.

생은 이로부터 망연자실하여 장안에서 잘 노는 친구에게 몰래 찾아가 그녀에 대해 물어보았다. 그러자 친구가 말했다.

"그녀는 이씨(李氏) 댁의 기녀[狹邪女: 옛날에는 기녀들이 대부분 작고 좁은 골목에 거주했기 때문에 이렇게 불렀음]라네."

생이 물었다.

"그 아가씨를 얻을 수 있는가?"

친구가 대답했다.

"이씨는 재산이 매우 풍족한데, 전에 그녀와 만나던 사람들이 대부분 귀족이나 호족들이라 그녀가 얻은 재물이 아주 많다네. 수백만 냥이 아니라면 그녀의 마음을 움직일 수 없을 것이네."

생이 말했다.

"다만 그녀와 같이 지내지 못할까 걱정이지 비록 100만 냥인들 어찌 아깝겠는가!"

다른 날 생은 옷을 깨끗이 차려 입고 많은 하인들을 데리고 그곳으로 갔다. 그가 문을 두드리자 잠시 후에 한 하녀가 문을 열었다. 생이 말했다.

"이곳은 뉘 댁이냐?"

하녀는 대답하지 않고 달려가더니 크게 소리쳤다.

"예전에 채찍을 떨어뜨렸던 도련님이 왔습니다."

그러자 이와가 크게 기뻐하며 말했다.

"너는 잠시 그를 붙잡아 두어라. 내가 당장 단장하고 옷을 갈아입은 후 나올 테니."

생은 그 말을 듣고 몰래 기뻐했다. 하녀는 그를 데리고 가림벽 사이로 가서 흰 머리에 허리가 굽은 노파를 만나게 했는데, 그녀가 바로 이와의 어머니였다. 생은 무릎을 꿇고 절을 한 뒤 앞으로 나아가 인사하며 말했다.

"이곳에 빈 방이 있다고 들어서 세 들어 살고 싶은데 정말입니까?"

노파가 말했다.

"방이 누추하고 눅눅하며 비좁아서 당신과 같이 훌륭한 사람이 머물기에 부족할까 두렵습니다. 그러니 어찌 감히 방세를 말하겠습니까?"

그러면서 생을 손님을 접대하는 방으로 데리고 갔는데, 그곳은 매우 화려했다. 노파가 생과 마주앉더니 말했다.

"저에게 귀엽고 작은 딸이 하나 있는데, 재주는 하찮으나 손님을 만나는 것을 좋아하니 만나보십시오."

그리고는 이와를 불러냈는데, 그녀는 눈동자가 맑고 손목이 희었으며 행동거지가 매력있고 고왔다. 생은 놀라 일어났지만 감히 그녀를 쳐다보지 못했다. 그녀와 절을 하고 인사를 나누었는데, 어디를 봐도 모두 아름다워 그런 모습을 일찍이 본 적이 없었다. 생이 다시 자리에 앉자 차를 끓이고 술을 따랐는데, 쓰는 그릇이 매우 깨끗했다. 한참 후에 날이 저물고 통금을 알리는 북소리가 사방에서 울렸다. 노파가 생에게 사는 곳이 얼마나 먼지 묻자 생이 거짓으로 말했다.

"연평문(延平門) 밖 몇 리 떨어진 곳에 있습니다."

생은 사는 곳이 멀므로 자신을 붙잡아주길 바랐다. 노파가 말했다.

"북소리가 이미 울렸으니 빨리 돌아가십시오. 통금을 어겨서는 안 됩니다."

생이 말했다.

"즐겁게 담소를 나누다보니 날이 저무는지 몰랐습니다. 길은 멀고 성안에도 친척이 없으니 장차 어찌한단 말입니까?"

이와가 말했다.

"좁고 누추한 것을 탓하지 않고 장차 이곳에서 살겠다고 하셨는데, 하룻밤 묵는 것이 어찌 해가 되겠습니까?"

생이 여러 번 노파를 쳐다보자 노파가 말했다.

"그러시오."

이에 생은 가동(家僮)을 불러 고운 비단 2필을 가져오게 하더니 하룻밤 음식을 준비하도록 청했다. 이와가 웃으면서 말리며 말했다.

"손님과 주인의 예의가 있는데 그러시면 안 됩니다. 오늘밤의 음식은 빈천한 우리 집에서 변변찮은 음식을 있는 대로 차려 내려고 합니다. 그 나머지는 다른 날을 기약하십시오."

이와는 한사코 사양하며 끝내 허락하지 않았다.

잠시 후에 생은 서쪽에 있는 당으로 옮겨 앉았는데, 그곳의 휘장과 주렴, 평상이 눈부실 정도로 빛났고 화장 상자와 침구도 모두 화려했다. 이에 등불을 밝히고 음식이 들어왔는데 진수성찬이었다. 식사를 마치자 노파가 일어났다. 생과 이와는 이야기가 무르익어 장난을 치며 담소를 나누었는데 거리낌이 없었다. 생이 말했다.

"이전에 우연히 당신 집 문 앞을 지나가다가 당신이 마침 가림벽 사이에 있는 것을 보았소. 그 후부터 마음속으로 항상 당신을 그리워하면서 잠잘 때나 식사할 때도 당신에 대한 생각을 떨쳐버릴 수가 없었소."

이와가 대답했다.

"제 마음도 그러했습니다."

생이 말했다.

"오늘 온 것은 단지 거처할 곳을 구하고자 한 것만이 아니라 평생의 뜻을 이루기 위해서요. 다만 운명이 어떨지 모르겠소."

말이 채 끝나기 전에 노파가 들어와 그 까닭을 묻기에 모두 알려주었다. 노파가 웃으며 말했다.

"남녀 사이에는 커다란 욕망이 있으므로 마음만 서로 통한다면 비록 부모의 명이라 한들 막을 수가 없지요. 그러나 제 딸이 정말로 비천하니 어찌 당신과 잠자리를 같이 할 수 있겠습니까!"

마침내 생은 계단을 내려와 절을 하고 감사하며 말했다.

"저는 당신의 노복이 되길 바라오."

결국 노파는 그를 사위로 지목하고 술을 달게 마신 뒤 헤어졌다. 아침이 되자 생은 자신의 짐을 다 옮기고 이씨 집에서 살았다.

그때부터 생은 자취를 감추고 몸을 숨긴 채 다시는 친구들과 연락하지 않았다. 생은 날마다 기녀들과 모여 스스럼없이 놀면서 잔치를 즐겼다. 보따리 속이 텅 비게 되자 준마와 가동을 팔았다. 1년 남짓 지나자 재물과 노복, 말을 모두 탕진했다. 그 후로 노파의 마음은 점점 냉담해졌지만 이와와의 애정은 더욱 돈독해졌다.

어느 날 이와가 생에게 말했다.

"당신과 서로 알고 지낸 지 1년이 되어 가는데 아직 자식이 없습니다. 일찍이 죽림신(竹林神)은 메아리처럼 보응한다고 들었으니 그곳에 가서 제사를 올려 구원해 봐도 되겠습니까?"

생은 그녀의 계획을 모르고 크게 기뻐했다. 이에 옷을 가게에 저당 잡히고 제사 음식과 술을 준비해서 이와와 함께 사당을 찾아가 기원드리고 나서 이틀 후에 돌아왔다. 생은 나귀를 몰며 뒤에 오고 있었는데, 마을의 북문에 이르자 이와가 생에게 말했다.

"이곳에서 동쪽으로 작은 골목을 돌아가면 저의 이모 댁이 있습니다. 그곳에서 쉬면서 이모님을 뵈어도 되겠습니까?"

생은 이와의 말대로 앞으로 갔는데, 100보도 채 가기 전에 과연 수레가 출입하는 문이 보였다. 그 안을 들여다보았더니 매우 크고 넓었다. 한 하녀가 수레 뒤에서 멈추며 말했다.

"도착했습니다."

생이 나귀에서 내리는데 마침 한 사람이 나와서 물었다.

"누구십니까?"

대답했다.

"이와입니다."

이에 그 사람이 들어가 알렸다. 잠시 후에 40여 세쯤 된 부인이 와서 생을 맞이하며 말했다.

"내 조카도 왔는가?"

이와가 수레에서 내리자 부인이 나와 그녀를 맞이하며 말했다.

"어찌 이렇게 오랫동안 소식이 없었느냐?"

그리고는 서로 바라보며 웃었다.

이와는 생에게 절하게 하며 소개하고 나서 함께 서쪽 극문(戟門: 宮門 또는 三品 이상인 高官의 집에 戟을 세워놓은 문) 곁에 딸린 정원으로 들어갔다. 정원 가운데에는 산정(山亭)이 있었고 대나무가 푸르고 무성했으며 연못가의 정자도 그윽하고 조용했다. 생이 이와에게 말했다.

"이곳이 이모님의 사택이오?"

이와는 웃으며 대답하지 않고 다른 말로 대답했다. 잠시 후에 차와 과일이 나왔는데 매우 진기했다. 한 식경쯤 지나 한 사람이 대완마(大宛馬: 大宛은 漢代 西域의 國名으로 名馬의 생산지)를 몰고 땀을 흘리며 달려와서 말했다.

"마님께서 갑자기 매우 심하게 앓아 거의 사람을 알아보지 못하시니 속히 돌아가셔야만 되겠습니다."

이와가 이모에게 말했다.

"마음이 어지럽네요. 제가 말을 타고 먼저 가서 곧 말을 돌려보낼 테니 서방님과 함께 오세요."

생은 그녀를 따라가려 했으나 이모가 하녀에게 뭐라고 귓속말을 하면서 손을 휘저으며 생을 문 밖에 멈춰 서게 한 뒤 말했다.

"자네 장모는 곧 죽을 것 같네. 그러니 자네는 나와 장례에 대해 상의하여 이와의 급한 마음을 도와줘야지 어찌 그리 급하게 따라가려 하는가?"

이에 생은 남아서 함께 장례를 치르고 제사를 지낼 때 드는 비용을 계산했다. 날이 저물도록 말이 오지 않자 이모가 말했다.

"소식이 없으니 어찌된 일인가? 자네가 급히 가서 보게나. 나도 당장 뒤따라 갈 테니."

이에 생이 가서 옛집에 이르러 보았더니 문과 빗장이 매우 단단하게 잠겨 진흙으로 봉인되어 있었다. 생이 매우 놀라 이웃사람에게 물어보았더니 이웃사람이 대답했다.

"이씨는 본래 이곳에 세 들어 살았는데, 계약기간이 이미 끝나 집주인이 집을 회수해갔습니다. 노파가 이사간지 이미 이틀이나 되었습니다."

생이 어디로 이사했는지 물어보자 이웃사람이 대답했다.

"어디로 갔는지 모릅니다."

생은 말을 몰아 선양리(宣陽里)로 가서 이모에게 물어보려 했으나 날이 이미 저물었고 거리를 계산해 봐도 [당일에는] 도착할 수 없었다. 이에 옷을 벗어 저당 잡혀서 식사를 하고 평상을 빌어 잠을 잤다. 생은 너무 분하고 화가 나서 저녁부터 아침까지 눈을 붙일 수 없었다. 날이 밝자 생은 절름거리는 말을 타고 갔다. 그곳에 도착해서 계속 문을 두드렸으나 한 식경이 지나도록 아무도 대답하지 않았다. 생이 서너 번 크게 부르자 한 관리가 천천히 나왔다. 생은 급히 그에게 물었다.

"이모님은 계시오?"

관리가 대답했다.

"없소."

생이 말했다.

"어제 저녁에 이곳에 계셨는데 어째서 숨기시오?"

그리고는 생이 누구의 집이냐고 물었더니 관리가 대답했다.

"이곳은 최상서(崔尙書) 댁이오. 어제 어떤 사람이 이곳을 빌려 멀리서 오는 내외사촌을 접대한다고 하더니 날이 저물기도 전에 떠났소."

생은 미칠 정도로 당황하고 의심스러워 어떻게 해야 할지 모르다가 결국 포정리의 옛집으로 돌아갔다.

집주인은 그를 불쌍히 여겨 음식을 주었다. 그러나 생은 원망하고 고민하며 사흘 동안 음식을 먹지 못하더니 중병에 걸렸는데, 열흘 남짓이 지나자 병이 더욱 심해졌다. 집주인은 그가 일어나지 못할까 두려워 그를 장의사(葬儀社)로 옮겼다. 생의 숨이 곧 끊어질 듯하자 장의사 사람들은 함께 가슴아파하고 탄식하면서 서로 음식을 먹여주었다. 후에 생은 병세가 조금 나아져 지팡이를 짚고 일어날 수 있었다. 그때부터 장의사에서는 그에게 날마다 임시로 일거리를 주었는데, 죽은 사람의 영전에 드리우는 휘장을 들게 해서 그 값을 받아 스스로 생활할 수 있도록 해주었다. 몇 달이 지나자 생은 점점 건강해졌으나 매번 만가(挽歌)를 들을 때마다 자신이 죽은 사람만도 못하다고 한탄하며 흐느껴 울면서 흐르는 눈물을 억제하지 못했다. 그리고 집으로 돌아오면 만가를 따라 불렀다. 생은 총명한 사람이어서 얼마 지나지 않아 만가를 아주 훌륭하게 부르게 되었는데, 장안에서 그와 견줄 만한 사람이 없었다. 본디 [長安에는] 장례 용품을 다루는 장의사가 두 군데 있어서 서로 우열을 다투었다. 동쪽의 장의사는 수레와 가마가 모두 훌륭하고 아름다워 누구도 대적하지 못했지만 만가만은 뒤떨어졌다. 그래서 동쪽 장의사의 주인은 생의 만가가 아주 훌륭하다는 것을 알고 돈 2만 전을 모아 그를 고용하겠다고 했다. 동쪽 장의사의 [만가를 잘 부르는] 늙은이들은 함께 그의 능력을 비교한 다음 몰래 새로운 노래를 가르치고 서로 그에 맞춰 화창(和唱)했다. 수십 일이 지났지만 그 일을 아는 사람이 없었다. 두 장의사의 주인이 서로 말했다.

"우리들은 각자 천문가(天門街: 承天門街로 承天門 밖 남쪽으로 난 南北大路)에 장례용품을 진열하여 우열을 가립시다. 이기지 못한 사람이 5만 냥을 벌금으로 내서 술자리 비용을 대는 것이 어떻겠소?"

두 장의사는 허락하고 계약문서를 작성하여 서명으로 보증한 다음 장례용품을 진열했다. 남녀들이 모두 구경하려고 수만 명이 모여들었다. 이에 이서(里胥: 里長으로 한 里의 우두머리)는 적조(賊曹: 도성 안의 치안을 담당하던 관리)에게 아뢰었고 적조는 경윤(京尹: 京兆尹)에게 아뢰었다. 사방의 사람들이 모두 구경하러 달려 나가 거리에 사람이 없었다. 아침부터 진열하여 정오까지 상여와 의장용 도구를 두루 선보였는데, 서쪽 장의사가 모두 이기지 못하자 그 주인이 부끄러워했다. [서쪽 장의사에서] 남쪽 모퉁이에 몇 층으로 된 높은 평상을 설치해놓자 긴 수염을 기른 사람이 큰 방울을 들고 나왔는데, 몇 사람의 호위를 받고 있었다. 드디어 그 사람은 수염을 날리며 눈썹을 치세우고 팔을 걷어붙이고는 머리를 조아리며 오르더니 「백마(白馬: 옛날 挽歌의 일종인 白馬歌)」의 노래를 불렀다. 그는 계속 이겨왔던 실력을 믿고 좌우를 둘러보는 것이 안하무인(眼下無人)이었다. 사람들이 일제히 소리치며 환호하자 스스로도 당대(當代)의 독보적인 존재라 아무도 자신을 이길 수 없다고 여겼다. 잠시 후 동쪽 장의사의 주인이 북쪽 모퉁이에 기다란 평상을 설치하자 검은 두건을 쓴 소년이 좌우에 5~6명을 거느리고 삽(翣: 상여의 양 옆에 다는 큰 깃털 부채 모양의 장식)을 잡고 나왔는데, 그가 바로 생이었다. 생은 의복을 단정히 하고 아주 천천히 위아래를 훑어보고 나서 목을 가다듬고 소리를 내었는데, 마치 이기지 못할 것 같은 모습이었다. 마침내「해로(薤露: 옛 挽歌의 일종인 薤露歌)」의 노래를 부르자 그 목소리가 맑고 고와 노랫소리가 숲을 울렸다. 노래가 아직 끝나지도 않았는데 듣는 사람들이 흐느껴 울었다. 서쪽 장의사의 주인은 사람들의 책망을 듣고 더욱 부끄러워 시합에 진 값을 앞에 몰래 내놓고서 도망쳐 숨어버렸다. 사방의 모든 사람들은 깜짝 놀라 멍하니 쳐다보았으나 그가 누구인지는 알지 못했다.

　이에 앞서 천자는 조서를 내려 지방장관들을 1년에 한 번씩 입궐하게 했는데, 이것을 '입계(入計: 지방장관이 조정에 들어와 그 동안의 행정과 재무를 보고하고 조정의 지시를 청하는 일)'라고 했다. 당시에 마침 생의 아버지가 도성에 있었는데, 동료들과 함께 옷을 바꿔 입고 몰래 가서 구경했다. 늙은 하인이 있었는데, 그는 생의 유모의 남편으로 생의 행동거지와 말투를 보고 곧 생임을 알아차렸으나 감히 말하지 못하고 눈물만 뚝뚝 흘렸다. 생의 아버지가 놀라 묻자 그가 아뢰었다.

　"노래 부르는 사람의 모습이 나리의 죽은 아드님과 흡사합니다."
　생의 아버지가 말했다.

"내 아들은 재물이 많아 도적에게 죽임을 당했는데, 어찌 여기에 올 수 있단 말이냐?"

말을 마치고 그 역시 울었다. 그들이 돌아간 뒤 늙은 하인은 몰래 틈을 내 달려가서 장의사 사람들에게 물었다.

"아까 노래를 부른 사람은 누구인데 그처럼 훌륭하게 부르시오?"

모두 대답했다.

"아무개의 아들입니다."

그 이름을 물어보았더니 이미 이름을 바꾼 뒤여서 하인은 화들짝 놀랐다. 하인은 천천히 다가가 살펴보았다. 생은 하인을 보고 안색이 변하더니 급히 피해 사람들 속에 숨으려 했다. 하인이 그의 소매를 잡으며 말했다.

"혹시 도련님이 아니십니까?"

그리고는 서로 붙잡고 운 뒤 수레를 타고 집으로 돌아왔다. 집에 이르자 아버지가 꾸짖으며 말했다.

"너는 그와 같은 뜻과 행동으로 우리 집안을 더럽히고도 무슨 면목으로 다시 만나러 왔느냐?"

그리고는 생을 데리고 걸어 나가 곡강(曲江) 서쪽의 행원(杏園) 동쪽으로 가서 그의 옷을 벗기고 말채찍으로 수백 대를 때렸다. 생이 그 고통을 이기지 못해 죽자 아버지는 그를 버려 둔 채 가버렸다. 그의 사부는 생과 친하게 지내는 사람에게 몰래 따라가게 했는데, 그 사람이 돌아와 장의사 사람들에게 알리자 모두 더욱 가슴아파하고 탄식했다. 그의 사부는 두 사람에게 갈대자리를 가져가 묻어주게 했다. 그들이 가서 보았더니 생의 심장 아래가 아직 따뜻했는데 한참 동안 일으켜 세우자

숨이 조금 통했다. 이에 그들이 함께 생을 업고 돌아와 갈대 대롱으로 마실 것을 흘려 넣었더니 하룻밤이 지나 살아났다. 한달 남짓 지나도록 손과 발을 스스로 들 수 없었고 매 맞은 상처가 모두 썩어 문드러져 매우 더러웠다. 그래서 그의 동료들도 그를 꺼려하더니 어느 날 저녁에 길가에 내다버렸다. 길가는 사람들이 모두 그를 불쌍히 여겨 종종 그에게 남은 음식을 던져주었기에 그는 그것으로 배를 채울 수 있었다. 100일이 지나자 그는 비로소 지팡이를 짚고 일어설 수 있었다. 그는 베옷을 입고 있었는데, 여러 군데를 기워 남루하기가 마치 꽁지 빠진 메추리 같았다. 그는 깨진 사발 하나를 들고 마을을 돌아다니며 음식을 빌어먹고 살았다. 가을부터 겨울까지 밤에는 거름더미나 동굴에 들어갔고 낮에는 시장의 점포들을 돌아다녔다.

눈이 많이 내리던 어느 날 아침에 생은 추위와 굶주림을 못 이겨 눈을 무릅쓰고 나섰다. 구걸하는 소리가 매우 처량해서 듣고 보는 사람들 중에 불쌍하게 여기지 않는 사람이 없었다. 그때는 눈이 아주 많이 내려서 대문이 대부분 열려 있지 않았다. 생이 안읍리(安邑里) 동문에 이르러 마을 담을 따라 북쪽으로 돌아갔을 때 7~8번째에 대문의 왼쪽 문이 열려 있는 집이 있었는데, 그곳은 바로 이와의 집이었다. 그러나 생은 그 사실을 알지 못하고 연거푸 급히 소리쳤다.

"배고프고 얼어 죽겠네!"

그 소리가 처절하여 차마 듣지 못할 정도였다. 이와는 규방에서 그 소리를 듣고 하녀에게 말했다.

"이는 틀림없이 생이야. 나는 그의 목소리를 알아들을 수 있어."

그리고는 총총걸음으로 나왔다. 생을 보았더니 비쩍 말라 있었고 옴

투성이로 거의 사람 꼴이 아니었다. 이와는 마음이 움직여 생에게 말했다.

"혹시 서방님이 아니십니까?"

생은 너무나 분한 마음에 기절하여 입으로 아무 말도 못하고 머리만 끄덕일 뿐이었다. 이와는 앞으로 다가가 그의 목을 끌어안고 비단 저고리로 감싸서 서쪽 행랑으로 데리고 갔다. 그녀는 목이 메도록 길게 통곡하며 말했다.

"당신을 하루아침에 이렇게 만든 것은 저의 죄입니다."

그리고는 기절했다가 다시 깨어났다. 노파가 깜짝 놀라 달려와서 말했다.

"무슨 일이냐?"

이와가 대답했다.

"서방님입니다."

노파가 급히 말했다.

"당장 내쫓을 일이지 어째서 여기까지 데려왔느냐?"

이와가 정색하고 돌아보며 말했다.

"안 됩니다. 이분은 양가집 자제로 지난 날에는 높은 수레를 몰고 가진 재산도 많았지만 저의 집에 와서 1년도 못되어 탕진해버렸습니다. 또 우리가 서로 계략을 써서 그를 버리고 내쫓았으니 이는 사람이 할 짓이 아닙니다. 그리고 그의 뜻을 잃게 하여 사람대접을 받지 못하게 했습니다. 부모 자식간의 도는 천성인데 그 정을 끊게 하고 죽여서 버리게까지 했으며 또 이처럼 곤궁한 지경에 이르게 했습니다. 천하의 사람들이 모두 저 때문인 것을 알고 있습니다. 서방님의 친척들이 조정에 가득

한데 일단 권세 있는 사람이 이 일의 본말을 자세히 살펴본다면 화가 곧 미칠 것입니다. 하물며 하늘을 속이고 사람을 배반하여 귀신도 도와주지 않을 것이니 스스로 화를 자초하지 말아야 합니다. 제가 어머니의 자식이 된지 지금까지 20년입니다. 그 비용을 계산해보면 천금뿐만이 아닙니다. 지금 어머니의 연세도 60여 세십니다. 20년 동안 입고 먹을 비용을 계산해 드릴 테니 저를 놓아주셔서 이분과 따로 살게 해주십시오. 살 곳이 멀지 않아 아침저녁으로 어머니께 문안드리고 보살펴드릴 수 있다면 저는 만족합니다."

노파는 그 뜻을 꺾을 수 없음을 알고 허락했다. 이와는 노파에게 비용을 지불하고도 백금이나 남았다. 그녀는 북쪽 모퉁이의 4~5번째 있는 빈집에 세 들었다. 그리고는 생을 목욕시키고 옷을 갈아입힌 후 탕과 죽으로 그의 장을 통하게 하고 그 다음에는 타락으로 그의 장을 튼튼하게 했다. 열흘 남짓 지나자 산해진미를 먹였다. 두건과 신발, 양말은 모두 진귀한 것을 가져다 입혀주었다. 몇 달도 안 되어 생의 피부에 점차 살이 붙었고 1년이 지나자 예전처럼 건강해졌다.

어느 날 이와가 생에게 말했다.

"몸도 이미 건강해지셨고 뜻도 이미 굳어지셨습니다. 심사숙고하셔서 지난날의 학업을 조용히 생각해보십시오. 복습할 수 있으시겠습니까?"

생은 생각해보더니 말했다.

"열에 두세 개밖에 생각이 안 나오."

이와는 수레를 타고 밖으로 나갔고 생은 말을 타고 따라갔다. 이와는 기정(旗亭: 城市 안에 있던 市樓) 남쪽 문에 있는 전적(典籍)을 파는 서점에 이르자 생에게 책을 골라 사게 했는데, 책값으로 백금을 다 쓰고서 책을 모두 싣고 돌아왔다. 그리고는 생에게 모든 잡념을 버리고 학문에 뜻을 두게 하여 밤낮없이 열심히 공부하게 했다. 이와는 항상 그의 옆에 앉아 있다가 한밤중이 되서야 잠을 잤다. 그녀는 생이 피곤해 보이면 시부(詩賦)를 지어 머리를 식히게 했다. 2년이 지나자 생은 학업에 큰 성취가 있었으며 나라 안의 서적 중에 두루 보지 않은 것이 없었다. 생이 이와에게 말했다.

"이제 이름을 등록하고 과거에 응시할 수 있겠소."

이와가 말했다.

"아직 안 됩니다. 치밀하게 익히셔서 무슨 시험이든 급제할 수 있을 때까지 기다리십시오."

다시 1년이 지나자 이와가 말했다.

"가셔도 됩니다."

마침내 생은 한 번 과거에 응시하여 갑과(甲科: 唐代의 과거제도에서 進士는 甲・乙 2과로, 明經은 甲・乙・丙・丁 4과로 나누어짐. 갑과는 시험이 어려운 만큼 급제하면 비교적 높은 관직을 받음)에 급제함으로써 그 명성이 예부(禮部)에 자자했다. 비록 선배들이라도 그의 문장을 보고는 옷깃을 여미고 존경하지 않는 사람이 없었으며 그와 친구가 되고자 해도 그렇게 할 수 없었다. 이와가 말했다.

"아직 안 됩니다. 지금 수사(秀士: 과거 응시자)들은 한 번 과거에 급제하면 스스로 조정의 높은 지위를 얻어 천하에 이름을 떨칠 수 있다고 말합니다. 당신은 행적이 떳떳하지 못하고 비루하므로 다른 선비들과 같지 않습니다. 마땅히 각고의 노력을 기울여 실력을 키워서 다시 급제하셔야만 합니다. 그래야 비로소 많은 선비들과 어깨를 나란히 하고 여러 뛰어난 사람들과 패권을 다툴 수 있습니다."

그로부터 생이 더욱 부지런히 노력하자 명성이 더욱 높아졌다. 그 해에 대비(大比: 3년에 한 번씩 거행되는 과거시험)가 있어 사방의 인재들을 모집하라는 조서가 내려졌다. 생은 직언극간책과(直言極諫策科)에 응시하여 장원급제하고 성도부참군(成都府參軍)에 제수되었다. 삼사(三事: 품계가 가장 높은 관리로 太師·太傅·太保 또는 大司馬·大司徒·大司空을 말함) 이하로는 모두 그의 친구가 되었다.

임지로 떠날 때 이와가 생에게 말했다.

"지금 당신을 본래 모습으로 되돌려 놓았으니 저는 당신을 저버리지 않게 되었습니다. 남은 생애는 돌아가서 노모를 부양하게 해 주십시오. 당신은 귀족 집안의 규수와 결혼하여 제사를 받들도록 하십시오. 황친국척(皇親國戚)과의 혼인에서 스스로 오점을 남겨서는 안 됩니다. 자중자애하십시오. 저는 여기서 떠나겠습니다."

생이 울며 말했다.

"당신이 나를 버린다면 당장 자결하여 죽겠소."

이와가 한사코 사양하며 따라가지 않겠다고 하자 생은 더욱 간절히 부탁했다. 이와가 말했다.

"당신이 강을 건너 검문(劍門)에 이를 때까지만 배웅해드릴 테니 그런 다음에는 저를 돌아가게 해주십시오."

생이 허락했다.

한 달 남짓 지나 검문에 도착했다. 그들이 그곳을 아직 출발하기 전에 관리 임명서가 당도했는데, 생의 아버지를 상주(常州)에서 불러들여 성도윤(成都尹) 겸 검남채방사(劍南採訪使)로 임명한다는 것이었다. 12일 만에 아버지가 도착했다. 생은 명함을 전하고 우정(郵亭: 공문을 전달하거나 관원을 마중·배웅하는 데 쓰이는 驛站)에서 아버지를 뵈었다. 아버지는 그를 알아보지 못하다가 조부의 관직과 성명을 보고 비로소 깜짝 놀라 계단을 올라오게 하더니 등을 어루만지며 한참동안 통곡했다. 아버지가 말했다.

"너와 나는 이전처럼 부자지간이다."

그리고는 그 연유를 묻자 생은 그간의 자초지종을 모두 말했다. 아버지는 매우 기이하게 여기며 이와가 어디에 있는지 물었다. 생이 대답했다.

"여기까지 저를 배웅하고 다시 돌아가려 합니다."

아버지가 말했다.

"안 된다."

다음 날 아버지는 생과 함께 수레를 타고 먼저 성도로 간 뒤 이와를 검문에 머무르게 하고 별관을 지어 그곳에 살게 했다. 다음 날 매파를 보내 혼인의 말을 전한 뒤 육례(六禮)를 갖춰 그녀를 맞아들이니 결국 진진의 배필[秦晉之偶: 周代에 秦나라와 晉나라가 대대로 혼인을 맺어 우호가 두터웠기 때문에 훗날 결혼하는 것을 '結秦晉之好'라고 함]이 되었다.

이와는 결혼한 뒤 때에 맞춰 명절과 제사를 지내고 아녀자의 도리를 잘 닦아 집안을 바르게 다스려서 친지들로부터 지극한 사랑을 받았다. 몇 년 후에 생의 부모님이 모두 돌아가시자 매우 극진히 효를 다했다. 영지가 초막에서 자라나고 벼 한 이삭에서 세 송이의 꽃이 피었는데, 검남도(劒南道)에서 천자께 그 사실을 아뢰었다. 또 수십 마리의 흰 제비가 그의 집의 높다란 대마루에 둥지를 틀었다. 천자는 기이하게 여겨서 특별히 상을 내려 장려하고 생의 관직을 더해 주었다. 탈상한 후에 생은 고귀하고 현달한 관직을 역임했고 10년 사이에 여러 군을 다스렸다. 이와는 견국부인에 봉해졌고 그녀의 네 아들은 모두 고관이 되었는데 가장 낮은 관직이 태원윤(太原尹)이었다. 형제들이 모두 명문귀족과 혼인하여 인척이 융성했기에 견줄 만한 집안이 없었다.

아아! 기생임에도 정절과 행실이 이와 같았으니 비록 옛날의 열녀라 해도 그녀보다 더할 수 없다. 어찌 그 때문에 감탄하지 않을 수 있으랴!

나의 큰 할아버지는 일찍이 진주목(晉州牧)을 지내다가 호부(戶部)로 옮겨 수륙운사(水陸運使)가 되었다. 그런데 이 세 관직이 모두 생의 전임이거나 후임이었기 때문에 그 일에 대해 잘 알고 있었다. 정원연간(貞元年間: 785~805)에 나는 농서(隴西)의 이공좌(李公佐)와 아녀자의 정절 품격에 대해 말하다가 마침내 견국부인의 일을 말해주었다. 이공좌는 손뼉을 치며 경청하더니 나에게 전을 지으라고 했다. 이에 붓을 잡고 먹을 적셔 상세히 기록해 남기게 되었다. 그때가 을해년(乙亥年: 795) 가을 8월이다. 태원(太原) 백행간이 쓰다. (『이문집』)

汧國夫人李娃, 長安之倡女也. 節行瓌奇, 有足稱者, 故監察御史白行簡爲傳述. 天寶中, 有常州刺史滎陽公者, 畧其名氏, 不書. 時望甚崇, 家徒甚殷. 知命之年, 有一子, 始弱冠矣. 雋朗有詞藻, 迥然不羣, 深爲時輩推伏. 其父愛而器之, 曰: "此吾家千里駒也." 應鄕賦秀才擧, 將行, 乃盛其服玩車馬之飾, 計其京師薪儲之費, 謂之曰: "吾觀爾之才, 當一戰而覇. 今備二載之用, 且豐爾之給, 將爲其志也." 生亦自負視上第如指掌.

自毘陵發, 月餘抵長安, 居于布政里. 嘗遊東市還, 自平康東門入, 將訪友于西南. 至鳴珂曲, 見一宅, 門庭不甚廣, 而室宇嚴邃, 闔一扉. 有娃方凭一雙鬟青衣立, 妖姿要妙, 絕代未有. 生忽見之, 不覺停驂久之, 徘徊不能去. 乃詐墜鞭于地, 候其從者, 刴取之. 累眄于娃, 娃回眸凝睇, 情甚相慕. 竟不敢措辭而去.

生自爾意若有失, 乃密徵其友遊長安之熟者以訊之. 友曰: "此狹邪女李氏宅也." 曰: "娃可求乎?" 對曰: "李氏頗贍, 前與通之者, 多貴戚豪族, 所得甚廣. 非累百萬, 不能動其志也." 生曰: "苟患其不諧, 雖百萬, 何惜!"

他日, 乃潔其衣服, 盛賓從而往. 扣其門, 俄有侍兒啓扃. 生曰: "此誰之第耶?" 侍兒不答, 馳走大呼曰: "前時遺策郎也." 娃大悅曰: "爾姑止之. 吾當整粧易服而出." 生聞之, 私喜. 乃引至蕭墻間, 見一姥垂白上僂, 卽娃母也. 生跪拜前致詞曰: "聞茲地有隙院, 願稅以居, 信乎?" 姥曰: "懼其淺陋湫隘, 不足以辱長者所處. 安敢言直耶?" 延生于遲賓之館, 館宇甚麗. 與生偶坐, 因曰: "某有女嬌小, 技藝薄劣, 欣見賓客, 願將見之." 乃命娃出, 明眸皓腕, 擧步艷冶. 生遂驚起, 莫敢仰視. 與之拜畢, 叙寒燠, 觸類姸媚, 目所未覩. 復坐, 烹茶斟酒, 器用甚潔. 久之日暮, 鼓聲四動. 姥訪其居遠近, 生紿之曰: "在延平門外數里." 冀其遠而見留也. 姥曰: "鼓已發矣, 當速歸. 無犯禁." 生曰: "幸接歡笑, 不知日之云夕. 道里遼闊, 城內又無親戚, 將若之何?" 娃曰: "不見責僻陋, 方將居之, 宿何害焉?" 生數目姥, 姥曰: "唯唯." 生乃召其家僮, 持雙縑, 請以備一宵之饌. 娃笑而止之曰: "賓主之儀, 且不然也. 今夕之費, 願以貧窶之家, 隨其粗糲以進之. 其餘以俟他辰." 固辭, 終不許.

俄徙坐西堂, 帷幙簾榻, 煥然奪目, 粧奩衾枕, 亦皆侈麗. 乃張燭進饌, 品味甚盛. 徹饌, 姥起. 生娃談話方切, 詼諧調笑, 無所不至. 生曰: "前偶過卿門, 遇卿適在屛間. 厥後心常勤念, 雖寢與食, 未嘗或捨." 娃答曰: "我心亦如之." 生曰: "今之來, 非直求居而已, 願償平生之志. 但未知命也若何." 言未終, 姥至, 詢其故. 具以告. 姥笑曰: "男女之際, 大欲存焉, 情苟相得, 雖父母之命, 不能制也. 女子固陋, 曷足以薦君子之枕席!" 生遂下階, 拜而謝之曰: "願以己爲厮養." 姥遂目之爲郞, 飮酣而散. 及旦, 盡徙其囊橐, 因家于李之第.

自是生屛跡戢身, 不復與親知相聞. 日會倡優儕類, 狎戲遊宴. 囊中盡空, 乃鬻駿乘及其家童. 歲餘, 資財僕馬蕩然. 邇來姥意漸怠, 娃情彌篤.

他日, 娃謂生曰: "與郞相知一年, 尙無孕嗣. 常聞竹林神者, 報應如響, 將致薦酹求之, 可乎?" 生不知其計, 大喜. 乃質衣于肆, 以備牢醴, 與娃同謁祠宇而禱祝焉. 信宿而返. 策驢而後, 至里北門, 娃謂生曰: "此東轉小曲中, 某之姨宅也. 將憩而覲之, 可乎?" 生如其言, 前行不踰百步, 果見一車門. 窺其際, 甚弘敞. 其靑衣自車後止之曰: "至矣." 生下, 適有一人出訪曰: "誰?" 曰: "李娃也." 乃入告. 俄有一嫗至, 年可四十餘, 與生相迎曰: "吾甥來否?" 娃下車, 嫗逆訪之曰: "何久踈絶?" 相視而笑. 娃引生拜之. 旣見, 遂偕入西戟門偏院. 中有山亭, 竹樹葱蒨, 池榭幽絶. 生謂娃曰: "此姨之私第耶?" 笑而不答, 以他語對. 俄獻茶果, 甚珍奇. 食頃, 有一人控大宛, 汗流馳至曰: "姥遇暴疾頗甚, 殆不識人, 宜速歸." 娃謂姨曰: "方寸亂矣. 某騎而前去, 當令返乘, 便與郞偕來." 生擬隨之, 其姨與侍兒偶語, 以手揮之, 令生止于戶外, 曰: "姥且歿矣. 當與某議喪事, 以濟其急, 奈何遽相隨而去?" 乃止, 共計其凶儀齋祭之用. 日晩, 乘不至, 姨言曰: "無復命何也? 郞驟往覘之. 某當繼至." 生遂往, 至舊宅, 門扃鑰甚密, 以泥緘之. 生大駭, 詰其隣人, 隣人曰: "李本稅此而居, 約已周矣. 第主自收. 姥徙居而且再宿矣." 徵徙何處, 曰: "不詳其所." 生將馳赴宣陽, 以詰其姨, 日已晩矣, 計程不能達. 乃弛其裝服, 質饌而食, 賃榻而寢. 生恚怒方甚, 自昏達旦, 目不交睫. 質明, 乃策蹇而去. 旣至, 連扣其扉, 食頃無人應. 生大呼數四, 有宦者徐出. 生遽訪之: "姨氏在乎?" 曰: "無之." 生曰: "昨暮在此, 何故匿之?" 訪其誰氏之第, 曰: "此崔尙書宅. 昨者有一人稅此院, 云遲中表之遠至者, 未暮去矣." 生惶惑發狂, 罔知所措, 因返訪布政舊邸.

邸主哀而進膳. 生怨懣, 絕食三日, 遘疾甚篤, 旬餘愈甚. 邸主懼其不起, 徙之于凶肆之中. 綿綴移時, 合肆之人, 共傷嘆而互飼之. 後稍愈, 杖而能起. 由是凶肆日假之, 令執總帷, 獲其直以自給. 累月, 漸復壯, 每聽其哀歌, 自歎不及逝者, 輒嗚咽流涕, 不能自止. 歸則效之. 生聰敏者也, 無何, 曲盡其妙, 雖長安無有倫比. 初, 二肆之傭凶器者, 互爭勝負. 其東肆車轝皆奇麗, 殆不敵. 唯哀挽劣焉. 其東肆長知生妙絶, 乃醵錢二萬索顧焉. 其黨者舊, 共較其所能者, 陰敎生新聲, 而相讚和. 累旬, 人莫知之. 其二肆長相謂曰: "我欲各閱所傭之器于天門街, 以較優劣. 不勝者, 罰直五萬, 以備酒饌之用, 可乎?" 二肆許諾, 乃邀立符契, 署以保證, 然後閱之. 士女大和會, 聚至數萬. 於是里胥告于賊曹, 賊曹聞于京尹. 四方之士, 盡赴趨焉, 巷無居人. 自旦閱之, 及亭午, 歷擧輦轝威儀之具, 西肆皆不勝, 師有慙色. 乃置層榻於南隅, 有長髥者, 擁鐸而進, 翊衛數人. 於是奮髥揚眉, 扼腕頓顙而登, 乃歌「白馬」之詞. 恃其夙勝, 顧眄左右, 旁若無人. 齊聲讚揚之, 自以爲獨步一時, 不可得而屈也. 有頃, 東肆長于北隅上設連榻, 有烏巾少年, 左右五六人, 秉翣而至, 卽生也. 整衣服, 俯仰甚徐, 申喉發調, 容若不勝. 乃歌「薤露」之章, 擧聲淸越, 響振林木. 曲度未終, 聞者歔欷掩泣. 西肆長爲衆所誚, 益慙恥, 密置所輸之直于前, 乃潛遁焉. 四座愕眙, 莫之測也.

先是天子方下詔, 俾外方之牧, 歲一至闕下, 謂之'入計'. 時也, 適遇生之父在京師, 與同列者易服章, 竊往觀焉. 有老豎, 卽生乳母壻也, 見生之擧措辭氣, 將認之而未敢, 乃泫然流涕. 生父驚而詰之, 因告曰: "歌者之貌, 酷似郞之亡子."

父曰: "吾子以多財爲盜所害, 奚至是耶?" 言訖, 亦泣. 及歸, 竪間馳往, 訪于同黨曰: "向歌者誰, 若斯之妙歟?" 皆曰: "某氏之子." 徵其名, 且易之矣, 竪凜然大驚. 徐往, 迫而察之. 生見竪, 色動迴翔, 將匿於衆中. 竪遂持其袂曰: "豈非某乎?" 相持而泣, 遂載以歸. 至其室, 父責曰: "志行若此, 汚辱吾門, 何施面目, 復相見也?" 乃徒行出, 至曲江西杏園東, 去其衣服, 以馬鞭鞭之數百. 生不勝其苦而斃, 父棄之而去. 其師命相狎暱者, 陰隨之, 歸告同黨, 共加傷歎. 令二人齎葦席瘞焉. 至則心下微溫, 擧之良久, 氣稍通. 因共荷而歸, 以葦筒灌勺飮, 經宿乃活. 月餘, 手足不能自擧, 其楚撻之處皆潰爛, 穢甚. 同輩患之, 一夕棄於道周. 行路咸傷之, 往往投其餘食, 得以充腸. 十旬, 方杖策而起. 被布裘, 裘有百結, 襤縷如懸鶉. 持一破甌巡于閭里, 以乞食爲事. 自秋徂冬, 夜入于糞壤窟室, 晝則周遊廛肆.

一旦大雪, 生爲凍餒所驅, 冒雪而出. 乞食之聲甚苦, 聞見者莫不悽惻. 時雪方甚, 人家外戶多不發. 至安邑東門, 循里('里'原作'理', 據明鈔本改)垣, 北轉第七八, 有一門獨啓左扉, 卽娃之第也. 生不知之, 遂連聲疾呼: "饑凍之甚!" 音響悽切, 所不忍聽. 娃自閤中聞之, 謂侍兒曰: "此必生也. 我辨其音矣." 連步而出. 見生枯瘠疥癘, 殆非人狀. 娃意感焉, 乃謂曰: "豈非某郎也?" 生憤懣絶倒, 口不能言, 頷頤而已. 娃前抱其頸, 以繡襦擁而歸于西廂. 失聲長慟曰: "令子一朝及此, 我之罪也." 絶而復蘇. 姥大駭奔至, 曰: "何也?" 娃曰: "某郎." 姥遽曰: "當逐之, 奈何令至此?" 娃歛容却睇曰: "不然. 此良家子也, 當昔驅高車, 持金裝, 至某之室, 不踰期而蕩盡. 且互設詭計, 捨而逐之, 殆非人行. 令其失志, 不得齒于人倫. 父子之道, 天性也, 使其情絶, 殺而棄之, 又困躓若此. 天下之人, 盡知爲某也. 生親戚滿朝, 一旦當權者熟察其本末, 禍將及矣. 況欺天負人, 鬼神不祐, 無自貽其殃也. 某爲姥子, 迨今有二十歲矣. 計其貲, 不啻直千金. 今姥年六十餘,願計二十年衣食之用以贖身, 當與此子別卜所詣. 所詣非遙, 晨昏得以溫凊, 某願足矣." 姥度其志不可奪, 因許之. 給姥之餘, 有百金. 北隅四五家, 稅一隙院. 乃與生沐浴, 易其衣服, 爲湯粥通其腸, 次以酥乳潤其臟. 旬餘, 方薦水陸之饌, 頭巾履襪, 皆取珍異者衣之. 未數月, 肌膚稍腴, 卒歲, 平愈如初.

異時, 娃謂生曰: "體已康矣, 志已壯矣. 淵思寂慮, 默想曩昔之藝業, 可溫習乎?" 生思之曰: "十得二三耳." 娃命車出遊, 生騎而從. 至旗亭南偏門鬻墳典之肆, 令生揀而市之, 計費百金, 盡載以歸. 因令生斥棄百慮以志學, 俾夜作晝, 孜孜矻矻. 娃常偶坐, 宵分乃寐. 伺其疲倦, 卽諭之綴詩賦. 二歲而業大就, 海內文籍, 莫不該覽. 生謂娃曰: "可策名試藝矣." 娃曰: "未也. 且令精熟, 以俟百戰." 更一年, 曰: "可行矣." 於是遂一上登甲科, 聲振禮闈. 雖前輩見其文, 罔不斂衽敬羨, 願友('友'原作'女', 據明鈔本改)之而不可得. 娃曰: "未也. 今秀士苟獲擢一科第, 則自謂可以取中朝之顯職, 擅天下之美名. 子行穢跡鄙, 不侔于他士. 當礱淬利器, 以求再捷. 方可以連衡多士, 爭霸群英." 生由是益自勤苦, 聲價彌甚. 其年遇大比, 詔徵四方之雋. 生應直言極諫策科, 名第一, 授成都府參軍. 三事以降, 皆其友也.

將之官, 娃謂生曰: "今之復于本軀, 某不相負也. 願以殘年, 歸養老姥. 君當結媛鼎族, 以奉蒸嘗. 中外婚媾, 無自黷也. 勉思自愛. 某從此去矣." 生泣曰: "子若棄我, 當自剄以就死." 娃固辭不從, 生勤請彌懇. 娃曰: "送子涉江, 至于劍門, 當令我回." 生許諾.

月餘, 至劍門. 未及發而除書至, 生父由常州詔入, 拜成都尹, 兼劍南採訪使('使'原作'役', 據明鈔本改). 浹辰, 父到. 生因投刺, 謁于郵亭. 父不敢認, 見其祖父官諱, 方大驚, 命登階, 撫背慟哭移時. 曰: "吾與爾父子如初." 因詰其由, 其陳其本末. 大奇之, 詰娃安在. 曰: "送某至此, 當令復還." 父曰: "不可." 翌日,命駕與生先之成都, 留娃于劒門, 築別舘以處之. 明日, 命媒氏通二姓之好, 備六禮以迎之, 遂如秦晉之偶.

娃旣備禮, 歲時伏臘, 婦道甚修, 治家嚴整, 極爲親所眷尙('尙'原作'向', 據明鈔本改). 後數歲, 生父母偕歿, 持孝甚至. 有靈芝產于倚廬, 一穗三秀, 本道上聞. 又有白鶱數十, 巢其層甍. 天子異之, 寵錫加等. 終制, 累遷淸顯之任, 十年間, 至數郡. 娃封汧國夫人, 有四子, 皆爲大官, 其卑者猶爲太原尹. 弟兄姻媾皆甲門, 內外隆盛, 莫之與京.

嗟乎! 倡蕩之姬, 節行如是, 雖古先烈女, 不能踰也. 焉得不爲之歎息哉!

予伯祖嘗牧晉州, 轉戶部, 爲水陸運使. 三任皆與生爲代, 故諳詳其事. 貞元中, 予與隴西公佐, 話婦人操烈之品格, 因遂述汧國之事. 公佐拊掌竦聽, 命予爲傳. 乃握管濡翰, 疏而存之. 時乙亥歲秋八月. 太原白行簡云. (出『異聞集』)

태평광기 권제485 잡전기 2

1. 동성노부전(東城老父傳)
2. 유 씨 전(柳 氏 傳)

485・1(6823)
동성노부전(東城老父傳)(陳鴻譔)

　노부는 성이 가씨(賈氏)이고 이름이 창(昌)이며 장안(長安) 선양리(宣陽里) 사람이다. 그는 [唐나라 玄宗] 개원(開元) 원년(713) 계축년(癸丑年)에 태어났으니 [憲宗] 원화(元和) 경인년(庚寅年: 810)에 98세가 되었다. 하지만 그는 시력과 청력이 쇠하지 않았고 말도 아주 차분하게 했으며 기억력도 감퇴하지 않아서 태평성세의 일을 얘기하면 분명하게 들을 만했다. 그의 부친 가충(賈忠)은 9척 장신에 소를 쓰러뜨려 끌 수 있을 정도로 장사였기 때문에 재관(材官: 武士)으로서 중궁전(中宮殿)의 시위병(侍衛兵)이 되었다. [中宗] 경룡(景龍) 4년(710)에 가충은 시위 무기를 들고 현종(玄宗)을 따라 대명궁(大明宮)으로 들어가서 위씨(韋氏: 中宗의 皇后. 정치의 실권을 잡은 뒤 中宗을 시해하고 스스로 帝位에 올랐다가 당시 親王으로 있던 玄宗에게 주살 당함)를 죽이고 예종(睿宗: 玄宗의 부친)을 받들어 제후들을 복종시켰기 때문에 마침내 경운(景雲: 睿宗의 연호로 710년~712년)의 공신이 되어 장검을 차고 친위군이 되었으며, 동운룡문(東雲龍門: 大明宮의 東門)으로 집을 옮기라는 칙명을 받았다.
　가창은 7살 때 민첩함이 다른 사람을 능가하여 기둥이나 대들보를 타고 오를 수 있었으며, [사람들의 말에] 응대하는 것도 뛰어났고 새들이

지저귀는 소리도 알아들었다. 현종은 번저(藩邸: 親王府)에 있을 때 민간에서 청명절(淸明節)에 행하던 닭싸움 놀이를 즐겼으며, 즉위한 후에는 두 궁[睿宗이 머물던 大明宮과 玄宗이 머물던 興慶宮을 말함] 사이에 계방(雞坊)을 설치했다. 그리고는 장안의 수탉 중에서 황금빛 털에 쇠 같은 발톱이 있고 높은 볏에 치켜 올라간 꽁지가 달린 놈 수천 마리를 찾아내 계방에서 길렀다. 또한 육군(六軍: 唐代 皇宮의 禁衛軍으로 左右龍武軍・左右神武軍・左右神策軍을 말함)의 소년 중에서 500명을 뽑아 그 닭들을 조련하고 사육하게 했다. 황제가 그런 놀이를 좋아하니 민간에서는 더욱 널리 성행했으며, 여러 친왕(親王)이나 외척・귀주(貴主: 公主)・공후의 집에서도 재산을 털어 닭을 사고 빚진 닭 값을 갚았다. 도성 안의 남녀들은 닭을 가지고 노는 것이 일이었는데, 가난한 사람들은 가짜 닭을 가지고 놀았다.

한번은 황제가 나들이 나갔다가 가창이 운룡문 길옆에서 나무로 만든 닭을 가지고 노는 것을 보고 그를 황궁으로 불러들여 계방의 소년으로 삼아 의식(衣食)을 우용무군(右龍武軍)으로 대우해주었다. 3척 동자인 가창은 닭 무리 속으로 들어가더니 마치 또래 아이들과 친하게 지내는 것 같았는데, 닭들 중에서 힘센 놈과 허약한 놈, 용기 있는 놈과 겁 많은 놈, 그리고 물이나 모이를 먹을 때와 질병의 징후를 모두 알아낼 수 있었다. 그런 다음에 닭 두 마리를 골랐더니 그 닭들이 그를 두려워하여 복종했으며 사람처럼 시키는 대로 했다. 계방을 감독하던 중알자(中謁者: 賓客의 인도와 접대를 맡은 관리로 宦官이 담당함) 왕승은(王承恩)이 그 사실을 현종에게 아뢰자, 현종이 가창을 불러 대전의 뜰에서 시험해보았더니 모두 현종의 마음에 흡족했다. 현종은 그날로 가

창을 500명 소년의 우두머리로 삼았다. 게다가 가창은 사람됨이 충후하고 신중했기 때문에 천자가 그를 매우 총애하여 황금과 비단의 하사품이 날마다 그의 집에 보내졌다.

개원 13년(725)에 가창은 300마리의 닭을 닭장에 넣어 동악(東岳: 泰山)에 봉선(封禪)하는 천자를 수행했다. 또한 그의 부친 가충이 태산(太山: 泰山) 아래에서 죽자 자식의 예로써 부친의 시신을 모시고 옹주(雍州)로 돌아가 장례를 치르도록 허락받았다. 현관(縣官)들은 그를 위해 장례 기물과 상여를 준비해주었으며, 그는 역마를 타고 낙양(洛陽)의 길을 지나갔다.

개원 14년(726) 3월에 가창은 닭싸움시킬 때 입는 옷을 입은 채로 온천궁(溫泉宮)에서 현종을 배알했다. 당시 세상 사람들은 그를 '신계동(神雞童)'이라 불렀으며 그를 두고 다음과 같은 시를 지었다.

> 아들 낳으면 글 가르칠 필요 없으니,
> 닭싸움에 말달리기가 공부보다 낫네.
> 가씨 집의 소년은 이제 13살이지만,
> 부귀와 영화는 당대에 견줄 이 없네.
> 황금 깃털에 쇠 발톱으로 승부를 기하고,
> 흰 비단에 수놓은 적삼 입고 천자의 수레 따르네.
> 장안의 천 리 밖에서 아비 죽으니,
> 인부들이 길을 따라 상여를 끄네.

소성황후(昭成皇后: 睿宗의 皇后로 玄宗의 生母)가 상왕부(相王府: 相王은 睿宗이 즉위하기 전의 封號)에 있을 때 8월 5일에 성상(聖上: 玄宗)을 낳았는데, 중흥(中興: 玄宗이 즉위한 것을 말함) 이후에는 그 날을 천추절(千秋節)로 제정했다. 그 날에는 천하의 백성들에게 쇠고기와 술을 하사하여 3일 동안 즐기게 했는데, 그것을 '포(酺)'라 명명하고 [이후에 해마다] 관례로 삼았다. 또한 궁중에서 대대적으로 음악을 연주했으며, 어떤 해에는 낙양에서 '포'를 거행하기도 했다. 현종은 원회(元會: 元旦의 朝會)와 청명절을 대부분 여산(驪山)에서 보냈는데, 매번 그날이 되면 온갖 음악이 갖추어 연주되었고 육궁(六宮)의 비빈들이 모두 따라갔다. 이때 가창은 독수리 깃털에 황금 꽃무늬 장식 모자를 쓰고 비단 소매에 수놓은 바지저고리를 입은 채 방울과 채찍을 들고 닭 무리를 인도하여 천천히 광장에 들어섰는데, 돌아보는 모습이 신(神)과 같았고 지휘할 땐 바람이 일었다. 닭들은 깃털을 세우고 날개를 떨치며 부리를 비비고 발톱을 갈면서 노기를 억누른 채 승리를 노리고 있었는데, 나아가고 물러남에 정해진 때가 있고 채찍의 지휘에 따라 머리를 숙였다 올렸다 하면서 가창이 정한 절도에 어긋나지 않았다. 승부가 가려진 뒤에는 이긴 놈이 앞장서고 진 놈이 뒤에 서서 가창을 따라 기러기처럼 열을 지어 계방으로 돌아갔다. 수많은 씨름 장사, 칼 놀이하는 사람과 장대 오르는 사람, 공차는 사람과 밧줄 타는 사람, 그리고 장대 꼭대기에서 춤추는 사람 등등의 기예인들은 [가창의 닭싸움을 보고는] 기가 죽어서 주저하며 감히 공연장으로 들어가지 못했다. 그러니 가창은 혹시 옛날에 원숭이를 가르치고 용을 조련했다는 무리가 아닐까?

개원 23년(735)에 현종은 가창에게 이원제자(梨園弟子: 玄宗이 梨園에서 훈련시킨 樂舞技藝人)인 반대동(潘大同)의 딸을 아내로 맞이하게 했는데, 신랑이 찬 패옥과 신부가 입은 수놓은 저고리는 모두 어부(御府: 황제의 창고)에서 하사한 것이었다. 가창은 지신(至信)과 지덕(至德)이라는 두 아들을 두었다. 천보연간(天寶年間: 742~756)에 가창의 아내 반씨는 노래와 춤으로 양귀비(楊貴妃)의 사랑을 크게 받았다. 이렇게 부부가 40년 동안 총애를 독차지하면서도 은총에 변함이 없었던 것은 어찌 그 기예에 뛰어나고 마음에 신중을 기했기 때문이 아니겠는가?

현종은 을유년(乙酉年: 685)에 태어나서 닭띠였는데, 사람들에게 조복(朝服)을 입고 닭싸움을 하게 했으니 태평성세에 변란의 조짐이 보였던 것이지만 현종은 이를 깨닫지 못했다. 급기야 천보 14년(755)에 호족(胡族)과 갈족(羯族)이 낙양을 함락하여[安祿山의 亂을 말함] 동관(潼關)도 지켜내지 못하자 어가(御駕)가 성도(成都)로 행차하게 되었다. 가창은 황급히 천자의 수레를 호위하여 밤에 편문(便門: 大明宮의 서남쪽에 있던 측문)을 빠져나왔는데, 말이 길가의 구덩이로 넘어지는 바람에 발을 다쳐 계속 갈 수 없게 되자 지팡이를 짚고 남산(南山: 終南山)으로 들어갔다. 그는 닭싸움을 하던 날이 될 때마다 서남쪽을 향하여 통곡했다.

안록산(安祿山)은 예전에 도성에서 천자를 배알할 때 횡문(橫門: 大明宮의 서북쪽에 있던 작은 문) 밖에서 가창을 만나서 알고 있었으므로, 두 도성을 함락시킨 후에 장안(長安)과 낙양의 저자거리에서 천금의 현상금을 걸고 가창을 찾았다. 그래서 가창은 성명을 바꾸고 절에 기거하면서 청소하고 종을 치며 열심히 부처님을 공양했다. 그 후 태상황(太上皇: 玄宗)이 흥경궁(興慶宮)으로 돌아오고 숙종(肅宗)이 별전(別殿: 宣政殿)에서 제위에 오르자 가창도 옛날에 살던 마을로 돌아왔다. 그러나 집이 병사들에게 약탈당하여 집안에 남아 있는 물건이라고는 아무 것도 없었으므로, 가창은 허름한 평복에 초췌한 몰골로 궁중에 들어갈 수 없었다. 다음날 가창은 다시 장안의 남문 길거리로 나갔다가 초국리(招國里)에서 처자식을 만났는데 모두 혈색이 어두웠다. 아들은 땔감을 메고 아내는 헌 솜을 지고 있었다. 가창은 식구들과 함께 통곡하고 길거리에서 그들과 작별한 뒤 마침내 영원히 속세를 떠나 장안의 절에 머물면서 대사에게 불법을 배웠다.

[代宗] 대력(大曆) 원년(766)에 가창은 자성사(資聖寺)의 대덕승(大德僧: 高僧) 운평(運平) 스님에게 의지하여 동시(東市)의 해지(海池: 放生池)에 머물면서 다라니(陁羅尼: 지혜나 三昧, 또는 부처님의 깨달음이나 誓願을 가리키는 말로, 지혜와 삼매를 성취시켜주는 힘을 지니고 있는 비밀스런 眞實語)를 새긴 석당(石幢: 불교의 경문을 새긴 돌기둥. 經幢)을 세웠다. 그는 글자를 배워 자신의 성명을 쓸 줄 알았기 때문에 불경을 열심히 읽어 그 심오한 뜻과 지극한 도리를 이해했으며 자비심으로 시정 사람들을 교화했다. 그는 또 승방과 불당을 세우고 향초와 향목을 심어놓고, 낮에는 나무뿌리에 흙을 북돋아주거나 대나무에 물을 길어다주었으며, 밤에는 선실(禪室)에서 선정(禪定)에 들었다.

[德宗] 건중(建中) 3년(782)에 운평 스님이 인간으로서의 수명이 끝나자, 가창은 상례(喪禮)를 마친 뒤 장안 동문 밖의 진국사(鎭國寺) 동쪽에 사리탑을 모시고 손수 100그루의 소나무와 잣나무를 심었으며, 작은 집을 짓고 사리탑 아래에 살면서 아침저녁으로 분향하고 청소하며 대사님을 살아계실 때처럼 섬겼다. 순종(順宗)은 동궁(東宮: 太子)에 있을 때 30만 전을 희사하여 가창을 위해 운평 대사의 영당(影堂)과 재사(齋舍)를 건립해주었으며, 또한 별채를 세워 유랑민들을 거주하게 하여 그들로부터 임금을 받아 쓰도록 했다. 하지만 가창은 하루에 죽 한 사발과

국물 한 되만 먹고 짚자리 위에서 자고 해진 솜옷을 입었으며, 그 이상의 돈은 모두 불공드리는 데에 썼다.

가창의 아내 반씨도 나중에 어디로 갔는지 알 수 없었다. [德宗] 정원연간(貞元年間: 785~804)에 장남 가지신이 병주(幷州)의 군관에 임명되어 대사도(大司徒) 마수(馬燧)를 따라 천자를 배알하러 도성에 들어왔다가 장수리(長壽里)에서 가창을 찾아뵈었는데, 가창은 마치 자기 자식이 아닌 것처럼 그를 거절하고 떠나보냈다. 차남 가지덕도 돌아와 낙양의 저자에서 비단을 팔면서 장안을 왕래했는데, 해마다 금과 비단을 가창에게 드렸지만 가창은 모두 거절했다. 결국 두 아들도 모두 떠나 다시는 그를 찾아가지 않았다.

[憲宗] 원화연간(元和年間: 806~820)에 영천(潁川)의 진홍조(陳鴻祖: 원문에는 '鴻'이 '洪'이라 되어 있지만 아래 문장에 근거하여 고침)가 한 친구를 데리고 춘명문(春明門)을 나갔더니, 무성한 대나무와 잣나무가 보이고 그 향기가 길에까지 풍겼다. 진홍조는 말에서 내려 사리탑 아래에서 가창을 찾아뵙고 그의 이야기를 듣다가 날이 저무는 줄도 잊었다. 가창은 진홍조를 자신의 재사에 묵게 하고 자신의 내력을 이야기했는데 말에 모두 조리가 있었다. 마침내 화제가 조정의 전장제도에 미치자, 진홍조가 개원연간의 치란(治亂)에 대해 물었더니 가창이 다음과 같이 말했다.

"이 늙은이는 젊었을 때 닭싸움 기예로 황상(皇上: 玄宗)의 환심을 얻었는데, 황상께서 나를 어릿광대로 기르면서 외궁(外宮)에 거처하게 해주셨으니, 내가 어떻게 조정의 일을 알 수 있겠습니까? 하지만 그대를 위해 해줄 말은 있습니다. 이 늙은이가 보았더니 황문시랑(黃門侍

郞) 두섬(杜暹)은 조정을 나가 책서절도사(磧西節度使: 安西節度使)로서 어사대부(御史大夫)를 겸임하면서, 처음으로 나라의 풍기단속 법령을 빌어 원방(遠方)에 위엄을 보일 수 있었습니다. 또 보았더니 가서한(哥舒翰)은 양주(凉州)를 진수할 때, 석보성(石堡城)을 차지하고 청해성(靑海城)을 수비했으며, 백룡성(白龍城)을 출발하여 총령(葱嶺)을 넘은 다음 철문관(鐵門關)을 경계로 하여 하좌도(河左道: 河東道)를 총 지배했으며, 7번이나 임명되고 나서야 비로소 어사대부를 겸직했습니다. 또 보았더니 장열(張說)은 유주(幽州)를 통솔할 때, 매년 동관으로 들어올 때마다 긴 끌채의 커다란 수레에 하간(河間)과 계주(薊州) 지방에서 세금으로 징수한 비단과 베를 싣고 여러 대의 수레를 연결하여 무리지어 관문으로 들어왔습니다. 왕부(王府: 황족의 관저)로 운송된 것은 강회(江淮)의 무늬비단·주름비단과 파촉(巴蜀)의 금수(錦繡), 그리고 후궁들의 노리개들뿐이었습니다. 하주(河州)의 돈황도(燉煌道)에서는 해마다 둔전(屯田)을 경작하여 변방의 식량으로 충당했으며, 나머지 곡식은 영주(靈州)로 운송한 다음 뱃길로 황하(黃河)를 내려가 태원(太原)의 곡창에 저장함으로써 관중(關中)의 흉년을 대비했으며, 관중의 곡물은 백성들의 집에 저장했습니다. 천자께서 오악(五嶽)으로 행차하실 때는 수행관원들이 탄 수레와 말이 수천 대에 수만 필이었지만 민간의 음식은 먹지 않았습니다. 이 늙은이는 철따라 복날이나 섣달에 집으로 돌아와 쉬게 되면 도성의 저자거리를 돌아다니면서 흰 적삼과 흰 면포(棉布) 파는 사람을 보았습니다. 또 이웃 가게들을 돌아다니다가 어떤 사람이 병을 낫게 하려고 푸닥거리하는 것을 보았는데, 법식에는 검은 베 1필이 필요했지만 많은 값을 주고도 사지 못하자 결국 두건으로 쓰는 검은 비단으로 대신했습니다. 그런데 근자에 이 늙은이가 지팡이를 짚고 대문을 나가서 큰길거리를 훑어보았는데 동서남북으로 자세히 살펴봐도 흰 적삼 입은 사람이 100명도 되지 않으니, 설마 천하의 사람들이 모두 군인이 된 건 아니겠지요[당시 군인들은 검은 옷을 입고 서민들은 흰 옷을 입었음]? 개원 12년(724)에는 조칙을 내려 삼성(三省: 尚書省·中書省·門下省)의 시랑(侍郞)에 결원이 생기면 자사(刺史)를 역임했던 자를 우선적으로 뽑게 했고, 낭관(郞官: 尚書省 각부의 郞中과 員外郞 등)에 결원이 생기면 현령(縣令)을 역임했던 자를 우선적으로 뽑게 했습니다. 이 늙은이가 40살이 되었을 때는 삼성의 관원으로서 형옥(刑獄)을 다스리는 데 재능과 명성이 있는 자들 중에서 관직이 높은 자는 자사나 군수로 나가고 관직이 낮은 자는 현령으로 나갔습니다. 이 늙은이가 큰길가에서 산 이래로 종종 군의 태수(太守)들이 이곳에서 말을 쉬어가는 경우가 있었는데, 그들은 모두 참담해하면서 조정에서 도태되어 지방의 군을 다스리게 된 것을 좋아하지 않았습니다. 개원연간에 인재를 선발할 때는 부모에게 효도하고 형제간에 우애 있고 백성을 잘 다스리는지만 보았을 뿐이며, 진사(進士)니 굉사(宏詞)니 발췌(拔萃)[唐代에는 禮部에서 주관하는 과거에 합격한 뒤에 다시 吏部에서 시행하는 과거에 합격해야만 관직을 얻었는데, 그때 試文 3편만 시험 보는 것을 宏詞라 하고 擬·判·詞 세 가지를 다 짓는 것을 拔萃라 했음]니 하는 과목으로 인재를 얻었다는 말은 들어보지 못했습니다. 내 이야기의 대강은 이와 같습니다."

그리고는 눈물을 흘리다가 다시 말을 이었다.

"태상황께서는 북으로는 유목민, 동으로는 계림(雞林: 新羅), 남으로는 전지(滇池: 南詔), 서로는 곤이(昆夷: 西戎族)를 신하로 삼으셔서 그들이 3년에 1번씩 와서 천자를 알현했습니다. 천자를 알현하는 의례를 치르면 그에 따라 내려주는 은택으로 비단솜옷을 입혀주고 술과 음식을 먹여주었으며, 그들이 일을 다 마치면 떠나보내 도성에 외국의 사절이 머무르지 않았습니다. 그런데 지금은 북방 호인(胡人)들이 도성의 백성들과 섞여 살면서 아내를 얻어 자식을 낳으니, 장안의 젊은이들이 호인의 마음을 갖게 되었습니다. 그대를 보니 머리 장식과 신발과 복장의 양식이 예전과 같지 않으니 이 어찌 괴이한 일이 아니겠습니까?"

진홍조는 묵묵히 감히 아무 대답도 못한 채 떠났다.

老父姓賈名昌, 長安宣陽里人. 開元元年癸丑生, 元和庚寅歲, 九十八年矣. 視聽不衰, 言甚安徐, 心力不耗, 語太平事, 歷歷可聽. 父忠, 長九尺, 力能倒曳牛, 以材官爲中宮幕士. 景龍四年, 持幕竿, 隨玄宗入大明宮誅韋氏, 奉睿宗朝群后, 遂爲景雲功臣, 以長刀備親衛, 詔徙家東雲龍門.

昌生七歲, 趫捷過人, 能搏柱乘梁, 善應對, 解鳥語音. 玄宗在藩邸時, 樂民間淸明節鬪雞戲, 及卽位, 治('治'原作'泊', 據明鈔本改)雞坊於兩宮間, 索長安雄雞, 金毫鐵距, 高冠昂尾千數, 養於雞坊. 選六軍小兒五百人, 使馴擾敎飼. 上之好之, 民風尤甚, 諸王世(明鈔本'世'作'子')家·外戚家·貴主家·侯家, 傾帑破産市雞, 以償雞直. 都中男女以弄雞爲事, 貧者弄假雞.

帝出遊, 見昌弄木雞於雲龍門道旁, 召入爲雞坊小兒, 衣食右龍武軍. 三尺童子入雞群, 如狎群小, 壯者弱者, 勇者怯者, 水穀之時, 疾病之候, 悉能知之. 擧二雞, 雞畏而馴, 使令如人. 護雞坊中謁者王承恩言於玄宗, 召試殿庭, 皆中玄宗意, 卽日爲五百小兒長. 加之以忠厚謹密, 天子甚愛幸之, 金帛之賜, 日至其家.

開元十三年, 籠雞三百從封東岳. 父忠死太山下, 得子禮奉尸歸葬雍州. 縣官爲葬器‧喪車, 乘傳洛陽道.

十四年三月, 衣鬪雞服, 會玄宗於溫泉. 當時天下號爲'神雞童', 時人爲之語曰: "生兒不用識文字, 鬪雞走馬勝讀書. 賈家小兒年十三, 富貴榮華代不如. 能令金距期勝負, 白羅繡衫隨軟輿. 父死長安千里外, 差夫持道輓喪車."

昭成皇后之在相王府, 誕聖於八月五日, 中興之後, 制爲千秋節. 賜天下民牛酒樂三日, 命之曰'酺', 以爲常也. 大合樂於宮中, 歲或酺於洛. 元會與淸明節, 率皆在驪山, 每至是日, 萬樂具擧, 六宮畢從. 昌冠鵰翠金華冠, 錦袖繡襦袴, 執鐸拂, 導('導'原作'道', 據明鈔本改)群雞, 叙立於廣場, 顧眄如神, 指揮風生. 樹毛振翼, 礪吻磨距, 抑怒待勝, 進退有期, 隨鞭指低昂, 不失昌度. 勝負旣決, 強者前, 弱者後, 隨昌鴈行, 歸於雞坊. 角觝萬夫, 跳劍尋撞, 蹴毬踏繩, 舞於竿顚者, 索氣沮色, 逡巡不敢入. 豈敎猱擾龍之徒歟?

二十三年, 玄宗爲娶梨園弟子潘大同女, 男服珮玉, 女服繡襦, 皆出御府. 昌男至信‧至德. 天寶中, 妻潘氏以歌舞重幸於楊貴妃. 夫婦席寵四十年, 恩澤不渝, 豈不敏於伎, 謹於心乎?

上生於乙酉雞辰, 使人朝服鬪雞, 兆亂於太平矣, 上心不悟. 十四載, 胡羯陷洛, 潼關不守, 大駕幸成都, 奔衛乘輿, 夜出便門, 馬踏道穽, 傷足不能進, 杖入南山. 每進雞之日, 則向西南大哭.

祿山往年朝於京師, 識昌於橫門外, 及亂二京, 以千金購昌長安洛陽市. 昌變姓名, 依於佛舍, 除地擊鐘, 施力於佛. 洎太上皇歸興慶宮, 肅宗受命於別殿, 昌還舊里. 居室爲兵掠, 家無遺物, 布衣頹領, 不復得入禁門矣. 明日, 復出長安南門道, 見妻兒於招國里, 菜色黯焉. 兒荷薪, 妻負故絮, 昌聚哭, 訣於道, 遂長逝, 息長安佛寺, 學大師佛旨.

大曆元年, 依資聖寺大德僧運平住東市海池, 立陁羅尼石幢. 書能紀姓名, 讀釋氏經, 亦能了其深義至道, 以善心化市井人. 建僧房佛舍, 植美草甘木, 晝把土擁根, 汲水灌竹, 夜正觀於禪室. 建中三年, 僧運平人壽盡, 服禮畢, 奉舍利塔於長安東門外鎭國寺東偏, 手植松柏百株, 搆小舍, 居於塔下, 朝夕焚香灑掃, 事師如生. 順宗在東宮, 捨錢三十萬, 爲昌立大師影堂及齋舍, 又立外屋, 居游民, 取備給. 昌因日食粥一杯, 漿水一升, 臥草席, 絮衣, 過是悉歸於佛.

妻潘氏後亦不知所往. 貞元中, 長子至信, 依幷州甲, 隨大司徒燧入覲, 省昌於長壽里, 昌如己不生, 絶之使去. 次子至德歸, 販繪洛陽市, 來往長安間, 歲以金帛奉昌, 皆絶之. 遂俱去, 不復來.

元和中, 潁川陳洪祖携(明鈔本無'携'字)友人出春明門, 見竹柏森然, 香煙聞於道. 下馬覲昌於塔下, 聽其言, 忘日之暮. 宿鴻祖於齋舍, 話身之出處, 皆有條貫. 遂及王制, 鴻祖問開元之理亂, 昌曰:"老人少時, 以鬪雞求媚於上, 上倡優畜之, 家於外宮, 安足以知朝廷之事? 然有以爲吾子言者. 老人見黃門侍郎杜暹, 出爲磧西節度, 攝御史大夫, 始假風憲以威遠. 見哥舒翰之鎭涼州也, 下石堡, 戍青海城, 出白龍, 逾葱嶺, 界鐵關, 總管河左道, 七命始攝御史大夫. 見張說之領幽州也, 每歲入關, 輒長轅輮輻車, 輦河間·薊州傭調繒布, 駕轊連軏, 坌入關門. 輸於王府, 江淮綺縠, 巴蜀錦繡, 後宮玩好而已. 河州燉煌道, 歲屯田, 實邊食, 餘粟轉輸靈州, 漕下黃河, 入太原倉, 備關中凶年, 關中粟麥('麥'原作'米', 據明鈔本改)藏於百姓. 天子幸五嶽, 從官千乘萬騎, 不食於民. 老人歲時伏臘得歸休, 行都市間, 見有賣白衫白疊布. 行隣比廛間, 有人禳病, 法用皁布一匹, 持重價不克致, 竟以幞頭羅代之. 近者老人扶杖出門, 閱街衢中, 東西南北視之, 見白衫者不滿百, 豈天下之人, 皆執兵乎? 開元十二年, 詔三省侍郎有缺, 先求曾任刺史者, 郎官缺, 先求曾任縣令者. 及老人見(明鈔本無'見'字)四十, 三省郎史, 有理刑才名. 大者出刺郡, 小者鎭縣. 自老人居大道旁, 往往有郡太守休馬於此, 皆慘然不樂朝廷沙汰使治郡. 開元取士, 孝弟理人而已, 不聞進士・宏詞・拔萃之爲其得人也. 大略如此."

因泣下, 復言曰: "上皇北臣穹廬, 東臣雞林, 南臣滇池, 西臣昆夷, 三歲一來會. 朝覲之禮容, 臨照之恩澤, 衣之錦絮, 飼之酒食, 使展事而去, 都中無留外國賓. 今北胡與京師雜處, 娶妻生子, 長安中少年有胡心矣. 吾子視首飾靴服之制, 不與向同, 得非物妖乎?" 鴻祖默不敢應而去.

485・2(6824)
유씨전(柳氏傳)(許堯佐譔)

[唐나라 玄宗] 천보연간(天寶年間: 742~756)에 창려(昌黎) 사람 한익(韓翊)은 시인으로서 명성은 있었지만, 성격이 자못 자유분방하고 오랫동안 객지생활을 하여 아주 가난했다. 또 이생(李生)이란 사람은 한익과 친한 친구로서 집에 천금을 쌓아놓은 부자였는데 기개를 자부하고 재자(才子)를 좋아했다. 이생에게는 유씨라고 하는 애첩이 있었는데, 그녀는 당시에 비할 데 없이 아름다웠으며 우스갯소리를 좋아하고 노래를 잘 불렀다. 이생은 그녀를 별채에 살게 하고 그곳을 한익과 함께 음주와 시가를 즐기는 곳으로 삼았으며, 그 옆에 한익을 위한 거처를 마련해주었다. 한익은 평소 명성이 알려져 있었기에 그를 방문하는 사람들은 모두 당시의 훌륭한 선비들이었다. 유씨는 문틈으로 한익을 엿보면서 시녀에게 말했다.

"한부자(韓夫子: 韓翊)께서는 어찌 오랫동안 빈천하게 지내실 분이겠느냐?"

그리고는 마침내 그에게 마음을 두었다.

이생은 평소에 한익을 중시하여 [그를 위해서라면] 아끼는 것이 없었는데, 나중에 유씨의 마음을 알고는 곧장 음식을 마련하고 한익을 초청하여 술을 마셨다. 주흥이 올랐을 때 이생이 말했다.

"유부인(柳夫人: 柳氏)은 미색이 아주 빼어나고 한수재(韓秀才: 韓翊)는 문장이 특별히 뛰어나니, 유부인으로 한수재의 수청을 들게 하려는데 괜찮겠소?"

그러자 한익이 소스라치게 놀라 자리를 피하며 말했다.

"내 오랫동안 헐벗고 굶주리다가 지금 그대의 은혜를 입고 있는데, 어떻게 그대가 사랑하는 여자를 뺏는단 말이오?"

하지만 이생이 한사코 청하자, 유씨는 그의 뜻이 진심이라는 것을 알고 재배한 뒤 옷자락을 여미고 한익의 자리 옆에 앉았다. 이생은 한익을 빈객의 자리에 앉히고 술을 가득 따라 건배하며 마음껏 즐겼다. 또 이생은 30만 전을 내어 한익의 생활비로 보태주었다. 한익은 유씨의 미색을 사모하고 유씨는 한익의 재능을 흠모하다가 두 사람의 마음이 소원대로 이루어졌으니 그 기쁨을 가히 알 만했다.

이듬해 예부시랑(禮部侍郎) 양도(楊度)가 과거시험에서 한익을 상등(上等)으로 선발했지만, 한익은 은거하면서 한가로이 세월을 보냈다. 그러자 유씨가 한익에게 말했다.

"영예와 명성을 얻어 부모님을 빛나게 하는 것은 옛 사람들이 바라던 바인데, 어찌 허드렛일이나 하는 비천한 이 몸 때문에 조정의 부름을 받은 훌륭한 당신[採蘭之美: 조정에서 현자를 등용하는 훌륭한 일을 비유함]을 붙잡아두어서야 되겠습니까? 또한 필요한 기물과 재산도 당신이 돌아오실 때까지 충분히 쓸 수 있습니다."

그리하여 한익은 청지현(淸池縣)으로 부모님을 뵈러 갔다.

그런데 [한익이 떠난 뒤] 1년 남짓 지나자 유씨는 끼니가 부족할 정도로 가난해져서 화장도구를 팔아 연명하게 되었다. 게다가 천보연간 말에는 도적이 두 도성을 전복시키니[安祿山이 반란을 일으켜 長安과 洛陽 두 도성을 함락한 것을 말함] 남녀들이 모두 놀라 도망쳤다. 유씨는 남달리 아름다웠기 때문에 화를 면하지 못할까봐 두려워한 나머지 머리를 깎고 용모를 바꾸어 법령사(法靈寺)에 기거했다. 당시 후희일(侯希逸)이 평로절도사(平盧節度使)에서 치청절도사(淄靑節度使)로 부임했는데, 평소 한익의 명성을 잘 알고 있었기에 그를 초빙하여 서기(書記)로 삼았다. 그 후 선황제(宣皇帝: 肅宗의 廟號)가 신명(神明)한 무용으로 반란을 평정하자, 한익은 곧장 사람을 보내 몰래 수소문하여 유씨를 찾게 했다. 그는 또한 비단 주머니에 금가루를 담아 유씨에게 보내주면서 다음과 같은 시를 적어놓았다.

> 장대의 버들[章臺柳: 章臺는 漢代 長安의 거리 이름인데, 당시 柳氏가 장안에 있었으므로 이렇게 비유한 것임]이여,
> 장대의 버들이여,
> 옛날엔 푸르고 푸르렀는데 지금도 그대로 있는가?
> 설사 긴 가지 예전처럼 늘어져 있다 해도,
> 응당 남의 손에 꺾이고 말았으리!

유씨가 금 주머니를 받아들고 흐느껴 울자 옆에 있던 사람들도 애처

로워했다. 유씨는 [한익의 시에] 다음과 같이 화답했다.

　　버들가지,
　　향기롭게 꽃피는 봄철,
　　한스럽게도 해마다 이별할 때 꺾어주네.
　　잎사귀 하나 바람 따라 날리다 문득 가을을 알리니,
　　설사 님이 오신다 한들 어찌 꺾을 만 하리오!

그로부터 얼마 되지 않아 번족(蕃族: 回紇族)의 장수 사타리(沙吒利)가 막 공을 세우고서 유씨의 미색을 은밀히 알아내고 그녀를 납치하여 자신의 집으로 돌아간 뒤 오직 그녀만을 총애했다. 그 후 후희일이 좌복야(左僕射)에 제수되어 천자를 배알하러 조정에 들어가게 되자 한익도 그를 수행하여 도성에 이르렀는데, 그때는 이미 유씨의 거처를 찾을 수 없었으므로 한익은 탄식하며 그리워마지 않았다. 그러던 어느 날 한익은 우연히 용수강(龍首岡: 龍首山. 龍首原이라고도 함)에서 어떤 하인이 얼룩소로 휘장 쳐진 수레를 끌고 가고 두 하녀가 그 뒤를 따라가는 것을 보았다. 한익은 우연히 그 수레를 따라갔는데 수레 안에서 이렇게 물어왔다.

"혹시 한원외(韓員外: 韓翊)님 아니세요? 저는 바로 유씨예요."

그리고는 하녀를 시켜서 몰래 말을 전하길, 자신은 이미 사타리에게 몸을 잃었고 지금 수레에 함께 타고 있는 사람에게 제지당하고 있으니 내일 아침에 도정리(道政里)의 문에서 기다려주었으면 한다고 했다. 한익이 약속한 시간에 갔더니, 유씨는 가볍고 흰 비단으로 묶은 옥합(玉盒)에 향유를 담아 수레 안에서 그에게 주며 말했다.

"이젠 영원히 이별해야 하니 이것을 제 정성으로 간직해주세요."

그리고는 수레를 돌려 손을 흔들었는데, 가벼운 소맷자락이 바람에 나부끼고 향기로운 수레가 덜컹거리며 떠나갔다. 한익은 수레가 보이지 않을 때까지 바라보다가 정신이 아득해지면서 모든 것이 먼지 속에서 사라져버린 것 같았다. 한익은 서글픈 마음을 도저히 가눌 수 없었다.

그때 마침 치청(淄靑)의 여러 장군들이 주루(酒樓)에서 즐기고 있다가 사람을 보내 한익을 청해오게 했는데, 한익은 마지못해 초대에 응하긴 했지만 상심하고 의기소침하여 목소리가 슬픔에 잠겨 있었다. 그곳에 자신의 재능과 기력을 자부하는 허준(許俊)이라는 우후(虞候: 唐代 節度使 휘하의 武官)가 있었는데, 그가 검을 어루만지면서 한익에게 말했다.

"필시 무슨 곡절이 있는 듯하니 [말씀만 하시면] 당신을 위해 한 번 힘을 써보고 싶습니다!"

한익이 하는 수 없이 사실대로 얘기해주었더니 허준이 말했다.

"당신이 몇 자만 써주시면 당장 그녀를 데려오겠습니다!"

그리고는 만호(縵胡: 무사의 모자에 매는 끈. 여기서는 군복의 뜻으로 쓰임)를 입고 쌍 활집을 차고 기병 한 명만 데리고 곧바로 사타리의 집으로 갔다. 허준은 사타리가 집을 나와 1리 남짓 갔을 때를 기다렸다가, 곧장 옷깃을 여미고 말고삐를 단단히 잡은 채 문을 박차고 들어가서 급히 뛰어들며 소리쳤다.

"장군께서 급병(急病)이 드셔서 부인을 불러오라 하셨다!"

하인과 시비들은 모두 뒤로 물러나며 감히 그를 쳐다보지 못했다. 허준은 마침내 당(堂)으로 올라가 한익의 서찰을 꺼내 유씨에게 보여주고는, 그녀를 안아 올려 말안장에 태운 뒤 먼지를 휘날리며 말의 가슴걸이가 끊어질 정도로 빨리 달려 순식간에 주루에 도착했다. 허준은 옷자락을 여미고 앞으로 나아가 말했다.

"다행히 분부를 욕되게 하지 않았습니다!"

온 좌중의 사람들은 모두 놀라 감탄했다. 유씨와 한익은 손을 부여잡고 눈물을 흘렸고, 나머지 사람들도 주연을 그만두었다.

당시 사타리는 천자로부터 남다른 은총을 받고 있었으므로, 한익과 허준은 화를 당할까 두려워서 후희일을 찾아갔더니 후희일이 깜짝 놀라며 말했다.

"내 평생에 하려고 했던 일을 허준 그대가 해냈구나!"

그리고는 마침내 천자께 다음과 같은 장계(狀啓)를 올렸다.

"검교상서금부원외랑(檢校尙書金部員外郎) 겸 어사(御史) 한익은 오랫동안 막료의 직분을 맡아 여러 차례 공훈을 세웠으며, 근자에는 향공(鄕貢: 鄕試에 합격하여 진사시험에 응시하도록 지방장관의 천거를 받은 사람)으로 과거에 급제까지 했사옵니다. 그에게는 유씨라는 첩이 있었는데 흉악한 역적들을 피해 절에서 비구니로 기거했사옵니다. 시금은 밝은 문덕(文德)으로 백성들을 위무하는 성운(聖運)을 만나 원근이 모두 교화되었사옵니다. 그런데 장군 사타리는 흉악함을 자행하여 국법을 어지럽히고 보잘것없는 공로를 빙자하여 절개를 지키던 남의 첩을 빼앗음으로써 태평한 덕정(德政)을 범했사옵니다. 신의 부장(部將) 겸 어사중승(御史中丞) 허준은 본래 유계(幽薊) 지역 출신으로 영웅심이 있고 용맹한 사람이온데, 사타리에게서 유씨를 빼앗아 와서 한익에게 돌려주었사옵니다. 그는 의협심이 충만한 사람으로 비록 의분에 따른 진실한 행동을 보여주긴 했지만, 사전에 이를 아뢰지 못한 것은 진실로 신의 엄정한 명령이 부족한 탓이옵니다."

얼마 후에 천자의 조칙이 내려졌다.

"유씨는 마땅히 한익에게 돌려주고 사타리에게는 200만 전을 하사하라."

그리하여 유씨는 다시 한익에게 돌아갔다. 한익은 그 후 여러 차례 승진하여 중서사인(中書舍人)에 이르렀다.

그러니 유씨는 절개를 지키려는 뜻은 있었지만 그 뜻을 이루지 못한 자이고, 허준은 의분을 흠모했지만 영달하지 못한 자이다. 이전에 만약 유씨가 그 미모로 후궁에 선발되었다면, 곰을 가로막아 천자를 보호하고[漢나라 元帝의 妃였던 馮婕妤가 원제와 사냥을 나갔다가 우리에 갇혀 있던 곰이 튀어나오자 자기 몸으로 곰을 막아 원제를 보호했음] 천자와 수레에 함께 타는 것을 사양한[漢나라 成帝의 妃였던 班婕妤가 성제와 수레에 함께 타는 것을 사양했는데, 그 이유를 물었더니 옛 그림을 보아도 천자의 수레에는 名臣이나 함께 탔지 妃嬪 따위는 타지 않았다고 함] 미덕을 계승할 수 있었을 것이다. 또한 허준이 그 재능으로 조정에 등용되었다면, 조가(曹柯: 曹는 曹沫, 柯는 地名. 春秋時代 魯나라 장수 曹沫은 齊나라와 싸웠다가 패하여 결국 遂邑을 떼어주고 화해했는데, 나중에 두 나라가 柯에서 강화회의를 열었을 때 曹沫이 비수를 품고 들어가 齊나라 桓公을 위협하여 빼앗겼던 땅을 되찾았음)나 면지(澠池: 戰國時代 趙나라의 惠文王과 秦나라의 昭王이 면지에서 회담을 열었을 때 秦나라가 소국인 趙나라를 얕보고 惠文王에게 모욕을 주었는데, 趙나라의 재상 藺相如가 그 자리에서 昭王에게 모욕을 되돌려주어 秦나라의 기세를 꺾었음)의 공을 세울 수 있었을 것이다. 대저 일은 그 사람의 행적에 따라 드러나고 공은 그 일에 따라 세워지는 법이다. 애석하게도 그들의 행위는 파묻혀 제대로 평가받지 못했고 의용(義勇)만 한갓 드러냈을 뿐 모두 정통 범주에 들지 못했으니, 이 어찌 변(變) 가운데 정(正)이 아니겠는가? 아마도 그들이 만났던 환경이 그렇게 만들었을 것이다.

天寶中, 昌黎韓翊有詩名, 性頗落托, 羇滯貧甚. 有李生者, 與翊友善, 家累千金, 負氣愛才. 其幸姬曰柳氏, 豔絶一時, 喜談謔, 善謳詠. 李生居之別第, 與翊爲宴歌之地, 而館翊於其側. 翊素知名, 其所候問, 皆當時之彦. 柳氏自門窺之, 謂其侍者曰: "韓夫子豈長貧賤者乎?" 遂屬意焉.

李生素重翊, 無所恡惜, 後知其意, 乃具饌請翊飮. 酒酣, 李生曰: "柳夫人容色非常, 韓秀才文章特異, 欲以柳薦枕於韓君, 可乎?" 翊驚慄避席曰: "蒙君之恩, 解衣輟食久之, 豈宜奪所愛乎?" 李堅請之, 柳氏知其意誠, 乃再拜, 引衣接席. 李坐翊於客位, 引滿極歡. 李生又以資三十萬, 佐翊之費. 翊仰柳氏之色, 柳氏慕翊之才, 兩情皆獲, 喜可知也.

明年, 禮部侍郎楊度擢翊上第, 屛居間歲. 柳氏謂翊曰: "榮名及親, 昔人所尙, 豈宜以濯浣之賤, 稽採蘭之美乎? 且用器資物, 足以待君之來也." 翊於是省家於淸池.

歲餘, 乏食, 鬻粧具以自給. 天寶末, 盜覆二京, 士女奔駭. 柳氏以艶獨異, 且懼不免, 乃剪髮毁形, 寄跡法靈寺. 是時侯希逸自平盧節度淄靑, 素藉翊名, 請爲書記. 洎宣皇帝以神武返正, 翊乃遣使間行, 求柳氏. 以練囊盛麩金, 題之曰: "章臺柳, 章臺柳, 昔日靑靑今在否? 縱使長條似舊垂, 亦應攀折他人手!" 柳氏捧金嗚咽, 左右悽憫. 答之曰: "楊柳枝, 芳菲節, 所恨年年贈離別. 一葉隨風忽報秋, 縱使君來豈堪折!"

　　無何, 有蕃將沙吒利者, 初立功, 竊知柳氏之色, 劫以歸第, 寵之專房. 及希逸除左僕射入覲, 翊得從行, 至京師, 已失柳氏所止, 歎想不已. 偶於龍首岡, 見蒼頭以駁牛駕輜軿, 從兩女奴. 翊偶隨之, 自車中問曰: "得非韓員外乎? 某乃柳氏也." 使女奴竊言失身沙吒利, 阻同車者, 請詰旦幸相待於道政里門. 及期而往, 以輕素結玉合, 實以香膏, 自車中授之, 曰: "當遂永訣, 願寘誠念." 乃回車, 以手揮之, 輕袖搖搖, 香車轔轔. 目斷意迷, 失於驚塵. 翊大不勝情.

　　會淄靑諸將合樂酒樓, 使人請翊, 翊强應之, 然意色皆喪, 音韻悽咽. 有虞候許俊者, 以材力自負, 撫劍言曰: "必有故, 願一効用!" 翊不得已, 具以告之, 俊曰: "請足下數字, 當立致之!" 乃衣縵胡, 佩雙鞬, 從一騎, 徑造沙吒利之第. 候其出行里餘, 乃被袵執轡, 犯關排闥, 急趨而呼曰: "將軍中惡, 使召夫人!" 僕侍辟易, 無敢仰視. 遂升堂, 出翊札示柳氏, 挾之跨鞍馬, 逸塵斷鞅, 倐忽乃至. 引裾而前曰: "幸不辱命!" 四座驚歎. 柳氏與翊, 執手涕泣, 相與罷酒.

　　是時沙吒利恩寵殊等, 翊·俊懼禍, 乃詣希逸, 希逸大驚曰: "吾平生所爲事, 俊乃能爾乎!" 遂獻狀曰: "檢校尙書金部員外郎兼御史韓翊, 久列參佐, 累彰勳効, 頃從鄕賦, 有妾柳氏, 阻絕凶寇, 依止名尼, 今文明撫運, 遐邇率化, 將軍沙吒利兇恣撓法, 憑恃微功, 驅有志之妾, 干無爲之政. 臣部將兼御史中丞許俊, 族本幽薊, 雄心勇決, 却奪柳氏, 歸於韓翊. 義切中抱, 雖昭感激之誠, 事不先聞, 固乏訓齊之令." 尋有詔: "柳氏宜還韓翊, 沙吒利賜錢二百萬." 柳氏歸翊. 翊後累遷至中書舍人.

　　然卽柳氏志防閑而不克者, 許俊慕感激而不達者也. 向使柳氏以色選, 則當熊辭輦之誠可繼, 許俊以才擧, 則曹柯澠池之功可建. 夫事由跡彰, 功待事立. 惜鬱堙不偶, 義勇徒激, 皆不入於正, 斯豈變之正乎? 蓋所遇然也.

태평광기 권제 486 잡전기 3

1. 장한전(長恨傳)
2. 무쌍전(無雙傳)

장한전(長恨傳)(陳鴻譔)

당(唐)나라 개원연간(開元年間: 713~741)에 천하는 태평하고 나라는 안팎으로 아무 일 없이 평안했다. 현종(玄宗)은 천자의 자리에 있은 지 이미 여러 해가 지나자 저녁 늦게 식사를 하고 새벽 일찍 일어나야만 하는 생활에 권태를 느끼고는 정사의 크고 작은 일을 막론하고 모두 우승상(右丞相: 李林甫)에게 맡긴 채 자신은 궁 안 깊숙이 들어앉아 연회를 열면서 음악과 여색을 즐겼다. 일찍이 원헌황후(元獻皇後: 唐 玄宗의 貴嬪으로, 肅宗의 생모임)와 무숙비(武淑妃: 則天武後의 조카딸로, 開元 12년에 惠妃가 되었음)가 현종의 총애를 받았으나 차례로 세상을 떠나고 말았다. 궁중에는 양가집의 딸이 무려 천여 명이나 있었지만, 눈을 즐겁게 해주는 여인이 없었기에 현종은 마음이 허전하고 즐겁지 않았다.

 그 당시 해마다 10월이 되면 현종은 화청궁(華淸宮)으로 행차했는데, 이때 내외명부들은 눈부시게 꾸미고 따라갔다. 그녀들이 황제가 목욕하고 남은 온천물을 하사 받아 목욕을 했다. 봄바람과 신령한 물이 그녀들 사이에서 맑게 찰랑거리고 있을 때 황제는 불현듯 마치 무엇인가를 본 듯했는데, 다시 전후좌우를 둘러보니 그저 진흙 같은 여자들 얼굴밖에는 보이지 않았다. 그리하여 현종이 고력사(高力士)에게 명하여 비밀리에 외궁(外宮)을 찾아보게 하자 수왕부(壽王府: 현종의 18번째 아들 李瑁)에서 이미 머리를 틀어올린 홍농(弘農) 양현염(楊玄琰)의 딸을 데리고 왔다. 그녀의 머리카락은 빛이 나고 매끄러웠으며, 체격이 [마르지도 뚱뚱하지도 않은] 적당한데다가 행동거지가 조용하고도 아름다운 것이 한(漢)나라 무제(武帝)의 이부인(李夫人: 漢 武帝 劉徹의 애첩으로 춤을 잘 추어 총애를 받았다고 함) 같았다. 현종은 따로 온천을 만들어 그녀에게 하사한 뒤 옥같이 아름다운 몸을 씻도록 했다. 그녀가 물에서 나오는데, 온몸에 힘이 다 빠져 가벼운 비단옷도 지탱하지 못할 것 같았다. 또한 몸에서 광채가 나 돌아서거나 발걸음을 옮길 때마다 눈이 부셨기에 이를 본 현종은 매우 기뻐했다. 나아가 천자를 알현하는 날에는「예상우의곡(霓裳羽衣曲)」을 연주하여 그녀를 어전으로 인도했고, 첫날밤에는 금비녀와 자개함을 주어서 굳은 사랑을 표현했다. 또한 머리에는 보요(步搖: 금실로 만든 꽃가지 모양의 머리 장식품. 아롱진 옷이 달려 있어서 걸을 때마다 흔들렸기 때문에 步搖라 했음)를 꽂게 하고 황금 귀걸이를 달게 했다. 현종은 이듬해 그녀를 귀비(貴妃)로 책봉하고, 의복과 일용품은 황후의 절반 수준으로 주도록 했다. 이때부터 그녀는 자기의 용모를 더욱 아름답게 꾸미고 말을 민첩하게 하면서 온갖 아름다운 교태를 지어 현종의 마음에 들게 하니 현종 또한 더욱 더 그녀를 사랑하게 되었다.

　　나라 안을 순시하며 백성들의 사정을 살필 때나 오악(五嶽)에 가서 봉선제(封禪祭)를 올릴 때, 또 겨울 밤 여산(驪山)에서 눈구경 할 때나 상양궁(上陽宮: 황제의 行宮으로 東都 洛陽에 있었음)에서 봄놀이를 할 때도 양귀비(楊貴妃)는 늘 현종과 같은 수레에 타고 같은 방에서 머물렀으며 연회 때에도 자신만 혼자 배석했고, 잠자리도 독차지했다. 비록 3명의 부인과 9명의 빈(嬪), 27명의 세부(世婦: 女官), 81명의 어처(御妻) 및 후궁(後宮)의 재인(才人: 궁중의 女官 명칭으로, 잠자리와 의복 등의 일을 맡아보았음), 악부(樂府)의 기녀가 있었지만 현종의 마음을 끄는 이는 한 명도 없었다. 이때부터 육궁(六宮)의 비빈들 가운데서 황제의 총애를 받은 여인이 없었다. 양귀비 혼자서 그렇게 총애를 독차지하게 된 것은 비단 아름다운 용모와 뛰어난 자태 때문만이 아니라 지혜로움과 총명함, 뛰어난 언변으로 현종의 뜻을 미리 잘 헤아리는 등 이루 다 형용할 수 없는 능력을 지니고 있었기 때문이다.

　이로 인해 양귀비의 숙부와 형제들은 모두 고위관직에 올랐고, 통후(通侯: 侯爵들의 직위를 받을 때에 주는 칭호)의 작위도 받았다. 또한 귀비의 자매들은 국부인(國夫人)에 봉해졌는데, 그 부귀함이 황실에 버금갔으며 수레와 의복, 저택이 대장공주(大長公主: 황제의 고모를 가리킴)와 어깨를 나란히 할 정도였다. 그들이 받는 은혜와 권세는 대장공주를 능가했고 궁궐에 드나들 때도 검문을 받지 않았으며 도성의 고급 관리들도 그들을 감히 똑바로 쳐다보지 못했다. 그래서 당시 민간에 다음과 같은 노래가 떠돌았다.

　　　딸 낳았다고 슬퍼 말고,
　　　아들 낳았다 기뻐 마소.

또 이런 노래도 있다.

　　　아들은 높은 벼슬 못해도 딸은 높으신 왕비 되었으니,

딸자식이 오히려 가문을 빛냈네.

당시의 사람들은 이처럼 부러워했다.

천보연간(天寶年間: 742~755) 말년에 양귀비의 오라비 양국충(楊國忠)은 승상의 자리를 도적질하여 정권을 농락했다. 안록산(安祿山)이 군사를 이끌고 양씨(楊氏)를 토벌한다는 구실로 도성을 향해 들어왔는데, 천자의 군대가 동관(潼關)을 지켜내지 못하자 현종[翠華: 황제가 出行할 때 사용하는 의장으로 깃발 위에 비취색 깃털로 장식을 했는데, 여기서는 현종을 가리킴]은 남쪽으로 몽진 가다가 함양(咸陽) 길을 나와 마외정(馬嵬亭)에 이르렀다. 육군(六軍: 황제의 군대)이 우물쭈물하며 무기를 들고 진군하려 하지 않자 이를 본 시종과 관리들은 현종의 말 앞에 엎드려 조착(晁錯: 漢나라 景帝때의 御史大夫로, 일찍이 제후들의 봉지를 삭감하여 중앙집권을 강화할 것을 건의했음. 이후 七國의 제후들이 반란을 일으켜 조착을 죽여 천하에 사죄할 것을 요구하자 경제는 그를 죽였음. 여기서는 양국충을 죽여 천하에 사죄해야 함을 가리킴)을 주여 천하에 사죄할 것을 주청(奏請)했다. 그리하여 양국충은 소털로 만든 갓끈과 반수(盤水:『漢書』「賈誼傳」에 나오는 말로, 옛날 죄를 청하는 의식의 일종. 흰색 관(冠)에 소털 꼬리로 만든 갓끈을 묶고 그릇에 물을 가득 담은 뒤 그 위에 칼을 놓고 스스로 죄를 청하는 것을 말함)를 받쳐 들고 나아가 길가에서 죽었다. [양국충이 죽었음에도 불구하고] 좌우의 사람들이 만족해하지 않자 현종이 그 까닭을 물었다. 그때 어떤 사람이 감히 말하기를 양귀비를 죽여 천하의 원성을 막아야 한다고 청했다. 현종은 어쩔 수 없음을 알았지만 양귀비가 죽는 모습은 차마 볼 수가 없어서 소매로 얼굴을 가린 채 사람들에게 그녀를 끌고 가게 했다. 이에 양귀비는 정신 없이 끌려나가 결국 비단 끈에 목이 매달려 죽는 신세가 되었다. 그 후 현종이 성도(成都)로 몽진한 다음 숙종(肅宗)이 영무군(靈武郡)에서 제위를 이어받았다. 이듬해 안록산이 죽고, 현종[大駕: 太上皇 李隆基를 가리킴]은 도성으로 돌아왔다. 숙종은 현종을 태상황(太上皇)에 추존하고 남궁(南宮: 南臺라고도 하는데 바로 興慶宮을 가리킴)에 모시고 봉양했는데, 나중에 다시 남궁에서 서내(西內: 西宮으로, 太極宮을 말함)로 옮겨갔다.

세월이 흘러 모든 일들이 지나가버렸고, 즐거움이 다하고 슬픔이 다가왔다. 매년 봄이 오고 겨울밤이 오고 연못 속의 연꽃이 피는 여름이 오고 궁궐의 홰나무 잎이 지는 가을이 될 때마다 이원제자(梨園弟子: 玄宗이 梨園에서 훈련시킨 歌舞技藝人)들은 옥피리를 불어 청아한 음악을 연주했는데, 「예상우의곡」만 들리면 현종의 얼굴에 슬픈 빛이 돌아 좌우의 시종들도 흐느껴 울었다. 현종은 3년을 한결같이 양귀비를 생각하며 그리워하는 마음이 조금도 줄어들지 않았다. 그는 꿈에서나마 그 혼이라도 만나고 싶었지만 아득하기만 하여 그 흔적조차 찾을 수 없었다.

그때 마침 촉(蜀) 땅에서 온 도사가 있었는데, 현종이 양귀비를 생각하는 마음이 그와 같다는 것을 알고 스스로 이소군(李少君: 漢나라 武帝때의 方士로, 漢 武帝가 죽은 李夫人을 몹시 그리워하자 도술로 그녀의 영혼을 불러와서 무제로 하여금 휘장 속에서 그녀를 보게 했다고 함)의 도술을 가지고 있다고 말했다. 그 말을 듣고 현종은 크게 기뻐하며 그에게 양귀비의 혼을 불러오도록 했다. 방사(方士)가 곧 도술을 다

해 양귀비의 혼을 찾았지만 그녀의 혼은 나타나지 않았다. 또 자신의 영혼을 몸에서 내보내 구름을 타고서 천계(天界)에 오르고 땅으로 들어가 찾아보았지만, 역시 보이지 않았다. 그래서 그는 사허(四虛: 동서남북)의 위아래를 두루 찾아다니다가 동쪽으로 하늘 끝까지 가서 봉호(蓬壺: 蓬萊山)에 올랐다. 가장 높은 신선의 산을 보니 그 위에는 궁궐이 많았는데 서쪽 건물 아래에 동쪽으로 난 문이 하나 있었고 '옥비태진원(玉妃太眞院)'이라는 현판이 걸려 있었다. 방사가 그 문을 들여다보니 양쪽으로 쪽을 진 계집아이가 나왔다. 방사가 무어라 채 말하기도 전에 계집아이는 다시 들어가 버렸다. 잠시 뒤에 푸른 옷 입은 시녀가 나와 어디서 왔냐고 물었다. 방사는 당나라 천자의 사신이라고 말한 다음 현종의 명을 전했다. 그러자 푸른 옷의 시녀가 말했다.

"옥비(玉妃)께서는 마침 주무시고 계시니 잠시 기다리시지요."

그때 구름이 자욱하게 깔리면서 선계에 날이 밝아 왔는데, 옥으로 만든 문은 겹겹이 닫혀 있었고 조용하니 아무 소리도 들리지 않았다. 방사는 숨소리를 죽이고 발을 모은 채 두 손을 맞잡고 문 앞에 서 있었다. 한참 뒤에 푸른 옷의 시녀가 방사를 안으로 데리고 들어가더니 말했다.

"옥비께서 나오십니다."

잠시 뒤에 한 여자가 나타났는데, 황금 연꽃 모양의 관을 쓰고 자줏빛 비단옷을 걸쳤으며, 붉은 옥을 허리에 차고 봉황을 수놓은 신발을 신은 채 좌우에 7~명의 시녀들을 거느리고 나와 방사에게 인사하더니 이렇게 물었다.

"황제는 편안하신 지요?"

그 다음으로 천보 14년(754) 이후의 일에 대해서 물었다. 방사가 그에 대한 답변을 하자 그녀는 슬픈 표정을 지으면서 푸른 옷의 시녀에게 금비녀와 자개함을 가져오게 하더니, 각각 그 반을 잘라 사자에게 주면서 말했다.

"저를 대신하여 태상황께 감사의 인사를 올리고 삼가 이 물건을 바치셔서 옛날의 사랑을 되새기게 해주십시오."

방사는 양귀비의 부탁과 증표를 받아 출발하려고 하다가 뭔가 부족한 듯한 기색을 내보였다. 옥비가 그 까닭을 묻자 방사는 다시 옥비 앞으로 와 무릎을 꿇고 말했다.

"바라옵건대, 다른 사람이 듣지 못한 당시의 일 가운데 한 가지를 알려 주셔서 태상황께 증명할 수 있게 해주십시오. 그렇지 않으면 자개함과 금비녀만으로는 신원평(新垣平: 漢나라 文帝때 사람으로, 점술에 뛰어나 문제로부터 신임을 얻었으나 후에 사람을 시켜 옥 술잔에 '人主延壽' 네 글자를 새겨서 헌납하게 하고 문제에게는 길조라고 속였다가 일이 발각되어 처형당했음)과 같은 속임수라 의심을 받게 될 것입니다."

옥비는 멍하니 있다가 뒤로 물러나서 무엇인가를 생각하는 듯 하더니 천천히 이렇게 말했다.

"옛날 천보 10년(751)에 황제를 모시고 여산궁(驪山宮)으로 피서를 갔었어요. 가을 7월, 견우와 직녀가 서로 만나는 칠석날 저녁에 진(秦) 땅 사람들은 밤에 수놓은 비단을 펼쳐놓고 그 위에 음식과 과일을 늘어놓은 다음 뜰에서 향불을 피우며 제사를 올렸는데 이를 '걸교(乞巧)'라고 했지요. 후궁에서는 이를 더욱 중요하게 여겼지요. 한밤중이 되어 시위(侍衛)들은 동쪽과 서쪽곁채에서 쉬고 저 혼자서 황제를 모셨는데, 그 때 제 어깨에 기대어 서서 하늘을 쳐다보시면서 견우와 직녀의 사랑에 감동하시어 대대로 부부로 살고 싶다고 몰래 맹세하셨지요. 이렇게 말하고 황제와 저는 손을 잡고 목메어 울었지요. 이 일은 오직 태상황께서만 알고 계십니다."

이렇게 말하고는 스스로 슬픔에 잠겨 말했다.

"지금 그 생각을 하면 여기서 더 이상 살 수 없어 다시 하계(下界)로 내려가 인연을 맺고 싶습니다. 그러나 하늘에서든 인간 세상에서든 우리는 틀림없이 다시 만나 옛날처럼 잘 지낼 것입니다."

또 말했다.

"태상황께서도 인간 세상에서 사실 날이 얼마 남지 않았으니 부디 마음 편히 계시고 너무 상심하지 마시길 바랄 뿐입니다."

사자가 태상황에게 돌아와 그 말을 전하자, 태상황은 탄식하면서 한참동안 슬퍼했다. 나머지는 역사책에 실려 있다.

헌종(憲宗) 원화(元和) 원년(806)년에 주지현위(盩厔縣尉) 백거이(白居易)가 노래를 지어 그 일을 말했고, 전수재(前秀才) 진홍(陳鴻)이 전(傳)을 지어 노래 앞에 두고 「장한가전」이라 제목 부쳤다. 백거이의 노래는 다음과 같다.

> 한황(漢皇: 唐玄宗)은 여색을 중히 여겨 경국지색 찾았지만,
> 천하를 다스린 지 여러 해 되었어도 얻지 못했네.
> 양씨 가문의 딸이 막 장성했을 때는
> 깊은 규중에서 자라 사람들이 알지 못했네.
> 타고난 아름다움은 버려지기 어려워
> 하루아침에 뽑혀 천자의 곁에 있게 되었네.
> 돌아보며 한번 웃으매 온갖 교태가 생겨나니,
> 궁중의 비빈들은 빛을 잃었네.
> 추운 봄날 화청지에서 목욕물을 하사하니,

온천물에 희고 부드러우며 윤이 나는 피부를 씻었네.
힘없고 아름다운 자태 시녀가 부축하니
이때가 바로 황제의 성은을 처음 입을 때라네.
구름 같은 귀밑머리, 꽃 같은 얼굴에 황금머리 장식 흔들리고,
연꽃 수놓은 휘장에서 봄밤을 따뜻하게 보냈네.
봄밤은 너무도 짧아 해가 높이 떠서야 일어나니,
이로부터 천자는 아침 조회에 나오지 않았네.
연회에서 시중들며 비위를 맞추느라고 한가할 틈이 없고,
봄에는 봄철 놀이를 따라가고 밤에는 밤대로 혼자 독차지했네.
후궁 중에 아름다운 이가 삼천 명인데,
그 삼천 명이 받아야 할 총애를 한 몸에 받았네.
금옥(金屋)에서 아름답게 몸단장하고 매일 밤 시중들었으며,
옥루(玉樓)에서 연회가 끝날 즈음 취하여 사랑을 속삭였네.
형제자매들이 모두 관직을 하사 받아,
아릿따운 광채가 가문에 생겨났네.
마침내 천하의 부모 마음
아들 낳은 것을 중히 여기지 않고, 딸 낳은 것을 중히 여기게 되었네.
저 드높은 여산의 궁전 푸른 구름 속에 솟아 있고
신선의 음악소리 바람에 실려 곳곳에서 들렸네.
느린 노래와 춤이 관현악 반주와 어우러지고
천자는 종일 보아도 부족하게 여겼네.
어양(漁陽: 安祿山이 范陽에서 반란을 일으킨 것을 말함. 漁陽은 范陽節度에 속함)의 북소리가 대지를 울리니,
「예상우의곡」이 놀라 끊어졌네.
도성에 봉화연기와 먼지가 일어나고,
수많은 수레와 기병이 서남쪽으로 떠났네.
천자의 수레 흔들흔들 가다가 다시 멈추고,
서쪽으로 도성 성문을 나가 백여 리 정도 갔을 때.
육군(六軍: 황궁의 侍衛 부대)이 나아가지 않아 어쩔 수 없이,
미인은 말 앞에서 처참하게 죽었네.
꽃 비녀 땅에 떨어졌으나 줍는 사람 없고,
취교(翠翹: 비취색의 새 고리 모양의 장식품)·금작(金雀: 참새 모양의 금비녀)·옥소두(玉搔頭: 옥비녀)도 떨어졌네.
왕은 얼굴을 가린 채 구해내지도 못하고

돌아다보며 그저 피눈물만 흘리는구나.
누런 먼지 흩어지고 바람은 스산한데,
구름다리로 구불구불 검각(劍閣: 劍門關)에 올랐네.
아미산(蛾眉山) 아래에 행인은 드물고,
천자의 깃발도 빛을 잃고 태양 빛은 어두웠네.
촉의 강물은 파랗고 산은 푸른데,
성왕(聖王)은 아침저녁 그리워했네.
행궁(行宮)에서 달을 보니 마음 아프고,
밤에 비속에 들려오는 종소리 사람의 애간장을 끊는구나.
시국이 변하여 황제의 수레가 장안으로 돌아가는데,
이곳에 이르더니 주저하며 나아가지 못했네.
마외파 아래 진흙 속에는,
옥 같은 얼굴은 보이지 않고 죽은 곳만 쓸쓸히 남아있었네.
군신이 서로 돌아다보며 눈물 흘려 옷을 적시다,
동으로 도성의 성문을 바라보며 말 가는 대로 돌아갔네.
돌아오니 정원과 연못은 예전 그대로인데,
태액지(太液池)의 연꽃, 미앙궁(未央宮)의 버드나무.
연꽃은 그녀 얼굴 같고 버드나무는 그녀의 눈썹 같으니,
이를 마주하고 어찌 눈물을 흘리지 않을 수 있겠는가?
봄바람에 복숭아 꽃 오얏 꽃 밤에 피어나고
가을비에 오동나무 잎 떨어질 때.
태극궁과 흥경궁에는 가을 풀 가득하고,
궁 안에는 낙엽이 계단에 가득 찼으나 쓸지 않았네.
이원제자들은 백발이 성성하고,
궁중의 여관과 궁녀들도 늙었네.
저녁 궁전에 반딧불 날아다니니 마음이 쓸쓸하여
외로운 등불 다 타들어 가도록 잠 못 이루네.
더디 울리는 종과 물시계의 물방울소리에 밤이 길더니,
반짝이는 은하수에 날이 새려 하네.
원앙새 기와에[기와를 위아래로 같이 끼워 넣은 것을 말함] 차가운 서리 쌓였고,
차디찬 비취색 이불 뉘와 함께 덮을까?
아득하게도 생사를 달리 한 지 여러 해 되었건만,
그 혼백 꿈속에서조차 찾아오지 않네.

홍도객(鴻都客: 仙府에 사는 신선. 본래는 洛陽인데, 여기서는 도성을 가리킴) 임공(臨邛)도사는,
정성으로 혼백을 이르게 할 수 있었네.
그리움에 뒤척이는 군왕의 모습에 감동 받아,
마침내 방사에게 조용히 찾아보게 했네.
공중을 가르는 구름 타고 번개처럼 달리고,
하늘에 오르고 땅에 들어가 두루 찾았네.
위로는 하늘에 오르고 아래로는 황천에 이르렀으나,
두 곳 모두 아득하여 찾지 못했네.
홀연 들으니 바다에 신선의 산이 있다고 하는데,
그 산은 멀고 어렴풋한 허공 사이에 있었네.
누각과 궁전이 영롱한 오색구름에 솟아 있고,
그 안에 아름다운 선녀도 많았네.
그 중 한 사람이 태진(太眞)이라 했는데,
눈 같은 피부 꽃 같은 얼굴이 그녀와 비슷했네.
황금 궁궐 서쪽 채에서 옥 대문 두드려,
소옥(小玉)을 시켜 쌍성(雙成: 董雙成.『漢武帝內傳』에 보면 "西王母가 玉女·董雙成을 시켜 생황을 불게 했다"고 되어 있음. 여기서는 이들을 양태진의 시녀로 보았음)에게 알리게 했네.
한나라 천자의 사신이라는 말을 듣고,
구화장(九華帳: 9개의 화려한 도안에 수를 놓아 만든 채색 휘장)에서 자다가 깨어났네.
옷 걸치고 베개를 밀치며 허둥지둥 일어나,
진주 주렴과 은 병풍을 열고 나왔네.
막 깨어난 듯 비스듬한 구름 같은 귀밑머리,
화관을 가다듬지 않고 뜰로 내려왔네.
바람 불어 선녀의 소매 하늘하늘 흔들리니,
「예상우의무」 춤추는 것 같았네.
옥 같은 얼굴에 쓸쓸히 눈물 흘리니,
한 떨기 배꽃에 봄비가 맺혀 있는 듯.
정이 담긴 눈빛으로 바라보며 군왕에게 아뢰었네,
한 번 이별한 후 목소리도 얼굴 모두 아득해요.
소양전(昭陽殿: 漢나라 때 宮名. 漢成帝와 趙飛燕이 거주했던 곳으로, 여기서는 楊貴妃가 생전에 唐玄宗과 함께 살던 곳을 가리킴)의 은총 끊어

져,
　　봉래궁(蓬萊宮: 楊太眞이 거주하는 仙境을 뜻함)의 나날이 지루하기만 해요.
　　고개 돌려 인간세상 내려다보니,
　　장안은 보이지 않고 먼지와 안개만이 보이는군요.
　　옛 물건으로 깊은 정을 표현하고자,
　　자개함과 금비녀를 보냅니다.
　　비녀 하나 자개 합 한 짝,
　　황금비녀를 자르고 자개함을 나누었네.
　　마음이 황금자개처럼 견고하다면,
　　하늘과 땅이 서로 만날 수 있으리.
　　헤어질 때 은근하게 거듭 부탁의 말을 하니,
　　말속에 두 사람만 아는 맹세가 있었네.
　　칠월 칠일 장생전(長生殿: 華淸宮 내에 위치한 전각)에서
　　한밤에 남 몰래 말했다네.
　　'하늘에서는 비익조(比翼鳥: 암수 둘 다 날개가 하나씩 밖에 없기 때문에 늘 함께 다녀야 함)가 되기를 원하고,
　　땅에서는 연리지(連理枝: 뿌리가 다른 두 그루의 나뭇가지가 함께 연결되어 있는 것을 말하는데, 주로 남녀간의 애정을 비유한 것으로 많이 쓰임)가 되기를 원하네.'
　　천지는 유구해도 끝날 때가 있지만,
　　이 한은 끝없이 이어져 끓어질 기약이 없구나.

　　唐開元中, 泰階平, 四海無事. 玄宗在位歲久, 倦於旰食宵衣, 政無大小, 始委於丞相, 稍深居遊宴, 以聲色自娛. 先是, 元獻皇后·武淑妃皆有寵, 相次卽世. 宮中雖良家子千萬數, 無悅目者, 上心忽忽不樂.

　　時每歲十月, 駕幸華淸宮, 內外命婦, 煜燿景從. 浴日餘波, 賜以湯沐. 春風靈液, 淡蕩其間, 上心油然, 恍若有遇, 顧左右前後, 粉色如土. 詔('詔'原作謁, 據明鈔本改)高力士, 潛搜外宮, 得弘農楊玄琰女於壽邸, 旣笄矣. 鬢髮膩理, 纖穠中度, 擧止閒冶, 如漢武帝李夫人. 別疏湯泉, 詔賜澡瑩. 旣出水, 體弱力微, 若不任羅綺. 光彩煥發, 轉動照人, 上甚悅. 進見之日, 奏「霓裳羽衣」以導之, 定情之夕, 授金釵鈿合以固之. 又命戴步搖, 垂金璫. 明年, 冊爲貴妃, 半后服用. 由是冶其容, 敏其詞, 婉變萬態, 以中上意, 上益嬖焉.

時省風九州, 泥金五嶽, 驪山雪夜, 上陽春朝, 與上行同輦, 止同室, 宴專席, 寢專房. 雖有三夫人·九嬪·二十七世婦·八十一御妻曁後宮才人·樂府妓女, 使天子無顧盼意. 自是六宮無復進幸者. 非徒殊艷尤態, 獨能致是, 蓋才知明慧, 善巧便佞, 先意希旨, 有不可形容者焉.

叔父昆弟皆列在清貴, 爵爲通侯. 姊妹封國夫人, 富埒主室, 車服邸第, 與大長公主侔. 而恩澤勢力, 則又過之, 出入禁門不問, 京師長吏爲之側目. 故當時謠詠有云: "生女勿悲酸, 生男勿歡喜." 又曰: "男不封侯女作妃, 君看女却爲門楣." 其爲人心羡慕如此.

天寶末, 兄國忠盜丞相位, 愚弄國柄. 及安祿山引兵向闕, 以討楊氏爲辭, 潼關不守, 翠華南幸, 出咸陽道, 次馬嵬. 六軍徘徊, 持戟不進, 從官郞吏伏上馬前, 請誅錯以謝天下. 國忠奉牦纓盤水, 死於道周. 左右之意未快, 上問之. 當時敢言者, 請以貴妃塞天下之怒. 上知不免, 而不忍見其死, 反袂掩面, 使牽而去之. 倉皇展轉, 竟就絶於尺組之下. 旣而玄宗狩成都, 肅宗禪靈武. 明年, 大凶歸元, 大駕還都. 尊玄宗爲太上皇, 就養南宮, 自南宮遷於西內.

時移事去, 樂盡悲來. 每至春之日, 冬之夜, 池蓮夏開, 宮槐秋落, 梨園弟子, 玉管發音, 聞「霓裳羽衣」一聲, 則天顔不怡, 左右欷歔. 三載一意, 其念不衰. 求之夢魂, 杳杳而不能得.

適有道士自蜀來, 知上心念楊妃如是, 自言有李少君之術. 玄宗大喜, 命致其神. 方士乃竭其術以索之, 不至. 又能遊神馭氣, 出天界, 沒地府, 以求之, 又不見. 又旁求四虛上下, 東極絶天涯, 跨蓬壺. 見最高仙山, 上多樓閣, 西廂下有洞戶, 東向, 闔其門, 署曰'玉妃太眞院'. 方士抽簪扣扉, 有雙鬟童出應門. 方士造次未及言, 而雙鬟復入. 俄有碧衣侍女至, 詰其所從來. 方士因稱唐天子使者, 且致其命. 碧衣云: "玉妃方寢, 請少待之." 於時雲海沈沈, 洞天日晚, 瓊戶重闔, 悄然無聲. 方士屛息斂足, 拱手門下. 久之而碧衣延入, 且曰: "玉妃出." 俄見一人, 冠金蓮, 披紫綃, 珮紅玉, 曳鳳舄, 左右侍者七八人, 揖方士, 問: "皇帝安否?" 次問天寶十四載已還事. 言訖憫然, 指碧衣女, 取金釵鈿合, 各拆其半, 授使者曰: "爲謝太上皇, 謹獻是物, 尋舊好也." 方士受辭與信, 將行, 色有不足. 玉妃因徵其意, 復前跪致詞: "乞當時一事, 不聞於他人者, 驗於太上皇. 不然, 恐鈿合金釵, 罹新垣平之詐也." 玉妃茫然退立, 若有所思, 徐而言曰: "昔天寶十年, 侍輦避暑驪山宮. 秋七月, 牽牛織女相見之夕, 秦人風俗, 夜張錦繡, 陳飮食, 樹花燔香於庭, 號爲'乞巧'. 宮掖間尤尙之. 時夜始半, 休侍衛於東西廂, 獨侍上, 上憑肩而立, 因仰天感牛女事, 密相誓心, 願世世爲夫婦. 言畢, 執手各嗚咽. 此獨君王知之耳." 因自悲曰: "由此一念, 又不得居此. 復於下界, 且結後緣. 或在天, 或在人, 決再相見, 好合如舊." 因言: "太上皇亦不久人間, 幸唯自安, 無自苦也." 使者還奏太上皇, 上心嗟悼久之. 餘具國史.

至憲宗元和元年, 盩厔縣尉白居易爲歌, 以言其事, 並前秀才陳鴻作傳, 冠於歌之前, 目爲「長恨歌傳」. 居易歌曰: "漢皇重色思傾國, 御宇多年求不得. 楊家有女初長成, 養在深閨人不識. 天生麗質難自棄, 一朝選在君王側. 回眸一笑百媚生, 六宮粉黛無顔色. 春寒賜浴華淸池, 溫泉水滑洗凝脂. 侍兒扶起嬌無力, 始是新承恩澤時. 雲鬢花顔金步搖, 芙蓉帳暖度春宵. 春宵苦短日高起, 從此君王不早朝. 承歡侍宴無閒暇, 春從春遊夜專夜. 漢宮佳麗三千人, 三千寵愛在一身. 金屋粧成嬌侍夜, 玉樓宴罷醉和春. 姊妹弟兄皆列土, 可憐光彩生門戶. 遂令天下父母心, 不重生男重生女. 驪宮高處入靑雲, 仙樂風飄處處聞. 緩歌慢舞凝絲竹, 盡日君王看不足. 漁陽鞞鼓動地來, 驚破「霓裳羽衣曲」. 九重城闕煙塵生, 千乘萬騎西南行. 翠華搖搖行復止, 西出都門百餘里. 六軍不發無奈何, 宛轉蛾眉馬前死. 花鈿委地無人收, 翠翹金雀玉搔頭. 君王掩面救不得, 回看血淚相和流. 黃埃散漫風蕭索, 雲棧縈廻登劍閣. 峨眉山下少行人, 旌旗無光日色薄. 蜀江水碧蜀山青, 聖主朝朝暮暮情. 行宮見月傷心色, 夜雨聞鈴腸斷聲. 天旋日轉回龍馭, 到此躊躇不能去. 馬嵬坡下泥土中, 不見玉顏空死處. 君臣相顧盡沾衣, 東望都門信馬歸. 歸來池苑皆依舊, 太液芙蓉未央柳. 芙蓉如面柳如眉, 對此如何不淚垂? 春風桃李花開夜, 秋雨梧桐葉落時. 西宮南苑多秋草, 落葉滿堦紅不掃. 梨園弟子白髮新, 椒房阿監青娥老. 夕殿螢飛思悄然, 孤燈挑盡未成眠. 遲遲鐘漏初長夜, 耿耿星河欲曙天. 鴛鴦瓦冷霜華重, 翡翠衾寒誰與共? 悠悠生死別經年, 魂魄不曾來入夢. 臨邛道士鴻都客, 能以精誠致魂魄. 爲感君王展轉思, 遂令方士殷勤覓. 排空馭氣奔如電, 昇天入地求之遍. 上窮碧落下黃泉, 兩處茫茫皆不見. 忽聞海上有仙山, 山在虛無縹緲間. 樓殿玲瓏五雲起, 其中綽約多仙子. 中有一人名太眞, 雪膚花貌參差是. 金闕西廂叩玉扃, 轉敎小玉報雙成. 聞道漢家天子使, 九華帳裏夢魂驚. 攬衣推枕起徘徊, 珠箔銀屛迤邐開. 雲鬢半偏新睡覺, 花冠不整下堂來. 風吹仙袂飄飄擧, 猶似「霓裳羽衣」舞. 玉容寂寞淚闌干, 梨花一枝春帶雨. 含情凝睇謝君王, 一別音容兩渺茫. 昭陽殿裡恩愛絶, 蓬萊宮中日月長. 回頭下望人寰處, 不見長安見塵霧. 空將舊物表深情, 鈿合金釵寄將去. 釵留一股合一扇, 釵劈黃金合分鈿. 但令心似金鈿堅, 天上人間會相見. 臨別殷勤重寄詞, 詞中有誓兩心知. 七月七日長生殿, 夜半無人私語時: '在天願爲比翼鳥, 在地願爲連理枝.' 天長地久有時盡, 此恨綿綿無絶期.''

486 · 2(6826)
무쌍전(無雙傳)(薛調譔)

    왕선객(王仙客)은 당(唐)나라 건중연간(建中年間: 780~783)의 조정 대신 유진(劉震)의 외조카이다. 처음에 왕선객은 아버지를 여의고 어머니와 함께 외가에서 살았다. 유진에게는 왕선객보다 몇 살 어린 무쌍이라는 딸이 있었는데, 둘 다 나이가 어려 서로 장난치면서 스스럼없이 지냈다. 유진의 부인은 늘 장난삼아 왕선객을 왕서방이라 불렀다. 이렇게 여러 해 동안 유진은 과부가 된 누님을 모시고 왕선객을 더욱 정성스럽게 돌봐주었다.
    그러던 어느 날 왕씨 부인이 병에 걸렸는데, 아주 위독했다. 그녀는 유진을 불러 이렇게 말했다.
    "선객은 나에게 하나밖에 없는 아들이라 내가 얼마나 사랑하는지 잘 알 것이다. 그 애가 결혼하여 가정을 이루는 것을 보지 못하게 된 것이 한스럽구나. 무쌍은 아름답고 총명하여 내가 무척 아끼고 있으니, 훗날 다른 집안으로 시집보내지 말아라. 선객을 너에게 부탁할 테니, 네가 진심으로 내 부탁을 들어준다면 눈을 감아도 한이 없겠다."
    유진이 말했다.
    "누님께서는 응당 마음을 편안하게 가지시고 스스로 몸조리하셔야지, 다른 일로 심기를 어지럽혀서는 안 됩니다."
    그의 누님은 결국 병이 낫지 않았다.
    왕선객은 영구를 호송하여 양주(襄州)와 등주(鄧州)로 돌아가 장사지냈다. 왕선객은 탈상하고 난 뒤에 자신의 신세를 생각해보았다.

"내가 이처럼 홀로 남아있는 신세가 되었으니 마땅히 아내를 맞아들여 후손을 많이 퍼뜨려야한다. 무쌍도 장성했을 것이야. 설마하니 외삼촌께서 지위가 존엄하고 관직이 높다고 해서 지난날의 약속을 저버리시진 않겠지?"

왕선객은 이렇게 생각하고는 짐을 꾸려 도성으로 갔다.

이 때 유진은 상서조용사(尙書租庸使: 尙書로서 租庸使를 겸직하는 것을 말하는데, 租庸使는 주로 세금을 거두어들이는 일을 했음)로 있었는데, 가문이 번창해 드나드는 고관귀족들로 거리가 막힐 정도였다. 왕선객이 찾아가서 뵈었더니 외삼촌은 그를 학사(學舍)에 머물게 하면서 여러 사촌들과 같이 어울리게 했다. 외삼촌과 조카로서의 정분은 옛날과 다름없었지만, 자신을 사위로 맞이하겠다는 소리는 전혀 듣지 못했다. 왕선객은 또한 창 틈 사이로 몰래 무쌍을 훔쳐보았는데 그 자태가 매우 아름다워 마치 신선 세계에 있는 사람 같았다. 왕선객은 미칠 것 같았고 혹시나 혼사가 이루어지지 않을까 걱정스러웠다. 왕선객은 마침내 가져온 물건을 내다 팔아서 수백만 전을 마련한 뒤에 외삼촌과 외숙모 곁에서 시중드는 하인뿐만 아니라 천한 노복에 이르기까지 모두 후하게 돈을 나누어주었다. 또 술자리를 마련해 두루 대접하자 중문 안으로도 드나들 수 있게 되었다. 그는 또한 같이 있는 여러 사촌 형제들을 모두 공경하며 받들었다. 외숙모의 생일이 되자 그는 조각한 코뿔소 뿔이나 옥으로 만든 머리 장식 같은 신기한 것을 사서 드렸는데, 외숙모는 이것을 받고 몹시 기뻐했다. 열흘 남짓 뒤에 왕선객이 한 노파를 보내 외숙모에게 혼사의 말을 전하도록 하자 외숙모가 말했다.

"그것은 나도 바라던 바이네. 곧 그 일에 대해서 논의할 것이야."

그로부터 며칠 뒤에 한 하녀가 왕선객에게 이렇게 말했다.

"마님께서 나리께 막 혼사 이야기를 꺼내시자 나리께서는 '지난날에도 나는 이 혼사를 허락한 적이 없소'라고 하셨습니다. 그렇게 말씀하시는 것을 보니 아마도 두 분의 의견이 같지 않은가 봅니다."

왕선객은 이 말을 듣고 심기가 몹시 상해서 날이 새도록 잠을 이루지 못하며 외삼촌이 자기를 내칠까 걱정했다. 그러나 외삼촌 내외를 받들어 모시는 일은 게을리 하지 않았다.

어느 날 유진은 황급히 조정으로 가더니, 해 뜰 무렵에 갑자기 말을 타고 집으로 달려와서 땀을 뻘뻘 흘리고 숨을 몰아쉬면서 그저 이렇게 말했다.

"대문을 걸어 잠가라! 대문을 걸러 잠가!"

온 집안사람들은 모두 놀랐지만 그 이유를 알지 못했다. 한참 후에 유진이 비로소 입을 열었다.

"경원(涇原: 唐代의 方鎭名으로 涇原節度使를 두었음)에 주둔하고 있던 병사들이 모반을 일으켜 요령언(姚令言)이 병사를 이끌고 함원전(含元殿)으로 들어왔고, 그 바람에 황제께서는 원북문(苑北門)으로 나가시고 백관들도 모두 행재소(行在所)로 따라갔다. 나는 부인과 딸아이가 걱정되어 잠시 집에 들러 뒷일을 처리하려고 왔다."

그리고는 급히 왕선객을 부르더니 이렇게 말했다.

"너는 내 대신에 집안일을 맡아 다오. 무쌍을 네 아내로 주겠다."

그 말을 들은 왕선객은 놀랍기도 하고 기쁘기도 해 감사의 절을 올렸다. 유진은 금은과 비단 등의 보물을 20필의 말에 실으면서 왕선객에게 말했다.

"너는 옷을 바꿔 입고 이 물건을 가지고 개원문(開遠門)으로 나가 깊숙하고 외진 여관을 찾아 머물러 있어라. 나는 네 외숙모와 무쌍을 데리고 계하문(啓夏門)으로 나가 성을 돌아서 뒤따라가겠다."

선객이 외삼촌이 시키는 대로 성 밖 여관으로 가서 해가 넘어갈 때까지 오래도록 기다렸으나 외삼촌 일행은 오지 않았다. 성문은 오시(午時)가 지나자 잠겨졌고 남쪽을 바라다보았지만 아무 것도 보이지 않았다. 이에 왕선객이 말을 타고 횃불을 든 채 성을 돌아 계하문에 가보았으나 계하문 역시 잠겨 있었다. 문을 지키는 사람은 한 둘이 아니었는데 모두 하얀 곤봉을 들고 있었으며 서 있는 사람도 있었고 앉아 있는 사람도 있었다. 왕선객은 말에서 내려 천천히 물어보았다.

"성안에 무슨 일이 있기에 이렇게 삼엄하게 경비를 서는 것입니까?"

그리고 또 물었다.

"오늘 어떤 사람이 이 문으로 나갔습니까?"

문지기가 말했다.

"주태위(朱太尉: 朱泚)가 이미 천자가 되었습니다. 오늘 오후에 중대(重戴: 唐代때 유행하던 모자의 일종)를 쓴 사람이 4~5명의 여인을 데리고 이 문을 나가려고 했는데, 거리의 사람들이 모두 알아보고 조용사 유상서(劉尙書: 劉震)라고 했습니다. 성문을 관장하는 관리가 감히 내보내지 못하고 있었는데, 저녁 무렵에 뒤쫓아온 병사들이 들이닥쳐 순식간에 그들을 데리고 북쪽으로 갔습니다."

왕선객은 목놓아 통곡하면서 여관으로 돌아왔다. 삼경(三更)이 지날 무렵 성문이 갑자기 열리더니 마치 대낮처럼 횃불이 환하게 밝혀져 있었다. 병사들은 모두 무기와 칼을 들고서 참작사(斬斫使: 죄인의 목을 베는 관리)께서 곧 성에서 나와 성밖으로 도망간 조정 관리들을 수색할 것이라고 외쳤다. 왕선객은 말에 싣고 온 보물들을 버려 둔 채 황급히 달아나 양양(襄陽)으로 돌아가 고향마을에서 3년 동안 살았다.

후에 왕선객은 반란이 평정되고 도성이 다시 정비되었으며 나라 안이 평안해졌다는 사실을 알고 곧장 도성으로 가서 외삼촌의 소식을 알아보았다. 왕선객이 신창(新昌) 남쪽 거리에 이르러 말을 세우고 머뭇거리고 있을 때에 갑자기 어떤 사람이 말 앞으로 오더니 절을 했다. 자세히 살펴보았더니 그는 예전에 부리던 노복 새홍(塞鴻)이었다. 새홍은 본래 왕선객의 집에서 태어났으나, 외삼촌이 한번 부려보고는 유능하다고 생각하여 마침내 자기 집에 머무르게 했다. 두 사람은 서로의 손을 잡고 눈물을 흘렸다. 왕선객이 새홍에게 물었다.

"외삼촌과 외숙모는 모두 안녕하신가?"

새홍이 대답했다.

"두 분은 모두 흥화리(興化里)의 집에 계십니다."

왕선객은 매우 기뻐하며 말했다.

"바로 건너가서 뵈어야겠다."

새홍이 말했다.

"저는 이미 노복의 신분에서 벗어나 평민이 되었는데, 한 객호(客戶)의 작은 집에 살면서 비단을 팔아가며 살고 있습니다. 지금은 이미 날이 저물었으니, 서방님께서는 저의 집에 가서 하룻밤 머무르시고 내일 일찍 저와 함께 가셔도 늦지 않을 것입니다."

새홍은 마침내 왕선객을 데리고 자신의 거처로 가서 식사를 잘 대접했다.

깊은 밤이 되자 어떤 사람이 와서 이렇게 알렸다.

"상서께서는 역적의 관리 노릇을 했기 때문에 부인과 함께 극형에 처해졌고 무쌍은 이미 궁에 들어가 궁녀가 되었습니다."

이 말을 들은 왕선객이 슬픔과 억울함에 소리치며 기절하자, 이웃사람들도 가슴이 뭉클했다. 왕선객이 새홍에게 말했다.

"사해가 지극히 넓기는 하지만 눈 들어 둘러보아도 친척 하나 없으니 어느 누구에게 이 몸을 의탁하고 살아야 할지 모르겠구나."

또 새홍에게 이렇게 물었다.

"옛날 집안사람들 중에 누가 남아 있느냐?"

새홍이 말했다.

"오직 무쌍 아씨께서 부리시던 계집종 채빈(採蘋)만이 지금 금오장군(金吾將軍: 南衙十六衛의 하나인 金吾衛의 將軍. 金吾衛는 궁중과 도성을 순시했음)인 왕수중(王邃中)의 댁에 있습니다."

왕선객이 말했다.

"무쌍은 정녕 다시 만날 기약이 없으니 채빈이라도 만나 볼 수 있다면 죽어도 한이 없겠다."

그리고는 명함을 보내고 만나기를 청했다. 왕선객은 종질의 예로서 왕수중을 만나 뵙고 일의 전후사정을 다 말한 다음에 후한 값을 치를 테니 채빈을 자유의 몸이 되게 해 달라고 했다. 왕수중은 왕선객의 마음을 깊이 이해하고 감동 받아 그 일을 허락했다. 왕선객은 집을 세내어 새홍과 채빈과 함께 살았다. 새홍은 매번 이렇게 말했다.

"서방님께서는 나이가 점점 많아지시니 마땅히 관직을 구하셔야 합니다. 이렇게 근심하고 우울해 하면서 어떻게 세월을 보내시려 하십니까?"

왕선객은 그 말에 느낀 바가 있어 왕수중에게 자신의 간절한 마음을 이야기했다. 왕수중은 왕선객을 경조윤(京兆尹) 이제운(李齊運)에게 추천했다. 이제운은 왕선객을 예전 직함대로 부평현윤(富平縣尹)으로 임명하여 장락역(長樂驛)을 맡아보게 했다.

그로부터 몇 개월 뒤에 갑자기 중사(中使: 환관)가 궁녀 30명을 거느리고 원릉(園陵: 陵園이라고도 하는데, 황제의 묘소를 말함)에 가서 청소하려고 하는데, 장락역에서 하루 쉰다는 통보가 왔다. 그리고 바로 모를 두른 수레 10여 대가 왔다. 왕선객은 새홍에게 이렇게 말했다.

"내가 듣기에 궁에 뽑혀 가는 궁녀들은 대부분 관리집안의 자녀라고 하던데, 혹시 무쌍이 저기에 있을 지도 모르니 네가 나 대신 가서 한번 몰래 살펴보고 와 주겠느냐?"

새홍이 말했다.

"궁녀가 수천 명이나 되는데 어떻게 무쌍 아씨가 거기에 들어있겠습니까?"

왕선객이 말했다.

"너는 그저 가보기만 하면 된다. 사람의 일이란 단정할 수 없는 것이다."

그리고는 새홍을 가짜 역리(驛吏)로 분장시켜 주렴 바깥에서 차를 끓이게 했다. 또한 그에게 돈 3천 냥을 주면서 이렇게 당부했다.

"너는 다구(茶具) 옆을 반드시 지키고 있되, 잠시라도 그 자리를 떠나서는 안 된다. 문득 보이는 것이 있거든 빨리 달려와 내게 알려야 한다."

새홍은 그렇게 하겠다고 하고 갔다. 그러나 궁녀들은 모두 주렴 안쪽에 있어 볼 수가 없었고 밤에도 그저 떠드는 소리만 들릴 뿐이었다.

밤이 깊어지자 모두 기척이 없었다. 새홍은 다기를 씻고 불을 피우면서 잠시도 잠자지 않았다. 그런데 갑자기 주렴 안에서 다음과 같은 말소리가 들렸다.

"새홍아! 새홍아! 너는 내가 여기 있다는 것을 어찌 알았느냐? 서방님께서는 건강하시냐?"

이렇게 말을 마치고는 흐느껴 울었다. 새홍이 말했다.

"서방님께서는 지금 이 역을 맡아 관리하시는데, 오늘 아씨께서 이곳에 계실지도 모른다고 하시면서 제게 안부를 묻게 하셨습니다."

안에서 또 말했다.

"나는 지금 길게 이야기할 수 없다. 내일 내가 떠나고 난 뒤에 너는 동북쪽 방에 있는 자주색 이불 아래에서 편지를 찾아 서방님께 전해 드려라."

말을 마치고는 돌아갔다. 갑자기 주렴 안쪽에서 매우 소란스런 소리가 나더니 궁녀 중에 급병에 걸린 사람이 있어 다급하게 탕약을 찾는다고 했는데, 그 궁녀는 바로 무쌍이었다. 새홍은 급히 왕선객에게 그 사실을 알렸다. 왕선객은 깜짝 놀라면서 말했다.

"내가 어떻게 하면 한 번 만나볼 수 있을까?"

새홍이 말했다.

"요즈음 위교(渭橋: 渭水를 가로지르는 다리)를 수리하고 있으니, 서방님께서는 가짜로 다리 관리관 행세를 하고 있다가 수레가 다리를 지나가거든 수레 가까이에 서 계십시오. 무쌍 아씨께서 만약 알아보신다면 반드시 주렴을 걷으실 테니 틀림없이 잠깐 보실 수 있을 것입니다."

왕선객은 새홍의 말대로 했다. 세 번째 수레가 지날 때 과연 주렴이 걷어졌는데, 몰래 보았더니 틀림없는 무쌍이었다. 선객은 슬픔과 감격스러움, 원망과 사모의 정이 북받쳐 올라 어찌할 줄 몰랐다. 새홍은 방 안에 있는 이불 아래에서 편지를 찾아 왕선객에게 주었다. 화전(花箋: 무늬 있는 편지지) 다섯 장이 있었는데 모두 무쌍의 친필이었다. 그 문장이 애절하고 서술이 상세하여 왕선객은 다 읽고 나서 한을 머금은 채 눈물을 흘리면서 이제는 영원히 이별이겠구나 생각했다. 그런데 편지 끝에 이런 말이 써 있었다.

"저는 일찍이 칙사(勅使: 황제의 조서를 받드는 使者)들이 부평현(富平縣)의 고압아(古押衙: 押衙는 儀仗과 侍衛를 통솔하던 관직명)가 세상 사람들 가운데 심지가 굳은 사람이라고 말하는 것을 들었습니다. 지금 그를 찾아가 도움을 청할 수 있을는지요?"

왕선객은 마침내 경조부(京兆府)에 신청하여 장락역의 임무를 그만두고 본래의 관직으로 돌아가기를 청했다. 마침내 왕선객은 고압아를 찾아 나섰는데, 그는 한 시골마을의 별채에서 살고 있었다. 왕선객은 직접 찾아가서 고생(古生: 古押衙)을 만났다. 왕선객은 고생이 원하는 것이라면 반드시 온힘을 다해 이루어주었고, 채색 비단이나 보물 등도 이루 다 헤아릴 수 없을 만큼 많이 주었다. 그러나 왕선객은 1년이 지나도록 자신의 사정에 대해서는 말하지 않았다.

그 후 왕선객은 관리의 임기가 다 되자 부평현에서 한가로이 살았다.

그러던 어느 날 갑자기 고생이 왕선객을 찾아와 말했다.

"나 고홍(古洪)은 일개 무인으로 나이 또한 들어 어디 쓰일 데도 없건만, 낭군께서는 내게 온갖 정성을 기울였소. 낭군의 의중을 살펴보건대 이 늙은이에게 원하는 것이 있을 것 같은데, 이 늙은이도 한 가닥 정이 있는 사람이오. 낭군의 깊은 은혜에 감격하여 이 몸을 바쳐서라도 보답하고 싶소."

왕선객은 눈물을 흘리면서 감사의 절을 올리고 고생에게 사실대로 말했다. 고생은 하늘을 우러러 보고 손으로 머리를 서너 번 치더니 말했다.

"이 일은 매우 어렵소. 그러나 낭군을 위해 해 보겠으니 하루아침에 성공하기를 바라지 마시오."

왕선객은 절하며 말했다.

"다만 생전에 볼 수만 있으면 됩니다. 어찌 감히 기한을 정해놓고 바라겠습니까?"

그러나 반년이 지나도록 아무 소식이 없었다.

어느 날 어떤 사람이 찾아와 문을 두드렸는데, 다름 아닌 고생이 편지를 보내온 것이었다. 그 편지에는 이렇게 써 있었다.

"모산(茅山)에 갔던 사자가 돌아왔으니, 이곳으로 오시오."

왕선객이 급히 말을 타고 달려가서 고생을 만났지만, 고생은 무어라 한 마디 말도 하지 않았다. 사자에 관해 물어보았더니 이렇게 말했다.

"죽여 버렸소. 차나 드시오."

밤이 깊어지자 고생은 왕선객에게 말했다.

"댁에 무쌍의 얼굴을 아는 여자가 있소?"

선객은 채빈이 있다고 대답하고는 곧바로 그녀를 데리고 왔다. 고생은 채빈을 자세히 살펴보더니 웃으면서 또한 기뻐했다.

"3~5일 동안만 여기에 맡겨두시고 낭군께서는 돌아가시오."

며칠 뒤에 갑자기 이런 말이 들려왔다.

"어떤 고관(高官)이 지나가다가 원릉의 궁녀를 죽였다."

왕선객은 마음속으로 몹시 이상하게 생각하고는 새홍을 시켜 죽은 궁녀가 누군지 알아보게 했는데, 그녀는 바로 무쌍이었다. 왕선객은 통곡하면서 이렇게 탄식했다.

"고생에게 [무쌍을 한번 만나게 해줄 것을] 기대했건만 지금 죽고 말았으니 이 일을 어쩐단 말인가?"

왕선객은 눈물을 줄줄 흘리면서 흐느껴 울었는데 스스로를 감당하지 못했다. 그날 저녁 밤이 매우 깊었는데 다급하게 문 두드리는 소리가 들렸다. 문을 열고 보았더니 다름 아닌 고생이었다. 그는 대나무 광주리를 가지고 들어오더니 왕선객에게 말했다.

"이게 바로 무쌍이오. 지금 죽었지만 심장은 약간 따뜻하니 다음날이면 틀림없이 살아날 것이오. 탕약을 조금 먹여 절대 안정을 취해야 하며 반드시 비밀을 지켜야 하오."

고생의 말이 끝나자 왕선객은 곧장 무쌍을 끌어안고 방안으로 들어가 홀로 그녀를 지켰다. 아침이 되자 온 몸에 온기가 돌았다. 무쌍은 왕선객을 보더니 울음을 터트리고 다시 기절했다. 그 날 밤까지 치료를 하여 마침내 회복이 되었다. 고생이 또 말했다.

"잠깐 새홍을 시켜 집 뒤에 구덩이 하나를 파겠소."

구덩이가 조금 깊어졌을 때 고생은 칼을 뽑아 새홍의 목을 쳐서 구덩이 안에 떨어뜨렸다. 왕선객은 매우 놀라 두려워했다. 고생이 말했다.

"낭군께서는 두려워하지 마시오. 나는 오늘에야 낭군의 은혜에 충분히 보답했소. 나는 최근에 모산도사에게 묘약이 있다는 말을 들었소. 그 약을 복용한 자는 바로 죽지만 삼일이 지나면 다시 살아난다고 해서, 오로지 그 약을 구하기 위해 사람을 시켜 한 알 손에 넣게 되었소. 그리고는 어제 채빈을 중사로 분장시킨 다음 무쌍이 역적의 무리라는 이유를 붙여 그 약을 내려 자진하도록 시켰소. 나는 능원으로 가서 친척이라고 하고는 비단 100필을 주고 그 시체를 가져왔소. 도로변의 역참들에게도 모두 후한 뇌물을 주었으니 절대로 이 일이 누설되지는 않을 것이오. 모산의 사자와 광주리를 들어다 준 사람은 들판에서 죽였고, 이 늙은이 또한 낭군을 위해 스스로 목을 벨 것이오. 낭군께서는 더 이상 이 곳에 사시면 안되오. 문밖에 가마꾼 10명, 말5필, 비단 200필이 있으니, 오경(五更)이 되면 무쌍을 데리고 곧 출발하여 성과 이름을 바꾸고 유랑생활을 하면서 화를 피하도록 하시오."

고생은 이렇게 말하고는 칼을 들었다. 왕선객이 그를 구하려 했지만, 머리가 이미 땅에 떨어진 뒤였다. 마침내 왕선객은 시신을 모두 모아 함께 묻어주었다.

왕선객은 날이 밝기 전에 출발하여 사촉(四蜀)을 거쳐서 삼협(三峽: 瞿塘峽·巫峽·西陵峽을 말함)을 지나 저궁(渚宮: 春秋時代 楚 成王이 세운 宮殿으로, 오늘날의 江陵縣 남쪽에 위치해 있음)에서 기거했다. 그 후 경조부에서 전혀 나쁜 소식이 들려오지 않았으므로 왕선객은 마침내 가족들을 데리고 양주와 등주의 별장으로 돌아가 무쌍과 더불어 해로했으며 여러 명의 자녀를 두었다.

아! 우리 인생에 있어서 헤어짐과 만남은 많지만 이와 같은 경우는 드무니, 고금에 걸쳐서도 이러한 일은 없었다고 할 수 있다. 무쌍은 난세를 만나 재산을 몰수당하고 궁녀로 들어갔지만, 왕선객의 의지는 죽음도 꺾일 수 없었다. 그러다가 끝내는 고생의 기이한 방법으로 무쌍을 구해내었지만, 억울하게 죽은 사람도 10여 명이나 된다. 온갖 고난을 다 겪은 다음 고향에 돌아와 50년 동안 부부로 살 수 있었으니, 얼마나 기이한 일인가!

唐王仙客者, 建中中朝臣劉震之甥也. 初, 仙客父亡, 與母同歸外氏. 震有女曰無雙, 小仙客數歲, 皆幼稚, 戲弄相狎. 震之妻常戲呼仙客爲王郎子. 如是者凡數歲, 而震奉孀姊及撫仙客尤至.

一旦, 王氏姊疾, 且重. 召震約曰: "我一子, 念之可知也. 恨不見其婚室. 無雙端麗聰慧, 我深念之, 異日無令歸他族. 我以仙客爲託, 爾誠許我, 瞑目無所恨也." 震曰: "姊宜安靜自頤養, 無以他事自撓." 其姊竟不痊.

仙客護喪, 歸葬襄鄧. 服闋, 思念身世: "孤子如此, 宜求婚娶, 以廣後嗣. 無雙長成矣. 我舅氏豈以位尊官顯而廢舊約耶?" 於是飾裝抵京師.

時震爲尙書租庸使, 門舘赫奕, 冠蓋塡塞. 仙客旣覲, 置於學舍, 弟子爲伍. 舅甥之分, 依然如故, 但寂然不聞選取之議. 又於窓隙間窺見無雙, 姿質明艷, 若神仙中人. 仙客發狂, 唯恐姻親之事不諧也. 遂鬻橐弆, 得錢數百萬, 舅氏舅母左右給使, 達於廝養, 皆厚遺之. 又因復設酒饌, 中門之內, 皆得入之矣. 諸表同處, 悉敬事之. 遇舅母生日, 市新奇以獻, 雕鏤犀玉, 以爲首飾, 舅母大喜. 又旬日, 仙客遣老嫗, 以求親之事, 聞於舅母, 舅母曰: "是我所願也. 卽當議其事." 又數夕, 有靑衣告仙客曰: "娘子適以親情事言於阿郞, 阿郞云: '向前亦未許之.' 模樣云云, 恐是參差也." 仙客聞之, 心氣俱喪, 達旦不寐, 恐舅氏之見棄也. 然奉事不敢解怠.

一日, 震趨朝, 至日初出, 忽然走馬入宅, 汗流氣促, 唯言: "鏁却大門! 鏁却大門!" 一家惶駭, 不測其由. 良久乃言: "涇原兵士反, 姚令言領兵入舍元殿, 天子出苑北門, 百官奔赴行在. 我以妻女爲念, 略歸部署." 疾召仙客: "與我勾當家事. 我嫁與爾無雙." 仙客聞命, 驚喜拜謝. 乃裝金銀羅錦二十馱, 謂仙客曰: "汝易衣服, 押領此物, 出開遠門, 覓一深隙店安下. 我與汝舅母及無雙, 出啓夏門, 遶城續至." 仙客依所敎, 至日落, 城外店中待久不至. 城門自午後扃鎖, 南望目斷. 遂乘驄, 秉燭遶城, 至啓夏門, 門亦鎖. 守門者不一, 持白梃, 或立或坐. 仙客下馬徐問曰: "城中有何事如此?" 又問: "今日有何人出此?" 門者曰: "朱太尉已作天子. 午後有一人重戴, 領婦人四五輩, 欲出此門, 街中人皆識, 云是租庸使劉尙書. 門司不敢放出, 近夜追騎至, 一時驅向北去矣." 仙客失聲慟哭, 却歸店. 三更向盡, 城門忽開, 見火炬如晝. 兵士皆持兵挺刃, 傳呼斬斫使出城, 搜城外朝官. 仙客捨輜騎驚走, 歸襄陽, 村居三年.

後知剋復, 京師重整, 海內無事, 乃入京, 訪舅氏消息. 至新昌南街, 立馬彷徨之際, 忽有一人馬前拜. 熟視之, 乃舊使蒼頭塞鴻也. 鴻本王家生, 其舅常使得力, 遂留之. 握手垂涕. 仙客謂鴻曰: "阿舅舅母安否?" 鴻云: "並在興化宅." 仙客喜極云: "我便過街去." 鴻曰: "某已得從良, 客戶有一小宅子, 販繒爲業. 今日已夜, 郎君且就客戶一宿, 來早同去未晚." 遂引至所居, 飮饌甚備.

至昏黑, 乃聞報曰: "尙書受僞命官, 與夫人皆處極刑, 無雙已入掖庭矣." 仙客哀冤號絶, 感動隣里. 謂鴻曰: "四海至廣, 擧目無親戚, 未知託身之所." 又問曰: "舊家人誰在?" 鴻曰: "唯無雙所使婢採蘋者, 今在金吾將軍王遂中宅." 仙客曰: "無雙固無見期, 得見採蘋, 死亦足矣." 由是乃刺謁, 以從姪禮見遂中, 具道本末, 願納厚價, 以贖採蘋. 遂中深見相知, 感其事而許之. 仙客稅屋, 與鴻蘋居. 塞鴻每言: "郎君年漸長, 合求官職. 悒悒不樂, 何以遣時?" 仙客感其言, 以情懇告遂中. 遂中薦見仙客於京兆尹李齊運. 齊運以仙客前御爲富平縣尹, 知長樂驛.

累月, 忽報有中使押領內家三十人往園陵, 以備麗掃, 宿長樂驛. 氈車子十乘下訖. 仙客謂塞鴻曰: "我聞宮嬪選在掖庭, 多是衣冠子女, 我恐無雙在焉, 汝爲我一窺, 可乎?" 鴻曰: "宮嬪數千, 豈便及無雙?" 仙客曰: "汝但去. 人事亦未可定." 因令塞鴻假爲驛吏, 烹茗於簾外. 仍給錢三千, 約曰: "堅守茗具, 無暫捨去. 忽有所覩, 卽疾報來." 塞鴻唯唯而去. 宮人悉在簾下, 不可得見之, 但夜語喧譁而已.

至夜深, 羣動皆息. 塞鴻滌器搆火, 不敢輒寐. 忽聞簾下語曰: "塞鴻! 塞鴻! 汝爭得知我在此耶? 郎健否?" 言訖嗚咽. 塞鴻曰: "郎君見知此驛, 今日疑娘子在此, 令塞鴻問候." 又曰: "我不久語. 明日我去後, 汝於東北舍閤子中紫褥下, 取書送郎君." 言訖便去. 忽聞簾下極鬧, 云: "內家中惡, 中使索湯藥甚急." 乃無雙也. 塞鴻疾告仙客. 仙客驚曰: "我何得一見?" 塞鴻曰: "今方修渭橋, 郎君可假作理橋官, 車子過橋時, 近車子立. 無雙若認得, 必開簾子, 當得瞥見耳." 仙客如其言. 至第三車子, 果開簾子, 窺見, 眞無雙也. 仙客悲感怨慕, 不勝其情. 塞鴻於閤子中褥下得書, 送仙客. 花牋五幅, 皆無雙眞迹. 詞理哀切, 叙述周盡. 仙客覽之, 茹恨涕下, 自此永訣矣. 其書後云: "常見敕使說, 富平縣古押衙, 人間有心人. 今能求之否?" 仙客遂申府, 請解驛務, 歸本官. 遂尋訪古押衙, 則居於村墅. 仙客造謁, 見古生. 生所願, 必力致之, 繒綵寶玉之贈, 不可勝紀. 一年未開口.

秩滿, 閒居於縣. 古生忽來, 謂仙客曰: "洪一武夫, 年且老, 何所用, 郎君於某竭分. 察郎君之意, 將有求於老夫, 老夫乃一片有心人也. 感郎君之深恩, 願粉身以答效." 仙客泣拜, 以實告古生. 古生仰天, 以手拍腦數四曰: "此事大不易. 然與郎君試求, 不可朝夕便望." 仙客拜曰: "但生前得見. 豈敢以遲晚爲限耶?" 半歲無消息.

一日扣門, 乃古生送書. 書云: "茅山使者回, 且來此." 仙客奔馬去, 見古生, 生乃無一言. 又啓使者, 復云: "殺却也. 且吃茶." 夜深, 謂仙客曰: "宅中有女家人識無雙否?" 仙客以采蘋對, 仙客立取而至. 古生端相, 且笑且喜云: "借留三五日, 郎君且歸." 後累日, 忽傳說曰: "有高品過, 處置園陵宮人." 仙客心甚異之, 令塞鴻探所殺者, 乃無雙也. 仙客號哭, 乃歎曰: "本望古生, 今死矣, 爲之奈何?" 流涕歔欷, 不能自已. 是夕更深, 聞叩門甚急. 及開門, 乃古生也. 領一笭子入, 謂仙客曰: "此無雙也. 今死矣, 心頭微暖, 後日當活. 微灌湯藥, 切須靜密." 言訖, 仙客抱入閣子中, 獨守之. 至明, 遍體有暖氣. 見仙客, 哭一聲逐絶. 救療至夜方愈. 古生又曰: "暫借塞鴻, 於舍後掘一坑." 坑稍深, 抽刀斷塞鴻頭於坑中. 仙客驚怕. 古生曰: "郎君莫怕. 今日報郎君恩足矣. 比聞茅山道士有藥術. 其藥服之者立死, 三日却活, 某使人專求得一丸. 昨令採蘋假作中使, 以無雙逆黨, 賜此藥令自盡. 至陵下, 託以親故, 百縑贖其尸. 凡道路郵傳, 皆厚賂矣, 必免漏泄. 茅山使者及舁箯人, 在野外處置訖, 老夫爲郎君, 亦自刎. 君不得更居此. 門外有檐子一十人, 馬五匹, 絹二百匹, 五更挈無雙便發, 變姓名浪迹以避禍." 言訖, 擧刀. 仙客救之, 頭已落矣. 遂並尸蓋覆訖.

未明發, 歷四蜀下峽, 寓居於渚宮. 悄不聞京兆之耗, 乃挈家歸襄鄧別業, 與無雙偕老矣, 男女成羣.

噫! 人生之契闊會合多矣, 罕有若斯之比, 常謂古今所無. 無雙遭亂世藉沒, 而仙客之志, 死而不奪. 卒遇古生之奇法取之, 冤死者十餘人. 艱難走竄後, 得歸故鄕, 爲夫婦五十年, 何其異哉!

태평광기 권제 487 잡전기 4

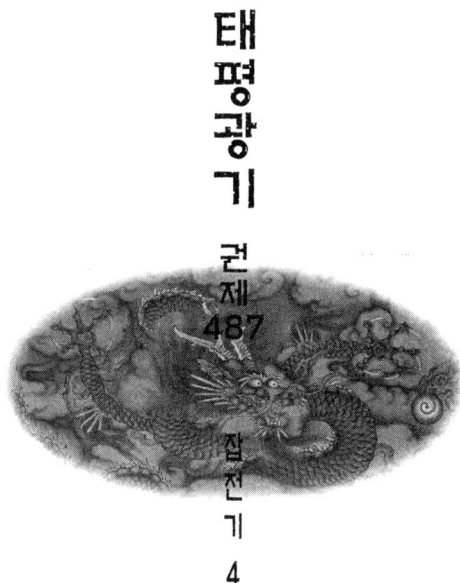

1. 곽소옥전(霍小玉傳)

487·1(6827)
곽소옥전(霍小玉傳)(蔣防譔)

　대력연간(大曆年間: 766~779)에 농서(隴西) 사람 이익(李益)은 진사과(進士科)에 급제해 그 이듬해 발췌(拔萃: 唐代에는 禮部에서 주관하는 과거에 합격한 뒤에 다시 吏部에서 시행하는 과거에 합격해야만 관직을 얻었는데, 그때 試文 3편만을 시험 보는 것을 宏詞라 하고 擬·判·詞 세 가지를 다 짓는 것을 拔萃라고 했음)에 응시하려고 천관(天官: 吏部)의 시험을 기다리고 있었다. 여름 6월에 그는 장안(長安)에 들어가 신창리(新昌里)에 묵었다. 그의 집안은 명문대가였으며 그 또한 젊어서부터 재사(才思)를 겸비하고 있어 [그가 지은] 아름다운 사와 빼어나 시구는 당시 따라갈 자가 없었기에 명망 있는 윗사람들도 모두 그에게 탄복했고 그 스스로도 자신의 풍류와 재주를 자부했다. 그는 좋은 짝을 만나고 싶은 생각에 널리 이름난 기녀들을 찾아다녔으나 오래도록 그 뜻을 이룰 수 없었다. 장안에 포십일낭(鮑十一娘)이라는 매파가 있었는데, 그녀는 본디 설부마(薛駙馬) 집 하녀였다가 노비문서를 없애고 다시 평민이 된 지 10여 년이 되었다. 그녀는 아부를 잘하고 말솜씨 또한 빼어나서 부호들의 집과 귀족들이 사는 마을은 다니지 않은 곳이 없었으며 바람을 따라다니며 수단을 부리는 데는 가히 최고라 이를 만했다. 그녀는 늘 이생(李生: 李益)에게서 간곡한 청탁과 많은 돈을 받았기 때문에 늘 속으로 매우 고마워하고 있었다.

몇 달 뒤에 이생이 한가롭게 집 남쪽에 있는 정자에 머물고 있었는데, 신시(申時)와 미시(未時) 사이에[오후 1시에서 4시 사이] 갑자기 포십일낭이 왔다면서 다급하게 문 두드리는 소리가 들려왔다. 그는 옷을 걸고 문으로 나아가 그녀를 안으로 맞이하며 물었다.

"포경(鮑卿: 鮑十一娘)이 오늘 무슨 일로 이렇게 갑자기 오셨소?"

포십일낭이 웃으며 말했다.

"소고자(蘇姑子: 정확치는 않지만 唐代에 남자를 부르던 용어로 보임)께서 혹 좋은 꿈이라도 꾸셨습니까? 한 선녀가 폄적되어 하계(下界)에 내려왔는데, 재물은 원치 않고 다만 풍류재자(風流才子)만을 흠모한답니다. 그와 같은 인물이라면 십랑(十郎: 李益)하고만 어울릴 뿐이지요."

이생은 그 말을 듣고 놀라움에 펄쩍펄쩍 뛰며 몸과 마음이 다 날아갈 듯 가벼워졌다. 그는 포십일낭의 손을 잡고서 절하면서 감사를 표했다.

"내 평생 노비로 있다 죽어도 아무 두려울 것 없소."

그러면서 그녀의 이름과 사는 곳을 묻자 포십일랑이 일러주며 말했다.

"옛 곽왕(霍王: 唐나라 高祖의 열네 번 째 아들 李元軌은 정관 10년에 吳王에서 霍王으로 봉해졌는데, 그가 則天武后에 의해 죽임을 당하자 神龍年間에 그의 장자 李暉가 뒤를 이어 霍王에 봉해졌음. 여기서 霍王은 李暉를 가리킴)의 막내딸로 이름은 소옥(小玉)인데, 곽왕은 그녀를 몹시 애지중지 했습니다. 그녀의 모친은 정지(淨持)인데, 정지는 원래 곽왕의 총비(寵婢)였습니다. 곽왕이 죽자 여러 형제들은 소옥이 천

출이라는 이유로 식구로 받아들이려 하지 않고서 재산을 나누어 주면서 밖으로 내보내 살게 했답니다. 그래서 성을 정씨(鄭氏)로 바꾸었는데 다른 사람들은 그녀가 왕의 딸이라는 사실을 모르고 있습니다. 그녀의 농염한 모습은 평생가야 한번 보기 힘든 것이고 고상한 성품과 빼어난 자태는 모두 남들을 능가하며 음악과 시서(詩書)에도 통달하지 않은 바가 없습니다. 어제 저를 보내 격조가 서로 맞는 좋은 남자를 하나 구해 달라 하기에 제가 십랑에 대한 이야기를 상세히 했습니다. 그쪽에서도 십랑의 이름을 알고 계시던 터라 매우 기뻐하시더군요. 그분은 승업방(勝業坊) 고사곡(古寺曲)에 살고 계신데, 골목을 막 들어서자 바로 대문이 보이는 집이 바로 그 댁입니다. 이미 그분과 날짜를 약속해 놓았으니 내일 오시(午時)에 골목으로 가셔서 계자(桂子)만 찾으시면 됩니다."

포십일낭이 가고 난 뒤 이생은 떠날 차비를 했다. 그는 가동 추홍(秋鴻)을 시켜 종형(從兄)인 경조참군(京兆參軍) 상공(尙公)에게 가서 검은 말과 황금 고삐를 빌려오게 했다. 그날 저녁 이생은 옷도 빨고 목욕도 해서 용모를 말끔히 해놓고 너무 좋아 펄쩍펄쩍 뛰느라 밤새 잠을 이루지 못했다.

이튿날 그는 느지막하게 일어나서 두건을 쓰고 거울을 끌어다 자기 모습을 비춰보았다. 그러고 나서 일이 성사되지 않으면 어쩌나 걱정되어 이리저리 왔다 갔다 하는 사이에 정오가 되고 말았다. 이에 그는 급히 말을 몰아 곧장 승업방으로 갔다. 약속한 장소에 이르자 과연 한 하녀가 서서 기다리다가 그를 맞이하며 이렇게 물어왔다.

"혹 이십랑(李十郞: 李益) 아니십니까?"

그가 말에서 내리자 하녀는 [말을] 집 아래로 끌고 가게 한 뒤 급히 문을 걸어 잠갔다. 그때 과연 포십일랑이 안에서 나오더니 멀리서 웃으며 말했다.

"웬 도령이기에 이렇게 함부로 안으로 들어오십니까?"

이생이 장난기어린 말을 채 마치기도 전에 포십이랑은 그를 중문(中門)으로 데리고 들어갔다. 정원에는 네 그루의 앵두나무가 있었고 서북쪽에는 앵무새가 들어있는 조롱이 걸려있었는데, 이생이 들어오는 것을 보더니 [앵무새가] 즉시 이렇게 말했다.

"사람 들어가니 어서 주렴을 내리세요."

이생은 본디 단아한 성품이었던지라 마음속에는 여전히 의심과 두려움이 남아있었는데, 갑자기 새가 말하는 것을 보게 되자 너무 놀라 감히 안으로 들어가지 못했다. 그가 우물쭈물하고 있을 때 포십일낭이 지정을 데리고 계단을 내려와 이생을 맞이한 다음 안으로 모시고 들어가 마주 앉았다. 지정은 나이가 40여 세쯤 되어보였고 나긋나긋 자태가 아름다웠다. 그녀는 매우 아름다운 모습으로 이생과 담소를 나누다가 이렇게 말했다.

"십랑의 재주와 풍류에 대해서는 익히 들어왔으나 오늘 이렇게 수려한 용모를 직접 보고 나니 과연 그러한 명성에 걸맞으시는군요. 제게 딸아이가 하나 있는데, 비록 제대로 가르치지는 못했으나 생김새는 못나지 않은 편이니 군자의 짝이 되기에 제법 어울릴 것입니다. 포십일낭에게 여러 차례 뜻을 전해들은 바도 있고 해서 오늘 [딸아이로 하여금] 그대를 영원히 섬기게 할까 합니다."

이생이 감사하며 말했다.

"보잘 것 없는 어리석은 제가 뜻밖에도 당신의 돌아보심을 받게 되었는데, 만일 사위로 선택해주시기까지 한다면 죽어서나 살아서나 대단한 영광이겠습니다."

그러자 지정은 술상을 차리게 한 뒤 소옥을 당의 동쪽 방에서 나오게 했다. 이생은 그녀에게 절하고 맞이했는데, 방안 가득 경림옥수(瓊林玉樹)가 서로 빛을 발하는 듯 느껴질 뿐이어서 어디를 바라보아도 그 찬란한 광채에 눈이 부실 지경이었다. 소옥이 어머니 옆으로 가 앉자 어머니가 말했다.

"너는 일찍이 '주렴 걷으니 바람에 흔들리는 대나무에, 행여 옛 님 오셨는가 하네'라는 시구를 즐겨 읊었는데, 그것이 바로 여기 계신 십랑께서 지으신 시였단다. 종일 읊조리며 생각만 하다가 이렇게 뵈니 어떠하냐?"

그러자 소옥이 고개를 숙이고 미소 지으며 작은 소리로 말했.

"얼굴을 보는 것은 명성을 듣느니만 못하지요. 재능 있는 선비라면 어찌 훌륭한 외모가 없겠습니까?"

이생이 일어나 절하며 말했다.

"어린 낭자께서는 재주를 아끼시고 이 못난 사내는 용모를 중히 여기는데, 이 두 가지가 서로 빛을 비추고 있으니 [우리 둘을 합하면] 재주와 외모가 다 갖추어지는 셈이군요."

어머니와 딸은 서로 바라보며 웃다가 술잔을 들어 몇 차례 돌렸다. 이생이 일어나 소옥에게 노래를 청하자 그녀는 처음에 하지 않으려 했으나 어머니가 한사코 권하자 [노래를 불렀는데], 목소리가 청량했으며 곡 또한 정교하고 기이했다. 술자리가 끝나고 밖이 어두워지자 포십일낭은 이생을 이끌고 서쪽 채로 가 쉬게 했다. 뜰은 한적하고 집안은 유심했으며 주렴과 휘장이 매우 화려했다. 포십일낭은 하녀인 계자와 완사(浣沙)에게 명해 이생의 신을 벗기고 의대를 풀어주게 했다. 잠시 후 소옥이 도착하자 둘은 정겹게 이야기를 나누었는데, 소옥은 어투가 매우 부드러웠으며 비단 옷을 벗을 적의 그 자태에는 넘치는 아름다움이 있었다. 둘은 휘장을 내리고 베개를 함께 벤 채 지극한 즐거움을 나누었는데, 이생은 무산(巫山: 宋玉의 「高塘賦」에 보면 楚나라 懷王이 神女와 만나 사랑을 나누었는데, 그 神女는 스스로 '巫山之陽, 陽臺之下'에 산다고 말했음)이나 낙포(洛浦: 宓羲氏의 딸 宓妃가 洛水에 빠져 죽어 洛水神이 되었다고 함. 삼국시대 魏나라 때에 曹操는 袁紹를 무찌르고 그의 딸 甄氏를 데려왔는데, 曹植이 그녀를 사랑했으나 曹丕가 아내로 삼았음. 후에 그녀가 죽임을 당하자 曹植은 「洛神賦」를 지어 꿈에서 甄氏와 정을 나눈 이야기를 적었음)도 이보다는 못할 것이라 생각했다. 밤이 깊었을 때 소옥이 갑자기 눈물을 흘리며 이생에게 말했다.

"소첩은 본디 창가(倡家) 출신이라 당신의 짝이 될 수 없다는 것을 잘 알고 있습니다. 오늘 저는 미모로 사랑을 받아 어지신 분께 몸을 맡기게 되었으나 일단 모습이 늙게 되면 은애하던 마음도 사랑도 모두 다른 사람에게로 옮겨가게 될 것이니, 그때 저는 소나무 겨우살이처럼 의지할 곳이 없어질 것이고 가을의 부채처럼 버림을 받게 될 것입니다. 하여 즐거움이 지극한 이 때에 저도 모르게 슬픔이 밀려온 것입니다."

이생은 그 말을 듣고 탄식을 금치 못하면서 그녀의 어깨를 끌어안아 팔베개를 해주며 천천히 소옥에게 말했다.

"평생 원하던 바를 오늘에야 얻었으니 나는 이 몸이 다 으스러질 때까지 절대 버리지 않을 것을 맹세하오. 부인은 어찌하여 그와 같은 말을 하시는 것이오? 청컨대 흰 비단에 맹세의 글을 적게해 주시오."

그러자 소옥은 눈물을 거두고 시종 앵두에게 명해 휘장을 걷고 촛불을 들게 한 다음 이생에게 붓과 벼루를 주었다. 소옥은 옥관(玉管)을 불고 현(弦)을 뜯는 것 외에도 시 짓고 글씨 쓰는 것을 좋아했는데, 대바구니나 상자, 붓과 벼루 등은 모두 곽왕 집안에 있었던 옛 물건들이었다. 그녀는 수놓은 주머니를 가져와서는 월(越) 땅 여자들이 짠 오사란소견(烏絲欄素縑: 검은 세로 줄 무늬가 있는 흰 비단으로 글씨 쓸 때 사용함) 3척을 꺼내 이생에게 주었다. 이생은 본디 문사가 뛰어났던 터라 붓을 쥐자마자 문장을 지어냈는데, 산하(山河)를 끌어다 비유하고 일월(日月)을 가리키며 자신의 마음을 밝히는 등, 구구절절 간절하기 그지없어 듣는 이의 마음을 움직였다. 이생은 글씨를 다 쓴 뒤에 보배 상자 안에 보관하게 했다. 그때부터 둘은 더욱 정이 깊어지고 마음이 잘 맞아 마치 구름 속을 날아가는 비취새와도 같았다.

이렇게 2년이 지나도록 둘은 밤낮으로 함께 붙어있었다. 그 이듬해 봄에 이생은 서판(書判: 判詞)으로 발췌과에 합격해 정현주부(鄭縣主簿)에 제수되었다. 4월이 되어 그가 장차 임지로 떠나기 전에 동락(東洛)으로 부모님께 인사드리러 떠나려하자 장안에 있는 많은 친척들이 그의 송별연에 참석했다. 당시는 봄기운이 아직 남아있고 여름의 경치가 막 아름다워지고 있을 때였다. 술자리가 끝나고 손님들이 돌아가자 이별의 아픔이 가슴속에 맴돌았다. 이에 소옥이 이생에게 말했다.

"당신의 재주와 명성이라면 흠모하는 이가 많을 것이며 혼인을 하고자 하는 사람 역시 많을 것입니다. 하물며 당에 엄친께서 살아계시는데 집안에 본처가 없으니, 당신이 지금 그곳으로 가시면 분명 좋은 짝을 찾으려 하실 것이고 그러면 제게 했던 맹세의 말은 빈 소리가 되고 말 것입니다. 소첩에게 작은 소원이 하나 있어 지금 당신 앞에 꺼내놓아 당신 마음에 영원히 남기고자 하는데, 들어주실 수 있으시겠습니까?"

이생은 깜짝 놀라 이상해 하며 말했다.

"내가 무슨 잘못을 했다고 갑자기 그런 말을 하시오? 할 말을 해 보시오. 내 분명히 그 뜻을 따라주리다."

소옥이 말했다.

"소첩은 이제 열여덟이고 당신은 겨우 스물 둘입니다. 당신이 장실(壯室: 아내를 얻기에 적합한 나이인 30을 가리킴. '三十而娶')하실 때까지는 아직 8년의 세월이 남아있습니다. 원컨대 평생의 즐거움을 [8년이라는] 기간 동안 다 누린 연후에 다른 훌륭한 가문을 골라 진(秦)나라와 진(晉)나라의 인연을[춘추시대 秦나라와 晉나라는 대대로 婚姻을 맺었음] 맺는다 해도 늦지 않을 것입니다. 그때가 되면 소첩은 이 세상을 버리고서 머리를 자르고 검은 승복을 입을 것입니다. 저의 오랜 소원은 그것으로 족합니다."

이생은 부끄러운 한편 깊이 감동받아 자기도 모르게 눈물을 흘리며 소옥에게 말했다.

"교일(皎日: 古人들은 맹세할 때 『詩經』「王風・大車」에 나오는 "有如皦日" 구절을 인용해 죽어도 변치 않을 마음을 나타냈음. 즉 저 밝은 태양과 같이 땅에 들어가서도 빛을 잃지 않겠다는 뜻임)의 맹세는 죽어서나 살아서나 지킬 것이오. 그대와 해로한다 하여도 처음의 마음이 만족스럽지 않을까 걱정이거늘 어찌 감히 다른 마음을 품을 수 있겠소?

제발 의심하지 말고 조용히 있으면서 기다려 주시오. 8월이 되면 화주(華州)까지 다시 돌아올 수 있을 테니 그때 즉시 사람을 보내 맞이해 올 것이오. 다시 만날 날이 머지않았소."

다시 며칠이 지나자 이생은 소옥과 헤어져 동쪽으로 떠났다. 이생은 임지에 간지 열흘이 지나자 휴가를 청해 낙양으로 부모님을 찾아뵈러 갔다.

그가 아직 집에 도착하지 않았을 때 태부인(太夫人)은 이미 그의 사촌누이 노씨(盧氏)와 상의해서 이생과의 혼인을 약속해 놓았다. 태부인은 본디 엄격한 분이었던 탓에 이생은 머뭇머뭇 거리며 감히 거절하지 못했다. 그래서 노씨 집으로 가 혼인 절차를 마치고 가까운 시일로 혼례 날을 잡았다. 노씨 집안 역시 권문세가였기에 딸을 남의 가문에 시집 보내면서 반드시 100만 냥의 예물을 달라 했는데, 그 액수가 되지 않으면 도리 상 혼례를 올리지 않겠다고 했다. 그러나 이생의 집안은 가난했던 탓에 빚을 얻어야만 했기 때문에 돈을 빌리러 간다는 핑계로 멀리 친지를 찾아 갔다가 가을부터 이듬해 여름이 되도록 강회(江淮)를 두루 돌아다녔다. 이생은 자신이 맹세를 어기고 돌아가겠다던 날짜까지 어기게 되자 아무런 소식도 전하지 않음으로써 그녀의 희망을 끊어버리고자 했으며 멀리 있는 친구들에게 부탁해 자신의 소식을 흘리지 말아주기를 당부했다. 소옥은 이생이 날짜를 어긴 그날부터 여러 군데 그의 소식을 알아보았는데, 모두 빈 말이나 이상한 말들만 해댔으며 날마다 말들이 달라졌다. 이에 그녀는 사방으로 무당들을 찾아다니며 점을 쳐보기도 했는데, 결국 근심과 회한에 사무쳐 1년 남짓 시간을 보내면서 쇠약한 몸으로 빈 방에 누워 지내다가 결국 병이 나고 말았다. 이생은 결국 소식을 끊었지만 소옥의 그를 그리워하는 마음은 변치 않았다. 그녀는 친지들에게 돈을 주어가며 소식을 얻어 보려 하면서 간절히 그를 찾았으나 번번이 허사로 돌아갔다. 그녀는 또 종종 몰래 여종들을 시켜 상자 속의 노리개들을 팔라고 하면서 서쪽 저자거리에서 전당포를 하는 후경선(侯景先)의 집에 맡겨 팔아오게 했다. 그녀가 한번은 여종인 완사에게 시켜 자주색 옥비녀 한 짝을 가지고 후경선의 집을 찾아가 팔아오게 했는데, 완사는 도중에 궁에서 일하는 늙은 옥공(玉工)과 마주쳤다. 옥공은 완사가 쥐고 있는 비녀를 보더니 앞으로 다가와 그것을 알아보며 이렇게 말했다.

"이 비녀는 내가 만든 것이야. 옛날에 곽왕의 막내따님이 장차 머리를 틀어 올리려 할 때 나에게 만들어 달라고 하면서 만 냥이나 돈을 주었었지. 나는 그 일을 늘 잊지 않고 있었는데, 너는 누구이며 이것은 또 어디서 났느냐?"

완사가 말했다.

"저희 아가씨가 바로 곽왕의 따님이십니다. 집안은 몰락하고 몸 또한 다른 사람에게 주어버렸는데, 서방님은 몇 해 전에 낙양으로 가신 뒤로 소식이 없고 저희 아가씨는 답답하고 분한 마음에 병이 생긴지 벌써 2년이 다 되어갑니다. 저에게 이 비녀를 팔아오게 한 뒤 다른 사람을 사서 서방님 소식을 구하고자 하시는 것이지요."

옥공이 슬피 눈물을 떨어뜨리며 말했다.

"귀한 남녀가 세력을 잃어버리고 그와 같은 지경에 이르렀구나. 나는 이제 살날도 얼마 남지 않았는데, 이와 같은 흥망성쇠를 보니 아픈 마음을 가눌 길이 없구나."

옥공은 이렇게 말하고 완사를 데리고 연선공주(延先公主: 본문에는 '延先公主'라 되어있으나 '延光公主'의 誤記인 듯함. 延光公主는 肅宗의 딸 郜國公主임) 댁으로 간 다음 방금 있었던 일을 자세히 아뢰었다. 공주 역시 한참동안 슬퍼 탄식하다가 12만 냥을 내주었다. 그때 이생과 혼인하기로 되어있던 노씨네 딸은 장안에 있었는데, 이생은 예물 비용을 다 마련하고 정현으로 돌아갔다가 그해 12월에 다시 휴가를 청하고 도성으로 들어가 부모를 찾아뵈었으며 몰래 조용한 거처를 마련하면서 다른 사람들은 모르게 했다.

명경과(明經科) 출신 최명윤(崔允明)이라는 자는 이생의 외사촌으로 성품이 돈후했다. 그는 이전에 늘 이생과 함께 어울려 정씨(鄭氏: 小玉)의 집에서 놀곤 했는데, 술자리에서 함께 담소를 나누는 등 거리라곤 없는 사이였다. 그는 매번 이생의 소식을 들을 때마다 소옥에게 성심껏 알려주곤 했으며 소옥도 늘 땔나무나 옷가지 등을 그에게 대주었기에 그는 매우 감사하고 있었다. 이생이 그곳에 도착하자 최명윤은 사실대로 소옥에게 알려주었다. 그러자 소옥이 한탄하며 말했다.

"세상이 그런 일이 어디 있답니까?"

그리고는 두루 친구들을 청해와 여러 가지 방법을 써 이생을 불러오게 했는데, 이생은 자신이 기일을 어기고 약속을 저버리기도 했거니와 소옥이 깊은 병에 걸렸다는 사실을 알고 있었기에 부끄러운 마음마저 차마 떨쳐버리고 끝내 가려하지 않았다. 그는 새벽에 나갔다 저녁에 돌아오는 식으로 [소옥의 부름을] 회피하려 했으며, 소옥은 밤낮을 눈물로 보내면서 먹는 것도 자는 것도 잊어가며 그를 한번 만나보기를 기다렸으나 방법이 없었다. 이에 원한은 더욱 깊어만 가 결국 피곤하고 지쳐

몸져눕고 말았다. 이때부터 장안에서 조금이라도 그 사실을 알게 된 사람들 중에 풍류를 아는 선비들은 모두 소옥의 깊은 정에 감동받았으며 호걸이나 협객과 같은 사람들은 모두 이생의 야박함에 분노했다.

그때는 이미 3월이라 많은 사람들이 봄나들이를 다녔는데, 이생도 5~6명의 친구들과 함께 숭경사(崇敬寺)를 찾아가 모란을 감상했다. 그들은 서쪽 행랑채로 걸어가면서 시를 주거니 받거니 읊조렸다. 그때 경조(京兆) 사람 위하경(韋夏卿)이라는 자가 있었는데, 그는 이생의 가까운 친구로 그날 함께 숭경사에 갔다가 이생에게 이렇게 말했다.

"경치는 이렇게 아름답고 초목은 무성히 자라고 있는데, 가슴 아프지 않은가, 정경(鄭卿: 小玉)이 말일세! 원한을 머금은 채 빈 방에 있으니. 그대가 끝내 그녀를 저버릴 수 있다면 실로 잔인한 사람일 것이네. 장부의 마음이 이래서는 안 될 터, 그대는 이 일을 곰곰이 생각해봐야 할 것이네."

그가 탄식하며 책망하고 있을 때에 갑자기 한 협사가 가벼워 보이는 누런 적삼 옷을 입고 주탄(朱彈)을 팔에 낀 채 나타났는데, 풍채가 빼어났으며 입고 있던 옷은 가볍고도 화려했다. 그는 오직 짧은 머리의 호인(胡人) 시종 한 명을 데리고 다닐 뿐이었는데, 그들 뒤를 몰래 따라오며 그들이 주고받는 말을 듣다가 잠시 후 앞으로 나아와 이생에게 읍한 뒤 말했다.

"공(公)께서는 이십랑이 아니십니까? 저의 집안은 본디 산동(山東)에 있었으나 외척과 인척이 되었습니다. 제가 비록 글재주는 없으나 늘 어진 분들을 좋아해 왔으며 공의 재화(才華)에 대한 명성도 앙모해 오던 터라 한번 만나볼 수 있었으면 생각해오고 있었는데, 오늘 운 좋게

공을 만나게 되어 그 아름다운 모습[淸揚: 『詩經』「鄭風・野有蔓草」에 보면 "有美一人, 淸揚婉兮"라는 구절이 있는데, 『毛傳』에서 注를 달기를 "淸揚, 眉目之間婉然美也"라고 했음]을 볼 수 있게 되었습니다. 허름한 제 집이 이곳에서 멀지 않고 또 노래와 악기도 있어 족히 마음을 즐겁게 해드릴 만합니다. 요염한 여인네 8~9명, 또 준마 10여 필을 공께서 원하시는 대로 다 드리겠습니다. 저는 그저 한번만 와 주셨으면 하고 바랄 뿐이지요."

그 말을 같이 들은 이생의 친구들은 너도나도 좋다고 탄성을 지르면서 그 협사와 함께 말을 몰아 길을 떠났다. 그들은 순식간에 몇 개의 마을을 돌아 드디어 승업방에 도착했다. 이생은 정씨의 사는 곳이 그곳에서 가까웠기에 가고 싶지 않아 다른 일을 핑계 대며 말 머리를 돌리려 했다. 그러자 협사가 말했다.

"제 집이 여기서 지척인데 어떻게 안 가 보실 수 있으십니까?"

그리고는 이생의 말을 옆에 잡아 끼고 앞으로 끌고 갔다. 이생은 끌려가는 사이 어느새 정씨가 사는 골목에 이르렀다. 이생은 정신이 어지러워 말을 채찍질하여 돌아가려 했으나 협사가 급히 노복 몇 명에게 명해 그를 잡아 안고 안으로 데리고 가 재빨리 그를 문 안으로 밀어 넣고 문을 잠그게 했다. 그런 다음 이렇게 보고했다.

"이십랑께서 오셨습니다."

그러자 온 식구가 놀라 기뻐하는 소리가 밖에까지 들렸다. 그 전날 밤 소옥은 누런 적삼 입은 장부가 이생을 안고 오더니 자리로 와서 소옥에게 신을 벗기게 하는 꿈을 꾸었다. 소옥은 놀라 잠에서 깨어난 뒤 어머니에게 꿈 이야기를 한 다음 스스로 이렇게 꿈 풀이를 했다.

"신은 어우러진다는 뜻이에요['鞋'와 '諧'는 발음이 같음]. 즉 부부가 다시 합쳐짐을 말하는 것이지요. 벗었다[脫]는 것은 풀어졌다[解]는 뜻이니, 다시 만난 뒤에 놓친다는 것은 영원히 이별한다는 말일 거예요. 이로 미루어 볼 때 우리는 반드시 다시 만났다가 그런 다음 제가 죽게 될 거에요."

그녀는 새벽에 어머니에게 단장을 해달라고 했다. 어머니는 딸이 병을 오래 앓아 정신이 어지러워진 것이라 생각하며 딸의 말을 그다지 믿지 않았다. 소옥은 애써가며 힘들여 단장을 했는데, 단장이 막 끝났을 때 과연 이생이 도착했던 것이다. 소옥은 오랜 시간 병들어 있었던 탓에 몸을 움직일 때마다 옆에 사람이 있어야 했는데, 갑자기 이생이 왔다는 소리를 듣더니 혼자 벌떡 일어나 옷을 갈아입고 밖으로 나가는 것이 마치 귀신에 쓰인 것 같았다. 그녀는 이생을 보더니 분노를 머금는 듯 뚫어지게 바라보며 더 이상 아무 말도 하지 않았다. 허약한 몸의 아름다운 자태는 바람도 이길 수 없을 듯 보였다. 그녀는 때때로 소매로 얼굴을 가리다가 다시 이생을 돌아보곤 했는데, 눈에 보이는 모습마다 사람 마음을 아프게 해 자리에 앉아 계속 흐느껴 울기만 했다. 잠시 후 밖에서 수십 개의 접시에 음식과 술이 차려진 상을 들여왔는데, 자리에 있던 모든 사람이 깜짝 놀라 바라보며 어찌된 일이냐고 물어보니 모두 협사가 보낸 것이라 했다. 이에 급히 연회석을 차리고 모두 자리에 나아가 앉았다. 소옥은 비스듬히 고개를 돌려 이생을 한참동안 빗겨 바라보다가 술잔을 들어 땅에 부으며 말했다.

"저는 여자 된 몸으로 이처럼 박복하고, 당신은 사내대장부로 또 이처럼 신의를 저버렸군요. 저는 아직 젊은 나이에 한을 삼키며 죽어야 하니 아직 살아계신 모친을 공양할 수도 없게 되었습니다. 비단옷과 모든 악기들도 이제부턴 영영 작별인데, 이와 같은 죽음의 비통함은 모두 당신이 일으킨 것이랍니다. 이군(李君: 李生)! 이군! 지금 나는 영영 떠나가지만 죽은 뒤에 반드시 악귀가 되어 그대의 처첩으로 하여금 종일토록 편치 못하게 만들 것입니다."

그리고는 왼손으로 이생의 어깨를 움켜쥐고 잔을 땅에 던지더니 길게 몇 차례 통곡한 뒤에 숨이 끊겼다. 소옥의 어머니는 시체를 들어 이생의 품에 안겨주면서 이름을 불러보게 했으나 그녀는 살아나지 못했다. 이생은 그녀를 위해 소복을 입고 아침저녁으로 곡하며 매우 슬퍼했다. 그녀를 땅에 묻으려던 날 저녁에 이생은 홀연 영장(靈帳) 안에서 소옥을 보았는데, 아리따운 용모는 살아있을 때와 똑같았다. 그녀는 석류색 치마를 입고 보라색 장삼을 입은 채 붉은 색과 초록색이 섞인 비단 어깨걸이를 하고서 휘장에 비스듬히 기대 있다가 손으로 비단 끈을 끌면서 이생을 돌아보며 말했다.

"그대가 나의 장례를 잘 치러준 것으로 보아 아직 남은 정이 있는 것 같군요. 그러니 저승에선들 어찌 감격하지 않을 수 있겠습니까?"

소옥은 말을 마치고는 드디어 사라졌다. 이튿날 그녀를 장안 어숙원(御宿原)에 묻었는데, 이생은 무덤에 이르러 슬픔을 다 표하고서 돌아갔다.

몇 달 뒤에 이생은 노씨와 혼례를 치렀는데, 마음이 상해있던 터라 울적하니 기분이 좋지 않았다. 여름 5월에 그는 노씨와 함께 길을 떠나 정현으로 돌아갔다. 현에 도착한 지 열흘이 되고서야 이생은 비로소 노씨와 동침했다. 그때 휘장 밖에서 갑자기 츠츠츠! 하는 소리가 들렸는데, 이생이 놀라 살펴보니 한 20살 남짓 되어 보이는 한 잘생긴 남자가 휘장 뒤로 모습을 감추고 계속 노씨를 부르고 있었다. 이생이 황급히 일어나 휘장을 몇 바퀴 돌자 그 남자는 갑자기 사라졌다. 이생은 그때부터 좋지 못한 의심을 품게 되어 여러 가지 시기와 질투를 하게 되었는데, [그 일로 인해] 그들 부부 사이에는 아무런 재미라고는 없어졌다. 후에 어떤 친척들이 간곡한 말로 그들을 권유하고 일깨워주자 마음이 조금 풀렸다. 열흘 뒤에 이생이 밖에서 돌아왔을 때 노씨는 평상에 앉아 금을 뜯고 있었다. 그때 갑자기 문으로 사방 1촌 남짓 되는 얼룩 무소뿔[본문에는 '斑屛'이라 되어있으나 '斑犀'로 고쳐 번역함]로 만든 꽃이 상감된 합 하나가 던져졌는데, 그 안에서 얇은 비단으로 만든 동심결(同心結)이 노씨 품속으로 툭하고 떨어졌다. 이생이 합을 열고 보았더니 상사수(相思樹) 열매 두개와 고두충(叩頭蟲) 한 마리, 발살자(發殺觜) 하나, 여순미(驢駒媚) 약간이 들어있었다. 이생은 마치 승냥이나 호랑이 같은 소리를 내며 분노에 차 소리를 치다가 금을 집어와 그의 아내를 내리치면서 사실대로 고하라고 다그쳤다. 그러나 노씨 역시 어찌된 영문인지 알지 못했다. 그 뒤로 이생은 종종 난폭하게 아내를 매질하고 온갖 학대를 가하기 시작하더니 결국 관가에 소송을 내어 아내를 내쫓기에 이르렀다. 노씨를 쫓아난 뒤에 이생은 어쩌다 여종들과 잠깐씩 동침하기도 했는데, 그러면 바로 그녀들을 심하게 미워한다든가 혹은 무슨 일로 인해 죽여 버렸다. 이생이 한번은 광릉(廣陵)에 놀러갔다가 영십일낭(營十一娘)이라는 이름의 이름난 기녀를 얻었는데, 반지르르한 미모와 자태를 보고 생은 그녀를 몹시 아꼈다. 생은 매번 그녀와 마주앉을 때마다 늘 이렇게 말하곤 했다.

"내가 일찍이 아무 곳에서 아무개라는 명기를 얻었는데, 어떠어떠한 잘못을 저질렀기에 내가 어떠어떠한 법으로 죽였다네."

그는 매일 그런 말들을 늘어놓으면서 그녀로 하여금 자신을 두려워하게 만들어서 그녀의 방문을 깨끗이 만들고자 했다. 그는 외출할 때면 영십일낭을 침상에 놓고 욕두(浴斛: 목욕할 때 쓰는 커다란 대야)로 덮어놓았고 그 주변은 빙 둘러가며 봉해놓았으며 돌아와서는 일일이 둘러본 다음에 욕두를 벗겨주었다. 또 매우 예리한 단검 하나를 지니고 있으면서 시녀들을 바라보며 이렇게 말했다.

"이것은 신주(信州) 갈계(葛溪)에서 나는 쇠로 만들었는데, 오직 죄지은 자의 머리만 자른다."

이생은 여자만 보았다하면 시기와 질투를 느껴 세 번이나 아내를 맞이했지만 모두 처음과 마찬가지였다.

大曆中, 隴西李生名益, 年二十, 以進士擢('擢'原作'推', 據明鈔本改)第, 其明年, 拔萃, 俟試於天官. 夏六月, 至長安, 舍於新昌里. 生門族淸華, 少有才思, 麗詞嘉句, 時謂無雙, 先達丈人, 翕然推伏, 每自矜風調. 思得佳偶, 博求名妓, 久而未諧. 長安有媒鮑十一娘者, 故薛駙馬家靑衣也, 折券從良, 十餘年矣. 性便僻, 巧言語, 豪家戚里, 無不經過, 追風挾策, 推爲渠帥. 常受生誠託厚賂, 意頗德之.

經數月, 李方閒居舍之南亭, 申末間, 忽聞扣門甚急, 云是鮑十一娘至. 攝衣從之, 迎問曰: "鮑卿, 今日何故忽然而來?" 鮑笑曰: "蘇姑子作好夢也未? 有一仙人, 謫在下界, 不邀財貨, 但慕風流. 如此色目, 共十郞相當矣." 生聞之驚躍, 神飛體輕. 引鮑手且拜且謝曰: "一生作奴, 死亦不憚." 因問其名居, 鮑具說曰: "故霍王小女字小玉, 王甚愛之. 母曰淨持, 淨持卽王之寵婢也. 王之初薨, 諸弟兄以其出自賤庶, 不甚收錄, 因分與資財, 遣居於外. 易姓爲鄭氏, 人亦不知其王女. 資質穠艷, 一生未見, 高情逸態, 事事過人, 音樂詩書, 無不通解. 昨遣某求一好兒郎, 格調相稱者. 某具說十郎. 他亦知有李十郎名字, 非常歡愜. 住在勝業坊古寺曲, 甫上車門宅是也. 已與他作期約, 明日午時, 但至曲頭覓桂子, 卽得矣." 鮑旣去, 生便備行計. 遂令家僮秋鴻, 於從兄京兆參軍尙公處, 假靑驪駒·黃金勒. 其夕, 生澣衣沐浴, 修飾容儀, 喜躍交幷, 通夕不寐.

遲明, 巾幘, 引鏡自照. 惟懼不諧也. 徘徊之間, 至於亭午. 遂命駕疾驅, 直抵勝業. 至約之所, 果見靑衣立候, 迎問曰: "莫是李十郎否?" 卽下馬, 令牽入屋底, 急急鎖門. 見鮑果從內出來, 遙笑曰: "何等兒郎造次入此?" 生調誚未畢, 引入中門. 庭間有四櫻桃樹, 西北懸一鸚鵡籠, 見生入來, 卽語曰: "有人入來, 急下簾者." 生本性雅淡, 心猶疑懼, 忽見鳥語, 愕然不敢進. 逡巡, 鮑引淨持下塔相迎, 延入對坐. 年可四十餘, 綽約多姿. 談笑甚媚, 因謂生曰: "素聞十郎才調風流, 今又見容儀雅秀, 名下固無虛士. 某有一女子, 雖拙敎訓, 顏色不至醜陋, 得配君子, 頗爲相宜. 頻見鮑十一娘說意旨, 今亦便令永奉箕帚." 生謝曰: "鄙拙庸愚, 不意顧盼, 倘垂採錄, 生死爲榮." 遂命酒饌, 卽令小玉自堂東閤子中而出. 生卽拜迎, 但覺一室之中, 若瓊林玉樹, 互相照曜, 轉盼精彩射人. 旣而遂坐母側, 母謂曰: "汝嘗愛念'開簾風動竹, 疑是故人來', 卽此十郎詩也. 爾終日吟想, 何如一見?" 玉乃低鬟微笑, 細語曰: "見面不如聞名. 才子豈能無貌?" 生遂連起拜曰: "小娘子愛才, 鄙夫重色, 兩好相暎, 才貌相兼." 母女相顧而笑, 遂擧酒數巡. 生起, 請玉唱歌, 初不肯, 母固强之. 發聲淸亮, 曲度精奇. 酒闌及暝, 鮑引生就西院憩息. 閒庭邃宇, 簾幕甚華. 鮑令侍兒桂子·浣沙, 與生脫靴解帶. 須臾玉至, 言敍溫和, 辭氣宛媚, 解羅衣之際, 態有餘姸. 低幃暱枕, 極其歡愛, 生自以爲巫山·洛浦不過也. 中宵之夜, 玉忽流涕觀生曰: "妾本倡家, 自知非匹. 今以色愛,托其仁賢, 但慮一旦色衰, 恩移情替, 使女蘿無托, 秋扇見捐. 極歡之際, 不覺悲至." 生聞之, 不勝感歎, 乃引臂替枕, 徐謂玉曰: "平生志願, 今日獲從, 粉骨碎身, 誓不相捨. 夫人何發此言? 請以素練, 著之盟約." 玉因收淚, 命侍兒櫻桃, 褰幄執燭, 授生筆硏. 玉管弦之暇, 雅好詩書, 筐箱筆硏, 皆王家之舊物. 遂取繡囊, 出越姬烏絲欄素練三尺以授生. 生素多才思, 援筆成章, 引諭山河, 指誠日月, 句句懇切, 聞之動人. 染畢, 命藏於寶篋之內. 自爾婉變相得, 若翡翠之在雲路也.

如此二歲, 日夜相從. 其後年春, 生以書判拔萃登科, 授鄭縣主簿. 至四月, 將之官, 便拜慶於東洛, 長安親戚, 多就筵餞. 時春物尙餘, 夏景初麗. 酒闌賓散, 離惡縈懷. 玉謂生曰: "以君才地名聲, 人多景慕, 願結婚媾, 固亦衆矣. 況堂有嚴親, 室無冢婦, 君之此去, 必就佳姻, 盟約之言, 徒虛語耳. 然妾有短願, 欲輒指陳, 永委君心, 復能聽否?" 生驚怪曰: "有何罪過, 忽發此辭? 試說所言, 必當敬奉." 玉曰: "妾年始十八, 君纔二十有二. 迨君壯室之秋, 猶有八歲. 一生歡愛, 願畢此期, 然後妙選高門, 以諧秦晉, 亦未爲晚. 妾便捨棄人事, 剪髮披緇. 夙昔之願, 於此足矣." 生且愧且感, 不覺涕流, 因謂玉曰: "皎日之誓, 死生以之. 與卿偕老, 猶恐未愜素志, 豈敢輒有二三? 固請不疑, 但端居相待. 至八月, 必當却到華州, 尋使奉迎. 相見非遠." 更數日, 生遂訣別東去. 到任旬日, 求假往東都覲親.

未至家日, 太夫人已與商量表妹盧氏, 言約已定. 太夫人素嚴毅, 生逡巡不敢辭讓. 遂就禮謝, 便有近期. 盧亦甲族也, 嫁女於他門, 聘財必以百萬爲約, 不滿此數, 義在不行. 生家素貧, 事須求貸, 便托假故, 遠投親知, 涉歷江淮, 自秋及夏. 生自以孤負盟約, 大愆回期, 寂不知聞, 欲斷其望, 遙託親故, 不遣漏言. 玉自生逾期, 數訪音信, 虛詞詭說, 日日不同. 博求師巫, 遍詢卜筮. 懷憂抱恨, 周歲有餘, 羸臥空閨, 遂成沈疾. 雖生之書題竟絶, 而玉之想望不移. 賂遺親知, 使通消息, 尋求旣切, 資用屢空. 往往私令侍婢潛賣篋中服玩之物, 多託於西市寄附鋪侯景先家貨賣. 曾令侍婢浣沙, 將紫玉釵一隻, 詣景先家貨之, 路逢內作老玉工, 見浣沙所執, 前來認之曰: "此釵吾所作也. 昔歲霍王小女, 將欲上鬟, 令我作此, 酬我萬錢. 我嘗不忘. 汝是何人, 從何而得?" 浣沙曰: "我小娘子卽霍王女也. 家破散, 失身於人, 夫壻昨向東都, 更無消息, 悒怏成疾, 今欲二年. 令我賣此, 賂遺於人, 使求音信." 玉工悽然下泣曰: "貴人男女, 失機落節, 一至於此. 我殘年向盡, 見此盛衰, 不勝傷感." 遂引至延先公主宅, 具言前事. 公主亦爲之悲歎良久, 給錢十二萬焉. 時生所定盧氏女在長安, 生旣畢於聘財, 還歸鄭縣, 其年臘月, 又請假入城就親, 潛卜靜居, 不令人知.

有明經崔允明者, 生之中表弟也, 性甚長厚. 昔歲常與生同歡於鄭氏之室, 盃盤笑語, 曾不相間. 每得生信, 必誠告於玉, 玉常以薪芻衣服, 資給於崔, 崔頗感之. 生旣至, 崔具以誠告玉. 玉恨歎曰: "天下豈有是事乎?" 遍請親朋, 多方召致, 生自以愆期負約, 又知玉疾候沈綿, 慙恥忍割, 終不肯往. 晨出暮歸, 欲以廻避, 玉日夜涕泣, 都忘寢食, 期一相見, 竟無因由. 寃憤益深, 委頓牀枕. 自是長安中稍有知者, 風流之士, 共感玉之多情, 豪俠之倫, 皆怒生之薄行.

時已三月, 人多春遊, 生與同輩五六人詣崇敬寺翫牡丹花. 步於西廊, 遞吟詩句. 有京兆韋夏卿者, 生之密友, 時亦同行, 謂生曰: "風光甚麗, 草木榮華, 傷哉, 鄭卿! 銜冤空室. 足下終能棄置, 寔是忍人. 丈夫之心, 不宜如此, 足下宜爲思之." 歎讓之際, 忽有一豪士, 衣輕黃紵衫, 挾朱('朱'原作'末', 據明鈔本改)彈, 丰神雋美, 衣服輕華. 唯有一剪頭胡雛從後, 潛行而聽之, 俄而前揖生曰: "公非李十郎者乎? 某族本山東, 姻連外戚, 雖乏文藻, 心嘗樂賢, 仰公聲華, 常思觀止, 今日幸會, 得覩淸揚. 某之敝居, 去此不遠, 亦有聲樂, 足以娛情. 妖姬八九人, 駿馬十數匹, 唯公所欲. 但願一過." 生之儕輩, 共聆斯語, 更相歎美, 因與豪士策馬同行. 疾轉數坊, 遂至勝業. 生以近鄭之所止, 意不欲過, 便託事故, 欲回馬首. 豪士曰: "敝居咫尺, 忍相棄乎?" 乃輓挾其馬, 牽引而行. 遷延之間, 已及鄭曲. 生神情恍惚, 鞭馬欲回, 豪士遽命奴僕數人, 抱持而進, 疾走推入車門, 便令鎖却. 報云: "李十郎至也." 一家驚喜, 聲聞於外. 先此一夕, 玉夢黃衫丈夫抱生來, 至席, 使玉脫鞋. 驚寤而告母, 因自解曰: "'鞋'者'諧'也. 夫婦再合. '脫'者'解'也, 旣合而解, 亦當永訣. 由此徵之, 必遂相見, 相見之後, 當死矣." 凌晨, 請母粧梳. 母以其久病, 心意惑亂, 不甚信之, 僶勉之間, 強爲粧梳, 粧梳才畢, 而生果至. 玉沈綿日久, 轉側須人, 忽聞生來, 欻然自起, 更衣而出, 怳若有神. 遂與生相見, 含怒凝視, 不復有言. 羸質嬌姿, 如不勝致. 時復掩袂, 返顧李生, 感物傷人, 坐皆欷歔. 頃之, 有酒餚數十盤, 自外而來, 一座驚視, 遽問其故, 悉是豪士之所致也. 因遂陳設, 相就而坐. 玉乃側身轉面, 斜視生良久, 遂擧杯酒酹地曰: "我爲女子, 薄命如斯, 君是丈夫, 負心若此. 韶顔稚齒, 飲恨而終, 慈母在堂, 不能供養. 綺羅弦管, 從此永休. 徵痛黃泉, 皆君所致. 李君! 李君! 今當永訣. 我死之後, 必爲厲鬼, 使君妻妾, 終日不安." 乃引左手握生臂, 擲盃於地, 長慟號哭數聲而絶. 母乃擧尸寘於生懷, 令喚之, 遂不復蘇矣. 生爲之縞素, 旦夕哭泣甚哀. 將葬之夕, 生忽見玉繐帷之中, 容貌姸麗, 宛若平生. 着石榴裙, 紫襠襠, 紅綠帔子, 斜身倚帷, 手引繡帶, 顧謂生曰: "媿君相送, 尙有餘情. 幽冥之中, 能不感歎?" 言畢, 遂不復見. 明日, 葬於長安御宿原, 生至墓所, 盡哀而返.

　　後月餘, 就禮於盧氏, 傷情感物, 鬱鬱不樂. 夏五月, 與盧氏偕行, 歸於鄭縣. 至縣旬日, 生方與盧氏寢. 忽帳外叱叱作聲, 生驚視之, 則見一男子, 年可二十餘, 姿狀溫美, 藏身映幔, 連招盧氏. 生惶遽走起, 遶幔數匝, 倏然不見. 生自此心懷疑惡, 猜忌萬端, 夫妻之間, 無聊生矣. 或有親情, 曲相勸喩, 生意稍解. 後旬日, 生復自外歸, 盧氏方鼓琴於牀. 忽見自門抛一斑犀鈿花合子, 方圓一寸餘, 中有輕絹, 作同心結, 墜於盧氏懷中. 生開而視之, 見相思子二, 叩頭蟲一, 發殺觜一, 驢駒媚少許. 生當時憤怒叫吼, 聲如豺虎, 引琴撞擊其妻, 詰令實告. 盧氏亦終不自明. 爾後往往暴加捶楚, 備諸毒虐, 竟訟於公庭而遣之. 盧氏旣出, 生或侍婢媵妾之屬, 蹔同枕席, 便加姤忌, 或有因而殺之者. 生嘗遊廣陵, 得名姬曰營十一娘者, 容態潤媚, 生甚悅之. 每相對坐, 嘗謂營曰: "我嘗於某處得某姬, 犯某事, 我以某法殺之." 日日陳說, 欲令懼己, 以肅淸閨門. 出則以浴斛覆營於牀, 遇廻封署, 歸必詳視, 然後乃開. 又畜一短劒, 甚利, 顧謂侍婢曰: "此信州葛溪鐵, 唯斷作罪過頭." 大凡生所見婦人, 輒加猜忌, 至於三娶, 率皆如初焉.

태평광기 권제488 잡전기5

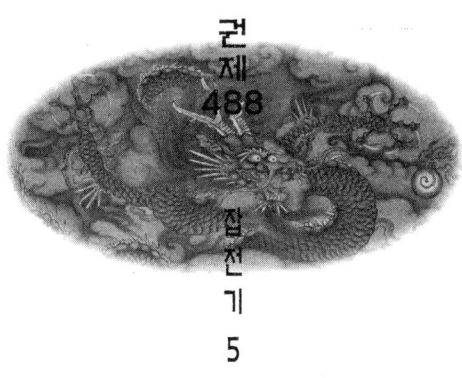

1. 앵앵전(鶯鶯傳)

488·1(6828)
앵앵전(鶯鶯傳)(元稹撰)

당(唐)나라 정원연간(貞元年間: 785~805)에 장생(張生)이라는 사람이 있었는데, 성품이 온화하고 훌륭하며 용모가 수려하고 의지가 굳세어 예가 아니면 행하지 않았다. 때때로 친구가 연회를 열어 그들과 어울릴 때면 다른 사람들은 모두 시끄럽게 떠들며 마치 자신이 남에게 미치지 못하는 것처럼 했지만 장생은 조용하고 다소곳하며 끝내 난잡해지지 않았다. 그 때문에 그는 23세가 될 때까지 여색을 가까이 한 적이 없었다. 그를 아는 사람이 따져 묻자 그는 변명하며 말했다.

"등도자(登徒子: 戰國時代 楚나라의 大夫. 등도자가 楚王에게 宋玉이 女色을 좋아하므로 그와 함께 후궁을 출입해서는 안된다고 말하자 송옥은 오히려 등도자는 그 아내가 매우 못생겼는데도 그녀를 사랑하여 자식 5명을 낳았으므로 그가 바로 好色漢이라고 공박했다고 함)는 호색한(好色漢)이 아니라 못된 행동을 했던 사람이오. 나는 진정한 호색한이지만 미색을 만나지 못했을 뿐이오. 어째서 이런 말을 하시오? 나는 대저 사물 중에 뛰어나게 아름다운 것이 있으면 마음에 새겨두지 않은 적이 없었으니 이것으로 내가 사랑이 없는 사람이 아니라는 것을 알 수 있을 것이오."

물어보았던 사람은 그의 말을 알아들었다.

얼마 지나지 않아 장생은 포주(蒲州)로 놀러 갔다. 포주의 동쪽 10여 리 되는 곳에 보구사(普救寺)라는 절이 있었는데, 장생은 그곳에서 머물렀다. 그때 마침 최씨(崔氏) 집안의 과부가 장안(長安)으로 돌아가는 길에 포주를 지나다가 역시 그 절에서 머물게 되었다. 최씨 집안의 부인은 정씨(鄭氏) 집안의 딸이었고 장생도 정씨에게서 태어났기 때문에 그 친척 관계를 따져보니 바로 계파가 다른 이모였다.

그 해에 혼감(渾瑊: 唐代의 장군)이 포주에서 죽었는데, 정문아(丁文雅)라는 환관이 군대를 잘 통제하지 못하자 군인들은 장례를 기회로 난리를 일으켜 포주 사람들을 약탈했다. 최씨 집안은 재산이 매우 많고 하인들도 많았지만 객지에서 머물고 있었기에 당황하고 두려워 기탁할 곳을 알지 못했다. 이에 앞서 장생은 포주 장군의 무리와 사이가 좋았으므로 그들에게 관리를 보내 그곳을 보호해달라고 청해서 최씨 일족은 결국 난리를 피할 수 있었다. 10여 일 후에 염사(廉使: 廉訪使. 觀察使라고도 함) 두확(杜確)이 천자의 명령을 받아 군정(軍政)을 주관하여 군대를 통솔했기 때문에 군인들의 난리도 수습되었다.

정씨는 장생의 은덕에 깊이 감사하며 음식을 차려놓고 장생을 초청하여 중당(中堂)에서 연회를 열었다. 정씨가 다시 장생에게 말했다.

"나는 과부로 어린아이들을 데리고 있었는데, 불행히도 군사들의 난리를 만났으니 사실 몸조차 보존하지 못했을 것이네. 어린 아들과 딸은 그대가 살려준 것이나 다름없으니 어찌 보통의 은혜에 비하겠는가? 지금 아이들에게 형님과 오라버니의 예로 받들어 모시게 하여 은혜에 보답하고자 하네."

그리고는 아들을 불렀는데, 아들의 이름은 환랑(歡郎)으로 10여 세

가량 되었고 얼굴은 매우 온화하고 잘생겼었다. 다음에는 딸을 불렀다.

"나와서 네 오라버니에게 절해라. 이 오라버니가 너를 구해줬단다."

한참 지나도록 그녀가 몸이 아파서 못나오겠다고 하자 정씨가 화를 내며 말했다.

"이 오라버니가 너의 목숨을 보호해주지 않았다면 너는 사로잡히고 말았을 것인데 멀리하고 싫어해서 되겠느냐?"

그러자 한참 만에 그녀가 나왔는데, 평소 입던 옷에 함치르한 얼굴을 하고 새로 치장을 하지 않았다. 쪽진 머리가 흘러 내려 눈썹에 닿았고 두 뺨에 홍조를 띠고 있었을 뿐이었지만 얼굴이 정말 아름다워 사람의 마음을 움직일 정도로 빛이 났다. 장생이 놀라며 그녀에게 인사하자 그녀는 정씨 옆에 앉았다. 정씨가 억지로 만나보게 한 것이라 그녀는 곁눈질하며 매우 원망스러워했는데, 마치 자신의 몸도 가누지 못할 정도로 연약해 보였다. 장생이 그녀의 나이를 물어보자 정씨가 대답했다.

"지금 천자[唐 德宗]의 갑자년(甲子年: 784) 7월에 태어나서 올해가 정원 경진년(庚辰年: 800)이니 17세라네."

장생이 조금씩 말을 걸어보았지만 그녀는 대답하지 않았다. 결국 연회가 끝났다.

장생은 그때부터 그녀에게 미혹되어 그의 마음을 알리고 싶었지만 전할 방법이 없었다. 최씨에게는 홍낭(紅娘)이라는 하녀가 있었는데, 장생은 몰래 서너 번 그녀에게 선물을 주다가 틈을 타서 그의 속마음을 털어놓았다. 하녀가 과연 몹시 놀라 부끄러워하면서 도망쳐버리자 장생은 그 일을 후회했다. 다음 날 하녀가 다시 오자 장생은 부끄러워하며 어제 일을 사과하고 다시는 부탁의 말을 하지 않았다. 그러자 하녀가 장생에게 말했다.

"당신의 말씀은 감히 전해드릴 수도 없고 발설할 수도 없습니다. 그러나 당신은 최씨의 친척들을 상세히 알고 계신데, 어째서 당신의 덕망으로 청혼하지 않으십니까?"

장생이 말했다.

"나는 어려서부터 구차하게 시류에 어울리지 않는 성격이었지. 그래서 간혹 여자들[紈綺: 원래는 고운 비단의 뜻이나 여기서는 여자의 대칭으로 쓰임] 사이에 있을 때도 있었지만 그들에게 눈길을 준 적이 없었어. 지금까지 [여자에게 미혹된 일이] 없었는데, 결국 그녀에게 미혹되고 말았어. 이전 날 연회자리에서는 거의 스스로를 억제할 수가 없었지. 며칠 동안 걸으면서도 머물 곳을 잊어버리고 먹으면서도 배부른 줄을 모르니 아마 잠시라도 견딜 수 없을 것 같아. 만약 중매쟁이를 보내 혼인을 청한다면 납채(納采: 六禮의 하나로 신랑 쪽에서 신부 쪽에 보내는 예물)·문명(問名: 六禮의 하나로 신부 쪽의 생년월일을 알아서 혼례의 길일을 잡는 것) 등을 하는데 3~4개월은 걸릴 것이니, 그때에는 나를 건어물 가게[枯魚之肆: 孔子의 제자 子路가 길을 가다가 수레바퀴 자국 속의 붕어를 만났는데, 붕어가 물을 조금 떠다가 자신을 살려달라고 하자, 자로가 吳·越의 왕에게 유세해 西江의 물을 끌어와서 살려주겠다고 말했더니, 붕어가 그렇다면 나를 건어물 가게에서 찾는 게 낫겠다고 했음. 여기서는 정식 결혼을 할 때까지 기다리다가는 말라죽을 것 같다는 뜻임]에서나 찾을 수 있을 거야. 너는 내가 어떻게 하면 좋겠는지 말해 봐라."

하녀가 말했다.

"아가씨는 정숙하고 신중하셔서 비록 존귀하신 분[鸎鸎의 부모]이라 해도 예의에 어긋나는 말로는 아가씨를 범할 수가 없으니 아랫사람의 계략으로는 납득시키기가 어렵습니다. 그렇지만 아가씨는 문장을 잘 지으셔서 종종 시문을 낮은 소리로 읊조리며 오랫동안 원망하고 흠모하십니다. 당신이 시험 삼아 연애시를 지어 아가씨의 마음을 동요시켜보십시오. 그렇지 않으면 방법이 없습니다."

장생은 매우 기뻐하며 「춘사(春詞)」 두 수를 지어 홍낭에게 주었다. 그날 밤 홍낭이 다시 왔는데, 채색비단 편지지에 쓴 편지를 장생에게 가져다주며 말했다.

"아가씨께서 주신 것입니다."

편지에는 「명월삼오야(明月三五夜)」라는 제목의 시가 적혀 있었는데, 그 내용은 다음과 같았다.

> 서쪽 행랑채에서 달 뜨길 기다렸다가,
> 문을 반쯤 열고 바람을 맞이하네.
> [바람이] 담장을 스치며 꽃 그림자 움직이니,
> 아마도 옥인(玉人: 님)이 오셨나 보다.

장생은 그 시의 뜻을 은밀히 알아차렸다.

그날 밤은 그해 음력 2월 14일이었다. 최씨 방 동쪽에는 꽃이 핀 살구나무 한 그루가 있었는데 그것을 잡고 오르면 담을 넘어갈 수 있었다. 15일 밤에 장생이 그 나무를 사다리 삼아 담을 넘어 서쪽 행랑채에 이르러 보니 문이 반쯤 열려 있었다. 홍낭이 침상에서 자고 있자 장생이 깨웠더니 홍낭이 놀라며 말했다.

"도련님께서는 어떻게 오셨습니까?"

장생이 그녀를 속이며 대답했다.

"최씨의 편지에 나를 오라고 했으니 너는 나를 대신해 아가씨께 전해라."

얼마 지나지 않아 홍낭이 다시 오더니 연이어 말했다.

"오십니다! 오셔요!"

장생은 기쁘고 놀라워하면서 틀림없이 일이 성공했다고 생각했다. 최씨가 왔는데 단정한 옷차림에 몸가짐이 엄숙했다. 그녀는 큰 소리로 장생의 잘못을 열거하며 질책했다.

"우리 집 사람들을 살려주신 오라버니의 은혜는 고마웠습니다. 그 때문에 어머니께서도 어린 아들과 딸을 부탁하셨습니다. 그런데 어째서 품행이 좋지 못한 하녀를 통해서 음란한 글을 전하게 하십니까? 처음에는 난리에서 사람을 구해주시는 의로움을 행하시다가 결국은 난리를 미끼로 저를 취하려 하시니 이것은 난리로 난리를 바꾸는 것으로 그 차이가 얼마나 되겠습니까? 사실 그 글을 숨기려고 했지만 사람의 간악함을 덮어주는 것은 의로운 일이 아니고, 또한 어머니께 알리는 것은 은혜를 저버리는 것이라 좋은 행동이 아니어서, 하녀를 통해 말을 전하려 했지만 또 저의 진심을 전할 수 없을까 두려웠습니다. 그래서 짧은 글을 지어 저의 마음을 알려드리고자 했으나 오라버니가 난처해할까 두려워 비루하고 음란한 시를 지어 오라버니를 꼭 오시게 한 것입니다. 예의에 어긋난 행동을 하신 것이 마음에 부끄럽지 않으십니까? 아무쪼록 예의를 스스로 지키시어 문란함에 이르지 마십시오."

말을 마치자 획 돌아서서 가버렸다. 장생은 한참동안 망연자실하다가 다시 담을 넘어 나온 뒤로 절망했다.

며칠 후 장생이 방에서 혼자 자고 있었는데, 갑자기 어떤 사람이 그를 깨웠다. 장생이 놀라 일어나 보았더니 홍낭이 이불과 베개를 가지고 와서 그를 흔들며 말했다.

"오십니다! 오셔요! 주무시고 계시면 어떻게 해요?"

그리고는 베개를 나란히 놓고 이불을 포개 놓은 뒤 가버렸다. 장생은 눈을 비비며 한참동안 똑바로 앉아서 꿈이 아닌가 의심하면서도 진실한 마음으로 기다렸다. 잠시 후에 홍낭이 최씨를 모시고 왔는데, 최씨는 교태스럽고 수줍어 하는 자태가 매우 고왔고 자기 몸조차 가누지 못할 만큼 연약해 보여 지난 날 단정하고 장중한 모습과는 완전히 달랐다. 그 날 밤은 18일이었는데, 비스듬히 기운 달은 수정처럼 맑고도 밝아 달빛이 침상 절반을 그윽하게 비췄다. 장생은 정신이 아득해져서 그녀가 신선의 무리이지 인간 세상에서 온 사람이 아니라고 생각했다. 잠시 후에 절에서 종이 울리고 날이 밝으려 하자 홍낭이 떠나길 재촉했다. 최씨가 애교스럽게 울먹이며 누워서 뒤척이자 홍낭이 다시 그녀를 부축하여 돌아갔다. 그녀는 그날 밤 내내 한 마디도 하지 않았다. 장생은 날이 새는 것을 보고 자리에서 일어나 스스로 의심하며 말했다.

"설마 꿈은 아니겠지?"

날이 밝았을 때 보았더니 화장이 팔에 묻어 있었고 옷에서는 향기가 났으며 눈물자국이 희미하게 반짝이며 여전히 이부자리에서 빛나고 있었다.

그 후 또 10여 일 동안 묘연히 소식이 없었다. 장생이 「회진시(會眞詩)」 30운(三十韻: 60句로 이루어진 律詩)을 짓다가 아직 끝나지 않았을 때 홍낭이 마침 왔다. 장생은 그 시를 홍낭에게 주어 최씨에게 갖다

드리게 했다. 그때부터 그녀는 다시 그를 받아들였고 그는 아침이면 몰래 나오고 저녁이면 몰래 들어가면서 이전의 서쪽 행랑채에서 함께 지낸지 거의 한 달이나 되었다. 한번은 장생이 정씨의 의향을 묻자 정씨가 대답했다.

"나로서도 어쩔 수 없네."

그리고는 혼인을 빨리 성사시키려고 했다.

그러나 얼마 지나지 않아 장생은 장안(長安)으로 가게 되자 먼저 자신의 사정을 최씨에게 알렸다. 최씨는 장생을 난처하게 하는 말은 조금도 하지 않았지만 슬픔과 원망이 서린 그녀의 얼굴은 사람의 마음을 아프게 했다. 장생은 떠나기 전 이틀 밤 동안 그녀를 다시 만나지 못한 채 결국 서쪽으로 내려갔다.

몇 달 후에 장생은 다시 포주로 놀러가서 최씨와 만나 또 여러 달을 지냈다. 최씨는 서예에 매우 뛰어났고 문장도 잘 지었는데 장생이 여러 번 간청했으나 끝내 볼 수 없었다. 종종 장생이 직접 문장으로 유혹했지만 역시 거들떠보려고도 하지 않았다. 대개 최씨가 남보다 뛰어난 점은 지극히 뛰어난 기예를 가지고 있으면서도 겉으로는 모르는 것 같고 언변이 민첩하고 조리가 있으면서도 응대하는 일이 적다는 것이었다. 그래서 장생을 대하는 애정도 매우 두터웠지만 말로 표현한 적은 없었다. 사랑에 대한 근심이 아득히 깊을 때도 항상 모르는 척 했으며 기뻐하거나 화내는 모습도 겉으로 드러내는 일이 드물었다. 어느 날 그녀가 밤에 혼자 금(琴)을 탔는데, 근심에 젖은 곡조가 처량하고 측은했다. 장생이 몰래 듣고 청해 보았지만 끝내 다시 연주하지 않았다. 그 때문에 장생은 더욱 그녀에게 미혹되었다.

어느덧 장생은 과거시험 볼 날짜가 다가와 또 서쪽으로 떠나야만 했다. 떠나는 날 밤에 장생은 다시 자신의 사정을 직접 말하지 못하고 최씨의 옆에서 탄식만 했다. 최씨는 이미 그와 헤어져야 한다는 사실을 몰래 알고는 몸가짐을 공손히 하고 부드러운 목소리로 천천히 장생에게 말했다.

"문란하게 시작했으므로 결국 버려지는 것은 당연한 일이니 저는 원망하지 않겠습니다. 분명한 것은 서방님이 저를 망쳐놓았으니 서방님이 끝맺음해 주신다면 서방님의 은혜일 것입니다. 종신토록 변치 않는 서약도 죽을 때까지 갈 것이니 하필 이번에 가시는 것을 깊이 한탄할 이유가 있겠습니까? 그러나 서방님께서 슬퍼하시니 뭐라 위안드릴 말이 없습니다. 서방님께서 항상 저에게 금을 잘 탄다고 하셨지만 이전에는 부끄러워 탈 수가 없었습니다. 지금 가시게 되었으니 서방님의 그 소원을 이루어 드리겠습니다."

그리고는 금을 가져오라고 해서 「예상우의(霓裳羽衣)」 서곡(序曲)을 연주했는데, 얼마 연주하지 않아서 슬픈 소리가 원망하듯 어지러워 그 곡인지도 알 수 없었다. 좌우에 있던 사람들이 모두 흐느껴 울자 최씨도 급히 연주를 멈추더니 금을 내던지고 눈물을 주르륵 흘리면서 정씨가 있는 곳으로 뛰어 들어가 결국 다시는 나오지 않았다. 다음날 아침에 장생은 길을 떠났다.

이듬해 장생은 과거에 낙방하여 결국 도성에 머물면서 최씨에게 편지를 보내 그녀의 마음을 달래주었다. 최씨에게서 답장이 왔는데, 여기에 대략 적어본다.

"삼가 보내주신 편지 잘 읽어보았습니다. 저를 매우 깊이 사랑해주시니 저의 마음은 슬픔과 기쁨이 교차합니다. 아울러 보내주신 화승(花勝: 여인들의 머리 장식) 1합(盒)과 입술연지 5촌은 머리를 단장하고 입술을 바르는 데 쓰겠습니다. 비록 특별한 은혜를 입기는 했지만 다시 누구를 위해 화장을 한단 말입니까? 이런 물건을 보니 그리움만 더해져 슬픔과 탄식이 쌓여갈 뿐입니다. 삼가 듣자오니 도성에서 학업에 힘쓰시는 것은 학문을 닦는 길에 있어서 진실로 편안한 일이라고 합니다. 그러나 궁벽한 곳에 있는 사람[鸎鸎 자신을 말함]을 영원히 버리실까 두렵습니다. 저의 운명이 이와 같은데 무슨 말을 다시 하겠습니까? 지난 가을 이래로 항상 멍한 채 마치 뭔가를 잃어버린 것 같아서 시끄럽게 떠드는 사람들 속에서 간혹 억지로 떠들며 웃지만 한적한 밤에 혼자 있을 때면 눈물을 흘리지 않은 적이 없습니다. 그러다 잠이 들어 꿈을 꿀 때면 또한 많은 생각에 목이 멥니다. 근심스런 생각이 가슴 속에 서리고 맺히어 잠시 동안은 평소와 같지만 꿈속에서의 만남이 끝나기도 전에 깜짝 놀라 잠에서 깨어납니다. 비록 반쪽 이불이 따뜻한 듯도 하지만 생각해보면 서방님은 매우 멀리 계십니다. 어제 절하고 떠나간 듯한데 어느덧 지난 해의 일이 되었습니다. 장안은 놀기 좋은 곳이니 흥미를 유발하고 마음을 끄는 것이 많을 텐데도 미천한 몸을 잊지 않고 싫어하지 않으며 돌보아 생각해주시니 얼마나 다행인지 모르겠습니다. 비천한 저의 뜻으로는 보답할 길이 없지만 처음에 했던 맹세는 결코 변하지 않을 것입니다. 저는 옛날에 서방님과 내외종 관계로 함께 연회석에 앉기도 했지만 하녀의 꼬임으로 결국 [부모의 허락 없이] 사사로이 사랑을 바쳤으니 저의 마음이 굳세지 못했습니다. 서방님께 거문고를 연주하는 유혹[援琴之挑: 漢나라 때 司馬相如가 琴을 연주하여 卓文君을 유혹했다고 함]을 받았을 때도 저는 베틀의 북을 던져 거절하지[投梭之拒: 晉나라 때 謝鯤이 이웃집 여자를 희롱하다가 베를 짜고 있던 그녀가 던진 북에 맞아 이가 부러졌다고 함] 못했습니다. 그리고 잠자리에 같이 들어서는 사랑이 더욱 깊어져 저의 못난 마음에 종신토록 의지할 수 있으리라고 영원히 생각했습니다. 그러나 서방님을 만나고도 정식 혼례를 올리지 못하리라고 어찌 생각이나 했겠습니까? 스스로 몸을 바친 수치를 생각하면 다시는 떳떳하게 남편[巾幘: 남자들이 쓰는 두건으로 여기서는 남편의 代稱으로 쓰임]을 모실 수 없을 것입니다. 이는 종신토록 한이 될 것이니 한탄하는 것 밖에 무슨 말을 하겠습니까? 만약 어진 서방님께서 마음을 쓰셔서 저의 답답하고 아득한 고통을 굽어 살펴주신다면 비록 죽는 날일지라도 살아 있는 날과 같을 것입니다. 만약 사리에 통달한 서방님께서 사랑의 감정을 대수롭지 않게 여겨 작은 것을 버리고 큰 것을 따르시고 결혼하기 전에 맺은 관계를 추행이라고 여기면서 굳은 맹세를 저버려도 좋은 것이라고 여기시더라도, 저의 몸은 녹아 없어지지만 일편단심 저의 마음만은 사라지지 않고 바람을 타고 이슬에 의지하여 서방님께 의탁할 것입니다. 살아서나 죽어서나 변치 않는 진실한 마음을 여기에 다 말씀드렸습니다. 편지지를 대하니 눈물이 앞을 가려 마음을 다 펴낼 수가 없습니다. 아무쪼록 옥체 보중하십시오! 옥체 보중하십시오! 이 옥가락지 하나는 제가 어렸을 때 가지고 놀던 것으로 서방님이 허리에 찰 수 있도록 보내드립니다. 옥은 단단하고 윤기 있으며 빛이 바래지 않기 때문이고, 가락지는 처음부터 끝까지 끊긴 곳이 없기 때문입니다. 아울러 엉클어진 실 한 타래와 반점이 있는 대나무로 만든 차 빻는 기구 하나를 보내드립니다. 이 물건들은 진귀한 것은 못되지만 보내드리는 뜻은, 당신이 옥처럼 진실되길 바라고 저의 마음도 가락지처럼 끊어지지 않길 바라며 눈물자국이 대나무에 남아있고 근심 어린 마음이 실처럼 엉켜 있다는 저의 생각을 이 물건들을 빌어 표현해 드림으로써 영원히 저를 사랑해주시길 바라는 것뿐입니다. 마음은 가까이 있지만 몸은 떨어져 있으니 언제 다시 만날 수 있을까 기약이 없습니다. 애타게 그리운 마음이 모이면 천 리라도 마음이 통할 것입니다. 옥체 보중하십시오! 봄바람에 질병이 많이 생기니 억지로라도 식사를 하시는 것이 몸에 좋습니다. 신중하게 자신을 챙기시고 저 같은 것은 깊이 생각하지 마십시오."

장생이 그 편지를 알고 지내는 사람들에게 보여주었기 때문에 당시 사람들 중에 그 일에 대해 들은 사람이 많았다. 장생과 친했던 양거원(楊巨源)은 시를 잘 지어 「최낭시(崔娘詩)」한 수를 지었다.

반랑(潘郞: 潘岳. 潘岳은 용모가 준수하여 부녀자들의 흠모의 대상이었다고 함. 여기서는 張生을 비유함)의 준수함은 옥도 그만 못하고,
정원의 혜초(蕙草: 봄에 꽃이 피는 香草. 여기서는 鶯鶯을 비유함)는 눈 녹는 봄날 피어났네.
풍류재자들 봄 생각 간절한데,
애끊는 소낭(蕭娘: 唐代에 여자를 부르는 호칭)의 편지 한 장.

하남(河南)의 원진(元稹)도 장생의 「회진시(會眞詩)」30운에 화창(和唱)하여 다음과 같이 읊었다.

초승달은 발[簾] 드리운 창에 스며들고,
반딧불은 푸른 하늘을 가로지르네.
아득한 하늘 어슴푸레해지고,

낮게 드리워진 나무는 점점 푸르러가네.
용 휘파람 소리[龍吹: 龍吟. 바람이 대나무를 스치면서 내는 소리를 시적으로 표현함]는 정원의 대나무를 지나고,
난새 노래 소리[鸞歌: 바람이 오동나무를 스치면서 내는 소리를 시적으로 표현함]는 우물가 오동나무를 흔드네.
비단 명주 옷은 엷은 안개처럼 드리워져 있고,
패옥(佩玉)은 산들바람에 소리를 내네.
강절(絳節: 신선의 儀仗)은 금모(金母: 西王母)를 따르고,
구름은 옥동(玉童: 仙童. 張生을 비유함)을 받드네.
밤은 깊어 인적 끊어지고,
날이 밝자 비가 부슬부슬 내리네.
반짝이는 구슬은 수놓은 신발에서 빛나고,
고운 꽃은 수놓은 용 사이에서 어른거리네.
옥비녀는 채색 봉황이 지나가는 것 같고,
비단 어깨걸이는 붉은 무지개가 덮힌 것 같네.
요화포(瑤華浦: 신선이 사는 곳으로 鶯鶯의 거처를 비유함)에서부터,
벽옥궁(碧玉宮: 신선이 사는 곳으로 張生의 거처를 비유함)으로 향하네.
낙양성(洛陽城) 북쪽으로 놀러갔다가,
송씨(宋氏) 집 동쪽[宋家東: 宋玉의 「登徒子好色賦」에 작자의 집 동쪽에 미인이 살고 있다는 이야기가 있는데, 여기서는 張生이 鶯鶯을 만난 것을 비유함]을 향했다네.
희롱에 처음에는 은근히 거절했지만,
부드러운 정은 이미 몰래 통하고 있었네.
낮게 쪽진 매미 날개 모양의 머리 움직이고,
돌아서 걷는 얼굴은 옥가루가 덮인 듯하네.
얼굴을 돌리니 눈꽃송이 흐르는 듯하고,
침상에 오르니 비단 이불을 안는 듯하네.
원앙이 목을 감고 춤추고,
비취새는 즐겁게 한데 어울리네.
눈썹 화장 부끄러워 한쪽으로 쏠렸고,
입술연지 따뜻하게 더욱 어울리네.
숨 내음 향긋하여 난초 꽃봉오리의 향기 같고,
살결은 윤기 흘러 옥처럼 풍만하네.
힘없이 게으른 듯 팔 움직이고,
애교 많아 사랑스럽게 몸을 웅크리네.

흐르는 땀 구슬처럼 방울지고,
흐트러진 머리카락 검푸르게 무성하네.
바야흐로 천 년의 만남 기뻐하는데,
어느덧 새벽 종소리 들려오네.
머무는 시간 짧아 한스럽고,
얽히고 설킨 마음 끝내기 어렵네.
풀 죽은 얼굴엔 수심의 빛 어렸고,
향기로운 말로 진심을 맹세하네.
보내준 옥가락지는 결합할 운명임을 밝히고,
남겨준 매듭은 같은 마음임을 뜻하네.
눈물에 젖은 분은 작은 거울에 떨어져 있고,
꺼져가는 등불은 멀리서 들려오는 어둠 속 벌레소리에 희미해지네.
연백분(鉛白粉)의 광채가 환히 빛나고,
떠오르는 해는 점점 빛이 난다네.
오리 타고 낙수(洛水)로 돌아가고[전설에 따르면 宓羲氏의 딸이 洛水에 빠져 죽은 뒤 낙수의 神이 되었다고 함. 여기서는 앵앵이 자신의 거처로 돌아갔음을 비유함],
퉁소 불며 또한 숭산(嵩山)에 오르네[周 靈王 때 太子 王子喬가 笙簧을 잘 불었는데, 嵩山에 들어가 수도한 뒤 신선이 되었다고 함. 여기서는 장생이 앵앵을 떠났음을 의미함].
옷에 남아 있는 사향이 향기롭고,
베개에 남아 있는 입술연지 매끄럽네.
연못가의 풀은 무성하고,
물가의 다북쑥은 바람에 나부끼네.
소박한 금으로 「원학(怨鶴: 옛 琴曲 別鶴操를 말함. 옛날 商陵牧子의 처가 자식을 낳지 못해 牧子의 부형이 그를 다시 장가들게 했는데, 그 처가 그 사실을 알고 통곡하자 牧子도 통곡하면서 이 曲을 지었다고 함. 여기에서는 이별한 후 앵앵의 슬픔을 나타냄)」을 연주하고,
은하수는 기러기 돌아오기를 고대하네.
넓은 바다는 진실로 건너기 어렵고,
높은 하늘은 솟아오르기 쉽지 않네.
뜬 구름은 정처 없이 흘러가고,
소사(蕭史: 春秋時代 때 소사가 퉁소를 잘 불었는데, 秦 穆公이 자기의 딸 弄玉을 그에게 시집보냈으며 그가 농옥에게 퉁소를 가르쳐 鳳凰의 울음소리를 내게 하자 봉황이 정말 날아왔고 나중에 두 사람은 신선이 되어

떠났다고 함)는 누각 안에 있다네.

장생의 친구 중에 그 일을 들은 사람들은 모두 기이한 일이라고 관심을 가졌지만 장생의 마음은 그녀와의 관계를 끊어버리려고 했다. 원진은 특히 장생과 친해 그의 생각을 물어보았더니 장생이 대답했다.

"무릇 하늘이 미인에게 내리는 운명은 자신에게 해를 끼치지 않으면 반드시 남에게 해를 끼치게 되어 있소. 만약에 최씨가 부귀한 사람을 만나 총애를 입게 된다면 구름과 비가 되지 않으면[不爲雲, 不爲雨: 옛날 楚나라 懷王이 雲夢澤을 유람하다가 피곤하여 高唐觀에서 잠이 들었을 때 꿈속에서 神女를 만나 즐겁게 놀았는데, 神女가 자신은 아침에는 구름이 되어 다니고 저녁에는 비가 되어 내린다고 했다 함. 즉 神女가 된다는 뜻] 교룡이나 뿔 없는 용이 될 것이니 나는 그녀의 변화를 알 수 없을 것이오. 옛날 은(殷)나라의 주왕(紂王)이나 주(周)나라의 유왕(幽王)은 백만 대군을 지닌 나라를 거느리고 그 위세도 매우 컸소. 그러나 한 여자가 그들을 멸망시켜 군대를 잃게 하고 자신을 죽게 해서 지금까지 천하 사람들에게 치욕과 비웃음을 당하고 있소. 나의 덕으로는 요물을 이겨낼 수 없으니 감정을 참고 있는 것이오."

당시 자리에 있던 사람들은 모두 깊이 감탄했다.

1년 남짓 지나 최씨는 이미 다른 사람에게 시집갔고 장생도 부인을 맞이했다. 때마침 장생이 최씨가 사는 곳을 지나게 되자 그는 그녀의 남편을 통해 그녀에게 이종사촌 오빠가 만나보기를 청한다고 전했다. 남편은 그녀에게 말을 전했지만 그녀는 끝내 나오지 않았다. 장생이 진실로 최씨를 원망하는 빛이 얼굴에 나타나자 그녀가 알고 몰래 시 한 수를 지어 보냈다.

> 수척해진 후로 예쁘던 얼굴 점점 시들어가니
> 천만 번 뒤척여도 침상 내려오기 귀찮네.
> 옆 사람에게 부끄러워 못 일어나는 게 아니라,
> 당신 때문에 야위었으니 오히려 당신에게 부끄럽네.

그리고는 결국 만나주지 않았다. 며칠 후 장생이 떠날 때 또 시 한 수를 지어 거절의 뜻을 보냈다.

> 버려두고선 지금 무슨 할 말이 있겠어요?
> 그 때는 스스로 사랑했었지요.
> 여전히 옛날에 나를 사랑하던 마음으로,
> 눈앞의 부인이나 예뻐하세요.

그 후로 결국 다시는 서로의 소식을 알지 못했다. 당시 사람들은 장생을 과실을 잘 고친 사람이라고 대부분 인정했다.

나는 항상 친구들이 모이면 종종 그 일의 의미에 대해 말하곤 했는데, 무릇 그 일을 아는 사람은 그러한 행동을 하지 말고 이미 그러한 행동을 한 사람은 더 이상 미혹되지 않게 하기 위해서였다. 정원연간(貞元年間: 785~805) 어느 해 9월에 집사(執事) 이공수(李公垂: 李紳)가 정안리(靖安里)의 내 집에 머물고 있을 때 그 일에 대해 이야기했다. 이공수는 매우 특이하다고 칭송하면서 결국 「앵앵가(鶯鶯歌)」를 지어 전했다. 최씨의 어릴 적 이름이 앵앵이어서 이공수는 이것으로 제목을 붙인 것이다.

唐貞元中, 有張生者, 性溫茂, 美風容, 內秉堅孤, 非禮不可入. 或朋從遊宴, 擾雜其間, 他人皆洶洶拳拳, 若將不及, 張生容順而已, 終不能亂. 以是年二十三, 未嘗近女色. 知者詰之, 謝而言曰: "登徒子非好色者, 是有凶行. 余眞好色者, 而適不我值. 何以言之? 大凡物之尤者, 未嘗不留連於心, 是知其非忘情者也." 詰者識之.

無幾何, 張生遊於蒲. 蒲之東十餘里, 有僧舍曰普救寺, 張生寓焉. 適有崔氏孀婦, 將歸長安, 路出於蒲, 亦止茲寺. 崔氏婦, 鄭女也, 張出於鄭, 緒其親, 乃異派之從母.

是歲, 渾瑊薨於蒲, 有中人丁文雅, 不善於軍, 軍人因喪而擾, 大掠蒲人. 崔氏之家, 財産甚厚, 多奴僕, 旅寓惶駭, 不知所托. 先是張與蒲將之黨有善, 請吏護之, 遂不及於難. 十餘日, 廉使杜確將天子命以總戎節, 令於軍, 軍由是戢.

鄭厚張之德甚, 因飾饌以命張, 中堂宴之. 復謂張曰: "姨之孤嫠未亡, 提攜幼稚, 不幸屬師徒大潰, 寔不保其身. 弱子幼女, 猶君之生, 豈可比常恩哉? 今俾以仁兄禮奉見, 冀所以報恩也." 命其子, 曰歡郎, 可十餘歲, 容甚溫美. 次命女: "出拜爾兄. 爾兄活爾." 久之辭疾, 鄭怒曰: "張兄保爾之命, 不然, 爾且擄矣, 能復遠嫌乎?" 久之乃至, 常服睟容, 不加新飾. 垂鬟接黛, 雙臉銷紅而已, 顔色艶異, 光輝動人. 張驚爲之禮, 因坐鄭旁. 以鄭之抑而見也, 凝睇怨絶, 若不勝其體者. 問其年紀, 鄭曰: "今天子甲子歲之七月, 終於貞元庚辰, 生年十七矣." 張生稍以詞導之, 不對. 終席而罷.

張自是惑之, 願致其情, 無由得也. 崔之婢曰紅娘, 生私爲之禮者數四, 乘間遂道其衷. 婢果驚沮, 腆然而奔, 張生悔之. 翼日, 婢復至, 張生乃羞而謝之, 不復云所求矣. 婢因謂張曰: "郎之言, 所不敢言, 亦不敢泄. 然而崔之姻族, 君所詳也, 何不因其德而求娶焉?" 張曰: "余始自孩提, 性不苟合. 或時紈綺間居, 曾莫流盼. 不爲當年, 終有所蔽. 昨日一席間, 幾不自持. 數日來, 行忘止, 食忘飽, 恐不能逾旦暮. 若因媒氏而娶, 納采問名, 則三數月間, 索我於枯魚之肆矣. 爾其謂我何." 婢曰: "崔之貞愼自保, 雖所尊不可以非語犯之, 下人之謀, 固難入矣. 然而善屬文, 往往沈吟章句, 怨慕者久之. 君試爲喩情詩以亂之. 不然則無由也." 張大喜, 立綴「春詞」二首以授之. 是夕, 紅娘復至, 持綵牋以授張曰: "崔所命也." 題其篇曰「明月三五夜」, 其詞曰: "待月西廂下, 近風戶半開. 拂墻花影動, 疑是玉人來." 張亦微喩其旨.

是夕, 歲二月旬有四日矣. 崔之東有杏花一株, 攀援可踰. 旣望之夕, 張因梯其樹而踰焉, 達於西廂, 則戶半開矣. 紅娘寢於牀, 生因驚之. 紅娘駭曰: "郞何以至?" 張因紿之曰: "崔氏之牋召我也. 爾爲我告之." 無幾, 紅娘復來, 連曰: "至矣! 至矣!" 張生且喜且駭, 必謂獲濟. 及崔至, 則端服嚴容. 大數張曰: "兄之恩, 活我之家, 厚矣. 是以慈母以弱子幼女見託. 奈何因不令之婢, 致淫逸之詞? 始以護人之亂爲義, 而終掠亂以求之, 是以亂易亂, 其去幾何? 誠欲寢其詞, 則保人之姦, 不義. 明之於母, 則背人之惠, 不祥. 將寄於婢僕, 又懼不得發其眞誠. 是用託短章, 願自陳啓, 猶懼兄之見難, 是用鄙靡之詞, 以求其必至. 非禮之動, 能不媿心? 特願以禮自持, 無及於亂." 言畢, 翻然而逝. 張自失者久之, 復踰而出, 於是絶望.

數夕, 張生臨軒獨寢, 忽有人覺之. 驚駭而起, 則紅娘歛衾攜枕而至, 撫張曰: "至矣! 至矣! 睡何爲哉?" 並枕重衾而去. 張生拭目危坐久之, 猶疑夢寐, 然而修謹以俟. 俄而紅娘捧崔氏而至, 至則嬌羞融冶, 力不能運支體, 曩時端莊, 不復同矣. 是夕旬有八日也. 斜月晶瑩, 幽輝半牀. 張生飄飄然, 且疑神仙之徒, 不謂從人間至矣. 有頃, 寺鐘鳴, 天將曉, 紅娘促去. 崔氏嬌啼宛轉, 紅娘又捧之而去. 終夕無一言. 張生辨色而興, 自疑曰: "豈其夢邪?" 及明, 覩粧在臂, 香在衣, 淚光熒熒然, 猶瑩於茵席而已.

是後又十餘日, 杳不復知. 張生賦「會眞詩」三十韻, 未畢, 而紅娘適至. 因授之, 以貽崔氏. 自是復容之, 朝隱而出, 暮隱而入, 同安於曩所謂西廂者, 幾一月矣. 張生常詰鄭氏之情, 則曰: "我(明鈔本'我'作'知')不可奈何矣." 因欲就成之.

無何, 張生將之長安, 先以情諭之. 崔氏宛無難詞, 然而愁怨之容動人矣. 將行之再夕, 不可復見, 而張生遂西下.

數月, 復遊於蒲, 會於崔氏者又累月. 崔氏甚工刀札, 善屬文, 求索再三, 終不可見. 往往張生自以文挑, 亦不甚覩覽. 大畧崔之出人者, 藝必窮極, 而貌若不知, 言則敏辯, 而寡於酬對. 待張之意甚厚, 然未嘗以詞繼之. 時愁艶幽邃, 恒若不識, 喜慍之容, 亦罕形見. 異時獨夜操琴, 愁弄悽惻. 張竊聽之, 求之, 則終不復鼓矣. 以是愈惑之.

張生俄以文調及期, 又當西去. 當去之夕, 不復自言其情, 愁歎於崔氏之側. 崔已陰知將訣矣, 恭貌怡聲, 徐謂張曰: "始亂之, 終棄之, 固其宜矣, 愚不敢恨. 必也君亂之, 君終之, 君之惠也. 則歿身之誓, 其有終矣, 又何必深感於此行? 然而君旣不懌, 無以奉寧. 君常謂我善鼓琴, 向時羞顔, 所不能及. 今且往矣, 旣君此誠." 因命拂琴, 鼓「霓裳羽衣」序, 不數聲, 哀音怨亂, 不復知其是曲也. 左右皆歔欷. 崔亦遽止之, 投琴, 泣下流連, 趨歸鄭所, 遂不復至. 明旦而張行.

明年, 文戰不勝, 張遂止於京, 因貽書於崔, 以廣其意. 崔氏緘報之詞, 粗載於此. 曰: "捧覽來問, 撫愛過深, 兒女之情, 悲喜交集. 兼惠花勝一合, 口脂五寸, 致耀首膏唇之飾. 雖荷殊恩, 誰復爲容? 睹物增懷, 但積悲歎耳. 伏承使於京中就業, 進修之道, 固在便安. 但恨僻陋之人, 永以遐棄. 命也如此, 知復何言? 自去秋已來, 常忽忽如有所失, 於諠譁之下, 或勉爲語笑, 閒宵自處, 無不淚零. 乃至夢寐之間, 亦多感咽. 離憂之思, 綢繆繾綣, 暫若尋常, 幽會未終, 驚魂已斷. 雖半衾如暖, 而思之甚遙. 一昨拜辭, 悠逾舊歲. 長安行樂之地, 觸緒牽情, 何幸不忘幽微, 眷念無斁. 鄙薄之志, 無以奉酬, 至於終始之盟, 則固不忒. 鄙昔中表相因, 或同宴處, 婢僕見誘, 遂致私誠, 兒女之心, 不能自固. 君子有援琴之挑, 鄙人無投梭之拒. 及薦寢席, 義盛意深, 愚陋之情, 永謂終託. 豈期旣見君子, 而不能定情? 致有自獻之羞, 不復明侍巾幘. 沒身永恨, 含歎何言? 倘仁人用心, 俯遂幽眇, 雖死之日, 猶生之年. 如或達士略情, 捨小從大, 以先配爲醜行, 以要盟爲可欺, 則當骨化形銷, 丹誠不泯, 因風委露, 猶託清塵. 存沒之誠, 言盡於此. 臨紙嗚咽, 情不能申. 千萬珍重! 珍重千萬! 玉環一枚, 是兒嬰年所弄, 寄充君子下體所佩. 玉取其堅潤不渝, 環取其終始不絕. 兼亂絲一絇, 文竹茶碾子一枚. 此數物不足見珍, 意者欲君子如玉之眞, 弊志如環不解, 淚痕在竹, 愁緒縈絲, 因物達情, 永以爲好耳. 心邇身遐, 拜會無期. 幽憤所鍾, 千里神合. 千萬珍重! 春風多厲, 強飯爲嘉. 愼言自保, 無以鄙爲深念."

張生發其書於所知, 由是時人多聞之. 所善楊巨源好屬詞, 因爲賦「崔娘詩」一絶云:"淸潤潘郎玉不如, 中庭蕙草雪銷初. 風流才子多春思, 腸斷蕭娘一紙書." 河南元稹, 亦續生「會眞詩」三十韻, 詩曰:

微月透簾櫳, 螢光度碧空. 遙天初縹緲, 低樹漸葱朧. 龍吹過庭竹, 鸞歌拂井桐. 羅綃垂薄霧, 環珮響輕風. 絳節隨金母, 雲心捧玉童. 更深人悄悄, 晨會雨濛濛. 珠瑩光文履, 花明隱繡龍. 瑤釵行綵鳳, 羅帔掩丹虹. 言自瑤華浦, 將朝碧玉宮. 因遊洛城北, 偶向宋家東. 戲調初微拒, 柔情已暗通. 低鬟蟬影動, 回步玉塵蒙. 轉面流花雪, 登牀抱綺叢. 鴛鴦交頸舞, 翡翠合歡籠. 眉黛羞偏聚, 脣朱暖更融. 氣淸蘭蕊馥, 膚潤玉肌豐. 無力傭移腕, 多嬌愛歛躬. 汗流珠點點, 髮亂綠葱葱. 方喜千年會, 俄聞五夜窮. 留連時有恨, 繾綣意難終. 慢臉含愁態, 芳詞誓素衷. 贈環明運合, 留結表心同. 啼粉流宵鏡, 殘燈遠暗蟲. 華光猶苒苒, 旭日漸曈瞳. 乘鷲還歸洛, 吹簫亦上嵩. 衣香猶染麝, 枕膩尙殘紅. 冪冪臨塘草, 飄飄思渚蓬. 素琴鳴「怨鶴」, 淸漢望歸鴻. 海闊誠難渡, 天高不易冲. 行雲無處所, 蕭史在樓中.

張之友聞之者, 莫不聳異之, 然而張志亦絶矣. 稹特與張厚, 因徵其詞, 張曰: "大凡天之所命尤物也, 不妖其身, 必妖於人. 使崔氏子遇合富貴, 乘寵嬌, 不爲雲, 不爲雨, 爲蛟爲螭, 吾不知其所變化矣. 昔殷之辛, 周之幽, 據百萬之國, 其勢甚厚. 然而一女子敗之, 潰其衆, 屠其身, 至今爲天下僇笑. 予之德不足以勝妖孽, 是用忍情." 於時坐者皆爲深歎.

後歲餘, 崔已委身於人, 張亦有所娶. 適經所居, 乃因其夫言於崔, 求以外兄見. 夫語之, 而崔終不爲出. 張怨念之誠, 動於顔色, 崔知之, 潛賦一章詞曰: "自從消瘦減容光, 萬轉千廻懶下牀. 不爲旁人羞不起, 爲郞憔悴却羞郞." 竟不之見. 後數日, 張生將行, 又賦一章以謝絶云: "棄置今何道? 當時且自親. 還將舊時意, 憐取眼前人." 自是絶不復知矣. 時人多許張爲善補過者.

予常於朋會之中, 往往及此意者, 夫使知者不爲, 爲之者不惑. 貞元歲九月, 執事李公垂, 宿於予靖安里第, 語及於是. 公垂卓然稱異, 遂爲「鶯鶯歌」以傳之. 崔氏小名鶯鶯, 公垂以命篇.

태평광기 권제 489 잡전기 6

1. 주진행기(周秦行記)
2. 명음록(冥音錄)

489·1(6829)
주진행기(周秦行記)(牛僧孺譔)

나는 [唐나라 德宗] 정원연간(貞元年間: 785~804. 원문은 '眞元'이라 되어 있는데 '眞'은 '貞'의 避諱 代字임)에 진사(進士) 시험에 응시했다가 낙제하여 완섭(宛葉: 宛縣과 葉縣)으로 돌아오던 길에 이궐현(伊闕縣)의 남쪽 길에 있는 명고산(鳴皐山) 아래에 이르러 장차 대안현(大安縣)의 민가에서 투숙할 작정이었다. 그런데 때마침 날이 저무는 바람에 길을 잃어 대안현에 도착하지 못했다. 다시 10여 리를 갔더니 아주 평탄한 길이 하나 나왔는데, 달이 막 떠올랐을 때 갑자기 귀한 향료 같은 기이한 향기가 풍겨오자 먼 길도 마다않고 그곳으로 바삐 걸어갔다. 저 멀리 불빛이 보이자 농가일 것이라고 생각하고 다시 앞으로 급히 갔더니 한 저택이 나왔는데 그 문과 정원으로 보아 부잣집 같았다. 누런 옷 입은 어떤 문지기가 말했다.

"공자는 어떻게 오셨습니까?"

내가 대답했다.

"나는 이름이 승유(僧孺)이고 성이 우씨(牛氏)인데 진사 시험에 응시했다가 낙제했네. 본래는 대안현의 민가로 가려 했는데 길을 잘못 들어 이곳으로 오게 되었네. 그래서 그저 하룻밤만 묵어갔으면 할 뿐 다른 뜻은 없네."

그때 안에서 조그맣게 머리를 묶어 올린 푸른 옷 입은 하녀가 나오더니 누런 옷 입은 사람을 꾸짖으며 말했다.

"문밖에서 누구와 얘기하는 게냐?"

누런 옷 입은 사람이 말했다.

"손님이 왔어요! 손님이!"

그리고는 누런 옷 입은 사람은 안으로 들어가 [그 사실을] 알리고 나서 잠시 후에 다시 나와 말했다.

"공자는 안으로 드시지요."

내가 그곳이 누구의 저택인지 묻자 누런 옷 입은 사람이 말했다.

"그저 들어가시기만 하고 더는 묻지 마십시오."

나는 10여 개의 문을 거쳐 대전(大殿)에 이르렀는데, 그곳은 주렴으로 가려져 있고 붉은 옷과 누런 옷 입은 문지기 수백 명이 계단에 서 있었다. 좌우 사람들이 나에게 말했다.

"절을 올리시오!"

그러자 주렴 안에 있는 사람이 말했다.

"소첩은 한(漢)나라 문제(文帝)의 모친인 박태후(薄太后)이오. 이곳은 묘당으로 공자가 와서는 안 되는 곳인데 어떻게 수고롭게 여기까지 오셨소?"

내가 말했다.

"신은 완섭에서 살고 있는데 집으로 돌아가던 중에 길을 잃었습니다. 승냥이나 호랑이에게 잡아먹힐까봐 두려워서 감히 목숨을 의탁하고자 합니다."

말을 마치자 박태후는 주렴을 걷어 올리라고 명한 뒤 자리를 비켜나며 말했다.

"소첩은 옛 한나라 황실의 노모이고 당신은 당나라 조정의 명사이니 서로 군신 관계는 아니오. 그러니 부디 예의는 생략하고 곧장 대전으로 올라와 인사를 나누길 바라오."

박태후는 비단옷을 입고 있었는데 용모가 옥처럼 아름다웠고 나이도 그다지 들어 보이지 않았다. 박태후가 나를 위로하며 말했다.

"오는 길에 고생은 하지 않았소?"

그리고는 나를 불러 자리에 앉게 했다.

한 식경(食頃)쯤 지나자 대전 안에서 웃음소리가 들려왔다. 박태후가 말했다.

"오늘 밤은 경치가 아주 아름다워서 우연히 두 여자와 함께 구경하러 나왔는데, 뜻밖에도 훌륭한 손님을 만났으니 연회를 열지 않을 수 없겠소."

그리고는 좌우의 시녀를 불러 말했다.

"두 낭자께 나와서 수재(秀才: 牛僧孺)님을 뵈라고 하여라."

한참 후에 여자 두 명이 대전 안에서 나왔는데 뒤따르는 사람들이 수백 명이었다. 그 중에서 앞에 서 있던 한 여자는 허리가 가늘고 얼굴이 갸름했으며 머리숱이 많았으나, 화장은 하지 않았으며 푸른 옷을 입고 있었는데, 나이는 겨우 20살 남짓으로 보였다. 박태후가 말했다.

"이 분은 [한나라] 고조(高祖)의 척부인(戚夫人: 漢 高祖 劉邦의 寵妃. 趙王 劉如意의 生母로서 유방으로 하여금 呂后 소생의 태자 劉盈을 폐위시키고 대신 여의를 태자로 세우게 하려다가 여후의 깊은 원한을 받았음. 고조가 죽은 뒤 여후는 그녀의 사지를 자르고 눈을 도려내고 귀를 멀게 하고 벙어리로 만든 후에 변소에 놓아두고 '人彘[사람 돼지]'라고 불렀음)이오."

내가 배례(拜禮)하자 척부인도 답배했다. 다른 한 사람은 살결이 보드랍고 몸가짐이 중후했으며, 용모가 온화하고 자태가 빼어났으며, 광채가 원근을 비추고 화려하게 수놓은 옷을 입고 있었는데, 나이는 박태후보다 젊어보였다. 박태후가 말했다.

"이 사람은 [한나라] 원제(元帝)를 모시던 왕장(王嬙: 자는 昭君 또는 明君·明妃. 元帝 때 入宮했는데 竟寧 원년(기원전 33)에 匈奴의 呼韓邪單于가 入朝하여 화친을 청하자, 흉노에게 시집가서 寧胡閼氏가 되어 아들 하나를 낳았으며, 呼韓邪가 죽은 뒤 본처의 장남 株絫若鞮單于의 처가 되어 딸 둘을 낳았음. 지금의 內蒙古 呼和浩特市 남쪽에 昭君의 묘가 있는데 세칭 '靑冢'이라 함)이오."

내가 척부인에게 한 것처럼 배례하자 왕장도 답배했다.

각자 자리로 가서 좌정하자 박태후가 자주색 옷을 입은 중귀인(中貴人: 총애 받는 환관)에게 말을 전하게 했다.

"양씨(楊氏)와 반씨(潘氏)도 모셔오도록 하여라."

한참 후에 공중에서 오색구름이 내려오는 것이 보이면서 웃고 말하는 소리가 점점 가까이 들려왔다. 박태후가 말했다.

"양씨가 도착한 모양이오."

갑자기 수레 소리와 말발굽 소리가 뒤섞여 들리면서 고운 비단옷이 눈부시게 반짝였는데 옆을 돌아볼 겨를이 없었다. 이윽고 두 여자가 구름 속에서 내려왔다. 내가 일어나 옆에 서서 앞에 있는 한 사람을 보았더니, 가느다란 허리에 눈매가 갸름하고 용모가 아주 아름다우며 누런 옷에 옥관(玉冠)을 쓰고 있었는데, 나이는 30살쯤 되어 보였다. 박태후가 말했다.

"이 사람은 당나라의 태진비(太眞妃: 楊貴妃)이오."

나는 곧장 엎드려 배알하며 신하처럼 예를 갖춰 배례했다. 그러자 태진비가 말했다.

"소첩은 선제(先帝)(先帝는 肅宗을 말한다)로부터 벌을 받았기에 조정에서 소첩을 후비(后妃)의 대열에 넣지 않았으니, 이런 예의를 차리는 것이 어찌 허례가 아니겠소? 감히 배례를 받을 수 없소."

그리고는 물러나서 답배했다. 다른 한 사람은 통통한 살에 눈매가 예리하고 자그마한 몸집에 살결이 하얬으며 나이가 가장 어렸는데, 품이 넉넉한 옷을 입고 있었다. 박태후가 말했다.

"이 사람은 [南朝] 제(齊)나라의 반숙비(潘淑妃: 南朝 齊나라의 4번째 황제인 東昏侯의 妃로 절세미인이었음. 東昏侯는 그녀의 미모에 빠져 향락만 일삼다가 在位 2년 만에 동생인 和帝에게 제위를 빼앗기고 梁나라 武帝에게 살해당함)이오."

나는 또 태진비에게 한 것처럼 그녀에게 배례했다.

이윽고 박태후가 음식을 차려오라고 명하자 잠시 후에 음식이 나왔는데, 그 향긋하고 정갈한 수많은 음식은 모두 이름을 알 수 없었다. 나는 그저 배만 채우려 했을 뿐 실컷 먹을 수는 없었다. 식사가 끝나자 다시 술을 차려왔는데 그 그릇들은 모두 왕가에서 사용하는 것과 같았다. 박태후가 태진비에게 말했다.

"어찌하여 그렇게 오랫동안 찾아오지 않았소?"

태진비가 공손한 얼굴로 대답했다.

"삼랑(三郎)(天寶年間에 궁인들은 대부분 玄宗을 三郎이라 불렀다)께서 자주 화청궁(華淸宮)에 행차하시는 바람에 시중드느라 찾아뵐 수 없었습니다."

박태후가 또 반숙비에게 말했다.

"그대도 찾아오지 않았는데 어쩐 일이오?"

반숙비가 웃음을 참지 못하여 미처 대답하지 못하자 태진비가 반숙비를 쳐다보며 대신 대답했다.

"반숙비가 옥노(玉奴)(태진비의 이름이다)에게 말하길, 동혼후(東昏侯)가 방탕하게 하루 종일 사냥하러 나가는 바람에 골치가 아파서 제때에 찾아뵐 수 없었다고 했습니다."

박태후가 나에게 물었다.

"지금 천자는 누구요?"

내가 대답했다.

"지금 황제는 선제(先帝: 代宗)의 장남이십니다."

그러자 태진비가 웃으며 말했다.

"심파(沈婆: 代宗의 皇后로 德宗의 生母인 沈氏를 말함. 沈氏는 玄宗이 帝位에 있을 때 皇太子의 後宮으로 뽑혀왔는데, 대종이 현종의 손자에 해당하므로 그녀는 양귀비에게도 손녀가 됨)의 아들[德宗을 말함]이 천자가 되다니 참으로 신기한 일이군요!"

박태후가 말했다.

"군주로서는 어떻소?"

내가 대답했다.

"소신(小臣)으로서는 군왕의 덕을 헤아리기에 부족합니다."

박태후가 말했다.

"꺼려하지 말고 그냥 말해보시오."

내가 말했다.

"민간에서는 성명(聖明)과 무용(武勇)을 갖춘 천자라고 말들 합니다."

그러자 박태후는 서너 번 고개를 끄덕였다.

박태후가 술을 권하며 음악을 연주하라고 명했는데, 음악을 연주하는 기녀들은 모두 젊은 여자들이었다. 술이 몇 순배(巡杯) 돌고 나자 음악도 그에 따라 멈추었다. 박태후가 척부인에게 금(琴) 연주를 청하자 척부인이 손가락에 옥가락지를 끼었는데 그 광채가 온 자리를 비추었다. (『西京雜記』에 이르길, "고조가 척부인에게 가락지를 주었는데 [그것을 끼었더니] 손가락뼈까지 비쳐보였다"고 했다.) 척부인은 금을 끌어당겨 연주했는데 그 소리가 몹시 구슬펐다. 박태후가 말했다.

"우수재(牛秀才: 牛僧孺)가 우연히 이곳에 오게 되었고 여러 낭자들도 때마침 방문했지만, 지금 평생의 즐거움을 다 표현할 만한 것이 없구려. 우수재는 진정한 재사(才士)이니 각자 시를 지어 자신의 뜻을 말해보는 것이 어떻겠소? 이 또한 멋진 일이 아니겠소?"

그리하여 각자에게 종이와 붓을 주었더니 잠시 후에 모두 시를 완성했다. 박태후의 시는 이러했다.

> 달밤에 화궁(花宮)에서 자며 군주를 모실 수 있었지만,
> 지금도 여전히 관부인(管夫人: 薄太后는 어릴 적에 管夫人과 趙子兒 두 친구와 우정을 맹세했는데, 그 두 사람이 나중에 高祖의 총애를 받았을 때 박태후가 고조에게 알려져 총애를 받고 文帝를 낳았음)에게 부끄럽네.

그 옛날 한나라 황실은 생황 불며 노래하던 곳이었는데,
지금은 안개 낀 풀 더미 되어 몇 번의 봄가을이 지났는가?

왕장의 시는 이러했다.

눈 속의 둥근 천막집에선 봄날을 볼 수 없으니,
한나라 옷은 오래되었지만 눈물자국은 새롭기만 하네.
지금도 가장 원한 맺힌 사람은 모연수(毛延壽: 漢나라 元帝 때의 畵工. 미모에 자신 있던 왕장이 그에게 뇌물을 주지 않자 그가 왕장을 못나게 그려서 결국 왕장이 흉노에게 시집가게 되었음)이니,
일부러 물감으로 내 모습 못나게 그렸다네.

척부인의 시는 이러했다.

한나라 궁궐을 떠난 후로 초(楚)나라의 춤도 멈추었고[漢 高祖가 척부인을 총애하여 呂后가 낳은 태자를 폐하고 척부인이 낳은 아들을 세우려 하자, 여후가 張良을 설득하여 商山의 四皓(東園公·綺里季·夏黃公·甪里先生)라는 현자를 초빙하여 태자의 후견인으로 삼는 바람에 결국 고조의 계획이 무산되었음. 이에 낙담한 고조가 초나라 노래를 부르며 한탄하자 척부인이 그 노래에 맞춰 춤을 추었다고 함],
곱게 단장할 수 없어 군왕을 원망했네.
돈 없이 어떻게 상산(商山)의 노인들을 얻었겠나?
여씨(呂氏: 呂后)가 언제 목강(木強: 周勃을 말함. 그는 척부인의 아들 如意가 태자가 되는 것에 반대하여 呂后가 그에게 고마워했는데, 그는 또한 여의가 趙王에 봉해지는 것을 보좌하기도 했음. 高祖가 죽은 후 여후가 여의를 죽이려 하자 주발이 완강히 저항했으나, 결국 그는 견책당하고 여의는 죽임을 당했음)을 두려워한 적 있었는가?

태진비의 시는 이러했다.

금비녀 땅에 떨어뜨리고 군왕과 작별하니,

붉은 눈물 구슬처럼 흘러 어상(御牀)에 가득했네.
마외(馬嵬)에서 사랑하는 님과 헤어진 후로,
여산(驪山)의 이궁(離宮)에선 다시는 「예상우의무(霓裳羽衣舞)」 추지 않았네.

반숙비의 시는 이러했다.

가을 달과 봄 바람은 몇 번이고 돌아오건만,
강산은 그대로인데 업궁(業宮)은 예전 모습 아니네.
동혼후가 옛날에 만든 연꽃 길에서[동혼후는 사치하길 좋아하여 황금 연꽃을 만들어 길에 깔고 반숙비에게 그 위를 밟게 했다고 함],
금실로 짠 옷 걸치던 옛일만 하릴없이 그리워하네.

박태후가 나에게도 시를 지으라고 재삼 청하자, 나는 사양할 수 없어서 결국 분부대로 시를 지었다.

향기로운 바람에 이끌려 대라천(大羅天: 仙界·仙境을 말함)에 이르러,
달빛 가득한 땅 구름 서린 계단에서 선녀를 배알하네.
모두 함께 인간세상에서의 서글픈 일들 말하나니,
오늘 밤이 어느 해인지 모르겠구나!

그밖에 또 피리를 잘 부는 여자가 있었는데, 그녀는 짧은 머리에 화려한 옷을 입고 있었으며 용모가 아주 아름답고 굉장히 매력적이기도 했다. 반숙비가 그녀를 데리고 함께 왔는데, 박태후는 그녀를 자기 옆자리에 앉히고 때때로 피리를 불게 하면서 종종 술을 권하기도 했다. 박태후가 나를 돌아보며 물었다.

"이 사람을 아시오? 바로 석씨(石氏: 晉代의 富豪 石崇을 말함) 집의 녹주(綠珠: 石崇이 사랑하던 미녀. 석숭은 洛陽 교외에 金谷園이란

별장을 짓고 녹주와 즐거움을 누렸는데, 나중에 趙王 司馬倫이 석숭에게 녹주를 달라고 하자 석숭이 거절했음. 결국 석숭은 조왕에게 죽임을 당했고 녹주는 누각에서 떨어져 죽었음)이오. 반숙비가 그녀를 동생으로 삼아 길렀기 때문에 반숙비가 그녀와 함께 온 것이오."

박태후가 이어서 말했다.

"녹주도 어찌 시 한 수를 짓지 않을 수 있겠는가?"

그러자 녹주가 감사하며 시를 지었다.

지금 사람은 옛날 그 사람이 아니지만,
피리 소리는 하릴없이 조왕(趙王) 사마륜(司馬倫)을 원망하네.
꽃 누각 아래로 붉고 푸른 몸 스러지니,
금곡원(金谷園)엔 천 년토록 다시 봄이 오지 않네.

시 짓기를 마치고 술을 다시 가져오자 박태후가 말했다.

"우수재께서 먼 데서 왔으니 오늘밤 누가 그를 모시겠소?"

척부인이 먼저 일어나 사양하며 말했다.

"아들 여의(如意)가 장성했기에 도저히 모실 수 없으며 또한 그리 하는 것이 옳지 않습니다."

반숙비도 사양하며 말했다.

"동혼후께서는 저 옥아(玉兒) 때문에 죽임을 당하고 나라를 잃었으니 제가 그를 저버릴 수는 없습니다."

녹주도 사양하며 말했다.

"석위위(石衛尉: 石崇)께서는 성격이 지엄하고 급하시니 지금 죽는다 하더라도 음란한 일은 할 수 없습니다."

박태후가 말했다.

"태진비는 지금 조정의 선제(先帝: 玄宗)의 귀비이니 다른 말은 할 수 없겠소."

그리고는 왕장을 돌아보며 말했다.

"소군(昭君: 王嬙)은 처음 호한선우(呼韓單于: 漢나라 元帝 때 화친을 청하러 왔던 匈奴의 군주 呼韓邪單于를 말함)에게 시집갔다가 다시 주루제선우(株纍弟單于: 呼韓邪單于의 아들인 株纍若鞮單于를 말함)의 부인이 되었는데, 진실로 스스로 옳다고 생각한 것이었오. 또한 극심하게 추운 땅의 오랑캐 귀신이 무얼 할 수 있겠소? 그러니 소군은 부디 사양하지 마시오."

왕소군은 대답하지 않고 고개를 숙인 채 부끄러워하며 원망했다. 이윽고 각자 돌아가 쉬게 되자 나는 좌우의 시중을 받으며 왕소군의 처소로 들어갔다.

장차 날이 새려 할 때 시녀가 일어나라고 고하자 왕소군은 눈물을 흘리며 작별을 아쉬워했다. 그때 갑자기 밖에서 박태후가 명하는 소리가 들리자 내가 나가서 박태후를 뵈었더니 박태후가 말했다.

"여기는 공자가 오래 머물 곳이 아니니 서둘러 돌아가는 것이 좋겠소. 이제 곧 이별이지만 부디 어젯밤의 즐거운 만남을 잊지 말기 바라오."

그리고는 다시 술을 가져오게 하여 술이 두 순배 돌고 난 후, 척부인·반숙비·녹주가 모두 눈물을 흘리는 가운데 나는 결국 그들과 작별하고 떠났다. 박태후는 붉은 옷 입은 사람에게 나를 대안현까지 바래다주라고 했는데, 서쪽 길에 이르자 금세 그 사람은 어디론가 사라져버렸다. 그때 날이 막 밝아왔다.

나는 대안현의 마을로 가서 마을사람에게 물어보았더니 마을사람이 말했다.

"여기서 10여 리 떨어진 곳에 박태후의 묘당이 있습니다."

나는 다시 돌아가서 묘당을 바라보았는데, 황폐하게 무너져서 들어갈 수 없을 정도였고 이전에 보았던 곳이 아니었다. 내 옷에 밴 향기는 10여 일이 지나도록 가시질 않았다. 도대체 어찌된 영문인지 알 수 없었다.

余眞元中, 擧進士落第, 歸宛葉間, 至伊闕南道鳴皐山下, 將宿大安民舍. 會暮, 失道不至. 更十餘里, 行一道甚易, 夜月始出, 忽聞有異氣如貴香, 因趣進行, 不知厭遠. 見火明, 意莊家, 更前驅, 至一宅, 門庭若富家. 有黃衣閽人曰: "郎君何至?" 余答曰: "僧孺姓牛, 應進士落弟. 本往大安民舍, 誤道來此. 直乞宿, 無他." 中有小鬟靑衣出, 責黃衣曰: "門外謂誰?" 黃衣曰: "有客! 有客!" 黃衣入告, 少時出曰: "請郎君入." 余問誰大宅, 黃衣曰: "但進, 無須問."

入十餘門, 至大殿, 蔽以珠簾, 有朱衣黃衣閽人數百, 立階. 左右曰: "拜!" 簾中語曰: "妾漢文帝母薄太后. 此是廟, 郎君不當來, 何辱至此?" 余曰: "臣家宛葉, 將歸失道. 恐死豺虎, 敢託命." 語訖, 太后命使軸簾避席曰: "妾故漢室老母, 君唐朝名士, 不相君臣. 幸希簡敬, 便上殿來見." 太后着練衣, 狀貌瓌瑋, 不甚年高. 勞余曰: "行役無苦乎?" 召坐.

食頃, 聞殿內有笑聲. 太后曰: "今夜風月甚佳, 偶有二女伴相尋, 況又遇嘉賓, 不可不成一會." 呼左右: "屈二娘子出見秀才." 良久, 有女子二人從中至, 從者數百. 前立者一人, 狹腰長面, 多髮不粧. 衣靑衣, 僅可二十餘. 太后曰: "高祖戚夫人." 余下拜, 夫人亦拜. 更一人, 柔肌穩身, 貌舒態逸, 光彩射遠近, 多服花繡, 年低太后. 后曰: "此元帝王嬙." 余拜如戚夫人, 王嬙復拜.

各就坐, 坐定, 太后使紫衣中貴人曰: "迎楊家·潘家來." 久之, 空中見五色雲下, 聞笑語聲寖近. 太后曰: "楊家至矣." 忽車音馬跡相雜, 羅綺煥燿, 旁視不給. 有二女子從雲中下. 余起立於側, 見前一人, 纖腰修眸, 儀容甚麗, 衣黃衣, 冠玉冠, 年三十許. 太后曰: "此是唐朝太眞妃子." 予卽伏謁, 拜如臣禮. 太眞曰: "妾得罪先帝(先帝謂肅宗也), 皇朝不置妾在后妃數中, 設此禮, 豈不虛乎? 不敢受." 却答拜. 更一人, 厚肌敏視, 小質潔白, 齒極卑, 被寬博衣. 太后曰: "齊潘淑妃." 余拜之如妃子.

旣而太后命進饌, 少時饌至, 芳潔萬端, 皆不得名. 余但欲充腹, 不能足食. 已更具酒, 其器用盡如王者. 太后語太眞曰: "何久不來相看?" 太眞謹容對曰: "三郎(天寶中, 宮人呼玄宗多曰三郎)數幸華淸宮, 扈從不得至." 太后又謂潘妃曰: "子亦不來, 何也?" 潘妃匿笑不禁, 不成對. 太眞乃視潘妃而對曰: "潘妃向玉奴(太眞名也)說, 懊惱東昏侯踈狂, 終日出獵, 故不得時謁耳." 太后問余: "今天子爲誰?" 余對曰: "今皇帝先帝長子." 太眞笑曰: "沈婆兒作天子也, 大奇!" 太后曰: "何如主?" 余對曰: "小臣不足以知君德." 太后曰: "然無嫌, 但言之." 余曰: "民間傳聖武." 太后首肯三四.

太后命進酒加樂, 樂妓皆年少女子. 酒環行數周, 樂亦隨輟. 太后請戚夫人鼓琴, 夫人約指玉環, 光照於座. (『西京雜記』云: "高祖與夫人環, 照見指骨也.") 引琴而鼓, 其聲甚怨. 太后曰: "牛秀才邂逅到此, 諸娘子又偶相訪, 今無以盡平生歡. 牛秀才固才士, 盍各賦詩言志? 不亦善乎?" 遂各授與牋筆, 逡巡詩成. 太后詩曰: "月寢花宮得奉君, 至今猶媿管夫人. 漢家舊是笙歌處, 煙草幾經秋復春?" 王嬙詩曰: "雪裡穹廬不見春, 漢衣雖舊淚痕新. 如今最恨毛延壽, 愛把丹靑錯畫人." 戚夫人詩曰: "自別漢宮休楚舞, 不能粧粉恨君王. 無金豈得迎商叟? 呂氏何曾畏木强?" 太眞詩曰: "金釵墮地別君王, 紅淚流珠滿御牀. 雲雨馬嵬分散後, 驪宮不復舞「霓裳」." 潘妃詩曰: "秋月春風幾度歸, 江山猶是業宮非. 東昏舊作蓮花地, 空想曾披金縷衣." 再三邀余作詩, 余不得辭, 遂應命作詩曰: "香風引到大羅天, 月地雲階拜洞仙. 共道人間惆悵事, 不知今夕是何年!"

別有善笛女子, 短髮麗服, 貌甚美, 而且多媚. 潘妃借來, 太后以接座居之, 時令吹笛, 往往亦及酒. 太后顧而問曰: "識此否? 石家綠珠也. 潘妃養作妹, 故潘妃與俱來." 太后因曰: "綠珠豈能無詩乎?" 綠珠乃謝而作詩曰: "此日人非昔日人, 笛聲空怨趙王倫. 紅殘翠碎花樓下, 金谷千年更不春."

詩畢, 酒旣至, 太后曰: "牛秀才遠來, 今夕誰人爲伴?" 戚夫人先起辭曰: "如意成長, 固不可, 且不可如此" 潘妃辭曰: "東昏以玉兒身死國除, 玉兒不宜負也(明鈔本'也'作'他')." 綠珠辭曰: "石衛尉性嚴急, 今有死, 不可及亂." 太后曰: "太眞今朝先帝貴妃, 不可言其他." 乃顧謂王嬙曰: "昭君始嫁呼韓單于, 復爲株纍弟單于婦, 固自用('用'原作'因', 據明鈔本改). 且苦寒地胡鬼何能爲? 昭君幸無辭." 昭君不對, 低眉羞恨. 俄各歸休, 余爲左右送入昭君院.

會將旦, 侍人告起, 昭君垂泣持別. 忽聞外有太后命, 余遂出見太后, 太后曰: "此非郎君久留地, 宜亟還. 便別矣, 幸無忘向來歡." 更索酒, 酒再行已, 戚夫人·潘妃·綠珠皆泣下, 竟辭去. 太后使朱衣送往大安, 抵西道, 旋失使人所在. 時始明矣.

余就大安里, 問其里人, 里人云: "此十餘里, 有薄后廟." 余却回, 望廟宇, 荒毀不可入, 非向者所見矣. 余衣上香經十餘日不歇. 竟不知其何如.

명음록(冥音錄)

　여강현위(廬江縣尉) 이간(李侃)은 농서(隴西) 사람으로 낙양(洛陽)이 속해 있는 하남부(河南府: 하남부의 治所가 낙양에 있었음)에서 살았다. 그는 [唐나라 文宗] 태화연간(太[大]和年間: 827~835) 초에 관직에 있다가 죽었다. 그에게는 최씨(崔氏)라는 첩이 있었는데 그녀는 본래 광릉(廣陵)의 창기로 딸 둘을 낳았다. 두 딸은 아버지를 여읜데다 어리기까지 했지만 홀로 된 어머니가 바른 길로 잘 길렀으며, 거의 성인이 되었을 때 여강현으로 옮겨가서 살았다. 이간이 죽은 후로 이간의 종친 중에 높은 벼슬에 있는 사람도 있었지만 결코 서로 왕래하지 않았다. 여강현의 사람들은 모두 그녀가 외롭고 막막한 생활을 하면서도 스스로 굳세게 살아가는 것을 동정했다.
　최씨는 본디 음악을 몹시 좋아하여 비록 빈곤하게 생활을 꾸려나갔지만 늘 악기를 연주하며 노래하는 것으로 즐거움을 삼았다. 최씨에게는 채노(寀奴)라고 하는 여동생이 있었는데, 그녀는 풍모가 괜찮고 쟁(箏) 연주에 뛰어나 고금의 독보적인 존재로서 당시에 이름이 자자했다. 하지만 그녀는 17살에 시집도 못간 채 죽었기에 사람들이 대부분 마음 아파했다. 최씨의 두 딸은 어렸을 때 채노의 기예를 배웠다. 큰딸은 고을사람 정현부(丁玄夫)에게 시집갔다. 그녀는 타고난 머리가 그다지 총명하지 못했는데, 어렸을 때 그녀에게 기예를 가르치면서 조금이라도 미진한 부분이 있으면 그때마다 어머니 최씨가 회초리로 때렸지만 그녀는 끝내 오묘함을 터득하지 못했다. 그래서 큰딸은 마음속으로 이모를 떠올리며 이렇게 말했다.

"나는 이모의 조카인데 지금은 삶과 죽음의 길이 달라 이모의 은정이 끊어진지 오래되었어요. 이모는 살아생전에 그토록 총명했는데 죽어서는 어찌 그렇게 아무런 소식도 없나요? 이모의 특별한 능력으로 날 도와서 내 마음과 눈을 뜨게 하여 대강이라도 다른 사람을 따라잡을 수 있게 해주실 수 없나요?"

큰딸은 명절과 매월 초하루가 될 때마다 술잔을 들어 땅에 부으면서 슬피 오열하며 눈물을 흘렸는데, 그렇게 한지가 8년이나 되었다. 그녀의 어머니도 슬퍼하며 그녀를 불쌍히 여겼다.

[文宗] 개성(開成) 5년(840) 4월 3일에 큰딸이 밤에 자다가 놀라 일어나 소리쳐 울면서 어머니에게 말했다.

"방금 전 꿈에 이모가 나타나 내 손을 잡고 울면서 이렇게 말했습니다. '나는 인간세상을 떠난 후로 저승의 명부(名簿)에서 교방(敎坊: 唐代에 女樂을 관장하던 관서)에 소속되어 박사 이원빙(李元憑)에게 악곡을 전수했다. 이원빙이 누차 나를 헌종황제(憲宗皇帝)께 천거하자 헌종황제께서 날 불러 1년 동안 궁에 기거하게 하셨으며, 또 나를 목종황제(穆宗皇帝)의 궁중에서 당직을 서게 하면서 쟁으로 여러 비빈들을 가르치게 하시는 바람에 1년 동안 궁중을 출입했다. 상제(上帝: 文宗)께서 정주(鄭注: 文宗 때의 大臣으로 鳳翔節度使로 있다가 군대를 이끌고 도성으로 들어와 환관 세력을 소탕하려다가 실패하여 監軍 張仲淸에게 살해당함)를 주살하신 뒤 천하에 대대적인 연회[大酺: 천자가 특별한 날을 경축하기 위하여 백성들에게 대대적인 연회를 허락하는 일]를 베푸시자, 당나라 여러 황제의 궁중에서 가무에 뛰어난 예기(藝妓)를 서로 뽑아 신요(神堯: 高祖 李淵의 諡號)와 태종(太宗)의 두 궁에 바치는 바람에 나는 다시 헌종황제를 모실 수 있게 되었다. 한 달마다 닷새에 한 번씩 장추전(長秋殿)에서 당직을 서고 그 나머지 날은 내 마음대로 놀러 다니며 구경할 수 있었지만 다만 궁궐을 나갈 수는 없었다. 그래서 너의 간절한 마음을 내가 이미 알고는 있었지만 찾아올 방법이 없었다. 근자에 양양공주(襄陽公主: 順宗의 딸로 張克禮에게 시집갔는데, 음행을 자행하자 穆宗이 그녀를 궁중에 감금하고 그녀와 사통한 자들을 귀양 보냈음)께서 날 수양딸로 삼고 몹시 어여뻐 여기시기에 나는 양양공주의 저택을 출입할 수 있게 되었다. 지금 양양공주께서 나에게 돌아가 너의 소원을 이루어주라고 허락하셨으니 너는 서둘러 준비하여라. 저승의 법은 지엄하므로 혹시라도 황제께서 이 일을 들으시면 틀림없이 큰 벌을 받을 것이고 양양공주께도 누가 미치게 될 것이다.'"

그리고는 다시 어머니와 서로 부여잡고 울었다.

다음날 큰딸은 방 하나를 깨끗이 청소하고 빈 자리를 마련한 뒤 술과 과일을 차려놓았는데 마치 보이는 것이 있는 것 같았다. 그리고는 쟁을 들고 자리에 앉아 눈을 감은 채 쟁을 탔는데 손가락의 움직임에 따라 곧바로 터득했다. 이모는 처음에 그녀에게 인간세상의 곡을 가르쳐주었는데, 옛날에는 열흘에 1곡도 터득하지 못하던 그녀가 그날은 하루에 10곡을 터득했다. 그 곡들의 명칭과 종류는 거의 살아있는 사람의 생각에서 나온 것이 아니었다. 곡조가 너무 애달프고 구슬퍼서 아득히 부엉이가 울고 귀신이 소리치는 것 같았으므로 듣는 사람 중에 흐느껴 울지 않는 자가 없었다. 그 곡에는 「영군악(迎君樂)」(正商調 28疊), 「곡림탄(槲林歎)」(分絲調 44疊), 「진왕상금가(秦王賞金歌)」(小石調 28

疊),「광릉산(廣陵散)」(正商調 28疊),「행로난(行路難)」(正商調 28疊),「상강홍(上江虹)」(正商調 28疊),「진성선(晉城仙)」(小石調 28疊),「사죽상금가(絲竹賞金歌)」(小石調 28疊),「홍창영(紅窓影)」(雙柱調 40疊)이 있었다. 그녀가 10곡을 다 배우고 나자 이모가 애처롭게 그녀에게 말했다.

"이것은 모두 궁중에서 새로 지은 곡인데 황제께서 특히 좋아하는 바이다.「곡림탄」과「홍창영」등의 곡은 연회가 열릴 때마다 공을 날리고 접시를 돌리면서 주흥을 돋우어 긴 밤의 즐거움을 누릴 때 연주한다. 목종께서는 수문사인(修文舍人) 원진(元稹)에게 칙명을 내려 그 곡의 가사 수십 수를 짓게 하셨는데 매우 훌륭했다. 연회가 무르익으면 목종께서는 궁인들에게 번갈아 그 가사를 노래하게 하셨으며, 친히 옥여의(玉如意: 옥으로 만든 등긁개)를 들고 두드려 박자를 맞추셨다. 목종께서 그 곡조를 아주 엄격하게 비밀로 하면서 혹시라도 다른 나라에서 알아낼까봐 걱정하시기 때문에 감히 발설하지 못했다. 하지만 범띠 해[攝提: 攝提格. 寅年의 별칭]가 되면 명부(冥府)에서 틀림없이 큰 변이 일어나 그 곡들이 인간 세상에 전해지게 될 것이다. 저승과 이승은 길이 다르고 사람과 귀신의 길도 다르지만, 지금 인간세상의 일과 서로 연결된 것은 또한 만대(萬代)에 한 번 있는 기회로 결코 우연이 아니다. 그러니 응당 나의 이 10곡을 양계(陽界)의 천자께 바쳐서 성명(聖明)한 시대에 알려지지 않게 해서는 안 될 것이다."

그리하여 그 사실을 현에서 주(州)에 보고하고 주에서 부(府)에 보고하자 자사(刺史) 최숙(崔璹)이 직접 최씨의 큰딸을 불러 시험해보았는데, 사동(絲桐: 琴의 별칭)의 소리가 아주 듣기 좋았으며 그 특이한 금곡조(琴曲調)는 진(秦) 땅의 음악 같지 않았다. 그래서 다른 악기들과 맞춰보았더니 궁상조(宮商調)가 사뭇 달랐다.

어머니 최씨는 작은딸로 하여금 이모에게 재배하고 그 10곡을 전수해달라고 청하게 하여 그녀 역시 그 곡들을 모두 터득했다. 이모는 해질녘에 작별하고 떠났다가 며칠 후에 다시 와서 말했다.

"듣자하니 양주(揚州)의 연수(連帥: 唐代의 觀察使나 按察使를 말함)가 너를 얻고자 한다는데, 혹시라도 연주에 틀린 곳이 있을지 모르니 너는 한 곡 한 곡 연주해보아라."

그리고는 또 「사귀악(思歸樂)」이라는 곡 하나를 남겨주었다. 얼마 되지 않아 주부(州府)에서 과연 그녀를 양주로 보냈는데 그녀는 조금도 착오 없이 연주했다. 염찰사(廉察使)인 옛 재상 이덕유(李德裕)가 그 일을 평의하고 표문을 올렸다. 하지만 작은 딸은 얼마 후에 죽었다.

廬江尉李侃者, 隴西人, 家於洛之河南. 太和初, 卒於官. 有外婦崔氏, 本廣陵倡家, 生二女. 旣孤且幼, 孀母撫之以道, 近於成人, 因寓家廬江. 侃旣死, 雖侃之宗親居顯要者, 絶不相聞. 廬江之人, 咸哀其孤藐而能自强.

崔氏性酷嗜音, 雖貧苦求活, 常以弦歌自娛. 有女弟瀅奴, 風容不下, 善鼓箏, 爲古今絶妙, 知名於時. 年十七, 未嫁而卒, 人多傷焉. 二女幼傳其藝. 長女適邑人丁玄夫. 性識不甚聰慧, 幼時, 每教其藝, 小有所未至, 其母輒加鞭箠, 終莫究其妙. 每心念其姨曰: "我姨之甥也, 今乃死生殊途, 恩愛久絶. 姨之生乃聰明, 死何茂然? 而不能以力祐助, 使我心開目明, 粗及流輩哉?" 每至節朔, 輒擧觴酹地, 哀咽流涕, 如此者八歲. 母亦('亦'原作'玄', 據明據本改)哀而憫焉.

開成五年, 四月三日, 因夜寐, 驚起號泣, 謂其母曰: "向者夢姨執手泣曰: '我自辭人世, 在陰司簿屬敎坊, 授曲於博士李元憑. 元憑屢薦我於憲宗皇帝, 帝召居宮一年, 以我更直穆宗皇帝宮中, 以筝導諸妃, 出入一年. 上帝誅鄭注, 天下大酺, 唐氏諸帝宮中互選妓樂, 以進神堯·太宗二宮, 我復得侍憲宗. 每一月之中, 五日一直長秋殿, 餘日得肆遊觀, 但不得出宮禁耳. 汝之情懇, 我乃知也, 但無由得來. 近日襄陽公主以我爲女, 思念頗至, 得出入主第. 私許我歸, 成汝之願, 汝早圖之. 陰中法嚴, 帝或聞之, 當獲大譴, 亦上累於主.'"復與其母相持而泣.

翼日, 乃灑掃一室, 列虛筵, 設酒果, 髣髴如有所見. 因執箏就坐, 閉目彈之, 隨指有得. 初授人間之曲, 十日不得一曲, 此一日獲十曲. 曲之名品, 殆非生人之意. 聲調哀怨, 幽幽然鴉啼鬼嘯, 聞之者莫不歔欷. 曲有「迎君樂」(正商調, 二十八疊),「槲林歎」(分絲調, 四十四疊),「秦王賞金歌」(小石調, 二十八疊),「廣陵散」(正商調, 二十八疊),「行路難」(正商調, 二十八疊),「上江虹」(正商調, 二十八疊),「晉城仙」(小石調, 二十八疊),「絲竹賞金歌」(小石調, 二十八疊),「紅窓影」(雙柱調, 四十疊). 十曲畢, 慘然謂女曰:"此皆宮闈中新翻曲, 帝尤所愛重.「槲林歎」·「紅窓影」等, 每宴飮, 卽飛毬舞盞, 爲佐酒長夜之歡. 穆宗敕修文舍人元稹撰其詞數十首, 甚美. 醻酣, 令宮人遞歌之, 帝親執玉如意, 擊節而和之. 帝祕其調極切, 恐爲諸國所得, 故不敢泄. 歲攝提, 地府當有大變, 得以流傳人世. 幽明路異, 人鬼道殊, 今者人事相接, 亦萬代一時, 非偶然也. 會以吾之十曲, 獻陽地天子, 不可使無聞於明代."

於是縣白州, 州白府, 刺史崔璹親召試之, 則絲桐之音, 鏘鏦可聽, 其差琴調不類秦聲. 乃以衆樂合之, 則宮商調殊不同矣.

母令小女再拜, 求傳十曲, 亦備得之. 至暮訣去, 數日復來曰:"聞揚州連帥欲取汝, 恐有謬誤, 汝可一一彈之."又留一曲曰「思歸樂」. 無何, 州府果令送至揚州, 一無差錯. 廉使故相李德裕議表其事. 女尋卒.

태평광기 권제 490 잡전기 7

1. 동양야괴록(東陽夜怪錄)

동양야괴록(東陽夜怪錄)

　전진사(前進士: 唐代에 이미 과거에 급제한 사람을 일컫는 말) 왕수(王洙)는 자가 학원(學源)이며 그 조상은 낭야(琅琊) 사람이다. 그는 [唐나라] 원화(元和) 13년(818) 봄에 과거에 급제했다. 그는 일찍이 추로(鄒魯: 孟子는 鄒 땅 사람이고, 孔子는 魯 땅 사람인데, 모두 지금의 山東省에 있음. 훗날 이 두 곳은 儒家의 발상지로 尊崇되었음) 일대의 명산에서 기거하면서 공부했다. 왕수는 스스로 다음과 같은 이야기를 해주었다. 그는 4년 전에 고향 지방관의 추천을 받아 도성으로 진사 시험 보러 가는 도중에 날이 저물자 형양(滎陽)의 한 여관에서 머물게 되었는데, 그곳에서 팽성(彭城)에서 온 손님인 수재(秀才) 성자허(成自虛)를 만났다. 성자허는 집안 일 때문에 과거에 응시도 하지 못하고 곧 고향으로 돌아가야 한다고 말했다. 성자허는 왕수를 만나자 그동안 길에서 겪었던 고생스런 일에 대해 이야기했다. 성자허는 자(字)가 치본(致本)으로, 인간세상에서 직접 보았던 기이한 일에 대해 이야기하기 시작했다.

　그 해(원화 8년[813]이다) 11월 8일 성자허는 동쪽으로 돌아가던 이틀째 되던 날에 위남현(渭南縣)에 도착했는데, 갑자기 날씨가 어두워져서 때를 가늠할 수 없었다. 위남현령 여위(黎謂)가 그를 붙잡으며 술을 몇 차례 돌리자, 성자허는 자신이 타고 온 말이 튼튼하다는 것을 믿고 동복에게 짐을 가지고 먼저 적수점(赤水店)에 가서 묵으면서 자신을 기다리라고 하면서 자신은 그곳에서 좀더 머물렀다. 그가 동쪽으로 현의 외곽문을 나서자 찬바람이 땅을 깎아낼 듯이 불고, 휘날리는 눈이 천지에 가득했다. 걸어서 채 몇 리도 가지 않았을 때 날이 이미 어두워졌다. 성자허의 하인들은 이미 모두 그의 명을 받고 앞서 갔고, 길에는 행인들조차 이미 끊어져 어디 길을 물어볼 만한 곳도 없었기 때문에 이때 성자허는 자신이 어디까지 왔는지도 알 수 없었다.

성자허는 동양역(東陽驛)의 남쪽을 나와 적수(赤水) 고개 입구로 가는 길을 찾았다. 동양역에서 3~4리도 떨어지지 않은 곳에 지대가 낮은 한 촌락이 있었는데, 수풀에서 새어나온 희미한 달빛 사이로 언뜻 절이 보였다. 성자허가 절 문을 열고 안으로 불쑥 들어가자마자 눈발이 더욱 더 심해졌다. 성자허는 내심 불사라면 틀림없이 스님도 있을 것이라 생각했다. 그리하여 장차 하룻밤 묵어가게 해 달라고 청할 생각에 말을 몰아 안으로 들어갔다. 절 안으로 들어간 뒤에 성자허는 비로소 북쪽에 빈 방 몇 칸이 늘어서 있다는 것을 알아챘는데, 등촉도 밝혀지지 않은 채 적막하기 짝이 없었다. 성자허가 한참동안 귀 기울이고 있을 때 누군가의 기침 소리가 희미하게 들려오는 것 같았다. 그리하여 성자허는 말을 서쪽 기둥에다 묶어두고 연신 이렇게 물었다.

"주지스님, 오늘밤 자비를 베풀어 저를 구해주십시오."

그러자 천천히 이렇게 대답하는 소리가 들렸다.

"병든 노승 지고(智高)가 여기에 있으나 방금 하인들을 마을로 시주 내보내 등불을 갖다드릴 사람이 없습니다. 눈이 이렇게 심하게 내리고 또한 밤도 깊은데, 손님께서는 어쩐 일로 오셨습니까? 또 어디에서 오셨습니까? 이곳은 주위에 가까운 이웃도 없는데 어떻게 도움을 청하려 하십니까? 제가 병들고 더러운 것을 싫어하시지 않는다면 오늘밤 이곳에서 쉬면서 눈이라도 피하시지요. 제가 깔고 있는 풀과 꼴을 나누어 드릴 테니, 그것을 깔고 주무시면 될 것입니다."

별다른 방법이 없었던 성자허는 그 말을 듣자 몹시 기뻐하면서 곧장 이렇게 물었다.

"고공(高公: 智高)께서는 어디에서 태어나셨습니까? 어떤 연유로 이곳에서 계십니까? 또한 속세의 성은 어떻게 되십니까? 은혜로운 얼굴을 뵈었으니 출신에 대해 자세히 알고자 합니다."

그러자 고공이 대답했다.

"빈도의 속세의 성은 안(安)(몸에 혹[肉鞍]이 나 있기 때문이다)이고, 적서(磧西: 安西)에서 태어났습니다. 본래는 불법을 선양하기 위해 인연을 따라 중국까지 오게 되었습니다. 이곳에 온지 얼마 되지 않았기 때문에 수재의 갑작스런 방문에 대접할 것이 없으니, 나무라지 마시길 바랍니다."

성자허는 이렇게 질문하고 대답하는 사이에 좀 전의 피곤함을 모두 잊어버리고 고공에게 이렇게 말했다.

"비로소 탐보화성(探寶化城: 小乘의 경지를 비유함. 불교는 본래 중생들을 大乘佛果로 인도하는데, 중생들이 힘들어하면서 중도에 그만둘 것을 두려워하여 중간에 화성과 같이 잠시 쉬어갈 곳을 마련한 뒤 다시 대승불교에 전진할 것을 격려했음. 여기서 화성은 바로 소승불교에서 추구하는 것으로, 성자허가 이곳 절에서 잠시 쉬어 가게 되었음을 비유한 말임)이란 불조여래께서 마음대로 비유를 세운 것이 아님을 알겠습니다. 지금 고공께서는 나를 인도하신 스승이십니다. 고공께서는 본래 종정(宗正)이시기 때문에 진실로 이처럼 마음을 탄복시키는 가르침을 지니고 계십니다."

잠시 뒤에 저 멀리서 몇 사람이 함께 걸어오는 것 같더니, 다음과 같은 말소리가 들렸다.

"정말 눈이 많이 내립니다. 사장(師丈: 노스님에 대한 존칭) 계십니까?"

고공이 미처 대답도 하기 전에 또 한 사람이 말하는 소리가 들렸다.

"조장(曹長: 唐代에 같은 관직에 있던 관리들이 서로를 부르던 호칭)께서 먼저 들어가시지요."

또 어떤 사람이 말했다.

"당연히 주팔장(朱八丈)께서 먼저 들어가셔야 합니다."

그러자 또 이렇게 말하는 소리가 들렸다.

"길이 매우 넓으니, 조장께서는 굳이 사양 마시고 함께 들어가시지요."

성자허는 속으로 사람이 많이 왔다고 생각하니 더욱 더 용기가 났다. 잠시 뒤에 모두 와서 구석에 자리를 잡고 앉는 것 같았다. 그 가운데 한 사람이 말했다.

"사장! 이곳에 손님이라도 드셨습니까?"

고공이 대답했다.

"방금 어떤 손님이 오셔서 하룻밤 묵어가기를 청하셨습니다."

성자허는 어두컴컴해서 그 사람들의 모습을 자세히 살펴볼 수 없었다.

다만 맨 앞에 앉아 있는 사람이 처마 아래에서 머리를 숙인 채 눈빛을 받고 있기에 언뜻 보았더니, 그는 등과 가슴 부분에 흰 천을 덧대어 기운 검은 갖옷을 입고 있는 것 같았다. 그가 가장 먼저 성자허에게 물었다.

"손님은 무슨 일로 이 눈을 무릅쓰고 어두운 밤에 혼자서 이곳까지 오셨습니까?"

성자허는 모두 사실대로 말해주었다. 그러자 그 사람은 다시 성자허에게 이름을 물었다. 성자허가 대답했다.

"진사(進士) 성자허입니다."

성자허가 뒤이어 말했다.

"어둠 속이라 일일이 존귀한 얼굴[淸揚: 『詩經』「鄭風・野有蔓草」에 나오는 말(有美一人, 淸揚婉兮)로, '淸'은 눈매가 시원한 것을 말하고 '揚'은 눈썹 위가 넓은 것을 말함. 훗날 사람의 얼굴을 높여 부르는 말로 쓰였음]을 뵙고 인사 나눌 수 없어서 다른 날 자손들에게 여러분들을 알려줄 방법이 없으니 각자 관직과 성함을 알려주시기 바랍니다."

그러자 한 사람이 말했다.

"전임 하음전운순관(河陰轉運巡官: 군수물자의 책임을 맡은 河陰轉運司의 屬官)이자 시좌효위조참군(試左驍衛曹參軍: 試는 실권 없이 관직명만 있는 관리를 말하고, 左驍衛冑曹參軍는 궁궐의 수비를 맡고 있던 左驍衛 가운데 특별히 갑옷 등의 장비를 맡아서 관리하던 낮은 벼슬아치를 말함) 노의마(盧倚馬)입니다."

다음 사람이 말했다.

"도림(桃林: 고대의 지명. 河南省 靈寶縣 서쪽에서부터 潼關에 이르는 지역으로, 옛날 周나라 武王이 商나라를 정복한 뒤 이곳에다 소를 풀어놓고 방목했다고 하는데, 그 이후로 소의 別號로 사용되었음)에서 온 객으로, 부경거장군(副輕車將軍: 勳官의 이름) 주중정(朱中正)입니다."

다음 사람이 말했다.

"이름은 거문(去文)이고 성은 경(敬)입니다."

다음 사람이 말했다.

"이름은 예금(銳金)이고 성은 해(奚)입니다['銳金'은 발톱이 예리한 수탉을 가리키는데, 『左傳』「昭公 25年」에 '季氏와 郈氏가 닭싸움을 시켰을 때 계씨가 자기 닭에게 갑옷을 입히자 후씨는 발톱에 무쇠골무를 끼워주었다'라는 구절이 있어 후에 닭을 가리켜 '金距'라고 부르게 되었음]."

이때 사람들이 모두 주위에 둘러앉아 있는 것 같았다. 처음에 성공(成公: 成自虛)이 과거에 응시하러 간다고 하자 노의마가 문장에 대해서 논하기 시작했다. 노의마가 말했다.

"저는 어렸을 때 누군가가 사장의 「눈을 모아 산을 만들다[聚雪爲山]」라는 시를 읊는 것을 들었는데, 지금도 기억하고 있습니다. 오늘밤 풍경이야 말로 마치 시속의 정경이 완연히 눈앞에 펼쳐진 듯합니다. 사장, 그런 시를 지으셨었지요?"

고공이 말했다.

"그 시에 뭐라 적혀 있었지요? 한번 외어보십시오."

노의마가 말했다.

"제 기억에 따르면 다음과 같습니다."

　　누가 눈을 쓸어서 마당 앞에 가득 모아놓았는가?

만 개의 골짜기와 천 개의 산봉우리가 한 주먹 안에 다 들어있네.
나도 모르게 추위가 옷 속에 스며들어 차가운데,
일찍이 이곳 산중에서 몇 년이나 살았는가?

성자허는 멍해져 입이 벌어지고 눈이 휘둥그레지면서[原文에는 '貽'라 되어 있지만, 내용상 '眙'의 誤記로 보임] 그들이 누구인지 더욱 더 예측할 수 없었다. 고공이 말했다.

"설산(雪山: 본래 석가모니가 수행했던 산으로, 高公 역시 일찍이 석가를 본받아 이곳에서 수행했음을 나타내고 있음)은 우리 고향의 산입니다. 옛날에 우연히 아이들이 눈을 쌓고 있는 것을 보았는데, 우뚝 솟은 것이 마치 산봉우리가 있어져 있는 것 같았습니다. 그래서 서쪽으로 고국을 바라보다가 슬퍼져서 그와 같은 시를 짓게 된 것입니다. 조장(曹長: 盧倚馬)은 정말 뛰어나십니다. 어떻게 그것을 외우고 계십니까? 그것은 빈도가 옛날에 지은 조악한 시이니 조장께서 이렇게 외우고 계시지 않았더라면 사실 저도 잊었을 것입니다."

노의마가 말했다.

"사장께서는 거친 벌판을 빨리 달리시면서 세속의 굴레에서 벗어나['塵機'는 곧 '塵緣'으로 불가에서 말하는 모든 인간세상의 일을 가리킴]('機'는 '羈'가 되어야 마땅하다) 높고 크신 도와 덕을 이루었으니, 동료들 가운데 으뜸이라 할 수 있습니다. 저희 같은 소인들은 그 뒤를 바라보면서 분주히 따라가도 어찌('曷'은 '褐'이 되어야 마땅하니 털색을 사용하여 풍자한 것이다) 감히 그의 고원함을 엿볼 수 있겠습니까? 저는 올 봄에 공무로 도성에 가게 되었습니다. 그런데 저는 천성적으로 아둔하여 도성의 비싼 물가[桂玉: 『戰國策』「楚策」에 보면, '楚나라에서는 음식이 옥보다 귀하며 땔감이 계수나무 보다 귀하기 때문에 신하들은 옥을 먹고 계수나무로 불을 때었다'고 되어 있는데, 이 때문에 '桂玉'은 훗날 비싼 물가를 지칭하는 말로 사용되었음] 때문에 견디다 못해 종일 여관에 있었습니다('羇'는 '饑'가 되어야 마땅하다). 비록 밤낮으로 부지런히 일했지만 녹봉[唐代에 관리들의 월급을 '俸料'라고 했는데, 여기서는 가축의 사료를 말함]은 더욱 적었고, 짐이 가볍지 않아 늘 벌을 받을까 걱정했습니다. 근자에 본원(本院: 河陰轉運使院)에서 이름뿐인 자리로 전임시켜 주었는데, 그것은 역경에서 벗어나고자 한 것이었습니다. 어제 밤에 장락성(長樂城)에서 하룻밤 묵었는데, 속세에서 분주하게 일하는 제 모습에 슬퍼하고 탄식하면서 산과 들에 사는 사슴과 고라니처럼 살고 속세를 벗어나고자 하는 마음이 생겼습니다. 그리하여 동료들에게 부치는 하잘 것 없는 시 두 편을 지었습니다. 여러분을 대하고 보니 문득 한번 읊어 보고 싶은데, 그렇게 해도 될지 잘 모르겠습니다."

성자허가 말했다.

"오늘이 어떤 밤입니까? 당시의 아름다운 시를 들어보고 싶습니다."

노의마가 또 겸손하게 말했다.

"보잘 것 없는 재주도 헤아리지 않고 하물며 사장 같은 문종(文宗)께서 여기에 계신데, 어찌 감히 못난 솜씨를 내 보일 수 있겠습니까?"

그 말에 성자허는 한사코 이렇게 청했다.

"한번 들어보고 싶습니다. 들어보고 싶어요."

그리하여 노의마는 소리 높여 시를 읊기 시작했다.

　　장안성(長安城) 동쪽 낙양(洛陽) 길에는,

오가는 수레바퀴로 쉬지 않고 먼지 자욱히 피어나네.
이익을 다투고 서로 앞서 가려고 경쟁하며 채찍 잡으니,
마주치는 것은 모두 속세의 노인뿐이라네.

날은 저물고 내는 긴데 어디로 가야하나,
무리 벗어나 홀로 걸으면서도 울지 못하네.
강가에 자라난 푸르고 푸른 풀 덕분에,
봄이 오면 그래도 나그네의 심정 위로 받을 수 있다네.

그 자리에 있던 사람들이 모두 말했다.

"정말 뛰어난 작품입니다."

노의마는 겸손하게 말했다.

"졸작입니다! 졸작!"

주중정이 고공에게 말했다.

"근자에 듣건대 북쪽 사막에 사는 선비들이 사장의 아름다운 시구를 외는 경우가 아주 많다고 합니다. 지금 이곳은 영천(穎川: 東漢의 영천 사람 陳寔과 荀淑 두 집안의 父子들은 당시에 품행이 뛰어나고 어질었는데, 훗날 '穎川'의 지명을 빌려 賢者들이 많이 모여 사는 곳을 가리키는 말로 사용했음)이고, 또한 노조장(盧曹長: 盧倚馬)이 외는 시를 곁에서 귀 기울여 듣고 있자니 혼미하고 비루한 마음이 씻겨나가고 정신이 맑아졌습니다. 사장께서는 분명 새로 지은 시가 많을 터이고 저희들은 모두 사장께서 한번 읊어주시길 갈망하고 있는데, 어찌하여 시 두 세 수를 읊어 저희들의 바람을 들어주지 않으십니까?"

고공은 다음에 하자고 했다. 그러자 주중정이 또 말했다.

"돌아보니 여기 명공(名公)들은 다 오셨는데, 사장께서는 어찌 토원(兎園: 梁園·梁苑·竹園이라고도 하는데, 西漢의 梁孝王이 지은 동산.

당시의 名士들을 초대하여 잔치를 벌이고 강론하던 곳으로 司馬相如·枚乘 등과 같은 사람들이 上客으로 초대되었음. 여기서는 뛰어난 사람들이 모여 시문을 논하는 상황을 빗대어 말함)을 아끼십니까? 고상하고 오묘한 담론 역시 한 시대의 성대한 일입니다. 지금 이곳은 저자거리에서 멀건만, 밤은 깊어 흥이 남아넘치는데 술은 구할 수 없고 안주 또한 마련할 길 없으니, 주인과 손님의 예를 갖추지 못하는 것이 부끄럽기 짝이 없습니다. 저희들은 지금 마음을 관찰하면서 턱을 움직이고 있지만 [朶頤: 이 말은 『周易』 「頤卦」의 '나를 보고 부러워서 턱을 든다(觀我朶頤)'에서 나온 것으로, 여기서는 소·낙타·당나귀 등의 가축이 여물을 씹고 있는 모양을 빌려 말한 것임] (여물을 먹는 본성은 사장과 같음을 말하고 있다), 다른 분들은 밤새 배를 채울 만한 것이 없어 무엇으로 대신해 드려야 할지 참 부끄럽습니다."

고공이 말했다.

"저 역시 훌륭한 이야기로 굶주림과 갈증을 이길 수 있다는 말을 들었습니다. 여기 주팔랑(朱八郎: 朱中正) 같은 분은 힘써 사람들을 돕고 수레바퀴가 지나간 자리를 따라 바르게 행동하며 성을 공격하고 음식을 보내 군사들을 위로하여 스스로의 재주를 다합니다. 그러나 불가의 12인연(十二因緣: 佛家에 따르면, 衆生輪廻의 相을 이루는 열두 가지 인연을 말하는데, 無明·行·識·名色·六根·觸·受·愛·取·有·生·老死를 말함)은 모두 촉(觸: '觸'은 과거에 지은 業을 따라 현재의 苦를 받고 현재의 업에 따라 미래의 고를 형성하게 되는 고리임. 여기서는 소가 매번 뿔로 사람을 들이받아 문제를 일으키는 것을 빗대어 말한 것임)에서 생겨나고 고통의 바다에서는 번뇌가 끊임없이 얼어납니다.

그러니 어느 곳에서 보리(菩提: 梵語, '覺悟'를 말하는데, 불교에서 보리를 얻는 것은 삶을 완성하는 것이며 더 이상 태어나지 않고 윤회의 흐름을 끊는 것으로 一切의 智를 얻어서 열반의 경지에 드는 것을 가리킴)를 볼 수 있겠습니까? 또 어느 문에서 화택(火宅: 불교 용어로 三界의 고통을 말함. 『法華經』에 따르면, 三界는 마치 불타는 집처럼 평온함이라곤 없이 온갖 번뇌로 가득 차 있으며, 늘 생로병사에 대한 두려움을 가지고 있는데, 그것은 마치 불꽃처럼 한번 타오르기 시작하면 끝이 없다고 함. '火宅'에서 벗어나면 불가에서 말하는 '証果'의 경지에 들어갈 수 있다고 함. 여기서는 소가 영원히 불에 구워지는 신세에서 벗어날 수 없음을 빗대어 말하고 있음)을 벗어날 수 있겠습니까?"(역시 전고를 사용하여 소의 신세를 풍자하고 있다)

주중정이 대답했다.

"저의 어리석은 생각으로는 엎어진 수레 뒤를 따르면 윤회악도(輪廻惡道)와 인과응보는 그 일이 아주 분명할 것입니다. 제가 앞서 수행에 정진한 뜻은 모두 여기에 있습니다."

고공이 크게 웃으면서 말했다.

"석씨(釋氏: 석가모니)께서는 그 청정함을 숭상하고 도를 이루어 정각(正覺: 佛家에서 말하는 진정한 깨달음)('覺'은 '角'이 되어야 마땅하다)이 되고, 깨달아 바로 부처가 되셨습니다. 방금 주팔랑께서 하신 말씀을 보아하니 이미 깊이 체득하셨습니다."

노의마도 크게 웃었다. 성자허가 또 말했다.

"방금 주장군(朱將軍: 朱中正)께서 재삼 스님께 새로 지은 시를 청하셨는데, 소생 역시 진실로 그 주옥과 같은 시를 보기를 원합니다. 설마하니 스님께서 저를 먼 손님이라 생각하고 또 제가 불문(佛門)의 사람이 아니라고 해서 싫어하시는 것은 아니겠지요? 또한 스님께서는 도량과 식견이 비범하시고 재주와 기상이 빼어나시니 틀림없이 격조(格調)와 문재(文才)도 한 시대의 으뜸이실 것입니다. 또한 시는 오묘하고 청신하여 세속의 시들과는 다를 텐데, 어찌하여 끝내 해타(咳唾: 『莊子』「秋水」에 보면 '침을 내뱉으면 큰놈은 구슬 같고, 작은 놈은 안개 같은데(噴則大者如珠, 小者如霧)'에서 나온 말로 咳唾成珠의 줄인 말. 기침과 침이 모여 구슬이 된다는 뜻임. 시문의 재주가 있음을 이르는 말)의 끄트머리나마 숨겨둔 채 시 한두 편 읊어 저희들의 눈과 귀를 열어주지 않으려 하십니까?"

고공이 말했다.

"수재의 간청을 받고 보니, 한사코 거절하기가 정말 어렵게 되었습니다. 소승은 병들고 쇠약해져 학습을 폐한지 이미 오래되었으며 시를 짓고 문장을 짓는 것은 본래 제가 잘하던 것도 아닌데, 도리어 주팔랑께서 괜스레 저의 단점을 들추어내셨군요. 우연히 병중에 「자술(自述)」 두 수를 지었는데, 장석(匠石: 『莊子』「徐無鬼」에 나옴. 郢 땅 사람의 코끝에 묻은 白土를 도끼로 깎아낸 뛰어난 石工을 말하는데, 솜씨가 빼어난 석공이나 시문을 잘 짓는 사람을 가리킴)들께서는 들어보시겠습니까?"

성자허가 말했다.

"들어보고 싶습니다."

그 시는 다음과 같았다.

베옷 입고 이름을 숨긴 채 정처 없이 떠돌며,

사막 천리 길을 지나다 보니 기품과 얼굴이 쇠했네.
남종(南宗)의 심법(心法)을 터득하고 난 뒤에,
이내 몸은 늙어 쌍봉사(雙峰寺: 禪宗의 4대조 道信과 5대조 弘忍이 모두 蘄州 雙峰山 東山寺에 거했기 때문에 雙峰은 훗날 선종의 聖地가 되었음)에 있네.

염부(閻浮: 閻浮提. 불교에 따르면 천하는 四大洲로 이루어져있는데, 南方의 한 洲를 말하며 中國이 그 가운데에 속해있다고 보고 있음)의 귀한 인연 때문에,
저 멀리 서국(西國: 불교의 발상지인 天竺을 말함)을 떠나와 함진(咸秦: 秦나라의 도성 咸陽을 말함)으로 왔네.
기운이 다 빠져 수행하는 것을 멈춘 이래로,
아무데도 묶인데 없는 두타승(頭陀僧: 行脚僧)되었네.

고공이 시를 다 읊고 나자 그 자리에 있던 사람들은 모두 훌륭한 시라고 칭찬하느라 한참동안 떠들썩했다.

갑자기 경거문이 자리에서 말했다.

"옛날 왕자유(王子猷: 王徽之)는 밤에 눈이 내려 새하얗게 빛날 때 산음(山陰) [剡溪로] 대안도(戴安道: 戴逵)를 찾아갔는데, 대문까지 갔다가 그냥 돌아왔습니다. 그래서 '어찌 반드시 대안도를 만나야만 하리요[何必見戴]!'라는 말이 생겨났으며 당시 사람들은 높은 흥취를 숭상했습니다. 지금 성군(成君: 成自虛)은 문(文)으로써 벗을 사귄다고 할 수 있으니, 원안(袁安: 東漢 汝陰 사람. 원안이 미천한 시절에 洛陽에 큰 눈이 내렸을 때 다른 사람들은 나와 걸식했지만, 원안은 높은 곳에 누워서 꼼짝도 하지 않았음. 곤궁한 상황에서도 지조를 지킨 명성으로 인해 후에 孝廉에 추천되어 任城縣令을 지냈음)과 장후(蔣詡: 西漢 때의 사람으로, 哀帝때 兗州刺史를 지냈음. 王莽이 정권을 횡행하자 병

을 핑계로 사직하고 고향으로 돌아와 두문불출하면서 교유도 끊고 지냈음)를 내려보실 만합니다[눈 내리는 날 외출한 성자허의 발걸음이 원안과 장후보다 낫다는 것을 말하고 있음]. 저는 어렸을 때 자못 호방한 기상을 지녔으며 천성적으로 매를 좋아해서 이렇게 눈이 내릴 때면 늘 말을 타고 다니면서 사냥을 했습니다. 제가 본래 다녔던 숲은 장안(長安)의 동남쪽[巽維: '巽'은 八卦의 한 卦로, 八卦圖에서 동남쪽에 위치함), 어숙천(御宿川: 漢代의 宮苑이름. 長安城 남쪽 御宿川에 위치해 있었으며 武帝가 사냥을 나왔다가 머물렀던 곳임)의 동쪽 재터였습니다(이곳의 지명은 苟家觜이다). 눈을 읊을 시 가운데 「헌조주방(獻曹州房)」 시한 편이 있는데, 저도 모르게 시흥이 일어나 여러분의 높은 식견을 어지럽히게 되었습니다."

그리고는 다음과 같이 시를 읊었다.

    나는 저 나부끼는 육출공(六出公: 눈. 『韓詩外傳』에 보면, 대개 일반 초목은 꽃잎이 5장 나는데 눈만 유독 꽃송이가 6장이기 때문에 눈을 육출공이라 부르게 되었다고 함)이 좋아라!
    가벼운 솜처럼[洽絮: 晉代의 여류시인 謝道韞이 「詠雪」에서 '버들개지 바람 따라 일어나네(柳絮因風起)'라고 읊은 이후 柳絮는 눈을 가리키는 말로 사용되었음] 창공에서 춤추네.
    당시에는 한창 진승상(秦丞相: 李斯)을 좇아,
    너른 초원을 뛰어다니면서 북풍을 좋아했네.

"시를 다 읊고 나자 조주방은 제 시를 감상하고 나서 이렇게 비난했습니다.

'눈[雪]을 육출공에 비유했는데, 제대로 찾아보고 나서 쓴 것이오?'
저는 고인들이 대나무를 군(君)이라고 불렀다가 나중에 현자들이 유명한 담론이라고 했던 것을 끌어들여 저의 논지를 증명했습니다. 그러자 조주방은 말문이 막혀 어떻게 대답해야 할지를 몰라 했습니다. 조주방은 본래 시를 잘 모르는 사람이어서 오대(烏大)가 일찍이 제게 '그와 기호가 맞는 사람은 찾기 어렵다'라고 했는데, 그 말이 틀리지 않았습니다. 지금 그는 먼 곳으로 나가 벼슬하고 있는데, 동주(東州)의 참군(參軍: 당대 각 衙門의 하급관리. 晉나라 崔豹의 『古今注』에 따르면, 원숭이를 일명 參軍이라고 함) 일을 맡고 있으며(뜻은 『古今注』에 보인다), 이곳으로부터 그 거리가 수천 리나 떨어져 있습니다. 묘십(苗十: 苗는 猫의 諧音임)(고양이가 오오하고 울기 때문에 10이라고 한 것이다)은 기질이 시끄러우며 많은 친척들을 믿고 다른 사람에게 자기 일을 시킵니다. 노(魯)나라에 군자가 없었다면 그가 어떻게 그런 태도를 취하겠습니까[『論語』「公冶長」에 나오는 말로, 여기서는 고양이에게 괴롭힘을 당하는 존재가 없으면 고양이가 어떻게 횡포하게 구는 법을 배웠겠느냐는 뜻으로 사용되었음]?"

해예금이 말했다.

"어찌 감당하려고 그리 말하십니까? 묘생을 며칠간이나 보지 못하셨습니까?"

사람들이 대답했다.

"이미 열흘이 지났습니다. 그런데 묘자(苗子: 苗生)는 어디에 있습니까?"

경거문이 말했다.

"틀림없이 멀리 가지는 않았을 것입니다. 우리들이 이곳에 모이는 것을 알고 있으니, 생각건대 틀림없이 올 것입니다."

얼마 지나지 않아 묘생이 갑자기 그곳에 나타났다. 경거문은 짐짓 기쁜 척 하면서 그의 등을 어루만지며 말했다.

"내 소원대로 되었군요[『詩經』「鄭風・野有蔓草」에 나오는 말로, 생각지도 않게 묘생이 그 자리에 나타났다는 말임]."

경거문은 마침내 묘생을 데리고 와서 성자허와 인사를 나누게 했는데, 성자허가 먼저 이름을 말하자 묘생이 말했다.

"이름은 개립(介立)이고 성은 묘(苗)입니다."

손님과 주인간의 인사가 있자 자못 시끄러워졌다.

해예금이 그 옆에서 이렇게 말했다.

"모두들 한창 고심하여 시를 읊고 있는 차에 여러분들은 모두 차례대로 읊었습니다. 시를 짓고자하는 제 병이 또 발작했으니, 어찌하면 좋겠습니까?"

성자허가 말했다.

"방금 해생(奚生: 奚銳金)에게 받은 호의가 적지 않은데, 어찌하여 주옥같은 작품을 아껴 사람들을 크게 실망시키십니까?"

해예금은 한 걸음 물러나서 우물쭈물 하더니 말했다.

"어찌 감히 여기에 계신 분께 웃음을 제공하지 않을 수 있겠습니까?"

그리고는 갑자기 근체시(近體詩) 세 수를 읊기 시작했다.

 거울 앞에서는 난새와 아름다움을 다투고[六朝시대 宋나라 劉敬叔의 『異苑』에 보면, 魏나라 武帝 때 南方에서 산새 한 마리를 진상해왔는데, 그 새는 거울을 보며 춤을 추다가 죽었다고 함. 산새는 거울을 보고 춤을 추면서 스스로 난새와 아름다움을 다툴 수 있다고 생각했음],
 투계장(鬪鷄場)에 가서는 송골매 같은 발톱으로 평정하네.
 선장(仙仗: 황제의 의장대. 唐 玄宗은 닭싸움을 좋아하며 매년 그의 생일날이나 정월 초하루나 청명절에 궁중에 대규모의 잔치를 여는데, 이때 닭싸움을 중요행사로 열었음)에 있을 때를 떠올리나니,
　　천자의 누각 앞으로 나아갔었지[원문에는 '仰'이라 되어 있으나, '御'의 誤記로 보임].

　　투계로 길러질 때는 그 모습은 마치 나무 같고[『莊子』「達生」에 보면, 紀渻子가 齊王을 위해 싸움닭을 길렀는데, 싸움닭을 기른 지 40일이 되어 싸움닭이 마치 나무를 깎아 만든 닭처럼 되었을 때 내 놓았다고 함],
　　봄을 맞이할 때는 진흙으로 빚은 듯하네.
　　비바람만 있어준다면
　　낮은 곳에 머물게 되었다고 어찌 꺼리겠는가?

　　전문(田文: 孟嘗君. 田文은 秦나라에 가서 잡혀 있다가 옥에서 탈출하게 되어 귀국 길에 올랐는데, 函谷關에 도착한 뒤 닭울음소리를 잘 내는 사람의 도움을 받아 관을 무사히 통과했음)을 위기에서 벗어나게 해주었고,
　　늘 기연(紀涓: 싸움닭을 길렀던 '紀渻'의 誤記로 보임)의 은혜를 가슴에 품고 살았네.
　　거친 들판과 같은 모습 알리고자,
　　서리 내리는 이른 새벽에 시골 마을에서 우네.

해예금이 시를 다 읊고 나자 어둠 속에서 역시 크게 칭찬하는 소리가 들렸다. 고공이 말했다.

"여러 현자들께서는 주장군을 무사(武士)로 대해서는 안 됩니다. 주장군은 명리(名理)에도 아주 정통할 뿐만 아니라 문장도 잘 짓습니다. 그럼에도 주장군은 도리어 아무 말 없이 속으로 우리들을 비평하고 있으니, 이것은 옳지 않습니다. 게다가 성군은 멀리서 오신 손님입니다. 오늘밤의 이 모임은 공문(空門: 佛法)에서 말하는 여러 세대에 걸친 인연으로 인해 새가 같은 나무에서 하룻밤 묵게 되었다는 것인데[즉, 뜻하지 않은 인연으로 한 자리에 모이게 되었음을 말함]. 어찌 훗날 이야

깃거리를 남기지 않을 수 있겠습니까?"

주중정이 일어나서 말했다.

"사장의 그와 같은 말씀은 저를 가시나무 위에 세우는 것과 같습니다. 만약 이 때문에 여러분께서 저를 의심하고 거리를 두신다면 감히 어찌 시키는 대로 따르지 않을 수 있겠습니까? 그러나 그저 손을 댔다가 근심만 자초하면[『詩經』「小雅·小明」에 나옴] 어찌합니까?"

고공이 말했다.

"여러분께서는 모두 조용히 들어보십시오."

주중정이 시를 읊었다.

어지러운 노(魯)나라의 헛된 명성을 버리고[『左傳』「昭公5년」에 魯國 叔孫氏의 家臣 堅牛는 음모를 꾸며 叔孫氏의 권세를 빼앗았는데, 이로 인하여 노국이 어지럽게 되었음. 堅牛는 훗날 叔孫昭의 아들에게 피살되었는데, 叔孫昭는 堅牛가 叔孫氏에게 화를 끼쳐 정국을 혼란케 했다며 그 죄상을 선포했음],

진(秦)나라로 가 영생(寧生: 寧戚. 春秋時代 衛國 사람으로 재능은 있었지만 중용되지 못해 당시의 현군을 만나기를 희망했는데, 당시 齊國의 桓公이 인재를 등용하기 위해 일부러 제나라의 상인을 시켜 소 수레를 몰게 했음. 소가 제나라의 東門 밖에 있을 때 寧戚이 밤새 소에게 꼴을 먹였는데, 그때 桓公이 나가는 것을 보고 소뿔을 두드리며 노래를 불러 환공에게 중용되었음)에게 감사했네.

숨을 헐떡이며 달려와 승상을 놀라게 했고[西漢 宣帝 때의 승상 丙吉은 소가 숨을 헐떡이며 달리는 것을 보고는 사람을 시켜 얼마나 왔냐고 물어보고는 사물의 이치를 깨달았음],

울음소리로 갈로(葛盧: 介國의 國君으로, 소 울음소리를 듣고 그 소의 쓰임새를 알아냈다고 함)에게 그 쓰임새를 알려주었네.

곡식을 보고 농사짓고 싶은 마음 일어나,
높은 수레 끌고 싶은 마음 사라졌네.
근자에 근력이 떨어져,
그저 돌아가 밭이나 갈고 싶네.

고공이 탄식하며 말했다.

"주팔(朱八: 朱中正)의 문재(文才)가 이와 같은데도 아직 산질(散秩: 정확한 職務가 없는 散官을 말함)에서 벗어나지 못하고 있으니, 그를 추천할 사람은 또 누구인가? 정말 억울하구나! 억울해!"

노의마가 말했다.

"부풍(扶風: 漢代의 郡으로, 馬氏 집안이 유명했던 고을임)의 둘째 형이 우연히 이곳에 묶이게 되었습니다(成自虛가 타고 왔던 말을 가리킨다). 우리 고향의 구자(龜茲: 龜茲國에서 벼슬을 한 집안의 한 사람으로 보임.『漢書』「西域傳」에 보면 '당나귀도 아니고, 말도 아닌 것이 마치 龜茲國 왕이 말하는 노새와 같다'라는 구절이 있는데, 그 뒤로 노새를 일러 '龜茲'라 불렀음)는 얼룩덜룩한 털이 다 빠졌으나, 시끄러운 것을 좋아하고 조용한 것을 싫어하며 분방한 것을 좋아하고 행장을 꾸려 용감하게 앞에서 달리는 것을 즐겨합니다(무리의 가장 선두에서 가벼운 짐을 나르는 노새를 말한다). 그가 이번 모임에 오지 못했으니 그 원통함은 짐작할 수 있습니다."

경거문이 묘개립에게 말했다.

"위가(胃家) 형제는 사는 곳이 멀지 않은데도 왕래가 없으니, 뜻을 고상히 하여 어디다 쓰겠습니까?『시경(詩經)』「대아(大雅)·생민(生民)·기취(旣醉)」에 보면 '제사 도우러 온 벗들[친구사이에 신의가 있고 서로 도와야 함을 뜻함]'이란 구가 있는데 우리는 도리어 그들에게 서운한 마음을 들게 했으니, 반드시 대쪽을 잘라 편지를 써서 그들을 불러와 그 아름다움을 이루게 해주고 싶습니다."

묘개립이 말했다.

"저는 본래 위대(胃大)를 찾아갈 작정이었는데, 한창 문장을 논하는데 흥이 나서 저도 모르게 늦어졌을 따름입니다. 경군(敬君: 敬去文)께서 제게 명하셨으니 공들께서도 일어나지 마시고 계십시오. 제가 잠시 위씨 집에 갔다 곧 돌아오겠습니다. 아니면 위씨 형제를 함께 데리고 와도 되겠습니까?"

모두들 말했다.

"그렇게 하십시오."

묘개립은 그 길로 떠났다.

얼마 지나지 않아 경거문은 사람들 앞에서 묘개립에 대해 시비를 논하면서 말했다.

"저 어리석은 위인이 무슨 재주를 가지고 있습니까? 자못 청렴하여 창고 일을 잘 관리한다고 들었습니다만, 사고(蠟姑: 고대에 만물에게 지내는 제사인데, 다섯 번째 신인 猫虎를 가리킴)와 같은 추한 모습으로 비난을 피해 가지 못하는 것은 왜 입니까?"

경거문은 묘개립이 위씨 형제를 데리고 오다가 문에 도착해서 그 말을 엿듣고 있다는 사실을 전혀 모르고 있었다. 묘개립은 소매를 걷어붙이고 몹시 화를 내며 말했다.

"하늘이 나 묘개립을 세상에 태어나게 하신 이후로 투백비(鬪伯比: 春秋時代 楚나라의 大夫로, 젊은 시절에 鄖氏의 딸과 간통하여 아들이 태어나자 들판에 버렸는데, 그때 호랑이가 와서 그에게 젖을 먹여 키웠음. 楚나라에서는 젖[乳]을 穀이라 부르고, 호랑이를 於菟라 불렀기 때문에 아들의 이름을 鬪穀於菟라 짓게 되었음. 鬪穀於菟는 성은 鬪이고, 자는 子文이며, 세 차례나 令尹을 지냈기 때문에 세상에서는 그를 令尹

子文이라 불렸음. 고양이가 호랑이와 비슷하기 때문에 鬪穀於菟의 자손이라 말한 것임)의 직계자손에 이르기까지 초(楚)나라의 먼 조상 분황여(棼皇茹)에게서 성을 하사 받았으며, 20개의 파로 나뉘어져 제사 때에도 함께 분향 받고 있는데 그 사실은 『예경(禮經: 禮記)』에까지 실려 있습니다(『郊特牲』의 八蜡에 보면 호랑이와 고양이도 영접한다). 경거문과 같은 사람은 반호(盤瓠: 高辛氏의 개 이름)의 후손으로 장유(長幼)의 구별도 없이 사람들에게 멸시 당하면서 그저 꼬리치며 어린 아이들을 졸졸 따라 다니기나 합니다. 또한 사나운 눈을 하고 술집의 깃발을 지키며 여우 요물처럼 아첨하고 절지(竊脂: 기름을 훔치는 새)처럼 기름을 훔치고 부엌에서 아첨하는[媚竈: 『論語』「八佾」에 나오는 구절로, 여기서는 개가 부뚜막에서 전전하길 좋아함을 비유한 말임] 주제에 어찌 감히 다른 사람의 장점과 단점을 논할 수 있단 말이오? 내가 만약 천한 재주라도 드러내지 않는다면 경자(敬子: 敬去文)는 나를 전혀 재주가 없는 사람이라 말할 것이고, 그러면 사람들도 훗날 저를 무시하게 될 것입니다. 지금 사장 앞에서 하잘 것 없는 시 한 수를 읊을 테니 잠시 들어보시는 것이 어떻겠습니까?"

묘개립의 시는 다음과 같았다.

> 부끄럽게 고기를 먹으면서 주인의 은혜에 깊이 감사하고,
> 온종일 몸을 웅크리고 비단 이불에 누워있네.
> 또한 지인(至人)을 본받아 흑과 백을 알았으니,[여기서는 고양이의 눈이 밝아 어둠 속에서도 사물을 볼 수 있음을 말하고 있음],
> 어찌 좋은 관직[爵: 爵은 雀과 통하는 글자로, 고양이가 참새를 잡아먹는 것을 말함]으로 내 마음을 움직일 수 있으랴!

성자허는 시가 매우 아름답다고 칭찬했다. 그러자 경거문이 말했다.

"그대는 나의 내력에 대해 자세히 모르면서 나를 왜곡하고 무시했소. 나는 본래 춘추시대(春秋時代) 상술(向戌: 춘추 시대의 宋國의 대부로, 어질기로 명성이 높았음. 戌은 地支에서 11번째 위치에 해당하는데, 바로 狗에 속함)의 후손인데, 그대는 나를 반호의 후손으로 알고 있으니, 이는 마치 진양(辰陽)을 방주(房州)에 비유하는 것처럼 나와는 아주 다른 것이오."

주중정은 두 사람이 계속해서 말다툼하는 것을 깊이 탓하며 이렇게 말했다.

"내 의료(宜僚: 春秋시대 楚國의 勇士로, 성은 熊이며 시장의 남쪽에 살았기 때문에 市南子라고도 불렸는데, 당시 해결하기 어려운 문제를 잘 해결했음)가 되어 두 사람의 화를 풀어주고 싶은데 괜찮겠습니까? 옛날 우리 집의 봉축보(逢丑父: 춘추시대 齊國의 대부. 12干支에서 丑은 牛에 해당되는데, 여기서 주중정은 그를 자신의 조상으로 삼음)는 사실 일찍이 상씨(向氏) 분황씨(棼皇氏)와 더불어 춘추시대 때 여러 차례 동맹을 맺었습니다. 지금 이곳에는 유명한 손님들이 모두 계신데, 두 분께서는 어찌하여 서로의 조상들을 헐뜯고 계십니까? 말씀 중에 갑자기 탄로라도 나면 성공의 비웃음만 사게 될 뿐입니다. 또한 시를 모두 읊어야 하니, 두 분께서는 잠시 멈추십시오."

그리하여 묘개립은 곧장 위씨 형제를 데리고 가 성자허와 인사를 시켜주었는데, 그들은 마치 자신이 옳다는 듯 으쓱대었다. 두 사람이 앞으로 오더니 형은 위장호(胃藏瓠)라고 했고, 동생은 위장립(胃藏立)이라고 했다. 성자호도 이름을 말하자, 위장호는 다시 자리를 돌면서 말했다.

"형님 아우님"

묘개립은 사람들 앞에서 위씨 형제를 다음과 같이 칭찬했다.

"초야에서 숨어살고 있지만, 그 명성은 명문 귀족들에게까지 알려져 있습니다. 위로는 별자리와 나란히하고[고대 천문학자들은 恒星을 三垣 二十八宿로 나누었는데, 서방의 白虎七宿 가운데 세 번째 별이 '胃星'임] 안으로는 간, 쓸개와 가장 가깝습니다. 게다가 진(秦) 땅의 팔수(八水: 涇水·渭水·灞水·滻水·澇水·潏水·灃水·滈水를 말함)는 실제 천부(天府: 關中의 平原을 말함)와 통해 있습니다. 또한 고림(故林)의 스무 집안은 대부분 함경(咸京: 秦나라의 수도 咸陽을 咸京이라 불렀고, 唐代에 와서는 長安이라 불렀음)에서 성장했습니다. 동생이 최근에 「구업시(舊業詩)」 한 수를 지었는데, 그때 사람들에게 큰 칭찬을 받았다고 합니다. 어떻게 한번 들어보시겠습니까?"

위장호가 대답했다.

"소자 외람되이 손님 자리에 앉아서 문인들이 구름같이 모여 있는 것을 보니 입을 떼려고 해도 먼저 부끄러움이 더 합니다. 지금 부득이하게 여러분들의 눈과 귀를 어지럽히게 되었습니다."

시는 다음과 같다.

조서(鳥鼠: 산 이름으로 지금의 甘肅省 渭源縣 서쪽에 있음)는 내 고향,
주왕(周王)은 옛날 이곳에서 인재를 만났다네[周王은 渭水가로 사냥을 나갔다가 그곳에서 太公을 만났음].
자묘(子卯: 地支가운데 子는 鼠에 속하고, 卯는 免에 속함)로부터 벗어난 이후로,
푸른 바다는 당연히 뽕나무밭이 되어있겠지.

묘개립은 훌륭하다고 칭찬했다.

"동생께서는 훗날 틀림없이 명망을 얻게 될 것입니다. 만약 공정한 이치가 남아있다면 이 문장은 영원히 없어지지 않을 것입니다."

위장호는 손을 모으고 몸을 구부려 감사의 인사를 했다.

"저는 조용한 곳에서 칩거하는 것이 마땅한데, 운이 좋아 여러 선비들을 모시게 되었습니다. 노형들께서 저를 지나치게 치켜세우는 바람에 제가 외람되게도 과찬을 듣고 있노라니 마치 가시를 등에 지고 있는 것 같습니다."

그 말에 그 자리에 있던 사람들이 모두 웃었다.

그때 성자허는 한창 다른 사람들의 시를 듣느라 자신의 문장을 읠 겨를이 없었기 때문에 그저 이렇게 말했다.

"여러 공들의 빼어난 재주와 아름다운 시는 소를 보고[도 안을 보지 않은 채] 칼을 놀리는 듯 합니다."

주중정은 성자허가 자기를 놀린다고 생각하고는 슬그머니 그 자리를 떴다. 고공은 주중정을 찾아도 보이지 않자 이렇게 말했다.

"주팔은 인사도 하지 않고 물러갔는데, 무엇 때문에 그런 것이오?"

노의마가 대답했다.

"주팔은 대대로 포씨(炮氏: 본래는 고기를 굽는다는 뜻이나, 여기서는 庖丁을 말함)와 원수지간이기 때문에 칼 가는 이야기가 듣기 싫어 떠나간 것입니다."

성자허는 자신의 불민함을 사죄했다.

그때 경거문만 유독 성자허와 논란을 벌이며 그에게 말했다.

"무릇 사람들이 출사하고 은거함에 있어 군자는 뛰어난 절개를 중히 여깁니다. 사나운 호랑이도 꼬리를 흔들면서 먹을 것을 구할 때가 있으니, 이는 기회를 엿보기 위해서입니다. 간혹 나를 알아주는 사람을 위해 짖기도 해야 하니 주인이 덕이 없다고 해서 그 뜻을 저버려서는 안 됩니다. 저는 재주가 없지만, 그래도 「언지(言志)」 두 편을 올려볼까 합니다."

시는 다음과 같았다.

> 군자를 섬기며 함께 즐거워하고 함께 근심하니,
> 어찌 술지게미만 다투다 만족해하며 뜻을 접어둘 수 있겠는가?
> 그루터기 지키면서 부질없이 토끼만 기다리지 않고,
> 종국에는 사슴을 쫓아 숲 밖으로 나가리라.
>
> 젊은 시절 일찍이 굶주린 매사냥용으로 쓰이고자 했기에,
> 진작부터 학처럼 총애 받고 싶은 마음먹지 않았네[春秋時代 魏懿公은 학을 좋아하여 길러서 대부들에게 바쳤는데, 이 때문에 수레에 앉아 다니는 학도 있었음].
> 가을 풀들 시들어 떨어지니 집을 떠나고 싶은 마음 간절하고,
> 너른 들판에 흩어져 있는 털과 피를 보니 사냥하고 싶은 마음 불러일으키네.

성자허는 계속 감탄하느라 그 날 밤의 고생을 모두 잊어버렸다. 그가 막 자신이 이전에 지은 작품을 자랑하려고 할 때 갑자기 저 멀리 절에서 종을 치는 소리가 들려왔는데, 그 순간 어깨를 나란히 하고 함께 앉아 있었던 사람들의 시끄러운 소리가 끊어졌다. 성자허가 자세히 보았더니 아무 것도 보이지 않았고 그저 눈보라가 창을 치고 있었으며 비린내가 코를 찌를 뿐이었다. 오직 쏴~하는 바람 소리에 무엇인가가 움직이는 것 같아 소리 높여 불러 모았지만, 아무도 대답하는 이가 없었다. 성자허는 정신이 멍해져 감히 앞을 더듬어 나아가지 못하고 뒤로 물러

나 묶어두었던 말을 찾았다. 말은 여전히 집의 서쪽 모퉁이에 있었는데 안장과 깔개에는 눈이 덮혀 있었으며 말은 기둥을 씹으면서 그 옆에 서 있었다. 성자허가 주저하는 사이에 이미 날이 밝아 사물을 분별할 수 있게 되었다. 성자허는 비로소 집 벽의 북쪽에 낙타 한 마리가 있는 것을 보았는데, 낙타는 배를 땅에 붙이고 두 귀를 늘어뜨린 채 되새김질하고 있었다.

성자허는 밤에 일어났던 기이한 일을 생각하면서 사방으로 그들을 찾아 나섰다. 그는 잠시 뒤에 방 밖의 북쪽 처마 아래에서 병들고 야윈 검은 당나귀[高公을 말함] 한 마리를 발견했는데, 등에 상처가 세 군데나 있었으며 흰털이 수북이 자라나 상처를 덮을 지경이었다. 머리를 들어 집의 북쪽 두공을 바라보는데, 언뜻 급히 달리는 물체가 있는 것 같기에 보았더니 다름 아닌 늙은 닭 한 마리[奚銳金을 말함]가 웅크리고 앉아 있었다. 불상을 모셔둔 불당의 평상 북쪽으로 가 보았더니 동서 양쪽에 걸쳐 수십 보 되는 공터가 하나 있었고, 창문 아래에 채색한 곳이 있었다. 그곳 사람들은 일찍이 떨어진 벼이삭을 주워 짚단으로 쌓아두었는데, 얼룩 고양이[苗介立] 한 마리가 그 위에서 잠을 자고 있었다. 그곳에서 멀지 않은 곳에 또 참으로 내가는 물을 담는 깨진 표주박이 하나 있었고, 목동이 버린 찢어진 삿갓 하나가 있었다. 성자허가 그것을 발로 차자 과연 고슴도치[胃氏兄弟를 말함] 두 마리가 그 안에서 꿈틀대며 움직였다.

성자허는 사방을 둘러보았지만 조용하기만 할 뿐 사람이라고 보이지 않았다. 또한 그는 간밤의 추위와 피곤함을 이기지 못해 곧장 고삐에 쌓인 눈을 떨어내고 말을 몰아 그곳을 떠나왔다. 성자허는 그곳을 돌아 마을의 북쪽으로 나와서 땔감으로 울타리를 쳐 놓은 오래된 밭을 지나가다가 소 한 마리가 눈 위에 누워서 여물을 씹고 있는 것을 보았다. 그곳에서 백 보 남짓 떨어지지 않은 곳에 온 마을 사람들이 손수레에 분뇨를 싣고 와서 그곳에 쌓고 있었다. 성자허가 거름더미 곁을 지나가는데, 개들이 그를 보고 짖어대기 시작했다. 그 가운데 개 한 마리[敬去文을 말함]는 털이 모두 발목까지 덮은 것이 그 모습이 아주 기이했으며 성자허를 흘겨보고 있었다. 성자허는 한참 동안 말을 몰아가다가 한 노인을 만났는데, 그는 새벽에 일어나 사립문을 열고 길가의 눈을 쓸고 있었다. 성자허가 말을 멈추고 그곳이 어디냐고 묻자 이렇게 대답했다.

"이곳은 이미 죽은 친구 우군(右軍) 팽특진(彭特進)의 장원입니다. 그런데 젊은이는 어제 밤에 어디에서 묵었소? 여행 중에 길을 잃어버리신 것 같군요."

그리하여 성자허는 어제 밤에 보았던 것을 말했다. 그러자 노인은 빗자루를 잡고 깜짝 놀라면서 말했다.

"크게 잘못될 뻔했구려! 크게 잘못될 뻔했어! 어제 밤에 눈보라가 아주 대단했었소. 장원에서는 이전부터 병든 낙타가 얼어 죽을 것을 두려워하여 낙타를 불당 북쪽으로 데리고 가 불사 아래서 불경을 염송했소. 며칠 전에 하음(河陰)의 관리가 고용한 파발꾼이 그곳을 지나가는데, 당나귀[廬倚馬를 말함] 한 마리가 몹시 힘들어하며 더 이상 앞으로 가려 하지 않았소. 나는 당나귀의 목숨을 불쌍하게 여겨 곡식 열 말과 바꾸어 그곳에 있게 하면서 또한 재갈도 씌우지 않았소. 그곳 우리 안에 있는 여윈 소는 모두 장원에서 기르던 것이오. 방금 당신의 말을 듣고 보니 그들이 무슨 까닭으로 이와 같은 난동을 부렸는지 모르겠소."

성자허가 말했다.

"어제 밤에 말안장에 실었던 짐은 모두 잃어버리고 지금 배도 고프고 또 몹시 춥습니다. 대충 말해서는 안 될 이야기지만 대체로 이와 같습니다. 지금 일일이 모두 말씀드리기는 곤란합니다."

성자허는 말을 채찍질하며 급히 달려 적수점에 이르러서 하인을 만났다. 하인은 주인을 잃어버리고는 놀라하다가 비로소 바쁘게 주인을 찾아 나서던 중이었다. 성자허는 계속해서 탄식하며 며칠 동안 마치 혼이 나간 사람처럼 지냈다.

前進士王洙字學源, 其先琅琊人. 元和十三年春擢第. 嘗居鄒魯間名山習業. 洙自云: 前四年時, 因隨籍入貢, 暮次滎陽逆旅, 値彭城客秀才成自虛者, 以家事不得就擧, 言旋故里. 遇洙, 因話辛勤往復之意. 自虛字致本, 語及人間目覩之異.

是歲, 自虛十有一月八日東還(乃元和八年也), 翼日, 到渭南縣, 方屬陰曀, 不知時之早晚. 縣宰黎謂留飮數巡, 自虛恃所乘壯, 乃命僮僕輜重, 悉令先於赤水店俟宿, 聊跼躅焉. 東出縣郭門, 則陰風刮地, 飛雪霧天. 行未數里, 迨將昏黑. 自虛僮僕, 旣悉令前去, 道上又行人已絶, 無可問程, 至是不知所屆矣.

路出東陽驛南, 尋赤水谷口道. 去驛不三四里, 有下塢, 林月依微, 略辨佛廟. 自虛啓扉, 投身突入, 雪勢愈甚. 自虛竊意佛宇之居, 有住僧. 將求委焉, 則策馬入. 其後纔認北橫數間空屋, 寂無燈燭. 久之傾聽, 微似有人喘息聲. 遂繫馬於西面柱, 連問: "院主和尙, 今夜慈悲相救." 徐聞人應: "老病僧智高在此, 適僮僕已出使村中敎化, 無從以致火燭. 雪若是, 復當深夜, 客何爲者? 自何而來? 四絶親隣, 何以取濟? 今夕脫不惡其病穢, 且此相就, 則免暴露. 兼撤所藉芻藁分用, 委質可矣." 自虛他計旣窮, 聞此內亦頗喜, 乃問: "高公生緣何鄕? 何故棲此?

又俗姓云何? 旣接恩容, 當還審其出處." 曰: "貧道俗姓安(以本身肉鞍之故也), 生在磧西. 本因捨力, 隨緣來詣中國. 到此未幾, 房院踈蕪, 秀才卒降, 無以供待, 不垂見怪爲幸." 自虛如此問答, 頗忘前倦, 乃謂高公曰: "方知探寶化城('城'原作'成', 據明鈔本改), 如來非妄立喩. 今高公是我導師矣. 高公本宗, 固有如是降伏其心之敎."

俄則沓沓然若數人聯步而至者, 遂聞云: "極好雪. 師丈在否?" 高公未應間, 聞一人云: "曹長先行." 或曰: "朱八丈合先行." 及聞人曰: "路其寬, 曹長不合苦讓, 偕行可也." 自虛竊謂人多, 私心益壯. 有頃, 卽似悉造座隅矣. 內謂一人曰: "師丈! 此有宿客乎?" 高公對曰: "適有客來詣宿耳." 自虛昏昏然, 莫審其形質. 唯最前一人, 俯簷映雪, 彷彿若見着皁裘者, 背及肋有搭白補處. 其人先發問自虛云: "客何故瑀瑀(丘圭反)然犯雪, 昏夜至此?" 自虛則具以實告. 其人因請自虛姓名. 對曰: "進士成自虛." 自虛亦從而語曰: "暗中不可悉揖淸揚, 他日無以爲子孫之舊, 請各稱其官及名氏." 便聞一人云: "前河陰轉運巡官, 試左驍衛冑曹参軍盧倚馬." 次一人云: "桃林客, 副輕車將軍朱中正." 次一人曰: "去文姓敬." 次一人曰: "銳金姓奚." 此時則似周坐矣. 初因成公應擧, 倚馬旁及論文. 倚馬曰: "某兒童時, 卽聞人詠師丈「聚雪爲山詩」, 今猶記得. 今夜景象, 宛在目中. 師丈有之乎?" 高公曰: "其詞謂何? 試言之." 倚馬曰: "所記云, 誰家掃雪滿庭前? 萬壑千峰在一拳. 吾心不覺侵衣冷, 曾向此中居幾年?" 自虛茫然如失, 口呿眸眙, 尤所不測. 高公乃曰: "雪山是吾家山. 往年偶見小兒聚雪, 屹有峯巒山狀. 西望故國悵然, 因作是詩. 曹長大聰明. 如何記得? 貧道舊時惡句, 不因曹長誠念在口, 實亦遺忘." 倚馬曰: "師丈騁逸步於遐荒, 脫塵機('機'當爲'羈')於維縶, 巍巍道德, 可謂首出儕流. 如小子之徒, 望塵奔走, 曷('曷'當爲'褐', 用毛色而譏之)敢窺其高遠哉? 倚馬今春以公事到城. 受性頑鈍, 闕下桂玉, 煎迫不堪, 且夕羈('羈'當爲'饑')旅. 雖勤勞夙夜, 料入況微, 負荷非輕, 常懼刑責. 近蒙本院轉一虛銜(謂'空驢'作'替驢'), 意在苦求脫免. 昨晚出長樂城下宿, 自悲塵中勞役, 慨然有山鹿野麋之志. 因寄同侶, 成兩篇惡詩. 對諸作者, 輒欲口占, 去放未敢." 自虛曰: "今夕何夕? 得聞佳句." 倚馬又謙曰: "不揆荒淺. 況師丈文宗在此, 敢呈醜拙邪?" 自虛苦請曰: "願聞. 願聞." 倚馬因朗吟其詩曰: "長安城東洛陽道, 車輪不息塵浩浩. 爭利貪前競著鞭, 相逢盡是塵中老(其一). 日晚長川不計程, 離羣獨步不能鳴. 賴有青青河畔草, 春來猶得慰('慰'當作'餵')羈('羈'當作'饑')情." 合座咸曰: "大高作." 倚馬謙曰: "拙惡! 拙惡!" 中正謂高公曰: "比聞朔漠之士, 吟諷師丈佳句絶多. 今此是穎川, 況側聆盧曹長所念, 開洗昏鄙, 意爽神清. 新製的多, 滿座渴咏, 豈不能見示三兩首, 以沃羣矚?" 高公請俟他日. 中正又曰: "眷彼名公悉至, 何惜兔園? 雅論高談, 抑一時之盛事. 今去市肆若遠, 夜艾興餘, 杯觴固不可求, 炮炙無由而致, 賓主禮闕, 慙恧空多. 吾輩方以觀心朶頤(謂齕草之性, 與師丈同), 而諸公通宵無以充腹, 報然何補." 高公曰: "吾聞嘉話可以忘乎饑渴. 秪如八郎, 力濟生人, 動循軌轍, 攻城犒士, 爲己所長. 但以十二因緣, 皆從觸(明鈔本'觸'作'觸')起, 茫茫苦海, 煩惱隨生. 何地而可見菩提('提'當作'蹄')? 何門而得離火宅(亦用事譏之)?" 中正對曰: "以愚所謂,「覆轍相尋, 輪廻惡道」先後報應, 事甚分明. 引領修行, 義歸於此." 高公大笑, 乃曰: "釋氏尙其清淨, 道成則爲正覺('覺'當爲'角'), 覺則佛也. 如八郎向來之談, 深得之矣." 倚馬大笑. 自虛又曰: "適來朱將軍再三有請和尙新製, 在小生下情, 寔願觀寶. 和尙豈以自虛遠客, 非我法中而見鄙之乎? 且和尙器識非凡, 岸谷深峻, 必當格韻才思, 貫絶一時. 妍妙清新, 擺落俗態, 豈終祕咳唾之餘思, 不吟一兩篇, 以開耳目乎?" 高公曰: "深荷秀才苦請, 事則難於固違. 況老僧殘疾衰羸, 習讀久廢, 章句之道, 本非所長, 却是朱八無端挑抉吾短, 然於病中偶有兩篇「自述」, 匠石能聽之乎?" 曰: "願聞." 其詩曰: "擁褐藏名無定蹤, 流沙千里度衰容. 傳得南宗心地後, 此身應便老雙峰. 爲有閻浮珍重因, 遠離西國赴咸秦. 自從無力休行道, 且作頭陀不繫身." 又聞滿座稱好聲, 移時不定.

去文忽於座內云: "昔王子猷訪戴安道於山陰, 雪夜皎然, 及門而返, 遂傳'何必見戴'之論, 當時皆重逸興. 今成君可謂以文會友, 下視袁安·蔣詡. 吾少年時, 頗負雋氣, 性好鷹鸇, 曾於此時, 畋遊馳騁. 吾故林在長安之巽維, 御宿川之東時(此處地名苟家觜也). 詠雪有「獻曹州房」一篇, 不覺詩狂所攻, 輒汚泥高鑒耳. 因吟詩曰: '愛此飄飄六出公! 輕瓊洽絮舞長空. 當時正逐秦丞相, 騰躑川原喜北風.' 獻詩訖, 曹州房頗甚賞僕此詩, 因難云: '呼雪爲公, 得無檢束乎?' 余遂徵古人尙有呼竹爲君, 後賢以爲名論, 用以證之. 曹州房結舌, 莫知所對. 然曹州房素非知詩者, 烏大嘗謂吾曰: '難得臭味同.' 斯言不妄. 今涉彼遠官, 忝東州軍事(義見『古今注』), 相去數千. 苗十(以五五之數, 故第十)氣候啞吒, 憑恃羣親, 索人承事. 魯無君子者, 斯焉取諸?" 銳金曰: "安敢當? 不見苗生幾日?" 曰: "涉旬矣. 然則苗子何在?" 去文曰: "亦應非遠. 知吾輩會於此, 計合解來." 居無幾, 苗生遽至. 去文僞爲喜意, 拊背曰: "適我願兮." 去文遂引苗生與自虛相揖, 自虛先稱名氏. 苗生曰: "介立姓苗." 賓主相諭之詞, 頗甚稠沓. 銳金居其側曰: "此時則苦吟之矣, 諸公皆由. 老奚詩病又發, 如何如何?" 自虛曰: "向者承奚生眷與之分非淺. 何爲尙吝瑰寶, 大失所望?" 銳金退而逡巡曰: "敢不貽廣席一噱乎?" 輒念三篇近詩云: "舞鏡爭鸞綵, 臨場定鶻拳. 正思仙仗日, 翹首仰樓前. 養鬪形如木, 迎春質似泥. 信如風雨在, 何憚跡卑棲? 爲脫田文難, 常懷紀渻恩, 欲知踈野態, 霜曉叫荒村." 銳金吟訖, 暗中亦大聞稱賞聲. 高公曰: "諸賢勿以武士見待朱將軍. 此公甚精名理, 又善屬文. 而乃猶無所言, 皮裏臧否吾輩, 抑將不可. 況成君遠客. 一夕之聚, 空門所謂多生有緣, 宿鳥同樹者也. 得不因此留異時之談端哉?" 中正起曰: "師丈此言, 乃與中正樹荊棘耳. 苟衆情疑阻, 敢不唯命是聽? 然盧探手作事, 自貽伊戚, 如何?" 高公曰: "請諸賢靜聽" 中正詩曰: "亂魯負虛名, 遊秦感甯生. 候驚丞相喘, 用識葛盧鳴. 黍稷滋農興, 軒車乏道情. 近來筋力退, 一志在歸耕." 高公歎曰: "朱八文華若此, 未離散秩, 引駕者又何人哉? 屈甚! 屈甚!" 倚馬曰: "扶風二兄, 偶有所繫(意屬自虛所乘). 吾家龜茲, 蒼文斃甚, 樂喧厭靜, 好事揮霍, 輿在結束, 勇於前驅(謂般輕貨首隊頭驢). 此會不至, 恨可知也." 去文謂介立曰: "胃家兄弟, 居處匪遙, 莫往莫來, 安用尚志? 『詩』云: '朋友攸攝,' 而使尚有遐心, 必須折簡見招, 鄙意頗成其美." 介立曰: "某本欲訪胃大夫, 方以論文興酬, 不覺遲遲耳. 敬君命予, 今且請諸公不起. 介立略到胃家卽回. 不然, 便拉胃氏昆季同至, 可乎?" 皆曰: "諾". 介立乃去.

無何, 去文於衆前, 竊是非介立曰: "蠢茲爲人, 有甚爪距? 頗聞潔廉, 善主倉庫, 其如蜡蛄之醜, 難以掩於物論何?" 殊不知介立與胃氏相携而來, 及門, 瞥聞其說. 介立擴袂大怒曰: "天生苗介立, 鬪伯比之直下, 得姓於楚遠祖棼皇茹, 分二十族, 祀典配享, 至於『禮經』(謂『郊特牲』八蜡, 迎虎迎猫也). 奈何一敬去文, 盤瓠之餘, 長細無別, 非人倫所齒, 只合馴狎稚子. 獰守酒旗, 諂同妖狐, 竊脂媚竈, 安敢言人之長短? 我若不呈薄藝, 敬子謂我咸秩無文, 使諸人異日藐我. 今對師丈念一篇惡詩, 且看如何?" 詩曰: "爲慙食肉主恩深, 日晏蟠蜿臥錦衾. 且學志人知白黑, 那將好爵動吾心!" 自虛頗甚佳歎. 去文曰: "卿不詳本末, 厚加矯誣. 我實春秋向戌之後, 卿以我爲盤瓠摘, 如辰陽比房, 於吾殊所華澗." 中正深以兩家獻酬未絕爲病, 乃曰: "吾願作宜僚以釋二忿, 可乎? 昔我逢丑父, 實與向家‧棼皇, 春秋時屢同盟會. 今座上有名客, 二子何乃互毀祖宗? 語中忽有綻露, 是取笑於成公齒冷也. 且盡吟詠, 固請息喧." 於是介立卽引胃氏昆仲與自虛相見, 初襜襜然若自色. 二人來前, 長曰胃藏瓠, 次曰藏立. 自虛亦稱姓名, 藏瓠又巡座云: "令兄令弟." 介立乃於廣衆延譽胃氏昆弟: "潛跡草野, 行著及於名族. 上參列宿, 親密內達肝膽. 況秦之八水, 實貫天府, 故林二十族, 多是咸京. 聞弟新有題「舊業詩」, 時稱甚美. 如何得聞乎?" 藏瓠對曰: "小子謬厠賓筵, 作者雲集, 欲出口吻, 先增慙怍. 今不得已, 塵汙諸賢耳目." 詩曰: "鳥鼠是家川, 周王昔獵賢. 一從離子卯(鼠免皆變爲蝟也), 應見海桑田." 介立稱好: "弟他日必負重名. 公道若存, 斯文不朽." 藏瓠歛躬謝曰: "藏瓠幽蟄所宜, 幸陪群彥. 兄揄揚太過, 小子謬當重言, 若負芒刺." 座客皆笑. 時自虛方聆諸客嘉什, 不暇自念己文, 但曰: "諸公清才綺靡, 皆是目牛遊刃." 中正將謂有譏, 潛然遁去. 高公求之不得, 曰: "朱八不告而退, 何也?" 倚馬對曰: "朱八世與炮氏爲讐, 惡聞發硎之說而去耳." 自虛謝不敏.

此時去文獨與自虛論詰, 語自虛曰: "凡人行藏卷舒, 君子尙其達節. 搖尾求食, 猛虎所以見幾. 或爲知己吠鳴, 不可以主人無德, 而廢斯義也. 去文不才, 亦有兩篇「言志」奉呈." 詩曰: "事君同樂義同憂, 那校! 糟糠滿志休? 不是守株空待免, 終當逐鹿出林丘." "少年嘗負饑鷹用, 內願曾無寵鶴心. 秋草颺除思去宇, 平原毛血興從禽." 自虛賞激無限, 全忘一夕之苦. 方欲自誇舊制, 忽聞遠寺撞鐘, 則比膊鏗然聲盡矣. 注目略無所覩, 但覺風雪透窓, 臊穢撲鼻. 唯窣颯如有動者, 而厲聲呼問, 絶無由答. 自虛心神怳惚, 未敢遽前捫摸, 退尋所繫之馬. 宛在屋之西隅, 鞍韉被雪, 馬則齕柱而立. 遲疑間, 曉色已將辨物矣. 乃於屋壁之北, 有橐駝一, 貼腹跪足, 偃耳齕口.

自虛覺夜來之異, 得以遍求之. 室外北軒下, 俄又見一瘁瘠烏驢, 連脊有磨破三處, 白毛茁然將滿. 擧視屋之北栱, 微若振迅有物, 乃見一老雞蹲焉. 前及設像佛宇塐座之北, 東西有隙地數十步, 牖下皆有彩畫處. 土人曾以麥穩(明鈔本'穩'作'麩')之長者, 積於其間, 見一大駁猫兒眠於上. 咫尺又有盛餉田漿破瓠一, 次有牧童所棄破笠一. 自虛因蹴之, 果獲二刺蝟, 蠕然而動.

　自虛周求四顧, 悄未有人. 又不勝一夕之凍乏, 乃攬轡振雪, 上馬而去. 繞('繞'原作'周', 據明鈔本改)出村之北, 道左經柴欄舊圃, 覩一牛踏雪齕草. 次此不百餘步, 合村悉輦糞幸此蘊崇. 自虛過其下, 群犬喧吠, 中有一犬. 毛悉齊髁, 其狀甚異, 睥睨自虛. 自虛驅馬久之, 値一叟, 關荊扉, 晨興開徑雪. 自虛駐馬訊焉, 對曰: "此故友右軍彭特進莊也. 郎君昨宵何止? 行李間有似迷途者." 自虛語及夜來之見. 叟倚篲驚訝曰: "極差! 極差! 昨晚天氣風雪. 莊家先有一病橐駝, 慮其爲所斃, 遂覆之佛宇之北, 念佛社屋下. 有數日前, 河陰官脚過, 有乏驢一頭, 不任前去. 某哀其殘命未捨, 以粟斛易留之, 亦不羈絆. 彼欄中瘠牛, 皆莊家所畜. 適聞此說, 不知何緣如此作怪." 自虛曰: "昨夜已失鞍馱, 今餒凍且甚. 事有不可率話者, 大略如斯. 難於悉述." 遂策馬奔去, 至赤水店, 見僮僕. 方訝其主之相失, 始忙於求訪. 自虛慨(明鈔本'慨'作'憮')然, 如喪魂者數日.

태평광기 권제 491 잡전기 8

1. 사소아전(謝小娥傳)
2. 양창전(楊娼傳)
3. 비연전(非煙傳)

491·1(6832)
사소아전(謝小娥傳)(李公佐譔)

   소아(小娥)는 사씨(謝氏)이며 예장(豫章) 사람으로 상인의 딸이었다. 그녀는 여덟 살 때 어머니를 잃었으며 후에 역양(歷陽)의 협사(俠士) 단거정(段居貞)에게 시집갔다. 단거정은 기세가 드높고 의리를 중히 여기면서 영웅호걸들과 교류했다. 사소아의 아버지는 어마어마한 재산을 축적해 놓고 있었으나 상인들 틈에 끼어 이름을 숨긴 채 늘 사위 단거정과 함께 같은 배를 타고 다니면서 강호(江湖)를 오갔다. 그때 사소아는 14살이었는데, 막 쪽을 지자마자 아버지와 남편이 모두 도적에게 살해당하고 금과 비단 모두를 약탈당하고 말았다. 단거정의 형제들과 사소아의 조카들, 그리고 동복(僮僕)들 수십 명도 모두 강물에 빠져 죽었으며 사소아 역시 가슴에 상처를 입고 다리가 부러진 채 물속을 떠나려가다가 다른 배에 구조되었다. 그녀는 하룻밤 만에 다시 살아나서 여기저기 떠돌면서 동냥을 한 끝에 상원현(上元縣)에 도착한 다음 묘과사(妙果寺)의 비구니 정오(淨悟)의 방에 몸을 맡겼다. 그 전에 처음 아버지가 죽던 날에 사소아의 꿈에 아버지가 나타나 이렇게 말했다.

  "나를 죽인 자는 거중원(車中猴) 문동초(門東草)이다."

  또 며칠 뒤에 남편이 다시 꿈에 나타나 말했다.

  "나를 죽인 자는 화중주(禾中走) 일일부(一日夫)이오."

사소아는 그 꿈의 뜻을 이해할 수 없어 그 말들을 적은 다음 똑똑하다는 사람들을 널리 찾아다니며 해석해달라고 했으나 몇 년 동안이고 [그 뜻을 알고 있는 사람을] 만날 수 없었다.

원화(元和) 8년(813) 봄에 나는 강서종사(江西從事) 자리를 마치고 작은 배를 타고서 동쪽으로 내려가는 길에 건업(建業)에서 정박하다가 와관사(瓦官寺) 전각에 올랐다. 그곳에 제물(齊物)이라는 스님이 있었는데, 그 스님은 인재를 중히 여기고 학문을 좋아해 나와 사이가 좋았다. 스님이 한번은 내게 이런 말을 했다.

"소아라는 이름의 과부가 매일 절에 찾아와 제게 12자의 수수께끼 같은 글자를 보여주는데, 저는 도저히 알 도리가 없습니다."

내가 제공(齊公: 齊物 스님)에게 종이에다 한번 적어보라고 했더니 난간에 기대 공중에 대고 글씨를 썼는데, 나는 잠자코 생각을 모은 끝에 좌중(座中)이 미처 지루해 하기도 전에 그 글의 뜻을 이해할 수 있었다. 그래서 나는 절의 가동을 시켜 속히 사소아를 앞으로 데려오게 한 다음 자초지종을 캐물었다. 그러자 사소아는 한참동안 흐느껴 울다가 말했다.

"제 아버지와 남편이 모두 도적에게 살해되었는데, 그 뒤로 꿈에 아버지가 나타나 제게 말하길 '나를 죽인 자는 거중후 문동초이다'라고 했으며 또 남편이 꿈에 나타나 '나를 죽인 자는 화중주 일일부이오'라고 말했습니다. 그렇지만 오랜 세월 동안 그 뜻을 이해하는 사람이라곤 아무도 없었습니다."

내가 말했다.

"만일 그렇다면 내 정확히 알겠소. 당신의 아버지를 죽인 사람은 신란(申蘭)이라는 자이고 당신의 남편을 죽인 사람은 신춘(申春)이라는 자요. '거중후'란 '거(車)' 자에서 위아래 각각 한 획씩을 없애고 [가운데만 남기면] '신(申)' 자가 되며, 신은 원숭이에 속하기 때문에 '거중후'라고 했던 것이오. '초(草)' 자 아래에 '문(門)' 자가 있고, '문' 자 가운데 '동(東)' 자가 있는 것은 바로 '난(蘭)' 자요. 또 '화중주'란, 밭을 가로 질러 간다는 뜻이니 역시 '신' 자요. '일일부'라는 것은 '부(夫)' 자 위에 한 획이 더 있다는 것이고 그 아래 '일(日)' 자가 있다는 것이니, 이는 바로 '춘(春)' 자인 것이오. 이것으로 당신 아비를 죽인 자는 바로 신란이고 당신 남편을 죽인 자는 바로 신춘임을 분명히 알 수 있소."

그러자 사소아는 목 놓아 울며 재배하고는 '신란·신춘' 이 네 글자를 옷 속에 써 넣고 그 두 도적을 죽여 원한을 갚고야 말 것임을 맹세했다. 사소아는 나의 성씨와 집안에 대해 물은 다음 눈물을 흘리며 떠나갔다.

그 후 사소아는 남장을 하고 강호 일대에서 품팔이를 했는데, 일년 남짓 뒤에 심양군(潯陽郡)에 갔을 때 대나무 문 위에 종이로 '일꾼 찾음'이라는 간판이 걸려있는 것을 보게 되었다. 이에 사소아가 그 집을 찾아들어가 모집에 응하면서 그 주인이 누구냐고 물었더니 바로 신란이라고 했다. 신란은 그녀를 안으로 데리고 들어갔다. 사소아는 비록 속으로는 분노가 일었으나 겉으로는 유순한 체 하며 신란을 옆에서 모셨기에 지극한 아낌을 받았다. 신란은 금과 비단을 내보내고 들이는 일도 모두 사소아에게 맡겼는데, 그렇게 2년 남짓한 세월이 흘렀어도 사소아가 여자라는 사실을 끝내 알지 못했다. 이전에 사씨네 있었던 금은보화와 비단, 그리고 옷가지와 기물 등은 모두 약탈되어 신란의 집에 있었는데, 사소아는 옛날 물건들을 손으로 만질 때마다 한참동안 몰래 눈물 흘리지 않은 적이 없었다. 신란과 신춘은 사촌형제 지간이었다. 당시 신춘네 식구는 대강(大江) 북쪽에 있는 독수포(獨樹浦)에 살고 있으면서 신란과 자주 왕래하며 관계가 아주 돈독했다. 신란과 신춘은 함께 집을 떠났다가 한 달이 지나면 아주 많은 돈과 비단을 가지고 돌아왔다. 그는 매번 사소아를 집에 남겨두면서 신란의 아내 난씨(蘭氏)와 함께 집안을 지키게 했는데, 그러면 난씨는 사소아에게 술과 음식, 의복 등을 풍성하게 주었다.

어느 날 신춘이 얼룩무늬 잉어와 술을 들고 신란을 찾아오자 사소아가 몰래 탄식하며 말했다.

"이군(李君: 李公佐)의 깊은 깨달음과 현묘한 식견은 모두 꿈속에서 들었던 말과 맞아떨어졌다. 이는 하늘이 그의 마음을 열어준 것이니 내 곧 뜻을 이룰 수 있겠구나."

그날 저녁에 신란과 신춘이 서로 만나자 여러 도적들도 다 모여들어 실컷 술을 마셨는데, 흉악한 무리들이 떠난 뒤 신춘은 몹시 술에 취해 안방에 누워있었고 신란 역시 마당에 나와 한데서 자고 있었다. 이에 사소아는 몰래 신춘을 방에 가둔 다음 차고 있던 칼을 뽑아들어 신란의 목을 베었다. 그리고는 소리를 질러 이웃들을 모두 불러 모았는데 [이웃이 와서 보니], 신춘은 방안에 감금되어 있었고 신란은 밖에서 죽어 있었다. 사소아가 그들이 훔쳐와 쌓아놓았던 재물을 꺼내보니 모두 합쳐 천만 냥이나 되었다. 사소아는 애초부터 신란과 신춘의 일당 수십 명의 이름을 몰래 기억해놓고 있다가 그들을 모조리 잡아들여 죽였다. 그때 심양태수(潯陽太守)로 있던 장공(張公)이 사소아의 지조 높은 행실을 가상히 여겨 정려문(旌閭門)을 짓고 그 행실을 표창한 덕에 그녀는 죽음을 면할 수 있었다. 그때는 원화 12년(817) 여름이었다.

아버지와 남편의 원수를 다 갚고 고향으로 돌아와 친척들을 만나니 마을의 호족(豪族)들이 앞 다투어 그녀에게 청혼했다. 그러나 그녀는 재가하지 않을 것을 맹세하고는 결국 머리를 깎고 베옷을 입은 뒤 우두산(牛頭山)으로 도를 찾아 나섰다가 대사니(大士尼: 덕망 높은 여승) 장률사(張律師)를 섬기게 되었다. 사소아는 굳은 절개로써 고행했으며, 서리 맞으며 방아 찧고[본문은 '霜春雨薪'이라 되어있으나 의미상 '春'은 '舂'의 오기로 보이기에 고쳐 번역함] 빗속에 땔나무를 하면서 지칠 줄을 몰랐다. 원화 13년(818) 4월에 그녀는 비로소 사주(泗州) 개원사(開元寺)에서 구계(具戒: 具足戒. 比丘나 比丘尼의 一切의 戒. 比丘는 250계가 있고 比丘尼는 500계가 있음)를 받았는데, 소아라는 이름으로 법명을 삼았으니, 이는 그 근본을 잊지 않겠다는 뜻이었다.

그해 여름이 되어서야 나는 장안(長安)으로 돌아갔는데, 도중 사수(泗水) 가를 지나면서 선의사(善義寺)에 들러 대덕니(大德尼) 영조(令操)를 만나 뵈었다. 그때 막 구계를 받은 사람 수십 명이 머리를 정갈하게 깎고 깨끗한 가사를 두르고서 위엄 있고 온화한 자태로 스님들 옆에 늘어서 모시고 있었다. 그중 한 비구니가 영조 스님에게 물었다.

"이 관리께서는 혹 홍주(洪州)의 이판관(李判官)이신 이십삼랑(二十三郞)이 아니십니까?"

스님이 말했다.

"그렇다."

그 비구니가 말했다.

"제가 집안의 원수를 갚고 원한을 씻을 수 있었던 것도 모두 판관님의 은혜 덕분이었습니다."

그러면서 나를 돌아보며 슬피 울었는데, 내가 그녀를 알아보지 못하고서 어찌된 영문이냐고 묻자 사소아가 대답했다.

"저의 이름은 소아로 바로 예전에 걸식하며 지내던 바로 그 과부입니다. 판관님께서 그때 신란과 신춘 두 도적 이름의 뜻을 풀어주셨는데, 혹 기억하지 못하시겠는지요?"

내가 말했다.

"처음엔 잘 기억나지 않더니 지금은 기억이 났소."

사소아는 울다가 자기가 신란과 신춘의 이름을 기록해 놓은 뒤 아버지와 남편의 원수를 갚아 뜻하던 바를 대략 이루게 될 때까지의 고생스러웠던 일의 과정을 상세히 고했다. 그런 다음 다시 내게 말했다.

"판관 어른의 은혜에 보답할 날이 언젠가는 있을 것이니 어찌 헛되게 할 수 있겠습니까!"

아아! 내가 두 도적의 성과 이름을 판별해 내 사소아는 결국 아버지와 남편의 원수를 갚을 수 있었으니, 하늘의 도가 어둡지 않음을 명백히 알 수 있다. 사소아는 용모가 후덕하고 말에 깊이가 있었으며 총명하고 몸가짐이 단정했다. 또한 손가락을 사르고 발을 절룩거리며 진리를 구할 것을 맹세하여 불문에 귀의한 뒤부터 솜옷과 비단 옷을 입지 않았으며 소금과 식초를 먹지 않았다. 또한 율의(律儀: 律儀斷이라고도 하는데, 戒律을 견지하고 威儀를 준수하며 일체의 惡을 단질하는 것을 의미함)와 선리(禪理)가 아니면 말하는 법이 없었다. 며칠 뒤에 그녀는 우두산으로 돌아간다며 내게 고해왔는데, 작은 배를 타고 회수(淮水)를 건너 남국(南國)을 떠돌아다녔기에 나는 다시는 그녀를 만날 수 없었다.

군자가 말했다.

"맹세한 뜻을 저버리지 않고 아버지와 남편을 위해 복수한 것은 바로 절개이다. 일꾼들 틈에 끼어 있으면서 남들로 하여금 자신이 여자라는 사실을 모르게 한 것은 바로 정숙함이다. 여자의 행실은 오직 정숙함과 절개만을 처음부터 끝까지 지킬 수 있어야 할 뿐이다. 사소아와 같은 이는 세상에서 도를 거스르고 윤리를 어지럽히는 사람들의 마음에 경계가 될 만하며 천하의 정부효부(貞夫孝婦)의 절개를 족히 볼 수 있다."

내가 그 이전에 있었던 일을 상세히 알고 나서 보니 숨겨진 글의 뜻을 판별해 낸 것이 은연중에 유명 세계의 일과도 부합되며 사람의 마음과도 일치한다. 훌륭한 것을 알고도 기록하지 않는다면『춘추(春秋)』의 대의가 아니기에 이에 기록하여 그녀의 아름다움을 기린다.

小娥姓謝氏, 豫章人, 佔客女也. 生八歲喪母, 嫁歷陽俠士段居貞. 居貞負氣重義, 交遊豪俊. 小娥父畜巨産, 隱名商賈間, 常與段壻同舟貨, 往來江湖. 時小娥年十四, 始及笄, 父與夫俱爲盜所殺, 盡掠金帛. 段之弟兄, 謝之生姪, 與僮僕輩數十悉沉於江, 小娥亦傷胸折足, 漂流水中, 爲他船所獲. 經夕而活, 因流轉乞食至上元縣, 依妙果寺尼淨悟之室. 初父之死也, 小娥夢父謂曰:"殺我者, 車中猴, 門東草." 又數日, 復夢其夫謂曰:"殺我者, 禾中走, 一日夫." 小娥不自解悟, 常書此語, 廣求智者辨之, 歷年不能得.

至元和八年春, 余罷江西從事, 扁舟東下, 淹泊建業, 登瓦官寺閣. 有僧齊物者, 重賢好學, 與余善. 因告余曰:"有孀婦名小娥者, 每來寺中, 示我十二字謎語, 某不能辨." 余遂請齊公書於紙, 乃憑檻書空, 凝思默慮, 坐客未倦, 了悟其文. 令寺童疾召小娥前至, 詢訪其由. 小娥嗚咽良久, 乃曰: "我父及夫, 皆爲賊所殺, 邇後嘗夢父告曰: '殺我者, 車中猴, 門東草', 又夢夫告曰: '殺我者, 禾中走, 一日夫.' 歲久無人悟之." 余曰: "若然者, 吾審詳矣. 殺汝父是申蘭, 殺汝夫是申春. 且'車中猴', '車'字, 去上下各一畫, 是'申'字, 又申屬猴, 故曰'車中猴'. '草'下有'門', '門'中有'東', 乃'蘭'字也. 又'禾中走', 是穿田過, 亦是'申'字也. '一日夫'者, '夫'上更一畫, 下有日, 是'春'字也. 殺汝父是申蘭, 殺汝夫是申春, 足可明矣." 小娥慟哭再拜, 書'申蘭·申春'四字於衣中, 誓將訪殺二賊, 以復其冤. 娥因問余姓氏官族, 垂涕而去.

爾後小娥便爲男子服, 傭保於江湖間, 歲餘, 至潯陽郡, 見竹戶上有紙牓子, 云'召傭子'. 小娥乃應召詣門, 問其主, 乃申蘭也. 蘭引歸. 娥心憤貌順, 在蘭左右, 甚見親愛. 金帛出入之數, 無不委娥, 已二歲餘, 竟不知娥之女人也. 先是謝氏之金寶錦繡, 衣物器具, 悉掠在蘭家, 小娥每執舊物, 未嘗不暗泣移時. 蘭與春, 宗昆弟也. 時春一家住大江北獨樹浦, 與蘭往來密洽. 蘭與春同去經月, 多獲財帛而歸. 每留娥與蘭妻('妻'原作'宴', 據許本改)(陳校本'蘭'作'梁')氏同守家室, 酒肉衣服, 給娥甚豐.

或一日, 春携文鯉兼酒詣蘭, 娥私歎曰: "李君精悟玄鑒, 皆符夢言. 此乃天啓其心, 志將就矣." 是夕, 蘭與春會, 羣賊畢至, 酣飲, 暨諸兇旣去, 春沉醉, 臥於內室, 蘭亦露寢于庭. 小娥潛鏁春於內, 抽佩刀, 先斷蘭首. 呼號隣人並至, 春擒於內, 蘭死於外, 獲贓收貨, 數至千萬. 初, 蘭·春有黨數十, 暗記其名, 悉擒就戮. 時潯陽太守張公, 善娥節('娥節'二字原空闕, 據陳校本補)行, 爲具其事上('爲具其事上'五字原空闕, 據黃本補)旌表, 乃得免死. 時元和十二年夏歲也.

復父夫之讐畢, 歸本里, 見親屬, 里中豪族爭求聘. 娥誓心不嫁, 遂剪髮披褐,訪道於牛頭山, 師事大士尼蔣('蔣'原作'將', 據陳校本改)律師. 娥志堅行苦, 霜春雨薪, 不倦筋力. 十三年四月, 始受具戒於泗州開元寺, 竟以小娥爲法號, 不忘本也.

其年夏月, 余始歸長安, 途經泗濱, 過善義寺, 謁大德尼令操. 見新戒('見新戒'原作'戒新見', 据陳校本改)者數十, 淨髮鮮帔, 威儀雍容, 列侍師之左右. 中有一尼問師曰: "此官豈非洪州李判官二十三郎者乎?" 師曰: "然." 曰: "使我獲報家仇, 得雪冤恥, 是判官恩德也." 顧余悲泣, 余不之識, 詢訪其由, 娥對曰: "某名小娥, 頃乞食孀婦也. 判官時爲辨申蘭‧申春二賊名字, 豈不憶念乎?" 余曰: "初不相記, 今卽悟也." 娥因泣, 具寫記申蘭‧申春, 復父夫之仇, 志願粗('粗'原作'相', 据陳校本改)畢, 經營終始艱苦之狀. 小娥又謂余曰: "報判官恩, 當有日矣, 豈徒然哉!"

嗟乎! 余能辨二盜之姓名, 小娥又能竟復父夫之讐冤, 神道不昧, 昭然可知. 小娥厚貌深辭, 聰敏端特. 鍊指跛足, 誓求眞如, 爰自入道, 衣無絮帛, 齋無鹽酪. 非律儀禪理, 口無所言. 後數日, 告我歸牛頭山, 扁舟汎淮, 雲遊南國, 不復再遇.

君子曰: "誓志不捨, 復父夫之讐, 節也. 傭保雜處, 不知女人, 貞也. 女子之行, 唯貞與節, 能終始全之而已. 如小娥, 足以儆天下逆道亂常之心, 足以觀天下貞夫孝婦之節."

余備詳前事, 發明隱文, 暗與冥會, 符於人心. 知善不錄, 非『春秋』之義也, 故作傳以旌美之.

491・2(6833)
양창전(楊娼傳)(房千里譔)

양창은 장안리(長安里)에 사는 절세미녀였다. 그녀는 자태가 매우 세련되었으며 고운 얼굴에 자부심을 지니고 있었다. 왕공대부들이나 돈 많은 사람들이 손님을 접대할 때면 앞 다투어 그녀를 술자리에 불렀는데, 그럴 때면 비록 술을 마시지 않는 사람이라 할지라도 그녀로 인해 한잔 가득 부어 마시며 실컷 즐기곤 했다. 장안에 사는 젊은이들은 한번 그녀의 집을 찾아갔다 하면 거의 망하거나 가산을 탕진하는 지경에까지 이르렀어도 후회하지 않았다. 이로 말미암아 양창의 이름은 기적(妓籍)에 올라있는 기녀들 중 으뜸이 되어 당시 가장 잘 나가는 기녀가 되었다.

영남절도사(嶺南節度使) 아무개는 귀족집안 자제였다. 그의 아내는 황제의 외척집안 딸이었는데, 영남절도사에게 몹시 사납게 대했다. 그의 아내는 먼저 그와 약조하길, 만일 다른 뜻을 품는 날에는 칼에 맞아 죽을 것이라고 했다. 절도사는 나이도 젊고 또 귀족 출신이었기에 색을 밝혔으나 아내가 두려운 나머지 원하는 바를 이룰 길이 없었다. 이에 몰래 많은 뇌물을 먹여 창기 명부에서 양창의 이름을 없앤 뒤 데리고 남해(南海)로 돌아온 다음 남의 집에 머물게 했다. 공무가 없는 여가 시간이면 그녀와 함께 있다가 저녁이 되면 몰래 집으로 돌아갔다. 양창은 매우 현명해서 절도사를 조심스럽게 모셨다. 그녀는 평상시에 아녀자가 해야 할 일을 스스로 지켰으며 도리가 아니면 함부로 말하는 법이 없었다. 그녀는 절도사를 옆에서 극진히 모셨기에 그의 환심을 살 수 있었으며 절도사는 더욱 더 그녀를 총애하게 되었다.

양창과 함께 지낸 지 한 일년 만에 절도사는 병을 얻어 일어나지조차 못하게 되는데, 오로지 양창 생각뿐이었으나 아내가 두려웠다. 그는 본디 감군사(監軍使)와 친분이 두터웠다. 그래서 몰래 사람을 보내 자신의 뜻을 전달하면서 방법을 좀 알아보게 했다. 그러자 감군이 절도사의 아내를 속이며 이렇게 말했다.

"장군(將軍)의 병이 위중하여 내 병시중 잘 들고 음식에 뛰어난 사람을 구해 돌보게 하려 하는데, 그러면 병이 곧 나아지실 겁니다. 제게 좋은 하녀가 한 명 있는데, 오래도록 귀족 집안에서 일을 해왔으며 하는 일마다 다 남의 마음에 들었습니다. 청컨대 부인께서 제 말대로 그 하녀로 하여금 장군의 몸을 돌보게 하심이 어떠신지요?"

아내가 말했다.

"중귀인(中貴人: 內官. 唐代에는 監軍使를 대부분 환관들이 맡았음. 여기서는 앞의 監軍使를 가리킴)은 믿을 만한 사람이니 정말 그러하다면 제게도 나쁠 것이 없겠지요. 어서 그 하녀를 불러오도록 하세요."

감군은 즉시 양창에게 명해 하녀인 척 꾸미고 가 절도사를 만나보게 했다. 그러나 계획이 채 시행되기도 전에 일이 누설되어 절도사의 아내는 건장한 하녀 수십 명을 거느리고 흰 몽둥이를 늘어놓은 채 마당에 시뻘겋게 달아오른 기름 솥을 벌여놓고서 그녀를 기다리고 있었다. 잠시 뒤에 양창이 도착하면 그녀를 바로 끓는 솥에 던져 넣으려던 참이었는데, 그때 절도사가 그 소리를 듣고 크게 두려워 떨며 급히 양창을 오지 못하도록 막으라고 했다. 그러면서 또 이렇게 말했다.

"나 하나의 생각으로 인해 하마터면 너까지 연루시킬 뻔 했구나. 지금 다행히 내가 아직 죽지 않았으니 호랑이 입에서 반드시 빠져나갈 수 있도록 해주겠다. 그렇지 않으면 돌이킬 수 없게 될 것이야."

그리고는 기이한 보물들을 잔뜩 보내면서 가동에게 명해 작은 거룻배로 그녀를 호위하여 북쪽으로 돌려보내게 했다. 그때부터 절도사의 원한은 더욱 깊어져 열흘도 못 넘기고 죽고 말았다. 양창이 막 홍주(洪州)에 도착했을 때에 절도사의 부고가 들려오자 그녀는 절도사가 준 재물을 모두 돌려보내고 신위를 차려놓은 뒤 곡하며 말했다.

"장군께서 소첩으로 인해 돌아가셨군요. 장군께서 돌아가셨는데 소첩이 살아 무엇 한답니까? 소첩이 어찌 장군님 혼자 외롭게 남겨둘 수 있겠습니까?"

이렇게 말하고는 제단을 치우고서 죽어버렸다.

기녀란 미색으로 남을 섬기는 자이니 자기에게 이로움이 없다면 어울리지 않는 법이다. 그러나 양창은 절도사에게 죽음으로써 보답했으니 의롭다 하겠으며 절도사로부터 받은 재물을 돌려주었으니 청렴하다 하겠다. 비록 같은 기녀이지만 천양지차로다!

楊娼者, 長安里中之殊色也. 態度甚都, 復以冶容自喜. 王公鉅人享客, 競邀致席上, 雖不飲者, 必爲之引滿盡歡. 長安諸兒一造其室, 殆至亡生破産而不悔. 由是娼之名冠諸籍中, 大售於時矣.

嶺南帥甲, 貴遊子也. 妻本戚里女, 遇帥甚悍. 先約, 設有異志者, 當取死白刃下. 帥幼貴, 喜婬, 內苦其妻, 莫之措意. 乃陰出重賂, 削夫娼之籍, 而挈之南海館之他舍. 公餘而同, 夕隱而歸. 娼有慧性, 事帥尤謹. 平居以女職自守, 非其理, 不妄發. 復厚帥之左右, 咸能得其歡心, 故帥益嬖之.

會間歲, 帥得病, 且不起, 思一見娼, 而憚其妻. 帥素與監軍使厚, 密遣導意,使爲方略. 監軍乃紿其妻曰: "將軍病甚, 思得善奉侍煎調者視之, 瘳當速矣. 某有善婢, 久給事貴室, 動得人意. 請夫人聽以婢安將軍四體, 如何?" 妻曰: "中貴人, 信人也, 果然, 於吾無苦耳. 可促召婢來." 監軍卽命娼冒爲婢以見帥. 計未行而事洩, 帥之妻乃擁健婢數十, 列白挺, 熾膏鑊於廷而伺之矣. 須其至, 當投之沸鬲, 帥聞而大恐, 促命止娼之至. 且曰: "此自我意, 幾累於渠. 今幸吾之未死也, 必使脫其虎喙. 不然, 且無及矣." 乃大遺其奇寶, 命家僮傍輕舸, 衛娼北歸. 自是帥之憤益深, 不踰旬而物故. 娼之行適及洪矣, 聞至, 娼乃盡返帥之賂, 設位而哭曰: "將軍由妾而死, 將軍且死, 妾安用生爲? 妾豈孤將軍者耶?" 卽撤奠而死之.
　夫娼以色事人者也, 非其利則不合矣. 而楊能報帥以死, 義也, 却帥之賂, 廉也. 雖爲娼, 差足多乎!

491·3(6834)
비연전(非煙傳)(皇甫枚譔)

　임회(臨淮) 사람 무공업(武公業)은 함통연간(咸通年間: 860~874)에 하남부(河南府) 공조참군(功曹參軍)으로 있었다. 그의 애첩은 이름이 비연이고 성은 보씨(步氏)였는데, 용모와 행동거지가 모두 아름다웠으며 비단 옷조차 이겨낼 수 없을 정도로 가냘팠다. 그녀는 진성(秦聲: 秦 지방에서 불리던 俗謠)에 능했고 글 짓는 데도 뛰어났으며 특히 구(甌: 질그릇처럼 생긴 타악기 이름)를 두드리며 박자 맞추는 것을 잘했는데, 그러면 그 소리가 악기 반주와 잘 어우러졌다. 무공업은 그녀를 매우 총애했다. 그의 이웃에 천수(天水) 조씨(趙氏)의 저택이 있었다.

조씨는 벼슬아치인지라 그 이름을 일러둘 수 없다. 그의 아들 조상(趙象)은 용모가 수려하고 문장에 뛰어났다. 그는 겨우 약관(弱冠)의 나이에 상을 당했는데 그러던 어느 날 남쪽 담장 틈새로 비연의 모습을 바라보고는 넋이 다 나가버려 식음을 전폐하고 잠자는 것조차 잊어버렸다. 이에 그는 무공업의 집 문지기를 매수한 다음 자신의 마음을 말했다. 문지기는 난색을 표했으나 결국 많은 이익에 마음이 움직여 자신의 아내로 하여금 비연이 한가하게 있을 때를 기다렸다가 조상의 뜻을 상세히 고하게 했다. 그러자 비연은 그 말을 다 듣고서 그저 미소를 머금은 채 그윽이 바라만 볼 뿐 아무런 대답도 하지 않았다. 문지기의 아내가 그 이야기를 모두 조상에게 했더니 조상은 마음이 동요되어 미칠 것만 같아 어찌할 바를 몰라 하더니 설도전(薛濤箋: 唐代의 기녀인 薛濤가 창안한 8행의 붉은 줄을 친 편지지. 八行箋이라고도 함)을 가져와 다음과 같은 절구(絶句)를 지었다.

    경국지색을 한번 보고난 뒤,
    속된 마음일어 스스로가 원망스러울 뿐.
    소사(蕭史: 통소를 잘 불었으며 秦穆王의 딸 弄玉과 결혼했음. 농옥에게 통소를 불어 봉황 소리 내는 법을 가르치자 봉황이 그 집 위에 와서 머물렀음. 진목왕은 이에 鳳臺를 지어 그들 부부를 살게 했는데, 훗날 함께 봉황을 타고 날아가 버렸음)를 따라가지 말고,
    아란(阿蘭: 杜蘭香.『搜神記』에 따르면 신선인 杜蘭香이 張碩의 집에 찾아 내려왔다고 함)을 흉내 내 이리 오시기를.

그리고는 적은 시를 밀봉한 다음 문지기 아내에게 부탁해 비연에게 전해달라고 했다. 비연은 그 시를 다 읽은 뒤 한참동안 탄식하다가 문지기 아내에게 말했다.

"나도 일찍이 조랑(趙郎: 趙象)의 모습을 보았는데, 재주와 용모가 빼어나더군요. 그러나 저는 평생 박복하여 그 사람과 어울릴 수 없어요."

이 말은 무생(武生: 武工業)이 너무 거칠고 포악함을 업신여겨 그가 결코 좋은 짝이 아님을 의미했던 것이다. 비연은 다시 답 글을 지어 금봉전(金鳳牋: 황금봉황 문양이 새겨진 편지지)에 적었다.

> 짙은 녹색치마의 쌍아(雙娥: '娥'는 '蛾'와 통함. 즉 蛾眉를 가리킴)가 스스로 견디지 못해하는 것은,
> 깊은 한이 새로 지은 시에 어려 있기 때문이라네.
> 낭군의 마음은 금(琴)에서 나오는 원망의 소리와도 같으나,
> 끊이지 않는 춘정(春情)을 그 누구에게 비길까?

비연은 그 글을 밀봉한 뒤 문지기 아내에게 주면서 조상에게 전해주게 했다. 조상은 편지를 열어보고 몇 번이고 읊조린 뒤 손뼉을 치더니 기뻐하며 말했다.

"일이 성사되었구나."

그리고는 섬계(剡溪: 절강성에 있는 하천 이름)에서 나는 옥엽지(玉葉紙: 剡溪에서 나는 종이의 명칭)를 가져다가 시를 지어 감사의 뜻을 전했다.

> 가인(佳人)이 보내준 아름다운 음성 고이 간직하리니,
> 채색 편지지에 쓴 향기로운 글씨에 둘만의 정 깊어라.
> 매미 날개보다 얇은 종이로는 그 한을 다 싣기 어려우며,
> 깨알 같이 빽빽한 글씨로도 이내 마음 다 적어낼 길이 없네.
> 떨어진 꽃으로 인해 푸른 동굴 속에서 길을 잃은 듯하니[東漢 때 阮肇와 劉晨 두 사람이 天台山에 약초 캐러 들어갔다가 물에 떠내려 오는 복숭

아꽃을 보고 동굴까지 따라 들어갔다가 선녀를 만났다는 전설을 인용한 것임. 여기서의 의미는 자신은 꽃을 따라 들어갔다가 동굴에서 길을 잃었으나 아직 선녀를 만나지 못했음을 의미함]

가랑비 내려 어두운 마음 씻어주기만을 바라네.
백번 오고 가는 소식에 천 번 넘나드는 꿈,
긴 노래로 만들어 금 소리에 실어 보내네.

시를 보낸 지 열흘이 지나도록 문지기의 아내가 오지 않자 조상은 혹 일이 새나갔거나 비연이 뒤늦게 후회하고 있는 것이라며 근심했다. 봄날 저녁에 그는 앞마당에 혼자 앉아 다음과 같은 시를 지었다.

녹색은 짙어지고 붉은 색은 숨어버린 뒤 어두운 연기만이 일어나는데,
나만 홀로 회환에 가득하여 작은 정원에 나와 있네.
이 적막하기만 한 좋은 밤에 뉘와 더불어 이야기 나눌까,
별은 은하수 건너에 있고 달은 하늘 한 가운데 떠있구나.

이튿날 그가 새벽에 일어나 시를 읊조리자니 문지기의 아내가 찾아와 비연의 말을 전했다.

"열흘 동안 소식이 없었다고 탓하지 마십시오. 아마도 조금 몸이 불편하셨던 모양입니다."

그리고는 조상에게 연선금향낭(連蟬錦香囊: 매미 문양이 있는 비단으로 만든 향낭)과 벽태전(碧苔牋: 剡溪의 藤紙로 만든 푸른빛이 도는 편지지)에 적은 시를 주었는데, 시의 내용은 다음과 같았다.

힘없이 단장을 마친 뒤 무늬 아로 새겨진 창가에 기대어,
몰래 선금(蟬錦)에 시를 짓노라니 이 생각 저 생각 끝이 없네.
근자에 몸이 약해져 봄 병을 앓느라,

허약한 버드나무 늘어진 꽃 마냥 새벽바람을 두려워하네.

　조상은 비단 주머니를 품에 매달고서 그 자그마한 편지를 자세히 읽었는데, 비연이 깊은 수심에 잠겨 병이 도질까 두려워 오사란(烏絲闌: 검은 빛 격자 선을 그려 넣은 종이나 천)을 잘라 답장을 적었다.

　"봄날은 더디만 가고, 사람 마음엔 수심만 가득합니다. 제가 당신을 한번 엿본 탓에 늘 꿈속에서 그리움에 시달렸습니다. 비록 우가(羽駕: 仙駕. 여기서는 仙界를 비유함)와 진금(塵襟: 속세)처럼 서로 만나기 어렵다 하여도 당신을 사모하는 한 떨기 붉은 마음 저 밝은 해와 같으니, 영원히 당신 곁에 머물 것임을 맹세합니다. 하물며 당신께서 봄을 맞이하여 많은 감회가 일어 아리따운 몸이 편치 않다는 이야기까지 들었습니다. 얼음이나 눈과 같이 가녀린 자태가 다치시고, 혜란(蕙蘭)과도 같은 그윽한 숨결이 막히셨다니 너무도 근심스럽고 답답한 나머지 날아올라 [당신 곁에] 갈 수 없는 것이 한스러울 따름입니다. 바라건대 마음을 너그러이 가지셔서 몸 상하지 않도록 하시면서 제가 짧은 시 속에 적어 보낸 마음을 저버리지 마십시오. 어찌 훗날을 기약할 수 없겠습니까? 어지럽기 그지없는 이 마음을 어떻게 편지에 다 적을 수 있겠습니까마는 시를 곁들여 보냄으로써 우러러 당신의 아름다운 시의 뒤를 잇고자 합니다."

　그 시는 다음과 같았다.

　　봄 병이 나셨다 들었는데 이는 봄을 만났기 때문이리,
　　비단 주머니 봉했을 때 찡그린 푸른 미간 떠오르네.
　　머리 조아려 답장 보내며 연경(煙卿: 飛煙)에게 말하노니,
　　으뜸가는 풍류가 가장 사람 마음 아프게 하는 법이라네.

문지기의 아내는 답장을 받자마자 곧장 들고 비연의 전각을 찾아갔다.

그때 무생은 관부 아전의 속관으로 있었는데, 공무가 너무 많아 며칠 밤에 한번씩 숙직을 서기도 했고 어떤 때는 하루 종일 돌아오지 않기도 했다. 그때 마침 무생이 관부에 들어갔던지라 비연은 편지를 뜯어본 뒤 조상의 진심을 듣고는 그 뜻을 다시금 되새겨 보았다. 그리고는 길게 탄식하며 말했다.

"장부의 뜻이나 여자의 마음이나 마음이 통하고 영혼이 서로 교류하니 멀리 있어도 가까운 것만 같구나."

그리고는 문을 닫고 휘장을 드리운 뒤 편지를 썼다.

"소첩은 불행하여 땋은 머리를 늘어뜨린 어린 나이에 고아가 되었습니다. 중간에 매파에게 속아 속물과 인연이 맺어졌습니다. 매번 맑은 바람이 불고 휘영청 달 밝은 밤이 되면 옥주(玉柱: 옥으로 만든 기러기발을 말하는데, 여기서는 현악기를 가리킴)를 뜯었으나 회한만 늘어났습니다. 가을의 휘장 안, 겨울의 등잔불 아래서 금휘(金徽: 금으로 만든 기러기 발. 여기서도 현악기를 가리킴) 소리를 울리며 저의 한을 기탁했습니다. 그러던 차에 공자(公子)께서 갑자기 이렇게 좋은 글을 주실 줄 어찌 기대나 했겠습니까? 화려한 편지 봉투를 뜯을 때 저는 날아갈 것만 같았으며 아름다운 시구를 읊을 때는 눈앞이 아득해졌습니다. 한스러운 것은 낙천(洛川: 洛水. 曹植이 甄皇后와 꿈속에서 만나 사랑을 나눈 곳)이 파도로 길이 막혀있고 가오(賈午: 晉나라 사람 賈充의 딸. 그녀는 용모가 매우 빼어났는데, 韓壽의 모습을 보고 반해 몰래 편지를 주고받았으며 韓壽는 담을 넘어 들어와 그녀와 사랑을 나누었음. 당시 서역에서 한번 바르면 한달이 넘도록 가시지 않는 기이한 香을 진상해

왔는데, 賈午가 몰래 그것을 韓壽에게 주자 賈充은 그들의 관계를 눈치 채고 韓壽에게 딸을 시집 주었음)의 담이 너무 높다는 것이지요. 또 구름에 닿아 있어 [秦穆公이 세운] 진대(秦臺: 鳳臺)에 미칠 수 없으며, 꿈속에서 인연을 맺고 싶어도 초산(楚山: 楚懷王과 巫山神女가 꿈에서 사랑을 나눈 巫山을 말함)은 멀기만 합니다. 그러나 아직 하늘이 저의 간절한 소망을 이룰 수 있게 해주고 신령님이 작은 기회를 내려 주시어 당신의 청아한 모습을 뵐 수 있기를 원하니 [그렇게 될 수만 있다면] 아홉 번 죽는다 해도 여한이 없겠습니다. 짧은 시 한 수를 함께 보내어 저의 그윽한 마음을 실어 보냅니다."

그 시는 다음과 같았다.

>채색한 처마 밑 봄 제비는 함께 머물러야만 하건만,
>낙포(洛浦)의 한 쌍 원앙새는 혼자 날아가려 하네.
>도원(桃源: 劉晨과 阮肇가 桃源洞에서 선녀들과 반년 간 머물다가 집으로 돌아간 고사를 인용한 것임)의 여러 여자들 한스러워라,
>그리도 한가하게 꽃 속에서 낭군을 전송하다니.

비연은 편지를 봉한 뒤 문지기 아내를 불러 조상에게 전달하게 했다. 조상은 편지와 시를 읽은 뒤에 비연의 마음이 약간은 절실하다는 것을 알고 좋아 어쩔 줄 몰라 하면서 조용한 방 안에서 향을 사르며 경건히 기도하면서 소식을 기다렸다.

어느 날 저녁 무렵에 문지기의 아내가 황급히 뛰어오더니 웃으며 절을 올린 다음 이렇게 말했다.

"조랑께서는 신선을 뵙고 싶지 않으십니까?"

조상이 놀라 무슨 말이냐고 연거푸 묻자 문지기의 아내는 비연의 말

을 전했다.

"오늘 밤에 공조(功曹: 武工業)께서 관부에서 숙직 서시니 좋은 기회라 할 수 있습니다. 소첩의 방은 뒤뜰에 있는데, 그곳은 바로 낭군 집 앞쪽 담입니다. 만일 저에 대한 사랑이 변치 않았다면 저를 만나러 와주시기를 바랍니다. 마음속에 간직한 천 겹 만 겹의 말들은 만날 때를 기다려 모두 이야기하겠습니다."

날이 어두워지자 조상은 사다리를 타고 올라갔다. 비연은 이미 그 아래 평상을 겹으로 쌓아 놓게 했다. 조상이 내려가자 곱게 단장하고 옷을 성대히 차려입은 비연이 꽃 아래 서 있었다. 인사 나눈 뒤 둘은 너무도 기쁜 나머지 말도 하지 못하고서 손을 마주잡고 뒷문으로 해서 당으로 들어갔다. 둘은 등잔불을 뒤로 하고 휘장을 풀어놓은 채 애틋한 정을 나누었다. 새벽을 알리는 종소리가 막 울렸을 때 비연은 조상을 담장 아래에서 전송하면서 그의 손을 잡고 울며 말했다.

"오늘 이렇게 만난 것은 전생의 인연 때문이었으니 소첩에게 옥처럼 맑고 소나무처럼 굳은 절개도 없이 이처럼 방탕하다고 말하지 마세요. 그저 당신의 멋스러운 풍류로 인해 스스로를 돌아볼 겨를도 없었을 따름이니 깊이 양해해 주시기 바랍니다."

조상이 말했다.

"세상에 보기 드문 미모를 지니고서 남들보다 빼어난 마음까지 드러내 주셨으니, 나는 이미 신령에게 영원히 당신을 모시고 함께 즐거움을 나눌 것임을 맹세했소."

말을 마친 뒤 조상은 담장을 넘어 집으로 돌아갔다.

이튿날 조상은 문지기의 아내에게 부탁해 비연에게 시를 보냈다.

십동삼청(十洞三清: 道家에서 말하는 神仙福地. 즉 王屋山洞·委羽山洞·西城山洞·西玄山洞·青城山洞·羅浮山洞·句曲山洞·林屋山洞·括蒼山洞이 이것임. 三清은 玉清·上清·太清 세 개의 仙境)은 비록 길이 막혀 있어도,
　　마음만 있으면 그 옆 요대(瑤臺)는 얻을 수 있다네.
　　상서로운 향기 바람에 이끌려 온 깊은 밤 생각해보니,
　　예궁(蕊宮: 上清界의 宮名)의 선녀가 타고 내려 왔음을 이제야 알겠네.

비연은 그 시를 읽고서 미소 짓더니 다시 시를 지어 조상에게 주었다.

　　그리워할 적에는 그저 만나지 못할까 두려웠더니,
　　서로 만나고 보니 이젠 그대와 헤어질 것이 근심이네.
　　소나무 아래 학으로 변하여,
　　한 쌍이 훨훨 날아 구름 속으로 사라져 버렸으면.

비연은 편지를 봉한 다음 문지기 아내에게 주면서 조상에게 이렇게 전하라고 했다.

"다행히 소첩이 시를 조금 읊조릴 줄 알았으니 망정이지 그렇지 않았다면 당신의 크나큰 재주를 어떻게 펼칠 수 있었겠습니까?"

그로부터 채 열흘도 안 되어서 둘은 다시 뒤뜰에서 만날 수 있었는데, 은밀한 정을 나누고 전날 나눈 사랑을 모두 쏟으면서 이는 귀신도 모를 것이며 하늘이 자신들을 도와주고 있다고 생각했다. 그들은 눈에 경물(景物)이 들어올 때마다 시를 읊으며 마음을 기탁했는데, 그렇게 빈번히 주고받은 시는 이루 다 기록할 수 없다.

이렇게 만 1년이 지나고 난 뒤 얼마 있다가 비연은 사소한 잘못을 가지고 여종을 매질했는데, 여종은 몰래 대해 원한을 품고 있다가 기회를 틈타 무공업에게 [곽상과 비연사이의 일을] 모조리 일러 바쳤다. 그러

자 무공업이 말했다.

"너는 말조심하고 있거라. 내 반드시 조사해 보겠으니."

그 후 숙직 날이 다가오자 거짓으로 문서를 작성해 휴가를 얻어놓았다. 그런 다음 저녁 무렵이 되자 평상시처럼 숙직 서러 나가서는 몰래 마을 문에 숨어 있다가 [저녁을 알리는] 북소리가 나자 기어서 집으로 들어왔다. 그는 담장을 돌아 뒤뜰로 갔는데, 보았더니 비연이 문에 기대어 나지막이 시를 읊조리고 있고 조상이 담에 기대어 비스듬히 그녀를 바라보고 있었다. 무공업이 분을 이기지 못하고 앞으로 돌진해 그들을 잡으려하자 조상은 이를 눈치 채고 달아났다. 무공업은 그를 붙잡았으나 결국 옷자락 반만 손에 넣었을 뿐이었다. 무공업은 방안으로 들어가 비연에게 소리를 지르며 어찌된 일인지 캐물었다. 비연이 두려움에 안색이 변하고 목소리는 덜덜 떨리면서도 사실대로 고하지 않자 무공업은 더욱 화가 나 그녀를 큰 기둥에 묶어놓고 피가 나도록 매질했다. 그러나 비연은 그저 이렇게 말할 뿐이었다.

"살아서 사랑하는 사람을 만났으니 죽어도 여한 없습니다!"

깊은 밤에 무공업이 지쳐 얼핏 잠이 들자 비연은 자신이 아끼던 여종을 부르며 말했다.

"물 한 잔만 가져다 다오."

하녀가 물이 오자 비연은 그 물을 다 마시고 기절했다. 무공업이 일어나 다시 매질하려 할 때 그녀는 이미 죽어있었다. 이에 포박을 풀고 방에 들어다 놓은 다음 여러 차례 소리치면서 비연이 갑자기 병이 나 죽었다고 말했다. 며칠 뒤에 그녀를 북망산(北邙山)에 묻었는데, 이웃들은 모두 그녀가 비명에 죽었다는 사실을 알고 있었다. 조상은 옷을 바꿔 입고 이름을 바꾼 뒤 멀리 강절(江浙) 일대로 숨어들어갔다.

낙양(洛陽)에 사는 재사(才士) 중에 최생(崔生)과 이생(李生) 두 사람은 늘 무연(武掾: 武工業)과 더불어 노닐었는데, 최생이 지은 시의 마지막 구절이 이러했다.

> 흡사 사람들 술 마시고 끝난 뒤 남겨진 꽃가지[傳火: 술자리에서 사람들이 꽃을 돌리다가 건너 방에서 나던 북소리가 멈출 때 그 꽃을 들고 있던 사람이 벌주를 마시게 되어있는 놀이의 일종]처럼,
> 빈 평상에 버리진 것이 가장 가지가 많아라.

그날 저녁 최생의 꿈에 비연이 나타나 감사하며 말했다.

"소첩의 생김새가 비록 복사꽃이나 살구꽃처럼 아름답지는 못하지만 흩어져 떨어진 모습은 그것들 보다 낫습니다. 그대의 훌륭한 시구를 받들고 보니 부끄럽기 그지없군요."

이생이 지은 시의 마지막 구절은 이러했다.

> 아름다운 넋 향기로운 혼 아직도 남아있는 듯하나,
> 그래도 누각에서 떨어진 사람[墜樓人: 石崇의 寵婢였던 綠珠. 당시 권력을 잡고 있던 孫秀가 石崇에게 綠珠를 달라하자 石崇은 이를 거절했음. 이에 孫秀가 石崇 일가를 모해해 하옥시키자 綠珠는 누각에서 떨어져 자살했음] 보기가 부끄러울 것이네.

그날 저녁 비연이 이생의 꿈에 나타나 그에게 손가락질하며 말했다.

"선비의 백 가지 행실을 그대는 다 갖추었소? 어찌하여 오만하게 몇 마디 말을 가지고 사람을 한사코 괴롭히고 헐뜯는단 말이오? 그대를 저승으로 데려 간 다음 대면하고 증명해 보이겠소."

며칠 뒤에 이생이 죽자 당시 사람들은 기이하게 생각했다.

臨淮武公業, 咸通中, 任河南府功曹參軍. 愛妾曰非煙, 姓步氏, 容止纖麗, 若不勝綺羅. 善秦聲, 好文筆, 尤工擊甌, 其韻與絲竹合. 公業甚嬖之. 其比隣天水趙氏第也. 亦衣纓之族, 不能斥言. 其子曰象, 秀端有文. 纔弱冠矣, 時方居喪禮, 忽一日, 於南垣隙中, 窺見非煙, 神氣俱喪, 廢食忘寐. 乃厚賂公業之閽, 以情告之. 閽有難色, 復爲厚利所動, 乃令其妻伺非煙間處, 具以象意言焉. 非煙聞之, 但含笑凝睇而不答. 門媼盡以語象, 象發狂心蕩, 不知所持, 乃取薛濤箋, 題絶句曰: "一覩傾城貌, 塵心只自猜. 不隨蕭史去, 擬學阿蘭來." 以所題密緘之, 祈門媼達非煙. 煙讀畢, 吁嗟良久, 謂媼曰: "我亦曾窺見趙郞, 大好才貌. 此生薄福, 不得當之." 蓋鄙武生鑫悍, 非良配耳. 乃復酬篇, 寫於金鳳牋曰: "綠慘雙蛾不自持, 只緣幽恨在新詩. 郞心應似琴心怨, 脉脉春情更擬誰?" 封付門媼, 令遺象. 象啓緘, 吟諷數四, 拊掌喜曰: "吾事諧矣." 又以剡溪玉葉紙, 賦詩以謝曰: "珍重佳人贈好音, 綵牋芳翰兩情深. 薄於蟬翼難供恨, 密似蠅頭未寫心. 疑是落花迷碧洞, 只思輕雨灑幽襟. 百回消息千回夢, 裁作長謠寄綠琴." 詩去旬日, 門媼不復來, 象憂恐事泄, 或非煙追悔. 春夕, 於前庭獨坐, 賦詩曰: "綠暗紅藏起暝煙, 獨將幽恨小庭前. 沉沉良夜與誰語, 星隔銀河月半天." 明日, 晨起吟際, 而門媼來傳非煙語曰: "勿訝旬日無信. 蓋以微有不安." 因授象以連蟬錦香囊, 並碧苔牋詩曰: "無力嚴粧倚繡櫳, 暗題蟬錦思難窮. 近來羸得傷春病, 柳弱花欹怯曉風." 象結錦囊於懷, 細讀小簡, 又恐煙幽思增疾, 乃剪烏絲闌爲回簡曰: "春日遲遲, 人心悄悄. 自因窺覯, 長役夢魂. 雖羽駕塵襟, 難於會合, 而丹誠皎日, 誓以周旋. 況又聞乘春多感, 芳履違和. 耗冰雪之妍姿, 鬱蕙蘭之佳氣. 憂抑之極, 恨不翻飛. 企望寬情, 無至憔悴, 莫孤短韻, 寧爽後期? 恍惚寸心, 書豈能盡, 兼持菲什, 仰繼華蒻." 詩曰: "見說傷情爲見春, 想封蟬錦綠蛾颦. 叩頭爲報煙卿道, 第一風流最損人." 門嫗旣得回簡, 徑齎詣煙閣中.

武生爲府掾屬, 公務繁夥, 或數夜一直, 或竟日不歸. 是時適値生入府曹, 煙拆書, 得以款曲尋繹. 旣而長太息曰: "丈夫之志, 女子之心, 情契魂交, 視遠如近也." 於是闔戶垂幌, 爲書曰: "下妾不幸, 垂髫而孤. 中間爲媒妁所欺, 遂匹合於瑣類. 每至淸風朗月, 移玉柱('柱'原作桂, 據陳校本改)以增懷. 秋帳冬釭, 汎金徽而寄恨. 豈期公子, 忽貽好音? 發華緘而思飛, 諷麗句而目斷. 所恨洛川波隔, 賈午墻高. 聯雲不及於秦臺, 薦夢尙遙於楚岫. 猶望天從素懇, 神假微機, 一拜淸光, 九殞無恨. 兼題短什, 用寄幽懷." 詩曰: "畫簷春燕須同宿, 洛浦雙鴛肯獨飛. 長恨桃源諸女伴, 等閒花裏送郞歸." 封訖, 召門嫗, 令達于象. 象覽書及詩, 以煙意稍切, 喜不自持, 但靜室焚香, 虔禱以俟息.

一日將夕, 門嫗促步而至, 笑且拜曰: "趙郞願見神仙否?" 象驚, 連問之, 傳烟語曰: "今夜功曹直府, 可謂良時. 妾家後庭, 郞君之前垣也. 若不踰惠好, 專望來儀. 方寸萬重, 悉俟晤語." 旣曛黑, 象乃躋梯而登. 煙已令重榻於下. 旣下, 見煙靚粧盛服, 立於花下. 拜訖, 俱以喜極不能言, 乃相攜自後門入堂中. 遂背釭解幌, 盡繾綣之意焉. 及曉鐘初動, 復送象於垣下, 煙執象泣曰: "今日相遇, 乃前生因緣耳, 勿謂妾無玉潔松貞之志, 放蕩如斯. 直以郞之風調, 不能自顧, 願深鑒之." 象曰: "把希世之貌, 見出人之心, 已誓幽庸, 永奉歡狎." 言訖, 象踰垣而歸. 明日, 託門嫗贈煙詩曰: "十洞三淸雖路阻, 有心還得傍瑤臺. 瑞香風引思深夜, 知是藥宮仙馭來." 煙覽詩微笑, 因復贈象詩曰: "相思只怕不相識, 相見還愁却別君. 願得化爲松下鶴, 一雙飛去入行雲." 封付門嫗, 仍令語象曰: "賴妾有小小篇詠, 不然, 君作幾許大才面目?" 茲不盈旬, 常得一期於後庭, 展微密之思, 罄宿昔之心, 以爲鬼神不知, 天人相助. 或景物寓目, 謌詠寄情, 來往頻繁, 不能悉載.

　如是者周歲, 無何, 煙數以細過撻其女奴, 奴陰銜之, 乘間盡以告公業. 公業曰:"汝愼言. 我當伺察之." 後至直日, 乃僞陳狀請假. 追夕, 如常入直, 遂潛於里門, 街鼓旣作, 匍伏而歸. 循墻至後庭, 見煙方倚戶微吟, 象則據垣斜睇. 公業不勝其忿, 挺前欲擒, 象覺跳去. 業搏之, 得其半襦. 乃入室, 呼煙詰之. 煙色動聲戰, 而不以實告. 公業愈怒, 縛之大柱, 鞭楚血流. 但云:"生得相親, 死亦何恨!" 深夜, 公業怠而假寐, 煙呼其所愛女僕曰:"與我一盃水." 水至, 飮盡而絶. 公業起, 將復笞之, 已死矣. 乃解縛擧置閣中, 連呼之, 聲言煙暴疾致殞. 後數日, 窆於北邙, 而里巷間皆知其强死矣. 象因變服易名, 遠竄江淛間.

　洛陽才士有崔·李二生, 常與武掾游處, 崔賦詩末句云:"恰似傳花人飮散, 空牀抛下最繁枝." 其夕, 夢煙謝曰:"妾貌雖不迨桃李, 而零落過之. 捧君佳什, 媿仰無已." 李生詩末句云:"艶魄香魂如有在, 還應羞見墜樓人" 其夕, 夢煙戟("戟"原作"戰", 据明抄本改)手而言曰:"士有百行, 君得全乎? 何至矜片言苦相詆斥? 當屈君於地下面證之." 數日, 李生卒, 時人異焉.

태평광기 권제 492 잡전기 9

1. 영응전(靈應傳)

492 · 1(6835)

영응전(靈應傳)

 경주(涇州)에서 동쪽으로 20리 떨어진 곳에 옛 설거성(薛擧城)이 있고 성 끝자락에 선녀추(善女湫)라는 연못이 있는데, 연못 주위 몇 리에는 푸른 갈대가 무성하고 고목(古木)이 드물게 자란다. 연못물은 맑고도 푸르며 그 깊이를 헤아릴 수 없다. 신령스런 물고기들이 종종 출몰했기에 마을 사람들은 연못가에 사당을 세워놓고 '구낭자신(九娘子神)'이라고 불렀다. 홍수나 가뭄이 들 때마다 제사를 지내며 모두 그곳에서 기원했다. 또 경주에서 서쪽으로 200여 리 떨어진 조나진(朝那鎭) 북쪽에 연못신이 있는데, 땅 이름을 따서 '조나신(朝那神)'이라고 불렀다. 조나신의 영험함은 선녀추 [연못신인 구낭자신]보다 뛰어났다.
 [唐나라] 건부(乾符) 5년(878)에 절도사(節度使) 주보(周寶)는 조나진을 다스리고 있었다. 중하(仲夏: 음력 5월) 초부터 여기저기서 구름이 피어올랐는데, 기이한 봉우리 같기도 하고 미인 같기도 하며 쥐나 호랑이 같기도 한 것들이 두 연못에서 일어났다. 드센 바람이 일고 천둥벼락이 치며 집을 부수고 나무를 뽑더니 몇 시간 만에 그쳤다. 다친 사람과 피해 입은 농작물이 매우 많았다. 주보는 스스로 책망하며 자신이 정치를 잘 하지 못해 신령의 꾸짖음을 받았다고 말했다. 6월 5일에 그는 관부에서 일을 보고 난 뒤 정신이 몽롱하며 잠을 자고 싶어

서 두건을 벗고 베개를 베었다. 아직 깊이 잠이 들지 않았을 때 보았더니 투구를 쓰고 갑옷을 입은 한 무사(武士)가 도끼를 들고 계단 아래에 서서 말했다.

"어떤 여인이 문밖에서 당신 뵙기를 청하기에 먼저 분부를 듣고자 합니다."

주보가 물었다.

"당신은 뉘시오?"

무사가 대답했다.

"저는 당신의 문지기로 일한 지 여러 해가 되었습니다."

주보는 그 이유를 물으려 했지만 이미 보았더니 두 하녀가 계단으로 올라와서 그의 앞에 무릎을 꿇고 말했다.

"구낭자님이 교외에서 특별히 당신을 만나러 오시려고 먼저 집사를 시켜 명공(明公: 周寶)께 아뢰게 했습니다."

주보가 말했다.

"구낭자는 나와 집안끼리 친척관계도 아닌데, 어찌 감히 갑작스럽게 만날 수 있겠는가?"

주보가 말을 마치기도 전에 상서로운 구름과 가랑비가 보였고 이상한 향기가 짙게 풍겼다. 잠시 후에 17~18세쯤 되어 보이는 한 여인이 소박한 치마를 입고 나타났는데 몸가짐이 정숙했다. 그녀는 공중에서 내려와 정원과 집 사이에 섰다. 그녀의 행동거지는 아름다웠고 절세의 미모를 가지고 있었다. 그녀를 모시는 10여 명의 무리들은 모두 깨끗하게 차려입고 있어서 마치 비빈의 행차 같았다. 그녀는 고개를 숙이고 조용히 걸어 천천히 침실로 다가왔다. 주보는 잠시 그녀를 피하면서 그녀의 의향을 살피려고 했다. 그때 그녀를 모시던 사람이 급히 앞으로 나오며 말했다.

"귀주(貴主: 九娘子)께서는 명공의 높은 의로움이면 진심으로 부탁을 할 수 있다고 믿어서 억울한 마음을 명공께 호소하려고 하십니다. 명공은 귀주의 다급한 어려움을 차마 모른 체하지는 않으시겠지요?"

결국 주보는 계단을 올라오게 하여 손님과 주인의 예로써 매우 공손하게 그녀를 만났다. 그녀가 평상에 올라앉으니 상서로운 연기가 사방에 자욱하고 자줏빛 기운이 정원에 가득 찼다. 그녀는 단정히 앉아 머리를 숙인 모습이 마치 걱정이 있는 듯했다. 주보는 술과 음식을 준비하여 후하게 그녀를 대접했다.

잠시 후 그녀가 소매를 모으고 자리를 떠나려다가 머뭇거리며 말했다.

"저는 교외에 살고 있는데, 사람들이 해마다 계속해서 제사를 지내주기 때문에 취하게 마시고 배부르게 먹으니 진실로 깊은 은혜를 받고 있습니다. 비록 외롭고 썰렁한 잠자리일지라도 죽을 때까지 달게 여기려고 했는데, 과부인 저에게도 의지할 곳이 생겼으니 받은 은혜가 많습니다. 그러나 저승과 이승의 길은 서로 다르고 행동도 서로 어긋납니다. 지금 어쩔 수 없는 감정 때문에 여기로 오게 되었으니 어찌 저의 마음을 숨기겠습니까? 만약 당신이 저의 깊은 마음을 헤아려 주신다면 감히 말씀드리겠습니다."

주보가 말했다.

"당신의 말을 듣고 싶습니다. 당신의 집안 내력을 알아서 진실로 나의 힘을 다 쏟길 바랍니다. 어찌 감히 이승과 저승이 다르다고 거절하겠습니까? 군자는 살신성인(殺身成仁)의 자세로 의로운 일을 위해 목숨도 버려야 하니, 뜨거운 물이나 불에 뛰어든다 해도 부당한 일을 바로잡는 데 도움이 된다면 그것은 바로 내가 바라는 바입니다."

그녀가 대답했다.

"저의 집은 회계군(會稽郡) 무현(鄮縣)에 살면서 동해담(東海潭)에 터전을 잡고 조상 대대로 살아온 지 100대가 넘었습니다. 그러나 후에 불행한 세상을 만나 집안 전체가 화를 당하여 500명의 사람들이 모두 유씨(庾氏)가 지른 불에 타 죽었으며 집안의 대가 거의 끊겼습니다. 원한이 사무쳐 차마 같은 하늘 아래 살 수 없었기에 깊은 산 속으로 몰래 도망쳤는데, 깊은 원한을 갚을 길이 없었습니다. 양(梁)나라 천감연간(天監年間: 502~519)에 무제(武帝)는 기이한 것을 좋아하여 사람을 시켜 용궁과 통하게 한 뒤 고상도(枯桑島)로 들어가 구운 제비고기의 기이한 맛으로 동정군(洞庭君) 보장주(寶藏主)의 일곱 번째 딸과 결혼하고 기이한 보물을 얻었습니다. 뒤이어 저의 집안의 원수 유비라(庾毗羅)가 무현의 백수랑(白水郞)으로 있다가 벼슬을 그만두고 무제의 명을 받들어 가길 청한다는 말을 들었습니다. 그는 음흉한 마음을 품고서 만약 용궁에 들어갈 수 있다면 거짓으로 보물을 청하고 저의 친척들을 죽이려고 했습니다. 다행히 걸공(杰公)께서 영민하시어 그가 사사로운 마음을 품고 가길 청한다는 것을 알고, 무고한 사람을 죽여서 오히려 번거로운 일을 초래하고 군왕의 명을 욕되게 할까 걱정하셨습니다. 그래서 걸공이 무제께 아뢰자 무제께서는 결국 유비라에게 가지 못하도록 하고 합포군(合浦郡) 낙려현(落黎縣) 구월(歐越)의 나자춘(羅子春)에게 대신 가도록 했습니다. 저의 조부께서는 원수와 같은 하늘 아래 사는 것을 부끄러워하고 후환이 있을까 걱정하여 가족들을 거느리고 종적을 감춘 채 성명을 바꾸고 신평군(新平郡) 진녕현(眞寧縣) 안촌(安村)으로 피했습니다. 덤불을 베어내고 굴을 파서 그곳에 집을 지으니 조상의 거처는 호(胡: 여기서는 北方을 의미함) 땅과 월(越: 여기서는 南方을 의미함) 땅처럼 멀어졌습니다. 지금은 이곳에 산 지 3대째가 되었는데, 처음에는 영응군(靈應君)으로 불리다가 곧 응성후(應聖侯)에 봉해졌고 나중에는 저승의 정령으로 세상 사람들을 널리 구제하여 공덕이 백성들에게 미치자 또 보제왕(普濟王)으로 봉해졌으며 위엄과 덕망으로 사람들을 다스렸기에 세상 사람들의 존경을 받았습니다. 저는 보제왕의 아홉 번째 딸인데 성년이 되어 상군(象郡: 象州) 석룡(石龍)의 막내아들에게 시집갔습니다. 저의 남편은 대대로 혁혁한 공로를 이어받았고 혈기가 왕성하여 법을 준수하지 않아서 엄한 아버지도 어쩌지 못했으며, 잔학하게 일을 처리하고 예교도 무시했습니다. 그래서 만 1년도 안 되어 과연 천벌을 받아 친척들도 죽고 후사도 끊겼으며 작위도 박탈당해 제명되었습니다. 오직 저만이 간신히 벌을 면했는데, 부모님이 억지로 개가시키려고 했지만 저는 끝내 명을 따르지 않았습니다. 왕후(王侯)들의 수레가 꼬리에 꼬리를 물며 매파를 보냈지만 저의 뜻은 진실로 강경하여 스스로 자결하려 했습니다. 부모님은 저의 강경한 뜻에 화가 나서 결국 저를 이곳의 다른 마을로 쫓아내시고 소식을 끊은 지 벌써 3기(紀: 1紀는 12년)나 되었습니다. 비록 다시는 부모님의 얼굴을 뵐 수 없고 오랫동안 소식도 끊겼지만 사람들을 떠나 혼자 머물면서 저는 [개가하지 않겠다는] 뜻을 이루었습니다. 근자에 조나진의 소룡(小龍)이 막내 동생이 아직 결혼하지 못하자 몰래 청혼하면서 달콤한 말과 후한 예물을 보냈기에 험한 난관이 저에게 다시 닥쳤습니다. 저의 본성을 짓밟고 저의 몸을 망가뜨린다 하더라도 저로서는 어쩔 수 없었습니다. 조나진의 소룡은 부친과 결탁하여 그 일을 이루고자 결국 막내 동생을 부친이 다스리는 땅 서쪽에 임시로 이사하게 하고 저의 부친을 끌어들여 혼인을 이루려고 했습니다. 부친은 저의 뜻을 꺾을 수 없음을 알고 조나진의 소룡에게 병사를 이끌고 가서 저를 강요하게 했습니다. 저 역시 가동 50여 명을 거느리고 무력으로 대항하여 교외의 벌판에서 전투를 벌였지만 중과부적으로 세 번 전투에서 세 번 다 패해 병사들은 피곤에 지쳤고 도와줄 지원군도 없었습니다. 남은 병사를 모아 마지막 결전을 치르려고 했지만 진양의 물이 급하고[晉陽水急: 春秋時代 晉나라 六卿 중에 智伯이 자신의 군대와 韓康子・魏桓子의 군대를 거느리고 晉陽의 趙襄子를 포위한 뒤 晉水를 끌어다 晉陽城에 부어 진양성이 거의 물 속에 잠길 뻔했음. 여기서는 적군이 매우 강함을 비유함] 대성이 불에 탈까봐[臺城火炎: 梁나라 때 역적 侯景이 臺城에 있던 梁나라 武帝 蕭衍을 포위하고 불로 공격했음. 여기서는 적군이 압박하고 있음을 비유함] 걱정했습니다. 일단 공격당하여 용렬한 놈에게 모욕을 당한다면 설령 죽어 저승에 간다 하더라도 석씨의 아들[남편]을 볼 낯이 없을 것입니다. 그래서 『시경(詩經)』[이 시는 『詩經』「鄘風・柏舟」의 첫 번째 소절임]에서는 다음과 같이 읊었습니다.

   둥둥 떠 있는 저 잣나무 배,
   저 황하(黃河) 가운데 있다네.
   저 양 갈래 머리를 한 사람이,
   진실로 나의 짝이라네.

죽더라도 다른 사람을 모시지는 않겠노라,
어머니는 하늘과 같으신데 내 마음을 몰라주시는구나!

이 시는 위(衛)나라 세자의 과부가 스스로 맹세한 말입니다. 또 다음과 같이 읊었습니다[이 시는 『詩經』「召南·行露」의 세 번째 소절임].

누가 쥐에게 이빨이 없다고 말했나?
[없다면] 어떻게 내 집 담장을 뚫었나?
누가 당신이 결혼하지 않았다고 했나?
[결혼하지 않았다면] 어찌하여 나를 재판에 불러들였는가?
비록 나를 재판에 불러들였다 하더라도,
당신을 따르지 않겠네.

이 시는 소백(邵伯)이 송사를 듣고 쓴 것입니다. 난잡한 풍속이 사라지고 정절과 믿음의 교화가 일어난다면 난폭한 남자가 절개있는 여자를 욕보일 수 없을 것입니다. 지금 당신의 가르침은 이승과 저승에 통하고 고금에 모범이 됩니다. 그래서 당신의 정절과 믿음의 교화는 희석(姬奭: 邵伯)보다 못하지 않습니다. 당신이 남은 힘으로 병사와 무기를 좀 빌려주시어 저 난폭한 무리를 무찌르고 이 과부를 살게 해 주십시오. 하늘에 두고 한 저의 맹세를 이룰 수 있다면 당신이 저를 어려움에서 구해주신 뜻을 널리 알리겠습니다. 저의 진실한 마음을 모두 말씀드렸으니 제발 거절하지 마십시오."

주보는 비록 마음속으로 허락했지만 그녀의 언변과 박학함에 놀라 다른 일로 거절하며 그녀의 말을 살펴보려고 했다. 그래서 말했다.

"변방의 일이 너무 많고 전쟁도 코앞에 닥쳤습니다. 조정에서는 서쪽 변방이 오랑캐에게 함락되어 30여 개의 주(州)가 황폐해지자 군대를 일으켜 국토를 수복하려고 합니다. 저는 아침저녁으로 명을 받들어야 하기 때문에 감히 편히 지낼 수 없습니다. 오늘 저녁이 아니면 내일 아침에 선봉에 서서 군대를 일으켜야 합니다. 다만 가슴에 분노는 가득하지만 당신의 부탁을 들어줄 겨를이 없습니다."

그러자 그녀가 대답했다.

"옛날에 초(楚)나라 소왕(昭王)은 방성산(方城山)으로 성을 삼고 한수(漢水)로 못을 삼을 만큼 강성하여 형만(荊蠻)의 땅을 차지했습니다. 부모형제의 재산을 바탕으로 밖으로는 강국과 연합하고 안으로는 삼량(三良: 昭王을 보좌했던 郤宛·陽令終·晉陳)의 도움을 받았습니다. 그러나 오(吳)나라 군대가 쳐들어오자 새가 도망가고 구름이 흩어지듯 달아나 성을 지킬 겨를도 없이 도망치는 토끼 신세가 되었습니다. 보물들도 빼앗기고 종묘사직도 능멸당해 만승(萬乘) 국가의 위세로도 선왕의 유골을 보호하지 못했습니다. 신서(申胥: 申包胥)가 영씨(嬴氏: 秦나라 군주의 姓)에게 군대를 청할 때 그의 피눈물이 진(秦)나라 조정을 물들였는데, 7일 동안 대성통곡하면서 아침저녁으로 쉬지 않았습니다. 진백(秦伯: 秦나라 哀公. 周나라 초에는 秦나라 군주의 작위가 伯이었음)이 초나라의 환난을 가엽게 여겨 결국 군대를 보내 초나라를 수복하고 오나라를 물리쳐 간신히 망한 나라를 살렸습니다. 하물며 미씨(芈氏: 원문은 '芊氏'로 되어 있으나 '芈氏'의 오기임. 芈氏는 楚나라의 선조로 여기에서는 楚나라의 代稱으로 쓰임)는 춘추시대(春秋時代)의 강국이었고 신서는 쇠락한 초나라의 대부였지만 화살이 떨어지고 병력이 다하자 몸을 버리고 깃발을 꺾어 간과 뇌를 땅에 뿌림으로써 강한 진나라를 감동시켰습니다. 하물며 저는 일개 아녀자로 부모님조차 저의 고

고한 정절을 배척하고 광폭한 놈이 나약한 과부인 저를 능멸하려 하여 처지가 매우 위급한데[綴旒之急: 綴旒는 원래 관 앞에 드리운 옥 장식으로 위급함을 비유함] 어찌 인자하신 분의 마음을 조금도 감동시킬 수 없단 말입니까?"

주보가 말했다.

"구낭자께서는 신령스런 존재로서 바람과 구름을 부릴 수 있으니 미천한 백성들은 진실로 당신의 손 안에 있습니다. 어째서 속세의 사람에게 나약함을 보이고 이처럼 스스로를 곤경에 빠뜨리십니까?"

그녀가 대답했다.

"제 가족의 명망은 천하 사람들이 모두 알고 있습니다. 팽려호(彭蠡湖)와 동정호(洞庭湖)도 모두 외조부의 친척들이고 능수(陵水)와 나수(羅水)도 모두 사촌형제들입니다. 내외친척들 100여 명은 오 땅과 월 땅 사이에 흩어져 살면서 각자 영토를 가지고 있습니다. 함경(咸京: 長安) 팔수(八水: 涇水·渭水·灞水·滻水·澇水·潏水·灃水·滈水)의 반은 친척들입니다. 만약 한 사신에게 편지 한 통을 급히 보내 팽려호나 동정호에 알린다면 능수와 나수의 친척을 부르고 유양(維揚: 揚州)의 날센 병사를 거느리며 팔수의 장수[鷹揚: 매가 날아오르는 모양이 위엄 있기 때문에 장수를 비유함]들을 모집할 수 있습니다. 그런 후에 빙이(馮夷: 水神 河伯)에게 격문을 보내고 거령신(巨靈神: 산을 가르고 물길을 바꿀 정도로 거대한 힘을 가졌다는 신)에게 유세하며, 자서(子胥: 春秋時代 吳나라의 伍子胥로 吳王 夫差에게 죽임을 당한 뒤 潮神이 되었다고 함)의 풍랑을 일으키고 양후(陽侯: 옛날의 제후로 죄를 짓고 강물에 투신한 뒤 水神이 되었다고 함)의 귀신들과 결탁하여,

벼락을 내리게 재촉하고 천둥을 지휘하며, 거센 바람을 불게 하여 거친 파도를 몰아친 뒤에 모든 길에서 함께 나아가 육사(六師: 天子의 군대)가 북을 치며 간다면, 이번 전쟁은 이길 수 있을 것입니다. 이렇게 한다면 조나진의 소룡은 즉시 가루가 되고 경주성 천 리 안은 앉은 자리에서 더러운 웅덩이로 변할 것입니다. 이는 말하자마자 볼 수 있을 것이니 어찌 감히 거짓을 말하겠습니까? 아까 말했던 경양군(涇陽君)과 동정호의 외조부는 대대로 인척관계였습니다. 그러나 후에 부부관계가 좋지 않아 젊은 부인을 내버리자 전당군(錢唐君)의 노여움을 사서 결국 생명을 죽이고 농작물을 망쳐놓았으며 홍수를 일으켜 높은 산을 감싸 돌게 하고 경수(涇水)의 물고기들도 모두 죽였습니다. 또 뒤이어 외조부의 수족들을 죽였는데, 지금 경수 가에 수레바퀴와 말의 흔적이 여전히 남아있고 사전(史傳:『柳毅傳』)에서도 모두 전하고 있으니 진실로 거짓말이 아닙니다. 저는 또 남편의 가족들이 하늘에 죄를 얻어 아직 상제의 사면도 얻지 못한 탓에 목소리를 죽이고 몸을 피해야 하기 때문에 이와 같이 곤란한 지경에 이르게 된 것입니다. 당신이 만약 진실을 헤아리지 못하고 끝내 일이 많다고 핑계를 대신다면 아까 제가 한 말은 상제의 처벌을 피할 수 없을 것입니다."

결국 주보는 허락했다. 술자리가 끝나자 그녀는 재배하고 떠나갔다.

주보는 오후가 다 되어 비로소 깨어났는데, 어렴풋하게 여전히 그녀의 목소리가 귀에 들리고 눈에 보이는 것 같았다. 다음날 주보는 1,500명의 병사를 보내 연못에 있는 사당 옆을 지키게 했다. 그 달 7일에 닭이 막 울자 주보는 새벽에 깨어났지만 창밖은 여전히 어두웠다. 갑자기 장막 앞에 한 사람이 휘장 사이로 걸어 들어왔는데 마치 시녀 같았다.

주보가 불러서 등불을 켜게 했지만 대답이 없자 무섭게 그 사람을 꾸짖었다. 그러자 그 사람이 말했다.

"저승과 이승의 길이 다르니 등불로 저를 다그치지 말아 주십시오."

주보는 그제야 이상하다고 여기며 숨을 죽이고 있다가 천천히 말했다.

"혹시 구낭자가 아니십니까?"

그 사람이 대답했다.

"저는 구낭자의 집사입니다. 어제 당신이 군대를 빌려주어 위기를 모면할 수 있었습니다만 저승과 이승의 일이 달라 군대를 지휘할 수 없었습니다. 진실로 당신이 처음 약속을 지켜주시겠다면 다시 이 일을 생각해보십시오."

잠시 후에 비단 창문이 점점 밝아졌기에 자세히 살펴보았더니 고요하기만 할 뿐 아무 것도 보이지 않았다. 주보는 한참동안 생각하고서야 그 사람의 말뜻을 알 수 있었다. 그는 관리를 불러 병적에 따라 죽은 사람의 이름을 뽑아서 기마병 500명과 보병 1,500명을 얻었다. 그 안에서 압아(押衙) 맹원(孟遠)을 선발하여 행영도우후(行營都虞候)로 삼고 문서를 선녀추 연못신[九娘子]에게 보냈다.

그 달 11일에 사당을 지키고 있던 병사가 보았더니 청사 앞에서 눈깜박할 사이에 어떤 병사가 땅에 쓰러졌는데, 그는 입을 움직이고 눈을 깜박였으나 물어도 대답이 없었고 갑자기 죽은 것 같지도 않았다. 그를 복도로 옮겨놓았더니 날이 밝아서야 비로소 깨어났다. 사람을 시켜 물어보게 하자 그가 대답했다.

"저는 처음에 푸른 도포 입은 사람을 보았는데, 그는 동쪽에서 와서 저를 보더니 정중하게 예의를 갖추었습니다. 그 사람이 저에게 말했습니다.

'저의 귀주께서 상공(相公: 周寶)의 크나큰 은혜를 입어 홍수와 불더미 속에서 빠져 나오셨지만 아직 간절한 소원을 이루지는 못했습니다. 당신의 총명함을 빌려 다시 은밀한 감정을 전하려 하니 피하지 마십시오.'

저는 급히 다른 이유로 거절했지만 그가 소매를 잡아끄는 바람에 얼떨결에 넘어졌습니다. 다만 푸른 옷입은 사람의 뒤를 따라 함께 가고 있다는 느낌이 들었는데, 잠깐 사이에 그 사당 앞에 도착했습니다. 푸른 옷 입은 사람이 저에게 빨리 걸으라고 재촉했는데, 내가 휘장 앞에 이르렀더니 귀주가 저에게 말했습니다.

'어제 상공이 나의 외롭고 위급한 처지를 불쌍히 여겨 너희들을 보내 내 영토를 지키게 해주셨다. 오가는 길이 어찌 피곤하지 않았겠느냐? 나는 근자에 상공이 다시 병사들을 빌려주시어 그 성의에 매우 감사하고 있다. 그 병사들은 민첩하고 강하며 갑옷과 무기도 예리하지만 도우후 맹원은 재주가 없고 지위도 낮으며 책략도 전혀 없다. 이달 9일에 적군 3천여 명이 내 영토의 교외로 와서 공격했다. 그래서 맹원에게 새로 온 병사들을 이끌고 평원에서 싸우게 했지만 치밀하게 매복하지 못해 오히려 적군에게 패하고 말았다. 나는 책략에 뛰어난 장수를 매우 얻고 싶으니 너는 빨리 돌아가서 나의 뜻을 전하여라.'

말이 끝나자 저는 절하고 나왔는데 취한 것처럼 어지러워 나머지는 기억나지 않습니다."

주보가 그의 말을 살펴보았더니 꿈과 서로 맞아떨어졌다. 그는 앞서 한 약속을 지키고자 제승관사(制勝關使) 정승부(鄭承符)를 보내 맹원을 대신하게 했다.

그 달 13일[원문에는 '三日'으로 되어 있으나 내용 전개상 '十三日'이 타당함] 밤에 관부 뒤에 있던 축구장에서 술을 뿌리고 향을 사르며 문서를 보내 구낭자신이 받아들이길 청했다. 16일이 되자 제승관에서 보고했다.

"이 달 13일 밤 삼경(三更)이 지나 제승관사가 갑자기 죽었습니다."

주보는 놀라고 탄식하며 사람을 보내 살펴보게 했더니 정승부가 과연 죽어 있었는데, 심장과 등만은 차지 않았다. 여름날 시체를 놓아두어도 썩지 않기 때문에 그의 집에서는 매우 기이하게 여겼다. 어느 날 밤에 갑자기 음산한 바람이 거세게 불어 모래와 돌이 날리고 집이 무너지고 나무가 뽑혔으며 곡식의 싹이 모두 쓰러졌는데, 새벽이 되서야 바람이 그쳤다. 구름과 안개가 사방에 자욱하더니 저녁까지 걷히지 않았다. 저녁이 되어 천둥소리가 들리더니 하늘이 갈라지는 것처럼 번쩍했다. 정승부가 갑자기 몇 번 신음하면서 숨을 쉬자 그의 가족들이 관을 쪼개어 보았더니 그는 한참 만에 다시 살아났다. 그날 밤 친척과 이웃들이 모두 모여 슬픔과 기쁨을 서로 나누었다. 이틀 동안 그런 일이 일어났기에 집안사람들이 그 이유를 물어보았더니 정승부가 대답했다.

"나는 처음에 자색 인끈을 달고 검은 말을 탄 어떤 사람을 보았는데, 그는 시종 10여 명과 함께 문에 이르더니 말에서 내려 나에게 만나자고 했다. 서로 인사를 하고 나자 그는 손에 들고 있던 문서 하나를 나에게 주며 말했다.

'귀주께서 먼지를 날려버리는 꿈[吹塵之夢: 黃帝가 큰 바람이 불어 천하의 먼지를 날려버리는 꿈을 꾸었는데, 그 후 風后라는 신하를 얻었다고 함. 여기서는 九娘子가 鄭承符를 얻는 꿈을 꾸었음을 의미함]을 꾸시고 나서 당신이 세상에 이름난 재능을 가지고 있다는 것을 알고 남양의 고사[南陽故事: 劉備가 諸葛亮을 얻기 위해 南陽에서 三顧草廬했다는 이야기]에 따라 나라의 원수를 물리치려고 하십니다. 그래서 저에게 이 선물들을 가지고 가서 당신에게 존경을 표하라고 하셨습니다. 거듭 저의 나라를 평안하게 해주시길 바라며 세 번 찾아뵙는 수고로움을 피하게 해주십시오.'

나는 다른 핑계를 댈 겨를이 없어 그저 안 된다고만 했다. 내가 그를 대접하는 사이 이미 선물들이 계단 아래에 놓였는데, 말안장과 말, 무기와 갑옷, 채색비단, 옷과 노리개, 화살 통 등을 모두 정원에 벌여놓았다. 나는 사양할 수가 없어서 결국 재배하고 그것들을 받았다. 그가 나에게 수레에 오르라고 재촉했는데, 그들이 타고 온 말들은 매우 건장하고 뛰어났으며 장식도 매우 곱고 깨끗했으며 하인들도 단정하고 엄숙했다. 순식간에 100여 리를 갔는데, 기마병 300명이 이미 나와 나를 맞이하여 앞뒤에서 호위하며 갔다. 대장군(大將軍)과도 같은 행차였기에 나는 매우 득의양양해졌다. 두루 살펴보고 있는 사이 멀리 큰 성 하나가 보였는데, 성가퀴가 크고 높았으며 성 주위의 못도 매우 깊었다. 나는 정신이 아득해져 무슨 연유인지 알 수 없었다. 잠시 후 교외에 장막과 음악이 준비되고 연회가 마련되었다. 연회가 끝나 성으로 들어갔더니 구경하는 사람들이 담장을 두른 듯이 많았고 소식을 알리는 말단관리들이 그 사이를 왔다 갔다 했으며 지나간 문이 많아 그 수를 기억할 수 없었다. 마치 관부 같은 한 곳에 도착했는데, 좌우 사람들이 나에게 말에서 내려

옷을 갈아입고 빨리 귀주를 만나보라고 했다. 귀주는 사람을 시켜 명을 전하여 손님과 주인의 예로 만나길 바란다고 했다. 나는 이미 문서, 무기와 갑옷, 전쟁에 쓸 도구들을 받아 신하의 신분이니 결코 그럴 수 없다고 사양하며 군복을 입고 들어가 뵈었다. 귀주는 다시 명령을 내려 나에게 화살 통을 치우라고 하면서 손님과 주인 사이의 격식은 차리지 않아도 된다고 했다. 내가 무기를 버리고 재빨리 들어가 보았더니 귀주가 대청 위에 앉아 있었다. 나는 신하의 예의를 다해 절했다. 절하고 나자 계단을 오르라는 소리가 연이어 들리기에 나는 다시 절하고 서쪽으로 계단을 올라갔다. 붉은 연지에 푸른 눈썹을 칠하고 머리를 돌돌 말아 올린 시녀들이 수십 명 있었고 악기를 든 채 무성한 꽃을 꽂고 기이한 옷을 입은 하녀들이 또 수십 명 있었다. 황금 허리띠를 두르고 자색 옷을 입은 채 끈을 끌고 비녀를 꽂고서 사방을 돌아다니는 사람들도 한두 명만이 아니었다. 그리고 가벼운 갖옷에 넓은 허리띠를 두르고 백옥을 허리에 걸친 채 계단에 삼엄하게 늘어서 있는 사람들은 더욱 많았다. 다음으로 여자 손님 5~6명에게 각자 10여 명의 시녀를 거느리고 줄지어 차례차례 들어오게 했다. 나 또한 고개를 숙인 채 예의를 표했지만 감히 절하지는 못했다. 자리가 정해지자 대교(大校: 고위 장교) 몇 명에게도 모두 자리에 앉도록 했다. 술잔을 들고 풍악을 울렸는데, 귀주가 술 마실 차례가 되자 귀주는 소매를 모으고 술잔을 들어올리며 말을 꺼내 나를 불러온 이유를 설명했다. 잠시 후에 봉화가 사방에서 피어오르더니 여기저기서 시끄럽게 떠드는 소리가 들렸다.

 '조나 적군의 보병과 기병 수만 명이 오늘 날이 밝자 보루를 공격하여 이미 경계로 진입했습니다. 여러 길에서 일제히 진격하여 불길이 끊

이지 않고 있으니 군대를 보내 도와주십시오.'

시녀들은 아연실색하여 서로 바라보았고 여자들은 작별 인사도 하지 못한 채 허둥지둥 흩어졌다. 여러 대교들은 계단을 내려가 절하고 우두커니 선 채 명령을 기다리고 있었다. 귀주가 난간에 기댄 채 나에게 말했다.

'나는 상공의 특별한 은혜를 받았소. 그는 내가 의지할 곳이 없음을 가엾게 여겨 계속해서 군대를 보내 나를 위험에서 구해주었소. 그러나 수레와 무기가 훌륭하지 않으니 책략을 도모해야겠소. 지금 당신이 이곳을 누추하다고 꺼리지 않았기 때문에 당신을 모셔와 이 위기를 벗어나려고 했던 것이오. 당신은 이곳이 저승이라고 사양하지 말고 나의 부족한 부분을 조금 도와주시오.'

그리고는 따로 말 두 필과 황금 갑옷 한 벌, 깃발과 도끼, 진기한 보물과 각종 물건들을 하사했는데, 정원에 가득 쌓여 그 수를 헤아릴 수 없었다. 궁녀 두 사람이 병부(兵符)와 매우 많은 하사품을 가져왔다. 내가 절하고 받은 뒤 나와서 여러 장수들을 부르고 부대를 지휘하자 안과 밖에서 모두 호응했다. 그날 밤에 성을 나오자 사람들이 살펴보고 와서 여러 차례 보고했는데, 모두 적의 기세가 점점 강해진다고 말했다. 나는 평소에 그곳의 산천지리와 지세의 높낮이를 잘 알고 있었기에 군대를 이끌고 밤에 나왔다. 성에서 100여 리 떨어진 곳에서 요충지에 병사들을 배치해 놓고 상과 벌을 명확히 알린 다음 삼군(三軍: 步兵·車兵·騎兵)을 통솔하여 세 겹으로 매복한 뒤 적군을 기다렸다. 날이 밝을 무렵 배치가 이미 끝났다. 적군들은 이전의 공적을 믿고 매우 경솔히 앞으로 공격했으며 여전히 맹원이 병사를 통솔하고 있다고 여겼다. 나는 직접 날쌘 말을 끌고 높은 곳에 올라가 보았는데, 사방에서 먼지가 일었고 적군의 대오는 가지런하고 엄숙했다. 나는 먼저 민첩한 병사로 하여금 도전하게 하면서 약함을 보임으로써 적군을 유인하도록 했다. 이어서 단병(短兵: 칼과 창 따위의 짧은 병기를 쓰는 병사)이 나아가 싸우면서 한편으로는 달아났다. 칼날이 부딪치는 소리가 하늘을 가르고 땅을 찢는 듯 했다. 내가 병사들을 이끌고 거짓으로 도망치자 저들도 사력을 다해 쫓아왔다. 북소리가 들리자 매복해 있던 병사들이 모두 일어나 천 리 안에서 맞붙어 싸우며 사방에서 협공을 폈다. 적군들은 패배하여 죽은 사람이 삼처럼 뒤엉켜 있었다. 싸우기도 하고 도망치기도 하면서 조나진의 소룡이 칼날을 피해 달아났는데, 그를 따라 도망치는 병사는 채 10여 명도 안 되었다. 나는 건장한 기마병 30명을 뽑아 그를 쫓게 했는데, 그는 과연 나의 깃발 아래서 생포되었다. 그 때문에 피로 초목이 물들고 기름이 들판을 적셨으며 비린내가 공중에 가득했고 무기가 산처럼 쌓였다. 적장[朝那鎭의 小龍]을 빠른 수레에 태워 귀주에게 보내자 귀주는 평삭루(平朔樓)에 올라 그를 접수했다. 온 나라 백성들이 모두 와서 모이자 귀주는 그를 누대 앞으로 끌고 와 예로써 꾸짖었는데, 그는 죽을죄를 지었다고 말할 뿐 다른 말은 전혀 하지 않았다. 귀주는 결국 그를 저자거리로 끌고 가 요참형(腰斬刑)을 시키게 했다. 형을 집행하려 할 때 말 탄 한 사신이 보제왕이 있는 곳에서 급한 조서를 들고 오더니 속히 그를 풀어주라고 했다. 조서의 내용은 다음과 같았다.

'조나진 소룡의 죄는 내 죄이니 너는 그를 풀어주어 내 잘못을 가볍게 하라.'

귀주는 부모님이 다시 소식을 전하자 기쁨을 이기지 못한 채 여러 장군들에게 말했다.

'조나진의 소룡이 망령되게 행동한 것은 바로 내 부친의 명령이었고 지금 그를 풀어주는 것 또한 내 부친의 명령이오. 옛날에 내가 부친의 명을 거역한 것은 정절 때문이었으나 지금 만약 또 부친의 명을 거역한다면 이는 상서롭지 못한 일이오.'

그리고는 그를 풀어주게 하고 한 기마병에게 그를 돌려보내게 했는데, 그는 조나진에 도착하기도 전에 이미 수치심 때문에 도중에서 죽었다. 나는 적을 물리친 공로로 크나큰 총애를 받아 곧 예를 갖춰 평난대장군(平難大將軍)에 제수되었고 삭방(朔方) 1만 3천 호(戶)의 식읍(食邑)을 받았다. 또 따로 저택·수레·말·보물·의복·노비·정원·별장·깃발·갑옷 등을 하사받았다. 다음으로 여러 장군들이 등급에 따라 상을 받았다. 다음날은 크게 연회를 열었는데, 연회석에 참석한 사람들은 5~6명에 불과했으며 전에 왔던 여자 6~7명이 모두 와서 시중을 들었다. 그녀들은 자태가 매우 아름다워 더욱 마음을 움직이게 했다. 밤이 되도록 마시며 매우 즐거워했다. 술잔이 귀주에게 오자 귀주가 술잔을 들고 말했다.

'나는 불행히도 젊은 나이에 빈 규방을 지키게 되었으나 천성이 고고하고 곧았소. 부친의 명을 따르지 않고 이 곳에서 산지 이미 3기(紀)나 되었지만, 머리를 풀어헤치고 낙담하면서도 아직 죽지 못했소. 이웃 조나진의 소룡이 나를 위협하여 위험한 처지에 이르렀는데, 만약 상공의 깊은 은혜와 장군의 뛰어난 재능이 없었다면 나 또한 식국의 말없는 부인[息國不言之婦: 春秋時代 楚나라 文王이 息國을 멸망시키고 息侯의 부인 息嬀를 취했는데, 그녀는 두 남편을 섬긴 주제에 무슨 할 말이 있겠냐며 평생 말을 하지 않았다고 함]처럼 되어 조나진 소룡의 포로가 되었을 것이오. 영원히 이 은혜를 되새기며 하늘이 끝나도록 잊지 않겠소.'

그리고는 칠보종(七寶鍾)에 술을 따라 나에게 전해주게 했다. 나는 자리에서 일어나 두 번 절하고 그 술을 마셨다. 그때부터 나는 몹시 집으로 돌아가고 싶어서 귀주에게 간절한 말로 청했는데, 귀주가 결국 한 달의 휴가를 주었기에 나는 연회가 끝나자마자 나왔다. 다음날 감사의 인사를 하고 나서 수하의 병사 30여 명을 데리고 온 길을 되돌아갔는데, 지나는 곳에서 닭과 개 울음소리를 들으니 매우 가슴이 쓰라렸다. 잠시 후에 집에 도착해보았더니 집안사람들이 모여 울고 있었고 영장(靈帳)이 쳐져 있었다. 수하의 한 병사가 나에게 관 속으로 들어가라고 재촉했는데, 내가 앞으로 나아가자 좌우의 사람들이 밀어버렸다. 잠시 후 나는 천둥소리를 듣고 정신이 번쩍 들면서 깨어났다."

정승부는 그때부터 집안일에 신경쓰지 않고 뒷일을 처자식에게 부탁했다. 과연 한 달이 지나자 정승부는 병도 없이 죽었다. 당초 그는 갑자기 죽기 전에 친구에게 다음과 같이 말했다.

"나는 본래 책략이 뛰어나 임용되었는데, 군대에서 그것을 잘 발휘했소. 비록 뛰어난 공적을 세우지는 못했지만 미미하게나마 공적을 세웠소. 그러나 모함을 받아 이곳으로 쫓겨난 뒤로 평생의 뜻이 막혀 펼쳐보지도 못했소. 대장부는 마땅히 긴 바람을 일으키고 거대한 파도를 물리치며 태산(太山)을 들어서라도 계란을 누르고 동해의 물을 끌어 와서라도 반딧불을 꺼야 하오. 또한 매와 개의 웅대한 마음을 펼쳐 사람들의 공평하지 못한 일들을 해결해주어야 하오. 나는 조만간 명령을 받을 것이니 그대와 헤어질 날도 그리 멀지 않았구려."

그 달 13일에 어떤 사람이 설거성에서 새벽에 출발하여 10여 리를 갔다. 날이 막 밝을 무렵 갑자기 앞에서 수레먼지가 다투어 일어나고 깃발이 빛나더니 갑옷을 입은 기마병 수백 명이 가운데 한 사람을 둘러싸고 가고 있는 것이 보였다. 그 사람이 기세당당하기에 다가가서 보았더니 바로 정승부였다. 그 사람이 놀라며 한참동안 길 왼쪽에 우두커니 서서 보았더니 그들은 풍운처럼 순식간에 선녀추 연못에 도착했다. 그리고는 잠시 후에 조용히 사라져 버렸다.

涇州之東二十里, 有故薛擧城, 城之隅有善女湫, 廣袤數里, 蒹葭叢翠, 古木蕭踈. 其水湛然而碧, 莫有測其淺深者. 水族靈怪, 往往見焉, 鄕人立祠於旁, 曰'九娘子神'. 歲之水旱祓禳, 皆得祈請焉. 又州之西二百餘里, 朝那鎭之北, 有湫神, 因地而名, 曰: '朝那神'. 其胼蠁靈應, 則居善女之右矣.

乾符五年, 節度使周寶在鎭日. 自仲夏之初, 數數有雲氣, 狀如奇峰者, 如美女者, 如鼠如虎者, 由二湫而興. 至於激迅風, 震雷電, 發屋拔樹, 數刻而止. 傷人害稼, 其數甚多. 寶責躬勵己, 謂爲政之未敷, 致陰靈之所譴也. 至六月五日, 府中視事之暇, 昏然思寐, 因解巾就枕. 寢猶未熟, 見一武士冠鍪被鎧, 持鉞而立於階下, 曰: "有女客在門, 欲申參謁, 故先聽命." 寶曰: "爾爲誰乎?" 曰: "某卽君之閽者, 效役有年矣." 寶將詰其由, 已見二靑衣歷階而昇, 長跪於前曰: "九娘子自郊墅特來告謁, 故先使下執事致命於明公." 寶曰: "九娘子非吾通家親戚, 安敢造次相面乎?" 言猶未終, 而見祥雲細雨, 異香襲人. 俄有一婦人, 年可十七八, 衣裙素淡, 容質窈窕. 憑空而下, 立庭廡之間. 容儀綽約, 有絶世之貌. 侍者十餘輩, 皆服飾鮮潔, 有如妃主之儀. 顧步徊翔, 漸及臥所. 寶將少避之, 以候其意. 侍者趨進而言曰: "貴主以君之高義, 可申誠信之託, 故將冤抑之懷, 訴諸明公. 明公忍不救其急難乎?" 寶遂命昇階相見, 賓主之禮, 頗甚肅恭. 登榻而坐, 祥煙四合, 紫氣充庭. 斂態低鬢, 若有憂戚之貌. 寶命酌醴設饌, 厚禮以待之.

俄而斂袂離席, 逡巡而言曰: "妾以寓止郊園, 綿歷多祀, 醉酒飽德, 蒙惠誠深. 雖以孤枕寒床, 甘心沒齒, 煢孱有託, 負荷逾多. 但以顯晦殊途, 行止乖互. 今乃迫於情禮, 豈暇緘藏? 倘鑒幽情, 當敢披露." 寶曰: "願聞其說. 所冀識其宗系, 苟可展分. 安敢以幽顯爲辭? 君子殺身以成仁, 狥其毅烈, 踣赴湯火, 旁雪不平, 乃寶之志也." 對曰: "妾家世會稽之鄞縣, 卜築於東海之潭, 桑楡填隴, 百有餘代. 其後遭世不造, 瞰室貽災, 五百人皆遭庚氏焚炙之禍, 纂紹幾絶. 不忍戴天, 潛遁幽巖, 沈冤莫雪. 至梁天監中, 武帝好奇, 召人通龍宮, 入枯桑島, 以燒燕奇味, 結好於洞庭君寶藏主第七女, 以求異寶. 尋聞家仇庚毗羅, 自鄞縣白水郞, 棄官解印, 欲承命請行. 陰懷不道, 因使得入龍宮, 假以求貨, 覆吾宗嗣. 賴杰公敏鑒, 知渠挾私請行, 欲肆無辜之害, 慮其反貽伊戚, 辱君之命. 言於武帝, 武帝遂止, 乃令合浦郡落黎縣歐越羅子春代行. 妾之先宗, 羞共戴天, 慮其後患, 乃率其族, 韜光滅跡, 易姓變名, 避仇於新平眞寧縣安村. 披榛鑿穴, 築室於茲, 先人弊廬, 殆成胡越. 今三世卜居, 先爲靈應君, 尋受封應聖侯, 後以陰靈普濟, 功德及民, 又封普濟王, 威德臨人, 爲世所重. 妾卽王之第九女也, 笄年配於象郡石龍之少子. 良人以世襲猛烈, 血氣方剛, 憲法不拘, 嚴父不禁, 殘虐視事, 禮敎蔑聞. 未及朞年, 果貽天譴, 覆宗絶嗣, 削跡除名. 唯妾一身, 僅以獲免, 父母抑遣再行, 妾終違命. 王侯致聘, 接軫交轅, 誠願旣堅, 遂欲自劓. 父母怒其剛烈, 遂遣屛居於茲土之別邑, 音問不通, 於今三紀. 雖慈顔未復, 溫淸久違, 離羣索居, 甚爲得志. 近年爲朝那小龍, 以季弟未婚, 潛行禮聘, 甘言厚幣, 峻阻復來. 滅性毀形, 殆將不可. 朝那遂通好於家君, 欲成其事, 遂使其季弟權徙居於王畿之西, 將質於我王,以成姻好.家君知妾之不可奪,乃令朝那縱兵相逼.妾亦率其家僅五十餘人,付以兵仗,逆戰郊原,衆寡不敵,三戰三北,師徒倦弊,掎角無怙,將欲收拾餘燼,背城借一,而慮晉陽水急,臺城火炎.一旦攻下,爲頑童所辱,縱沒於泉下,無面石氏之子.故『詩』云:'汎彼栢舟,在彼中河.髪彼兩髦,實維我儀.之死矢靡他.母也天只,不諒人只!'此衛世子孀婦自誓之詞.又云:'誰謂鼠無牙?何以穿我墉?誰謂女無家?何以速我訟?雖速我訟,亦不女從.'此邵伯聽訟.衰亂之俗微('微'原作'興',據陳校本改),貞信之敎興('興'原作'微',據陳校本改),強暴之男,不能侵凌貞女也.今則公之敎,可以精通顯晦('晦'字原闕,據明鈔本補),貽範古今.貞信之敎,故不爲姬奭之下者.幸以君之餘力,少假兵鋒,挫彼兇狂,存其鰥寡.成賤妾終天之誓,彰明公赴難之心.輒具志誠,幸無見阻.”

寶心雖許之,訝其辨博,欲拒以他事,以觀其詞.乃曰:“邊徼事繁,煙塵在望.朝廷以西郵陷虜,蕪沒者三十餘州,將議擧戈,復其土壤.曉夕恭命,不敢自安.匪夕伊朝,前茅卽擧.空多憤悱,未暇承命.”對曰:“昔者楚昭王以方城爲城,漢水爲池,盡有荊蠻之地.籍父兄之資,強國外連,三良內助.而吳兵一擧,鳥迸雲奔,不暇嬰城,迫於走兎.寶玉遷徙,宗社凌夷,萬乘之靈,不能庇先王之朽骨.至中胥乞師於嬴氏,血淚汚於秦庭,七日長號,晝夜靡息.秦伯憫其禍敗,竟爲出師,復楚退吳,僅存亡國.況芊氏爲春秋之強國,申胥乃衰楚之大夫,而以矢盡兵窮,委身折節,肝腦塗地,感動於強秦.矧妾一女子,父母斥其孤貞,狂童凌其寡弱,綴旒之急,安得不少動仁人之心乎?”寶曰:“九娘子靈宗異派,呼吸風雲,蠢爾黎元,固在掌握.又焉得示弱於世俗之人,而自困如是者哉?”對曰:“妾家族望,海內咸知.只如彭蠡・洞庭,皆外祖也,陵水・羅水,皆中表也.內外昆季,百有餘人,散居吳越之間,各分地土.咸京八水,半是宗親.若以遣一介之使,飛咫尺之書,告彭蠡・洞庭,召陵水・羅水,率維揚之輕銳,徵八水之鷹揚.然後檄馮夷, 說巨靈. 鼓子胥之波濤, 混陽侯之鬼怪, 鞭驅列缺, 指揮豐隆, 扇疾風, 翻暴浪, 百道俱進, 六師鼓行, 一戰而成功. 則朝那一鱗, 立爲虀粉, 涇城千里, 坐變汚潴. 言下可觀, 安敢謬矣? 頃者涇陽君與洞庭外祖, 世爲姻戚. 後以琴瑟不調, 棄擲少婦, 遭錢塘之一怒, 傷生害稼, 懷山襄陵, 涇水窮鱗, 尋斃外祖之牙齒, 今涇上車輪馬跡猶在, 史傳具存, 固非謬也. 妾又以夫族得罪於天, 未蒙上帝昭雪, 所以銷聲避影, 而自困如是. 君若不悉誠款, 終以多事爲詞, 則向者之言, 不敢避上帝之責也." 寶遂許諾. 卒爵撤饌, 再拜而去.

寶及晡方寤, 耳聞目覽, 怳然如在. 翼日, 遂遣兵士一千五百人, 戍於湫廟之側. 是月七日, 雞初鳴, 寶將晨興, 疎牖尙暗, 忽於帳前有一人, 經行於帷幌之間, 有若侍巾櫛者. 呼之命燭, 竟無酬對, 遂厲而叱之. 乃言曰: "幽明有隔, 幸不以燈燭見迫也." 寶潛知異, 乃屛氣息音, 徐謂之曰: "得非九娘子乎?" 對曰: "某卽九娘子之執事者也. 昨日蒙君假以師徒, 救其危患, 但以幽顯事別, 不能驅策. 苟能存其始約, 幸再思之." 俄而紗窓漸白, 注目視之, 悄無所見. 寶良久思之, 方達其義. 遂呼吏, 命按兵籍, 選亡沒者名, 得馬軍五百人, 步卒一千五百人, 數內選押衙孟遠, 充行營都虞候, 牒送善女湫神.

是月十一日, 抽廻戌廟之卒, 見於廳事之前, 轉旋之際, 有一甲士仆地, 口動目瞬, 問無所應, 亦不似暴卒者. 遂置於廊廡之間, 天明方悟. 遂使人詰之, 對曰: "某初見一人, 衣靑袍, 自東而來, 相見甚有禮. 謂某曰: '貴主蒙相公莫大之恩, 拯其焚溺, 然亦未盡誠款. 假爾明敏, 再通幽情, 幸無辭免也.' 某急以他詞拒之, 遂以袂相牽, 懵然顚仆. 但覺與靑衣者繼踵偕行, 俄至其廟. 促呼連步, 至於帷薄之前, 見貴主謂某云: '昨蒙相公憫念孤危, 俾爾戍於弊邑. 往返途路, 得無勞止? 余近蒙相公再借兵師, 深愜誠願. 觀其士馬精强, 衣甲銛利, 然都虞候孟遠, 才輕位下, 甚無機略. 今月九日, 有遊軍三千餘, 來掠我近郊. 遂令孟遠領新到將士,邀擊於平原之上, 設伏不密, 反爲彼軍所敗. 甚思一權謀之將, 俾爾速歸, 達我情素.' 言訖, 拜辭而出, 昏然似醉, 餘無所知矣." 寶驗其說, 與夢相符. 意欲質前事, 遂差制勝關使鄭承符以代孟遠.

是月三日晚, 徇於後毬場, 瀝酒焚香, 牒請九娘子神收管. 至十六日, 制勝關申云: "今月十三日夜, 三更已來, 關使暴卒." 寶驚歎息, 使人馳視之, 至則果卒, 唯心背不冷. 暑月停尸, 亦不敗壞, 其家甚異之. 忽一夜, 陰風慘冽, 吹砂走石, 發屋拔樹, 禾苗盡偃, 及曉而止. 雲霧四布, 連夕不解. 至暮, 有迅雷一聲, 劃如天裂. 承符忽呻吟數息, 其家剖棺視之, 良久復蘇. 是夕, 親隣咸聚, 悲喜相仍. 信宿如故, 家人詰其由, 乃曰: "余初見一人, 衣紫綬, 乘驪駒, 從者十餘人, 至門下馬, 命吾相見. 揖讓周旋, 手捧一牒授吾云: '貴主得吹塵之夢, 知君負命世之才, 欲遵南陽故事, 思殄邦仇. 使下臣持茲禮幣, 聊展敬於君子. 而冀再康國步, 幸不以三顧爲勞也.' 余不暇他辭, 唯稱不敢. 酬酢之際, 已見聘幣羅於堦下, 鞍馬・器甲・錦綵・服翫・橐鞬之屬, 咸布列於庭. 吾辭不獲免, 遂再拜受之. 卽相促登車, 所乘馬異常駿偉, 裝飾鮮潔, 僕御整肅. 倏忽行百餘里, 有甲馬三百騎已來, 迎候騧殿. 有大將軍之行李, 余亦頗以爲得志. 指顧間, 望見一大城, 其雉堞穹崇, 溝洫深濬. 余惚恍不知所自. 俄於郊外, 備帳樂, 設享. 讌罷入城, 觀者如堵, 傳呼小吏, 交錯其間, 所經之門, 不記重數. 及至一處, 如有公署, 左右使余下馬易衣, 趨見貴主. 貴主使人傳命, 請以賓主之禮見. 余自謂旣受公文・器甲・臨戎之具, 卽是臣也, 遂堅辭, 具戎服入見. 貴主使人復命, 請去橐鞬, 賓主之間, 降殺可也. 余遂捨器仗而趨入, 見貴主坐於廳上. 余拜謁, 一如君臣之禮. 拜訖, 連呼登堦, 余乃再拜, 昇自西堦. 見紅粧翠眉, 蟠龍髻鳳而侍立者, 數十餘輩, 彈絃握管, 穠花異服而執役者, 又數十輩. 腰金拖紫, 曳組攢簪而趨隅者, 又非止一人也. 輕裘大帶, 白玉橫腰, 而森羅於堦下者, 其數甚多. 次命女客五六人, 各有侍者十數輩,差肩接跡, 累累而進. 余亦低視長揖, 不敢施拜. 坐定, 有大校數人, 皆令預坐. 擧酒('酒'字原闕, 據明鈔本補)進樂, 酒至貴主, 歛袂擧觴, 將欲興詞, 叙向來徵聘之意. 俄聞烽燧四起, 叫噪喧呼云: '朝那賊步騎數萬人, 今日平明, 攻破堡寨, 尋已入界. 數道齊進, 煙火不絶, 請發兵救應.' 侍坐者相顧失色, 諸女不及叙別, 狼狽而散. 及諸校降階拜謝, 佇立聽命. 貴主臨軒謂余曰: '吾受相公非常之惠. 憫其孤惸, 繼發師徒, 拯其患難. 然以車甲不利, 權略是思. 今不棄弊陋, 所以命將軍者, 正爲此危急也. 幸不以幽僻爲辭, 少匡不迨.' 遂別賜戰馬二疋, 黃金甲一副, 旌旗旄鉞, 珍寶器用, 充庭溢目, 不可勝計. 彩女二人, 給以兵符, 錫賚甚豐. 余拜捧而出, 傳呼諸將, 指揮部伍, 內外嚮應. 是夜出城, 相次探報, 皆云, 賊勢漸雄. 余素諳其山川地里, 形勢孤虛, 遂引軍夜出. 去城百餘里, 分布要害, 明懸賞罰, 號令三軍, 設三伏以待之. 遲明, 排布已畢. 賊汰其前功, 頗甚輕進, 猶謂孟遠之統衆也. 余自引輕騎, 登高視之, 見煙塵四合, 行陣整肅. 余先使輕兵挑戰, 示弱以誘之. 接以短兵, 且戰且行. 金革之聲, 天裂地坼. 余引兵詐北, 彼亦盡銳前趨. 鼓噪一聲, 伏兵盡起, 千里轉戰, 四面夾攻. 彼軍敗績, 死者如麻. 再戰再奔, 朝那狡童, 漏刃而去, 從亡之卒, 不過十餘人. 余選健馬三十騎追之, 果生置於麾下. 由是血肉染草木, 脂膏潤原野, 腥穢蕩空, 戈甲山積. 賊帥以輕車馳送於貴主, 貴主登平朔樓受之. 擧國士民, 咸來會集, 引於樓前, 以禮責問, 唯稱死罪, 竟絶他詞. 遂令押赴都市腰斬. 臨刑, 有一使乘傳, 來自王所, 持急詔, 令促赦之. 曰: '朝那之罪, 吾之罪也, 汝可赦之, 以輕吾過.' 貴主以父母再通音問, 喜不自勝, 謂諸將曰: '朝那妄動, 卽父之命也, 今使赦之, 亦父之命也. 昔吾違命, 乃貞節也, 今若又違, 是不祥也.' 遂命解轉, 使單騎送歸, 未及朝那, 已羞而卒於路. 余以克敵之功, 大被寵錫, 尋備禮拜平難大將軍, 食朔方一萬三千戶. 別賜第宅·輿馬·寶器·衣服·婢僕·園林·邸第·旌幢·鎧甲. 次及諸將, 賞賚有差. 明日大宴, 預坐者不過五六人, 前者六七女皆來侍坐. 風姿艷態, 愈更動人. 竟夕酣飲, 甚歡. 酒至貴主, 捧觴而言曰: '妾之不幸, 少處空閨, 天賦孤貞. 不從嚴父之命, 屛居於此三紀矣, 蓬首灰心, 未得其死. 隣童迫脅, 幾至顚危, 若非相公之殊恩, 將軍之雄武, 則息國不言之婦, 又爲朝那之囚耳. 永言斯惠, 終天不忘.' 遂以七寶鍾酌酒, 使人持送鄭將軍. 余因避席, 再拜而飮. 余自是頗動歸心, 詞理懇切, 遂許給假一月, 宴罷出. 明日, 辭謝訖, 擁其麾下三十餘人返於來路, 所經之處, 聞雞犬, 頗甚酸辛. 俄頃到家, 見家人聚泣, 靈帳儼然. 麾下一人, 令余促入棺縫之中, 余欲前, 而爲左右所聾. 俄聞震雷一聲, 醒然而悟."

承符自此不事家產, 唯以後事付妻孥. 果經一月, 無疾而終. 其初欲暴卒時, 告其所親曰: "余本機鈐入用, 效節戎行. 雖奇功茂聞, 而薄效粗立. 洎遭釁累, 譴謫於茲, 平生志氣, 鬱而未申. 丈夫終當扇長風, 摧巨浪, 摧('摧'字原闕, 據明鈔本補)太山以壓卵, 決東海以沃螢. 奮其鷹犬之心, 爲人雪不平之事. 吾朝夕當有所受, 與子分襟, 固不久矣." 其月十三日, 有人自薛擧城, 晨發十餘里. 天初平曉, 忽見前有車塵競起, 旌旗煥赫, 甲馬數百人, 中擁一人. 氣槪洋洋然, 逼而視之, 鄭承符也. 此人驚訝移時, 因佇於路左, 見瞥如風雲, 抵善女湫. 俄頃, 悄無所見.

태평광기 권제 493 잡록(雜錄) 1

1. 하후단(夏侯亶)
2. 왕　　숙(王　肅)
3. 이연식(李延寔)
4. 이의침(李義琛)
5. 유　　룡(劉　　龍)
6. 배현지(裴玄智)
7. 탁지랑(度支郎)
8. 우세남(虞世南)
9. 울지경덕(尉遲敬德)
10. 우세기(虞世基)
11. 내　　항(來　恒)
12. 구양순(歐陽詢)
13. 허경종(許敬宗)
14. 원만경(元萬頃)
15. 곽무정(郭務靜)
16. 당　　림(唐　臨)
17. 소괴·이교자(蘇瓌·李嶠子)
18. 누사덕(婁師德)
19. 이　　회(李　晦)
20. 송지문(宋之問)
21. 육원방(陸元方)

493·1(6836)
하후단(夏侯亶)

[南朝] 양(梁)나라의 하후단은 구경(九卿)의 반열에 올랐다. 그는 집이 가난했지만 악대를 갖추길 좋아했다. 가기(歌妓)들은 옷이나 장식물이 없었는데, 손님이 오면 하후단은 그들을 발[簾] 너머에서 악곡을 연주하게 했다. 당시 사람들은 그 발을 하우단의 가기의 옷이라고 여겼다. (『독이지』)

梁夏侯亶爲九列. 家貧而好置樂. 妓無衣裝飾, 客至, 卽令隔簾奏曲. 時人以簾爲夏侯妓衣. (出『獨異志』)

493·2(6837)
왕 숙(王 肅)

후위(後魏: 北魏)의 상서령(尙書令) 왕숙은 자(字)가 공의(恭懿)이며 낭야(琅邪) 사람으로 [南朝] 제(齊)나라 옹주자사(雍州刺史) 왕환(王奐)의 아들이다. 그는 박학다식하고 재주와 문장이 아주 훌륭하여 제나라의 비서승(秘書丞)이 되었다. [北魏 孝文帝] 태화(太和) 18년

(494)에 그는 북쪽으로 후위에 귀순했다. 당시는 고조(高祖: 孝文帝)가 낙읍(洛邑: 洛陽城)을 새로 건설하면서 많은 제도를 만들었는데, 왕숙은 옛일에 박식하여 많은 도움을 주었다. 그래서 고조는 그를 매우 중시하여 늘 '왕생(王生)'이라 불렀다.

왕숙은 강남에 있을 때 사씨(謝氏)의 딸을 부인으로 맞이했지만 도성[洛陽]에 와서 다시 공주에게 장가들었다. 그 후 사씨는 불도(佛道)에 입문하여 비구니가 되었다가 또 왕숙에게로 도망쳐갔는데, 왕숙이 이미 공주에게 장가든 것을 보고 오언시를 지어 그에게 주었다. 그 시는 다음과 같다.

> 본래 누에발 위의 누에였는데,
> 지금은 베틀 위의 실 되었네.
> 베틀 북 얻어 바디를 쫓아가니,
> 서로 얽혀 있던 때가 몹시 그립구나.

그러자 공주가 왕숙을 대신하여 사씨의 시에 다음과 같이 화답했다.

> 바늘은 실을 꿰는 물건이니,
> 바늘귀 속은 언제나 실이 마음대로 드나드네.
> 비단 얻어 새 옷 짓는데,
> 어찌 헌 실을 받아들이겠는가?

왕숙은 몹시 슬퍼하고 후회한 끝에 마침내 정각사(正覺寺)를 지어 사씨를 그곳에서 쉬게 했다. (『가람기』)

後魏尙書令王肅字恭懿, 琅邪人, 蕭齊雍州刺史奐之子. 贍學多通, 才辭美茂,爲齊秘書丞. 太和十八年, 北歸後魏. 時高祖新營洛邑, 凡所造制, 肅博識舊事, 大有神益. 高祖甚重之, 常呼曰'王生'.

肅在江南之日, 聘謝氏女爲妻. 及至京師, 復尙公主. 其後謝氏入道爲尼, 亦來奔肅, 見肅尙主, 謝作五言詩以贈之. 其詩曰: "本爲薄上蠶, 今作機上絲. 得絡逐勝去, 頗憶纏綿時." 公主代肅答謝云: "針是貫綫物, 目中恒任絲. 得帛縫新去, 何能納故時?" 肅甚悵恨, 遂造正覺寺以憩之. (出『伽藍記』)

493·3(6838)
이연식(李延寔)

후위(後魏: 北魏)의 태부(太傅) 이연식은 장제(莊帝)의 외숙이다. 그는 영안연간(永安年間: 528~530)에 청주자사(靑州刺史)에 제수되었는데, 임지로 떠나면서 작별인사를 올리자 장제가 그에게 말했다.

"[청주 사람들은] 벽돌을 품고 다니는 풍속이 있어서 세간에서는 다스리기 어렵다고 소문이 나 있으니, 숙부께서는 마땅히 심혈을 기울여서 조정의 기대에 부응하도록 하셔야 합니다."

이연식이 대답했다.

"신은 나이가 노년에 접어들어 기운이 아침이슬과 같은지라 인간세상에서 점점 멀어져 소나무 언덕[무덤을 말함]으로 갈 날이 가까워지고 있습니다. 그래서 신은 이미 오래 전부터 사직하고 물러나 한가로이 살 것을 청했지만, 폐하께서는 위양(渭陽)의 정[조카가 외삼촌을 그리워하는 정. 『詩經』 「秦風·渭陽」의 "我送舅氏, 曰至渭陽"이라는 구절에서 비롯되었음]을 불러일으켜 이 늙은 신에게 은총을 내리심으로써 [신으로 하여금] 밤에 다니는 죄인[夜行非人: '非'는 '罪'의 오기로 보임. 三國時代 魏나라의 田豫는 나이가 많은 것을 이유로 여러 번 퇴직을 청했으나 황제가 윤허하지 않자, 나이 70에 관직에 있는 것은 밤이 되었는데도 계속 다니는 사람과 같으니 죄인이라고 하면서 자신의 뜻을 굽히지 않았다고 함]이 되게 하고 만 리나 떨어진 곳을 다스리게[裁錦: 비단을 재단한다는 뜻으로, 관리가 되어 정사를 다스리는 것을 비유함] 하셨습니다. 삼가 밝은 칙명을 받들어 감히 실수하지 않겠습니다."

당시 황문시랑(黃門侍郎) 양관(楊寬)이 장제 옆에 있었는데, '벽돌을 품고 다닌다[懷塼]'는 뜻을 이해하지 못하여 사인(舍人) 온자승(溫子升)에게 슬쩍 물었더니 온자승이 말했다.

"제가 듣건대, 황제의 형 팽성왕(彭城王: 元勰)이 청주자사가 되어 그곳의 풍속을 물었더니[원문은 '聞其'라 되어 있지만 문맥이 통하지 않으므로 今本『洛陽伽藍記』권2「城東·秦太上君寺」에 의거하여 '問其俗'으로 고쳐 번역함], 빈객 중에서 청주까지 따라온 사람이 말하길, '제(齊: 靑州. 靑州는 春秋戰國時代 齊나라 지역이기 때문에 이렇게 말한 것임) 땅 백성들은 풍속이 천박하여 허망하게 고담(高談)이나 논하면서 오로지 영리(榮利)에만 관심이 있습니다. 태수(太守)가 처음 이곳의 경내로 들어올 때는 백성들이 모두 벽돌을 품에 지니고 머리를 조아리며 환영의 뜻을 나타내지만 태수가 교체되어 고향으로 돌아가게 되면 벽돌로 그를 칩니다'라고 했답니다. 이것은 그곳 백성들의 복종과 배반이 손바닥 뒤집는 것보다 빠름을 말해주는 것입니다. 그래서 도성에 '감옥에 갇힌 죄수 없고 집안에 청주 사람 없으면, 설령 집안형편이 안 좋다 하더라도 마음속엔 근심 생기지 않네'라는 노래가 떠돌게 되었습니다. '벽돌을 품고 다닌다'는 뜻은 여기에서 생겨난 것입니다."

영천(潁川)의 순제(荀濟)는 풍류로 이름난 명사로 고매한 식견이 당시에 특출했다. 청하(淸河)의 최숙인(崔淑仁)이 제 땅의 사대부들을 칭찬하자 순제가 이렇게 말했다.

"제 땅 사람들은 겉으로는 현자[庶幾: 당대의 뛰어난 인재. 賢人]처럼 꾸미고 안으로는 비루함과 인색함을 지니고 있으며, 경박하기가 깃털과 같고 날카롭기가 송곳이나 칼과 같소. 또 헛된 명예를 좇길 좋아하여 유명한 사람에게 아부하며, 위세가 있는 곳이면 급히 그곳으로 달려가지만, 만일 도움 받을 만한 것이 없으면 그 즉시 버리고 떠나오."

이것은 허풍과 천박함이 심함을 말하는 것이다. (『가람기』)

後魏太傅李延寔者, 莊帝舅也. 永安中, 除靑州刺史, 將行奉辭, 帝謂寔曰: "懷塼之俗, 世號難治, 舅宜好用心, 副朝廷所委." 寔答曰: "臣年迫桑楡, 氣同朝露, 人間稍遠, 日近松丘. 臣已久乞閒退, 陛下渭陽興念, 寵及老臣, 使夜行非人, 裁錦萬里. 謹奉明敕, 不敢失墜." 時黃門侍郞楊寬在帝側, 不曉'懷塼'之義, 私問舍人溫子升, 子升曰: "吾聞至尊兄彭城王作靑州刺史, 聞其賓客從至靑州者云: '齊土之民, 風俗淺薄, 虛論高談, 專在榮利. 太守初欲入境, 百姓皆懷塼叩頭, 以美其意, 及其代下還家, 以塼擊之.' 言其向背速于反掌. 是以京師謠語曰: '獄中無繫('繫原作'擊', 據明鈔本改)囚, 舍內無靑州, 假令家道惡, 腸中不懷愁.' '懷塼'之義, 起在于此也."

潁川荀(陳校本'苟'作'荀')濟, 風流名士, 高鑒妙識, 獨出當世. 淸河崔淑仁稱齊士大夫, 曰: "齊人者, 外矯庶幾, 內懷鄙悋, 輕同毛羽, 利等錐刀. 好馳虛譽,阿附成名, 威勢所在, 促共歸之, 苟無所資, 隨卽舍去." 言囂薄之甚也. (出『伽藍記』)

493·4(6839)
이의침(李義琛)

이의침은 농서(隴西) 사람으로 위군(魏郡)에서 살았으며, 함양주부(咸陽主簿)로 있다가 감찰어사(監察御史)에 임명되었다. 그는 어려서 부친을 여의고 가난하게 살았으며 당(唐)나라가 막 건국되었을 때에도 일정한 생업이 없었다. 그는 재종(再從: 5촌) 동생 이의염(李義琰), 삼종(三從: 8촌) 동생 이상덕(李上德)과 함께 살면서 종고모(從姑母)를 모셨는데, 아침저녁으로 문안을 여쭙는 것이 친부모님을 대하는 것 같았다.

[高祖] 무덕연간(武德年間: 618~626)에 세 사람은 함께 진사(進士) 시험에 응시하기 위하여 나귀 한 마리를 같이 타고서 도성으로 갔는데, 동관(潼關)에 이르렀을 때 큰비가 내려 여관에 투숙하려 했다. 그런데 여관 주인은 그들의 가난한 행색을 천시하여 손님이 많다고 거절하면서 받아주지 않았다. 그들은 아무리 찾아봐도 머물 곳이 없었으므로 여관집 문 옆으로 옮겨가 기대 서 있었다. 그때 함양의 어떤 상인이 그들을 보고 데리고 들어오자 같은 방에 있던 사람들이 대부분 투덜대며 불평했다. 그러자 상인이 말했다.

"이 세 사람은 유학길에 올랐는데 지금 머물 곳이 없소. 이들의 곤궁한 처지를 어찌 보고만 있을 수 있단 말이오?"

그리고는 그들을 잡아끌어 자신과 함께 잠을 잤다. 며칠 후 날이 개어 길을 떠날 수 있게 되었다. 이의침 등은 나귀를 팔아 상인에게 술대접을 하기로 의논했는데, 상인은 몰래 그 사실을 알고 한사코 말렸으며 게다가 여행길의 식량까지 도와주었다.

이의침은 진사에 급제한 후 함양에서 벼슬살이를 했는데, [옛날에 자신을 도와주었던] 상인을 불러와서 그에게 대등한 예를 차렸다. 상인은 이의침을 알아보지 못한 채 그저 송구해하면서 겸사(謙辭)하기만 했는데, 이의침이 그 연유를 말해주었더니 상인은 그제야 깨달았다. 이의침은 상인을 맞이하여 당(堂)으로 올랐다. 이의침은 나중에 감찰어사에 임명되었다. (『운계우의』)

李義琛, 隴西人, 居于魏, 自咸陽主簿拜監察. 少孤貧, 唐初草創, 無復生業. 與再從弟義琰·三從弟上德同居, 事從姑, 定省如親焉.

武德中, 俱進士, 共有一驢, 赴京, 次潼關, 大雨, 投逆旅. 主人鄙其貧, 辭以客多, 不納('不納'原作'暗訥', 據陳校本改). 進退無所舍, 徙倚門旁. 有咸陽商客見而引之, 同舍多喑嗚('嗚'原作'鳴', 據明鈔本改). 商客曰: "此三人遊學者, 今無所止. 柰何覩其狼狽?" 乃引與同寐處. 數日方晴, 道開. 義琛等議鬻驢以一醉, 商客竊知, 固止之, 仍資以道糧.

琛既擢第, 歷任咸陽, 召商客, 與之抗禮. 商客不復識, 但悚懼遜退, 琛語其由, 乃悟. 因引升堂. 後任監察. (出『雲溪友議』)

493 · 5(6840)
유 룡(劉 龍)

　유룡은 나중에 이름을 의절(義節)로 고쳤다. [唐나라 高祖] 무덕연간(武德年間: 618~626) 초에 그는 고조(高祖)에게 계책을 올려 다음과 같이 말했다.
　"지금 수만 명의 의군(義軍)이 모두 도성에 있다보니 땔감 값이 비싸고 베와 비단 값이 싸옵니다. 만약 길거리와 나라동산에 있는 나무를 베어 땔감을 만들어서 비단과 바꾼다면 해마다 수십만 필의 비단을 얻을 수 있을 것이옵니다. 또 창고 안에 있는 견직물은 매 1필마다 남은 자투리가 있으니, 그 자투리를 잘라내 [팔아서] 잡비로 쓰게 한다면 금방 수만 자투리가 모일 것이옵니다."
　고조는 그의 계책을 모두 받아들였다. (『담빈록』)

　劉龍後名義節. 武德初, 進計于高祖曰: "今義師數萬, 並在京師, 樵薪貴而布帛賤. 若採街衢及苑中樹木作樵, 以易帛, 歲取數十萬匹. 又藏內繒絹, 每匹皆有餘軸之饒, 使截剩物, 以供雜費, 動盈萬段矣." 高祖並從之. (出『譚賓錄』)

493 · 6(6841)
배현지(裴玄智)

　[唐나라 高祖] 무덕연간(武德年間: 618~626)에 신의(信義: 『續高

僧傳』에는 '信行'이라 되어 있음)라는 스님은 선리(禪理)를 공부하면서 삼계법(三階法: 信行禪師가 창립한 敎義로, 사람의 根機에 따라 賢·愚·中庸의 3등급으로 나누어 가르침을 펼쳤음)을 창시했다. 화도사(化度寺)에 무진장(無盡藏)이라는 창고를 세웠는데, [太宗] 정관연간(貞觀年間: 627~649) 이후에 사람들이 희사한 돈·비단·금옥 등이 셀 수 없을 정도로 많이 쌓였다. 화도사에서는 신의 스님에게 그 창고를 관장하게 했는데, 신의 스님은 [쌓인 재물을] 세 부분으로 나누어 한 부분은 천하의 사원을 증축하거나 수리하는 비용으로 썼고, 한 부분은 천하의 굶주림과 곤궁함으로 고통 받는 사람들[悲田之苦: 悲田은 가난한 사람에게 보시하는 것을 말함. 唐代에는 悲田院을 설치하여 가난하고 병든 사람과 고아 등을 구제했음]에게 보시했으며, 한 부분은 [부처님과 스님들에게] 공양하는 데 어려움이 없도록 제공했다. 참회의 예불을 드리는 남녀 신도들이 화도사에 가득하여 희사할 순서를 다투었으나 차례가 돌아오지 않을 정도였으며, 또 어떤 사람은 몇 수레의 돈과 명주를 싣고 와서 성명도 남기지 않은 채 그냥 희사하고 떠나기도 했다.

 정관연간에 배현지라는 사람은 계율 수행에 정진하여 화도사에 들어와 청소하면서 10여 년을 지냈는데, 화도사의 스님들은 그의 품행에 아무런 결점이 없었기 때문에 그에게 그 창고를 지키게 했다. 그런데 나중에 배현지는 남몰래 황금을 훔쳐내 전후로 가져간 것이 셀 수 없을 정도로 많았지만 화도사의 스님들은 그러한 사실을 알아차리지 못했다. 한번은 스님이 배현지를 심부름 보냈는데 결국 그가 돌아오지 않자 그 연유를 몰라 의아해하면서 그의 처소를 살펴보았더니 다음과 같은 시가 적혀 있었다.

이리 턱 아래에 양을 놓아두고,
개 머리 앞에 뼈다귀를 놓아두었네.
나는 본디 아라한(阿羅漢)이 아니니,
어찌 훔치지 않을 수 있으리!

결국 배현지는 어디로 갔는지 알 수 없었다. (『변의지』)

武德中, 有沙門信義(『兩京新記』'信義'作'信行')習禪, 以三階爲業. 于化度寺置無盡('盡'原作'晝', 據許本改)藏, 貞觀之後, 捨施錢帛金玉, 積聚不可勝計. 常使此僧監當, 分爲三分, 一分供養天下伽藍增修之備, 一分以施天下饑餒悲田之苦, 一分以充供養無碍. 士女禮懺闐咽, 捨施爭次不得, 更有連車載錢絹, 捨而棄去, 不知姓名.

貞觀中, 有裴玄智者, 戒行精勤, 入寺灑掃, 積十數年, 寺內徒衆, 以其行無玷缺, 使守此藏. 後密盜黃金, 前後所取, 略不知數, 寺衆莫之覺也. 因僧使去, 遂便不還, 驚疑所以, 觀其寢處, 題詩云: "放羊狼頷下, 置骨狗前頭. 自非阿羅漢, 安能免得偸!" 更不知所之. (出『辨疑志』)

493 · 7(6842)
탁지랑(度支郎)

[唐나라 太宗] 정관연간(貞觀年間: 627~649)에 상약국(尙藥局: 궁중의 의약품과 질병 치료를 담당하는 관서로 殿中省에 속함)에서 두약(杜若)을 구해달라고 상주하자 황제는 탁지사(度支司: 국가의 조세와 회계 등 재정을 담당하는 관서로 尙書省 戶部에 속함)에 조칙을 내렸

다. 그런데 어떤 성랑(省郞: 六省의 郎官. 여기서는 度支郎을 말함)이 사조(謝朓: 南朝 齊나라의 시인)의 시에 '방주(坊州)에서 두약을 캐네' 라는 구절이 있다고 해서 방주에 두약을 바치라고 위임했다. 그러자 방주의 어떤 관서의 관리[『大唐新語』 권20 「從善」에 따르면 당시 坊州司戶로 있던 尹伊라고 함]가 이렇게 판시(判示)했다.

"방주에서는 두약이 나지 않으니 이는 필시 사조의 시를 잘못 읽어서 비롯된 일일 것이다. 낭관(郎官)이 이처럼 공사(公事)를 판결하니 어찌 28수(宿)의 성신(星神)이 우리를 비웃는 걸 두려워하지 않겠는가?"

태종(太宗)은 그 말을 듣고 크게 웃으면서 그 관리를 옹주사법(雍州司法)으로 전임시켰다. (『국사』[『국사찬이』])

貞觀中, 尙藥奏求杜若, 敕下度支. 有省郎以謝朓詩云'坊州採杜若', 乃委坊州貢之. 本州曹官判云: "坊州不出杜若, 應由讀謝朓詩誤. 郎官作如此判事, 豈不畏二十八宿笑人耶?" 太宗聞之大笑, 改授雍州司法. (出『國史』, 明鈔本·陳校本作'出『國史纂異』')

493·8(6843)
우세남(虞世南)

[唐나라] 태종(太宗)이 장차 앵두를 휴공(酅公: 隋나라 恭帝 楊侑로 수나라가 망한 뒤 휴공에 봉해짐)에게 보내려 했는데, '봉(奉: 바치다)' 이라고 말하면 너무 높이는 것 같고 '사(賜: 내려주다)'라고 말하면 너

무 낮추는 것 같았다. 그래서 우세남(虞世南)에게 물었더니 우세남이 대답했다.

"옛날에 [南朝] 양(梁)나라 무제(武帝)는 제(齊)나라 파릉왕(巴陵王: 齊나라 和帝 蕭寶融으로 제나라가 망한 뒤 파릉왕에 봉해짐)에게 물건을 보내면서 '향(餉: 선사하다)'이라고 말했사옵니다."

태종은 그의 의견을 따랐다. (『국사』[『국사찬이』])

太宗將致櫻桃于鄭公, 稱'奉'則尊, 言'賜'則卑. 問于虞世南, 世南對曰: "昔梁武帝遺齊巴陵王稱'餉'." 從之. (出『國史』, 明鈔本・陳校本作'出『國史纂異』')

493・9(6844)
울지경덕(尉遲敬德)

울지경덕은 창 뺏기에 뛰어났고 제왕(齊王) 이원길(李元吉)은 창 쓰기에 뛰어났다. [唐나라] 고조(高祖)가 현덕전(顯德殿) 앞에서 그들의 장기를 시험해보면서 울지경덕에게 말했다.

"듣자하니 경은 창 뺏기에 뛰어나다고 하는데 [위험할지 모르니] 원길에게 날을 제거한 창을 들고 있게 하겠소."

울지경덕이 말했다.

"비록 날이 달려 있다 하더라도 신을 다치게 할 수는 없을 것이옵니다."

그리하여 [이원길의 창에] 날을 달았다. 순식간에 울지경덕이 3번이나 이원길의 창을 빼앗자 이원길은 크게 부끄러워했다. (『독이지』)

尉遲敬德善奪槊, 齊王元吉亦善用槊. 高祖于顯德殿前試之, 謂敬德曰: "聞卿善奪槊, 令元吉執槊去刃." 敬德曰: "雖加刃, 亦不能害." 于是加刃. 頃刻之際, 敬德三奪之, 元吉大慙. (出『獨異志』)

493 · 10(6845)
우세기(虞世基)

우세남(虞世南)의 형 우세기는 허경종(許敬宗)의 부친 허선심(許善心)과 함께 우문화급(宇文化及: 隋나라 武川 사람. 煬帝 때 許公이 됨. 양제를 따라 江都로 갔다가 그를 죽이고 秦王 楊浩를 세우고 자신은 大丞相이 됨. 李密과 싸워 불리해지자 양호를 죽이고 스스로 천자가 됨. 唐나라 高祖 武德年間에 竇建德에게 살해당함)에게 살해당했다. 봉덕이(封德彝)는 당시 내사사인(內史舍人)으로 있었는데 그 일을 자세히 목격하고서 사람들에게 이렇게 말했다.

"세기가 피살될 때 세남은 땅을 기면서 자신이 대신 죽겠다고 청했지만, 선심이 죽을 때 경종은 연신 무릎 꿇고 머리를 조아리며 자신을 살려달라고 빌었소."

(『담빈록』)

虞世南兄世基與許敬宗父善心, 同爲宇文化及所害. 封德彝時爲內史舍人, 備見其事, 因謂人曰: "世基被戮, 世南匍匐以請代, 善心之死, 敬宗蹈舞以求生."
(出『譚賓錄』)

493·11(6846)
내 항(來 恒)

　　내항은 시중(侍中) 내제(來濟)의 동생인데 형제가 잇달아 정사를 맡게 되자[재상이 되었다는 뜻] 당시 사람들은 그들을 영광스럽게 생각했다. 내항의 부친 내호아(來護兒)는 수(隋)나라의 맹장(猛將)이었다. 그런데 당시 [당나라의 개국공신이었던] 우세남(虞世南)의 아들은 재주가 없어서 장작대장(將作大匠: 궁중의 토목과 건축을 관장하는 관리)이 되었다. 허경종(許敬宗)이 이를 듣고 이렇게 탄식했다.
　　"일이 뒤바뀌어 이 지경에까지 이르다니! 내호아의 아들은 재상이 되었는데 우세남의 아들은 목수가 되다니."

(『대당신어』)

來恒, 侍中濟之弟, 弟兄相繼秉政, 時人榮之. 恒父護兒, 隋之猛將也. 時虞世南子無才術, 爲將作大匠. 許敬宗聞之, 歎曰: "事之倒置, 乃至于斯! 來護兒兒爲宰相, 虞世南男作木匠." (出『大唐新語』)

493·12(6847)
구양순(歐陽詢)

문덕황후(文德皇后: 唐 太宗의 皇后 長孫氏)가 죽자 백관들이 상복을 입고 있었는데, 솔갱령(率更令: 太子率更令. 唐代에는 伎樂과 時刻 및 황족의 서열과 형법을 관장했음) 구양순의 모습이 너무 추하고 이상하여 사람들이 간혹 손가락질했다. 중서사인(中書舍人) 허경종(許敬宗)은 그를 보고 크게 웃었다가 어사(御史)에게 탄핵당하여 홍주사마(洪州司馬)로 좌천되었다. (『담빈록』)

文德皇后喪, 百官縗絰, 率更令歐陽詢狀貌醜異, 衆或指之, 中書舍人許敬宗見而大笑, 爲御史所劾, 左授洪州司馬. (出『譚賓錄』)

493·13(6848)
허경종(許敬宗)

[唐나라] 태종(太宗)이 요(遼)를 정벌할 때 비제(飛梯: 성을 공격할 때 사용하던 사다리. 雲梯라고도 함)를 만들어 적성(敵城)에 다다랐는데, 어떤 병사가 사다리의 맨 앞에 나설 자로 응모하여 성 안에서 화살과 돌이 비 오듯이 쏟아지는 가운데 다투어 먼저 올라갔다. 영공(英公) 이세적(李世勣)이 그 병사를 가리키며 중서사인(中書舍人) 허경종에게 말했다.

"저 사람은 정말 용감하지 않은가?"

그러자 허경종이 말했다.

"용감한 게 아니라 상황을 헤아릴 줄 모르는 것입니다."

태종은 그의 말을 듣고 그를 벌주려고 했다. (『국사찬이』)

太宗征遼, 作飛梯臨其城, 有應募爲梯首者, 城中矢石如雨, 因競爲先登. 英公李世勣指之謂中書舍人許敬宗: "此人豈不大健?" 敬宗曰: "非健, 要是未解思量." 帝聞, 將罪之. (出『國史纂異』)

493·14(6849)
원만경(元萬頃)

원만경이 요동도(遼東道)의 관기(管記: 書記)가 되어 격문(檄文)을 지어 고려(高麗: 高句麗를 말함)를 조롱했다.

"압록강(鴨綠江)의 요충지를 지킬 줄도 모른다."

그러자 막리지(莫离支: 고구려 때 군사와 정치를 총괄하던 고관)가 이렇게 답장했다.

"삼가 분부를 따르겠습니다."

그리고는 군대를 이동하여 압록강의 요충지를 수비했다. 원만경은 결국 그 일로 인해 영남(嶺南)으로 유배되었다. (『담빈록』)

元萬頃爲遼東道管記, 作檄文, 譏議高麗: "不知守鴨綠之險." 莫离支報云:

"謹聞命矣." 遂移兵守之. 萬頃坐是流于嶺南. (出『譚賓錄』)

493・15(6850)
곽무정(郭務靜)

창주(滄州)의 남피현승(南皮縣丞) 곽무정은 본디 흐리멍덩했는데, 주부(主簿) 유사장(劉思莊)과 함께 객점에 투숙했을 때 유사장에게 말했다.

"어가(御駕)를 수행하는 일은 정말 어렵네. 내가 한번은 어가를 수행하다가 식구를 사흘 동안 잃어버렸는데 시종관의 장막에서 찾아냈네."

유사장이 말했다.

"공의 부인이 그 중에 있었습니까?"

곽무정이 말했다.

"만약 그 중에 있지 않았다면 다시 무슨 일을 논하겠는가?"

곽무정이 또 유사장에게 말했다.

"요즘은 도둑이 정말 많네. 어젯밤 2경(更) 후에 내가 밖에서 들어오다 보니 한 도둑이 내 방안에서 도망쳐 나오더군."

유사장이 말했다.

"어떤 물건을 잃어버렸습니까?"

곽무정이 말했다.

"없네."

유사장이 말했다.

"물건을 잃어버리지도 않았는데 어떻게 그 사람이 도둑인지 아십니까?"

곽무정이 말했다.

"그 놈이 허둥대며 도망가는 것만 보아도 의심을 피할 수 없지."

(『조야첨재』)

滄州南皮丞郭務靜性糊塗, 與主簿劉思莊宿于逆旅, 謂莊曰: "從駕大難. 靜嘗從駕, 失家口三日, 于侍官幕下討得之." 莊曰: "公夫人在其中否?" 靜曰: "若不在中, 更論何事?" 又謂莊曰: "今大有賊. 昨夜二更後, 靜從外來, 有一賊, 忽從靜房內走出." 莊曰: "亡何物?" 靜曰: "無之." 莊曰: "不亡物, 安知其賊?" 靜曰: "但見其狼狽而走, 不免致疑耳." (出『朝野僉載』)

493 · 16(6851)
당 림(唐 臨)

당림은 성품이 너그럽고 인자하여 남의 잘못을 잘 용서해주었다. 그가 한번은 초상집에 조문하러 가려고 가동에게 상복을 가져오게 했는데, 가동이 다른 옷을 잘못 가져와서 두려워하며 감히 드리지 못하고 있었다. 당림은 그 사실을 알아차리고 이렇게 말했다.

"오늘은 날씨가 좋지 못해서 곡읍(哭泣)하기 적당치 않으니 아까 상복을 가져오라고 한 일은 잠시 그만두어라."

또 한번은 가동에게 약을 달이게 했는데 제대로 달이지 못하자, 당림은 그 이유를 은밀히 알아차리고 나서 이렇게 말했다.

"오늘은 날씨가 음침하여 약을 먹기에 적당치 않으니 그 약을 버리도록 하여라."

당림은 끝까지 가동의 잘못을 들춰내지 않았다. (『전재』)

唐臨性寬仁, 多恕. 常欲弔喪, 令家僮歸取白衫, 僮乃誤持餘衣, 懼未敢進. 臨察之, 謂曰: "今日氣逆, 不宜哀泣, 向取白衫且止." 又令煮藥不精, 潛覺其故, 乃謂曰: "今日陰晦, 不宜服藥, 可棄之." 終不揚其過也. (出『傳載』)

493 · 17(6852)
소괴 · 이교자(蘇瓌 · 李嶠子)

[唐나라] 중종(中宗)이 한번은 재상 소괴(蘇瓌)와 이교(李嶠)의 아들을 접견했는데 그 두 아들은 모두 어린나이였다. 중종은 그들을 맞이하여 앞에 앉히고 어루만지면서 아주 많은 선물을 내려주었다. 그리고는 두 아이에게 말했다.

"너희들은 마땅히 공부한 책을 기억하고 있을 것이니 나에게 아뢸 만하다고 생각하는 것을 말해보아라."

[소괴의 아들인] 소정(蘇頲)이 대답했다.

"'나무가 먹줄을 따르면 바르게 잘라지고 군후(君侯)가 간언을 따르면 성명(聖明)해진다[『書經』「商書 · 說命上」에 나오는 구절임]'이옵니다."

이교의 아들은 그 이름을 잊어버렸는데 그도 아뢰었다.

"'아침에 물을 건너는 사람의 정강이를 잘라보고 현인의 심장을 갈라본다[『書經』「周書·泰誓下」에 나오는 구절로 桀과 紂의 악행을 말한 것임]'이옵니다."

그러자 중종이 말했다.

"소괴에게는 아들이 있지만 이교에게는 자식이 없도다."

(『송창록』)

中宗常召宰相蘇瓌·李嶠子進見, 二子皆僮年. 上迎撫于前, 賜與甚厚. 因語二兒曰: "爾宜憶所通書, 可謂奏吾者言之矣." 頲應之曰: "'木從繩則正, 后從諫則聖.'" 嶠子亡其名, 亦進曰: "'斮朝涉之脛, 剖賢人之心.'" 上曰: "蘇瓌有子, 李嶠無兒." (出 『松窓錄』)

493 · 18(6853)
누사덕(婁師德)

천후(天后: 則天武后) 시대에 재상 누사덕은 성품이 온화하고 공손하고 조심성 있고 신중하여 일찍이 다른 사람과 터럭만큼의 갈등도 없었다. 동생이 대주자사(代州刺史)에 임명되자 누사덕이 그를 경계시키며 말했다.

"나는 네가 다른 사람과 다툴까봐 심히 걱정된다."

동생이 말했다.

"남이 제 얼굴에 침을 뱉더라도 그냥 스스로 닦아내고 떠나겠습니다."

그러자 누사덕이 말했다.

"그렇게만 해서는 안 된다. 무릇 남이 너의 얼굴에 침을 뱉는 것은 그 사람이 너에게 화를 내는 것이니, 침을 닦아낸다면 이는 그 사람의 마음을 거스르는 것이 된다. 어찌하여 침이 저절로 마를 때까지 기다리지 않느냐?"

누사덕이 자신을 보호하고 위해(危害)를 멀리 하는 것이 모두 이와 같았다. (『독이지』)

칙천무후(則天武后)가 짐승의 도살을 아주 엄격하게 금지했기 때문에 관리들은 채소만 먹느라 죽을 맛이었다. 당시 어사대부(御史大夫)로 있던 누사덕이 어명을 받고 섬주(陝州)에 갔는데, 요리사가 [식사 때] 고기를 올리자 누사덕이 말했다.

"칙명으로 도살을 금지하고 있는데 어떻게 이것이 있을 수 있느냐?"

요리사가 말했다.

"승냥이가 물어 죽인 양입니다."

누사덕이 말했다.

"사리를 잘 분별할 줄 아는 승냥이로구나."

그리고는 그 고기를 먹었다. 요리사가 또 생선회를 올리자 누사덕이 다시 물었다.

"어떻게 이것이 있을 수 있느냐?"

요리사가 또 말했다.

"승냥이가 물어 죽인 물고기입니다."

그러자 누사덕이 크게 꾸짖으며 말했다.

"이런 미련한 놈! 어찌하여 수달이 물어 죽였다고 말하지 않느냐!"

요리사가 즉시 수달이 물어 죽였다고 고쳐 말하자 누사덕은 또 그 생선회를 먹었다. (『어사대기』)

天后朝, 宰相婁師德溫恭謹愼, 未嘗與人有毫髮之隙. 弟授代州刺史, 戒曰: "吾甚憂汝與人相競." 弟曰: "人唾面, 亦自拭之而去." 師德曰: "只此不了. 凡人唾汝面, 其人怒也, 拭之, 是逆其心. 何不待其自乾?" 而其保身遠害, 皆類于此也. (出『獨異志』)

又則天禁屠殺頗切, 吏人弊于蔬菜. 師德爲御史大夫, 因使至于陝, 廚人進肉, 師德曰: "勅禁屠殺, 何爲有此?" 廚人曰: "豺咬殺羊." 師德曰: "大解事豺." 乃食之. 又進鱠, 復問: "何爲有此?" 廚人復曰: "豺咬殺魚." 師德因大叱之: "智短漢! 何不道是獺!" 廚人卽云是獺, 師德亦爲薦之. (出『御史臺記』)

493・19(6854)
이 회(李 晦)

이회가 옹주장사(雍州長史)로 있을 때 그의 사저에 누대가 있었는데 그 아래로 주막이 인접해 있었다. 한번은 주막 주인이 이회를 기다렸다가 말했다.

"이 미천한 소인은 예의를 따질 주제도 못되지만 집안에 어른과 아이가 있어서 외부 사람이 엿보게 하고 싶지 않습니다. 소인의 집이 명공(明公: 李晦)의 누대와 너무 가까이 있어서 출입하는 데 불편하니 이곳을 떠날까 합니다."

그러자 이회는 그날로 그 누대를 허물어버렸다. (『담빈록』)

李晦爲雍州長史, 私第有樓, 下臨酒肆. 其人嘗候晦言曰: "微賤之人, 雖則禮所不及, 然家有長幼, 不欲外人窺之. 家逼明公之樓, 出入非便, 請從此辭." 晦卽日毁其樓. (出『譚賓錄』)

493 · 20(6855)
송지문(宋之問)

송지문은 천후(天后: 則天武后) 시대에 북문학사(北門學士: 翰林學士)가 되기를 주청했으나 천후가 윤허하지 않았다. 그래서 송지문은 「명하편(明河篇)」이라는 시를 지어서 자신의 뜻을 나타냈는데 그 시는 다음과 같았다.

명하(明河: 天河·銀河)는 바라볼 순 있어도 가까이 갈 수 없으니,
뗏목 얻어 타고 가서 한번 나루터를 묻고 싶네.
또한 직녀(織女)의 베틀굄돌[支機石: 옛날에 어떤 사람이 황하의 근원을 찾아갔다가 비단을 빨고 있는 한 부인을 만나 여기가 어디냐고 물었더니, 부인이 天河라고 하면서 돌 하나를 주었는데, 그 사람이 그 돌을 가지고 돌아와 嚴君平에게 물었더니 엄군평이 그 돌은 직녀의 支機石이라고 했다 함] 가지고,

돌아와 성도(成都: 원문은 '城都'라 되어 있지만 『本事詩』「怨憤」에 의거하여 고침)의 점치는 사람[嚴君平을 말함. 前漢 蜀 사람으로 이름은 遵. 그는 隱者로서 일생 동안 벼슬하지 않았는데, 成帝 때 成都에서 점을 쳐서 그 날의 생활비를 벌면 곧장 집으로 돌아가 문을 걸어 잠그고 『老子』를 읽었다고 함] 찾아가려네.

칙천무후(則天武后)는 그 시를 보고 최융(崔融)에게 말했다.

"나는 송지문에게 재주가 있다는 사실을 모르는 것은 아니지만 그에게 입의 허물이 있기 때문에 윤허하지 않는 것이오."

대개 송지문이 치아에 병이 있어서 입에서 늘 냄새가 났기 때문이었다. 송지문은 종신토록 그 일을 부끄러워하고 분해했다. (『본사시』)

宋之問, 天后朝, 求爲北門學士, 不許. 作「明河篇」以見其意. 詩云: "明河可望不可親. 願得乘槎一問津. 更將織女支機石, 還訪城都賣卜人." 則天見其詩, 謂崔融曰: "吾非不知之問有才調, 但以其有口過." 蓋以之問患齒疾, 口常臭故也. 之問終身慙憤. (出『本事詩』)

493 · 21 (6856)
육원방(陸元方)

육원방은 난대(鸞臺: 門下省)와 봉각(鳳閣: 中書省)의 시랑(侍郎)으로서 상국(相國: 宰相)의 지위에 있었는데, 칙천무후(則天武后)는 장차 관리를 전임시키거나 임명할 때면 반드시 먼저 그의 의견을 물었다. 육원방은 은밀히 자신의 의견을 아뢰면서 자신이 베푼 은혜를 드러내지 않았기 때문에 사람들은 그러한 사실을 알지 못했다. 또한 이전에 상주한 주장(奏章)은 모두 함속에 넣고 봉해두었기 때문에 자제들도 본 적이 없었다. 그는 임종할 때 그 함을 불태우라고 명하면서 이렇게 말했다.

"나는 남에게 음덕을 베푼 일이 많으니 후대의 복덕이 틀림없이 줄어들지 않을 것이다. 나는 본래 장수할 운명이었으나 선조(選曹: 吏部)를 맡아 관리를 전형하고 관품(官品)을 평가하느라 나의 심신(心神)을 상하게 했다."

말을 마치고는 죽었다. (『어사대기』)

陸元方爲鸞臺・鳳閣侍郞, 居相國, 則天將有遷除, 必先訪之. 元方密以進, 不露其恩, 人莫之知者. 先所奏進狀章, 緘於函中, 子弟未嘗見. 臨終, 命焚之, 曰: "吾陰德于人多矣, 其後福必不衰也. 吾本當壽, 但以領選曹, 銓擇流品, 吾傷心神耳." 言畢而終. (出『御史臺記』)

493 · 22(6857)
진희민(陳希閔)

사형사승(司刑司丞) 진희민은 능력도 없이 관직에 임명되었기 때문에 많은 일들의 처리가 지체되었다. 사형부(司刑府)의 관리들은 그를 '고수필(高手筆)'이라고 불렀는데, 그가 반나절 동안 글씨도 쓰지 않은 채 붓끝만 잡고 있기 때문에 '고수필'이라고 불렀던 것이다. 또 그를 '안

공자(按孔子)'라고 불렀는데, 그가 글자를 하도 많이 지우고 고치는 바람에 종이에 구멍이 뚫어질 정도였기 때문에 '안공자'라고 불렀던 것이다. (『조야첨재』)

司刑司丞陳希閔以非才任官, 庶事凝滯. 司刑府史目之爲'高手筆', 言秉筆之額, 半日不下, 故名'高手筆'. 又號'按孔子', 言竄削至多, 紙面穿穴, 故名'按孔'. (出『朝野僉載』)

493 · 23(6858)
이 상(李 詳)

이상은 자(字)가 심기(審己)이며 조군(趙郡) 사람이다. 그의 조부는 이기형(李機衡)이고 부친은 이영(李穎)이며 집안 대대로 유학을 전수했다. 이상은 재주가 뛰어나고 기개가 높았으며 성격이 자유분방하여 사소한 예절에 구애받지 않았는데, 염정현위(鹽亭縣尉)로 처음 벼슬을 시작했다. 이상은 염정현에 있을 때 관리로서의 업적을 평가받는데 녹사참군(錄事參軍)에게 배제 당했다. 그러자 이상이 자사(刺史)에게 말했다.

"녹사는 관리를 규찰하는 부서의 권한을 믿고 중요한 지위를 차지하고서 터무니없이 관리들을 포폄(襃貶)했습니다. 만약 저에게 붓을 들어 쓰게 하신다면 저도 할 말이 있습니다."

자사가 말했다.

"그렇다면 그대가 한번 녹사의 고장(考狀: 관리의 업적을 평가한 品狀)을 써보게."

마침내 붓을 주었더니 이상은 즉시 녹사의 고장을 이렇게 썼다.

"큰 사건은 판결하길 두려워하고, 사소한 일은 파내길 좋아한다. 자신의 청렴하지 못함은 스스로 감추고, 다른 사람은 모두 혼탁하다고 말한다. 관아 계단 앞에서 두 사람이 다투면, 둘 다 싸우다 지쳐 떨어져야 비로소 끝난다. 감옥에 있는 죄수들은, 사면령이 아니면 나오지 못한다."

천하 사람들은 모두 이것을 담소거리 중에 최고라고 여겼다. (『어사대기』)

李詳字審己, 趙郡人. 祖機衡, 父穎, 代傳儒素. 詳有才華膽氣, 放蕩不羈, 解褐鹽亭尉. 詳在鹽亭, 因考, 爲錄事參軍所擠. 詳謂刺史曰: "錄事恃紀曹之權, 當要害之地, 爲其妄襃貶耳. 若使詳秉筆, 亦有其詞." 刺史曰: "公試論錄事考狀." 遂授筆, 詳卽書錄事考曰: "怯斷大按, 好勾('勾'原作'勻', 據明鈔本改)小稽. 自隱不淸, 言他總濁. 階前兩競, 鬭困方休. 獄裏囚徒, 非赦不出." 天下以爲談笑之最焉. (出『御史臺記』)

태평광기 권제 494 잡록 2

1. 방광정(房光庭)
2. 최사긍(崔思兢)
3. 최식(崔湜)
4. 여태일(呂太一)
5. 허계언(許誡言)
6. 두풍(杜豐)
7. 수무현민(修武縣民)
8. 이원효(李元晶)
9. 왕거(王琚)
10. 이적지(李適之)
11. 백리충(白履忠)
12. 야명렴(夜明簾)
13. 반경천(班景倩)
14. 설령지(薛令之)

방광정(房光庭)

방광정이 상서랑(尙書郎)으로 있을 때였다. 옛 친구 설소(薛昭)가 유배를 당해 그의 집으로 숨어들자 방광정은 그를 숨겨주었다. 그러나 일이 잘못되어 어사(御史) 육유일(陸遺逸)이 다급하게 그의 목을 죄어오자 방광정은 두려운 나머지 당시의 재상을 찾아갔다. 재상이 말했다.

"공은 낭관(郎官: 尙書省에서 일하는 六部의 郎中이나 員外郎을 이르는 말)인데, 어찌하여 그 사람을 숨겨 주었는가?"

방광정이 말했다.

"저와 설소는 오랜 친구사이입니다. 어려운 처지에 놓여 저를 찾아왔고 그가 지은 죄 또한 큰 죄가 아닌데, 어찌 숨겨주지 않을 수 있겠습니까? 제가 만약 그를 잡아 관가로 보냈다면 조정 대신들이 저를 어떻게 보았겠습니까?"

재상은 그의 말을 옳다고 여겨 곧장 그를 자주자사(慈州刺史)로 내보내고 그를 연루시키지 않았다.

방광정이 한번은 한 친척을 장사지내러 가는 길이었는데, 정문(鼎門: 洛陽城 동남쪽에 있는 城門)을 나섰을 때 날이 저물고 또 배가 고팠다. 마침 떡 장수가 있었기에 방광정은 동행하던 몇 사람과 함께 떡을 사 먹었다. 그러나 평소 돈을 가지고 다니지 않았던 방광정은 떡 장수에게 줄 돈이 없었다. 떡 장수가 돈을 달라고 재촉하자 방광정은 자신을 따라와 돈을 가지고 가라고 명령했다. 떡 장수가 따르지 않자 방광정이 말했다.

"내 직함을 그대에게 주겠다. 나는 우대어사(右臺御史)이니 네 마음대로 돈을 가져갈 수 있을 것이다."

당시 사람들은 방광정의 호탕함을 칭찬했다. ([『어사대기』])

房光庭爲尙書郞. 故人薛昭流放, 而投光庭, 光庭匿之. 旣敗, 御史陸遺逸逼之急, 光庭懼, 乃見時宰. 時宰曰: "公郞官, 何爲匿此人?" 曰: "光庭與薛昭有舊. 以途窮而歸光庭, 且所犯非大故, 得不納之耶? 若擒以送宮, 居廟堂者, 復何以待光庭?" 時宰義之, 乃出爲慈州刺史, 無他累.

光庭嘗送親故之葬, 出鼎門, 際晩且饑. 會鬻饘餠者, 與同行數人食之. 素不持錢, 無以酬値. 鬻者逼之, 光庭命就我取直. 鬻者不從. 光庭曰: "與你官銜. 我右臺御史也, 可隨取値." 時人賞其放逸. (原闕出處, 陳校本作'出『御史臺記』')

494・2(6860)
최사긍(崔思兢)

칙천무후(則天武后) 때 어떤 사람이 최사긍의 재종(再從: 5촌) 형 최선(崔宣)이 모반을 일으켰다고 무고하자 칙천무후는 어사(御史) 장행급(張行岌)에게 그 일을 조사하게 했다. 밀고자는 먼저 최선 집안의 첩을 꾀어내 숨겨 놓은 다음 이렇게 말했다.

"최선의 첩이 그 모의를 발설하려고 하자, 최선은 그녀를 죽이고 시체를 낙수(洛水)에 던졌습니다."

장행급이 조사해보았지만 아무런 증거가 없었다. 칙천무후가 노하여 다시 사건을 조사하게 했지만 장행급의 보고는 처음과 마찬가지였다. 칙천무후가 말했다.

"최선이 반란을 일으킨 증거가 명백하거늘, 너는 그에게 관용을 베푸는구나. 내준신(來俊臣)을 시켜 사건을 다시 조사하게 할 것이니, 너는 후회하지 말거라."

장행급이 말했다.

"신이 사건을 조사하는 것은 내준신만 못하지만, 폐하께서 신에게 사건을 맡기셨으니 반드시 그 실상을 밝혀낼 것입니다. 만약 성지(聖旨)만을 따라 함부로 일족들을 죽인다면 그 어찌 법관이 지킬 도리이겠습니까? 신은 분명 폐하께서 신을 시험해보는 것이라 생각합니다."

그 말을 들은 칙천무후는 엄한 기색으로 말했다.

"최선이 정말 자신의 첩을 죽였다면 그가 반란을 일으켰다는 증거는 자명해진다. 만일 첩을 찾아내지 못한다면 어떻게 스스로 해명하겠느냐?"

장행급은 두려운 나머지 최선의 집안사람들에게 첩을 찾아내라고 협박했다. 최사궁은 곧장 중교(中橋)의 남북으로 돈과 재물을 많이 풀어 첩을 숨긴 자를 찾아낼 사람을 모집했지만 며칠이 지나도 아무런 소식조차 들리지 않았다. 최선의 집안에서 몰래 일을 의논할 때마다 밀고자는 번번이 그 일을 알고 있었다. 이에 최사궁은 집안에 공모자가 있다고 생각하고는 일부러 최선의 처에게 말했다.

"명주 300필로 자객을 고용하여 밀고자를 죽이고 말겠습니다."

그리고는 동이 틀 무렵 어사대 앞에 숨어 있었다. 최선의 집에 서씨(舒氏) 성을 가진 무주(婺州) 출신의 식객이 있었는데, 최선의 집안 일을 보면서 말과 행동에 실수가 없었기 때문에 최선은 그를 친자식처럼 대했다. 그런데 잠시 뒤에 보았더니 그가 어사대의 문지기에게 뇌물을 주고 밀고자에게 그 사실을 알리는 것이었다. 마침내 밀고자는 이렇게 말했다.

"최씨 집안에서 사람을 고용하여 나를 죽이려고 하니 황제께 알려주십시오."

그 말에 어사대는 놀라 근심했다. 최사궁이 평소 그 식객을 존중했기 때문에 식객은 최사궁이 자신을 의심하고 있다는 사실을 몰랐다. 최사궁은 그 식객을 몰래 따라가다가 천진교(天津橋)에 이르자, 그가 다시 어사대로 갈 이유가 없다고 생각하고는 곧 그에게 욕했다.

"무뢰한 오랑캐 같으니! 최선의 집안을 없애기 위해서는 분명히 너를 끌어들여 함께 일을 꾸며야 했을 것이다. 너는 어떻게 자신을 해명할 것이냐? 네가 만일 최씨 집안의 첩을 내놓는다면 너에게 비단 500필을 주겠다. 이 돈이면 고향으로 돌아가서 100년 동안 살 가업을 충분히 일굴 수 있을 것이다. 그렇게 하지 않겠다면 나도 너를 죽이는 수밖에 없다."

그 사람은 뉘우치면서 용서를 빌더니 곧장 최사궁을 데리고 밀고자의 집으로 가서 그 첩을 찾아냈다. 그리하여 최선은 죄를 면하게 되었다. (『대당신어』)

崔思兢, 則天朝, 或告其再從兄宣謀反, 付御史張行岌按之. 告者先誘藏宣家妾, 而云: "妾將發其謀, 宣乃殺之, 投尸于洛水." 行岌按, 略無狀. 則天怒, 令重按, 行岌奏如初. 則天曰: "崔宣反狀分明, 汝寬縱之. 我令俊臣勘, 汝毋悔." 行岌曰: "臣推事不若俊臣, 陛下委臣, 須寔狀. 若順旨妄族人, 豈法官所守? 臣必以爲陛下試臣爾." 則天厲色曰: "崔宣若寔曾殺妾, 反狀自然明矣. 不獲妾, 如何自雪?" 行岌懼, 逼宣家令訪妾. 思兢乃于中橋南北, 多置錢帛, 募匿妾者, 數日略無所聞. 而其家每竊議事, 則告者輒知之. 思兢揣家中有同謀者, 乃佯謂宣妻曰: "須絹三百匹, 顧刺客殺告者." 而侵晨伏于臺前. 宣家有舘客姓舒, 婺州人, 言行無缺, 爲宣家服役, 宣委之同于子弟. 須臾, 見其人至臺賂閽人, 以通于告者. 告者遂稱云: "崔家顧人刺我, 請以聞." 臺中驚憂. 思兢素重舘客, 不知疑. 密隨之, 到天津橋, 料其無由至臺, 乃罵之曰: "無賴險獠! 崔家破家, 必引汝同謀. 何路自雪? 汝幸能出崔家妾, 我遺汝五百縑. 歸鄕足成百年之業. 不然, 則亦殺汝必矣." 其人悔謝, 乃引思兢于告者之家, 搜獲其妾. 宣乃得免. (出『大唐新語』)

494 · 3(6861)
최 식(崔 湜)

당(唐)나라 최식은 약관(弱冠)의 나이에 진사과(進士科)에 급제했으며, 그로부터 10년도 채 안되어 지공거(知貢擧)가 되어 병부(兵部)로 옮겨갔다. 그의 부친 최읍(崔揖) 역시 일찍이 예부(禮部)의 관리로 있었는데, 이때에 이르러 두 부자는 오랫동안 함께 상서성(尙書省)에서 시랑(侍郞)을 지냈다. 그 뒤로 최식은 세 번이나 재상의 자리에 올랐는데, 그의 나이 겨우 36세였다. 최식이 처음 정권을 잡았을 때 그는 겨우

27살이었는데, 용모와 행동거지가 단아했으며 문장이 청신하고 아름다웠다. 그가 한번은 저녁에 단문(端門)을 나가 천진교(天津橋)에 이르렀을 때 말 위에서 이렇게 시를 읊었다.

상림원(上林苑)에 봄나들이 가서 보았더니,
낙양성(洛陽城)에 꽃이 가득 피었구나.

당시 공부시랑(工部侍郎)으로 있던 장열(張說)이 멀리서 최식을 바라보고는 이렇게 탄식했다.
"그 시구도 모방할 수 있고 그 직위도 얻을 수 있겠지만, 그 나이는 따라갈 수가 없구나."

(『한림성사』)

唐崔湜, 弱冠進士登科, 不十年, 掌貢擧, 遷兵部. 父揖, 亦嘗爲禮部, 至是父子累日同省爲侍郎. 後三登宰輔, 年始三十六. 崔之初執政也, 方二十七, 容止端雅, 文詞淸麗. 嘗暮出端門, 下天津橋, 馬上自吟: "春遊上林苑, 花滿洛陽城." 張說時爲工部侍郎, 望之杳然而嘆曰: "此句可效, 此位可得, 其年不可及也."
(出『翰林盛事』)

494・4(6862)
여태일(呂太一)

여태일이 호부원외랑(戶部員外郎)으로 있을 때 호부(戶部)와 이부

(吏部)는 관서가 인접해 있었다. 그때 이부에서 공문을 보내 호부의 담벼락에 가시를 꽂아 이부와 서로 내통하는 것을 방비하도록 했다. 여태일은 다음과 같이 답변했다.

"보아하니 저곳 이부는 관리를 선발하는 관서로, 마땅히 간결하게 핵심을 잘 파악하고 널리 이치에 통달해야 하는 곳이거늘, 꼭 울타리를 치고 가시를 심어야 한단 말인가!"

상서성에서는 그의 맑고 고결함을 칭찬했다. (『어사대기』)

呂太一爲戶部員外郞, 戶部與吏部鄰司. 時吏部移牒, 令戶部于牆宇自堅棘, 以備銓院之交通. 太一答曰: "眷彼吏部, 銓惣之司, 當須簡要淸通, ('通'原作 '同', 據陳校本改), 何必堅籬種棘!" 省中賞其淸俊. (出 『御史臺記』)

494 · 5(6863)
허계언(許誡言)

허계언은 낭야태수(瑯邪太守)로 있을 때 한 죄수가 옥중에서 목을 매고 죽자 곧장 지난해 옥사를 수리했던 관리를 잡아다가 매질했다. 그러자 그 관리가 말했다.

"소인은 감옥 보수의 일을 맡아 했을 뿐입니다. 만약 감옥의 벽이 단단하지 않아 감옥이 무너졌다면 도적들이 그 안에서 나와 달아났을 것입니다. 보수한 시간이 이미 오래되었어도 면제받아 마땅하거늘, 하물며 죄인이 스스로 목매달아 죽은 것을 가지고 감옥을 보수했던 관리에게 무슨 죄가 있다고 그러십니까?"

허계언은 여전히 화를 내면서 말했다.

"너는 일개 서리(胥吏)이니 이와 같은 행동은 볼기를 맞아야 마땅하거늘, 또 무엇을 하소연한단 말이냐?"

(『기문』)

許誠言爲瑯邪太守, 有囚縊死獄中, 乃執去年修獄典鞭之. 修獄典曰: "小人主修獄耳. 如牆垣不固, 狴牢破壞, 賊自中出. 猶以修治日月久, 可矜免, 况囚自縊而終, 修獄典何罪?" 誠言猶怒曰: "汝胥吏, 擧動自合笞, 又何訴?" (出『紀聞』)

494・6(6864)
두 풍(杜 豐)

[唐나라] 개원(開元) 15년(727)에 현종(玄宗)이 동쪽 태산(泰山)으로 봉선(封禪)을 올리러 가자 제주(齊州) 역성현령(歷城縣令) 두풍이 필요한 물자를 공급하게 되었다. 두풍이 곧장 관 30개를 만들어 행궁(行宮) 안에 놓게 하자 관리들은 모두 옳지 않은 일이라고 생각했다. 그러자 두풍이 말했다.

"지금 어가가 지나갈 때 육궁(六宮)의 비빈들도 함께 지나가는데, 갑자기 누가 죽어서 관을 찾는다면 어디서 구할 수 있겠느냐? 만약 사전에 준비해두지 않는다면 후회해도 늦을 것이다."

치돈사(置頓使: 唐代 현종이 蜀 땅에 피난가서 설치한 驛務를 관장하는 벼슬)는 행궁에 들어왔다가 관목이 장막 아래 진열된 채 번쩍번쩍 빛나고 있는 것을 보고는 깜짝 놀라 나와서 자사(刺史)에게 말했다.

"성주(聖主)께서는 복을 빌고 장수를 빌기 위해 산에 올라 봉선을 드렸는데, 여기 이 관은 도대체 누가 만든 것이오? 또 장차 어디에 쓰려고 만든 것이오? 불길함이 이토록 심할 수 있단 말이오?"

치돈사가 장차 그 사실을 황제께 아뢰려고 하자, 자사는 두풍을 찾아오게 했다. 그러자 두풍은 부인의 침상 아래에 숨어서 이미 죽음을 받았다고 거짓말하자 가족들은 통곡했다. 그때 어사(御史)로 있던 그의 처형 장단(張搏)이 그를 위해 해명을 해주어 추궁을 면할 수 있었다.

두풍의 아들 두종(杜鍾)은 당시 연주참군(兗州參軍)으로 있었는데, 도독(都督)이 마구간의 말과 사료를 관리하게 하자 이렇게 말했다.

"거마가 이리 많으니, 그때에 닥쳐서 풀을 삶으면 다 대지 못할 지도 모른다. 차라리 먼저 준비해두는 것만 못하다."

그리고는 곧장 콩과 조 이천여 섬을 삶아 움막에 넣어두고 따뜻할 때 봉해두었다. 말에게 여물을 먹일 때가 되어 가지러 가서 보았더니 모두 썩어있었기에 두종은 그대로 달아났다. 두종은 책임을 면치 못할까 두려운 나머지 하인을 보내 반하(半夏: 독성을 띤 약초) 반되를 사오게 한 다음 양고기와 함께 삶아 먹고 자살하려고 했다. 그러나 반하는 두종에게 해를 끼치기는커녕 오히려 더욱 살찌게 만들었다. 그리하여 당시 사람들은 모두 이렇게 말했다.

"저런 부친이 없었다면 저런 아들도 태어나지 않았을 것이다."

(『기문』)

齊州歷城縣令杜豐, 開元十五年, 東封泰山, 豐供頓. 乃造棺器三十枚, 實行宮, 諸官以爲不可. 豐曰: "車駕今過, 六宮偕行, 忽暴死者, 求棺如何可得? 若事不預備, 其悔可追乎." 及置頓使入行宮, 見棺木陳于幕下, 光彩赫然, 驚而出, 謂刺史曰: "聖主封嶽, 祈福祚延長, 此棺器者, 誰之所造? 且將何施? 何不祥之甚?" 將奏聞, 刺史令求豐. 豐逃于妻臥牀下, 詐稱賜死, 其家哭之. 賴妻兄張搏爲御史, 解之, 乃得已.

豐子鍾, 時爲兗州參軍, 都督令掌廐馬芻豆, 鍾曰: "御馬至多, 臨日煮粟, 恐不可給. 不如先辦." 乃以鑊煮粟豆二千餘石, 納于窖中, 乘其熱封之. 及供頓取之, 皆臭敗矣, 乃走. 猶懼不免, 命從者市牛夏牛升, 和羊肉煮而食之, 取死. 藥竟不能爲患而愈肥. 時人云: "非此父不生此子." (出『紀聞』)

494 · 7(6865)
수무현민(修武縣民)

[唐나라] 개원(開元) 29년(741) 2월에 수무현의 한 백성이 딸을 시집보낼 때 사위의 집에서 신부를 맞이하러 왔는데, 수레를 함께 보내왔다. 딸의 부친은 마을 사람들이 수레를 가지 못하게 막을까[障車: 唐代의 결혼 풍속으로, 신랑이 신부를 데리러 오면 마을 사람들이 문과 길에 지켜 서서 수레를 가지 못하게 막았음] 걱정하여 준마를 빌린 뒤 딸에게 타게 하고는 동생을 시켜 당나귀를 타고 수레에서 100보 떨어져서 따라가게 했다. 그런데 갑자기 풀 속에서 두 사람이 나오더니 한 사람은 말을 끌고 다른 한 사람은 뒤에서 말을 몰며 달렸다. 동생은 결국 말을

따라잡지 못하고 돌아와 부친에게 그 사실을 아뢰었다. 부친과 가족들은 밤새 딸을 찾았지만 결국 찾지 못했다.

여자의 집에서 30리 떨어진 마을에 한 서당이 있었는데, 그날 마침 밤늦도록 공부하고 학생들 대부분이 그곳에서 잠을 잤다. 이른 아침에 문을 열고 보았더니 문 밖에 한 여자가 있었는데, 여자는 벌거벗은 채로 혀가 잘려 있었으며 음부에는 피가 흥건했다. 학생이 무슨 일이냐고 묻자, 여자는 입을 떼고 말하려 했지만 피만 흘리면서 아무런 말도 할 수 없었다. 학생이 스승에게 그 사실을 알리자 스승은 문을 열고 나와 그 광경을 보고는 학생들을 모아놓고 이렇게 말했다.

"내 공부자(孔夫子)께서 일찍이 '나무와 돌의 요괴로는 기(夔)와 망량(魍魎)이 있고 물의 요괴로는 용과 망상(罔象)이 있으며 흙의 요괴로는 분양(墳羊)이 있다'고 말씀하시는 것을 들었다. 우리가 사는 이곳은 태항산(太行山)에서 가까운데, 태항산은 바로 괴물들이 나는 곳이다. 그러니 이 여자는 산의 정괴(精怪)나 들판의 요물이 아니겠느냐? 어찌 때려죽이지 않을 수 있겠느냐?"

그리고는 벽돌을 던졌다. 여자는 이미 혀가 잘린 상태라 말을 할 수 없었기 때문에 학생들이 던지는 벽돌을 맞고 결국 죽고 말았다. 날이 밝은 뒤에 보았더니 그 여자는 요괴가 아니었다.

잠시 뒤에 여자의 집에서 딸을 찾다가 이곳까지 와서 그 광경을 보고는 스승과 제자들을 잡아서 현으로 데리고 갔다. 현승(縣丞) 노봉(盧峯)이 심문해보았더니 그들이 죽인 게 틀림없는 사실이었다. 그래서 그 사실을 군(郡)에 알리자 군에서는 유생(儒生)과 제자들을 태형(笞刑)에 처했는데, 그 가운데 세 사람이나 매를 맞고 죽었지만 여자를 겁탈한

두 사람은 결국 잡지 못했다. (『기문』)

開元二十九年二月, 修武縣人嫁女, 壻家迎婦, 車隨之. 女之父懼村人之障車也, 借俊馬, 令乘之, 女之弟乘驢從, 在車後百步外行. 忽有二人出于草中, 一人牽馬, 一人自後驅之走. 其弟追之不及, 遂白其父. 父與親眷尋之, 一夕不能得.

去女家一舍, 村中有小學, 時夜學, 生徒多宿. 凌晨啓門, 門外有婦人, 裸形斷舌, 陰中血皆淋漓. 生問之, 女啓齒流血, 不能言. 生告其師, 師出戶觀之, 集諸生謂曰: "吾聞夫子曰: '木石之怪夔·魍魎, 水之怪龍·罔象, 土之怪墳羊.' 吾此居近太行, 怪物所生也. 將非山精野魅乎? 盍擊之?" 於是投以塼石. 女旣斷舌, 不能言, 諸生擊之, 竟死. 及明, 乃非魅也.

俄而女家尋求, 至而見之, 乃執儒及弟子詣縣. 縣丞盧峯訊之, 實殺焉. 乃白於郡, 答儒生及弟子, 死者三人, 而劫竟不得. (出『紀聞』)

494 · 8(6866)
이원효(李元皛)

이원효가 기주자사(沂州刺史)로 있을 때 한번은 사공(司功) 극승명(郄承明)에게 화가 나서 사람을 시켜 그를 가림벽 밖으로 데리고 나가 옷을 벗기게 했다. 그런데 극승명은 아주 교활한 사람이었다. 그가 가림벽 밖으로 쫓겨났을 때 마침 박사(博士) 유종진(劉琮璡)이 늦게 와서 관아로 들어가려 하고 있었다. 극승명은 유종진이 선비인 것을 알고 앞으로 나아가 그를 붙잡은 뒤 그의 옷을 벗기면서 이렇게 거짓말했다.

"태수(太守)께서 당신이 관아에 늦게 온 것에 화가 나서 제게 사람을 데리고 가 당신의 옷을 벗긴 뒤에 안으로 들여보내게 하셨습니다."

유종진은 그 말을 사실이라 여기고 마침내 옷을 벗었다. 극승명은 하급관리에게 눈짓하며 유종진을 잡아 안으로 들여보내게 한 뒤에 자신은 그대로 달아났다. 이원효는 옷을 벗은 사람이 들어오는 것을 보았지만, 그가 유종진인 것도 모른 채 결국 그에게 매 수십 대를 때리게 했다. [매를 다 맞고 난 뒤에] 유종진은 일어나 인사를 하며 말했다.

"은혜를 입어 매를 맞았습니다만 저의 죄명을 알려주십시오."

이원효가 말했다.

"극승명에게 속았구나."

이원효는 결국 아무런 말도 없이 그대로 안으로 들어갔다. (『기문』)

李元皛爲沂州刺史, 怒司功郄承明, 命剝之屛外. 承明狡猾者也. 旣出屛, 適會博士劉琮璡後至, 將入衙. 承明以琮璡儒者, 則前執而剝之, 紿曰: "太守怒汝衙遲, 使我領人取汝, 令便剝將來." 琮璡以爲然, 遂解衣. 承明目吏卒, 擒琮璡以入, 承明乃逃. 元皛見剝至, 不知是琮璡也, 遂杖之數十焉. 琮璡起謝曰: "蒙恩賜杖, 請示罪名." 元皛曰: "爲承明所賣." 竟無言, 遂入戶. (出『紀聞』)

494・9(6867)
왕 거(王 琚)

현종(玄宗)은 번저(藩邸: 제후의 저택. 즉 아직 천자가 되지 않고 제후의 신분이었을 때를 말함)에 있을 때 언제나 성 남쪽의 위씨(韋氏)와 두씨(杜氏)의 영지[위씨는 韋曲에 살았고, 두씨는 杜曲에 살았는데, 모두 장안의 성 남쪽에 있는 외척의 거주지였음]에서 노닐었다. 현종이 한번은 약삭빠른 토끼를 쫓느라 너무 즐거워서 집으로 돌아가는 것조차 잊어버렸다. 현종과 그를 수행하던 하인 십여 명은 배도 고프고 몹시 지쳐 마을의 커다란 나무 아래에서 쉬고 있었다. 마침 한 서생이 현종을 자신의 집으로 모셨는데, 그 집은 매우 가난하여 촌부인 아내와 나귀 한 마리만 있을 뿐이었다. 현종이 자리에 앉은 지 얼마 되지 않아 서생은 나귀를 잡고 차조를 삶아 음식을 준비하더니 술과 고기를 가득 차려왔다. 현종은 이를 보고 매우 훌륭하게 생각하여 그와 더불어 이야기를 나누어 보았는데, 도량이 넓고 평범치 않았다. 이에 그 성을 물어보았더니, 그는 왕거라는 사람이었다. 이로부터 현종은 위씨와 두씨의 영지에서 노닐 때마다 반드시 왕거의 집에 들렀는데, 그가 하는 말마다 모두 현종의 뜻에 부합되었기 때문에 현종은 더욱 더 그와 가까이 지내면서 잘 대해주었다. 위씨가 정권을 전횡하자 현종은 몹시 근심하면서 왕거에게만 은밀히 그 일을 이야기했다. 그러자 왕거가 말했다.

"나라를 어지럽히면 죽이면 되지 또 무슨 미련이 남아 그러십니까?"

현종은 마침내 왕거의 계책을 받아 들여 내란을 평정했다. 왕거는 계속 승진하여 중서시랑(中書侍郞)이 되었으며, [죽은 뒤에] 종묘에 배향(配享)되었다. (『개천전신기』)

玄宗在藩邸時, 每遊戲於城南韋杜之間. 嘗因逐狡兔, 意樂忘返. 與其徒十數人, 饑倦甚, 因休息村中大樹之下. 適有書生, 延帝過其家, 其家甚貧, 止村妻一驢而已. 帝坐未久, 書生殺驢煮秫, 備膳饌, 酒肉滂沛. 帝顧而甚奇之, 及與語, 磊落不凡. 問其姓, 乃王琚也. 自是帝每遊韋杜間, 必過琚家, 琚所語議, 合帝意, 帝日益親善. 及韋氏專制, 帝憂甚, 獨密言于琚. 琚曰: "亂則殺之, 又何親也?" 帝遂納琚之謀, 戡定內難. 累拜琚爲中書侍郞, 實預配饗焉. (出『開天傳信記』)

494・10(6868)
이적지(李適之)

이적지는 출사하여 현승(縣丞)과 주부(主簿)를 거치지 않고 바로 별가(別駕)가 되었고, 양 경기지역의 현관을 거치지 않고 바로 경조윤(京兆尹)이 되었으며, 어사(御史)나 중승(中丞)을 거치지 않고 대부(大夫)가 되었다. 또한 이적지는 문하성(門下省)의 급사중(給事中)과 중서성(中書省)의 사인(舍人)을 거치지 않고 바로 재상이 되었으며, 자사(刺史)를 거치지 않고 바로 절도사(節度使)가 되었다. (『독이지』)

李適之入仕, 不歷丞簿, 便爲別駕, 不歷兩畿官, 便爲京兆尹, 不歷御史及中丞, 便爲大夫. 不歷兩省給舍, 便爲宰相, 不歷刺史, 便爲節度使. (出『獨異志』)

494・11(6869)
백리충(白履忠)

백리충은 양성(梁城)에서 은거하면서 문사(文史)에 관한 서적을 두루 읽었다. 왕지음(王志愔)과 양창(楊瑒)이 모두 그를 관리로 추천했지만 그로부터 얼마 지나지 않아 백리충은 낙향을 청해 조산대부(朝散大夫: 주로 연로하고 덕망이 있는 자에게 수여하는 散官)에 임명되었다. 마을의 어떤 사람이 그에게 말했다.

"당신은 집이 가난한데도 결국 쌀 한 말이나 배 한 필도 받지 못했습니다. 또 당신이 5품의 벼슬을 받았다고는 하나 그것은 껍데기에 불과한 것이니, 실생활에 무슨 보탬이 있겠습니까?"

그 말에 백리충은 흔연히 웃으며 이렇게 대답했다.

"이전에 거란(契丹)이 침입하여 집집마다 남자들이 차출되어갔을 때 [排門夫] 나는 책을 좀 읽었다고 관청에서 빼주었는데, [그때를 생각하면] 지금까지도 황공하고 부끄럽소. 비록 녹봉은 받을 수 없지만, 그래도 5품 집안으로 죽을 때까지 편안히 누워서 부역은 면제받을 수 있으니, 이 또한 쉽게 얻을 수 있는 것이 아니오."

(『담빈록』)

白履忠博涉文史, 隱居梁城. 王志愔・楊瑒皆薦之, 尋請還鄉, 授朝散大夫. 鄉人謂履忠曰: "吾子家貧, 竟不霑一斗米, 一匹帛. 雖得五品, 止是空名, 何益於實也?" 履忠欣然曰: "往歲契丹入寇, 家家盡署排門夫, 履忠特以讀少書籍, 縣司放免, 至今惶愧. 雖不得祿賜, 且是五品家, 終身高臥, 免有徭役, 不易得之也."
(出『譚賓錄』)

494 · 12(6870)
야명렴(夜明簾)

요숭(姚崇)이 재상으로 있을 때 한번은 편전(便殿)에서 현종(玄宗)과 함께 정사를 논하다가 왼쪽 발을 들었는데, 그다지 편안해보이지 않았다. 이에 현종이 말했다.

"경은 발이 아프오?"

요숭이 말했다.

"신은 마음의 병이 있을 뿐 발은 아프지 않사옵니다."

그리고는 앞으로 나아가서 장열(張說)의 수백 가지 죄상을 아뢰었다. 그러자 [그 말을 듣고 있던] 현종이 진노하며 말했다.

"경은 중서성(中書省)으로 돌아가시오. 조칙을 내릴 테니 어사중승(御史中丞)과 함께 그 사건을 심리하도록 하시오."

그러나 장열은 이에 대해서 아무 것도 모르고 있었기 때문에 오후 3각(刻)에 관리가 보고하러 왔을 때 그는 이미 말을 타고 집으로 돌아간 뒤였다.

요숭은 급히 어사중승 이림보(李林甫)를 불러 좀 전에 황제에게서 받은 조칙을 건네주었다. 그러자 이림보가 요숭에게 말했다.

"장열은 꾀가 많은 인물이기는 하지만 이번에는 반드시 곤경에 빠뜨릴 수 있으니 마땅히 사지에 몰아넣어야 합니다."

요숭이 말했다.

"승상[장열]의 죄가 성립되더라도 너무 몰아세워서는 안 될 것이오."

이림보가 또 말했다.

"공께서 차마 그렇게 하지 못한다면 장열은 아무 해도 입지 않을 것입니다."

이림보는 그저 그 조서를 예하 어사(御史)에게 넘겨주고는 자신은 길 가던 중에 낙마했다며 휴가를 청했다.

장열이 요숭의 탄핵을 받기 한 달 전에 그의 집에서 머물던 한 글방 선생이 그가 가장 아끼는 시녀와 통정하다가 마침 현장에서 잡혀 장열에게 그 사실이 보고되었다. 장열은 너무 화가 난 나머지 그들을 경조부(京兆府)에 넘겨 죄를 물을 작정이었다. 그러자 서생은 사나운 목소리로 말했다.

"미녀를 보면 참지 못하는 것이 인지상정입니다. 공께서는 위급한 상황에 놓였을 때 부리실 사람이 있습니까? 공께서는 무엇 때문에 한낱 계집종을 그렇게 아까워하십니까?"

장열은 그 말을 가상히 여겨 그를 풀어주고 시녀도 함께 데리고 돌아가게 했다. 서생은 한번 떠나가서는 몇 달이 넘도록 전혀 소식이 없었다.

그러던 어느 날 그는 곧장 장열을 찾아와서는 얼굴 가득 근심스런 낯빛을 하고 말했다.

"저는 공의 은혜에 감격하여 오래 전부터 공께 보답할 기회가 찾아오기를 바랐습니다. 공께서는 재상 요숭의 계략에 걸려 지금 밖에서는 옥사가 갖추어지고 있다고 하는데, 공께서는 도리어 그 사실도 모르고 계시니, 지금 위험이 다가오고 있습니다. 제가 공께서 평소에 아끼시는 물건을 가지고 가서 구공주(九公主)에게 손을 써보고 싶습니다. 그러면 바로 풀려나실 수 있을 것입니다."

이에 장열이 평소 자신이 아끼는 물건을 일일이 손꼽자 서생이 말했다.

"그것으로는 공의 위급한 상황을 해결하기에 부족합니다."

장열은 한참동안 골똘히 생각하다가 갑자기 말했다.

"근자에 계림군(雞林郡)의 어떤 사람이 야명렴을 보내왔네."

서생이 말했다.

"일이 성사될 것 같습니다."

그리고는 간곡한 정을 담아 직접 편지 몇 줄을 써 달라고 하더니 그것을 가지고 급히 나갔다. 밤이 되자 비로소 서생은 구공주의 저택에 가서 장열의 일을 자세하게 아뢰면서 야명렴을 선물로 주었다. 그리고 또 공주에게 말했다.

"황제께서는 동궁으로 계실 때 장승상(張丞相: 張說)에게 한결같이 은혜를 베풀어주시겠다고 하신 일을 잊으신 것입니까? 그런데 지금은 오히려 다른 사람의 참소만을 믿고 계십니까?"

이튿날 아침 일찍 공주는 현종을 알현하고 장열을 위해 지난 일을 모두 아뢰었다. 현종은 그 말에 감동하여 급히 고력사(高力士)를 시켜 어사대(御史臺)에 가서 다음과 같이 선포하게 했다.

"전에 장열을 조사하라고 했던 안건은 모두 그만 두어라."

서생은 그후로 더 이상 장열을 찾아가지 않았다. (『송창록』)

姚崇爲相, 嘗對於便殿, 擧左足, 不甚輕利. 上曰: "卿有足疾耶?" 崇曰: "臣有心腹疾, 非足疾也." 因前奏張說罪狀數百言. 上怒曰: "卿歸中書. 宜宣與御史中丞共按其事." 而說未之知, 會吏報午後三刻, 說乘馬先歸.

崇急呼御史中丞李林甫, 以前詔付之. 林甫謂崇曰: "說多智, 是必困之, 宜以劇地." 崇曰: "丞相得罪, 未宜太逼." 林甫又曰: "公必不忍, 卽說當無害." 林甫止將詔付於小御史, 中路以馬墜告.

說未遭崇奏前旬月, 家有敎授書生, 通於說侍兒最寵者, 會擒得奸狀, 以聞於說. 說怒甚, 將窮獄于京兆. 書生厲聲言曰: "覩色不能禁, 亦人之常情. 緩急有用人乎? 公何靳於一婢女耶?" 說奇其言而釋之, 兼以侍兒與歸. 書生一去數月餘, 無所聞知.

忽一日, 直訪於說, 憂色滿面, 言曰: "某感公之恩, 思有以報者久矣. 今聞公爲姚相國所搆, 外獄將具, 公不知之, 危將至矣. 某願得公平生所寶者, 用計于九公主. 可能立釋之." 說因自歷指己所寶者, 書生皆云: "未足解公之難." 又凝思久之, 忽曰: "近者有雞林郡以夜明簾爲寄者." 書生曰: "吾事濟矣." 因請說手札數行, 懇以情言, 遂急趨出. 逮夜, 始及九公主第, 書生具以說事言, 兼用夜明簾爲贄. 且謂主曰: "上獨不念在東宮時, 思必始終('終'原作'春', 據陳校本改)恩加於張丞相乎('乎'原作'矣', 據陳校本改)? 而今反用讒耶?" 明早, 公主上謁, 具爲奏之. 上感動, 因急命高力士就御史臺宣: "前所按事, 並宜罷之." 書生亦不復再見矣. (出『松窗錄』)

494 · 13(6871)
반경천(班景倩)

[唐나라] 개원연간(開元年間: 713~741)에 조정에서 많은 관리들을 선발하여 임용할 때는 반드시 정확하고 합당한 인물이 추천되었다. 문물이 이미 흥성하고 뛰어난 인재들이 들고났지만 그들은 모두 외지로 나가 벼슬을 했다. 비록 강성한 번진(藩鎭)의 큰 관부(官府)라 할지라

도 조정의 하잘 것 없는 관원으로 있다가 그런 관직에 제수되면 당시 사람들은 모두 좌천되었다고 생각했다. 반경천은 양주채방사(揚州採訪使)로 있다가 조정으로 들어가 대리소경(太理少卿)이 되었는데, 대량(大梁)을 지나는 길에 그곳 군수 예약수(倪若水)가 그를 위해 서쪽 들판에서 송별연을 성대하게 벌였다. 송별연이 끝나고 반경천이 배에 오르자 예약수는 멀리서 그 뒷모습을 바라보며 하급관리에게 이렇게 말했다.

"반공(班公: 班景倩)의 이번 걸음이 등선(登仙)과 뭐가 다르겠느냐? 그의 추전(騶殿: 고대 관리들의 수행관원)이 되는 것이 진실로 내가 바라는 바이다."

그리고는 말없이 한참동안 있다가 자리를 정리하고 관서로 돌아갔다. 얼마 뒤에 예약수는 시를 지어 재상의 관서에 던져서 자신의 마음을 표했는데, 그 시는 당시 사람들에게 크게 칭찬 받았다. (『명황잡록』)

開元中, 朝廷選用群官, 必推精當. 文物既盛, 英賢出入, 皆薄具外任. 雖雄藩大府, 由中朝冗員而授, 時以爲左遷. 班景倩自揚州採訪使, 入爲太理少卿, 路由大梁, 倪若水爲郡守, 西郊盛設祖席. 宴罷, 景倩登舟, 若水望其行塵, 謂掾吏曰: "班公是行, 何異登仙乎? 爲之騶殿, 良所甘心." 默然良久, 方整回駕. 既而爲詩投相府, 以道其誠, 其詞爲當時所稱賞. (出『明皇雜錄』)

설령지(薛令之)

　　[唐나라 中宗] 신룡(神龍) 2년(706)에 민(閩) 땅의 장계(長溪) 사람 설령지가 과거에 급제했는데, 그는 개원연간(開元年間: 713~741)에 동궁시독(東宮侍讀)이 되었다. 당시 동궁의 관리들은 한직이었기 때문에 설령지는 시를 지어 자신의 처지를 슬퍼하며 궁궐 벽에 적어놓았다.

　　　아침 해 둥글게 떠올라,
　　　선생의 접시를 비추네.
　　　접시 속에 무엇이 있는가?
　　　난간 위에는 개자리 풀만 자라있네.
　　　밥은 굳어 숟가락질하기 어렵고,
　　　국은 묽어 젓가락이 마음대로 돌아다니네.
　　　그저 아침저녁을 때우고만 있으니
　　　어떻게 추운 겨울을 날 수 있을까?

　　황제가 동궁에 행차했다가 이 시를 보고는 붓을 달라고 하더니 다음과 같이 이어 적었다.

　　　딱따구리의 주둥이와 발톱은 길고,
　　　봉황의 깃털은 짧네.
　　　소나무와 계수나무의 추위가 싫다면,
　　　뽕나무와 느릅나무의 따뜻함을 쫓아라[고향으로 돌아가라는 뜻을 내포하고 있음].

　　설령지는 이 일을 계기로 병을 핑계 대고 사직한 뒤에 고향으로 돌아갔다. 숙종(肅宗)이 즉위하고 난 뒤에 그를 초징(招徵)했지만, 그는 이미 죽은 뒤였다. (『민천명사전』)

　　神龍二年, 閩('閩'原作'間', 據陳校本改)長溪人薛令之登第, 開元中, 爲東宮侍讀. 時宮僚閒淡, 以詩自悼, 書於壁曰: "朝日上團團, 照見先生盤. 盤中何所有? 苜蓿上(明鈔本·陳校本'上'作'長')闌干. 飯澀匙難綰, 羹稀箸多寬. 只可謀朝夕, 何由度歲寒?" 上因幸東宮, 見焉, 索筆續之曰: "啄木嘴距長, 鳳凰毛羽短. 若嫌松桂寒, 任逐桑楡暖." 令之因此引疾東歸. 肅宗卽位, 詔徵之, 已卒. (出『閩川名仕傳』)

태평광기 권제 495 잡록 3

1. 우문융(宇文融)
2. 가서한(歌舒翰)
3. 최은보(崔隱甫)
4. 소 숭(蕭 嵩)
5. 진회경(陳懷卿)
6. 추봉치(鄒鳳熾)
7. 고력사(高力士)
8. 왕 유(王 維)
9. 사사명(史思明)
10. 두 곡(豆 穀)
11. 윤주루(潤州樓)
12. 구 위(丘 爲)
13. 배 길(裴 佶)
14. 이포정(李抱貞)
15. 양지견(楊志堅)

495·1(6873)
우문융(宇文融)

[唐나라] 현종(玄宗)은 우문융을 괄전사(括田使)에 임명했다. 그러자 우문융은 함부로 남을 비방하면서 조금이라도 자기에게 아부하지 않는 자가 있으면 반드시 무고하고 참소했다. 그는 비밀리에 상소를 올려 노종원(盧從愿)이 널찍한 전답과 정원을 사들여 그 너비가 몇 백 이랑에 달한다고 말했다. 현종은 본디 노종원을 중히 여겨 그에게 재상을 맡긴 것만도 몇 번이었다. 게다가 그는 명망 높은 귀족 가문 출신으로 고관들과 널리 혼인관계를 맺어 당시에 명성이 혁혁했기에 현종 역시 그의 죄를 가벼이 이야기하지 못하고서 그저 그를 땅 많이 가진 노인장이라고만 여겼다. 노종원은 젊어서 상주(相州)에 살다가 명경과(明經科)에 응시했는데, 다섯 번 응시한 끝에 제책(制策: 科擧에서 황제가 친히 내는 문제)에 3등으로 붙어 하현위(夏縣尉)에 제수되었다. 그는 앞서 명경과에 합격할 때부터 이부시랑(吏部侍郞)에 이르기까지 겨우 10년의 세월밖에 걸리지 않았으며 이부원외(吏部員外)에서 시랑에 오르는 데도 딱 7개월이 걸렸을 뿐이었다. (『명황잡록』)

玄宗命宇文融爲括田使. 融方恣睢, 稍不附己者, 必加誣譖. 密奏以爲盧從愿廣置田園, 有地數百頃. 帝素器重, 亦倚爲相者數矣. 而又族望宦婚, 鼎盛於一時,故帝亦重言其罪, 但目從愿爲多田翁. 從愿少家相州, 應明經, 常從五擧, 制策三等, 授夏縣尉. 自前明經至吏部侍郞, 纔十年, 自吏部員外至侍郞, 只七箇月. (出『明皇雜錄』)

495・2(6874)
가서한(歌舒翰)

[唐나라 玄宗] 천보연간(天寶年間: 742~756)에 가서한은 안서절도사(安西節度使)로 있으면서 수천 리에 달하는 지역을 장악했는데, 그때 그는 크게 위엄을 드러냈다. 그래서 서쪽 변방의 아랫사람들은 다음과 같이 그를 노래했다.

북두칠성 드높고,
가서한은 밤에 칼을 차고 다니네.
토번(吐蕃)을 모조리 잡아 죽이고서,
다시 두 겹의 해자를 쌓네.

가서한이 한번은 도지병마사(都知兵馬使) 장탁(張擢)을 도성으로 파견해 상주하게 했는데, 당시는 양국충(楊國忠)이 전권을 횡행하고 있으면서 뇌물을 거둬들이고 있던 시절이었다. 그러자 장탁은 도성에 머물면서 돌아가지 않고 양국충에게 뇌물을 주어 친분을 맺고자 했다. 뒤이어 가서한이 조정에 들어와 상주할 일이 생겼는데, 장탁은 가서한이 온다는 사실을 알고는 두려워하며 양국충에게 자신을 등용해 줄 것을 청했다. 그러자 양국충은 장탁을 어사대부(御史大夫)에 제수하고 검남

서천절도사(劍南西川節度使) 직을 맡았다. 어명이 떨어지자 장탁은 가서한의 집을 찾아가 사직했는데, 가서한은 부하들에게 명해 그를 마당에 끌고 오게 해서는 그의 잘못을 나무라며 곤장을 쳐 죽였다. 그런 다음 그와 같은 사실을 황제께 아뢰자 황제는 오히려 즉시 장탁의 시신을 가서한에게 내리면서 시체에게 곤장 100대를 더 치라고 명했다. (『건손자』)

天寶中, 歌舒翰爲安西節度, 控地數千里, 甚著威令. 故西鄙人歌之曰: "北斗七星高, 歌舒翰夜帶刀. 吐蕃總殺盡, 更築('築'原作'策', 據陳校本改)兩重濠." 時差都知('知'字原闕, 據陳校本補)兵馬使張擢上都奏事, 值楊國忠專權黷貨. 擢逗留不返, 因納賄交結. 翰續入('入'原作'又', 據陳校本改)朝奏, 擢知翰至, 懼, 求國忠拔用. 國忠乃除擢兼御史大夫, 充劍南西川節度使. 敕下, 就第辭翰, 翰命部下摔于庭, 數其事, 杖而殺之. 然後奏聞, 帝却賜擢尸, 更令翰決尸一百. (出『乾饌子』)

495・3(6875)
최은보(崔隱甫)

이원제자(梨園弟子: 梨園은 唐나라 玄宗이 樂工이나 궁녀에게 음악과 무용을 연습시키던 곳이며 그곳에 속해 있던 藝人을 梨園弟子라 했음) 중에 피리를 잘 불던 호추(胡雛)라는 사람이 있었는데 그는 유난히 현종의 총애를 입고 있었다. 그는 일찍이 낙양현령(洛陽縣令) 최은보에게 무례를 범하고서는 궁 안으로 도망쳐 온 일이 있었다. 현종은 불시에 [신하들에게] 다른 일을 부탁하곤 했는데, 최은보를 불러와 답하게 하는 자리에 호추도 배석하게 되었다. 현종이 손가락으로 호추를 가리키며 말했다.

"경에게서 이 아이를 용서해주라고 하면 할 수 있겠소?"

최은보가 대답했다.

"폐하의 그 말씀은 신을 가벼이 여기고 악인(樂人)을 중히 여기심이니, 청컨대 신은 관직을 그만 두겠습니다."

그렇게 말하며 재배하고 나가려하자 현종이 급히 말했다.

"짐이 그대에게 농을 한 것이었소."

그리고는 호추를 끌고 나가게 한 다음 문밖에 이르거든 곧장 곤장을 쳐 죽이라고 했다. 잠시 뒤에 포박을 풀어주라 명했으니 호추는 이미 죽어있었다. 현종은 최은보에게 비단 100필을 하사했다. (『국사보』)

梨園弟子有胡雛善吹笛, 尤承恩. 嘗犯洛陽令崔隱甫, 已而走入禁中. 玄宗非時託以他事, 召隱甫對, 胡雛在側. 指曰: "就卿乞此, 得否?" 隱甫對曰: "陛下此言, 是輕臣而重樂人也, 臣請休官." 再拜而去, 玄宗遽曰: "朕與卿戲也." 遂令曳出, 至門外, 立杖殺之. 俄而復敕釋, 已死矣. 乃賜隱甫絹百匹. (出 『國史補』)

495・4(6876)
소 숭(蕭 嵩)

[당나라] 현종(玄宗)은 늘 소정(蘇頲)을 중히 여겨오던 터라 그를 재상에 임명하고자 했는데, 그를 예우하는 정도나 의견을 구하는 태도

가 다른 신하들을 대할 때와는 매우 달랐다. 그를 재상에 임명하기 하루 전날에 현종은 그 일을 비밀로 하면서 좌우에게 알리고 싶지 않았기에 밤이 깊어지기를 기다렸다가 비로소 조서의 초고를 적게 했다. 현종은 측근 신하를 불러와 말했다.

"바깥뜰에서 숙직 서는 자가 누구이냐?"

그리고는 촛불을 들로 가 그를 불러오게 했다. 숙직 서던 사람이 도착했기에 보았더니 그는 바로 중서사인(中書舍人) 소숭이었다. 현종은 소정의 이름을 소숭에게 주며 제서(制書)의 초고를 쓰게 했는데, 다 쓴 다음에 보았더니 '나라의 큰 보배[國之瓌寶]'라고 적혀있었다. 현종은 서너 차례 되뇐 끝에 소숭에게 말했다.

"소종은 소괴(蘇瓌)의 아들이오. 짐은 그 아비의 이름을 범하고 싶지 않으니 경은 그 자를 없애도록 하시오."

현종이 명령을 내려 휘장 안의 병풍을 가져다가 소숭에게 쳐주라고 하자 소숭은 부끄럽고 두려운 마음에 땅을 줄줄 흘리면서 한참동안 붓을 들고 글씨를 쓰지 못했다. 현종은 소숭이 꽤 긴 시간동안 생각을 했으니 지금쯤은 훌륭하게 고쳤으려니 싶어 자신도 모르게 안석 앞으로 나아가 바라보았다. 그랬더니 '나라의 진귀한 보배[國之珍寶]'라고 [한 글자만] 바꿨을 뿐 다른 것은 모두 바꾸지 않은 채 그대로였다. 소숭이 물러나자 현종은 그 초고를 땅에 집어 던지며 말했다.

"겉모습만 멀쩡하구먼."(소숭은 키가 크고 수염이 많았기에 현종이 그렇게 말했던 것이다.)

좌우 사람들이 모두 실소를 금치 못하자 현종은 그 웃음소리를 듣고 급히 입을 막으며 이렇게 말했다.

"소숭이 비록 재주가 뛰어나지는 않으나 신하로서의 존귀함은 그와 비할 자가 없다. 방금 했던 말은 농이었다."

현종의 기억력과 빼어난 식견은 모두 이와 같았다. (『명황잡록』)

玄宗嘗器重蘇頲, 欲倚以爲相, 禮遇顧問, 與羣臣特異. 欲命相前一日, 上祕密, 不欲令左右知, 迨夜艾, 乃令草詔. 訪于侍臣曰: "外庭直宿誰?" 遂命秉燭召來. 至則中書舍人蕭嵩. 上卽以頲姓名授嵩, 令草制書, 旣成, 其詞曰'國之瓖寶'. 上尋繹三四, 謂嵩曰: "頲, 瓌之子. 朕不欲斥其父名, 卿爲刊削之." 上仍命撤帳中屛風與嵩, 嵩慙懼流汗, 筆不能下者久之. 上以嵩杼思移時, 必當精密, 不覺前席以觀. 唯改曰'國之珍寶', 他無更易. 嵩旣退, 上擲其草于地曰: "虛有其表耳."(嵩長大多髥, 上故有是名.) 左右失笑, 上聞, 遽起掩其口, 曰: "嵩雖才藝非長, 人臣之貴, 亦無與比. 前言戲耳." 其默識神覽, 皆此類也. (出『明皇雜錄』)

495・5(6877)
진회경(陳懷卿)

진회경은 영남(嶺南) 사람이었다. 그는 100여 마리의 오리를 길렀는데, 어느 날 오리 우리에서 똥을 치우다가 똥 속에서 무엇인가 번쩍 하는 것을 보고는 시험 삼아 대야에 물을 담아 씻어 걸러내 보았더니 금 10냥이 나왔다. 이에 그는 오리들이 모이를 먹고 있는 곳을 바라보았는데, 집 뒤에 있는 산기슭의 흙 속에 사금이 묻혀있었다. 거기서 그는 수천 근에 달하는 금을 얻었으나 당시 사람들은 아무도 그 사실을 몰랐다.

그는 거부가 되어 오주자사(梧州刺史)까지 지냈다. (『조야첨재』)

陳懷卿, 嶺南人也. 養鴨百餘頭, 後于鴨欄中除糞, 糞中有光爛然, 試以盆水沙汰之, 得金十兩. 乃覘所食處, 于舍後山足下, 土中有麩金. 消得數千斤, 時人莫知. 卿遂巨富, 仕至梧州刺史. (出『朝野僉載』)

495・6(6878)
추봉치(鄒鳳熾)

서경(西京: 長安) 회덕방(懷德坊)의 남문(南門) 동쪽에 추봉치라는 부상(富商)이 살고 있었는데, 어깨가 솟아오르고 등이 굽은 것이 낙타 비슷하다하여 당시 사람들은 그를 '추낙타(鄒駱駝)'라고 불렀다. 그의 집은 대단히 부유해서 금은보화가 이루 다 헤아리지 못할 만큼 많았다. 그는 늘 조정의 대신들과 어울렸으며 그의 저택과 가게, 정원과 집이 나라 안 곳곳에 퍼져있었다. 또한 사방의 물산들을 모두 모아들여 비록 옛날의 의백(猗白: 春秋時代 魯나라의 거부였던 猗頓을 가리킴)도 그보다 더할 수는 없을 정도였다. 그 집에서는 남녀 하인들까지 비단 옷을 입고 좋은 음식을 먹었으며 의복이나 기물 등 모든 것이 당시로 보아서는 놀랄만한 것들이었다. 그가 딸을 시집보낼 때 조정의 관리들을 잔치 자리에 오라고 초청하니, 빈객 수가 수천 명이나 되었다. 밤에는 장막을 쳐주며 접대했는데, 온갖 화려함은 다 갖추어져 있었다. 신부가 나오려 할 때 하녀들이 그 주변을 에워싸고 나왔다. 하녀들은 모두 비단 옷을 입고 구슬, 비취 등으로 장식한 채 비녀를 늘어뜨리고 신을 끌면서 걸어 나왔는데, 빼어나게 아름다운 하녀들이 수백 명이나 되어서 사람들은 모두 정신이 나간 듯 대체 누가 신부인지 알지 못했다. 추봉치는 일찍이 고종(高宗)을 알현하는 자리에서 종남산(終南山)의 나무를 [한 그루당] 비단 1필씩 주고 사게 해달라고 청하면서 스스로 이렇게 말했다.

"산의 나무가 비록 다 없어지더라도 신의 비단은 다하지 않을 것입니다."

그 일은 비록 시행되지는 않았으나 영원히 세상 사람들에 의해 읊어지고 있다. 그는 후에 죄를 지어 과주(瓜州)로 유배되었다가 사면되어 돌아왔다. 그가 죽은 뒤에 자손 대에 이르러서 집안이 가난해졌다.

또 왕원보(王元寶)라는 사람이 있었는데, 그는 나이가 많았으며 해학을 즐겼다. 그는 마을 시장을 드나들며 사람들 사이에서 유명해졌는데, 돈에 '원보(元寶)'라는 글자가 새겨져 있었기에 사람들은 돈을 '왕로(王老)'라고 불렀다. 그 말은 당시에 꽤 유행했다. (『서경기』)

또 일설에 따르면 현종이 한번은 왕원보를 불러 집안에 재산이 얼마나 있냐고 물었다한다. 그러자 왕원보가 대답했다.

"청컨대 신으로 하여금 비단 1필로 폐하의 남산에 있는 나무 한 그루씩을 묶게 해 주십시오. 그러면 남산의 나무가 다할지언정 신의 비단은 다하지 않을 것입니다."

또 현종이 함원전(含元殿)에 행차하여 남산을 바라보니 산 가운데 흰색의 용 한 마리가 가로로 누워있었다. 현종이 좌우에게 물어보았으나 모두들 보지 못했다고 했다. 이에 명을 내려 속히 왕원보를 불러오게 한 다음 물어보았더니 왕원보가 이렇게 대답했다.

"흰 색의 물체 하나가 산꼭대기에 가로누워 있는데, 그 형태는 잘 구분할 수 없습니다."

좌우의 대신들이 아뢰었다.

"어째서 저희들에게는 보이지 않는 것입니까?"

현종이 말했다.

"나는 지극한 부귀는 지극한 존귀함에 필적할 만하다고 들었다. 짐은 천하의 존귀함이요 왕원보는 천하의 갑부인 까닭에 보였던 것이다."

(『독이지』)

西京懷德坊南門之東, 有富商鄒鳳熾, 肩高背曲, 有似駱駝, 時人號爲'鄒駱駝'. 其家巨富, 金寶不可勝計. 常與朝貴遊, 邸店園宅, 遍滿海內. 四方物盡爲所收, 雖古之猗白, 不是過也. 其家男女婢僕, 錦衣玉食, 服用器物, 皆一時驚異. 嘗因嫁女, 邀諸朝士往臨禮席, 賓客數千. 夜擬供帳, 備極華麗. 及女郎將出, 侍婢圍遶. 綺羅珠翠, 垂釵曳履, 尤艶麗者, 至數百人, 衆皆愕然, 不知孰是新婦矣. 又嘗謁見高宗, 請市終南山中樹, 估絹一匹, 自云: "山樹雖盡, 臣絹未竭." 事雖不行, 終爲天下所誦. 後犯事流瓜州, 會赦還. 及卒, 子孫窮匱.

又有王元寶者, 年老好戲謔. 出入里市, 爲人所知, 人以錢文有'元寶'字, 因呼錢爲'王老'. 盛流于時矣. (出『西京記』)

又一說, 玄宗嘗召王元寶, 問其家私多少. 對曰: "臣請以絹一匹, 繫陛下南山樹. 南山樹盡, 臣絹未窮." 又玄宗御含元殿, 望南山, 見一白龍橫亘山間. 問左右, 皆言不見. 令急召王元寶問之, 元寶曰: "見一白物, 橫在山頂, 不辨其狀." 左右貴臣啓曰: "何故臣等不見?" 玄宗曰: "我聞至富可敵貴. 朕天下之貴, 元寶天下之富, 故見耳." (出『獨異志』)

495 · 7(6879)
고력사(高力士)

고력사는 무주(巫州)로 좌천되어 갔는데, 산골짜기에 냉이가 많은데도 그곳 사람들이 먹지 않는 것을 보고는 느낀 바가 있어 시를 지어 그 뜻을 실었다.

두 도성[長安과 洛陽]에서는 근을 달아 파는데,
오계(五溪: 沅江의 다섯 개의 支流. 지금의 四川·貴州 부근에 있음)에서는 아무도 캐가지 않네.
중원과 오랑캐 땅이 비록 다르기는 하나,
그 맛은 절대 다르지 않을 것이건만.

후에 그는 사면되어 [도성으로] 돌아가는 길에 무계(武溪)에 이르렀다가 도중에 개원연간(開元年間: 713~741)에 우림군사(羽林軍士)였던 한 사람을 만났는데, 그 사람은 죄를 짓고 영남(嶺南)으로 폄적되어 가던 길이었다. 고력사는 수레를 멈추고 옛 친구[인 그 군사]를 찾아갔다가 비로소 상황(上皇: 玄宗)이 이미 붕어했다는 사실을 알고는 북쪽을 바라보며 대성통곡하다가 피를 토하고 죽었다. (『명황잡록』)

高力士旣譴于巫州, 山('州山'原作'山州', 據明鈔本改)谷多薺, 而人不食, 力士感之, 因爲詩寄意. "兩京作('作'原作'五', 據陳校本改)斤賣, 五溪無人採. 夷夏雖有殊, 氣味終不改." 其後會赦, 歸至武溪, 道遇開元中羽林軍士, 坐事謫嶺南. 停車訪舊, 方知上皇已厭世, 力士北望號泣, 嘔血而死. (出『明皇雜錄』)

495·8(6880)
왕유(王維)

　[唐나라 玄宗] 천보연간(天寶年間: 742~755) 말에 도적 떼가 두 도성[장안과 낙양]을 함락했을 때에 조정의 문무대신을 대량으로 약탈한 뒤 환관과 궁녀, 비빈, 그리고 악공(樂工)과 기사(騎士)들까지 잡아들였다. 그들은 매번 수백 명을 잡아들일 때마다 병사와 의장대로 하여금 삼엄히 경비를 서게 하여 낙양(洛陽)으로 호송해갔다. 어쩌다 산골짜기로 도망간 사람도 있긴 했지만 결국은 다시 체포해와 위협하면서 그들에게 관을 씌우고 의대를 차게 했다. 안록산(安祿山)은 악공들에게 유난히 관심이 많아 매우 다급하게 그들을 수색했다. 그 결과 한 열흘쯤 지났을 때 이원제자(梨園弟子: 梨園은 唐나라 玄宗이 樂工이나 궁녀에게 음악과 무용을 연습시키던 곳이며 그곳에 속해 있던 藝人을 梨園弟子라 했음) 수백 명을 잡아들일 수 있었다. 도적 떼들은 이원제자들과 더불어 응벽지(凝碧池) 안에 잔뜩 모여 위관(僞官) 수십 명에게 연회를 열어주면서 어고(御庫)에 있던 진귀한 보배를 모두 꺼내 앞뒤로 잔뜩 벌여놓았다. 음악이 연주되자 옛 이원제자들은 자신들도 모르게 그만 흐느끼면서 서로 마주보며 눈물 흘렸다. 도적 떼들이 시퍼런 칼날을 들이 대고 활을 잡아당기며 위협했으나 이원제자들은 여전히 슬픔을 억제하지 못했다. 그때 뇌청해(雷海淸)라는 악공이 악기를 땅에 집어던지더니 서쪽을 바라보며 통곡하자 역당들은 그를 희마전(戲馬殿)에 묶고 사지를 갈기갈기 찢은 뒤 많은 사람들에게 내보였다. 그 말을 들은 사람 중 가슴아파하지 않은 이가 없었다. 왕유는 그때 도적에 의해 보리불사

(菩提佛寺) 안에 감금되어 있었는데, 그 이야기를 듣고 다음과 같은 시를 지었다.

> 만 백성은 상심해 있고 들판에는 연기 피어오르는데,
> 백관(百官)은 그 언제나 조정으로 돌아갈 것인가!
> 가을 되니 홰나무 잎 빈 궁중에 떨어지고,
> 응벽지 앞에서는 악기소리 들리네.

(『명황잡록』)

天寶末, 羣賊陷兩京, 大掠文武朝臣, 及黃門宮嬪, 樂工騎士. 每獲數百人, 以兵仗嚴衛, 送于雒('雒'原作'維', 據明鈔本改)陽. 至有逃于山谷者, 而卒能羅捕追脅, 授以冠帶. 祿山尤致意樂工, 求訪頗切. 于旬日, 獲梨園弟子數百人. 羣賊因相與大會于凝碧池, 宴僞官數十人, 大陳御庫珍寶, 羅列于前後. 樂旣作, 梨園舊人不覺歔欷, 相對泣下. 羣逆皆露刃持滿以脅之, 而悲不能已. 有樂工雷海淸者, 投樂器于地, 西向慟哭, 逆黨乃縛海淸于戲馬殿, 支解以示衆. 聞之者莫不傷痛. 王維時爲賊拘于菩提佛寺中, 聞之, 賦詩曰: "萬戶傷心生野烟, 百官何日更朝天! 秋槐葉落空宮裡, 凝碧池頭奏管絃." (出『明皇雜錄』)

495・9(6881)
사사명(史思明)

안록산(安祿山)이 패망하고 난 뒤에 사사명이 뒤이어 반란을 일으켰다. 동도(東都: 洛陽)에 도착했을 때 마침 앵두가 빨갛게 익었다. 그때

그의 아들은 하북(河北)에 있었는데, 아들에게 앵두를 보내주고 싶어 시를 지어 같이 보냈다. 그 시는 다음과 같았다.

앵두 한 광주리,
반은 이미 빨갛고,
반은 이미 누렇네.
반은 회왕(懷王)에게 주고,
반은 주지(周至)에게 주네.

시가 완성되자 좌우에게 찬사를 연발하며 이렇게 말했다.
"명공(明公: 史思明)의 이 시는 대단히 훌륭하십니다. 하지만 만약 '반은 주지에게 주고 반은 회왕에게 주네'로 고쳤다면 위에 있는 '황(黃)' 자와 그 소리가 훨씬 더 잘 어울렸을 텐데 말입니다."
그러자 사사명이 크게 역정 내며 말했다.
"내 아들을 어떻게 주지 아래 놓을 수 있단 말이냐?"
후에 사사명은 영녕현(永寧縣)까지 쫓기다가 결국 자신의 아들 사조의(史朝義)에게 살해되었다. 그때 사사명이 말했다.
"너는 나를 너무 일찍 죽이는구나. 안록산은 그래도 동도까지는 가 보았는데, 너는 어찌 이리도 급히 나를 죽이는 게냐?"
사사명의 아들은 위회왕(僞懷王)에 봉해졌었고 주지는 바로 그의 사부(師傅)였다. (『지전록』)

安祿山敗, 史思明繼逆, 至東都, 遇櫻桃熟. 其子在河北, 欲寄遺之, 因作詩同去. 詩云: "櫻桃一籠子, 半已赤, 半已黃. 一半與懷王, 一半與周至." 詩成, 左右贊美之, 皆曰: "明公此詩大佳. 若能言'一半周至, 一半懷王', 卽與'黃'字聲勢稍穩." 思明大怒曰: "我兒豈可居周至之下?"

 思明長驅至永寧縣, 爲其子朝義所殺. 思明曰: "爾殺我太早. 祿山尙得至東都, 而爾何亟('亟'原作'函', 據明鈔本改)也?" 思明子僞封懷王, 周至卽其傅也. (出『芝田錄』)

495・10(6882)
두 곡(豆 穀)

 [唐나라 肅宗] 지덕연간(至德年間: 756~757) 초에 안사(安史)의 난이 일어나 하동(河東)에 큰 기근이 들었다. 그때 15리에 달하는 황무지에서 콩과 곡식이 자라났는데, 사람들이 하룻밤 만에 모조리 쓸어 가도 다시 자라나서 대략 5~6천 섬을 얻을 수 있었다. 그 열매는 매우 둥글었으며 가늘고 아름다웠다. 사람들은 모두 그것 덕분에 목숨을 부지할 수 있었다. (『전재』)

 至德初, 安史之亂, 河東大饑. 荒地十五里生豆穀, 一夕掃而復生, 約得五六千石. 其實甚圓細美. 人皆賴此活焉. (出『傳載』)

495・11(6883)
윤주루(潤州樓)

윤주성 남쪽 모퉁이에 만세루(萬歲樓)라는 이름의 누각이 있었는데, 민간에서는 누각 위로 연기가 솟아오르면 자사가 즉시 죽거나 죽지 않으면 폄적 당한다는 말이 떠돌았다. 개원연간(開元年間: 713~741) 이전에 윤주는 흉한 곳으로 여겨져 비워진 채 있었다. 동완(董琬)은 강동채방사(江東採訪使)로 있으면서 윤주에 머문 적이 있었는데, 그때 대낮에 연기가 나자 자사들은 모두 겁에 질려 허둥대면서 죽을까봐 걱정했다. 건원연간(乾元年間: 758~759)에도 난데없이 대낮에 연기가 피어 올랐는데, 둥근 모양의 1척 남짓 되는 것이 곧장 위로 몇 장이나 솟구쳐 올랐다. 한 관리가 몰래 보고 있다가 연기 있는 데로 다가가서 살펴보았더니 연기는 누각 모퉁이에 있는 틈새에서 나오고 있었다. 관리가 더 가까이 가서 보니 그것은 바로 모기였다. 누각 아래에 우물이 있었는데, 우물은 이미 물이라고는 없었으며 검고 깊었다. 우물 속에는 눈에놀이와 거미 같은 검고 작은 벌레들이 잔뜩 들어 있었는데, 맑은 저녁 날이면 틈새에서 나와 둥근 원을 만들면서 위로 올라가는 것이었다. 그것들은 멀찍이서 보았을 때는 마치 연기처럼 보였는데, 손으로 잡고 보니 바로 모기일 따름이었다. 이때부터 사람들은 자신들이 잘못 알고 있었음을 깨달았으며 자사 역시 근심거리가 없어졌다. (『변의지』)

潤州城南隅, 有樓名萬歲樓, 俗傳樓上烟出, 刺史卽死, 不死卽貶. 開元已前, 以潤州爲凶('凶'原作店, 據明鈔本改)闕. 董琬爲江東採訪使, 嘗居此州, 其時晝日烟出, 刺史皆憂懼狼狼, 愁情至死. 乾元中, 忽然又晝日烟出, 圓可一尺餘, 直上數丈. 有吏密伺之, 就視其烟, 乃出于樓角隙中. 更近而視之, 乃蚊子也. 樓下有井, 井中無水, 黑而且深. 小蟲蟻蠓蛛蝦之類, 色黑而小, 每晚晴, 出自于隙中, 作團而上. 遙看類烟, 以手攪之, 卽蚊蚋耳. 從此知非, 刺史亦無慮矣. (出『辨疑志』)

495·12(6884)
구 위(丘 爲)

구위는 벼슬길에서 물러나 고향으로 돌아온 뒤에도 특별히 봉록의 절반을 [계속해서] 받았다. 그가 모친상을 당하자 주군(州郡)에서는 그에게 봉록을 주어야할지 결정할 수 없어 관찰사(觀察使) 한황(韓滉)에게 자문을 구했다. 한황은 관직에 있다 물러난 자에게는 본디 봉록을 지불할 의무가 없으나 봉록을 주라 특별한 어명을 내린 것은 늙은 신하를 은혜로써 모시고자 함이니 상을 당했다고 해서 달리 처리해서는 안 된다고 했다. 그러면서 예전과 마찬가지로 그에게 봉록을 지급하되 오직 봄과 가을에만은 양고기와 술 살 돈은 주지 말라고 명했다. 비록 규정화된 법문은 없었으나 [한황의 판단은 상황을] 잘 절충한 것이라는 칭송을 받았다. (『담빈록』)

丘爲致仕還鄕, 特給祿俸之半. 旣丁母喪, 州郡疑所給, 請于觀察使韓滉. 滉以爲授官致仕, 本不理務, 特令給祿, 以恩養老臣, 不可以在喪爲異('異'原作'義',

據陳校本改). 命仍舊給之, 唯春秋二時, 羊酒之直則不給. 雖程式無文, 見稱折衷. (出『譚賓錄』)

495 · 13(6885)
배 길(裴佶)

주자(朱泚)가 반란을 일으키자 배길과 관료 몇 명은 노비인 척 꾸민 뒤에 성을 빠져나가려고 했다. 배길은 외모가 못생겼기에 스스로 '감초(甘草)'라고 칭했다. 그러자 문지기 병사가 말했다.

"이 몇 명은 절대 노비일 리 없지만 감초만은 의심의 여지가 없다."

(『국사보』)

朱泚旣亂, 裴佶與衣冠數人, 佯爲奴, 求出城. 佶貌寢, 自出稱'甘草'. 門兵曰: "此數子, 必非人奴, 如甘草, 不疑之." (出『國史補』)

495 · 14(6886)
이포정(李抱貞)

이포정이 노주(潞州)를 진수할 때 군자금이 부족했으나 조달할 방법이 없었다. 그때 한 노승이 군(郡)의 사람들에게 크게 신망을 얻고 있었기에 이포정은 그에게 부탁하며 말했다.

"스님의 도를 빌려 군대를 좀 구제하고자 하는데 괜찮겠습니까?"
스님이 말했다.
"안 될 것 없지요."
이포정이 말했다.

"그저 택일해 축국장(蹴鞠場)에서 분신을 한다고만 말하십시오. 그러면 제가 꾀를 내어 사택(使宅)에 지하도를 파서 축국장과 통하게 만들어 놓은 다음 불길이 일면 스님을 구해내도록 하겠습니다."

스님은 흔쾌히 그의 뜻을 따르면서 문서를 작성하고 소문을 냈다. 이포정은 축국장에 땔나무를 쌓고 기름을 담아 놓은 뒤 칠일도량(七日道場)을 차려놓고는 밤낮으로 향과 등촉을 피우고 사방에서 범패를 읊으라고 명했다. 또한 스님을 데리고 지하도 안으로 들어가 스님으로 하여금 의심이 생기지 않게끔 했다. 스님이 재단에 올라가 화로를 붙들고 대중에게 설법하자 이포정은 감군(監軍)의 관료와 부하 및 장리(將吏)들을 이끌고 가서 스님께 합장하고 엎드려 절했다. 그가 녹봉을 보시하여 옆에 쌓았더니 남녀들이 우르르 몰려들어 억 만 냥의 돈을 희사했다. 이렇게 꼬박 7일이 지나자 그는 장작더미를 보내 기름을 부어 불을 붙이게 하면서 종을 치며 염불하게 했다. 그러나 이포정이 미리 사람을 보내 지하도를 메워버리게 했기 때문에 잠깐 사이에 스님은 장작과 함께 재로 변하고 말았다. 그는 며칠 뒤에 얻은 재물을 장부에 기록하고 싣고 가 군대 물품 창고에 넣었다. 또 소위 사리라는 것 몇 십 알을 찾아내고 탑을 만들어 [그 아래에] 보관했다. (『상서고실』)

李抱貞鎭潞州, 軍資匱缺, 計無所爲, 有老僧, 大爲郡人信服, 抱貞因請之曰:

"假和尙之道, 以濟軍中, 可乎?" 僧曰: "無不可." 抱貞曰: "但言擇日鞠場焚身, 謀當于使宅鑿一地道通連, 俟火作, 卽潛以相('相'原作'僧', 據明鈔本改)出." 僧喜從之, 遂陳狀聲言. 抱貞命于鞠場積薪貯油, 因爲七日道場, 晝夜香燈, 梵唄雜作. 抱貞亦引僧入地道, 使之不疑. 僧乃升壇執爐, 對衆說法, 抱貞率監軍僚屬及將吏, 膜拜其下. 以俸入擅施, 堆于其傍, 由是士女騈塡, 捨財億計. 滿七日, 遂送柴積, 灌油發焰, 擊鐘念佛. 抱貞密已遣人塡塞地道, 俄頃之際, 僧薪並灰. 數日, 籍所得貨財, 輦入軍資庫. 別求所謂舍利者數十粒, 造塔貯焉. (出『尙書故實』)

495・15(6887)
양지견(楊志堅)

안진경(顔眞卿)이 무주자사(撫州刺史)로 있을 때 마을 사람 중에 양지견이라는 자가 있었는데, 그는 배우기를 좋아하고 가난하게 살고 있었으나 마을 사람들은 아무도 그 사실을 몰랐다. 그의 아내는 그가 가져다주는 돈이 부족하다는 이유로 그에게 문서를 써 달라고 하며 떠나기를 청했다. 그러자 양지견이 다음과 같은 시를 지어 아내에게 주었다.

>한창 시절에 뜻을 세워 스승을 따르고자 했으나,
>오늘 날 귀밑머리만 흰 실처럼 변했네.
>실의한 나 자신 이미 일을 이루기엔 늦었음을 잘 알고 있으니,
>실패한 내 인생 입신하기엔 늦었다 기꺼이 말하려네.
>당신 마음대로 금비녀 새로 머리에 꽂고,
>난새 새겨진 거울 보며 당신 뜻대로 눈썹 다시 그리시오.
>이제 떠나면 길가는 행인처럼 되고 말 것이니,
>다시 만날 날은 저 산 내려갈 때일 것이네.

양지견의 아내는 그 시를 듣고 주의 관서를 찾아가 다른 데로 시집가겠다고 요구했다. 그러자 안진경이 그 문서에 대해 이렇게 판결 내렸다.

"양지견은 일찍이 유교를 익혔으며 시로도 자못 명성을 얻었다. 마음으로는 비록 과거에 높은 성적으로 급제하기를 흠모했으나 그 몸은 일찍이 조금의 봉록도 받아본 적이 없다. 우둔한 그 처는 그가 불우한 것을 뻔히 보고도 전혀 옆에 머무르려하지 않으면서 기결(冀缺: 春秋時代 晉나라 사람. 그는 冀 땅에서 농사를 지으며 아내와 마치 손님처럼 서로 공경하며 지냈는데, 후에 臼季에 의해 晉 文公에게 천거되어 下軍大夫가 되었으며 冀 땅에 봉해졌음)의 처를 좇아 좋은 일을 도와 성사시키려 하지 않고 오로지 주매신(朱買臣: 漢나라 사람. 그는 영달하기 전에 땔나무 장사를 하며 고생스럽게 살았는데, 그 아내는 이를 부끄러이 여겨 그를 버리고 떠나갔음. 후에 그는 會稽太守가 되었는데, 길에서 前妻를 만나 수레에 태워 돌아온 다음 관저에 머물게 하자 전처는 부끄러운 나머지 목을 매 자살했음)의 부인을 배워 남편을 버리려 하고 있다. 이는 마을의 이름을 더럽힌 것이며 풍교(風敎)를 어지럽힌 것이니, 만일 징계를 내리지 않는다면 어떻게 경박하고 그릇된 풍속을 막을 수 있겠느냐? 아내에게 볼기 스무 대를 치고 개가하든 말든 마음대로 하게 하라. 수재(秀才) 양지견에게는 곡식과 비단을 내리고 군대를 따라다니며 일하게 하라."

사방 멀리에서까지 그와 같은 판결을 듣고 기뻐 탄복하지 않는 자가 없었다. 그때부터 강표(江表: 江南)의 부인들 중에 감히 그 남편을 버리는 사람이 없어졌다. (『운계우의』)

顏眞卿爲撫州刺史, 邑人有楊志堅者嗜學而居貧, 鄉人未之知也. 其妻以資給不充, 索書求離. 志堅以詩送之曰: "當年立志早從師, 今日翻成鬢有絲. 落托自知求事晚, 蹉跎甘道出身遲. 金釵任意撩新髮, 鸞鏡從他別畫眉. 此去便同行路客, 相逢卽是下山時." 其妻持詩, 詣州公牒, 以求別適. 眞卿判其牘曰: "楊志堅早親儒敎, 頗負詩名. 心雖慕于高科, 身未霑于寸祿. 愚妻覩其未遇, 曾不少留, 靡追冀缺之妻, 贊成好事, 專學買臣之婦, 厭棄良人. 污辱鄉閭, 傷敗風敎, 若無懲誡, 孰遏浮嚚? 妻可笞二十, 任自改嫁. 楊志堅秀才, 餉粟帛, 仍署隨軍." 四遠聞之, 無不悅服. 自是江表婦人, 無敢棄其夫者. (出『雲溪友議』)

태평광기
권제 496
잡록 4

1. 조 존(趙　　存)
2. 엄 진(嚴　　震)
3. 노 기(盧　　杞)
4. 위 고(韋　　皋)
5. 육 창(陸　　暢)
6. 마 창(馬　　暢)
7. 오 주(吳　　湊)
8. 원 참(袁　　參)
9. 이 면(李　　勉)
10. 우공이(于　公　異)
11. 형군아(邢　君　牙)
12. 장 조(張　　造)
13. 여원응(呂　元　膺)
14. 이장무(李　章　武)
15. 원 진(元　　稹)
16. 우 적(于　　頔)
17. 설상연(薛　尙　衍)

조 존(趙 存)

풍익(馮翊) 동쪽에 있는 골짜기에 조존이라는 은사(隱士)가 살았는데, 그는 [唐나라] 원화(元和) 14년(819)에 이미 90세가 넘었다. 창출 같은 약을 복용했으며 몸도 매우 건강하고 민첩했다. 그는 스스로 다음과 같이 말했다.

부친의 성함은 조군승(趙君乘)인데 또한 장수하셨다. 일찍이 연공(兗公) 육상선(陸象先)을 섬겼는데, 연공의 도량은 진실로 보통 사람이 헤아릴 수 없는 바라고 말했다. 연공이 불경을 신봉하자 동생 육경융(陸景融)이 사사로이 비판하며 말했다.

"형님께서는 불교에 빠져 계시는데 무슨 이로움이 있습니까?"

육상선이 말했다.

"만약 저승으로 가는 나루터와 다리가 없다면 100세 후에 나는 진실로 너와 같을 것이다. 그러나 만일 죄와 복이 있다면 나의 운명은 너보다 나을 것이다."

육상선이 풍익태수(馮翊太守)로 있을 때 참군(參軍)의 대부분이 귀족자제들이었다. 그들은 육상선의 인품이 후덕하다고 여겨 관부의 벼슬아치들과 함께 내기를 걸며 놀았다. 그 중 한 사람이 말했다.

"나는 관청 앞에서 홀(笏)을 돌리며 눈에 힘을 주고 뻐딱하게 사군

(使君: 陸象先)께 인사한 뒤 소리치며 나가려는데 할 수 있을 것 같은가?"

사람들이 모두 말했다.

"정말 그처럼 한다면 기꺼이 술 한 턱 내겠네."

그 사람이 곧 그렇게 행동했지만 육상선은 보고도 보지 못한 척했다. 또 한 참군이 말했다.

"자네가 한 일은 너무 쉬운 것이네. 나는 사군의 관청 앞에서 얼굴에 검은 칠을 하고 푸른 적삼을 입고서 한 곡의 신무(神舞)를 춘 다음 천천히 나오겠네."

여러 벼슬아치들이 모두 말했다.

"그건 할 수 없는 일이야. 정말 그렇게 한다면 우리들은 녹봉 5천 냥을 걷어서 내기 돈으로 주겠네."

두 번째 참군이 곧 그렇게 행동했지만 육상선은 또한 보지 못한 척했다. 모두들 내기를 걸어 시합을 하면서 장난치며 놀았다. 세 번째 참군이 또 말했다.

"자네가 한 일은 정말 쉬운 일이네. 나는 사군의 관청 앞에서 여인의 화장을 하고 새로 시집온 여인이 시부모님에게 하듯이 네 번 절을 할 수 있는데 어떠한가?"

사람들이 말했다.

"그렇게 할 수는 없네. 인자하신 분이 한 번 성내면 반드시 꾸지람을 듣게 될 것이야. 만약 그렇게 한다면 우리들은 녹봉 1만 냥을 걷어 내기 돈으로 주겠네."

세 번째 참군은 결국 화장을 하고 머리를 높이 틀어 올려 비녀를 꽂은 뒤 여자 옷을 입고 재빨리 들어가 네 번 절했다. 육상선은 또 괴이하게 여기지 않았다. 육경융이 크게 화내며 말했다.

"형님께서는 삼보(三輔: 京畿 지역의 右扶風·京兆尹·左馮翊)의 자사(刺史)로 있으면서 지금 천하 사람들의 노리개가 되고 있습니다."

그러자 육상선이 육경융에게 천천히 말했다.

"이는 참군들이 스스로 노리개가 되는 것이지 어찌 내가 웃음거리가 되는 것이겠느냐?"

처음에 방관(房琯)은 풍익현위(馮翊縣尉)로 있었는데, 육상선 수하의 공목관(孔目官: 관아에 있던 고급 관리) 당분(黨芬)이 대로에서 방관을 만났을 때 말을 좀 늦게 피하자 방관은 당분을 말에서 끌어내려 등을 수십 대 때렸다. 당분이 육상선에게 하소연했더니 그가 말했다.

"너는 어디 사람이냐?"

당분이 말했다.

"풍익 사람입니다."

또 물었다.

"방관은 어디 관리냐?"

당분이 말했다.

"풍익현위입니다."

육상선이 말했다.

"풍익현위가 풍익 백성을 때렸는데 어찌 나에게 하소연하느냐?"

방관이 또 들어와서 그 일을 말하며 사직하겠다고 하자 육상선이 말했다.

"만약 당분이 죄를 지었다면 때려도 되고 때리지 않아도 되며, 관리가 때렸으니 사직해도 되고 사직하지 않아도 된다."

몇 년 후에 방관은 홍농(弘農)의 호성현(湖城縣令)으로 있으면서 민향(閔鄕)을 대신 다스렸다. 육상선이 강동(江東)에서 도성으로 불려 들어가다가 민향에 이르러 낮에 방관을 만나게 되었다. 육상선이 날이 저물 때까지 머물렀으나 방관은 감히 말하지 못했다. 육상선이 갑자기 방관에게 말했다.

"이불을 가져오게. 밤새 얘기나 해보세."

방관은 그렇게 했지만 결국 한 마디 말도 나누지 않았다. 육상선은 궁궐에 도착한 날 방관을 감찰어사(監察御使)로 추천했다. 육경융이 또 말했다.

"근자에 방관이 풍익현에 있을 때 형님께서는 그를 아예 모르는 것 같았습니다. 지금 4~5년을 떨어져 지내다가 길에서 만나 한 마디 말도 나누지 않았는데, 도성에 와서는 그를 감찰어사로 추천하시니 어찌된 일입니까?"

공(公: 陸象先)이 말했다.

"너는 이해하지 못한다. 방관의 사람됨은 모든 일에 부족함이 없는데, 단지 말이 많은 게 흠이다. 그런데 지금은 말이 없으니 그 때문에 그를 추천한 것이다."

동료들은 그의 도량에 매우 탄복했다. (『건손자』)

馮翊之東窟谷, 有隱士趙存者, 元和十四年, 壽逾九十. 服精朮之藥, 體甚輕健. 自云: 父諱君乘, 亦享遐壽. 嘗事兗公陸象先, 言兗公之量, 固非凡可以測度. 兗公崇信內典, 弟景融竊非曰: "家兄溺此敎, 何利乎?" 象先曰: "若果無冥道津梁. 百歲之後, 吾固當與汝等. 萬一有罪福, 吾則分數勝汝."

及爲馮翊太守, 參軍等多名族子弟. 以象先性仁厚, 於是與府寮共約戲賭. 一人曰: "我能旋笏于廳前, 硬努眼眶, 衡揖使君, 唱喏而出, 可乎?" 衆皆曰: "誠如是, 甘輸酒食一席." 其人便爲之, 象先視之如不見. 又一參軍曰: "爾所爲全易. 吾能于使君廳前, 墨塗其面, 着碧衫子, 作神舞一曲, 慢趨而出." 群寮皆曰: "不可. 誠敢如此, 吾輩當歛俸錢五千, 爲所輸之費." 其二參軍便爲之, 象先亦如不見. 皆賽所賭, 以爲戲笑. 其第三參軍又曰: "爾之所爲絶易. 吾能于使君廳前, 作女人梳粧, 學新嫁女拜舅姑四拜, 則如之何?" 衆曰: "如此不可. 仁者一怒, 必遭叱辱. 倘敢爲之, 吾輩願出俸錢十千, 充所輸之費." 其第三參軍, 遂施粉黛, 高髻笄釵, 女人衣, 疾入, 深拜四拜. 象先又不以爲怪. 景融大怒曰: "家兄爲三輔刺史, 今乃成天下笑具." 象先徐語景融曰: "是渠參軍兒等笑具, 我豈爲笑哉?"

初房琯嘗尉馮翊, 象先下孔目官黨芬, 于廣衢相遇, 避馬遲, 琯拽芬下, 決脊數十下. 芬訴之, 象先曰: "汝何處人?" 芬曰: "馮翊人." 又問: "房琯何處官人?" 芬曰: "馮翊尉." 象先曰: "馮翊尉決馮翊百姓, 告我何也?" 琯又入見, 訴其事, 請去官. 象先曰: "如黨芬所犯, 打亦得, 不打亦得, 官人打('打'原作'官', 據明鈔本改)了, 去亦得, 不去亦得." 後數年, 琯爲弘農湖城令, 移攝閿鄉, 值象先自江東徵入, 次閿鄉, 日中遇琯. 留迨至昏黑, 琯不敢言. 忽謂琯曰: "携衾裯來. 可以宵('宵'原作'賓', 據明鈔本改)話." 琯從之, 竟不交一言. 到闕日, 薦琯爲監察御史. 景融又曰: "比年房琯在馮翊, 兄全不知之. 今別四五年, 因途次會, 不交一詞, 到闕薦爲監察御史, 何哉?" 公曰: "汝不自解. 房琯爲人, 百事不欠, 只欠不言. 今則不言矣, 是以爲用之." 班行間大伏其量矣. (出『乾臊子』)

496 · 2(6889)
엄 진(嚴 震)

엄진이 산남(山南)을 진수할 때 어떤 사람이 돈 300관(貫)을 요구했는데 그 행동이 너무 거만했다. 엄진이 아들 엄공필(嚴公弼) 등을 불러 어떻게 해야 할지 묻자 엄공필이 대답했다.

"이것은 정말로 안 되는 일입니다. 그 자가 그렇게 행동하는 걸 보면 미친놈이 틀림없으니 대인(大人: 嚴震)께서는 응대하실 필요가 없습니다."

그러자 엄진이 내며 말했다.

"너는 필시 우리 가문을 망치겠구나. 나에게 힘써 좋은 일을 하도록 권해야 하거늘 어째서 나에게 재물을 아끼라고 하느냐? 또한 그 사람은 이유를 밝히지도 않고 나에게 300관을 요구했으니 정말 평범한 사람이 아니다."

그리고는 좌우 사람들을 시켜 그 사람이 요구한 액수대로 그에게 주게 했다. 이에 삼천(三川: 唐代 중엽 이후에 劍南西川·劍南東川·山南西道의 세 鎭을 합쳐 부르는 말)의 선비들이 앞 다투어 그에게로 귀속했고 또한 함부로 돈을 요구하는 사람도 없었다. ([『인화록』][『건손자』])

嚴震鎭山南, 有一人乞錢三百千, 去就過傲('傲'原作'活', 據明鈔本改). 震召子公弼等問之, 公弼曰: "此誠不可. 旨輒如此, 乃患風耳, 大人不足應之" 震怒曰: "爾必墜吾門. 只可勸吾力行善事, 奈何勸吾悋惜金帛? 且此人不辨, 向吾乞三百千, 的非凡也." 命左右准數與之. 於是三川之士, 歸心恐後, 亦無造次過求

者.(原闕出處, 明鈔本'出『因話錄』', 陳校本'出『乾䐲子』')

496·3(4890)
노기(盧 杞)

노기는 재상으로 있을 때 이규(李揆)를 토번(吐藩)으로 가게 했다. 그러자 이규가 덕종(德宗)에게 말했다.

"저는 길이 먼 것은 꺼리지 않으나 길에서 죽어 황제의 명을 전하지 못할까 두렵습니다."

덕종은 그를 가엽게 여겨 노기에게 말했다.

"이규는 너무 늙지 않았는가?"

노기가 대답했다.

"오랑캐와 화친하러 가는 사자는 반드시 조정의 일을 잘 알고 있어야 하니 이규가 아니면 안 됩니다. 또한 이규를 보내면 이규보다 젊은 신하들은 감히 멀리 가는 것을 사양하지 않을 것입니다."

이규가 토번에 도착하자 토번의 수장이 말했다.

"당(唐)나라에는 이규라는 천하제일의 사람이 있다고 들었는데 그대이시오?"

이규가 대답했다.

"아닙니다. 그런 이규가 어찌 여기까지 왔겠습니까?"

이규는 억류당할까 두려워 그를 속였다. 이규는 문벌도 제일이었고 문장도 제일이었으며 관직도 제일이었다. 이규는 임기를 마친 뒤 동도

(東都: 洛陽)로 돌아갔다. 사도(司徒) 두우(杜佑)는 회해(淮海)에서 관직을 그만두고 낙양(洛陽)으로 들어가서 이규를 만났다가 이규가 천하제일이라는 말을 하게 되었다. 그러자 이규가 말했다.

"만약 문벌을 말한다면 문벌은 본래 있던 것으로 전대의 것을 이어받았을 뿐이고 관직은 때를 만난 것일 뿐이오. 지금 몸이 쇠약하여 곧 죽게 되면 모든 것이 허망하게 될 것이니 천하제일이 어디 있겠소?"

(『가화록』)

盧杞爲相, 令李揆入蕃. 揆對德宗曰: "臣不憚遠, 恐死于道路, 不達君命." 帝惻然憫之, 謂盧曰: "李揆莫老無?" 杞曰: "和戎之使, 且須諳練朝廷事, 非揆不可. 且使揆去, 則羣臣少于揆年者, 不敢辭遠使矣." 揆旣至蕃, 蕃長曰: "聞唐家有第一人李揆, 公是否?" 揆曰: "非也. 他那李揆, 爭肯到此?" 恐爲拘留, 以謾之也. 揆門地('地'字原闕, 據明鈔本補)第一, 文學第一, 官職第一. 揆致仕歸東都. 司徒杜佑罷淮海, 入洛見之, 言及第一之說. 揆曰: "若道門戶, 門戶有所自, 承餘裕也, 官職遭遇耳. 今形骸凋悴, 看卽下世, 一切爲空, 何第一之有?" (出『嘉話錄』)

496 · 4(4891)
위 고(韋 皐)

위고는 서천(西川)에 있을 때 모든 군사들과 장군들이 결혼할 때면 숙금의(熟錦衣: 최상의 비단으로 만든 옷)를 신랑에게 주고 은니의(銀

泥衣: 은가루를 입힌 옷)를 신부에게 주었으며 또 각자 돈 만 냥씩을 주었다. 집에 죽은 사람이 있어도 그렇게 했고 군사를 훈련시킬 때도 그렇게 했다. 자신을 따르는 군사에게 넉넉한 재물을 주었고 먼 길을 온 군사는 직접 나가 맞이했다. 하지만 백성들에게는 가혹하게 세금을 거둬들여 재물이 넘쳐 났기 때문에 군부는 매우 풍족했지만 백성들의 고생은 이만저만이 아니었다. 만년이 되어서는 달마다 조세를 거두어들였기에 결국 유벽(劉闢: 唐나라 사람으로 進士에 급제하여 韋皐의 뒤를 이어 劍南西川節度使가 되었다가 반란을 일으켰음)의 난을 초래했고 천하 사람들의 비웃음을 샀다. (『국사보』)

韋皐在西川. 凡軍士將吏有婚嫁. 則以熟錦衣給其夫氏. 以銀泥衣給其女氏. 各給錢一萬. 死喪稱是. 訓練稱是. 內附者富贍之. 遠遊者將迎之. 極其賦斂. 坐有餘力. 以故軍府盛而黎甿重困. 及晚年爲月進. 終致劉闢之亂. 天下譏之 (出『國史補』)

496 · 5(4892)
육 창(陸 暢)

이백(李白)은 일찍이 「촉도난(蜀道難)」에서 다음과 같이 읊었다.

    촉도의 험난함은,
    하늘을 오르기보다 어렵구나.

이백은 이 시로 엄무(嚴武)를 풍자했다. 후에 육창은 다시 「촉도이

(蜀道易)」를 지어 다음과 같이 읊었다.

　　촉도의 평탄함은,
　　평지를 걷는 것보다 쉽구나.

육창은 이 시로 위고(韋皐)에게 아첨했다. 처음에 육창이 위고에게 신임을 받았을 때 그는 「촉도이」를 지어 위고에게 바쳤다. 위고는 매우 기뻐하며 비단 800필을 육창에게 주었다. 위고가 죽자 조정에서는 이전 일을 추궁하려고 먼저 육창이 이전에 바친 무기를 다시 살펴보다가 무기에 '정진(定秦)'이라는 두 글자가 새겨져 있는 것을 보았다. 그와 친하지 않았던 사람들은 이것으로 그의 죄를 만들어 내려고 했다. 육창이 상소를 올려 해명하며 말했다.
　"신이 촉(蜀) 땅에 있을 때 진상할 무기를 만드는 것을 보았는데, '정진'은 장인의 이름이었습니다."
　이 때문에 그는 죄를 면할 수 있었다. (『상서고실』)

　李白嘗爲「蜀道難」歌曰: "蜀道難, 難于上靑天." 白以刺嚴武也. 後陸暢復爲「蜀道易」曰: "蜀道易, 易于履平地." 暢佞韋皐也. 初暢受知于皐, 乃爲「蜀道易」獻之. 皐大喜, 贈羅八百疋. 及韋薨, 朝廷欲繩其旣往之事, 復閱先所進兵器, 刻'定秦'二字. 不相與者, 因欲搆成罪名. 暢上疏理之云: "臣在蜀日, 見造所進兵器, '定秦'者匠名也." 由是得釋. (出『尙書故實』)

496·6(4893)
마 창(馬 暢)

마수(馬燧)의 아들 마창이 집에 있던 큰 살구를 두문장(竇文場)에게 보내 덕종(德宗)에게 진상했다. 덕종은 일찍이 그런 살구를 본 적이 없었기에 매우 특이하게 여기면서 중사(中使: 宦官)에게 가서 살구나무에 봉호를 내리게 하자 마창은 두려워서 집을 바쳤다. 나중에 그 집을 허물어 봉성원(奉誠園)으로 만들고 집의 목재는 모두 잘라서 궁궐로 들여보냈다. (『국사보』)

馬燧之子暢, 以第中大杏饋竇文場, 以進德宗. 德宗未嘗見, 頗怪之, 令中使就封杏樹. 暢懼進宅. 廢爲奉誠園, 屋木皆拆入內. (出『國史補』)

496·7(4894)
오 주(吳 湊)

[唐나라] 덕종(德宗)이 불시에 오주를 불러 경조윤(京兆尹)에 제수하고 곧바로 임지로 가게 하자 오주는 급히 말을 몰아 떠났다. 여러 손님들이 관부에 도착했을 때 연회가 이미 준비되어 있었다. 어떤 사람이 물었다.

"어떻게 이리 빨리 준비했소?"

관리가 말했다.

"두 시장에서 날마다 연회를 준비하기 때문에 솥만 들고 가서 가져오면 됩니다. 그래서 300~500명의 음식은 즉시 준비할 수 있습니다."

(『국사보』)

德宗非時召拜吳湊爲京兆尹, 便令赴上, 湊疾驅. 諸客至府, 已列筵矣. 或問曰: "何速?" 吏曰: "兩市日有禮席, 擧鐺釜而取之, 故三五百人饌, 常可立辦." (出『國史補』)

496·8(4895)
원 참(袁 傪)

원참은 원조(袁眺)를 무찌른 뒤 그의 위공경(僞公卿) 수십 명을 사로잡았다. 주현(州縣)에서 족쇄와 수갑을 잔뜩 준비해 놓은 뒤 반드시 산채로 궁궐로 보내야 한다고 말하자 원참이 말했다.

"이 간악한 무리들 때문에 번거로울 필요가 있겠느냐?"

그리고는 볼기를 치게 한 뒤 쫓아버렸다. (『국사보』)

袁傪之破袁眺, 擒其僞公卿數十人. 州縣大具桎梏, 謂必生致闕下, 傪曰: "此惡百姓, 何足煩人?" 乃遣笞臀逐之. (出『國史補』)

이 면(李 勉)

옛 재상 이면이 강서관찰사(江西觀察使)로 있을 때 한 부하의 아버지가 정신병을 앓았다. 이에 부하는 나무 인형을 만들고 인형에 이면의 이름과 관직을 쓴 뒤 논두렁에 묻었다. 어떤 사람이 그 사실을 알고 이면에게 알리자 이면이 말했다.

"아버지를 위해 푸닥거리를 한 것이니 동정할 만하다. 그를 놓아주어라."

어떤 사람이 말했다.

"이면은 양성(梁城)을 지키지 못했으니 쫓아내는 것이 마땅하다."

논자들이 말했다.

"그렇지 않다. 이희렬(李希烈)이 난리를 일으켰을 때 그 기세를 막을 수 없어 하늘에서도 그의 죄를 키운 다음에 벌을 내리려고 했다. 하물며 이면은 변란에 대처하는 데 능한 사람도 아니고 지원군도 오지 않았다. 또 그 때에 관보(關輔: 關中과 三輔)도 이미 어지러웠고 인심도 동요되었다. 문관의 자질로 호랑이와 이리 같은 군대를 맞이해 군사들을 온전하게 남쪽으로 대피시켰으니 이것은 자신의 능력을 헤아릴 줄 아는 사람이 아니라면 할 수 있었겠는가?"

(『담빈록』)

故相李勉任江西觀察使時, 部人有父病蠱. 乃爲木偶人, 置勉名位, 瘞于其壟. 或發以告勉, 勉曰: "爲父禳災, 是亦可矜也. 捨之."

或曰: "李勉失守梁城, 亦宜貶黜." 議曰: "不然. 當李希烈之怙亂, 其鋒不可當, 天方厚其罪而降之罰也. 矧應變非長, 援軍不至. 又其時, 關輔已俶擾矣, 人心搖動矣. 以文吏之才, 當虎狼之隙, 乃全師南奔, 非量力者能乎?" (出 『譚賓錄』)

496・10(4897)
우공이(于公異)

이성(李晟)이 주자(朱泚)의 난을 평정하고 나서 덕종(德宗)은 성을 수복했다는 노포(露布: 승전보)를 읽었다.

"신은 이미 궁궐을 정리하고 능묘를 살펴보았습니다. 종과 종틀은 옮겨지지 않았고 사당도 옛 모습 그대로였습니다."

덕종은 감동하여 목이 메도록 울었으며 좌우의 비빈들도 모두 흐느껴 울었다. 노포는 바로 우공이가 쓴 것이었다. 논자들은 조정의 노포 중에 이처럼 뛰어난 문장은 없었다고 여겼다. 후에 우공이는 육지(陸贄)의 미움을 받아 집안 교육을 잘 받지 못했다는 모함을 받고 『효경(孝經)』 한 권을 하사 받았다. 그래서 우공이는 평탄하지 못한 여생을 보내다가 죽었다. (『국사보』)

李晟平朱泚之亂, 德宗覽收城露布曰: "臣已肅淸宮禁, 祗謁寢園. 鍾簴不移, 廟貌如故." 上感涕失聲, 左右六宮皆嗚咽. 露布乃于公異之辭也. 議者以朝廷捷書露布, 無如此者. 公異後爲陸贄所忌, 誣以家行不謹, 賜 『孝經』 一卷. 故坎坷而終. (出 『國史補』)

형군아(邢君牙)

　[唐나라] 정원연간(貞元年間: 785~804) 초에 형군아가 농우(隴右)의 임조절도사(臨洮節度使)로 있을 때 진사(進士) 유사로(劉師老)와 허요좌(許堯佐)가 그를 만나러 왔다. 두 사람이 막 앉았을 때 머리가 크고 다리가 짧은 기이한 형상의 어떤 사람이 베옷을 입고 들어왔다. 그는 빈사(賓司: 손님을 접대하는 관리)가 알리기도 전에 곧장 들어가 형군아를 만나더니 이마에 두 손을 모은 채 말했다.

　"진사 장분(張汾)은 감히 절하지 않겠습니다."

　형군아는 오랫동안 군대생활을 해왔던 터라 특별히 괴이하게 여기지 않고 읍(揖)했다. 장분은 앉은 뒤에 허요좌와 유사로는 돌아보지도 않았다. 잠시 후에 어떤 관리가 안건을 보고하며 연설사(宴設司: 연회를 주관하던 관리)가 돈과 물건을 잃어 버렸다고 했다. 형군아가 장부를 살펴보았더니 돈 50여 관(貫)이 누락되어 있었는데, 담당관리가 숨기고 보고하지 않은 것이었다. 형군아가 매우 화내며 돈의 행방을 찾아보게 하자 장분이 옷을 떨치고 일어나 말했다.

　"작별 인사 올립니다."

　형군아가 사죄하며 말했다.

　"제가 마침 공무가 있어서 잠깐 일을 처리했을 뿐 당신에게 실례를 범하지도 않았는데, 어찌 급히 떠나시는지 모르겠습니다."

　장분이 대답했다.

　"제가 도성에 있을 때 매번 경서(京西)에 형군아라는 사람이 위로는 하늘을 떠받치고 아래로는 땅에 우뚝 서 있다고 들었습니다. 그런데 오늘 제 앞에서 설리(設吏: 宴設司)와 자기 돈 30~50관을 다투고 있으니 이 남자가 어찌 천하의 가운데를 놓고 다툴 만한 사람이겠습니까?"

형군아는 매우 괴이하게 생각하면서 설리를 놔주고 장분과 가까이했다. 장분이 형군아에게 말했다.

"저는 도성에서 과거에 응시할 때 매년 2천 관의 돈을 썼는데, 모두 사람들과 왕래하면서 썼습니다. 검남(劍南)의 위이십삼(韋二十三)과 서주(徐州)의 장십삼(張十三) 등 하루 동안에도 몇 등급의 손님을 만났습니다. 위로 급사(給舍: 給事中과 中書舍人)를 만날 때면 반드시 훌륭한 음식을 차렸고 다음으로 보유(補遺: 補闕과 拾遺)를 만날 때면 닭과 돼지를 삶거나 날 음식이나 생선회를 내놓았습니다."

그리고는 유사로와 허요좌를 가리키며 말했다.

"이 공들과 같은 거자(擧子)들이 멀리서 찾아오면 양고기를 삶아주면 그만인 것을 어찌 그렇게 하지 않으십니까?"

허요좌는 놀라 두리번거렸다. 잠시 후에 두 사람이 작별을 고하며 물러가자 형군아는 각자에게 5필의 비단을 주었다. 장분은 깨끗이 청소된 청사 안에 머물렀다. 장분이 한 달 넘게 머물자 형군아는 그에게 500필의 비단을 주었다. 장분이 무공(武功)에 도착했을 때 허요좌는 병으로 객사에 누워 있었으나 장분은 인사도 하지 않았다. 2년 후에 장분은 과거에 급제했지만 관리 선발에는 응하지 않았으며, 마침내 허리와 다리에 병이 났다. 무원형(武元衡)이 서천(西川)을 다스릴 때 그가 실의에 빠져 있는 것을 가엽게 여겨 안무순관(安撫巡官)에 임명해서 광도현령(廣都縣令)을 대리할 수 있도록 상주했다. 장분은 1년 후에 죽었다. (『건손자』)

貞元初, 邢君牙爲隴右臨洮節度, 進士劉師老·許堯佐往謁焉. 二客方坐, 一人儀形甚異, 頭大足短, 衣麻衣而入. 都不待賓司引報, 直入見君牙, 拱手于額曰: "進士張汾不敢拜." 君牙從戎多年, 殊不以爲怪, 乃揖. 汾坐('坐'字原闕, 據明鈔本補)曾不顧堯佐('佐'下原有'汾坐'二字, 據明鈔本刪)·師老. 俄而有吏過枚, 宴設司欠失錢物. 君牙閱歷簿書, 有五十餘千散落, 爲所由隱漏. 君牙大怒, 方令分折去處, 汾乃拂衣而起曰: "且奉辭." 牙謝曰: "某適有(陳校本'有'作'以') 公事, 略須決('決'原作'次', 據陳校本改)遣, 未('末'原作'來', 據陳校本改)有所失于君子, 不知遽告辭何也." 汾對曰: "汾在京之日, 每聞京西有邢君牙上柱天, 下柱地. 今日于汾前, 與設吏論牙三五十千錢, 此漢爭中?" 君牙甚怪, 便放設吏, 與汾相親. 汾謂君牙曰: "某在京應擧, 每年常用二千貫文, 皆出往還. 劍南韋二十三, 徐州張('張'字原空闕, 據黃本補)十三, 一日之內, 客有數等. 上至給舍, 卽須法味, 中至補遺, 卽須煮鷄豚('雞豚'二字原空闕, 據黃本補)或生或鱠." 旣而指師老·堯佐云: "如擧子此公之徒, 遠相訪, 卽膴胡而已, 何不如此耶?" 堯佐瞿然. 逡巡, 二客告辭而退, 君牙各贈五縑. 張汾洒掃內廳安置. 留連月餘, 贈五百縑. 汾却至武功, 堯佐方臥病在館, 汾都不相揖. 後二年及第, 又不肯選, 遂患腰脚疾. 武元衡鎭西('西'原作'四', 據陳校本改)川, 哀其龍鍾, 奏充安撫巡官, 仍攝廣都縣令. 一年而殂. (出『乾馔子』)

496·12(4899)

장 조(張 造)

[唐나라] 정원연간(貞元年間: 785~804)에 탁지사(度支司)가 양경

(兩京: 長安과 洛陽) 길가의 홰나무를 베어 땔감으로 쓰고 다시 작은 나무를 심으려고 했다. 먼저 공문을 화음현(華陰縣)에 보내자 화음현위(華陰縣尉) 장조가 판시(判示)했다.

"소백(召伯: 召公)이 쉬었던 나무도 아직 베지 않았는데, 선황(先皇: 代宗)께서 이전에 노닐던 홰나무를 어찌 베어낼 수 있겠는가?"

이에 탁지사는 그 일을 그만두었다. (『국사보』)

貞元中, 度支欲取兩京道中槐樹爲薪, 更栽小樹. 先下符牒華陰, 華陰尉張造判牒曰: "召伯所憩, 尙不翦除, 先皇舊遊, 豈宜斬伐?" 乃止. (出『國史補』)

496・13(4900)
여원응(呂元膺)

여원응이 악악단련사(鄂岳團練使)로 있을 때 밤에 성을 오르려고 했으나 성가퀴로 가는 문이 이미 닫혀 있었다. 문지기가 말했다.

"군법에 의하면 밤에는 열 수 없습니다."

이에 여원응이 그에게 말했다.

"중승(中丞: 呂元膺)이 직접 오르려고 하신다."

그러자 문지기가 또 말했다.

"밤에는 시비를 분별하지 못하니 중승이라도 안 됩니다."

여원응은 이에 돌아갔다. 날이 밝자 그는 문지기를 발탁하여 높은 직책을 맡게 했다. (『국사보』)

呂元膺爲鄂岳團練, 夜登城, 女墻已鎖. 守者曰: "軍法夜不可開." 乃告之曰: "中丞自登." 守者又曰: "夜中不辨是非, 中丞亦不可." 元膺乃歸. 及明, 擢爲大職. (出『國史補』)

496·14(4901)
이장무(李章武)

이장무는 학식이 있고 옛 것을 좋아했으며 당시에 명망이 높았다. 당(唐)나라 태화연간(太和年間: 827~835) 말에 승려와 비구니들에게 약간의 경문(經文)을 시험 보게 해서 통과하지 못하는 사람은 환속시키겠다는 칙령이 내려왔다. 이장무는 당시 성도소윤(成都少尹)으로 있었는데, 산 속의 어떤 승려가 찾아와서 말했다.

"저는 여러 해 동안 선리(禪理)에 따라 수행하면서 일찍이 불경을 읽어본 적이 없습니다. 지금 시험을 보게 된다면 전업(前業)을 포기해야 하니 장자(長者: 李章武)께서는 방법을 생각해 주십시오."

그러자 이장무는 다음과 같은 시를 그에게 주었다.

 남종(南宗: 佛敎 禪宗의 두 종파 중 하나로 깨달음을 중시함)에서는 방편(方便: 佛敎 용어로 자유로운 방식으로 사람들을 교화시켜 佛法의 진의를 깨닫게 하는 것을 말함)에 통하는 것을 허락했으니,
  마음 어느 곳에 경문이 있으리오?
  필추(苾蒭: 서역의 香草 이름으로 비구니를 지칭함) 우거진 운수(雲水: 구름과 물. 여기에서는 여러 곳을 떠돌아다니는 스님을 지칭함) 가로 잘 가시오.

어느 산의 송백인들 푸르지 않겠소?

시험관은 [그 시를 읽고 나서] 그에게 시험을 면제해 주었다. (『본사시』)

李章武學識好古, 有名于時. 唐太和末, 敕僧尼試經若干紙, 不通者, 勒還俗. 章武時爲成都少尹, 有山僧來謁云: "禪觀有年, 未常念經. 今被追試, 前業棄矣, 願長者念之." 章武贈詩曰: "南宗向許通方便, 何處心中更有經? 好去芘蒭雲水畔, 何山松柏不靑靑?" 主者免之. (出『本事詩』)

496 · 15(4902)
원 진(元 稹)

원진이 어사(御史)로 있을 때 명을 받고 동천(東川)으로 가다가 양성(襄城)에서 「제황명부(題黃明府)」라는 시를 지었다. 그는 그 시의 서(序)에서 다음과 같이 말했다.

"이전에 해현(解縣)에서 술을 마신 적이 있는데, 나는 항상 굉록사(觥錄事: 술을 마실 때 酒令을 관장하는 사람)를 맡았다. 한번은 두소부(竇少府)의 관청에서 [술을 마셨는데] 어떤 사람이 나중에 와서 자주 주령(酒令)[원문에는 '語令'으로 되어 있으나 『本事詩』「事感」에 의거하여 '語令'으로 고쳐 번역함]을 범하더니 연거푸 열 몇 잔을 마시고 피곤을 이기지 못해 자리를 도망쳐 빠져나갔다. 내가 깨어난 뒤에 사람들에게 [그가 누구냐고] 물어보았더니 전 우경(虞卿) 황승(黃丞)이라고 했다. 그 후로 그의 소식을 알 수 없었다. [唐나라] 원화(元和) 4년(809) 3월에 나는 명을 받고 동천으로 가다가 16일에 부성(裒城)에 도착했다. 역참 옆에 큰 못이 바라다보였고 누대와 정자가 거창했다. 잠시 후에 황명부(黃明府)가 나를 맞이하러 왔는데, 그 모습을 보았더니 마치 안면이 있는 것 같았다. 그래서 그의 전 관직을 물었더니 바로 예전에 자리에서 도망쳤던 황승이었다. 내가 지난 일을 말했더니 황생(黃生: 黃丞)은 갑자기 생각이 난 듯 술 한 상을 대접했으며 배를 대고 나에게 함께 탈 것을 청했다. 나는 당시에 제갈량(諸葛亮)이 출정하던 길에 머물게 되자 지금과 옛 일에 대한 감상을 이기지 못해 결국 「증황명부(贈黃明府)」라는 시를 지었다."

그 시는 다음과 같다.

옛날에 통쾌하게 술을 마실 적에,
황승(黃丞)은 주령에 막혀 벌주를 많이 마셨네.
그 당시는 자리에서 도망가더니,
오늘은 말을 타고 나를 마중 나왔네.
그 성과 이름이 가물가물하더니,
점점 지난 기억이 되살아나네.
옛 친구들은 모두 멀리 떠나더니,
타향에서 눈앞에 갑자기 나타나네.
곧 긴 탁자를 가져다 앉게 하고,
함께 배를 저어 다닌다네.
술 마신 뒤의 심사는 바람 맞아 어지럽고,
매서운 서리 바람은 땅을 깎아 평평하게 하네.
서로 주고받은 술을 이기지 못해,
고금의 감회에 슬퍼하네.
구불구불 굽이진 칠반산(七盤山)의 길,
비탈진 몇 장(丈)의 성.
꽃은 포녀(褒女: 周나라 幽王의 寵妃 褒似)의 웃음 같고,

잔도(棧道)는 무후(武侯: 諸葛亮)[원문은 '武候'로 되어 있으나 『本事詩』
「事感」에 의거해 '武侯'로 고쳐 번역함]의 출정을 생각하게 하네.
　　똑같이 파묻힌 비석처럼,
　　천 년의 이름만 남아 있다네.

(『본사시』)

　　元稹爲御史, 奉使東川, 于襄城「題黃明府」詩. 其序云: "昔年曾于解縣飮酒, 余恒爲觥錄事. 嘗于竇少府廳, 有一人後至, 頻犯語今, 連飛十數觥, 不勝其困, 逃席而去. 醒後問人, 前虞卿黃丞也. 此後絶不復知. 元和四年三月, 奉使東川, 十六日, 至裒城. 望驛有大池, 樓榭甚盛. 逡巡, 有黃明府見迎, 瞻其形容, 彷佛以識. 問其前銜, 卽囊日之逃席黃丞也. 說向事, 黃生惘然而悟, 因饌酒一尊, 艤舟邀余同載. 余時在諸葛所征之路次, 不勝感今懷古, 遂作「贈黃明府」." 詩云: "昔年曾痛飮, 黃令困飛觥('觥'原作'怳', 據明鈔本改). 席上當時走, 馬前今日迎. 依稀迷姓字, 卽漸識平生. 故友身皆遠, 他鄉眼暫明. 便邀聯榻坐, 兼共剌船行. 酒思臨風亂, 霜稜拂地平. 不堪深淺酌, 還愴古今情. 邐迤七盤路, 坡陁數丈城. 花疑褒女笑, 棧想武候征. 一種埋幽石, 老閒千載名." (出『本事詩』)

496 · 16(4903)
우 적(于 頔)

　　승상(丞相) 우승유(牛僧孺)는 과거시험에 응시할 적에 우적이 걸출하다는 것을 알고 특별히 양양(襄陽)으로 가서 그에게 가르침을 구했다. 우승유는 며칠을 머물면서 그를 두 번 만났는데, 자신을 나그네처럼 대하자 화가 나서 떠나 버렸다. 우승유가 떠난 뒤 갑자기 우적이 객장(客將: 손님을 접대하는 관리)을 불러 물었다.

"며칠 전에 왔던 우수재(牛秀才: 牛僧孺)는 떠났느냐?"

객장이 말했다.

"이미 떠났습니다."

[우적이 물었다.]

"무엇을 주었느냐?"

객장이 대답했다.

"돈 500전을 주었습니다."

[우적이 물었다.]

"받더냐?"

객장이 대답했다.

"정원에 던져놓고 떠났습니다."

우적은 매우 애석하게 생각하며 빈좌(賓佐: 보좌관)에게 말했다.

"내가 일이 너무 많다보니 이렇게 빠뜨리는 일도 있구나."

그리고는 즉시 소장(小將)에게 비단 500필과 편지 한 통을 가지고 그를 쫓아가게 하면서 말했다.

"아직 경계를 나가지 않았다면 모셔오고 이미 나갔다면 편지를 드려라."

소장은 경계 밖까지 쫓아갔지만 우승유는 편지를 뜯어보지도 않은 채 인사만 하고 돌아갔다. (『유한고취』)

丞相牛僧孺應擧時, 知于頔奇俊, 特詣襄陽求知. 住數日, 兩見, 以游客遇之,牛怒而去. 去後, 忽召客將問曰: "累日前有牛秀才發未?" 曰: "已去." "何以贈之?" 曰: "與錢五百." "受乎?" 曰: "擲於庭而去." 于大恨('恨'原作'怒', 據明鈔本改), 謂賓佐曰: "某事繁, 總蓋有闕遺者." 立命小將, 齎絹五百疋, 書一函, 追之, 曰: "未出界, 卽領來, 如已出界, 卽以書付." 小將界外追及, 牛不折書, 揖回. (出『幽閒鼓吹』)

496·17(4904)
설상연(薛尙衍)

우적(于頔)이 양양(襄陽)에서 득세하자 조정에서는 대엄(大閹: 尙膳) 설상연을 보내 그의 군대를 감독하게 했다. 설상연이 도착하자 우적은 처음에 그를 후대하지 않았지만 그는 태연했다. 10일 후에 우적은 설상연에게 나들이가자고 청했는데, 그들이 저녁에 집으로 돌아왔더니 휘장과 깔개 등의 물건들이 모두 새것으로 바뀌어 있었고 또 채색비단을 가득 실은 달구지 50대가 줄지어 있었다. 설상연은 고개만 끄덕이면서 아무런 말도 하지 않았다. 우적이 감탄하며 말했다.

"이 얼마나 상서로운 일인가!"

(『국사보』)

于頔方熾於襄陽, 朝廷以大閹薛尙衍監其軍. 尙衍至, 頔初不厚待, 尙衍晏如也. 後旬日, 請出遊, 及暮歸第, 幄幕茵毯什器, 一以新矣, 又列犢車五十乘, 實以綵綾. 尙衍頷之, 亦不言. 頔嘆曰: "是何祥也!" (出『國史補』)

태평광기
권제 497
잡록 5

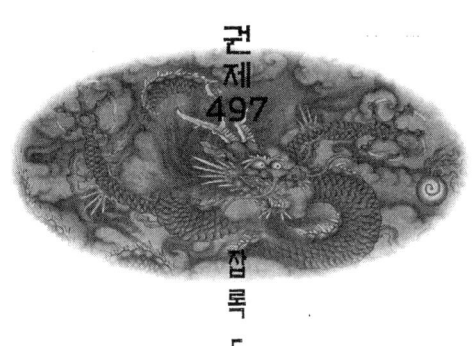

1. 고 령(高 逞)
2. 여원응(呂元膺)
3. 왕 악(王 鍔)
4. 강서역관(江西驛官)
5. 왕중서(王仲舒)
6. 주 원(周 愿)
7. 장 천(張 薦)
8. 연화루(蓮花漏)
9. 당 구(唐 衢)
10. 지분전(脂粉錢)
11. 위집의(韋執誼)
12. 이광안(李光顔)
13. 이 익(李 益)
14. 오무릉(吳武陵)
15. 위건도(韋乾度)
16. 조종유(趙宗儒)
17. 석 기(席 夔)
18. 유우석(劉禹錫)
19. 등 매(滕 邁)

497 · 1(6905)
고 령(高 逞)

고령은 중서사인(中書舍人: 황제의 詔令·勅書·冊命 등의 草案을 담당하는 관리)을 9년 동안 지냈지만 집에 조서(詔書)의 초고(草稿)가 없었다. 그래서 어떤 사람이 물었다.

"전임자들은 모두 조서집(詔書集)을 가지고 있었는데 당신은 어찌하여 그것을 태워버렸습니까?"

고령이 대답했다.

"제왕의 말씀은 사가(私家)에 두어서는 안 되기 때문이지요."

(『국사보』)

高逞(陳校本'逞'作'郢')爲中書舍人九年, 家無制草. 或問曰: "前輩皆有制集, 焚之何也?" 答曰: "王言不可存于私家." (出『國史補』)

497 · 2(6906)
여원응(呂元膺)

여원응이 동도유수(東都留守: 洛陽留守)로 있을 때 한번은 어떤 처사(處士)와 바둑을 두었다. 바둑을 두고 있을 때 옆에 문서더미가 쌓여 있자 여원응은 곧장 붓을 들고 문서들을 검열했다. 그러자 바둑 친구는 여원응이 틀림없이 바둑판을 돌아보지 않을 것이라고 생각하여 슬쩍 바둑알 하나를 바꿔서 자신이 이겼다. 여원응은 그 사실을 이미 엿보고 있었지만 바둑 친구는 알아차리지 못했다. 다음날 여원응은 그 바둑 처사에게 다른 곳으로 떠나라고 청했는데, 관부 안팎의 사람들은 무슨 영문인지 몰라 했으며 바둑 친구도 불안해했다. 이윽고 여원응은 그 사람에게 속백(束帛: 비단 5필을 한데 묶은 것)을 주며 전별했다. 그렇게 10여 년이 지난 후에 여원응은 병이 위독하여 장차 죽게 되었을 때, 아들과 조카를 앞에 세워놓고 이렇게 말했다.

"노는 곳에서 친구를 사귈 때 너희는 마땅히 세심하게 친구를 선택해야 한다. 내가 동도유수로 있을 때 어떤 바둑 친구가 이러이러하자 나는 다른 일로 구실삼아 그를 떠나게 했다. 바둑알 하나를 바꾼 것은 그다지 신경 쓸 일은 아니지만 그 마음가짐은 가히 두려워할 만하다. 당시 곧장 그 사실을 말할 수도 있었지만 그러면 그가 근심하고 두려워할까봐 걱정하여 끝내 말하지 않았다. [하지만 말하지 않자니] 또한 너희들이 들어서 아는 것에 경솔히 처신할까봐 걱정이다. [그래서 이렇게 말해주는 것이다.]"

말을 마치고는 한탄하며 세상을 떠났다. (『지전록』)

呂元膺爲東都留守, 常與處士對碁. 碁次, 有文簿堆擁, 元膺方秉筆閱覽. 碁侶謂呂必不顧局矣, 因私易一子以自勝. 呂輒已窺之, 而碁侶不悟. 翼日, 呂請碁處士他適, 內外人莫測, 碁者亦不安. 乃以束帛贐之. 如是十年許, 呂寢疾將亟, 兒姪列前, 呂曰: "遊處交友, 爾宜精擇. 吾爲東都留守, 有一碁者云云, 吾以他事俾去. 易一着碁子, 亦未足介意, 但心跡可畏. 亟言之, 卽慮其憂懼, 終不言. 又恐汝輩滅裂于知聞." 言畢, 惘然長逝. (出『芝田錄』)

497·3(6907)
왕 악(王 鍔)

홍사(泓師)가 이런 말을 했다.

"장안(長安) 영녕방(永寧坊)의 동남쪽은 금잔 같은 땅이고 안읍리(安邑里)의 서쪽은 옥잔 같은 땅이다."

나중에 영녕방의 땅은 왕악의 저택이 되었고 안읍리의 땅은 북평왕(北平王) 마수(馬燧)의 저택이 되었는데, 나중에 왕악과 마수는 모두 조정에 들어가 고관이 되었다. 왕악의 저택은 한홍(韓弘)과 사헌성(史憲誠)·이재의(李載義) 등에게 누차 하사되었으니 이른바 '금잔은 깨지더라도 다시 만들 수 있다'는 격이고, 마수의 저택은 봉성원(奉誠園)이 되었으니 이른바 '옥잔은 깨지면 온전한 모습을 찾지 못한다'는 격이다.

또 이렇게 말하기도 한다.

이길보(李吉甫)의 저택은 안읍리에 있었고 우승유(牛僧孺)의 저택은 신창리(新昌里)에 있었다. 홍사는 이길보의 저택을 '옥 술잔[玉杯]'이라 불렀는데 그 말은 한 번 깨지면 다시 온전하게 만들 수 없다는 뜻이고, [반면에 우승유의 저택은 '금 사발'이라 불렀는데] 금 사발은 혹시 깨지더라도 다시 만들 수 있다는 뜻이다. 우승유의 저택은 본래 장작

대장(將作大匠) 강변(康䛒)의 저택이었는데, 강변은 스스로 택지의 형세를 판별하여 자기 집에서 틀림없이 재상이 나올 것이라고 생각했다. 그 후로 강변은 매년 재상 임명 문서가 발표될 때마다 반드시 목을 빼고 기다렸다. 결국 강변의 저택은 우승유의 소유가 되었고 이길보의 저택은 나중에 양신(梁新)의 소유가 되었다. (『노씨잡설』)

泓師云: "長安永寧坊東南是金盞地, 安邑里西是玉盞地." 後永寧爲王鍔宅, 安邑爲北平王馬燧宅, 後王・馬皆進入官. 王宅累賜韓弘及史('及史'原作'正使', 據陳校本改)憲誠・李載義等, 所謂'金盞破而成焉', 馬燧爲奉誠園, 所爲'玉盞破而不完也'.

又一說: 李吉甫安邑宅, 及牛僧孺新昌宅. 泓師號李宅爲'玉杯', 一破無復可全, 金椀或傷('傷'原作'復', 據明鈔本改), 庶可再製. 牛宅本將作大匠康䛒宅, 䛒自辨岡阜形勢, 以其宅當出宰相. 後每年命相有按, 䛒必引頸望之. 宅竟爲僧孺所得, 李後爲梁新所有. (出『盧氏雜說』)

497・4(6908)
강서역관(江西驛官)

강서의 어떤 역참 관리는 일을 잘 처리한다고 자부했는데, 한번은 자사(刺史)에게 이렇게 아뢰었다.

"역참이 이미 잘 정리되었으니 한번 시찰하시길 청합니다."

그래서 자사는 그 역참으로 갔다. 처음 둘러본 한 방은 술 창고였는데 각종 술이 모두 익어 있었으며 그 바깥에는 신이 그려져 있었다. 자사가 물었다.

"무슨 신인가?"

역참 관리가 말했다.

"두강(杜康: 周代에 술을 처음 만든 사람으로 酒神으로 숭배됨)입니다."

자사가 말했다.

"공로가 참 많구나."

또 한 방은 차 창고였는데 각종 차들이 모두 저장되어 있었으며 또 신상(神像)이 있었다. 자사가 물었다.

"무슨 신인가?"

역참 관리가 말했다.

"육홍점(陸鴻漸: 陸羽. 唐代 사람으로 茶에 정통하여 처음으로 차 볶는 법을 만들었으며 茶神으로 숭배됨. 『茶經』을 지음)입니다."

자사는 더욱 기뻐했다. 또 한 방은 야채 창고였는데 각종 채소가 모두 갖춰져 있었으며 또 신상이 있었다. 자사가 물었다.

"무슨 신인가?"

역참 관리가 말했다.

"채백개(蔡伯喈: 蔡邕. 東漢의 문인이자 서예가. 지극한 효자였으며 琴을 잘 탔음)입니다."

그러자 자사가 크게 웃으며 말했다.

"그대가 틀렸네!"

(『국사보』)

江西有驛官以幹事自任, 白刺史: "驛已理, 請一閱之." 乃往. 初一室爲酒庫, 諸醞畢熟, 其外畫神. 問曰: "何也?" 曰: "杜康." 刺史曰: "功有餘也." 又一室曰茶庫, 諸茗畢貯, 復有神. 問: "何也?" 曰: "陸鴻漸." 刺史益喜. 又一室曰葅庫, 諸茹畢備, 復有神. 問: "何神也?" 曰: "蔡伯喈." 刺史大笑曰: "君誤矣!"
(出『國史補』)

497·5(6909)
왕중서(王仲舒)

왕중서는 낭관(郎官)으로 있으면서 마봉(馬逢)과 아주 친하게 지냈는데, 그는 늘 마봉을 질책하며 말했다.

"가난이란 참으로 견디기 어려운데 자네는 어찌하여 남에게 비문이나 묘지명을 써주고 생활고를 해결하지 않는가?"

그러자 마봉이 말했다.

"방금 전에 어떤 집에서 말을 급히 몰아 의원을 부르러 가는 것을 보았으니 나는 기다리기만 하면 되네."

(『국사보』)

王仲舒爲郎官, 與馬逢友善, 每責逢曰: "貧不可堪, 何不求碑誌相救?" 逢曰: "適見誰家走馬呼醫, 吾可待也." (出『國史補』)

497 · 6(6910)
주 원(周 愿)

  [唐나라 憲宗] 원화연간(元和年間: 806~820)에 낭관(郞官) 몇 사람이 관서에서 술을 마음껏 마시면서 각자 일생동안 좋아하거나 숭상하는 것과 싫어하거나 두려워하는 것을 말해보기로 했다. 어떤 사람은 그림과 바둑을 좋아한다고 했고, 어떤 사람은 거짓과 아첨을 두려워한다고 했다. 그런데 공부원외랑(工部員外周郞) 주원만은 이렇게 말했다.
  "나는 선주관찰사(宣州觀察使)를 좋아하고 호랑이를 두려워합니다."
(『전재』)

  元和中, 郞吏數人省中縱酒, 話平生各有愛尙及憎怕者. 或言愛圖畫及博奕, 或怕妄與佞. 工部員外周愿獨云: "愛宣州觀察使, 怕大蟲." (出『傳載』)

497 · 7(6911)
장 천(張 薦)

  장천은 자신의 벼슬이 비서감(祕書監)에 이르게 될 것이라고 스스로 점쳤다. 그는 늘 사신의 직함을 가지고 3차례 토번(吐蕃)에 들어갔으며 결국 적령(赤嶺: 지금의 靑海省 湟源縣 서쪽에 있는 日月山으로 中原에서 西域으로 가는 교통 요충지였음)에서 죽었다. (『전재』)

張薦自筮仕至祕書監. 常帶使職, 三入蕃, 歿于赤嶺. (出『傳載』)

497・8(6912)
연화루(蓮花漏)

월(越) 땅의 승려 승철(僧澈)은 여산(廬山)에서 연화루(蓮花漏: 연꽃 모양의 물시계)를 주워서 강서관찰사(江西觀察使) 위단(韋丹)에게 전해주었다. 예전에 혜원(惠遠) 스님은 산속에서 시각을 알 수 없자 구리 조각으로 연꽃처럼 생긴 그릇을 만들었다. 그것을 물동이 위에 띄워놓으면 밑바닥의 구멍으로 물이 새어 들어와 반쯤 차면 가라앉았는데, 매일 주야로 12번 가라앉았기에 그것으로 수도할 때의 시각을 정했다. 그것은 겨울과 여름에 낮과 밤의 길이가 다르거나 구름 낀 흐린 날과 달빛 없는 어두운 밤에도 시각에 차이가 없었다. (『국사보』)

越僧僧澈得蓮花漏于廬山, 傳之江西觀察使韋丹. 初惠遠以山中不知更漏, 乃取銅葉製器, 狀如蓮花. 置盆水上, 底孔漏水, 半之則沉, 每晝夜十二沉, 爲行道之節. 雖冬夏短長, 雲陰月黑, 無所差也. (出『國史補』)

497·9(6913)
당구(唐衢)

　진사(進士) 당구는 재학을 지니고 있었지만 늙도록 아무런 성취가 없었다. 그는 곡(哭)을 잘했는데 매번 곡을 할 때마다 그 음조가 애절했다. 당구는 마음을 아프게 하는 일을 만나면 늘 곡을 했는데 그 곡소리를 들은 사람은 모두 눈물을 흘리며 울었다. 그가 한번은 태원(太原)을 유람하다가 군대를 위한 향연에 참석했는데, 주흥이 한창 올랐을 때 곡을 했더니 온 좌중의 사람들이 우울해했으며 주인도 그 때문에 향연을 그만두었다. (『국사보』)

　進士唐衢有文學, 老而無成. 善哭, 每發一聲, 音調哀切. 遇人事有可傷者, 衢輒哭之, 聞者涕泣. 嘗遊太原, 遇享軍, 酒酣乃哭, 滿坐不樂, 主人爲之罷宴. (出『國史補』)

497·10(6914)
지분전(脂粉錢)

　호남관찰사(湖南觀察使)가 부인의 지분전(脂粉錢: 화장비용)을 받게 된 것은 안고경(顔杲卿)의 부인으로부터 시작되었다. 유주자사(柳州刺史)도 그런 명목의 돈을 받았는데, 그것은 어떤 장군이 자사의 부인을 위해 마련해준 것이었으니 또한 황당한 일이 아니겠는가! (『가화록』)

湖南觀察使有夫人脂粉錢者, 自顔杲卿妻始之也. 柳州刺史亦有此錢, 是一軍將爲刺史妻致, 不亦謬乎! (出『嘉話錄』)

497 · 11(6915)
위집의(韋執誼)

[唐나라 憲宗] 원화연간(元和年間: 806~820) 초에 위집의가 애주(崖州)의 사호참군(司戶參軍)으로 폄적되었는데, 자사(刺史) 이(李) 아무개는 그가 객지에서 기거하는 것을 가련히 여겨 그를 추천하는 공문서에 이렇게 썼다.

"앞에서 언급한 관리는 오랫동안 재상부(宰相府)에 있어서 공무를 잘 알고 있으니 일을 처리하는 데 도움이 되길 바랍니다. 어진 인재를 속박한다고 꺼려하지 말고 유사시 모름지기 그에게 군사아추(軍事衙推: 唐代에 軍府 또는 州郡에 딸린 속관) 직을 대리하게 하길 청합니다."

(『영남이물지』)

元和初, 韋執誼貶崖州司戶參軍, 刺史李甲憐其羈旅, 乃擧牒云: "前件官久在相庭, 頗諳公事, 幸期佐理. 勿憚縻賢, 事須請攝軍事衙推." (出『嶺南異物志』)

497 · 12(6916)
이광안(李光顏)

    이광안(李光顏: 唐代 馬燧의 部將으로 淮西의 吳元濟를 토벌하는 데 공을 세워 敬宗 때 司徒·河東節度使에 임명됨)은 당시에 큰 공을 세워 지위와 명망이 드높았다. 그에게는 아직 시집가지 않은 딸이 있었는데 그의 한 막료는 그가 반드시 훌륭한 사윗감을 고를 것이라고 생각했다. 그래서 그 막료는 이광안과 조용히 대담할 때, 정수재(鄭秀才)라는 사람이 문장과 학문을 갖춘 명문가 출신이고 인품과 풍격이 뛰어나다고 극구 칭찬하여, 이광안이 딸을 정수재에게 시집보내길 바랐다. 다른 날 막료가 또 그 얘기를 꺼내자 이광안은 막료를 말리면서 말했다.

    "나 이광안은 일개 군인으로서 많은 국난을 만나 우연히 작은 공을 세우게 되었을 뿐이니, 어찌 망령되이 명문세족을 사윗감으로 구하여 남의 입방아에 오를 수 있겠소? 나는 스스로 이미 훌륭한 사윗감을 골라놓았지만 여러분들은 아직 모를 것이오."

    그리고는 한 전객소리(典客小吏: 빈객 접대를 맡은 말단관리)를 부르더니 그를 가리키며 말했다.

    "이 사람이 내 딸의 배필이오."

    그리고는 즉시 그 소리를 자기 측근의 관직에 발탁하고 아울러 재산을 나누어 그를 도와주었다. 이광안 수하의 관원들은 그 일을 듣고 모두 타당하다고 흡족해했다.

    생각건대, 이광안은 한창 흥성하는 조대[원문은 '鼎盛文朝'라 되어 있지만 문맥상 '鼎盛之朝'의 오기로 보임]에 처하여 활을 거두어들이는 화

[弓藏之禍: 새를 다 잡으면 활을 거두어 창고에 넣어둔다는 뜻의 '鳥盡弓藏'을 말함. 功臣이 황제의 의심을 받아 화를 당하는 것을 비유하는 말로 兎死狗烹과 같은 뜻]를 우려하여 일에 있어서는 반드시 화를 멀리하고 이치상으로는 혐의를 피했으니, 어찌 감히 권문세족과 인척을 맺어 자신의 본뜻을 무너뜨리려 했겠는가? 대저 반드시 [春秋時代 齊나라의 世族인] 국씨(國氏)·고씨(高氏)와 혼인하고 [晉代의 閥族인] 왕씨(王氏)·사씨(謝氏)와 결혼하려는 자들과는 그 차이가 크도다! (『북몽쇄언』)

　　李光顔有大功于時, 位望通顯. 有女未適人, 幕客謂其必選嘉壻. 因從容, 乃盛譽一鄭秀才, 詞學門閥, 人韻風流, 冀光顔以子妻之. 他日又言之, 光顔乃謝幕客曰: "光顔一健兒也, 遭逢多難, 偶立微功, 豈可妄求名族, 以掇流言者乎? 某自己選得嘉壻, 諸賢未知." 乃召一典客小吏, 指之曰: "此爲某女之匹也." 卽擢升近職, 仍分財而資之. 從事聞之, 咸以爲愜當矣.

　　按光顔居鼎盛文朝, 慮弓藏之禍, 事當遠害, 理在避嫌, 豈敢結強宗, 固隳本志者歟? 與夫必娶國·高, 求婚王·謝者, 不其遠哉! (出『北夢瑣言』)

497·13(6917)
이 익(李 益)

[唐나라 穆宗] 장경연간(長慶年間: 821~824) 초에 조종유(趙宗儒)는 태상경(太常卿)이 되어 교제(郊祭: 천자가 夏至와 冬至에 교외로

나가 天地에 지내는 제사)와 묘당 제사의 의식을 주관했다. 그는 재상을 그만 둔지 30여 년이 되어 76세가 되었지만 사람들은 그의 정신력이 왕성하다고 평했다. 그때 상시(常侍) 이익이 웃으며 말했다.

"조종유는 바로 내가 동부(東府: 尙書府의 별칭)의 시관(試官: 과거시험의 主考官)으로 있을 때 진사(進士)로 선발한 사람이지요."

(『척언』)

長慶初, 趙宗儒爲太常卿, 贊郊廟之禮. 罷相三十餘年, 年七十六, 衆論其精健. 有常侍李益笑曰: "趙乃僕爲東府試官所送進士也." (出『摭言』)

497·14(6918)
오무릉(吳武陵)

[唐나라 穆宗] 장경연간(長慶年間: 821~824)에 이발(李渤)은 계관관찰사(桂管觀察使)에 임명된 후 표문을 올려 이름난 학자인 오무릉을 부사(副使)로 삼았다. 관례에 따르면 부사가 부임하면 화살통을 차고 감사의 예를 드려야 했다. 또 며칠 후에는 축구장(蹴毬場)에서 연회를 열었는데, 주흥이 한창 올랐을 때 오무릉은 부녀자들이 관중석에 모여서 구경하고 있다는 사실을 듣고 몹시 부끄럽게 생각했다. 오무릉은 너무 화가 난 나머지 그 치욕을 갚아주고자 하여 곧장 누대로 올라가 책상다리를 하고 앉은 다음 옷을 걷어 올려 알몸을 드러낸 채로 오줌을 누었다. 그때 이발은 이미 술에 취해 있었는데 그 모습을 보고 대노하여

위병(衛兵)에게 오무릉을 아문(衙門)으로 압송하여 효수(梟首)하라고 명했다. 하지만 당시 아문 장교로 있던 수란(水蘭)은 그렇게 하는 것이 옳지 않다고 생각하여 마침내 예법을 들어 그를 제지했으며 많은 사람을 보내 그를 호위해주었다. 이발은 만취한 상태에서 사람들의 부축을 받아 집으로 돌아가서 잠을 잤는데, 한밤중에 이르러 깨어났다가 집안사람들이 모여 몹시 슬프게 우는 소리를 듣고 깜짝 놀라 물었다. 그러자 집안사람들이 대답했다.

"어제는 떠들썩하게 연회를 열었다고 들었는데 또 나리께서 아문에 명하여 부사를 참수하라 하셨다는 소식도 들었습니다. 무슨 일인지는 모르지만 화가 미칠까봐 걱정되기 때문에 슬퍼한 것입니다."

이발이 크게 놀라 급히 전령에게 명하여 [어찌된 일인지] 물어보게 했더니 수란이 사실을 갖추어 아뢰었다.

"어제 비록 삼가 엄명을 받았지만 감히 그 명을 받들지 못했습니다. 지금 부사는 별 탈 없이 아문에서 아직껏 자고 있습니다."

이발은 날이 밝자마자 일찍 아문으로 가서 겸손한 말로 자신의 잘못을 인정했다. 두 사람은 손님과 주인으로서 각자 스스로를 질책한 뒤 더욱 서로를 공경했다. 당시 그곳에는 아직 감군(監軍)이 없었기에 이발은 조정에 상주하여 수란을 의주자사(宜州刺史)에 임명함으로써 보답했다.

오무릉은 뛰어난 문재를 지니고 있었지만 성격이 사납고 인정을 봐주지 않기 때문에 사람들이 두려워했다. 그는 또 일찍이 용주(容州) 관할의 자사(刺史)로 있을 때 많은 뇌물수뢰죄를 지었는데, 황제가 광주부(廣州府)의 막리(幕吏)에게 칙령을 내려 그를 국문하게 했다. 막리는 젊은 나이에다 과거 급제자 출신임을 자부하여 조금도 인정을 봐주지 않고 아주 각박하게 그를 다루었다. 오무릉은 분함을 이기지 못하여 길가의 불당에 다음과 같은 시를 적어놓았다.

참새가 폭풍 쫓아 높이 날아올라,
새매를 내려다보며 호기 부리네.
능히 천리의 날개 생겼다고 스스로 생각하지만,
해질녘엔 예전처럼 쑥더미로 들어가네.

(『본사시』)

長慶中, 李渤除桂管觀察使, 表名儒吳武陵爲副使. 故事, 副車上任, 具橐鞬通謝. 又數日, 于毬場致宴, 酒酣, 吳乃聞婦女于看棚聚觀, 意甚耻之. 吳旣負氣, 欲復其辱, 乃上('上'原作'止', 據明鈔本改)臺盤坐, 褰衣躶露以溺. 渤旣被酒, 見之大怒, 命衛士送衙司梟首. 時有衙校水(陳校本'水'作'米', 下同)蘭, 知其不可, 遂以禮而救止, 多遣人衛之. 渤醉極, 扶歸寢, 至夜艾而覺, 聞家人聚哭甚悲, 驚而問焉. 乃曰: "昨聞設亭誼譟, 又聞命衙司斬副使. 不知其事, 憂及于禍, 是以悲耳." 渤大驚, 亟命遞使問之, 水蘭具啓: "昨雖奉嚴旨, 未敢承命. 今副使猶寢在衙院, 無苦." 渤遲明, 早至衙院, 卑詞引過. 賓主上下, 俱自訽責, 益相敬. 時未有監軍, 於是乃奏水蘭牧于宜州以酬之.

武陵雖有文華, 而强悍激訐('訐'原作'許', 據明鈔本改), 爲人所畏. 又嘗爲容州部內刺('刺'字原闕, 據陳校本補)史, 贓罪狼籍, 敕('敕'原作'刺', 據陳校本改)史(陳校本無'史'字)令廣州幕吏鞫之. 吏少年, 亦自負科第, 殊不假貸, 持之甚急. 武陵不勝其憤, 因題詩路左佛堂曰: "雀兒來逐颶風高, 下視鷹鸇意氣豪. 自謂能生千里翼, 黃昏依舊入蓬蒿." (出『本事詩』)

497 · 15(6919)
위건도(韋乾度)

위건도는 전중시어사(殿中侍御史)로서 동도(東都: 洛陽)의 분사(分司: 唐代에 東都의 臺省을 나누어 관장하던 侍御史)를 맡고 있었다. 당시 우승유(牛僧孺)는 제과(制科: 唐代에 천자가 주재한 임시 과거로 制擧라고도 함)에 장원급제한 뒤 이궐현위(伊闕縣尉)에 임명되어 대성(臺省)으로 위건도를 배알하러 갔다. 그런데 위건도는 우승유가 관직에 임명된 연유를 모르고 그에게 물었다.

"무슨 출신인가?"

우승유가 대답했다.

"진사(進士) 출신입니다."

위건도가 또 물었다.

"어떻게 경기(京畿) 지역으로 들어오게 되었는가?"

우승유가 대답했다.

"저는 제과와 책시(策試: 제왕이 신하 또는 會試에 참가한 사람들에게 내는, 정치·경제·군사 방면에 관한 책략을 묻는 文科 試問의 한 가지)에 연달아 급제하여 외람되게도 장원을 차지했습니다."

우승유는 마음속으로 몹시 의아해하면서 돌아가 한유(韓愈)에게 그 사실을 알렸더니 한유가 말했다.

"그대는 진정 젊은 서생이니 위전중(韋殿中: 韋乾度)이 모르는 것이 당연하오. 나는 급제한지 10여 년이 되었고 거칠 것 없는 대단한 명성이 이미 천하에 가득하지만 위전중은 아직도 날 모르고 있소. 그러니 그대는 무얼 괴이해하는 것이오?"

(『건손자』)

韋乾度爲殿中侍御史, 分司東都. 牛僧孺以制科敕('敕'原作'刺', 據原陳校本改)首, 除伊闕尉, 臺參. 乾度不知僧孺授官之本, 問: "何色出身?" 僧孺對曰: "進士." 又曰: "安得入畿?" 僧孺對曰: "某制策連捷, 忝爲勅頭." 僧孺心甚有所訝, 歸以告韓愈. 愈曰: "公誠小生, 韋殿中固當不知. 愈及第十有餘年, 猖狂之名, 已滿天下, 韋殿中尙不知之. 子何怪焉?" (出『乾䐛子』)

497 · 16(6920)
조종유(趙宗儒)

조종유는 검교좌복야(檢校左僕射)로서 태상경(太常卿)이 되었다. 태상시(太常寺)에는 오방(五方)의 색을 갖춘 사자악(師子樂: 獅子樂舞)이 있었는데, 그것은 조정에 큰 모임이 있거나 제후가 천자를 알현할 때가 아니면 공연하지 않았다. 그때에 교방(敎坊: 唐代에 女樂을 관장하던 관서)의 음악을 관장하던 환관이 공문을 보내 사자악을 요청하자, 조종유는 감히 어길 수가 없어서 그 사실을 재상에게 아뢰었다. 재상은 일이란 해당 관서에서 처리하는 것이므로 그런 일을 보고하는 것이 합당하지 않다고 생각했다. 조종유가 계속 근심하고 걱정하자 재상은 그가 나약하고 겁이 많아서 맡은 일을 감당하지 못한다고 질책한 뒤, 그를 산질(散秩: 직위만 있고 직무가 없는 관리로 散官·散職·散階라고도 함)로 전임시켜 태자소사(太子少師)로 삼았다. (『노씨잡설』)

趙宗儒檢校左僕射爲太常卿. 太常有師子樂, 備五方之色, 非朝會聘享不作. 至是中人掌敎坊之樂者, 移牒取之, 宗儒不敢違, 以狀白宰相. 宰相以爲事在有司, 其事不合關白. 宗儒憂恐不已, 相座責以懦怯不任事, 改換散秩, 爲太子少師. (出『盧氏雜說』)

497 · 17(6921)
석기(席 夔)

한유(韓愈)가 처음 폄적 조서를 받았을 때 사인(舍人) 석기가 그를 위해 글을 지어 이렇게 말했다.

"일찍 과거에 급제했고 또한 명성도 있었다."

석기가 죽고 난 후에 친구들이 대부분 이렇게 말했다.

"석기에게는 훌륭한 자제가 없었으니, 혹시 음독(陰毒)과 상한(傷寒)을 앓았을까? 아니면 불결한 것을 먹었을까?"

한유가 말했다.

"석기는 불결한 것을 먹지 않은 지가 너무 늦었소[불결한 것을 너무 일찍 먹었다는 뜻]."

어떤 사람이 말했다.

"무슨 말입니까?"

한유가 말했다.

"하는 말이 타당치 않았으니, 어찌 화나서 질책하는 글에서 '또한 명성도 있었다'고 할 수 있단 말이오?"

(『가화록』)

韓愈初貶之制, 舍人席夔爲之詞曰: "早登科第, 亦有聲名." 席旣物故, 友人多言曰: "席無令子弟, 豈有病陰毒傷寒? 而與不潔?" 韓曰: "席不吃不潔太遲." 人曰: "何也?" 曰: "出語不當, 豈有(陳校本'豈有'作'是蓋')忿責詞云'亦有聲名'耳?" (出『嘉話錄』)

497・18(6922)
유우석(劉禹錫)

우승유(牛僧孺)는 과거시험에 응시하러 갔을 때 동료들에게 무시당하곤 했다. 그가 한번은 보궐(補闕) 유우석에게 자신이 지은 문장을 가지고 찾아갔는데, 유우석은 손님들이 보는 앞에서 우승유의 문장을 펼치더니 붓을 휘둘러 그 문장을 고치면서 말했다.

"그대는 틀림없이 선배들의 기대를 받게 될 것이네."

우승유는 비록 유우석의 격려에 감사의 절을 올렸지만 시종 기분이 좋지 않았다. 그 후로 30여 년의 세월이 흐른 뒤에 유우석은 여주자사(汝州刺史)로 전임되었고 우승유는 한남(漢南)을 진수(鎭守)하게 되었다. 그러자 우승유는 일부러 길을 돌아 유우석이 있는 곳으로 찾아가서 이틀 밤을 계속 머무르며 주흥이 한창 올랐을 때 곧장 붓을 들어 시를 써서 이전의 일을 일러주었다. 유우석은 그 시를 받아 보고 비로소 예전에 우승유의 문장을 고쳐주었던 일이 생각났다. 그래서 그는 아들 유함좌(劉咸佐)와 유승옹(劉承雍) 등에게 이렇게 주의시켰다.

"나는 남의 훌륭함을 이루어주려는 뜻을 세웠는데 어찌 잘못을 저지를 줄 생각이나 했겠느냐? 하물며 한남상서(漢南尙書: 牛僧孺)는 식견이 높고 도량이 넓은 사람으로 그에 비할 자가 드물다. 옛날에 주부언(主父偃: 漢代 사람. 匈奴 정벌을 간하는 상소를 올려 郎中에 임명되었음. 남의 비리를 캐내길 좋아했기에 大臣들이 그의 입을 두려워하여 많은 뇌물을 주었음. 齊相에 발탁되었다가 公孫弘에게 주살 당함)의 집안은 손홍(孫弘: 公孫弘을 말함. 漢 武帝 때 사람으로 평소에 儒學을 애호하고 法制와 행정에 뛰어나 무제의 총애를 받아 丞相이 되었으며 平津侯에 봉해졌음. 사람됨이 겉으로는 너그러우면서도 속으로는 음험하여 자기의 뜻에 부합하지 않는 자에 대해서는 잘 대해 주는 척하면서 남몰래 보복하곤 했음)에게 멸족 당했고, 혜숙야(嵇叔夜: 嵇康. 三國時代 魏나라 사람. 竹林七賢 가운데 한 명으로 老莊의 학문을 즐겼으며「養生論」등을 지음)는 종회(鍾會: 三國時代 魏나라 사람. 司馬昭의 策士로 청담에 뛰어났고「才性四本論」등을 지음)의 모함을 받아 죽었다. 그래서 위(魏)나라 무제(武帝: 曹操)는 자식들을 경계시키며 '나는 작은 실수에 크게 분노했으니 너희들은 나의 그런 점을 삼가 배우지 마라. 너희들은 수양할 때 중정(中正)을 지키는 것을 으뜸으로 삼아야 하느니라'라고 했다."

우승유의 시[제목은「席上贈劉夢得」임]는 다음과 같았다.

관서에서 낭관(郎官)으로 40년 동안 지냈지만,

지금까지 명망 높은 선배는 한 사람도 없었네.
부침하는 세상일일랑 논하지 않고,
잠시 술통 앞 현재의 몸을 돌아보네.
주옥(珠玉)은 응당 침방울로 변하겠지만,
산천은 오히려 정신을 드러내는구나.
술기운에 가볍게 말하는 걸 싫어하지 않는다면,
문장 들고 후배를 찾아갈까 하네.

유우석의 시[제목은 「酬淮南牛相公述舊見貽」임]는 다음과 같았다.

예전엔 외람되이 조정의 신하되었지만,
만년엔 하릴없이 늙고 병든 몸만 남았네.
처음엔 상여(相如: 司馬相如. 여기서는 牛僧孺를 비유함)가 부(賦) 짓는 걸 보았는데,
나중엔 승상(丞相)의 대문 청소하는 사람 되었네.
지난 일 떠올리며 한참 동안 탄식하는데,
다행히 기쁘게도 환한 빛처럼 귀한 분께서 자주 웃으며 말씀하시네.
그래도 당시의 옛 관리[冠劍: 옛날 관리가 쓰던 모자와 차던 칼. 관리를 비유함]로서,
공께서 세 번 조정에 들어가[원문은 '三日'이라 되어 있지만 『全唐詩』에 의거하여 '三入'으로 고쳐 번역함] 먼지 털어내길 기다리네.

우승유는 유우석의 화답시를 읽고 나서 예전의 불쾌했던 마음이 다소 풀어져 이렇게 말했다.

"세 번 조정에 들어가[원문은 '三日'이라 되어 있지만 문맥상 '三入'이 타당함] 먼지 털어내는 일을 내가 어찌 감히 감당할 수 있겠소이까! (우승유는 재상으로서 세 조정에서 인사권을 쥐고 백관들을 승진시키거나 강직시킬 수 있었다.)"

그리하여 우승유는 연회자리를 옮겨 밤새껏 즐기고 나서 비로소 행

장을 꾸려 계속 길을 갔다. (『운계우의』)

牛僧孺赴擧之秋, 每爲同袍見忽. 嘗投贄于補缺劉禹錫, 對客展卷, 飛筆塗竄其文, 且曰: "必先輩期至矣." 雖拜謝礱礪('礱礪'原作'嚨嚧', 據陳校本改), 終爲怏怏. 歷三十餘歲, 劉轉汝州, 僧孺鎭漢南. 枉道駐旌, 信宿酒酣, 直筆以詩喩之. 劉承詩意, 才悟往年改牛文卷. 因戒子咸佐(陳校本'佐'作'允')·承雍等曰: "吾立成人之志, 豈料爲非? 況漢南尙書, 高識遠量, 罕有其比. 昔主父偃家爲孫弘所夷, 嵇叔夜身死鍾會之口. 是以魏武戒其子云: '吾大忿怒小過失, 愼勿學焉. 汝輩修進, 守中爲上也.'"

僧孺詩曰: "粉署爲郎四十春, 向來名輩更無人. 休論世上昇沉事, 且閱罇前見在身. 珠玉會應成咳唾, 山川猶覺露精神. 莫嫌恃酒輕言語, 會把文章詡後塵." 禹錫詩云: "昔年曾忝漢朝臣, 晚歲空餘老病身. 初見相如成賦日, 後爲丞相掃門人. 追思往事咨嗟久, 幸喜淸光語笑頻. 猶有當時舊冠劒, 待公三日拂埃塵." 牛吟和詩, 前意稍解, 曰: "三日之事, 何敢當焉! (宰相三朝主印, 可以升降百司)" 於是移宴竟夕, 方整前驅. (出『雲溪友議』)

497·19(6923)
등 매(滕 邁)

등예(滕倪)는 고심해서 시를 지었는데, 멀리 길주(吉州)까지 친족인 등매를 찾아갔다. 등매는 등예를 자기 집안의 보기 드문 선비라고 여기고 그 동생이야말로 가문의 천리마라고 생각하여 늘 다음과 같은 그의 시를 읊조리곤 했다.

>   백발은 상국(相國: 宰相)도 봐주지 않으며,
>   한가로운 손님 머리에도 온통 흰머리 생겨나네.

또 [등예가 지은] 「제로장자(題鷺障子: 해오라기 그려진 가리개에 題함)」에서는 이렇게 읊었다.

>   물에 비친 모습 깊은 뜻 담겨 있고,
>   사람 보아도 두려워하는 마음 없네.

등매는 또 이렇게 말했다.

"위(魏)나라 문제(文帝: 曹丕)는 진사왕(陳思王: 曹植. 曹丕의 동생으로 文名이 높았음)의 재학(才學)을 몹시 부러워했고 반악(潘岳: 西晉의 저명한 시인)은 반정숙(潘正叔: 潘尼. 반악의 조카로 역시 文才가 뛰어났음)의 문재(文才)를 칭찬했다. 귀하기로는 한 가문의 정화가 모인 것이니 어찌 촌수를 따져 멀리 하겠는가?"

등예는 추시(秋試: 鄕試)를 치르고 나서 책상자를 메고 먼 길을 떠나겠다고 알리면서 시 한 수를 남겨 작별의 정표로 삼았다. 등군(滕君: 滕邁)은 그 시를 받아 보고 슬퍼하며 말했다.

"내 생전에는 필시 이 사람과 다시 만나지 못하겠구나!"

그리고는 대고성(大皐城)의 누각에서 그를 전별했는데 작별의 정이 남달랐다. 등예가 가을이 깊어졌을 때 상오(商於)의 객사에서 세상을 떠나자, 그 소식을 들은 사람 중에 슬피 애도하지 않는 자가 없었다. 등예가 남긴 시[제목은 「留別吉州太守宗人邁」임]는 다음과 같았다.

초가을 강가에서 전별 장막의 깃발 작별하니,
고향집 떠올라 눈물 떨어지려 하네.
천리 어디에 내 발 둘 곳 있을지 모르는데,
가야 할 길에선 원숭이 울음소리만 들리네.
잘못 문장을 공부하다 하릴없이 몸만 늙고 보니,
도로 나무꾼이나 어부로 돌아가려 해도 때는 이미 늦었네.
깃털 날개 떨어져 날아갈 수 없으니,
붉게 노을 진 하늘에 요지(瑤池: 西王母가 살고 있다는 仙境)로 이어진 길 없네.

(『운계우의』)

滕倪苦心爲詩, 遠之吉州, 謁宗人邁. 邁以吾家鮮士, 此弟則千里之駒也, 每吟其詩曰: "白髮不能容相國, 也同閒客滿頭生." 又「題鷥障子」云: "映水有深意, 見人無懼心." 邁且曰: "魏文酷陳思之學, 潘岳褒正叔之文. 貴集一家之芳, 安以宗從疎遠也?"

倪旣秋試, 捧笈告遊, 乃留詩一首爲別. 滕君得之, 悵然曰: "此生必不與此子再相見也!" 乃祖于大皐之閣, 別異常情. 倪至秋深, 逝于商於之館舍, 聞者莫不傷悼焉. 倪詩曰: "秋初江上別旌旗, 故國有(明鈔本 '有' 作 '無')家淚欲垂. 千里未知投足處, 前程便是聽猿時. 誤攻文字身空老, 却返樵漁計已遲. 羽翼凋零飛不得, 丹霄無路接瑤池." (出『雲溪友議』)

태평광기 권제 498 잡록 6

1. 이 종 민(李 宗 閔)
2. 풍   숙(馮   宿)
3. 이   회(李   回)
4. 주   복(周   復)
5. 양 희 고(楊 希 古)
6. 유 우 석(劉 禹 錫)
7. 최 진 사(崔 陣 使)
8. 이 군 옥(李 群 玉)
9. 온 정 균(溫 庭 筠)
10. 묘   탐(苗   眈)
11. 배   훈(裴   勛)
12. 등   창(鄧   敞)

498·1(6924)
이종민(李宗閔)

이덕유(李德裕)가 유양(維揚: 揚州)에 있을 때 이종민은 호주(湖州)에서 빈객분사(賓客分司: 太子賓客의 줄인 말로 태자의 건강을 돌보거나 規諫의 일을 맡아보았음. 分司는 洛陽에서 일하는 중앙 관리를 말함)에 임명되었다. 이덕유는 크게 두려운 나머지 전사(專使: 어떤 일을 전문적으로 맡아하는 使者)를 보내 예물을 바치면서 잘 지내자고 했지만, 이종민은 받지 않고 강서(江西)를 통해 지나갔다. 그로부터 얼마 지나지 않아 이덕유가 재상이 되어 조정으로 들어가는 길에 낙양(洛陽)을 지나가게 되자 이종민은 두려움에 떨면서 걱정하다가 갖은 방법으로 이덕유와 친한 사람을 찾아내어 편지를 보내면서 한번 만나 둘 사이의 앙금을 해결하고자 했다. 그러자 이덕유는 답장을 보내 이렇게 말했다.

"원망할 것도 없고 만날 이유도 없습니다."

당초 이덕유와 이종민은 서로 잘 지내면서 조정의 안팎에서 친분을 맺고 세력을 늘려나갔는데, 지위가 높아지면서 점점 서로를 배척하기 시작했다. 이종민이 재상으로 있을 때 병부상서(兵部尙書)로 있던 이덕유는 부정한 방법을 쓰면 크게 등용될 것이라 생각했지만, 이종민에 의해 여러 차례 저지당했다. 이종민과 같은 일파인 빈국공(邠國公) 두종(杜悰)이 조정에 들어와 당시 경조윤(京兆尹)으로 있었는데, 하루는 이종민을 찾아갔다가 그가 깊은 생각에 빠져 있는 것을 보았다. 두종이 말했다.

"무슨 생각을 그리 깊이 하십니까?"

이종민이 대답했다.

"내가 무슨 생각을 하고 있는지 한번 맞혀보시오."

두종이 말했다.

"혹 대융(大戎: 唐代 兵部尙書의 別稱) 때문이십니까?"

이종민이 대답했다.

"그렇소. 그러나 어떻게 해결해야 할지 모르겠소."

두종이 말했다.

"제게 계책이 있기는 하지만 상공(相公: 李宗閔)께서 틀림없이 받아들이시지 않을 것입니다."

이종민이 말했다.

"말씀해보시오."

두종이 말했다.

"대융께서는 문장과 학문을 가지고 계시긴 하지만 과거 출신이 아닙니다. 만약 대융께 지공거(知貢擧)를 맡긴다면 틀림없이 기뻐할 것입니다."

이종민은 잠자코 있다가 한참 뒤에 말했다.

"다시 다른 방법을 생각해보시오."

두종이 말했다.

"다른 관직이 하나 있는데, 역시 그의 불만을 해소할 수 있을 것입니다."

이종민이 말했다.

"무슨 관직이오?"

두종이 말했다.

"어사대부(御史大夫)입니다."

이종민이 말했다.

"그 자리라면 바로 가능하지요."

빈국공은 재삼 이종민과 약속하고 곧 바로 이덕유에게 달려가 말했다.

"방금 이종민 재상께서 자신의 뜻을 내게 전달하게 하셨소."

그리고는 아상(亞相: 御史大夫의 別稱)을 내리시겠다는 말을 전하자, 이덕유는 놀라움과 함께 기쁜 마음에 갑자기 두 눈에 눈물을 흘리면서 말했다.

"그것은 대문관(大門官: 御史大夫의 別稱)이니, 나 같은 소인이 어찌 감히 그런 자리에 추천을 받을 수 있겠습니까?"

그리고는 두종에게 거듭 감사의 인사를 전해달라고 했다. 두종은 돌아와서 이종민에게 그 사실을 전했다. 이종민은 다시 양우경(楊虞卿)과 그 일에 대해서 상의하다가 결국 그에 의해서 일이 무산되었는데, 이 일이 결국 훗날의 화를 초래하는 결과가 된 것이다. (『유한고취』)

李德裕在維揚, 李宗閔在湖州, 拜賓客分司. 德裕大懼, 遣專使, 厚致信好, 宗閔不受, 取路江西而過. 非久, 德裕入相, 過洛, 宗閔憂懼, 多方求厚善者致書, 乞('乞'字原闕, 據陳校本補)一見, 欲以解紛('紛'原作'分', 據陳校本改). 復書曰: "怨則不怨, 見則無端." 初德裕與宗閔早相善, 在中外, 交致勢力, 及位高, 稍稍相傾. 及宗閔在位, 德裕爲兵部尚書, 自得岐路, 必當大用, 宗閔多方沮之. 及邠公杜悰入朝, 卽宗閔之黨也, 時爲京兆尹, 一日, 詣宗閔, 值宗閔深念. 杜曰: "何念之深也?" 答曰: "君揣我何念." 杜曰: "得非大戎乎?" 曰: "是也. 然何以相救." 曰: "某則有策, 顧相公必不能用耳." 曰: "請言之." 杜曰: "大戎有詞學, 而不由科第. 若與知擧, 則必喜矣." 宗閔默然, 良久曰: "更思其次." 曰: "更有一官, 亦可平其慊." 宗閔曰: "何官?" 曰: "御史大夫." 曰: "此卽得矣." 邠公再三與約, 乃馳詣曰: "適宗相有意旨, 令某傳達." 遂言亞相之拜, 德裕驚喜, 雙淚遽落, 曰: "此大門官也, 小子豈敢當此薦拔?" 寄謝重疊. 杜還報. 宗閔復與楊虞卿議之, 竟爲所隳, 終致後禍. (出『幽閒鼓吹』)

498·2(6925)
풍 숙(馮 宿)

풍숙은 [唐나라] 문종(文宗) 때의 사람으로, 조정의 관리와 지방관을 두루 지내면서 커다란 명망을 얻었고 재상이 될 뻔한 적도 여러 번이었다. 그는 또 자신의 뜻을 굽힌 채 북사(北司: 內侍省. 皇宮의 북쪽에 위치해 있었기 때문에 北司로 불렸음)의 권문세가들을 받들어 모셨기 때문에 그들의 환심을 살 수 있었다. 어느 날 저녁 무렵에 한 중위(中尉: 軍官의 하나로, 上尉보다 낮고 少尉보다 높은 하급관리)가 상자 하나를 봉해 그에게 보내왔는데, 열어보았더니 오건(烏巾: 葛布로 만든 각이 져 있는 검은 두건을 말함) 두 개와 갑전(甲煎: 입술연지와 비슷한 芳香 화장품의 일종. 강남의 물가에 사는 甲香이라고 부르는 달팽이와 비슷한 연체동물의 껍질을 갈아 만든 가루에 여러 약초와 과일 꽃을 태운 재와 밀랍을 섞어서 만드는데 약재로도 쓰임), 그리고 면약(面藥: 얼굴에 바르는 동상 방지 연고) 등이 들어 있었다. 당시 조정의 관리들 가운데 환관과 교분이 있는 사람이 장차 재상에 임명될 때에는 반드시 이와 같은 물건들을 미리 보내 기별했다. 풍숙은 몹시 기뻐하면서 상국(相國) 양사복(楊嗣復)에게 먼저 그 소식을 알렸는데, 이는 그가 늘 양사복의 막료로서 보좌했었기 때문이다. 풍숙은 또한 천성적으로 깨끗하고 화려한 옷을 좋아했기 때문에 저녁부터 다음날 새벽까지 옷을 몇 벌이나 갈아입었다. 그는 또 준마 몇 필을 골라 비할 데 없이 화려하게 안장과 깔개를 꾸몄다. 풍숙은 믿을 만한 소식이라고 생각하여 서열도 지키지 않고 기쁜 마음을 표현하려는 생각에 옷을 갈아입고 꾸민 다음에 조정에 들어갔다. 조정에 이르렀을 즈음 하급관리가 조서가 내려왔다고 보고했지만 그때도 풍숙은 모르는 척했다. 조정에 도착해서 보았더니 정말 조서가 내려와 있었다. 알자(謁者: 접대를 맡은 관리)가 조서[麻: 唐代에 詔書를 쓸 때 黃白麻紙를 이용했기 때문에, 조서를 麻라고 불렀음]를 받쳐 들고 있는 것을 보고 그는 재상 자리가 틀림없다고 생각했다. 조서를 선포할 때 알자는 대전을 향해 조서를 받쳐 들고 공손하게 절을 한 뒤에 임명될 관료의 이름을 소리 높여 불렀는데, 잠시 뒤에 이렇게 소리쳤다.

"소방(蕭倣)!"

풍숙은 깜짝 놀라 땅에 넘어지더니 결국 다른 사람의 부축을 받아 집으로 돌아온 뒤에 병이 나서 죽었다. 그날 저녁 조서를 작성하여 학사원(學士院: 翰林院)으로 넘길 때 문종이 측근의 신하에게 말했다.

"풍숙은 사람됨이 진중하지 않은 것 같소. 소방은 지금 염철(鹽鐵)의 일을 맡고 있는데, 짐이 살펴보았더니 자못 대신의 풍모를 갖추고 있소." 그리하여 풍숙 대신 소방으로 바꾸었던 것이다. (『옥당한화』)

馮宿, 文宗朝, 揚歷中外, 甚有美譽, 垂入相者數矣. 又能曲事北司權貴, 咸得其懽心焉. 一日晩際, 中尉封一合, 送與之, 開之, 有烏('烏'字原空闕, 據陳校本改)巾二頂, 曁甲煎面藥之屬. 時班行結中貴者, 將大拜, 則必先遺此以爲信. 馮大喜, 遂以先呈相國楊嗣復, 蓋常佐其幕也. 馮又性好華楚鮮潔, 自夕達曙, 重衣數襲. 選駿足數疋, 鞍韉照地, 無與比. 馮以旣有之信, 卽不宜序班, 欲窮極稱愜之事, 遂修容易服而入. 至幕次, 吏報有按, 則僞爲不知. 比就, 果有按. 謁者捧庥, 必相也. 將宣, 則謁者向殿, 執敕磬折, 朗呼所除拜大僚之姓名, 旣而大呼曰: "蕭倣!" 馮乃驚仆于地, 扶而歸第, 得疾而卒. 蓋其夕擬狀, 將付學士院之時, 文宗謂近臣曰: "馮宿之爲人, 似非沉靜. 蕭倣方判鹽鐵, 朕察之, 頗得大臣之體." 遂以易之. (出『玉堂閒話』)

498 · 3(6926)
이 회(李 回)

[당나라] 태화연간(太[大]和年間: 827~835) 초에 이회는 경조부(京兆府) 참군(參軍)으로 있으면서 시험을 주관했는데, 그때 위모(魏暮)를 추천하지 않아 위모는 그에게 깊은 원한을 가지고 있었다. 회창연간(會昌年間: 841~846)에 이회는 형부시랑(刑部侍郞)이었고 위모

는 어사중승(御史中丞)이었다. 두 사람이 한번은 차대관(次對官: 唐나라 중엽이후의 對制官 혹은 巡對官을 지칭하던 말로, 관리들이 돌아가면서 門下省이나 中書省에서 숙직을 서다가 황제의 부름을 받으면 달려가서 황제의 질문에 대답했음) 서너 명과 함께 내각문(內閣門) 밖에서 황제의 부름을 기다렸는데, 그때 위모가 말했다.

"지난날 제가 부해(府解: 당대 府나 州의 貢擧士人들이 도성에 모여 會試를 보는 것을 말함)를 치를 때 명공(明公: 李回)의 추천을 받지 못했는데, 오늘은 이 자리에 함께 있게 되었으니 이게 어쩐 일입니까?"

이회는 곧 바로 이렇게 대답했다.

"지금이라 하더라도 나는 공을 추천하지 않을 것이오."

그 말에 위모는 얼굴색이 변했으며 이회에 대한 분노가 더 심해졌다. 후에 이회가 건주자사(建州刺史)로 좌천되었을 때 위모는 재상에 임명되었다. 그리하여 이회가 상소를 올릴 때마다 위모는 모두 받아들이지 않았다.

얼마 뒤에 이회는 아문(衙門)의 한 하급관리에게 화가 나서 그를 장형(杖刑)에 처하고 파직시켰다. 건주 아문의 관리는 요역을 면제받을 수 있었기 때문에 이 관직을 얻으려는 사람은 수십 만전의 돈을 들였다. 그 관리는 매를 맞아 화가 난 것이 아니라 이회가 자신을 파직시킨 것에 원한을 품고 있었기 때문에 그대로 도성으로 달아나 당시의 재상들을 찾아가 자신의 억울함을 호소했다. 그러나 재상들은 모두 그 일에 대해 묻지 않았다. 정오 무렵 하급관리는 초췌한 얼굴로 홰나무 그늘에서 쉬고 있었다. 옆에 있던 사람이 그에게 사연이 있음을 알아채고 사사로이 무슨 일이냐고 물었다. 하급관리가 사건의 본말을 모두 말하자 그 사람은 이렇게 일러주었다.

"건양상공(建陽相公: 李回)은 평소 중서상공(中書相公: 魏謩)과 사이가 좋지 않은데, 당신은 어찌하여 중서상공을 찾아가지 않습니까?"

이렇게 말을 하고 보았더니 위모가 시종들의 호위를 받으며 중서성(中書省)에서 나오고 있었다. 하급관리는 늘 고소장을 품속에 넣고 다녔기 때문에 곧장 그 사람이 일러준 대로 가서 수레를 향해 절을 했다. 시종이 무슨 일이냐고 묻자, 하급관리는 이렇게 대답했다.

"건주의 백성이 억울함을 호소하러 왔습니다."

위모는 그 말을 듣자마자 주미(麈尾: 淸談家나 스님 등이 즐겨 사용하던, 사슴꼬리로 만든 총채)를 거꾸로 들고 안장을 두드리며 말을 세우게 했다. 위모가 고소장을 읽어보았더니 20여 가지의 사건이 적혀 있었는데, 첫 번째 사건이 동성(同姓)의 여자를 취해 집으로 들인 것이었다. 그리하여 위모는 이 사건을 크게 부풀려 큰 옥사(獄事)로 만들었다. 그때 이회는 이미 등주자사(鄧州刺史)로 전임되어[量移: 唐代에 변방에 좌천된 사람을 특별 사면하여 중앙에 가까운 곳으로 복귀시키는 일을 말함] 부임지로 가던 중에 구강(九江)에서 머물고 있다가 어사(御史)의 심문을 받고 다시 건양(建陽)으로 돌아갔다. 이회는 결국 그 사건에 휘말려 무주사마(撫州司馬)로 좌천되었다가 그곳에서 죽었다. (『척언』)

太和初, 李回任京兆府參軍, 主試, 不送魏謩, 謩深銜之. 會昌中, 回爲刑部侍郎, 謩爲御史中丞. 常與次對官三數人, 候對于閣門, 謩曰: "某頃歲府解, 蒙明公不送, 何事今日同集於此?" 回應聲曰: "經(音頸)如今也不送." 謩爲之色變, 益懷憤恚. 後回謫刺建州, 謩大拜. 回有啓狀, 謩悉不納.

旣而回怒一衙官, 決杖勒停. 建州衙官, 能庇徭役, 求隸籍者, 所費不下數十萬. 其人不恚於杖, 止恨停廢耳, 因亡命至京師, 投時相訴寃. 諸相皆不問. 會亭午, 憩於槐陰, 顔色憔悴. 旁人察其有故, 私詰之. 其人具述本志, 於是誨之曰: "建陽相公素與中書相公有隙, 子('子'原作'乎', 據明鈔本改)盍詣之?" 言訖, 見魏導騎自中書而下. 其人常懷文狀, 卽如所誨, 望塵而拜. 導從問之('從問之'三字原作'騎自中', 據明鈔本改), 對曰: "建州百姓訴寃." 魏聞之, 倒持麈尾, 敲鞍子令止. 及覽狀, 所論事二十餘件, 第一件, 取同姓子女入宅. 於是爲魏極力鍛成大獄. 時李已量移鄧州刺史, 行次九江, 遇御史鞫獄, 却回建陽. 竟坐貶撫州司馬, 終於貶所. (出『摭言』)

498·4(6927)
주 복(周 復)

원진(元稹)이 악주(鄂州)에 있을 때 주복은 그의 종사(從事)로 있었다. 한번은 원진이 시를 짓다가 관서의 하급 관리들에게 화답하게 했는데, 그때 주복이 비녀와 홀을 들고 나와 원진을 알현하더니 이렇게 대답했다.

"저는 우연히 나리와 왕래하면서 외람되이 관직 하나를 얻었으나 사실은 시와 부(賦)는 모두 지을 줄 모릅니다."

원진은 그를 칭찬하며 말했다.

"너의 솔직함이 이와 같으니, 시를 잘 짓는 사람보다 낫구나."

(『유한고취』)

元稹在鄂州, 周復爲從事. 稹嘗賦詩, 命院中屬和, 復乃簪笏見稹曰: "某偶以大人往還, 謬獲一第, 其實詩賦皆不能." 稹嘉之曰: "質實如是, 賢於能詩者矣." (出『幽閒鼓吹』)

498·5(6928)
양희고(楊希古)

 양희고는 정태(靖泰) 양씨(楊氏)의 하나인데 그들은 당파를 이루어 결탁하고 죽음으로써 서로를 돕기로 약속했기 때문에 권세가 커지자 아무도 힘으로 그들을 제거할 수 없었다. 양희고는 같은 마을에 사는 최씨(崔氏)와 나란히 이름을 다투었지만 그보다는 솔직하고 너그러웠다. 양희고는 천성적으로 어수룩하고 외골수였다. 처음 진사시험에 응시할 때 승랑(丞郞: 唐代 尙書省의 左·右丞과 六部侍郎의 合稱)에게 투권(投卷: 과거 응시자가 시험 보기 전에 자신이 지은 문장을 官界의 要路에 있는 실력자에게 보이는 일. 처음 투고하는 것을 行卷이라 하고 재차 투고하는 것을 溫卷이라 했으며, 이러한 행위를 통틀어 投卷이라 함)했다가 그의 칭찬을 받게 되자 양희고는 곧장 일어나 이렇게 대답했다.
 "이 문장은 제가 지은 것이 아닙니다."
 승랑이 이를 의아하게 여겨 물었더니 양희고가 대답했다.
 "이 문장은 저의 동생 양원파(楊源墦)가 저를 위해 지어준 것입니다."
 승랑은 아주 이상하게 생각하면서 말했다.

"오늘날 명성을 구하려는 자제들이란 태반이 다른 사람의 손을 빌려 [글을 지은 뒤에] 그저 소매 속에 문장 한 두루마리를 넣고 와서 덕행과 학문을 갖춘 선배들에게 던지며 하나같이 자신을 자랑하면서 자기만 한 사람이 없다는 것을 알리기에 바쁘다. 자네 같은 마음이라면 나쁜 풍조를 바로 잡을 수 있을 것이다."

양희고는 불법(佛法)에 빠져서 늘 스님을 집에 모셔오고 불상을 진열해놓았으며 번(幡: 부처와 보살의 무량한 공덕을 나타내는 것으로, 깃발과 비슷한 형태)과 개(蓋: 부처와 보살의 큰 덕을 나타내는 장신구의 하나로 오늘날의 우산의 형태와 비슷함) 등을 함께 늘어놓아 마치 도량(道場)처럼 만들어 놓았다. 양희고는 매일 새벽에 일어나서 그 안으로 들어가 땅에 엎드린 채 스님에게 그 위에 걸터앉게 한 뒤에 『금강경(金剛經)』세 번을 염송(念誦)하게 했다. 그는 또한 천성적으로 깨끗한 것을 좋아하여 용무가 급해 화장실에 들어갈 때면 반드시 옷을 벗고 아무 것도 걸치지 않은 연후에 높은 나막신을 신고 들어갔다. (『옥천자』)

楊希古, 靖泰(明鈔本'泰'作'恭')諸楊也. 朋黨連結, 率相期以死, 權勢熏灼. 力不可拔. 與同里崔氏相埒, 而敦厚(明鈔本・陳校本'敦厚'作'叔季')過之. 希古性迂僻. 初應進士擧, 以文投丞郎, 丞郎獎之, 希古乃起而對曰: "斯文也, 非希古之作也." 丞郎訝而話之, 曰: "此舍弟源幡爲希古作也." 丞郎大異之曰: "今子弟之求名者, 太半假手也, 苟袖一軸, 投知於先達, 靡不私自衒耀, 以爲莫我若也. 如子之用意, 足以整頓頹波矣." 性酷嗜佛法, 常置僧於第, 陳列佛像, 雜以幡蓋, 所謂道場者. 每凌旦, 輒入其內, 以身俛地, 俾僧據其上, 誦『金剛經』三遍. 性又潔淨, 內逼如廁, 必散衣無所有, 然後高屐以往. (出『玉泉子』)

498 · 6(6929)
유우석(劉禹錫)

유우석은 둔전원외랑(屯田員外郎)으로 있다가 낭주사마(朗州司馬)로 좌천된 지 10년 만에 비로소 조정의 부름을 받고 도성으로 돌아오게 되었다. 당시는 봄이라 유우석은 「꽃구경 나온 군자들에게 보내는 시[贈看花諸君子詩: 원제목은 「元和十一年自朗州召至京戲贈看花諸君子」임]」 한 수를 지었는데, 그 시는 다음과 같다.

> 번화한 도성의 거리에 붉은 먼지 얼굴 스치고 지나가니,
> 꽃구경하고 돌아온다고 말하지 않는 사람이 없네.
> 현도관(玄都觀)에 핀 천 그루의 복숭아나무,
> 모두 유랑(劉郎: 劉禹錫)이 떠난 뒤에 심은 것이라네.

그 시는 그 날로 도성에 퍼졌다. 유우석의 명성을 시기하던 어떤 사람이 그 사실을 집정관에게 알리고 또한 시속에 원망과 분노가 들어있다고 무고했다. 집정관을 알현하던 날 당시의 재상은 유우석과 자리를 함께 하고 그의 노고를 깊이 위로했다. 유우석이 떠날 것을 고하자 재상이 말했다.

"근자에 새로 지은 시 때문에 또 곤란을 겪을 것 같은데, 어찌하면 좋겠는가?"

그로부터 며칠 지나지 않아 유우석은 연주자사(連州刺史)로 내쳐졌다.

유우석의 「자서(自敍)」에 보면 다음과 같이 적혀 있다.

"[唐나라] 정원(貞元) 21년(805) 봄, 내가 둔전외외랑(屯田員外郎)

으로 있을 때 이곳 도관(道觀)에는 꽃이 없었다. 그 해 연주목(牧連州: 連州刺史)으로 나가 형남(荊南)에 이르렀을 때 다시 낭주사마(朗州司馬)로 좌천되었다. 낭주사마로 지낸 지 10년 만에 황제의 조서를 받고 도성으로 왔더니, 사람들이 모두 어떤 도사(道士)가 손수 선도(仙桃)를 심어 온 도관에 선도가 붉은 노을처럼 가득 피었다고 말하는 것을 듣고 앞의 시를 지어 당시의 일을 기록했다. 그로부터 얼마 지나지 않아 다시 도성을 나와 자사로 좌천되었다. 연주에 있은 지 14년 만에 주객낭중(主客郎中)이 되어 다시 현도관을 거닐어 보았더니 선도는 모두 없어져 한 그루도 찾아볼 수 없고, 그저 토끼풀과 귀리만이 봄바람에 흔들리고 있을 뿐이다. 그리하여 다시 28자를 지어 훗날 다시 올 것을 기약했다. 태화(太和) 2년(828) 3월에 적다."

시는 다음과 같다.

100무(畝)의 정원의 절반은 이끼이고,
복숭아꽃은 조용히 사라지고 들꽃만 피어있네.
복숭아 심은 도사는 지금 어디에 있는가?
전에 왔던 유랑만 지금 홀로 왔다네.

(『본사시』)

劉禹錫自('自'字原闕, 據明鈔本補)屯田員外左遷朗州司馬, 凡十年, 始徵還. 方春, 作「贈看花諸君子」詩曰: "紫陌紅塵拂面來, 無人不道看花回. 玄都觀裡桃千樹, 盡是劉郎去後栽." 其詩當日傳於都下. 有嫉其名者, 白於執政, 又誣其有怨憤. 他見日, 時宰與坐, 慰其厚. 旣辭, 卽曰: "近者新詩, 未免其累, 奈何?" 不數日, 出爲連('連'原作'朗', 據明鈔本改)州刺史.

禹錫「自敍」云: "貞元二十一年春, 予爲屯田員外時, 此觀未有花. 是歲出牧連州, 至荊南, 又貶朗州司馬. 居十年, 詔至京師, 人人皆言, 有道士手植仙桃, 滿觀盛如紅霞, 遂有前篇, 以志一時之事耳. 旋('旋'原作'屬', 據明鈔本改)又出牧. 于連州至(陳校本'于連州至'四字作'于今'二字)十四年, 始爲主客郎中, 重遊玄都, 蕩然無復一樹('樹'原作'時', 據明鈔本改), 唯兎葵燕麥, 動搖('搖'原作'摇', 據明鈔本改)於春風耳. 因再題二十八字, 以俟後遊. 時太和二年三月也." 詩曰: "百畝庭中半是苔, 桃花靜盡菜花開. 種桃道士今何在? 前度劉郎今獨來." (出『本事詩』)

498・7(6930)
최진사(催陣使)

[唐나라] 회창연간(會昌年間: 841~846)에 황제의 군대가 소의군(昭義軍: 方鎭名으로 河南省 安陽縣에 治所가 있었음)을 토벌하러 갔으나[843년 昭義節度使 劉從諫이 반란을 일으키자 조정에서 토벌군을 보냈음] 오랫동안 성공하지 못했다. 적의 유격대는 종종 흩어져서 산 아래로 내려와 형주(邢州)・낙주(洛州)・회주(懷州)・맹주(孟州) 등을 노략질했다. 또 가벼운 차림의 군졸 수천 명을 보내 양떼로 위장시킨 뒤에 산골짜기에 흩어놓아 관군을 속였다. 관군은 멀리서 그 모습을 보고 대오도 갖추지 않고 방비도 하지 않은 채 곧장 흩어져서 양떼를 덮쳤다. 단병(短兵: 칼이나 창 따위의 짧은 병기를 지닌 병사)들이 맞붙어 싸우고 서로 짓밟으면서 수십 리를 싸움터로 만들었는데, 마지막에

는 황제의 군대가 크게 패했다. 그 달 동도(東都: 洛陽)와 인근의 여러 주(州)에서는 그 소식을 듣고 몹시 두려워하면서 모두 더욱 더 경계를 강화했다. 도통(都統) 왕재(王宰)와 석웅(石雄) 등은 모두 굳게 문을 닫고 진영을 지켰다. 무종(武宗)은 조정에서 그 소식을 듣고 불쾌해하면서 재상 이덕유(李德裕) 등을 불러 말했다.

"왕재와 석웅이 짐을 대신하여 적군을 토벌하지 않는다기에 여러 번 중사(中使)를 보내 재촉했지만 여전히 적군이 두려운 나머지 숨어 피하면서 주저하고 있다고 하니 어떻게 앉아서 적군을 동도로 불러들일 수 있단 말이오? 경들은 지금 짐을 위해 조금 늦게 퇴청하더라도 따로 제치군(制置軍: 군대를 출정하기 전에 해당 지역의 질서를 제어하기 위해 설치한 군대를 말함)을 두어 일을 처리하게 하고 다시 상주하도록 하시오."

당시에 재상 진이행(陳夷行)과 정숙(鄭肅)은 모두 두 손을 모은 채 묵묵히 서서 무종의 명을 받들었다. 이덕유는 중서성(中書省)으로 돌아와서 곧장 어사중승(御史中丞) 이회(李回)를 부르더니 무종의 뜻을 모두 전하고는 이렇게 말했다.

"중승은 반드시 이번에 가서 장수를 질책하고 조속히 일을 성공시켜 삼가 어명을 어겨서는 아니 될 것이네."

이회가 바로 명을 받들자, 이덕유는 이회의 이름을 적어 무종께 그 사실을 알리며 말했다.

"지금 어사중승 이회를 최진사(催陣使)에 임명하려 합니다."

무종이 말했다.

"좋다."

이회는 바로 그 날 저리(邸吏: 지방 관서에서 도성에 파견하여 일을 처리하는 관리) 50명의 호위를 받으며 은대문(銀臺門: 궁문의 이름)에서 출발하여 하중(河中)에 이르러서 고삐를 늦추고 왕재 등이 하중의 경계지역까지 마중을 나오기를 기다렸다가 다시 길을 떠났다. 두 장수가 익성(翼城)의 동쪽에 이르자 길옆으로 병사들이 줄지어 섰는데 지방관서에서 귀빈을 맞이할 때 군대를 교열하는 의식 같았다. 이회가 곧장 말을 세우고 인사를 받자 두 장수는 다시 앞으로 몇 걸음으로 나와서 허리를 굽혀 절하며 치하했다. 이회는 채찍을 흔들면서 그다지 그들을 주의해서 보지 않았다. 예를 갖추고 난 뒤에 두 장수는 옆으로 가더니 머리를 조아리고 명령을 기다렸다. 이회는 말 위에서 엄하게 다음과 같이 말했다.

"오늘 당직 영사(令史: 唐代 三省·六部 및 御史臺의 하급관리)는 어디에 있는가?"

하급관리들이 말에 뛰어올라 명령을 기다리자 이회가 말했다.

"적군을 격파할 기한을 적은 각서를 받아오너라."

두 장수는 허리를 굽힌 채 땀을 흘리면서 60일 이내에 적군을 토벌할 것이며 기한을 어길 시는 군령에 따르겠다고 했다. 두 장수가 몹시 두려워하면서 친위군을 거느리고 북을 치자 병사들이 일제히 진격했다. 두 장수는 총 58일 만에 노성(潞城)을 함락시키고 유진(劉稹)의 머리를 잘라 이회에게 바쳤다. 일이 성사되고 난 뒤에 이회는 복명(復命)하고 60일 뒤에는 어사중승에서 중서시랑평장사(中書侍郞平章事)에 임명되었다. (『지전록』)

會昌中, 王師討昭義, 久未成功. 賊之游兵, 往往散出山下, 剽掠邢·洛·

懷・孟. 又發輕卒數千, 僞爲群羊, 散漫山谷, 以啗官軍. 官軍自遠見之, 乃分頭掩捕, 因不成列, 且無備焉. 於是短兵接鬪, 蹂踐相乘, 凡數十里, 王師大敗. 是月, 東都及境('境'原作'墳', 據明鈔本改)上諸州, 聞之大震, 咸加備戒嚴. 都統王宰・石雄等, 皆堅壁自守. 武宗坐朝不怡, 召宰臣李德裕等謂之曰: "王宰・石雄, 不與朕殺賊, 頻遣中使促之, 尙聞逗撓依違, 豈可使賊黨坐至東都耶? 卿今日可爲朕晩歸, 別與制置軍前事宜奏來." 時宰相陳夷行・鄭肅, 拱默聽命. 德裕歸中書, 卽召御史中丞李回, 具言上意, 曰: "中丞必一行, 責戎帥, 早見成功, 愼無違也." 回刻時受命, 於是具名以聞. 曰: "今欲以御史中丞李回爲催陣使." 帝曰: "可." 卽日, 李自銀臺戒路, 有邸吏五十導從, 至於河中, 緩轡以進, 俟王宰等至河中界迎候, 乃行. 二帥至翼城東, 道左執兵, 如外府列校迎候儀. 回立馬, 受起居寒溫之禮, 二帥復前進數步, 罄折致詞. 回掉鞭, 亦不甚顧之. 禮成, 二帥旁行, 俛首俟命. 回於馬上厲聲曰: "今日當直令史安在?" 群吏躍馬聽命, 回曰: "責破賊限狀來." 二帥鞠躬流汗, 而請以六十日破賊, 過約, 請行軍中命. 於是二帥大懼, 率親軍而鼓之, 士卒齊進. 凡五十八日, 攻拔潞城, 梟劉稹首以獻. 功成, 回復命, 後六十日, 由御史中丞拜中書侍郞平章事. (出『芝田錄』)

498・8(6931)
이군옥(李群玉)

이군옥은 천록각(天祿閣: 漢代의 도서를 보관하던 누각. 여기서는 이군옥이 弘文館校書郞을 지낸 것을 말함)에서 해임된 뒤 잠양(涔陽)으로 돌아가는 길에 이비묘(二妃廟: 堯 임금의 두 딸이자 舜 임금의 두

妃인 娥皇과 女英을 모신 사당)를 지나면서 시 두 수를 지었는데 그 시는 다음과 같았다.

    작은 외딴 섬 북쪽 구름 낀 물가에,
    화장한 두 여랑(女郞)의 모습은 아직도 살아있는 것 같네.
    들판의 사당은 강을 마주하고 봄은 적막하기만 한데,
    옛 비석에는 글자 보이지 않고 그저 풀만 무성하게 자라있네.
    봄바람 무덤으로 다가와 꽃향기 풍기고,
    해질 무렵 깊은 산에 두견새 울음소리 울려 퍼지네.
    두 여랑은 애수 어린 표정으로 천자의 순수(巡狩)를 기다리는 듯한데,
    구의산(九疑山)은 마치 눈썹먹처럼 상천(湘川)을 가로막고 있네.

다른 한 수는 다음과 같다.

    황릉묘(黃陵廟) 앞의 사초(莎草: 약초의 일종으로, 땅속줄기는 香附子라 불림)에 봄이 오니,
    황릉 아가씨의 붉은 치마 새롭구나.
    작은 배타고 짧은 노 저으며 노래 부르며 가니,
    물은 멀고 산은 길어 못 견디게 근심스럽게 만드네.

뒤에 다시 다음과 같은 시를 지어 적었다.

    황릉묘 앞의 봄은 이미 다했고,
    자규(子規: 杜鵑)는 피를 토하며 바람 부는 소나무 사이에서 우네.
    영혼은 어느 곳으로 떨어졌는지 모르겠지만,
    아마도 떠가는 구름 가을 경치 가운데이리라.

이군옥은 두 번째 시에서 "'봄이 다하자' 바로 '가을 경치'가 나타나기에"란 구를 주저하면서 고치려고 했는데, 그때 두 여랑이 나타나서 말했다.

"저희들은 아황(娥皇)과 여영(女英)입니다. 2년 뒤에 틀림없이 도령과 남녀의 사랑을 나누게 될 것입니다."

이군옥이 그 말을 가슴속에 새기는 순간에 그녀들이 모습을 감추었기 때문에 이군은 신상에 절한 뒤 떠나왔다. 이군옥은 다시 호수와 재를 건너 심양(潯陽)에 이르렀다. 태수(太守) 단성식(段成式)이 평소 이군옥과 함께 술을 마시면서 시를 짓는 사이였기 때문에 이군옥은 그 일에 대해서 자세하게 말해주었다. 단성식은 그를 놀리며 말했다.

"자네가 우(虞)나라 순(舜)임금의 벽양후(辟陽侯: 西漢의 呂太后 때의 左丞相 審食其의 封號로, 훗날 后妃들이 좋아하는 신하를 가리키는 의미로 사용되었음)인줄은 몰랐네."

이군옥은 시를 지은 지 2년 뒤에 홍주(洪州)에서 죽었다. 단성식은 울면서 그를 위해 시를 지었는데 시는 다음과 같다[원 제목은 「哭李郡玉」임].

 술과 더불어 시와 더불어 30년,
  종횡으로 부딪치며 세상을 떠들썩하게 만들었지.
   태평한 세상이라 예형(禰衡: 원문은 '彌衡'이라 되어 있지만 『雲溪友議』와 『全唐詩』에 의거하여 고침. 예형은 東漢 末 사람으로 문장이 뛰어나고 성격이 강직했는데, 지조를 지켜 出仕하지 않다가 曹操의 노여움을 사서 樂官에 폄훼되었으며, 나중에 江夏太守 黃祖에게 죽임을 당함)처럼 죽게 만들지 않는데도,
  오만한 공경(公卿)들은 모두 구천(九泉)으로 돌아갔네.

또 다른 시는 다음과 같다[원 제목은 「哭李郡玉」임].

 일찍이 황릉의 일에 대해서 이야기하더니,

금일 대낮에 서둘러 저세상으로 갔네.
늙도록 자식이 없었으니,
누가 곡하면서 천대(泉臺: 저승)까지 전송해 주려나?

(『운계우의』)

　　李群玉旣解天祿之任, 而歸澧陽, 經二妃廟, 題詩二首曰: "小孤洲北浦雲邊, 二女明粧尙儼然. 野廟向江春寂寂, 古碑無字草芊芊. 東風近墓吹芳芷, 落日深山哭杜鵑. 猶似含顰望巡狩, 九疑如黛隔湘川." 又曰: "黃陵廟前莎草春, 黃陵女兒茜裙新. 輕舟小楫唱歌去, 水遠山長愁殺人." 後又題曰: "黃陵廟前春已空, 子規滴血啼松風. 不知精爽落何處, 疑是行雲秋色中." 李自以第二('二'字原闕, 據許本補)篇, '春空'便到'秋色', 踟躕欲改之, 乃有二女郞見曰: "兒是娥皇・女英也. 二年後, 當與郞君爲雲雨之遊." 李乃志其所陳, 俄而影滅, 遂禮其神像而去. 重涉湖嶺, 至于澧陽. 太守段成式素與李爲詩酒之友, 具述此事. 段因戲之曰: "不知足下是虞舜之辟陽侯也." 群玉題詩後二年, 乃逝于洪州. 段乃爲詩哭之曰: "酒裏詩中三十年, 縱橫唐突世喧喧. 明時不作彌衡死, 傲盡公卿歸九泉." 又曰: "增話黃陵事, 今爲白日催. 老無兒女累, 誰哭到泉臺?" (出『雲溪友議』)

498・9(6932)
온정균(溫庭筠)

　　온정균은 사부(詞賦)로서 커다란 명성을 날리고 있다. 처음 향시에 응시했을 때 온정균은 강회(江淮) 일대를 유랑하면서 지냈는데, 그때 양자유후(揚子留後: 揚子는 唐代의 鎭名이고, 留後는 後方을 지키는 臨時職의 長官을 말함) 요욱(姚勖)이 그에게 많은 재물을 주었다. 그때 온정균은 젊은 나이라 그에게서 받은 돈과 비단의 대부분을 기생에게 썼다. 요욱은 그 사실을 알고 크게 노하여 온정균의 볼기를 친 뒤에 그를 쫓아냈는데, 그 결과 온정균은 끝내 과거에 급제하지 못했다. 온정균의 누이는 조전(趙顓)의 부인이었는데 온정균이 낙방할 때마다 요욱에게 이를 갈았다. 그러던 어느 날 그녀의 집 대청에 손님이 왔는데, 온씨(溫氏: 溫庭筠의 누이)가 우연히 손님의 성명을 물었더니 시종들이 요욱이라고 대답했다. 온씨는 마침내 청사(廳事)로 나아가 요욱의 소매를 잡더니 통곡하기 시작했다. 요욱은 몹시 놀랐지만, 그녀가 소매를 꽉 움켜쥐고 있는 바람에 손을 빼지 못한 채 어쩔 줄 몰라 했다. 잠시 뒤에 온씨는 비로소 이렇게 말했다.

"제 동생이 젊은 시절에 술자리를 찾아다닌 것은 인지상정이거늘, 어찌하여 볼기를 치셨습니까? 그 아이가 지금까지 아무 것도 이루지 못한 것은 당신 때문에 그렇게 된 것이 아닙니까?"

그리고는 다시 통곡하더니 한참 뒤에야 비로소 요욱을 놓아주었다. 요욱은 집으로 돌아와 화를 내면서 기막혀 하다가 결국 이 때문에 병을 얻어 죽었다. (『옥천자』)

溫庭筠有詞賦盛名. 初將從鄕里擧, 客游江淮間, 揚子留後姚勖厚遺之. 庭筠少年, 其所得錢帛, 多爲狹邪所費. 勖大怒, 笞且逐之, 以故庭筠卒不中第. 其姊('姊'原作'妹', 據明鈔本改)趙顓之妻也, 每以庭筠下第, 輒切齒于勖. 一日, 廳有客, 溫氏偶問客姓氏, 左右以勖對. 溫氏遂出廳事, 前執勖袖大哭. 勖殊驚異, 且持袖牢固, 不可脫, 不知所爲. 移時, 溫氏方曰: "我弟年少宴遊, 人之常情, 奈何咎之? 迄今無有成遂, 得不由汝致之?" 復大哭, 久之方得解. 勖歸憤訝, 竟因此得疾而卒. (出『玉泉子』)

498 · 10 (6933)
묘 탐(苗 耽)

묘탐은 진사(進士) 시험에 급제한 뒤에 낙중(洛中: 洛陽)에서 한가롭게 머문 지 몇 년이나 되었다. 그는 곤궁함을 견디지 못해 하다가 갑자기 장래의 궁달(窮達)을 소리로 점쳐 알 수 있다[響卜]고 생각하여 곧장 자제와 조카들에게 청사(廳事)를 청소하게 했다. 그리고는 안석을 차리고 향을 사른 뒤 허리띠를 묶고 홀을 든 채 단정히 앉아서 말소리가 들리기를 기다렸다. 그는 아주 궁벽한 곳에 살고 있었기 때문에 오랫동안 아무 소리도 들을 수 없었다. 그 날 해질 무렵에 어떤 건어물 장사꾼이 그곳에 오자 묘탐은 정신을 집중하고 [그가 무슨 말을 하는지] 자세히 귀 기울였다. 그의 집 하인이 계속 건어물 장사꾼을 부르자 장사꾼은 마침내 물고기를 들고 안으로 들어갔다. 사실 집안에 돈이 한 푼도 없었기 때문에 하인은 한참 뒤에야 집밖으로 나왔다. 장사꾼은 그가 늦게 나오자 잔뜩 화가 나 있었는데, 어떤 사람이 물고기를 조금 잘라 가자 그것을 보고는 이렇게 욕했다.

"거지새끼! 결국에는 굶어죽고 말 거다. 무엇 때문에 나를 이렇게 오래 붙잡아 두는 게냐?"

이전에 묘탐은 일찍이 밖에 놀러나갔다가 돌아오는 길에 병이 나 길을 갈 수 없었다. 그때 갑자기 어떤 사람이 수레에 관을 싣고 돌아오는 것을 보고는 값이 싸다고 생각해서 빌려 타고 그 안에 누웠다. 수레가 낙양성 동쪽 문에 이르렀을 때 궁문지기는 그 안에 사람이 있는 것을 모르고 어디서 오는 수레냐고 물었다. 묘탐은 자신에게 묻는 말이라 생각하고 천천히 대답했다.

"내[衣冠: 옛날 사대부를 이르던 말]가 길에서 병을 얻었는데, 가난하여 다른 물건을 마련하지 못해 이렇게 한 것이니 그대는 탓하지 말게나."

궁문지기가 말했다.

"내가 이 궁문을 지킨 지 30년이나 되었지만 일찍이 사람의 말을 알아듣는 신비로운 관은 본 적이 없다."

묘탐은 후에 강주자사(江州刺史)로 있다가 죽었다. (『옥천자』)

苗耽進士登第, 閒居洛中有年矣. 不堪其窮, 或意爲將來通塞, 可以響卜, 耽卽命子姪掃灑廳事. 設几焚香, 束帶秉笏, 端坐以俟一言. 所居窮僻, 久之無所聞. 日晏, 有貨枯魚者至焉, 耽復專其志而諦聽之. 其家童連呼之, 遂挈魚以入. 其寔無一錢, 良久方出, 貨者遲其出, 固怒之矣, 又見或微割其魚, 貨者視之, 因罵曰: "乞索兒! 卒餓死耳, 何滯我之如是邪?"

初耽嘗自外遊歸, 途遇疾甚, 不堪登升. 忽見有以轝棺而回者, 以其價賤, 卽偃而寢息其間. 至洛東門, 闇者不知其中有人, 詰其所由來. 耽謂其訝己, 徐答曰: "衣冠道路得病, 貧不能致他物, 相與無怪也." 闇者曰: "吾守此三十年矣, 未嘗見有解語神柩." 後躭終江州刺史. (出『玉泉子』)

배 훈(裴 勛)

배훈은 사람이 작고 왜소한데다가 성격도 몹시 경솔했다. 그가 한번은 부친 배원(裴垣)과 함께 술을 마셨는데, 배원이 술잔을 돌리면서 주령(酒令: 일정한 규칙을 정해 술 마시기 내기를 하는 놀이)을 하면서 걸리는 사람마다 이야기 하나씩을 하자고 했다. 배원은 배훈에게 술잔을 넘겨주며 말했다.

"키가 작은 사람은 말이 많고, 망가진 수레에는 쐐기가 많네. 배훈은 술만 가득 따르고 있네[原文에는 '千分'이라 되어 있으나, 『玉泉子』에는 '十分'이라 되어 있음]."

배훈은 술을 다 마시고 난 뒤에 술잔을 돌려주면서 말했다.

"박쥐는 자신은 보지 못하고 저 들보 위에 있는 제비만 비웃고 있네. 십일랑(十一郎)은 술만 가득 따르고 있네."

배원은 항렬이 열 한 번째였기 때문에 그 말을 듣자 화가 나서 배훈을 때렸다.

자은사(慈恩寺)는 곡강(曲江)과 맞닿아 있었고 도성의 여러 지역과 인접해 있었기 때문에 매년 새로 과거에 합격한 사람은 모두 이곳에다 자신의 이름을 새겨 넣었다. 배훈이 한번은 친구들과 자은사에 놀러왔다가 부친과 여러 사람의 이름이 적혀 있는 것을 보았는데, 대부분 죽은 사람이었음으로 사람들에게 이렇게 말했다.

"이것은 귀신의 명부입니다."

(『옥천자』)

裴勛容貌幺麽, 而性尤率易. 與父垣(『玉泉子』'垣'作'坦', 下同)會飮. 垣令(去聲)飛盞. 每屬其人, 輒自言狀. 垣付勛曰: "矬人饒舌, 破車饒楔. 裴勛千分." 勛飮訖而復其盞曰: "蝙蝠不自見, 笑他梁上燕. 十一郎十分." 垣第十一也. 垣怒答之

慈恩寺連接曲江, 及京輦諸境, 每歲新得第者, 畢列姓名于此. 勛常與親識游, 見其父及諸家牓, 率多物故, 謂人曰: "此皆鬼錄也."(出『玉泉子』)

498・12(6935)
등 창(鄧 敏)

등창은 봉교(封敎)의 문하생으로, 처음 과거에 응시했을 때에는 신분이 낮고 가난해서 떨어졌다. 우위(牛蔚) 형제는 우승유(牛僧孺)의 아들로 힘도 있고 또한 재물이 많았다. 그들은 등창에게 이렇게 말했다.

"우리에게 아직 출가하지 않은 여동생이 있는데, 그 애를 부인으로 맞아들일 수 있겠는가? 그렇게만 해준다면 틀림없이 자네를 위해 힘을 써 주겠네. 어찌 과거 급제뿐이겠는가?"

그때 등창은 이미 이씨(李氏)를 부인으로 받아들인 뒤였다. 이씨의 부친은 일찍이 복건종사(福建從事)를 지냈고, 관직이 평사(評事)에 이르렀다. 등창에게는 글을 잘 짓는 두 딸이 있었는데, 등창의 행권(行卷: 과거 응시자가 시험 보기 전에 자신이 지은 문장을 官界의 要路에 있는 실력자에게 보이는 일을 投卷이라 하는데, 처음 투고하는 것을 行卷이라 함)은 대부분 두 딸이 지은 것이었다. 등창은 자신의 낮은 신분과 가난 때문에 틀림없이 빨리 출세하지 못할 것임을 인정하고 또한 우위형제의 말을 이롭다고 생각하여 그 혼인을 허락했다. 등창은 과거에 급제한 뒤에 우씨 집으로 가서 혼인했다. 며칠 뒤에 등창은 우씨를 데리고 집으로 돌아갔는데, 장차 집에 도착할 무렵 등창은 우씨를 속이며 말했다.

"내 오랫동안 집에 가지 않아 먼저 가서 당신을 기다리고 싶은데 괜찮겠소?"

우씨는 그렇게 하도록 허락했다. 등창은 집에 도착한 뒤에도 감히 그 일을 말하지 못했다. 이튿날 우씨의 하인은 짐수레를 몰아 곧장 등창의 집으로 들어가서 우씨가 평소 아끼던 물건과 휘장 및 잡동사니를 꺼내 정원과 처마 사이에 늘어놓았다. 그것을 본 이씨가 깜짝 놀라 말했다.

"너는 여기서 뭐하고 있느냐?"

하인이 말했다.

"부인께서 곧 도착하실 것인데, 제게 먼저 가서 물건들을 정리하게 하셨습니다."

이씨가 말했다.

"내가 바로 부인이거늘, 또 무슨 부인이 있단 말이냐?"

그리고는 가슴을 치고 통곡하면서 땅에 주저앉았다. 우씨는 그곳에 도착해서야 자신이 속았음을 알게 되었다. 우씨는 이씨 만나기를 청하면서 이렇게 말했다.

"내 부친은 재상이고 형제들은 모두 낭성(郎省)의 관리로 있습니다. 내가 아무리 부귀해지지 못하는 것이 싫다한들 시집갈 곳이 없겠습니까? 불행을 당한 사람이 어찌 부인뿐이겠습니까? 저는 지금 부인과 함께 한 남편을 섬기기를 원합니다. 부인께서 설사 등랑(鄧郎: 鄧敞)에게 서운하더라도 어찌 차마 두 딸을 위해 생각하지 않으십니까?"

이씨가 관청에 들어가 고발하려고 하자 두 딸은 함께 그 소매를 잡아 끌며 말렸다. 후에 등창은 비서소감분사(秘書少監分司: 分司는 洛陽에서 일하는 중앙 관리를 말함)가 되었는데 아주 인색했다. 황소(黃巢)가 낙양을 쳐들어왔을 때 그가 난을 피해 하양(河陽)으로 갔더니 절도사(節度使) 나원고(羅元杲)가 그에게 부사(副使)가 되주기를 청했다. 후에 황소의 부대가 또 쳐들어왔을 때 그는 나원고와 함께 달아났다. 그는 비단과 금을 모두 땅속에 숨겨놓았는데, 후에 모두 도적들이 차지했다. (『옥천자』)

鄧敞, 封敖之門生, 初比隨計, 以孤寒不中第. 牛蔚兄弟, 僧孺之子, 有氣力, 且富于財. 謂敞曰: "吾有女弟未出門, 子能婚乎? 當爲君展力, 寧一第耶?" 時敞已娶李氏矣. 其父常爲福建從事, 官至評事. 有女二人皆善書, 敞之所行卷, 多二女筆跡. 敞顧己寒賤, 必不('不'字原闕, 據明鈔本補)能致騰踔, 私利其言, 許之. 旣('旣'上原有'不'字, 據明鈔本刪)登第, 就牛氏親. 不日, 敞挈牛氏而歸, 將及家, 敞給牛氏曰: "吾久不到家, 請先往俟卿, 可乎?" 牛氏許之. 洎到家, 不敢洩其事. 明日, 牛氏奴驅其輜橐直入, 卽出牛氏居常所翫好幙帳雜物, 列于庭廡間. 李氏驚曰: "此何爲者?" 奴曰: "夫人將到, 令某陳之." 李氏曰: "吾卽妻也, 又何夫人焉?" 卽撫膺大哭頓地. 牛氏至, 知其賣己也. 請見李氏曰: "吾父爲宰相, 兄弟皆在郎省. 縱嫌不能富貴, 豈無一嫁處耶? 其不幸, 豈唯夫人乎? 今願一與夫人同之. 夫人縱憾于鄧郞, 寧忍不爲二女計耶?" 時李氏將列于官, 二女共牽輓其袖而止. 後敞以秘書少監分司, 慳嗇尤甚. 黃巢入洛, 避亂于河陽, 節度使羅元杲請爲副使. 後巢寇又來, 與元杲竄焉. 其金帛悉藏于地中, 並爲群盜所得. (出『玉泉子』)

태평광기 권제 499 잡록 7

1. 최 현(崔 鉉)
2. 왕 탁(王 鐸)
3. 이 빈(李 蠙)
4. 위 보 형(韋 保 衡)
5. 납의도인(衲衣道人)
6. 노군(路羣)·노홍정(盧弘正)
7. 필 함(畢 諴)
8. 이 사 망(李 師 望)
9. 고 병(高 騈)
10. 위 주(韋 宙)
11. 왕 씨 자(王 氏 子)
12. 유 태(劉 蛻)
13. 피 일 휴(皮 日 休)
14. 곽 사 군(郭 使 君)
15. 이 덕 권(李 德 權)

499 · 1(6936)

최 현(崔 鉉)

최현은 최원략(崔元略)의 아들이었다. 경조참군(京兆參軍) 노심(盧甚)이 죽은 것은 최현 때문이었다. 당시 사람들 사이에는 노심이 너무 원통하다는 의론이 분분했다. 최현의 아들 최항(崔沆)은 건부연간(乾符年間: 874~879)에 역시 승상(丞相)이 되었는데, 황소(黃巢)가 반란을 일으키고 그의 일족을 멸하자 사람들은 노심이 보복한 것이라고 여기며 떠들어댔다. 애초에 최선(崔瑄)은 간관(諫官)이면서 혼인을 핑계대고 휴가를 청해 집으로 돌아가려 했으니 이는 사적인 일이었다. 노심이 비록 경조부에서 남아 일을 보고 있긴 했으나 이는 공적인 일이었다. 둘은 서로 역청(驛廳)에서 다투기 시작해 노심이 하옥되기에 이르렀다. 노심은 재상에서 편지를 올려 스스로를 맹자(孟子)에 비유하고 최선을 전봉(錢鳳: 晉나라 때 사람. 王敦에 의해 鎧曹參軍이 되었는데, 王敦이 반역의 뜻을 품고 있다는 사실을 알아차리고는 그와 한 패거리가 되었음. 王敦이 패망하자 그 역시 주살 당했음)에 비유했다. 최선은 붕당의 세력이 컸기 때문에 그를 위해 힘을 다하지 않는 자가 없었다. 그러나 노심은 출신이 보잘 것 없었던 데다가 최현은 최선의 문하생으로 재상의 자리에 있었기 때문에 함부로 노심을 무고하는 상소를 올린 것이었다. 최선은 좌보궐(左補闕)로 있다가 양적현령(陽翟縣令)으로 나갔고 노심은 장락파(長樂坡)에 이르렀다가 자진을 명령받았다. 중사(中使: 宦官)가 마침 돌아왔다가 최선과 마주치자 보따리에서 노심의 머리를 꺼내며 말했다.

"보궐어른! 이것이 노심의 목입니다."

최선은 그다지 기뻐하지 않았다. 그는 도성을 지키지 못했고 그의 아들 대에 이르러 멸족되고 말았으니, 아! 하늘의 도가 높다 하더니 어찌 그리도 명백하단 말인가! (『옥천자』)

崔鉉, 元略之子. 京('京'字原闕, 據陳校本補)兆參軍盧甚之死, 鉉之致也. 時議冤之. 鉉子沆, 乾符中, 亦爲丞相, 黃巢亂, 赤其族, 物議以爲甚之報焉. 初崔瑄雖諫官, 婚姻假回, 私事也. 甚雖府職('職'原作'藏', 據明鈔本改), 乃公事也. 相與爭驛廳, 甚旣下獄. 與宰相書, 則以己比孟子, 而方瑄錢鳳. 瑄旣朋黨宏大, 莫不爲盡力. 甚者出于單微, 加以鉉亦瑄之門生, 方爲宰相, 遂加誣罔奏焉. 瑄自左補闕出爲陽翟('翟'原作'崔', 據陳校本改)宰, 甚行及長樂坡, 賜自盡. 中使適回, 遇瑄, 囊出其喉曰: "補闕! 此盧甚結喉也." 瑄殊不懌. 京城不守, 崔氏之子亦血其族, 嗚呼! 謂天道高, 何其明哉! (出『玉泉子』)

499・2(6937)
왕 탁(王 鐸)

옛 재상 진국공(晉國公) 왕탁이 승랑(丞郞)으로 있을 때 이병(李騈)은 탁지부(度支府)의 일을 맡고 있었다. 매년 강회(江淮)에서 쌀을 도성으로 운반해오는 데 드는 육로와 수로의 운임이 쌀 한 되 당 700냥이 었는데 당시 도성의 쌀값은 한 되 당 40냥이었다. 이에 이병은 대책을 의론하며 강회에서 쌀을 운수해오지 말고 대신 한 되 당 700냥씩 내게 하자고 했다. 그러자 왕탁이 말했다.

"그건 좋은 생각이 아니오. 만약 도성에서 쌀을 사들인다면 필시 도성의 식량을 축내게 될 것이오. 그러나 쌀을 운반해 와 관중(關中)에 채워둔다면 강회에서부터 도성에 이르기까지 무수히 많은 빈민을 구제할 수 있을 것이오."

당시 쌀을 사들이는 제도가 이미 시행되었으나 감히 그 논의를 막는 자가 없었다. 도성에서 관부가 쌀을 사들이자 쌀값이 과연 크게 올랐다. 채 열흘도 지나지 않아 이병은 탁지부의 일을 그만둘 것을 청했는데, 이는 [쌀을 팔겠다고] 찾아오는 백성이 아무도 없었기 때문이었다. 이에 식자들은 왕탁의 일을 살피는 능력에 탄복했다. 왕탁은 결국 그것으로 크게 등용되었다. (『문기록』)

故相晉國公王鐸爲丞郞時, 李騈判度支. 每年江淮運米至京, 水陸脚錢, 斗計七百, 京國米價, 每斗四十. 議欲令江淮不運米, 但每斗納錢七百. 鐸曰: "非計也. 若于京國糴米, 必耗京國之食. 若運米實關中, 自江淮至京, 兼濟無限貧民也." 時糴米之制業已行, 竟('竟'原作'意', 據明鈔本改)無敢沮其議者. 都下官糴, 米果大貴. 未經旬, 而度支請罷, 以('以'原作'次', 據陳校本改)民無至者故也. 于是識('識'原作'職', 據明鈔本改)者乃服鐸之察事矣. 鐸卒以此大用. (出『聞奇錄』)

이 빈(李 蠙)

　이빈은 왕탁(王鐸)과 같은 해에 진사과(進士科)에 급제했다. 후에 그들은 모두 벼슬자리를 얻었는데, 이빈은 늘 왕탁이 그보다 앞서 재상이 되고 자신은 그에게 뒤쳐질까 두려워했다. 노암(路巖)이 지방으로 나가자 그는 더욱 세력을 잃게 되었다. 왕탁은 성품이 유약하여 다루기 쉬웠기에 중관(中官: 宦官)들은 그를 좋아했다. 위보형(韋保衡)이 장차 재상에 임명되려 했으나 스승보다 앞서 벼슬을 받을 수 없었기에 왕탁이 임명될 참이었다. 이빈은 몰래 그 사실을 알아내고서 술 한 병을 들고 왕탁을 찾아가 말했다.

　"공(公)께서는 곧 등용된다고 하는데, 저는 아마 올라가지도 못할 것입니다. 제가 우선 공의 좌우에서 모시고 싶은데 괜찮겠습니까?"

　왕탁은 즉시 술을 가져오게 해 마셨다. 왕탁의 아내 이씨(李氏)는 이빈이 왕탁을 독살하러 온 것이 아닐까 의심스러워 하녀를 보내 왕탁에게 다음과 같이 말을 전하게 했다.

　"당신 몸 하나야 괜찮겠지만 제발 저와 아이들을 위해 생각해 주세요."

　그러자 이빈이 놀라며 말했다.

　"나의 이 술에 독이라도 있다고 생각하는 것이오?"

　그러더니 커다란 잔을 가져오게 해 한잔 가득 부어 마신 뒤 떠나갔다. (『옥천자』)

李蠙與王鐸進士同年. 後俱得路, 嘗恐鐸之先相, 而己在其後也. 洎路巖出鎭,益失其勢. 鐸柔弱易制, 中官愛焉. 洎韋保衡將欲大拜, 不能先于恩地, 將命鐸矣. 蠙陰知之, 挈一壺家酒詣鐸曰: "公將登庸矣, 吾恐不可以攀附也. 願先事少接左右, 可乎?" 卽命酒以飮. 鐸妻李氏疑其蓳焉, 使女('女'原作'玄', 據明鈔本改)奴傳言于鐸曰: "一身可矣, 願爲妻兒謀." 蠙驚曰: "以吾斯酒爲鴆乎?" 卽命一大爵, 自引滿, 飮之而去. (出『玉泉子』)

499・4(6939)
위보형(韋保衡)

위보형은 배수(裴修)를 성랑(省郞)에 임명하고자 했다. 당시는 이장(李璋)이 우승(右丞)으로 있었는데, 위보형은 우선 노망(盧望)을 보내 뜻을 전달하고 가능한지 여부를 탐색했다. 그러자 이장이 말했다.

"상공(相公)께서 임명하면 그뿐 내게 먼저 물어서는 안 되오."

노망은 재상이 전권을 휘두르고 있는 그 때 만일 이장에 의해 저지당한다면 위신에 커다란 타격을 받게 된다고 생각하여 위보형에게 배수를 임명하지 말 것을 권했다. (『노씨잡설』)

韋保衡欲除裴修爲省郞. 時李璋爲右丞, 韋先遣盧望來申意, 探其可否. 李曰: "相公但除, 不合先問某." 盧以時相事權, 設爲李所沮, 則傷威重, 因勸韋勿除. (出『盧氏雜說』)

499·5(6940)
납의도인(衲衣道人)

  당(唐)나라 때에 어떤 선비가 퇴조한 뒤 친구를 찾아갔는데, 장삼을 입은 도인이 자리에 있는 것을 보고는 불쾌해하며 떠나갔다. 훗날 그 선비가 친구에게 말했다.

  "자네는 어찌하여 털로 짠 장삼 입은 사람을 좋아하는가? 나는 그 사람이 하는 말은 잘 모르겠으나 마침 그에게서 악취가 풍겨나는 것을 느꼈다네."

  그러자 친구가 대답했다.

  "털로 짠 장삼은 외부적인 것이니 그것이 어찌 돈 냄새보다 심하겠는가? 돈 냄새의 고약함일지라도 어깨를 나란히 하고 서 있거나 같이 걸어갈 때 자네는 그 가운데 서 있으면서 싫어하거나 수치스러워하지 않았네. 그런데 지금 내가 초야의 도인과 어울린다고 비난한단 말인가? 남조(南朝)의 어떤 고상한 선비는 개구리 울음소리나 쑥과 풀에서 나는 소리가 악기소리보다 뛰어나다고 생각했다네. 내가 보기에는 털로 짠 장삼이 지금 저 붉은색 자주색 관복보다 훨씬 낫다네."

(『국어』[『인화록』])

  唐有士人退朝詣友生, 見衲衣道人在坐, 不懌而去. 他日, 謂友生曰: "公好氊褐夫何也? 吾不知其言, 適且覺其臭." 友生答曰: "氊褐之外也, 豈甚銅乳? 銅乳之臭, 並肩而立, 接跡而趨, 公處其間, 曾不嫌恥. 乃譏予與山野有道之士遊乎? 南朝高人, 以蛙鳴及蒿菜勝鼓吹. 吾視氊褐, 愈于今之朱紫遠

矣."(出『國語』, 明鈔本・陳校本作'出『因話錄』')

499・6(6941)
노군(路羣)・노홍정(盧弘正)

중서사인(中書舍人) 노군과 급사중(給事中) 노홍정은 성격은 서로 달랐지만 사이가 좋았다. 노군은 비쩍 말랐으며 성품이 고상하여 시조(市朝: 시장과 조정. 名利를 다투는 장소를 가리킴)에 대해 이야기하는 법이 없었던 반면 노홍정은 덩치가 크고 부귀를 숭상했으며 산수(山水)에 대해 언급하는 법이 없었다. 노군은 늘 편안히 높은 베개를 베고 누워 있기만을 좋아해 황제의 제칙의 초고도 집으로 가져와 살펴보곤 했으나, 노홍정은 휴가를 청하지도 않고 손님이 오더라도 중서성으로 가서 만나보았다. 둘은 서로 좋아하는 것은 달랐으나 매우 막역했다.

하루는 도성에 큰 눈이 내렸는데, 노군은 휴가 중이었고 노홍정은 느지막이 집으로 돌아가다가 신창리(新昌里) [노군의] 집 앞을 지나던 길이었다. 노군은 그때 남쪽 담에 있는 띠풀로 지붕을 엮은 정자에서 산에 내리는 눈을 바라보고 있었는데, 사슴가죽으로 만든 두건을 쓰고 학 깃털로 만든 옷을 입은 채 불을 지펴놓고 술을 가져오게 한 다음 지극히 아름다운 경치를 감상했다. 그때 노홍정이 왔다는 소리가 들리자 크게 기뻐하며 말했다.

"내가 바라던 대로 되었구나."

그리고는 서둘러 안으로 모시라고 했다. 노홍정은 금빛과 자줏빛을 번쩍이며 의기양양하게 있었고 노군은 그 풍취도 고결하게 도복(道服: 도사가 입는 윗옷. 道衣) 차림으로 앉아있었다. 노군이 말했다.

"노륙(盧六: 盧弘正), 이 사람아! 어찌하여 나를 쳐다보지도 않는가?"

노홍정이 말했다.

"한 달의 기한은 다 되어 가는데 집안에서는 먹을 것을 계속 필요로 하니, 낮이 되면 재상부(宰相府)를 찾아가 외지의 벼슬자리나 하나 얻어 봐야겠네."

노군이 참담한 표정으로 말했다.

"권문세가와 어깨를 나란히 하던 자네가 어쩌다 그 지경까지 되었나? 사람에게는 정해진 분수가 있는 법이니 그저 자네 몸만 수고롭게 할 뿐이네. 집에서 담근 술이 조금은 익었는데, 한번 취해보겠는가?"

노홍정이 말했다.

"중서성에 급한 일이 있어 내가 가서 해결해 주어야 하네."

노군이 시종을 부르며 말했다.

"노륙께서 곧 떠나려 하시니 속히 약죽 두 그릇을 가져오너라. 내 노륙과 함께 먹으려한다."

그러자 노홍정이 큰 소리로 말했다.

"안 되네."

노군이 말했다.

"어째서인가?"

노홍정이 말했다.

"오늘 아침에 밥이 너무 차가웠던 데다가 먼 길을 떠나야한다고 집에서 이미 구운 고기를 먹고 왔다네."

당시 사람들은 그 이야기를 듣고서 노군의 고상함과 노홍정의 호걸스러움은 각자 타고난 성품을 다 드러낸 것이라 여겼다.(『당궐사』)

中書舍人路羣與給事中盧弘正, 性相異而相善. 路淸瘦古淡, 未嘗言市朝, 盧魁梧富貴, 未嘗言山水. 路日謀高臥, 有制草, 則就宅視之. 盧未嘗請告, 有客旅('旅'原作'族', 據明鈔本改), 則就省謁之. 雖所好不同, 而相親至.

一日都下大雪, 路在假, 盧將晏入, 道過新昌第. 路方于南垣茅亭, 肆目山雪, 鹿巾鶴氅, 搆火命觴, 以賞嘉致. 聞盧至, 大喜曰: "適我願兮." 亟命迎入. 盧金紫華煥, 意氣軒昂, 路道服而坐, 情趣孤潔. 路曰: "盧六, 盧六! 曾莫顧我, 何也?" 盧曰: "月限向滿, 家食相仍, 日詣相庭, 以圖('圖'原作'圓', 據明鈔本改)外任." 路色慘曰: "駕肩權門, 何至于是? 且有定分, 徒勞爾形. 家釀稍醇, 能一醉否?" 盧曰: "省有急事, 俟吾決之." 路又呼侍兒曰: "盧六欲去, 特早來藥糜分二器. 我與盧六同食." 盧振聲曰: "不可." 路曰: "何也?" 盧曰: "今旦飯冷, 且欲遐征, 家饌已食炮炙矣." 時人聞之, 以爲路之高雅, 盧之俊邁, 各盡其性. (出『唐缺史』)

499·7(6942)
필 함(畢 誠)

필함은 본디 집안이 가난했다. [당나라] 함통연간(咸通年間: 860~874) 초에 그의 외삼촌이 여전히 태호현(太湖縣) 오백(伍伯: 지방 관부의 役卒. 수레를 호위하거나 앞에서 인도하고 刑을 집행하는 일을 맡아보았음)으로 있자 필함은 그것이 너무도 부끄러워 늘 사람을 보내 그 일을 그만둘 것을 종용하면서 외삼촌에게 관직을 주려 했다. 그렇게 몇 차례나 해보았으나 외삼촌은 끝내 그의 뜻을 따르지 않았다. 이에 그는 선인(選人: 唐代 이후 候補官員을 이르는 말) 양재(楊載)를 태호현령(太湖縣令)에 특별히 제수하고 그를 재상 사택으로 불러온 다음 자기 외삼촌의 비천한 신분을 없애주고 도성으로 들여보내 줄 것을 당부했다. 양령(楊令: 楊載)은 임지에 도착하자 필함의 의사를 빠짐없이 [오백에게] 전달했다. 그러자 오백이 말했다.

"저는 천민인데 어떻게 재상을 하고 있는 외조카가 있겠습니까?"

양재가 거듭 권하자 오백이 대답했다.

"저는 매년 여름과 가을철이면 재상께서 보내주신 6만 냥의 돈을 관례에 따라 받고 있으니, 전혀 부족함이 없을 뿐 아니라 죽을 때까지도 넉넉히 살 수 있습니다. 그런데도 상공(相公)께서 대체 저에게 무슨 관직을 주겠다고 하시는 건지 모르겠습니다."

양재가 그 말을 빠짐없이 필함에게 아뢰자 필함 역시 그 말에 동의하면서 끝내 그 뜻을 꺾지 못했다.

왕촉(王蜀: 前蜀)의 위상(僞相) 유전소(庾傳素)와 그의 사촌동생 유응적(庾凝績)은 촉주(蜀州) 당흥현(唐興縣)을 다스린 적이 있었다. 낭리(郎吏) 중에 양회(楊會)라는 자가 있었는데 어느 정도 쓸모가 있었기에 유씨(庾氏) 형제는 그를 아껴주었다. 그들은 차례로 촉나라의 정권을 잡게 되자 양회를 마장(馬長: 兵馬使로 추정됨)에 제수하여 보답하고자 했다. 그러자 양회가 말했다.

"제가 역리(役吏)라는 사실은 원근에서 다 알고 있습니다. 그러니 그렇게 외람된 관직을 제게 맡기시고서 어떻게 사람들의 입을 막으시렵니까? 제가 어떻게 수천 가호(家戶)에서 바친 것을 가지고 한갓 마장이라는 헛된 이름을 얻을 수 있겠습니까?"

그 뒤로도 그에게 관직을 주어 그저 검교관(檢校官)에 임명하려 했으나 그는 끝내 현의 역리 노릇을 그만두지 않았다. (『북몽쇄언』)

畢諴家本寒微. 咸通初, 其舅尚爲太湖縣伍伯, 諴深恥之, 常使人諷令解役, 爲除官. 反復數四, 竟不從命. 乃特除選人楊載爲太湖令, 諴延之相第, 囑之爲舅除其猥籍, 津送入京. 楊令到任, 具達諴意. 伍伯曰: "某賤人也, 豈有外甥爲宰相耶?" 楊堅勉之, 乃曰: "某每歲秋夏, 恒相享六十千事例錢, 苟無敗缺, 終身優足. 不審相公欲除何官耶." 楊乃具以聞諴, 諴亦然其說, 竟不奪其志也.

王蜀僞相庾傳素與其從弟凝績, 曾宰蜀州唐興縣. 郎吏有楊會者微有才用, 庾氏昆弟念之. 洎迭秉蜀政, 欲爲楊會除馬長以酬之. 會曰: "某之吏役, 遠近皆知. 忝冒爲官, 寧掩人口? 豈可將數千家供侍, 而博一虛名馬長乎?" 後雖假職名, 止除檢校官, 竟不捨縣役矣. (出『北夢瑣言』)

499・8(6943)
이사망(李師望)

이사망은 황제의 종실이었다. 그는 재능을 자부하면서 한 변방의 직책을 맡고자 했다. 그는 공촉(邛蜀)을 돌아다니면서 남쪽 오랑캐의 용감함과 비겁함에 대해 모두 알게 되자 이윽고 상소를 올려 자신에게 서천(西川)에 있는 몇 개의 주를 떼어주고 임공(臨邛)에 정변군절도사(定邊軍節度使)로 세워줄 것을 주청했다. 황제는 이를 윤허하고 봉상소윤(鳳翔少尹)으로 있던 그를 그 직책의 책임자로 발탁했다. 서천대장(西川大將)은 자신의 관할 지역이 찢겨나가는 것이 싫어 몰래 남조(南詔: 大理國. 지금의 雲南省에 있던 고대 국가 이름)와 내통했다. 그러자 남쪽 오랑캐 군대는 근처에 있던 지방 호족의 인도를 받아 촉천(蜀川)을 쳐들어왔다. 융교(戎校: 將帥의 직책. 將校) 두방(竇滂)이 오랑캐를 막지 못하자 이사망은 이로 인해 축출 당했다. ([『북몽쇄언』])

　　李師望, 乃宗屬也. 自負才能, 欲以方面爲己任. 因旅遊邛蜀, 備知南蠻勇怯, 遂上書, 請割西川數州, 于臨邛建定邊軍節度. 詔旨允之, 乃以師望自鳳翔少尹, 擢領此任. 于時西川大將嫉其分裂巡屬, 陰通南詔. 於是蠻軍爲近界('界'原作'之時'二字, 據明鈔本改)鄕豪所道, 侵軼蜀川. 戎校竇滂, 不能止遏, 師望亦因此受黜焉. (原闕出處, 今見『北夢瑣言』)

499・9(6944)
고 병(高 騈)
（此條本文原闕, 據明鈔本補, 校黃本于下）

　　발해왕(渤海王) 태위(太尉) 고병이 촉(蜀) 땅을 진수하던 시절에 변방을 순시하다가 자중군(資中郡)에 이르러 자사(刺史)의 관아에 머물렀다. 자중군과 마주 보고 있는 산꼭대기에 개원불사(開元佛寺)가 있었는데, 그날 밤 황혼녘에 승도들이 예찬(禮贊)을 하느라 법라(法螺: 악기 이름)와 범패(梵唄) 소리가 사이사이 들려왔다. 발해왕은 군후(軍候)에게 명해 그들을 모조리 잡아와 형구를 채우게 한 다음 이튿날 새벽 등을 때리고 내쫓았다. 그는 장리(將吏)를 불러 모은 다음 이렇게 말했다.

"승도들이 예불한 것은 아무 죄도 없다. 다만 10년 뒤에 이 절에서 중놈들 수십 명이 반란을 일으킬 것이기 때문에 그것이 싫었던 것이다."

그 후 그 지방 사람들은 모두 머리를 깎고 무기를 손에 쥔 채 서로 대곤(大髡)·소곤(小髡)이라 부르면서 그 절을 점거해 본영으로 삼았다. (『북몽쇄언』)

渤海王(黃本作'乾符中')太尉高駢鎭蜀日, 因巡邊, 至資中郡, 舍於刺史衙. 對郡山頂(黃本'頂'下有'上'字)有開元佛寺, 是夜黃昏, 僧徒禮讚, 螺唄間作. 渤海(黃本'渤海'作'駢聞')命軍候(黃本'候'下有'往'字)悉擒械之, 來晨, 笞背斥逐(黃本'斥逐'作'逐去'). 召將吏而(黃本無'而'字)謂之曰: "僧徒禮念, 亦無罪過. 但以此寺, 十年後, 當有禿子(黃本'子'作'丁')數十(黃本'十'作'千')作亂, 我故以是厭之." 其後土人皆髡(黃本'髡'下有'髮'字), 執兵號大(黃本'大'訛'人')髡小(黃本'小'字闕)髡, 據此寺爲寨(黃本此下有'凌脅州將果葉所言時稱駢好妖術斯亦或然之驗歟'二十一字). (出『北夢瑣言』)

499 · 10(6945)
위 주(韋 宙)

　상국(相國) 위주는 치산(治産)에 능했다. 강릉(江陵) 관부 동쪽에 그의 별장이 있었는데, 그 기름진 밭과 훌륭한 농작물은 당시 최고가는 비옥한 땅이었다. 그는 섬만큼이나 벼를 쌓아두었는데, 그것들은 모두 가을걷이를 하고 난 뒤에 남은 이삭들이었다. 함통연간(咸通年間: 860~874) 초에 그는 영남절도사(嶺南節度使)에 제수되었다. 의종(懿宗)은 번우(番禺)가 진주와 비취가 나는 땅이었기 때문에 그에게 탐욕을 부리지 말 것을 경계시켰다. 그러자 위주가 조용히 이렇게 아뢰었다.
　"강릉의 장원에 쌓여있는 곡식만도 7천 더미나 됩니다. 그러니 더 탐할 것도 없습니다."
　의종이 말했다.
　"그야말로 이른바 곡식이 넉넉한 노인장[足穀翁]이로군."

(『북몽쇄언』)

　相國韋宙善治生. 江陵府東有別業, 良田美産, 最號膏腴. 積稻如坻, 皆爲滯穗. 咸通初, 授嶺南節度使. 懿宗以番禺珠翠之地, 垂貪泉之戒. 宙從容奏曰: "江陵莊積穀, 尙有七千堆. 固無所貪矣." 帝曰: "此所謂足穀翁也." (出『北夢瑣言』)

499 · 11(6946)
왕씨자(王氏子)

황소(黃巢)가 도성에서 퇴각하자 허물어지고 황폐된 곳들을 수리했다. 그때 정주(定州) 왕씨(王氏)네 집안에 한 아들이 있었는데, 사람들은 그를 '왕주호(王酒胡)'라고 불렀다. 그는 상도(上都: 도성)에 살고 있었는데, 집이 큰 부자여서 3만 관(貫)을 [조정에] 들여보내 주작문(朱雀門)을 보수하는 데 보태도록 했다. 희종(僖宗)은 조서를 내려 안국사(安國寺)를 중수(重修)하게 한 다음, 그 일이 끝나자 친히 수레에서 내려 큰 재(齋)를 차렸다. 희종은 새로 주조한 종을 열 번 두드린 뒤 1만 관의 돈을 희사했다. 그리고는 여러 신하들에게 각자 뜻대로 두드리라고 하면서 이렇게 말했다.

"천 관을 희사할 수 있는 자가 있거든 한번씩 치도록 하라."

재가 끝났을 때 왕주호가 반쯤 술에 취한 채 들어오더니 곧장 종루(鐘樓)로 올라가 100번이나 연달아 종을 쳤다. 그리고는 서쪽 저자거리에서 돈 10만 관을 운반해와 절로 들여보냈다. (『중조고사』)

京輦自黃巢退後, 修葺殘毀之處. 時定州王氏有一兒, 俗號'王酒胡'. 居于上都, 巨富, 納錢三十萬貫, 助修朱雀門. 僖宗詔令重修安國寺畢, 親降車輦, 以設大齋. 乃扣新鐘十撞, 捨錢一萬貫. 命諸大臣, 各取意而擊, 上曰: "有能捨一千貫文者, 卽打一槌." 齋罷, 王酒胡半醉入來, 逕上鐘樓, 連打一百下. 便于西市運錢十萬入寺. (出『中朝故事』)

499 · 12(6947)
유 태(劉 蛻)

동려(桐廬) 사람 유태는 문학(文學)으로 진사가 되었다. 그의 부친이 일찍이 그에게 다음과 같은 주의를 주었다.

"네가 과거에 급제하든 말든, 혹은 곤궁하게 지내든 영달하든 나는 너에게 아무 것도 바라는 것이 없다. 내가 죽은 뒤에도 절대 제사지내지 말라."

그리고는 일엽편주를 타고 낚시를 하며 스스로 즐겼는데, 결국 어디로 갔는지 알 수 없었다. 유태는 고위관직에 올라 상오(商於)를 다스리러 나가게 되자 돌아가신 부친에 대한 그리움이 그쳤다. 죽음에 이르렀을 때 그 역시 아버지가 명을 내렸던 것과 같은 말로 그 아들에게 주의 주었다. 촉(蜀)의 예부상서(禮部尚書) 유찬(劉纂)이 바로 그의 자식인데, 그는 늘 동료들에게 그 이야기를 들려주었다. 그러자 군자가 말했다.

"명교(名敎)를 지키는 집안에서는 상례와 제사를 중히 여기는 법인데 유씨(劉氏)의 선친께서는 대체 어떻게 된 사람인가?"

유태의 통달함은 설령 그와 같은 말을 했다 하더라도 당시 사람들은 깨닫지 못했던 것이다.(『북몽쇄언』)

劉蛻, 桐廬人, 早以文學進士. 其父嘗戒之曰: "任汝擧進取, 窮之與達, 不望于汝. 吾沒後, 愼勿祭祀." 乃乘扁舟, 以漁釣自娛, 竟不知其所適. 蛻後登華貫, 出典商於, 霜露之思, 于是乎止. 臨終, 亦戒其子, 如先考之命. 蜀禮部尚書纂, 卽其息也, 常爲同列言之. 君子曰: "名敎之家重喪祭, 劉氏先德, 是何人斯?" 以蛻之通人. 抑有其說. 時未諭也. (出『北夢瑣言』)

499・13(6948)
피일휴(皮日休)

[唐나라] 함통연간(咸通年間:860~874)에 진사(進士) 피일휴는 두 통의 상소를 올렸다. 그 첫 번째 글에서 그는 『맹자(孟子)』를 학과(學科: 관리를 선발할 때에 치르는 시험)에 넣어줄 것을 청했는데, 그 대략의 내용은 다음과 같았다.

"신이 듣기로 성인(聖人)의 도는 경(經)만한 것이 없다고 했습니다. 경 밑에 있는 것은 사(史)만한 것이 없으며 사 밑에 있는 것은 자(子)만한 것이 없습니다. 자 중에 이단사설이 아닌 것은 『맹자』뿐입니다. 이를 버리고 제자(諸子)를 취하신다면 필시 경과 사를 내치게 될 것이니, 이는 성인의 적인 셈입니다."

문장이 많아 다 실지 않겠으나 대략 『장자(莊子)』나 『열자(列子)』와 같은 책을 폐하고 『맹자』를 위주로 하여, 그 뜻에 정통한 자가 있거든 명경과(明經科)와 마찬가지로 과거에 뽑아 줄 것을 주청한 내용이었다. 두 번째로 그는 한유(韓愈)를 태학(太學)에 배향(配饗)할 것을 상소했는데, 그 대략의 내용은 다음과 같았다.

"신이 듣기로 성인의 도는 쓰임을 구하는 것만 한 것이 없다고 합니다. 생전에 쓰임을 당하면 일세가 다 알 것이나 죽은 후에 쓰임을 당한다면 만세가 다 알게 될 것입니다."

또 말했다.

"맹자와 순경(荀卿)은 공자(孔子)의 도를 보좌하여 문중자(文中子: 王通. 隋나라 때의 유학자로 『中說』을 지었음)에까지 이어졌습니다. 문중자의 도는 드넓었는데, 능히 그 훌륭함을 이을 수 있는 자는 오직 한 유뿐인가 합니다!"

피일휴는 자(字)가 습미(襲美)이며 양양(襄陽) 경릉(竟陵) 사람이었다. 그는 어려서부터 글공부에 힘썼으며 녹문산(鹿門山)에 은거하며 스스로를 '취음선생(醉吟先生)'이라 불렀다. 그가 처음 과거보러 갔을 때 예부시랑(禮部侍郞) 정우(鄭愚)가 그의 외모가 보잘것없는 것을 보고는 그를 놀리며 말했다.

"그대는 학식과 재주가 그리 대단하니 해 어찌 하나[一日: 皮日休의 이름에 日자가 하나 있는 것을 가리킴]로 되겠는가?"

그러자 그가 대답했다.

"시랑께서는 하나의 해를 가지고 두개의 해[二日: 두개의 해란 '昌'자를 말하는데, 『說文』에 따르면 '昌'은 '美言', 즉 아름다운 말이라 했음]를 없애서는 안 되겠지요."

이는 사람의 외모를 가지고 훌륭한 말을 없애서는 안 된다는 것을 이른 말이었다. 거자(擧子: 과거 응시생)들은 모두 그를 우러러 탄복했다. 그는 국자박사(國子博士)를 지냈으며 소주(蘇州)에 살 때는 육구몽(陸龜蒙)과 글 친구로 지냈다. 그의 저서로는 『문수(文藪)』 10권과 『피자(皮子)』 3권이 있는데, 많은 사람들이 이를 전하고 있다. 그는 전류(錢鏐: 五代十國 때 吳越을 세운 사람)의 판관(判官)을 지냈다. (『북몽쇄언』)

咸通中, 進士皮日休上書兩通. 其一, 請以『孟子』爲學科, 其略云: "臣聞聖人之道, 不過乎經. 經之降者, 不過乎史. 史之降者, 不過乎子. 子不異道者, 『孟子』也. 捨是而諸子, 必斥乎經史, 聖人之賊也." 文多不載, 請廢莊・列之書, 以『孟子』爲主, 有能通其義者, 科選請同明經. 其二, 請以韓愈配饗太學, 其略曰: "臣聞聖人之道, 不過乎求用. 用('用'字原闕, 據『北夢瑣言』補)于生前, 則一時可知也, 用于死後, 則萬世可知也." 又云: "孟子・荀卿, 翼輔孔道, 以至于文中子. 文中子之道曠矣, 能嗣其美者, 其唯韓愈乎!"

日休字襲美, 襄陽竟陵人. 幼攻文, 隱于鹿門山, 號醉吟先生'. 初至場中, 禮部侍郎鄭愚以其貌不揚, 戲之曰: "子之才學甚富, 其如一目何?" 對曰: "侍郎不可以一日而廢二日." 謂不以人廢言也. 擧子咸推伏之. 官至國子博士, 寓蘇州, 與陸龜蒙爲文友. 著『文藪』('藪原作數', 據明鈔本改) 十卷, 『皮子』三卷, 人多傳之. 爲錢鏐判官. (出『北夢瑣言』)

499・14(6949)
곽사군(郭使君)

강릉(江陵)에 곽칠랑(郭七郎)이라는 자가 있었는데, 그는 가산이 어마어마하여 초성(楚城) 부자 중에서도 으뜸이었다. 강회(江淮)와 하삭(河朔: 黃河 以北을 가리킴) 일대의 모든 상인들은 대부분 그의 물건들을 가지고 서로 사고팔고 했다. 건부연간(乾符年間: 874~879) 초에 [곽칠랑 밑에 있는] 한 상인이 도성에 들어갔는데 오래도록 소식이 없자 곽씨(郭氏)의 아들[郭七郎]이 직접 그를 찾아 나섰다. 그 상인을 만난 뒤에 상인이 가진 것을 다 내놓게 해서 받고 보니 겨우 5~6만 민(緡)밖에 되지 않았다. 생(生: 郭七郎)은 기녀에게 미혹되고 술 마시고 도박하는 일에 빠졌는데, 그렇게 3년의 시간을 보내고 나니 가진 돈을 거의 다 써버렸다. 당시는 당(唐)나라 말년이었던지라 나라의 정사에 옳지 않은 일이 많이 일어나고 있었다. 그래서 생은 수백만 냥을 관작(官爵) 파는 사람 집에 들여보내 평민의 신분을 횡주자사(橫州刺史) 자리와 바꿔치기한 다음 고향으로 돌아갈 결심을 했다.

그러나 그때 저궁(渚宮)은 막 왕선지(王仙芝)의 패거리가 일으킨 난을 만났던 터라 마을도 사람도 모두 예전과 달라져 있었다. 생이 옛날 살던 곳에 돌아와 보니 집이라곤 남아있지 않았다. 그는 가족을 찾아보았는데, 며칠이 지난 뒤에야 남동생과 여동생은 병란을 만나 이미 죽었으며 오직 어머니와 한 두 명의 노비만이 몇 칸짜리 초가집에서 살면서 보따리나 짐 하나 없이 그저 아침저녁으로 삯바느질을 하며 살고 있다는 사실을 알게 되었다. 생은 짐 속에 그래도 2천~3천 민의 돈이 남아 있었기에 그것으로 다시 재기할 수 있었다. 그는 배를 세 낸 다음 어머니와 함께 임지로 갔는데, 장사(長沙)를 지나 상강(湘江)으로 갔다가 다시 영주(永州) 북강(北江)에 이르렀다. 강 언덕에는 도솔(兜率)이라는 이름의 절이 있었다. 그들은 그날 밤 그곳에서 머물기로 하고 배를 커다란 살대나무 아래 매어두었다. 한 밤중에 갑자기 큰 폭풍우가 몰아닥치는 바람에 파도가 거세게 일고 강 언덕이 다 무너져 내렸는데, 나무가 넘어가 배를 덮치자 배는 그 무게를 이기지 못하고 가라앉고 말았다. 생은 뱃사공 한 사람과 함께 어머니를 끌고 강 언덕으로 올라가 간신히 화를 면할 수 있었다. 그러나 나머지 여종들과 재산은 모두 성난 파도에 휩쓸려가 버렸다. 아침이 되자 그들은 승방에 들어갔는데, 어머니는 너무 놀란 바람에 병을 얻어 며칠 만에 죽고 말았다. 생이 두려운 마음에 영릉(零陵)으로 달려가 주목(州牧)에게 알리자 주목은 그를 위해 장례를 치러주고 약간의 돈도 주었다.

그는 모친상을 마친 뒤 영군(永郡)에 살았는데, 외롭고 가난한데다가 아는 친지도 없어 아침저녁으로 추위와 배고픔에 시달렸다. 그는 젊어서부터 본디 강호(江湖)를 누비고 다녔던 터라 뱃일에 대해 잘 알고 있었다. 그래서 그는 왕래하는 배들을 따라다니며 삿대를 잡으며 그것으로 먹고 입는 것을 해결했다. 이에 영주(永州) 저자거리의 사람들은 그를 '삿대 잡은 곽사군'이라 불렀다. 그때부터 그의 모습은 예전과 완전히 달라져서 여느 뱃사공들과 전혀 다를 바가 없었다. (『남초신문』)

江陵有郭七郞者, 其家資産甚殷, 乃楚城富民之首. 江淮河朔間, 悉有賈客仗其貨買易往來者. 乾符初年, 有一賈者在京都, 久無音信, 郭氏子自往訪之. 旣相遇, 盡獲所有, 僅五六萬緡. 生就悅煙花, 迷于飮博, 三數年後, 用過太半. 是時唐季, 朝政多邪. 生乃輸數百萬于鬻爵者門, 以白丁易得橫州刺史, 遂決還鄕.

時渚宮新罹王仙芝寇盜, 里閭人物, 與昔日殊. 生歸舊居, 都無舍宇. 訪其骨肉, 數日方知, 弟妹遇兵亂已亡, 獨母與一二奴婢, 處于數間茅舍之下, 囊橐蕩空, 旦夕以紉針爲業. 生之行李間, 猶有二三千緡, 緣玆夏得蘇息. 乃傭舟與母赴秩, 過長沙, 入湘江, 次永州北江. 壖有佛寺名兜率. 是夕宿于斯, 結纜于大楠樹下. 夜半, 忽大風雨, 波翻岸崩, 樹臥枕舟, 舟不勝而沉. 生與一梢工, 拽母('母'原作'舟', 據陳校本改)登岸, 僅以獲免. 其餘婢僕生計, 悉漂于怒浪. 遲明, 投于僧室, 母氏以驚得疾, 數日而殞. 生悼惶, 馳往零陵. 告州牧, 州牧爲之殯葬, 日復贈遺之.

旣丁憂, 遂寓居永郡, 孤且貧, 又無親識, 日夕厄于凍餒. 生少小素涉于江湖, 頗熟風水間事. 遂與往來舟船執梢, 以求衣食. 永州市人, 呼爲'捉梢郭使君'. 自是狀貌異昔, 共篙工之黨無別矣. (出『南楚新聞』)

499 · 15(6950)
이덕권(李德權)

경화(京華: 도성)에 이광(李光)이란 자가 살고 있었는데 그가 어디 사람인지는 알 수 없었다. 그는 갖은 아첨으로 전령자(田令孜)를 섬겼으며 전령자 또한 그를 총애하여 그를 좌군사(左軍使)로 삼았다. 전령자는 어느 날 이광을 삭방절도사(朔方節度使)에 임명해 줄 것을 상주했는데, 이광은 칙서가 내려온 그 다음날 병도 없이 죽었다. 이광에게는 이덕권이라는 스무 살 남짓 되는 아들이 있었는데, 전령자는 그 아들에게 그 중요한 직책을 맡겼다. 희종(僖宗)이 촉(蜀) 땅으로 몽진 갔을 때 이덕권은 전령자를 따라 어가를 호위해 성도(成都)로 가 머물렀다. 당시는 전령자와 진경선(陳敬瑄)이 함께 나라의 권력을 쥐고 흔들고 있던 때라 사람들은 모두 그들의 위세를 두려워했다. 그런데 이덕권이라는 자가 그들 옆에 거하면서 멀리서 혹은 가까이서 그들을 떠받들자 간특한 호족의 무리들은 이익과 명예를 얻기 위해 대부분 이덕권에게 뇌물을 먹임으로써 [전령자와 진경선에게로 통하는] 다리로 삼았다. 그렇게 해서 몇 년 사이에 그는 천만 냥에 달하는 뇌물을 긁어모았으며 관직 또한 금자광록대부(金

紫光祿大夫) 겸 검교우복야(檢校右僕射)에까지 올랐다.

후에 진경선이 패망하자 이덕권은 관가에 체포되었으나 간신히 도망쳐 나와 복주(復州)로 달아난 다음 누더기 적삼을 입은 채 길에서 걸식하며 살았다. 이안(李安)이라는 사람은 일찍이 복주 후조(後槽: 法令과 刑獄을 맡아 관리하던 관원인 賊曹, 決曹)의 건아(健兒: 軍卒)를 지냈는데, 이덕권의 아버지와 친분이 깊었다. 이안은 우연히 이덕권을 보고는 그 남루한 꼴이 너무도 불쌍해 자기 집으로 데리고 왔다가 마침 아들도 없고 해서 그를 조카로 삼았다. 그 후 채 반 년도 안 되어 이안이 죽자 이덕권은 이름을 이언사(李彦思)라 바꾸고 계속해서 이안 집안을 위해 일하게 해 달라고 청했는데, 이는 그 집의 의식(衣食)을 흠모했을 따름이었다. 그는 얼마 있다가 목수(牧守: 州郡의 장관)의 마부가 되었는데, 그를 알아보는 사람들은 모두 그를 '마구간지기 이복야(李僕射)'라고 불렀다. (『남초신문』)

京華有李光者, 不知何許人也. 以諛佞事田令孜, 令孜嬖焉, 爲左軍使. 一旦奏授朔方節度使, 勅下翌日, 無疾而死. 光有子曰德權, 年二十餘, 令孜遂署劇職. 會僖皇幸蜀, 乃從令孜扈駕, 止成都. 時令孜與陳敬瑄盜專國柄, 人皆畏威. 李德權者處于左右, 退邇仰奉, 奸豪輩求名利, 多賂德權, 以爲關節. 數年之間, 聚賄千萬, 官至金紫光祿大夫, 檢校右僕射.

後敬瑄敗, 爲官所捕, 乃脫身遁於復州, 衣衫百結, 丐食道途. 有李安者, 常爲復州後槽健兒, 與父相熟. 忽覩德權, 念其藍縷, 邀至私舍, 安無子, 遂認以爲姪. 未半載, 安且死, 德權遂更名彦思, 請繼李安効力, 蓋慕彼衣食('食'原作'合', 據明鈔本改)耳. 尋獲爲牧守圉人, 有識者, 皆目之曰'看馬李僕射.' (出『南楚新聞』)

태평광기 권제 500 잡록 8

1. 공 위(孔 緯)
2. 이 극 조(李 克 助)
3. 경도유사(京都儒士)
4. 맹 을(孟 乙)
5. 진무각저인(振武角抵人)
6. 조 숭(趙 崇)
7. 한 악(韓 偓)
8. 설 창 서(薛 昌 緒)
9. 강 태 사(姜 太 師)
10. 강 의 성(康 義 誠)
11. 고 계 창(高 季 昌)
12. 심상서처(沈尙書妻)
13. 양 거(楊 遽)
14. 원 계 겸(袁 繼 謙)
15. 제 파(帝 羓)

500·1(6951)
공 위(孔 緯)

노국공(魯國公) 공위가 승상이 된 후에 조카에게 다음과 같이 말했다.

"근자에 내가 병부시랑(兵部侍郎)으로 있을 때 진국공(晉國公) 왕탁(王鐸)과 함께 홍문관학사(弘文舘學士)가 되어 홍문관의 일을 처리하게 되었다. 부임한 후에 청사를 돌다가 진국공이 말했다.

'내가 예전에 병부시랑일 때는 상국(相國) 빈국공(邠國公) 두종(杜悰)과 함께 홍문관직학사(弘文舘直學士)가 되어 홍문관의 일을 처리했었소.'

늦봄에 진국공이 나를 붙잡으며 청사 안에서 모란을 감상하자고 하면서 말했다.

'이 청사는 근래에 무일(無逸)(無逸은 邠國公의 아들인데 金州刺史로 있다가 죽었다)에게 살게 했을 때는 단지 한 칸뿐이었는데 지금은 이처럼 화려해졌소. 그러나 당신은 잘 모르겠지만 이곳은 오래지않아 재로 변할 것이오.'

나는 그 말을 듣고 항상 마음에 새겨 두었다. 진국공이 또 나에게 말했다.

'명공(明公: 孔緯)이 장래에 또 그 자리에 앉게 될 때까지는 그래도

괜찮을 것이지만, 명공 다음 사람이 그 일을 당하게 될 것이오.'

내가 지금 빈국공의 말을 살펴보니 대체로 맞아 떨어졌다."

그 때는 소종(昭宗)이 제위를 계승하여 공위가 재상의 자리에 앉았는데 조정의 체계가 무너져 남은 것이 없었다. 그래서 공위는 옛 일이 생각나 시절을 슬퍼한 것이었다. (『문기록』)

魯國公孔緯入相後, 言於甥姪曰: "吾頃任兵部侍郎, 與王晉公鐸, 充弘文舘學士, 判舘事. 上任後, 巡廳, 晉公乃言曰: '余昔任兵部侍郎, 與相國杜邠公悰, 充弘文舘直學士, 判舘事.' 暮春, 留余看牡丹于斯廳內, 言曰: '此廳比令無逸(無逸乃邠公子, 終金州刺史)居(『玉泉子』'居'作'修')之, 止要一間, 今壯麗如此. 子殊不知, 非久須爲灰燼.' 余聞此言, 心常銘之. 又語余曰: '明公將來亦據('將來亦據'四字原空闕, 據明鈔本補)此座, 猶或庶幾, 由公而下者, 罹其事矣.' 以吾今日觀之則('觀之則'三字原空闕, 據明鈔本補)邠公之言, 得其大槪矣."

是時昭宗纂承, 孔緯入相, 朝庭事('朝庭事'三字原空闕, 據明鈔本補)體, 掃地無餘. 故緯感昔言而傷時也. (出『聞奇錄』)

500・2(6952)
이극조(李克助)

이극조가 대리경(大理卿)으로 있을 때의 일이다. 소종(昭宗)이 화주(華州)에 있을 때 어떤 백성이 정현령(鄭縣令) 최란(崔巒)이 명주값으로 이자놀이를 했다고 고발했다. 자사(刺史) 한건(韓建)은 최란이 뇌물을 받은 사실을 조사하게 하고 삼사(三司: 御史大夫・中書・門下를 가리키는데, 주로 형벌을 관장했음)에 상주하여 죄를 정하게 했다. 어사대(御史臺)의 형부(刑部)에서 그의 죄는 교수형에 처해 마땅하다고 상주했다. 그러나 대리시(大理寺)에서 몇 개월 동안 상주하지 않자 한건이 이상서(李尙書: 李克助)에게 물었다.

"최현령이 당신 친척이오? 어째서 상주하지 않소?"

이극조가 말했다.

"공의 정사(政事)를 돕기 위해서요."

한건이 말했다.

"최현령이 뇌물수뢰죄를 범한 것인데, 어째서 나의 잘못이라고 말하시오?"

이극조가 말했다.

"공이 이자놀이를 해서 얻은 돈이 거의 몇 만 관(貫)이나 된다고 들었소."

한건이 말했다.

"나는 화주절도사(華州節度使)이니 화주 백성은 내 백성이오."

이극조가 말했다.

"화주 백성은 천자의 백성이지 공의 백성이 아니오. 만약 공의 말대로라면 정현의 백성은 최현령의 백성이지요."

한건은 이극조의 논리에 굴복해서 최현령의 죄를 묻지 않고 영양현위(潁陽縣尉)로 좌천시켰다. (『문기록』)

李克助爲大理卿. 昭宗在華州, 鄭縣令崔鑾, 有民告擧放䊷絹價('䊷'字・'價'

字原空闕, 據『玉泉子』補). 刺史韓建令計以爲贓. 奏下三('三'原作'二', 據陳校本改) 司定罪. 御史臺刑('臺刑'原作'邢臺', 據明鈔本改) 部奏, 罪當絞. 大理寺數月不奏, 建問李尙書: "崔令乃親情耶? 何不奏?" 克助云: "裨公之政也." 韓云: "崔令犯贓, 柰何言我之過也?" 李云: "聞公擧放, 數將及萬矣." 韓曰: "我華州節度, 華民我民也." 李曰: "華民乃天子之民, 非公之民. 若爾, 卽鄭縣民, 乃崔令民也." 建伏其論, 乃捨崔令之罪, 謫潁陽尉. (出『聞奇錄』)

500 · 3(6953)
경도유사(京都儒士)

근자에 도성에서 여러 선비들이 연회를 열었는데, 사람의 용맹함과 나약함은 반드시 담력에서 비롯된다고 서로 말했다. 담력이 만약 세다면 두려운 것이 없을 것이니 대장부라고 불릴 만하다고 했다. 그 자리에 있던 한 유생(儒生)이 자신을 소개하며 말했다.

"만약 담력이라면 내가 정말 가지고 있소."

사람들이 웃으며 말했다.

"반드시 시험해봐야만 그 말을 믿을 수 있겠소."

어떤 사람이 말했다.

"내 친척에게 집이 있는데 예전에 큰 재앙이 있어서 지금은 빈 채 잠겨 있소. 당신이 혼자 그 집에 잠자면서 하룻밤 동안 두려워하지 않는다면 우리들이 당신에게 한 턱 내겠소."

그러자 그 사람[儒生]이 말했다.

"그렇게 하겠소."

그 사람은 다음날 바로 갔는데, 사실 그 집은 흉가가 아니라 잠시 비어있을 뿐이었다. 사람들은 술과 과일, 등불을 준비해 그 집으로 보내고서 말했다.

"당신은 또 무슨 물건이 필요하시오?"

그 사람이 대답했다.

"나는 검 한 자루를 가지고 있어서 스스로 지킬 수 있으니 걱정하지 마시오."

이에 사람들은 집을 나와 문을 잠그고 돌아갔다. 그 사람은 사실 겁쟁이였다. 밤이 되자 그 사람은 타고 온 나귀를 다른 방에 매어두고 하인과 손님도 따르지 못하게 한 뒤 침실로 가서 묵었지만 좀처럼 잠을 잘 수 없었다. 다만 등불을 끈 채 검을 안고 앉아서 벌벌 떨 뿐이었다. 삼경(三更)이 되자 달빛이 창문 틈으로 비스듬히 비쳤다. 그 사람은 옷걸이 위에 새 같은 물체가 날개를 펴고 퍼덕이며 움직이는 것을 보았다. 그 사람이 용기를 내서 억지로 일어나 검을 한번 휘두르자 바로 퍽 하는 소리와 함께 그것이 벽에 떨어지더니 아무런 소리도 없이 고요해졌다. 그는 너무 두려워 감히 찾아보지도 못하고 검을 들고 앉아 있었다. 오경(五更)이 되자 갑자기 한 물체가 계단을 올라와 문을 밀었는데, 문이 열리지 않자 개구멍으로 머리를 내밀고 헉헉댔다. 그 사람은 너무 두려워 검을 들고 앞으로 가서 머리를 베고는 자기도 모르게 쓰러졌는데, 실수로 검을 떨어뜨렸으나 그 물체가 들어올까 봐 검을 찾으러 가지도 못하고 침대 아래에 엎드린 채 감히 움직이지 못했다. 그는 갑자기 피곤해서 잠이 들었으며 날이 밝는 줄도 몰랐다.

여러 하인과 손님들이 문을 열고 침실로 갔더니 개구멍에 피가 낭자한 것만 보였다. 사람들이 몹시 놀라 소리치자 유생은 비로소 깨어났다. 그는 문을 열면서도 여전히 떨고 있었다. 그가 어젯밤 물체들과 싸운 일을 자세히 말하자 사람들은 매우 놀랐다. 사람들이 벽 아래에서 찾아보았더니 단지 모자가 반으로 잘린 채 땅에 놓여 있었는데, 이것이 바로 어젯밤에 그가 벤 새였다. 바로 낡은 모자가 바람에 날려 새가 날개를 퍼덕이는 것처럼 보였던 것이었다. 검은 개구멍 옆에 있었는데, 사람들이 또 당(堂)을 돌아 핏자국을 찾아보았더니 바로 그가 타고 온 나귀가 주둥이가 잘려 나가고 입술과 이빨이 부러져 있었다. 바로 새벽에 끈이 풀려 머리를 개구멍에 넣었다가 검을 맞았던 것이었다. 사람들은 포복절도하며 서로 부축하고 돌아왔다. 유생의 경기는 열흘 뒤에야 비로소 나아졌다. (『원화기』)

近者京都有數生會宴, 因說人有勇怯, 必由膽氣. 膽氣若盛, 自無所懼, 可謂丈夫. 座中有一儒士自媒曰: "若言膽氣, 余實有之." 衆人笑曰: "必須試, 然可信之." 或曰: "某親故有宅, 昔大凶, 而今已空鎖. 君能獨宿于此宅, 一宵不懼者, 我等酹君一局." 此人曰: "唯命."

明日便往, 實非凶宅, 但暫空耳. 遂爲置酒果燈燭, 送于此宅中, 衆曰: "公更要何物?" 曰: "僕有一劒, 可以自衛, 請無憂也." 衆乃出宅, 鎖門却歸. 此人實怯懦者. 時已向夜, 繫所乘驢別屋, 奴客並不得隨, 遂向閣宿, 了不敢睡. 唯滅燈抱劒而坐, 驚怖不已. 至三更, 有月上, 斜照窗隙. 見衣架頭有物如鳥鼓翼, 翻翻而動. 此人凜然強起, 把劒一揮, 應手落壁, 磕然有聲, 後寂('後寂'原作'役寢', 據陳校本改)無音响. 恐懼旣甚, 亦不敢尋究, 但把劒坐. 及五('五'字原闕, 據陳校本補)更. 忽有一物. 上階推門. 門不開. 于狗竇中出頭. 氣休休然. 此人大怕. 把劒前斫. 不覺自倒. 劒失手抛落. 又不敢覓劒. 恐此物入來. 牀下跧伏. 更不敢動. 忽然困睡. 不覺天明.

諸奴客已開關. 至閤子間. 但見狗竇中. 血淋漓狼籍. 衆大驚呼. 儒士方悟. 開門尙自戰慄. 具說昨宵與物戰爭之狀. 衆大駭異. 遂于此壁下尋. 唯見席帽. 半破在地. 卽夜所斫之鳥也. 乃故帽破弊. 爲風所吹. 如鳥動翼耳. 劒在狗竇側. 衆又遶堂尋血踪. 乃是所乘驢. 已斫口喙. 脣齒缺破. 乃是向曉因解. 頭入狗門. 遂遭一劒. 衆大笑絶倒. 扶持而歸. 士人驚悸. 旬日方愈. (出『原化記』)

500・4(6954)
맹 을(孟 乙)

서주(徐州) 소현(蕭縣)에 맹을이라는 농부가 그물로 여우나 오소리를 잘 잡았는데, 100번 사냥에 한 번의 실수도 없었다. 어느 날 맹을은 한가한 틈을 타 창을 가지고 들판으로 나갔다. 날이 저물어 길 왼쪽에서 수백 보 떨어진 곳에 황폐한 무덤이 덩그러니 있는 것이 보였다. 풀숲 사이로 난 작은 길에 마치 사람이 지나간 흔적이 있는 것 같았다. 맹을이 작은 길로 들어가 창으로 어두운 곳을 휘저었더니 마치 사람이 잡아끄는 것처럼 창을 움직일 수 없었다. 맹을이 물었다.

"너는 귀신이냐? 사람이냐? 요괴냐? 도깨비냐? 어째서 내 창을 잡고 놓아주지 않느냐?"

어둠 속에서 대답했다.

"나는 사람이오."

이에 맹을이 그에게 나오도록 했다. 그러자 그가 사정을 자세히 말했다.

"나는 이씨(李氏)인데 예전에 도둑질을 하다가 연주군후(兗州軍候: 軍候는 軍紀와 정찰 등의 일을 담당하던 관리)의 감옥에 갇혔습니다. 몸에 오목(五木: 몸을 묶는 형벌 기구)이 채워졌고 매를 맞은 상처와 멍이 온몸에 가득했습니다. 이에 기회를 틈타 감옥을 도망쳐서 여기까지 오게 되었습니다. 제가 죽고 사는 것은 운명에 맡길 뿐입니다."

맹을은 그를 불쌍히 여겨 집으로 데리고 돌아와 이중 벽 사이에 숨겼다. 후에 그는 사면이 되자 벽에서 나왔다. 맹씨(孟氏: 孟乙)는 사냥을 잘하기로 명성이 자자해서 날고 뛰는 동물 중에 놓치는 것이 없었는데, 어느 날 도망친 죄수를 황폐한 무덤 속에서 데리고 돌아왔던 것이었다. 이 이야기를 들은 사람들은 모두 크게 웃었다. (『옥당한화』)

徐之蕭縣, 有田民孟乙者善網狐狢, 百無一失. 偶乘暇, 持稍行曠野. 會日將夕, 見道左數百步, 荒冢巋然, 草間細逕, 若有人跡. 遂入之, 以稍于黑闇之處攪之, 若有人捉拽之, 不得動. 問: "爾鬼耶? 人耶? 怪耶? 魅耶? 何故執吾稍而不置?" 闇中應曰: "吾人也." 乃命出之. 具以誠告云: "我姓李, 昨爲盜, 被繫兗州軍候獄. 五木備體, 捶楚之處, 瘡痍徧身. 因伺隙踰獄垣, 亡命之此. 死生唯命焉." 孟哀而將歸, 置于複壁中. 後經赦乃出. 孟氏以善獵知名, 飛走之屬, 無得脫者, 一旦荒塚之中, 而得叛獄囚以歸. 聞者皆大笑之. (出 『玉堂閒話』)

진무각저인(振武角抵人)

[唐나라] 광계연간(光啓年間: 885~887)에 좌신책군(左神策軍) 사군군사(四軍軍使) 왕변(王卞)은 지방으로 나가 진무(振武)를 진수했다. 그는 연회를 열고 음악과 놀이가 끝나자 각저(角抵: 씨름)를 하게 했다. 매우 우람한 체격의 한 남자가 이웃 주(州)에서 와서 힘을 겨루려고 했는데, 군대 안의 10여 무리는 체격과 힘에서 모두 그의 상대가 되지 않았다. 주수(主帥: 王卞) 또한 그를 건장하다고 여기고 세 사람을 뽑아 차례로 대적하게 했지만 우람한 체격의 남자가 모두 승리했다. 주수와 자리에 있던 손님들은 한참동안 그를 칭찬했다. 그때 자리에 앉아 있던 한 수재(秀才)가 갑자기 일어나 주수에게 말했다.

"제가 저 사람을 넘어뜨리겠습니다."

주수는 그의 말을 듣고 매우 놀랐으나 그가 한사코 청하기에 결국 허락했다.

수재는 계단을 내려가 먼저 주방으로 들어가더니 잠시 후에 나왔는데, 옷을 여미고 왼쪽 주먹을 꽉 쥔 채 앞으로 나아갔다. 우람한 체격의 남자가 미소지으며 말했다.

"손가락만 대도 반드시 넘어질 것이다."

우람한 체격의 남자가 점점 다가오자 수재는 급히 왼손을 펴서 무언가를 보여주었는데, 그는 그것을 보고 갑자기 쓰러졌다. 자리에 있던 사람들이 모두 크게 웃었다. 수재는 천천히 걸어 나와 손을 씻고서 자리로 올라갔다. 주수가 그에게 물었다.

"무슨 기술이오?"

수재가 대답했다.

"근자에 떠돌아다니다가 한번은 길가 객점에서 이 사람을 만났는데, 밥상이 들어오자 비틀거리면서 쓰러졌습니다. 그의 동료에게 물어보았더니 '된장을 무서워하여 그것을 보면 쓰러진다'고 말했습니다. 저는 그 말을 듣고 기억해 두었습니다. 아까 주방에 가서 약간의 된장을 얻어 손에 쥐고 있었는데, 이 사람은 된장을 보고 과연 쓰러졌습니다. 그저 연회의 흥을 돋우고자 했을 뿐입니다."

판관(判官) 변수(邊岫)가 직접 그 일을 보았다. (『옥당한화』)

光啓年中, 左神策軍四軍軍使王卞出鎭振武. 置宴, 樂戲旣畢, 乃命角抵. 有一夫甚魁岸, 自隣州來此較力, 軍中十數輩貙貌膂力, 悉不能敵. 主帥亦壯之, 遂選三人, 相次而敵之, 魁岸者俱勝. 帥及座客, 稱善久之. 時有一秀才坐于席上, 忽起告主帥曰: "某撲得此人." 主帥頗駭其言, 所請旣堅, 遂許之.

秀才降階, 先入廚, 少頃而出, 遂掩縮衣服, 握左拳而前. 魁梧者微笑曰: "此一指必倒矣." 及漸相逼, 急展左示之, 魁岸者憺然而倒. 合座大笑. 秀才徐步而出, 盥手而登席焉. 主帥詰之: "何術也?" 對曰: "頃年客遊, 曾于道店逢此人, 纔近食梜, 踉蹌而倒. 有同伴曰: '怕醬, 見之輒倒.' 某聞而志之. 適詣設廚, 求得少醬, 握在手中, 此人見之, 果自倒. 聊助宴設之歡笑耳.'" 有邊岫判官, 目覩其事. (出『玉堂閒話』)

500·6(6956)
조 숭(趙 崇)

조숭은 신중하고 강직해서 집에 잡손님이 없었고 [晉나라 때의] 왕몽(王濛)과 유진장(劉眞長: 劉惔)의 풍모를 흠모했다. 그는 품격이 고결했지만 문장을 짓지 않았기 때문에 '무자비(無字碑)'라고 불렸다. 매번 관직을 옮길 때마다 옛 관례상 각기 자신을 대신할 사람을 추천해야 했는데, 조숭은 한번도 추천한 적이 없었다. 그가 말했다.

"조정에는 나를 대신할 사람이 없다."

이에 세상 사람들이 그를 깔보았다. (『북몽쇄언』)

趙崇凝重淸介, 門無雜賓, 慕王濛·劉眞長之風也. 標格淸峻, 不爲文章, 號曰 '無字碑.' 每遇轉官, 舊例各擧一人自代, 而崇未嘗擧人. 云: "朝中無可代己者." 世以此少之. (出『北夢瑣言』)

500·7(6957)
한 악(韓 偓)

[唐나라] 천복연간(天復年間: 901~903) 초에 한악은 한림원(翰林院)에 들어갔다. 그 해 겨울에 어가(御駕)가 봉상(鳳翔)으로 몽진했는데, 한악에게는 어가를 수행한 공로가 있었다. 난국이 막 평정되었을 때 황제는 대면한 자리에서 한악을 재상에 임명하겠다고 허락하자 그가 상

주하며 말했다.

"폐하께서는 나라를 다시 일으킬 운명을 타고 나셨으니 반드시 덕망 있는 사람을 중용하고 풍속을 안정시켜야 하옵니다. 신은 좌주(座主: 唐代에 進士가 主考官을 칭하던 호칭)이자 우복야(右僕射)인 조숭(趙崇)이 폐하의 선택에 부합되는 인물이라고 생각하옵니다. 신에게 내린 명을 거두고 조숭을 재상에 임명하신다면 천하 사람들이 정말 다행이라고 여길 것이옵니다."

황제는 매우 훌륭하다고 탄복했다. 다음날 황제는 조숭과 병부시랑(兵部侍郎) 왕찬(王贊)을 재상에 임명했다. 당시에 양(梁: 後梁)나라 태조(太祖: 朱溫)가 도성에 있었는데, 그는 평소에 조숭이 경박하다고 들었고 왕찬과는 서로 사이가 좋지 않았기 때문에 말을 달려 궁궐로 들어가 황제를 알현했다. 그가 황제 앞에서 두 사람의 장단점을 모두 말하자 황제가 말했다.

"조숭은 한악이 추천했소."

당시에 한악이 그 옆에 있었기에 양왕(梁王: 太祖 朱溫)은 그를 꾸짖었다. 그러자 한악이 상주했다.

"신은 감히 대신과 논쟁할 수 없사옵니다."

황제가 말했다.

"한악은 나가 있으시오."

얼마 후 한악은 민(閩) 땅으로 좌천되어 갔다. 그래서 한악은 다음과 같은 시[제목은 「安貧詩」임]를 읊었다.

수전증으로 팔행서(八行書: 편지) 쓰기 괴롭고,

눈병으로 구국기(九局棊: 바둑판 눈금)를 보지 못하네.
창문 안의 햇빛에선 아지랑이 피어오르고,
책상 앞의 대나무 피리에선 나나니벌이 살고 있네.
일신의 안위를 꾀하는 것은 사족(蛇足)을 다는 것처럼 어리석고,
나라를 지키는 것은 호랑이 수염을 건드리는 것처럼 위험하다네.
온 세상에서 묵묵히 나를 알아주는 사람이 없을 것이니,
　함께 우(竽) 부는 사람[齊竽: 濫竽. 『韓非子』「內儲說上」에 의하면 齊나라 宣王이 300명의 사람들에게 竽를 불게 하자 南郭處士도 왕을 위해 우를 불고 싶다며 그 무리에 들어갔음. 나중에 宣王이 죽고 湣王이 제위에 올라 한 사람씩 竽를 불게 하자 南郭處士는 재주가 없음이 들통날까봐 도망쳤음. 후에 실제로 재주가 없는 사람을 비유함]을 시험해볼 사람이 누군지 모르겠네.

(『척언』)

韓偓, 天復初入翰林. 其年冬, 車駕幸鳳翔, 偓有扈從之功. 返正初, 帝面許用偓爲相, 偓奏云: "陛下運契中興, 當須用重德, 鎭風俗. 臣座主·右僕射趙崇, 可以副陛下是選. 乞回臣之命授崇, 天下幸甚." 帝甚嘉歎. 翼日, 制用崇, 曁兵部侍郎王贊爲相. 時梁太祖在京, 素聞崇輕佻, 贊又有嫌釁, 乃馳入請見. 于帝前, 具言二公長短, 帝曰: "趙崇乃韓偓薦." 時偓在側, 梁王叱之. 偓奏: "臣不敢與大臣爭." 帝曰: "韓偓出." 尋謫官入閩. 故偓詩曰: "手風慵展八(明鈔本'八'作'一')行書, 眼病休看九局棊(明鈔本'棊'作'圖'). 窓裏日光飛野馬, 案前筠管長蒲盧. 謀身拙爲安蛇足, 報國危曾拊虎鬚. 滿世可能無默識, 未知誰擬試齊竽." (出『摭言』)

설창서(薛昌緖)

　기왕(岐王) 이무정(李茂貞)이 진롱(秦隴) 지역의 패권을 쥐고 있을 때의 일이다. 경주(涇州)의 서기(書記) 설창서는 외골수였는데 본래 천성이 그러했다. 그러나 그의 문장은 그렇지 않았다. 그는 부인을 만날 때도 시간을 정해 놓고 반드시 법도대로 행했다. 그는 먼저 하녀에게 알리게 하고 하녀가 수차례 왔다 갔다 하여 부인이 허락한 뒤에야 등불을 들고 방으로 갔다. 방에 가서는 고상하고 오묘한 의론을 끊임없이 늘어놓다가 차와 과일을 먹고 나왔다. 간혹 침실로 가고 싶을 때도 그 법도가 또한 그러했다. 그가 한번은 다음과 같이 말했다.

　"후사를 잇는 일은 중요하니 좋은 날을 받아서 반드시 부인이 청해올 때까지 기다렸다가 해야 한다."

　그는 천수(天水)에서 군대를 통솔하고 있던 경수(涇帥: 涇原節度使)를 따라갔다가 청니령(靑泥嶺)에서 촉(蜀: 後蜀)나라 사람들과 대치하게 되었다. 기왕의 병사들은 군수품 조달에 압력을 받고 또 양(梁: 後梁)나라 사람들이 경계에 진입했다는 소식을 듣고서 촉나라 사람들이 습격해 올까봐 몹시 두려운 나머지 군대를 버리고 밤에 도망쳤다. 경수가 떠나려고 말안장을 잡았다가 갑자기 설창서가 생각나 말했다.

　"서기에게 전해서 속히 말에 오르게 하라."

　계속 설창서를 재촉했지만 그는 풀숲에 몸을 숨긴 채 말했다.

　"태사(太師: 涇帥)에게 먼저 떠나시라고 전하시오. 오늘 아침은 나에게 좋지 않은 날이오."

경수는 화를 내며 사람을 시켜 그를 가마에 태우고 그 말을 채찍질해 쫓아오게 했는데, 그는 여전히 물건으로 얼굴을 가린 채 말했다.

"기일(忌日)에는 예법상 손님을 만나지 않는 법이오."

이처럼 그는 괴상한 사람이었다. 진롱 지역의 사람들은 모두 그 일을 알았다. (『옥당한화』)

岐王李茂貞霸秦隴也. 涇州書記薛昌緖爲人迂僻, 稟自天性. 飛文染翰, 卽不可得之矣. 與妻相見亦有時, 必有禮容. 先命女僕通轉, 往來數四, 可之, 然後秉燭造室. 至于高談虛論, 茶果而退. 或欲詣幃房, 其禮亦然. 嘗曰: "某以繼嗣事重, 輒欲卜其嘉會, 必候請而可之."

及從涇帥統衆于天水, 與蜀人相拒于靑泥嶺. 岐衆迫于輦運, 又聞梁人入境, 遂潛師宵遁, 頗懼蜀人之掩襲. 涇帥臨行, 攀鞍忽記曰: "傳語書記, 速請上馬." 連促之, 薛在草菴下藏身, 曰: "傳語太師, 但請先行. 今晨是某不樂日." 戎帥怒, 使人提上鞍轎, 捶其馬而逐之, 尙以物蒙其面, 云: "忌日禮不見客." 此蓋人妖也. 秦隴人皆知之. (出『玉堂閒話』)

500・9(6959)
강태사(姜太師)

촉(蜀: 後蜀)나라에 강태사라는 사람이 있었는데, 그의 이름은 잊어버렸다. 그는 허전(許田) 사람인데 어린 시절 도적떼들에게 약탈당할 때 부모를 잃어 버렸다. 그는 선주(先主: 高祖 孟知祥)를 따라 정벌을 나가 여러 차례 공적을 세웠다. 후에 그는 계속해서 여러 진(鎭)의 병권을 차지했고 가장 높은 관직에 올랐다. 그에게는 마구간을 관리하는 강(姜)노인이 있었는데, 몇 십 년 동안 꼴 먹이는 일을 했다. 강태사는 매번 마구간에 들어갈 때마다 강노인이 작은 잘못을 저지르는 것을 보면 반드시 볼기를 쳤다. 이런 일이 몇 년 동안 계속되어 강노인이 맞은 수를 계산해보았더니 거의 수백 대나 되었다. 후에 강노인은 채찍질을 참을 수 없자 강태사의 부인에게 고향으로 돌아가게 해 달라고 울며 빌었다. 그러자 부인이 물었다.

"너는 어디 사람이냐?"

강노인이 대답했다.

"허전 사람입니다."

[부인이 물었다.]

"또 다른 가족이 있느냐?"

강노인이 대답했다.

"약탈당할 때 아내와 아들 하나를 잃어버렸는데 지금까지 행방을 모릅니다."

또 부인이 강노인 아들의 어릴 적 이름과 아내의 성씨와 항렬, 그리고 가족과 가까운 친척을 물어보았더니 그가 모두 대답했다. 강태사가 집으로 돌아오자 부인이 모두 말했다.

"강노인이 고향으로 돌아가길 청하기에 그가 잃어버린 자식과 친척의 이름을 물어서 알아냈습니다."

[그 말을 듣고] 강태사는 매우 놀라며 자신의 아버지일지도 모른다고 의심하고 사람을 시켜 자세히 물어보게 했다.

"아들의 몸에 무슨 표시가 있소?"

강노인이 대답했다.

"내 아들은 발바닥에 검은 점이 있으며 나머지는 기억나지 않습니다."

강태사는 크게 울면서 몰래 사람을 보내 그를 검문(劒門) 밖까지 배웅하게 했다. 그리고는 선주께 상주했다.

"제 부친이 근자에 관동(關東)에서 왔습니다."

강태사는 마침내 황금과 비단, 마차와 말을 가지고 그를 집으로 맞아들여 예전처럼 부자관계가 되었다. 강태사는 부친을 매질한 잘못을 속죄하기 위해 수만 냥을 스님께 희사하고 평생동안 하인을 때리지 않았다. (『왕씨견문』)

蜀有姜太師者, 失其名, 許田人也. 幼年爲黃巾所掠, 亡失父母. 從先主征伐, 屢立功勳. 後繼領數鎭節鉞, 官至極品. 有掌廐夫姜老者, 事舃秣數十年. 姜每入廐, 見其小過, 必笞之. 如是積年, 計其數, 將及數百. 後老不任鞭箠, 因泣告夫人, 乞放歸鄕里. 夫人曰: "汝何許人?" 對曰: "許田人." "復有何骨肉?" 對曰: "當被掠之時, 一妻一男, 迄今不知去處." 又問其兒小字, 及妻姓氏·行第, 並房眷近親, 皆言之. 及姜歸宅, 夫人具言: "姜老欲乞假歸鄕, 因問得所失男女親屬姓名." 姜大驚, 疑其父也, 使人細問之: "其男身有何記驗?" 曰: "我兒脚心上有一黑子, 餘不記之." 姜大哭, 密遣人送出劒門之外. 奏先主曰: "臣父近自關東來." 遂將金帛車馬迎入宅, 父子如初. 姜報撻父之過, 齋僧數萬, 終身不撻從者. (出『王氏見聞』)

500 · 10(6960)
강의성(康義誠)

후당(後唐) 장흥연간(長興年間: 930~932)에 대위사(待衛使) 강의성이 한번은 군대에서 자신의 집으로 사람을 보내 하인으로 썼는데, 간혹 그 하인을 꾸짖고 볼기를 치기도 했다. 어느 날 갑자기 그는 늙은 하인이 가여워 그의 성씨를 물어보았더니 강씨(康氏)라고 대답했다. 또 그의 고향과 친척, 자식들에 대해 물어보고서야 비로소 자신의 아버지임을 알았다. 결국 둘은 서로 붙잡고 눈물을 흘렸다. 그 일을 들은 사람 중에 놀라지 않는 이가 없었다. (『옥당한화』)

後唐長興中, 待衛使康義誠, 常軍中差人于私('私'原作'弘', 據許本改)宅充院子, 亦曾小有笞責. 忽一日, 憐其老而詢其姓氏, 則曰姓康. 別詰其鄕土親族息亂, 方知是父. 遂相持而泣. 聞者莫不驚異. (出『玉堂閒話』)

500 · 11(6961)
고계창(高季昌)

후당(後唐)의 장종(莊宗)이 황하(黃河)를 건너자 형저(荊渚) 사람 고계창이 그의 문객(門客) 양진(梁震)에게 말했다.

"나는 양(梁: 後梁)나라 태조(太祖: 朱溫)를 모셨으나 간신히 목숨만 부지했을 뿐이오. 용덕연간(龍德年間: 921~923) 이래로 나는 단지 편안한 생활만을 추구해 왔소. 내가 지금 장종을 만나 한 번 시험해 보고자 하오. 그가 만약 천하를 다스리려 한다면 반드시 내가 아니면 안 될 것이오. 내가 만약 다른 진(鎭)으로 옮긴다면 그것은 자손들의 복이 될 것이오. 이번에 가서 결정하겠소."

그는 대궐에서 돌아와 양진에게 말했다.

"새로운 군주는 100번 전쟁을 치른 뒤에야 비로소 하남(河南)을 얻었소. 그는 공신들에게 자신이 직접 『춘추(春秋)』를 베껴 썼다고 자랑했으며, 또 손가락을 세우고 '나는 손가락 위에서 천하를 얻었다'고 말했소. 공로가 자신 한 사람에게 있다면 보좌한 신하는 무엇이란 말이오? 게다가 사냥을 나간 뒤 열흘 동안 돌아오지 않았으니 안팎의 민심이 어찌 참을 수 있겠소? 나는 이제 베개를 높이 베고 걱정 없이 잘 잘 수 있겠소."

그리고는 서쪽에 나성(羅城)을 짓고 적을 물리칠 무기를 만들었다. 3년도 못 되어 장종은 나라를 지키지 못했다. 영웅의 예측이 조금도 틀리지 않았으니 그 자손에게 복이 내려진 것은 당연하다. (『북몽쇄언』)

後唐莊宗過河, 荊渚高季昌謂其門客梁震曰: "某事梁祖, 僅獲自免. 龍德已來, 止求安活. 我今入覲, 亦要嘗之. 彼若經營四方, 必不縻我. 若移入他鎭, 可爲子孫之福. 此行決矣." 既自闕回, 謂震曰: "新主百戰, 方得河南. 對勳臣誇手抄『春秋』, 又堅指云: '我于指頭上得天下.' 則功在一人, 臣佐何有? 且遊獵旬日不回, 中外情何以堪? 吾高枕無憂." 乃築西面羅城, 拒敵之具. 不三年, 莊宗不守. 英雄之料, 頃刻不差, 宜乎貽厥子孫. (出『北夢瑣言』)

심상서처(沈尙書妻)

　심상서라는 사람이 있었는데 그의 이름은 잊어버렸다. 그는 일찍이 진수(秦帥: 秦州節度使)의 심복 관리였다. 심상서의 부인은 사납고 공손하지 않았으며 또 질투가 심해 그는 항상 감옥에 갇혀 있는 것 같았다. 후에 그는 관직에서 물러나 처자식을 데리고 봉주(鳳州)에 머물렀다. 그는 혼자 동천(東川)으로 놀러 갔는데, 원한 서린 짝[부인]과 영원히 헤어지려는 뜻이었다. 당시 화홍(華洪)이 동촉(東蜀)을 진수하고 있었는데, 심상서와는 평민이었을 때의 친구로 그를 형님이라 불렀다. 화홍은 교외로 나가 그를 맞이하고 손을 붙잡으며 그 간의 일을 이야기했는데, 친형에게 하듯 그를 대했다. 그리고는 특별히 집 한 채를 지어주고 하인과 말, 황금과 비단, 그릇 등을 주어 부족한 것이 없도록 했다. 또 하인과 하녀 10여 명을 보내주며 심상서에게 절대로 북쪽으로 돌아가지 말라고 했다. 심상서도 자신의 일을 대충 말해 집으로 돌아갈 마음이 없음을 밝혔다.

　1년 뒤에 집에서 편지가 왔는데, 그의 부인이 이미 봉주를 떠나 동촉으로 왔다는 것이었다. 심상서는 그 말을 듣고 매우 두려워하며 주인(主人: 華洪)에게 알려 사람을 보내 부인을 돌려보내게 했다. 그러자 그의 부인이 편지를 보내 다시 맹세하며 말했다.

　"지금부터 반드시 이전의 성격을 고쳐 당신과 해로하고 싶습니다."

　며칠 안에 부인이 왔다. 부인은 처음에 왔을 때는 매우 유순하더니 열흘이 지나자 다시 이전의 성격으로 돌아갔다. 여러 하녀들은 모두 매질 당해 사방으로 뿔뿔이 도망갔고 양인(良人: 沈尙書)의 얼굴은 모두 얻어맞고 긁혀 상처투성이였다. 화홍이 그 사실을 듣고 심상서를 불러 말했다.

"내가 형님을 위해 그녀를 죽이면 어떻겠습니까?"

심상서는 안 된다고 했다. 그렇게 열흘이 지나자 그녀가 또 발작했다. 심상서가 관아로 들어왔는데 풀이 죽은 모습이었다. 화홍이 그 사실을 알고 두 사람을 몰래 보내 검을 들고 가서 그의 부인을 규방에서 끌어내 계단 아래에서 죽이고 시체를 동강(潼江)에 버리게 한 뒤 심상서에게 알렸다. 심상서는 그 소식을 듣고 두려움을 이기지 못하여 결국 실성했다. 부인의 시체가 급류에 뜬 채 내려가지 않자 화홍은 사람을 시켜 장대로 시체를 밀어서 떠내려가게 했다. 다음날 또 시체가 급류 위에 떠 있었는데 세 번이나 그러했다. 이에 화홍은 시체에 돌을 묶어 가라앉게 했다. 심상서도 열흘을 못 넘기고 실성하여 죽었다. 어찌 원한 서린 짝이 복수를 한 것이 아니겠는가! 슬프구나! 심상서와 부인은 전생에 원수였구나! (『왕씨견문』)

有沈尙書失其名. 常爲秦帥親吏. 其妻狼戾而不謹, 又妬忌, 沈常如在狴牢之中. 後因間退, 挈其妻孥, 寄于鳳州, 自往東川遊索, 意是與怨偶永絶矣. 華洪鎭東蜀, 與沈有布衣之舊, 呼爲兄. 旣至郊迎, 執手叙其契濶, 待之如親兄. 遂特創一第, 僕馬·金帛·器玩, 無有闕者. 送姬僕十餘輩, 斷不令歸北. 沈亦微訴其事, 無心還家. 及經年, 家信至, 其妻已離鳳州, 自至東蜀. 沈聞之大懼, 遂白于主人, 及遣人却之. 其妻致書, 重設盟誓, 云: "自此必改從前之性, 願以偕老." 不日而至. 其初至, 頗亦柔和, 涉旬之後, 前行復作. 諸姬婢僕悉鞭笞星散, 良人頭面, 皆挈擘破損. 華洪聞之, 召沈謂之曰: "欲爲兄殺之, 如何?" 沈不可. 如是旬日後又作. 沈因入僑, 精神沮喪. 洪知之, 密遣二人提劒, 牽出帷房, 刃于階下, 棄尸于滝江, 然後報沈. 沈聞之, 不勝驚悸, 遂至失神. 其尸住急流中不去, 遂使人以竹竿撥之, 便隨流. 來日, 復在舊湍之上, 如是者三. 洪使繫石絙之. 沈亦不逾旬, 失('失'原作'日', 據明鈔本改)魂而逝. 得非('而逝得非'四字原空闕, 據明鈔本補)怨偶爲仇也! 悲哉! 沈之宿有讎乎! (出『王氏見聞』)

500·13(6963)
양거(楊蘧)

왕찬(王贊)은 조정에서 이름난 선비였다. 홍농(弘農) 사람 양거가 한번은 영외(嶺外: 五嶺山脈 以南)로 갔는데, 양삭(楊朔)과 여포(荔浦)의 산수를 보고 마음속으로 몹시 좋아하여 감탄을 아끼지 않았다. 양거가 왕찬의 집을 출입하다가 좀 친해지자 자기도 모르게 말했다.

"시랑(侍郎: 王贊)께서는 양삭과 여포의 산수를 본 적이 있습니까?"

왕찬이 대답했다.

"아직 사람을 때려서 입술을 터뜨리고 이를 부러뜨린 일이 없는데 어찌 볼 수 있었겠소?"

이에 두 사람이 한바탕 웃었다. 그것은 영외의 땅은 좌천되지 않으면 가지 않는 곳이라는 말이다. (『계신록』[『북몽쇄언』 권5])

王贊, 中朝名士('名士'原倒置, 據明鈔本改). 有弘農楊蘧者, 曾至嶺外, 見楊朔・荔浦山水, 心常愛之, 談不容口. 邁嘗出入贊門下, 稍接從容, 不覺形于言曰: "侍郎曾見楊朔・荔浦山水乎?" 贊曰: "未曾打人唇綻齒落, 安得見耶?" 因大笑. 此言嶺外之地, 非貶不去. (出『稽神錄』, 按見『北夢瑣言』卷五)

500・14(6964)
원계겸(袁繼謙)

　진(晉: 後晉)나라의 장작소감(將作少監)[원문은 '將少作監'으로 되어 있으나 오기이므로 고침] 원계겸이 한번은 다음과 같이 말했다.
　"나는 근자에 청사(靑社: 靑州)에서 집 한 채를 빌려 살았다. 들기에 그곳에는 흉악한 요괴가 자주 출몰해서 어두워지면 사람들이 감히 문밖을 나오지 않고 문을 꼭 잠근 채 두려워하면서 편안히 잠자지 못한다고 했다. 어느 날 밤에 갑자기 울부짖는 소리가 들렸는데, 마치 항아리 속에서 소리치는 것처럼 그 소리가 무겁고 탁하여 온 집안사람들이 두려움에 떨면서 반드시 요괴의 우두머리일 것이라고 말했다. 이에 창문 틈으로 엿보았더니 검푸른 색의 한 물체가 정원을 돌아다니는 것이었다. 그날 밤은 달빛이 어두워 한참을 살펴보았는데, 개의 몸 같은 물체가 머리를 들지 못하고 있었다. 마침내 그 물체의 머리를 치자 갑자기 꽝하는 소리가 나더니 집에서 키우던 개가 놀라 짖으며 달아났다. 아마도 그날에 마을 사람들이 조세를 운반하여 그곳에 왔다가 땅바닥에서 죽을 끓여 먹었는데, 솥에 아직 남은 죽이 있어서 개가 머리를 빈 솥 안에 넣었다가 꺼내지 못했던 것 같았다. 이에 온 집안사람들이 한바탕 웃고 나서 편안히 잠을 잤다."

(『옥당한화』)

晉將少作監袁繼謙常說: "頃居靑社, 假一('一'原作'十', 據明鈔本改)第而處之. 聞多凶怪, 昏暝卽不敢出戶庭, 合門驚懼, 莫能安寢. 忽一夕, 聞吼聲, 若有呼于瓮中者, 其聲重濁, 擧家怖懼, 必謂其怪之尤者. 遂于窓隙窺之. 見一物蒼黑色, 來往庭中. 是夕月色晦, 覘之旣久, 似若狗身, 而首不能擧. 遂以撾擊其腦, 忽轟然一聲, 家犬驚叫而去. 蓋其日莊上人輸稅至此, 就于其地而麋, 釜尙有餘者, 故犬以首入空器中, 而不能出也. 因擧家大笑, 遂安寢." (出『玉堂閒話』)

500・15(6965)
제 파(帝 靶)

진(晉: 後晉)나라 개운연간(開運年間:944~946) 말에 거란(契丹)의 수령 야율덕광(耶律德光)이 변주(汴州)에서 본국으로 돌아가다가 조주(趙州)의 난성(欒城)에서 죽었다. 그 나라 사람들이 그의 배를 가르고 오장을 다 꺼낸 다음 한 섬 정도의 소금을 뱃속에 담더니 수레에 시체를 싣고 돌아갔다. 당시 사람들은 그것을 '제파(帝靶)'라고 불렀다.
(『옥당한화』)

晉開運末, 契丹主耶律德光自汴歸國, 殂于趙之欒城. 國人破其腹, 盡出五臟, 納鹽石許, 載之以歸. 時人謂之'帝靶'. (出『玉堂閒話』)

태평광기 20

Translation ⓒ 2004 by 김장환·이민숙 外
ⓒ HAKGOBANG Press Inc., 2004, Printed in Korea.

발행인/하운근
발행처/學古房
교정·편집/박분이

첫 번째 찍은 날/2004. 12. 10.
첫 번째 펴낸 날/2004. 12. 20.

등록번호/제8-134호
서울시 은평구 대조동 213-5 우편번호 122-030
대표(02)353-9907 편집부(02)356-9903 팩시밀리(02)386-8308

ISBN 89-87635-96-1 04820

http://www.hakgobang.co.kr
E-mail: hakgobang@chollian.net

값: 27,000원

파본은 교환해 드립니다.